**FormularBibliothek** Zivilprozess

herausgegeben von

**Dr. Ludwig Kroiß**,
Vorsitzender Richter am Landgericht

FormularBibliothek Zivilprozess

# Familienrecht

**Beate Heiß,**
Rechtsanwältin und Fachanwältin für Familienrecht, Traunreut

**Christina Herrmann,**
Rechtsanwältin, Traunreut

Die Deutsche Bibliothek – CIP-Einheitsaufnahme

Die Deutsche Bibliothek verzeichnet diese Publikation in
der Deutschen Nationalbibliografie; detaillierte bibliografische
Daten sind im Internet über http://dnb.ddb.de abrufbar.

**FormularBibliothek** Zivilprozess
ISBN 3-8329-1098-0

Einzelband **Familienrecht**
ISBN 3-8329-1314-9

**Hinweis:**
Die Muster der FormularBibliothek Zivilprozess sollen dem Benutzer als Beispiele und Arbeitshilfen für die Erstellung eigener Schriftsätze dienen. Sie wurden mit größter Sorgfalt von den Autoren erstellt. Gleichwohl bitten Autoren und Verlag um Verständnis dafür, dass sie keinerlei Haftung für die Vollständigkeit und Richtigkeit der Muster übernehmen.

1. Auflage 2005

# Inhalt

Verweise erfolgen auf Randnummern

## Musterverzeichnis

## § 7 Vermögensauseinandersetzung unter Ehegatten 1287

# § 1 Checkliste für Erstberatung

## A. Ehescheidung

I. **Zuständigkeit prüfen gem. § 606 ZPO**
1. Gemeinsamer gewöhnlicher Aufenthalt der Ehegatten.
2. Gewöhnlicher Aufenthaltsort der Kinder. Sind die Kinder auf die Eltern verteilt, gelten die nachfolgenden Zuständigkeitskriterien 3) – 5).
3. Letzter gemeinsamer gewöhnlicher Aufenthalt, wenn ein Ehepartner noch dort wohnt.
4. Sonst: Wohnort Antragsgegner.
5. Wenn kein gewöhnlicher Aufenthaltsort des Antragsgegners im Inland vorliegt: Gericht des gewöhnlichen Aufenthaltsorts des Antragstellers bzw. der Antragstellerin.

II. **Staatsangehörigkeit**
1. Rechtsanwendung gem. Artikel 17 in Verbindung mit Artikel 14 EGBGB.
2. Zunächst das Recht des Staates, dem **beide** Ehegatten **angehören** oder während der Ehe zuletzt angehörten, **wenn** einer von ihnen diesem Staat noch **angehört.**
3. Recht des Staates, in dem beide Ehegatten ihren **gewöhnlichen Aufenthalt** haben oder während der Ehe zuletzt hatten, wenn einer von ihnen dort noch seinen gewöhnlichen Aufenthalt hat.
4. Hilfsweise: Recht des Staates mit dem die Ehegatten auf **andere** Weise gemeinsam am engsten verbunden sind.

III. **Trennung**
1. Faktische Trennung innerhalb der Wohnung.
2. Notwendigkeit eines Anwaltsschreibens evtl. wegen Beweislast.
3. Keine Unterbrechung der Trennung bei Zusammenleben im Rahmen von Versöhnungsversuchen unter drei Monaten.
4. Keine Haushaltstätigkeiten mehr/getrennte Schlafbereiche.
5. Gemeinsamkeiten wegen der Kinder evtl. unschädlich.
6. Beachten: **Steuerklassenänderung**/Stichtag ist der 01.01. des betreffenden Jahres; unter Umständen genügt für gemeinsame Veranlagung trotz Trennung jedoch, wenn die Parteien kurzzeitig, also für wenige Tage wieder zusammen gelebt haben.
7. 1 Jahr Trennungszeit.
8. Prüfung, ob Voraussetzungen für Härtescheidung vor Ablauf des Trennungsjahres erfüllt sind.

IV. **Dauer des Scheidungsverfahrens**
1. Hinweis auf **Dauer** des Scheidungsverfahrens unter Einschluß des Versorgungsausgleichsverfahrens **ohne** Anhängigkeit von Scheidungsfolgesachen: In der Regel ca. 5 bis 7 Monate.
2. Im übrigen: Verbundentscheidung, also Entscheidung erst, wenn alle Folgesachen entscheidungsreif sind.
3. Abtrennung von Scheidungsfolgesachen nur in Ausnahmefällen, z.B. Verfahrensdauer über 2–3 Jahre.

## B. Auswirkung der Scheidungsantragseinreichung

I. Endstichtag für Berechnung Zugewinnausgleichsansprüche.
II. Stichtag für Versorgungsausgleich (Ehezeitende).
III. Beachten: Vermögensminderungen zwischen Trennung und Scheidungsantragseinreichung/fiktive Zurechnung/Beweislast.
IV. Kostenvorschussrechnung evtl. als zugewinnausgleichsmindernde offene Forderung.
V. Erbrechtliche Auswirkungen (sinnvoll: Eigener Scheidungsantrag statt lediglich Zustimmung, falls Antragsrücknahme durch Antragstellerseite).
Mit der Scheidung erlischt in der Regel das Erbrecht des Ehegatten. Die Kinder bleiben nach wie vor erbberechtigt.
VI. Hinweis auf Abschluss einer eigenen Krankenversicherung seitens der Ehefrau, wenn diese bei Scheidung nicht durch eigene Erwerbstätigkeit krankenversichert ist evtl. keine Abgabe eines Rechtsmittelverzichts.
VII. Keine Antragseinreichung, wenn der Rentenbezug einer der Parteien unmittelbar bevorsteht, weil sonst die Rente gekürzt wird und ggf. der Ausgleichsberechtigte noch nicht in den Genuss der Rente kommt. Reihenfolge: Zuerst Rentenbezug und erst danach Entscheidung des Familiengerichts über den Versorgungsausgleich, SGB VI, § 101 Abs. 3; § 57 BeamtVG.

## C. Unterhalt: Anträge für die Übergangszeit

I. Unterhalt kann erst ab Verzug verlangt werden, also Stufenmahnung oder Auskunftsaufforderung.
II. Antrag auf Unterhalt (Kindesunterhalt) nach dem Unterhaltsvorschussgesetz beim LRA stellen.
III. Antrag Sozialleistungen.

## D. Versorgungsausgleich[1]

I. Ausgleich der während der Ehezeit erworbenen Rentenanwartschaften und zwar sowohl betriebliche Rente als auch gesetzliche Rente, bezogen jeweils auf Eheschließung bis zur Zustellung des Scheidungsantrags.
II. Ermittlung von Amts wegen.
III. Es wird das gesamte Rentenkonto geklärt.
Ermittlung der gesamten bisher erworbenen Rentenanwartschaften und sodann Errechnung des Ehezeitanteils.
Terminsbestimmung durch das Gericht, sobald die Auskünfte für beide Ehepartner vorliegen.
IV. Lebensversicherungen müssen angegeben werden, obwohl sie überwiegend dem Zugewinnausgleich unterliegen.
V. Versorgungsausgleichsentscheidung zunächst reiner Buchungsvorgang, außer die Parteien sind bereits in Rente.

1 Im Einzelnen zu Versorgungsausgleich s. Heiß, Das Mandat im Familienrecht § 12.

VI. Auswirkung erst bei Eintritt des Rentenalters, bzw. Bezug von Erwerbsunfähigkeitsrente oder vorzeitiger Rente.
VII. Versorgungsausgleich bleibt auch bei Wiederverheiratung (anders als Unterhaltsansprüche, die mit der Eheschließung erlöschen).
VIII. Hinweis auf Kindererziehungszeiten.
IX. Hinweis auf evtl. Möglichkeit des Ausschlusses des Versorgungsausgleichs durch Vereinbarung.
X. Keine Antragseinreichung, wenn der Rentenbezug einer der Parteien unmittelbar bevorsteht, weil sonst die Rente gekürzt wird und ggf. der Ausgleichsberechtigte noch nicht in den Genuss der Rente kommt. Reihenfolge: Zuerst Rentenbezug und erst danach Entscheidung des Familiengerichts über den Versorgungsausgleich, SGB VI, § 101 Abs. 3; § 57 BeamtVG.

## E. Sorgerecht[2]

I. **In der Regel gemeinsames Sorgerecht mit folgender Auswirkung:**
   1. Im Wesentlichen Alleinentscheidungsbefugnis in Angelegenheiten des täglichen Lebens (Arztbesuche, Unterschreiben von Zeugnissen),
   2. Zustimmung erforderlich bei Entscheidung, die schwer abzuändernde Auswirkungen auf die Entwicklung des Kindes haben, z.B.
      - Art der Ausbildung
      - schwerwiegende Operationen.

II. **Eventuell Antrag auf Übertragung Aufenthaltsbestimmungsrecht.**
III. **Übertragung alleiniges Sorgerecht mit Zustimmung des anderen Elternteils möglich.**
IV. **Übertragung ohne Zustimmung nur in extremen Ausnahmefällen.**
V. **Verfahren:**
   1. Anhörung Jugendamt.
   2. Anhörung Kinder.
   3. Sachverständigengutachten.

## F. Umgangsrecht

I. Regelmäßig 14-tägig am Wochenende plus ½ der Ferien.
II. Bei Vereitelung des Umgangsrechts, Gefahr, dass Sorgerecht dem anderen Elternteil übertragen wird.
III. Notfalls: Begleiteter Umgang.
IV. Durchsetzung des Umgangsrechts.
   1. Gerichtliches Verfahren.
   2. Zwangsgeld, das allerdings Verschulden voraussetzt.

V. Kosten des Umgangs hat in der Regel der Umgangsberechtigte zu tragen.
VI. Umgangsrecht Dritter:
   § 1685 BGB: Großeltern und Geschwister.

2 Im Einzelnen hierzu s. § 3.

## G. Kindesunterhalt

I. **Minderjährige Kinder:**
   1. Düsseldorfer Tabelle mit Kindergeldanrechnung.
   2. Die Düsseldorfer Tabelle geht von Unterhaltsverpflichtung gegenüber einer Ehefrau und zwei minderjährigen Kindern aus: Höherstufung oder Niedrigerstufung, wenn die Anzahl der unterhaltsberechtigten Personen höher oder niedriger ist.
   3. Hinweis auf **Titulierung** des Kindesunterhalts/Jugendamtsurkunde.
   4. **Dynamisierung** nach Düsseldorfer Tabelle mit den jeweiligen Altersgruppen.

II. **Volljährige Kinder:**
   1. Bis 21. Lebensjahr: Haftungsanteil beider Eltern, Düsseldorfer Tabelle Gruppe 4 nach zusammengerechneten Einkommen der Eltern.
   2. Kinder nach Vollendung des 21. Lebensjahres: Anteilige Mithaftung beider Eltern im **Verhältnis** ihrer **Einkünfte zueinander/**Kindergeld wird vom Haftungsanteil hälftig abgezogen.
   3. Anrechnung von Einkünften (Ausbildungsvergütung/BAFöG).

III. **Selbstbehalt/Verfahren/Verzicht/Auskunft:**
   1. Selbstbehalt beim Erwerbstätigen gegenüber minderjährigen Kindern: 840,00 €; beim Nichterwerbstätigen: 730,00 €.
   2. Selbstbehalt gegenüber volljährigen Kindern: 1.000,00 €.
   3. Vereinfachtes Verfahren nach §§ 645 ff. ZPO.
   4. Unterhaltsverzicht bei Kindesunterhalt nicht möglich aber Freistellungsvereinbarung.
   5. Auskunftsanspruch: In der Regel alle zwei Jahre, oder wenn Anhaltspunkte dafür vorliegen, dass Änderungen der Einkommensverhältnisse eingetreten sind.

## H. Ehegattenunterhalt[3]

I. Geltendmachung mit Trennung (**Verzug!**) durch Stufenmahnung/Auskunftsaufforderung, dies allerdings rückwirkend dann für den gesamten Monat.

II. Unterhaltsvereinbarungen möglich.

III. Kein Verzicht auf Trennungsunterhalt möglich.

IV. Verzicht auf nachehelichen Ehegattenunterhalt nur **eingeschränkt** möglich.

V. In der Regel keine Erwerbsobliegenheit im ersten Jahr der Trennung.

VI. **Unterhaltstatbestände:**
   1. Kinderbetreuung (Staffelung: Bis zur 3. Grundschulklasse keine Erwerbstätigkeit; ab 3. Grundschulklasse bis zum 11. Lebensjahr Teilzeiterwerbstätigkeit, z.B. auf 400 €-Basis; ab 11. Lebensjahr bis 15. Lebensjahr Teilzeit, i.d.R. halbtags; ab 15. Lebensjahr ganztags).
   2. Aufstockungsunterhalt, wenn Einkünfte der Ehefrau niedriger liegen als die des Ehemannes.
   3. Unterhalt wegen Alters.

3 Zu Einkommen und Abzugsposten von A–Z s. Heiß, Das Mandat im Familienrecht § 8.

4. Unterhalt wegen Krankheit.
5. Unterhalt wegen Arbeitslosigkeit.
6. Unterhalt wegen Ausbildung/Fortbildung.
7. **Achtung:** Einsatzzeitpunkte beachten.

VII. **Achtung:** Bei Bezug von Sozialleistungen: Es gibt nach § 33 SGB II **keine** treuhänderische **Rückübertragung** mehr.

VIII. Kein Unterhaltsverzicht, wenn zu befürchten steht, dass eine der Parteien staatliche Leistungen in Anspruch nehmen muss (Vertrag zu Lasten Dritter/zu Lasten des Staates).

IX. **Einkommensermittlung:**[4]
1. Gesamtjahreseinkommen.
2. Bei Selbständigen aus den abgelaufenen drei Jahren.
3. Wohnwertanrechnung.
4. Überobligatorische Nebeneinkünfte.
5. Weihnachtsgeld/Urlaubsgeld.
6. Steuererstattung.
7. Abzug von 5% berufsbedingten Aufwendungen.
8. Abzug konkreter Fahrtkosten.
9. Abzug von Schulden.
**Achtung:** Kein Gesamtschuldnerausgleich bei Berücksichtigung von Schuldenrückzahlungsraten im Rahmen der Unterhaltsberechnung.
10. **Prägende** Einkünfte.
11. Nutzungsentschädigung.

Bei Wohnwertanrechnung erübrigt sich in der Regel Nutzungsentschädigung, da im Ergebnis über den Unterhalt entsprechender Ausgleich erfolgt.
Die Geltendmachung von Nutzungsentschädigungsansprüchen ist nur dann von Bedeutung, wenn **keine Unterhaltsansprüche** im Raum stehen.

X. Krankenvorsorgeunterhalt für die Zeit nach Scheidung.
Ab Rechtskraft der Scheidung keine Mitversicherung beim Ehemann mehr.

XI. **Altersvorsorgeunterhalt** ab Scheidungsantragseinreichung, da dann keine Beteiligung mehr über Rentenausgleich.

XII. **Unaufgeforderte Informationspflicht** seitens des Berechtigten.

XIII. **Zeitliche Begrenzung** bei kurzer Ehedauer und wenn keine Kinderbetreuung vorliegt.

XIV. Einkünfte aus **Zusammenleben** mit neuem **Partner.**

XV. **Verwirkung:**
1. Kurze Ehedauer unter drei Jahren ohne Kinder, aber erst beim **nachehelichen** Ehegattenunterhalt.
2. Straftaten gegen den Verpflichteten.
3. Mutwillig herbeigeführte Bedürftigkeit (z.B. Aufgabe der Berufstätigkeit).
4. Mutwillige Missachtung schwerwiegender Vermögensinteressen, z.B. Anschwärzen beim Arbeitgeber.

4 Im Einzelnen hierzu s. Heiß, Das Mandat im Familienrecht § 8.

5. Schwerwiegendes einseitiges Fehlverhalten, evidente Abkehr aus einer intakten Ehe, z.B. ehebrecherische Beziehung zu wechselnden Partnern oder zu einem Partner oder dauerhaftes Zusammenleben mit neuem Partner jedenfalls, wenn die Dauer bei zwei bis drei Jahren liegt.

**Achtung:** Berücksichtigung fiktiver Einkünfte aus Lebensgemeinschaft/Leistungsfähigkeit des neuen Partners.

XVI. **Unterhaltsvereinbarungen:**

Vereinbarungen sind gem. § 323 ZPO grundsätzlich abänderbar und den jeweiligen tatsächlichen und wirtschaftlichen Verhältnissen anzupassen.

### I. Hausratsauseinandersetzung

Grundsatz: Hälftige Teilung/Hausratsauseinandersetzung nach billigem Ermessen.

### J. Ehewohnung

Alleinzuweisung vor Scheidung nur in strengen Ausnahmefällen.

### K. Vermögensauseinandersetzung[5]

I. **Güterstände:**

1. Zugewinngemeinschaft.
2. Gütergemeinschaft, vereinbart durch **notariellen** Vertrag.
3. Gütertrennung vereinbart durch **notariellen** Vertrag.

II. **Zugewinngemeinschaft:**

1. Endvermögen.
2. Abzug von Schulden.
3. Getrennte Ermittlung seitens beider Eheleute.
4. Anfangsvermögen bei Eheschließung (**Indexierung**).
5. Schenkungen, Erbschaften (**Indexierung**).
6. Abzug von **Verbindlichkeiten** auch bei Schenkungen und Erbschaften.
7. Auskunftsanspruch bezüglich aller wertbildender Faktoren.
8. Zeitpunkt: Rechtshängigkeit des Scheidungsverfahrens.
9. Begrenzung des Ausgleichsanspruchs nach § 1378 II durch den Wert des Vermögens, das nach Abzug der Verbindlichkeiten bei **Beendigung** des Güterstands noch vorhanden ist.
10. Vermögensübertragungen können **fiktiv** dem Endvermögen **zugerechnet** werden.

    Bei Vermögensminderungen: Auskunftsanspruch, aber es müssen konkrete Anhaltspunkte vorgetragen werden (bei Trennung unbedingt: **Fertigung** von **Kopien** von Kontoständen, Sparbüchern u.a.).
11. Hinweis auf Beweislast.

III. **Gütergemeinschaft:**[5]

Berechnung:

1. Bereinigung der Schulden.

---

5 Zu Gütergemeinschaft s. Heiß, Das Mandat im Familienrecht § 10.

2. Jeder erhält vorab das eingebrachte Vermögen und nur der Wertzuwachs muss ausgeglichen werden.
3. Übernahmerecht bezüglich eingebrachten Vermögens.
4. Hälftige Teilung des dann noch vorhandenen Vermögens.

IV. **Gütertrennung:**[6]
Keine Ansprüche mit Ausnahme evtl.: Unbenannte Zuwendungen.

V. **Bewertung einzelner Vermögenswerte:**
Hinweise z.B. Lebensversicherungen (Wertbestätigung nach BGH-Rechtsprechung), Bausparverträge mit angesparten Guthaben.

VI. **Notarielle** Verträge vor Ehescheidung möglich mit Gütertrennung u.a.

VII. Hinweis: Schulden**mithaftung** nur bei Unterschrift bzw. Bürgschaft, aber **dingliche** Haftung über eingetragene Grundschulden (Zweckbestimmungserklärung!).

VIII. **Inhalt eines evtl. abzuschließenden Ehevertrages, bzw. einer Scheidungsvereinbarung:**
1. Güterstand.
2. Evtl. Unterhalt.
3. Versorgungsausgleich.
4. Erbvertrag.
5. **Schuldenhaftung**/Haftungsübernahme.

## L. Kosten / Prozesskostenhilfe[7]

I. In der Regel Kostenaufhebung.
II. Im gesonderten Verfahren nach Obsiegen und Unterliegen.
III. Hinweis auf Prozesskostenhilfe mit überschlägiger Berechnung der Ratenhöhe.

## M. Vertretung beider Parteien

I. Risiko des Parteiverrats.

II. Unterzeichnung von Erklärungen betreffend Entbindung von der Schweigepflicht/Einverständniserklärung.
Zur Vermeidung späterer, insbesondere **strafrechtlicher** Konsequenzen empfiehlt es sich, die nachfolgende Aufklärung/Einverständniserklärung von **beiden** Parteien unterzeichnen zu lassen, wobei der erste Teil vom jeweiligen Gegner zu unterzeichnen ist und der zweite Teil vom eigenen Mandanten unterzeichnet werden muss.
Es muss **ausdrücklich klargestellt** werden, dass eine anwaltliche Vertretung nur bezüglich der **eigenen** Partei erfolgt und gemeinsame Gespräche ausschließlich dazu dienen, eine gütliche Einigung herbeizuführen.
Erfolgt eine solche Klarstellung nicht, droht der Straftatbestand des Parteiverrats; dies insbesondere dann, wenn – was häufig der Fall ist – die Parteien zunächst einigungsbereit sind und es sodann dennoch zu einer streitigen Auseinandersetzung kommt. Ist in einem solchen Fall eine Aufklärung und Einverständniserklärung nicht erfolgt, so kann der Anwalt im Streitfall **keine** der Parteien mehr vertreten.

6 Zu Gütergemeinschaft s. Heiß, Das Mandat im Familienrecht § 10.
7 Im Einzelnen zur Prozesskostenhilfe s. Heiß, Das Mandat im Familienrecht § 3.

1 Muster: Aufklärung/Einverständniserklärung

I.

1

Hiermit bestätige ich (Gegner), dass ich von Frau Rechtsanwältin ■■■ darüber aufgeklärt wurde, dass sie nur eine Partei – in diesem Fall meine Ehefrau/Ehemann – vertreten und beraten darf und kann.

Mir ist bewusst, dass ich von Frau Rechtsanwältin ■■■ daher weder vertreten noch entgegen den Interessen ihrer Mandantschaft beraten werden kann.

In Kenntnis dieser Sachlage wünsche ich trotzdem ein gemeinsames Gespräch mit Frau Rechtsanwältin ■■■ und meiner Ehefrau/Ehemann zur möglicherweise gütlichen Einigung bezüglich strittiger Punkte.

Frau Rechtsanwältin ■■■ hat mich außerdem darüber aufgeklärt, dass sie nicht mit mir persönlich reden darf, wenn ich bereits anwaltlich vertreten werde.

Ich bestätige daher außerdem, dass ich nicht bereits anwaltlich vertreten werde.

Ort, den ■■■

■■■

(Name)

II.

Ich, (Mandant) erkläre, dass ich es wünsche, dass Frau Rechtsanwältin ■■■ mit meinem jetzigen Ehepartner/Ehepartnerin verhandelt und in diesem Sinne versucht, eine gütliche Einigung zu erzielen.

Ort, den ■■■

■■■

(Name)

# § 2 EHESCHEIDUNG

**Literatur:** Gerhardt/von Heintschel-Heinegg/Klein, Handbuch des Fachanwalts Familienrecht, 4. Aufl. 2004; Schnitzler, Münchener Prozessformularbuch Familienrecht, 2. Aufl. 2002; Thomas/Putzo, ZPO 25. Aufl. 2003

## A. Vorprozessuale Situation

### I. Beratung/Auswirkung der Scheidung bzw. Scheidungsantragseinreichung

#### 1. Zugewinnausgleich

1 Die Zustellung des Scheidungsantrags stellt den Endstichtag für die Zugewinnausgleichsberechnung dar: Bei der Berechnung der Zugewinnausgleichsansprüche wird somit das Datum der Zustellung des Scheidungsantrags zugrunde gelegt. Maßgeblich ist damit sowohl das **Aktivendvermögen** als auch der **Schuldenstand** zu diesem Stichtag.

#### 2. Versorgungsausgleich[1]

2 Stichtag für den Versorgungsausgleich ist ebenfalls die Zustellung des Scheidungsantrags. Dieser Zeitpunkt ist maßgeblich für die Berechnung der während der Ehezeit erworbenen Rentenanwartschaften. Nur bis zu diesem Stichtag ist der Ausgleichsberechtigte an den Rentenanwartschaften des Ausgleichspflichtigen mit beteiligt. So ist im Regelfall das Interesse des Ausgleichspflichtigen die baldmöglichste Einreichung des Scheidungsantrags. Befindet sich der Ausgleichspflichtige bereits in Rente, so werden keine Rentenanwartschaften mehr hinzu erworben. Seine Ausgleichspflicht erhöht sich nicht aufgrund längerer Trennungsdauer.

3 Wird **nach Beginn** der Rente eine Entscheidung des Familiengerichts über den **Versorgungsausgleich** zu Lasten des Versicherten **wirksam**, wird die Rente erst zu dem **Zeitpunkt** um einen **Abschlag** verändert, zu dem bei einer Rente aus der Versicherung des **Ausgleichsberechtigten** ein Zuschlag berücksichtigt wird.

4 **BERATUNGSHINWEIS:** Einer der häufigsten Anwaltsfehler im Rahmen der Beratung betreffend die Einreichung eines Scheidungsantrags ist der Fall, dass der Mandant beabsichtigt, in Kürze Rente zu beziehen. Wird in einem solchen Fall der Scheidungsantrag eingereicht, über den Versorgungsausgleich entschieden und bezieht die Partei erst danach Rente, so wird die Rente gekürzt, obwohl der Ausgleichsberechtigte noch gar keine Rente bezieht. Dies kann dann dazu führen, dass die Ausgleichsberechtigte aufgrund der Rentenkürzung keinen Unterhaltsanspruch mehr hat oder dass dem Ausgleichspflichtigen die Rente gekürzt wird, nur weil der Anwalt zu früh den Scheidungsantrag eingereicht hat. Auf beiden Seiten würde in einem solchen Fall ein klassischer Anwaltsfehler vorliegen.

1 Im Einzelnen hierzu s. Heiß, Das Mandat im Familienrecht § 12.

Die richtige Reihenfolge ist:

- Zuerst Rentenbezug und erst danach Entscheidung des Familiengerichts über den Versorgungsausgleich (SGB VI § 101 Abs. 3).
- Wird diese Reihenfolge eingehalten, so wird die Rente, die an den Pflichtigen gezahlt wird, erst dann gekürzt, wenn der Berechtigte aus dem Versorgungsausgleich eine Rente erhält (vorausgesetzt, die Rente wird bereits bezogen vor Entscheidung über den Versorgungsausgleich).
- Gleiches gilt für Beamte nach dem sog. Beamtenprivileg: Bezieht der Beamte zum Zeitpunkt der Entscheidung über den Versorgungsausgleich bereits Ruhegeld, so wirkt sich die Kürzung erst aus, wenn der ausgleichsberechtigte Ehegatte seinerseits rentenberechtigt ist (§ 57 Abs. 1 Nr. 2 BeamtVG)

In jedem Fall zu beachten ist auch das sog. Unterhaltsprivileg. Nach § 5 VAHRG wird die Versorgung des Ausgleichspflichtigen aufgrund des sog. Unterhaltsprivilegs auch dann nicht gekürzt, wenn der Berechtigte keine Rente aus dem Versorgungsausgleich bezieht und deshalb gegen den Ausgleichspflichtigen einen Unterhaltsanspruch hat oder ein Unterhaltsanspruch an der fehlenden Leistungsfähigkeit des Pflichtigen scheitert. Auf die Höhe des Unterhaltsanspruchs kommt es in diesen Fällen nicht an. Auch geringfügige Beträge reichen aus, um die Voraussetzungen des § 5 VAHRG zu bejahen. Es muss Antrag beim Versicherungsträger gestellt werden (§ 9 VAHRG).

### 3. Erbrechtliche Auswirkungen[2]

5 Sind die erbrechtlichen Auswirkungen seitens der vertretenen Partei erwünscht (Wegfall des Erbrechts), so ist es **sinnvoll**, einen **eigenen** Scheidungsantrag zu stellen, statt lediglich die Zustimmung zum Scheidungsantrag zu erklären, da auch diese Auswirkungen durch **Antragsrücknahme** seitens Antragstellerseite ansonsten beseitigt werden könnten. Mit der Scheidung **erlischt** das Erbrecht der Ehegatten. Die Kinder bleiben nach wie vor erbberechtigt.

6 **Gleiches gilt** gem. § 1933 S. 1 BGB, wenn der Scheidungsantrag **eingereicht ist und**

- die Voraussetzungen für die Ehescheidung (§§ 1565ff. BGB) beim Erbfall gegeben waren **und**
- der Erblasser die Scheidung beantragt oder ihr zugestimmt hat.

7 Da das **Pflichtteilsrecht** über § 2303 Abs. I S. 2 BGB vom gesetzlichen Erbrecht abhängt, entfällt es in diesen Fällen ebenfalls.

8 Um Anwaltsfehler bei der Erstberatung zu vermeiden, empfiehlt es sich, die unter § 1 aufgeführte **Checkliste** bei der Erstberatung – soweit zutreffend – zu verwenden.

### 4. Altersvorsorgeunterhalt

9 **Unterhaltsrechtlich** ist zu beachten – was häufig übersehen wird –, dass mit Einreichung des Scheidungsantrags **Anspruch** auf **Altersvorsorgeunterhalt** besteht zusätzlich zum Elementarunterhalt (Im Einzelnen hierzu siehe unten Rn. 463ff.). Dies deshalb, weil die Zustellung des Scheidungsantrags den Endzeitpunkt für die Berechnung des

2 Im Einzelnen s. Heiß, Das Mandat im Familienrecht § 12.

Ehezeitanteils, also die Berechnung der während der Ehezeit erworbenen Rentenanwartschaften und deren Ausgleich bildet.

## 5. Trennung

### a. Trennung innerhalb der Wohnung

10 Wenn zu befürchten steht, dass die Gegenseite den Trennungszeitpunkt bestreitet, empfiehlt sich ein Anwaltsschreibens zum Beweis des Zeitpunkts der Trennung.

11 Muster: Schreiben an Gegner bezüglich Trennung

2

Sehr geehrter Herr ■■■

ausweislich anliegender Vollmacht zeige ich die anwaltliche Vertretung Ihrer Ehefrau an.

Namens und im Auftrag meiner Mandantin teile ich Ihnen mit, dass diese ab sofort von Ihnen getrennt leben wird.

Meine Mandantin wird ab sofort keinerlei Haushaltstätigkeiten mehr für Sie vornehmen und – statt wie bisher im gemeinsamen Schlafzimmer – nunmehr im Wohnzimmer nächtigen.

Mit vorzüglicher Hochachtung

■■■

12 Soweit ausschließlich wegen der Kinder noch Gemeinsamkeiten vorliegen, ist dies unschädlich, wenn klar und deutlich ist, dass damit kein eheliches Zusammenleben verbunden ist.

13 Bei Trennung durch **Auszug** einer Partei ist maßgeblich der Termin des Auszugs aus der Ehewohnung und **nicht** der Zeitpunkt einer etwaigen **Ummeldung**.

### b. Steuerklasse / Auswirkungen der Trennung

14 Bei der Angabe des Trennungszeitpunkts im Scheidungsverfahren ist folgendes zu beachten: Stichtag aus der Sicht des Finanzamts ist zunächst der 01.01. des betreffenden Jahres. Wenn die Parteien am 01.01. des betreffenden Jahres getrennt gelebt haben, so müssen sie ab diesem Jahr grundsätzlich steuerlich getrennt veranlagt werden, es sei denn sie leben in diesem Jahr wieder – wenn auch kurzfristig – zusammen.

15 Üblicherweise hat der Ehemann ein erheblich höheres Einkommen, als die Ehefrau mit der Folge, dass der Ehemann die **Steuerklasse** III hat und die Ehefrau die Steuerklasse V. Diese **wesentlich günstigere** steuerliche Zusammenveranlagung ändert sich bei dauerhafter Trennung unter Berücksichtigung des Stichtags 01.01. des betreffenden Jahres dahingehend, dass der Ehemann die **wesentlich ungünstigere** Steuerklasse I hat mit den hälftigen Kinderfreibeträgen, sowie die Ehefrau, wenn die Kinder sich bei ihr befinden, die wesentlich günstigere Steuerklasse II.

16 Der steuerliche Nachteil kann weitgehend über das **Realsplitting** wieder ausgeglichen werden. Realsplitting bedeutet, dass der Ehemann die **Ehegattenunterhaltszahlungen** (**nicht: Kindesunterhalt!**) als Sonderausgaben in Abzug bringen kann. Bei Überschrei-

tung der Haushaltsfreibeträge muss die Ehefrau diese Unterhaltszahlungen als sonstige Einkünfte versteuern. Die hierauf entfallenden Steuern und sonstigen finanziellen Nachteile, wie z.B. notwendige Steuerberatungskosten oder Nachteile bei öffentlichen Leistungen sind vom Ehemann zu übernehmen. Das hierzu seitens des Finanzamts erforderliche Formular „Anlage U" (Zustimmung zum Realsplitting) muss die Ehefrau nur unterzeichnen, wenn ihr der Ehemann die dadurch entstehenden finanziellen Nachteile ersetzt. Es empfiehlt sich, die nachfolgende Verpflichtungserklärung vom Ehemann unterzeichnen zu lassen.

17 Muster: Verpflichtungserklärung zur Erstattung finanzieller Nachteile

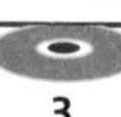

3

Hiermit verpflichtet sich, Herr ■■■, seiner Frau ■■■ sämtliche finanziellen Nachteile einschließlich notwendiger Steuerberatungskosten, die dieser durch die Unterzeichnung der Anlage U entstehen, zu erstatten.

Frau ■■■ stimmt hiermit dem begrenzten Realsplitting zu.

Herr ■■■ verpflichtet sich, des Weiteren die Steuern unverzüglich nach Vorlage des Einkommensteuerbescheides unmittelbar an das Finanzamt zu bezahlen.

■■■, den ■■■

■■■

18 **Beratungshinweis:** In der Praxis häufig ist der Fall, dass Eheleute bereits seit mehreren Jahren getrennt gelebt haben, aber steuerlich noch zusammen veranlagt wurden. Dies betrifft insbesondere jene Fälle, in denen die Trennung innerhalb eines Hauses oder innerhalb der Ehewohnung erfolgte. Hier sollte in jedem Fall nachgefragt werden, ob es nicht zu Versöhnungsversuchen gekommen ist, die die Trennungszeit unterbrochen haben.
Ggf. sollte dann im Scheidungsverfahren unter Umständen angegeben werden: „Die Parteien leben seit spätestens ... auf Dauer getrennt."
Andernfalls ist damit zu rechnen, dass rückwirkend getrennte Veranlagung erfolgt mit der Folge, dass seitens des Ehemannes erhebliche Steuernachzahlungen geleistet werden müssen. In einem solchen Fall hat dann der Ehemann in der Regel bisher Unterhaltszahlungen auf der Grundlage seines Einkommens nach Lohnsteuerklasse III geleistet. Eine Rückforderung von Unterhaltsansprüchen ist nicht bzw. nur ganz eingeschränkt möglich. Die Ehefrau wiederum hat den Nachteil, dass diese Steuerrückzahlungen bei den künftigen Unterhaltszahlungen bei der Einkommensermittlung des Einkommens des Unterhaltspflichtigen einkommensmindernd zu berücksichtigen sind und sich ihr Unterhaltsanspruch dann entsprechend vermindert.

19 Gem. § 1567 II BGB unterbricht oder hemmt ein Zusammenleben über kürzere Zeit zum Zwecke der Versöhnung der Ehegatten die Trennungsfristen nicht. 3 Monate sind die **obere Grenze.**

## II. Anspruchsgrundlagen

### 1. Voraussetzungen für die Durchführung des Scheidungsverfahrens

#### a. Nach Ablauf des Trennungsjahres

20 Gem. § 1565 BGB kann eine Ehe geschieden werden, wenn sie gescheitert ist, was dann der Fall ist, wenn die Lebensgemeinschaft der Ehegatten nicht mehr besteht und auch nicht **erwartet** werden kann, dass die Ehegatten sie wieder herstellen. Die weitaus meisten Scheidungsanträge werden auf § 1565 BGB gestützt. In der Praxis genügt i.d.R. der Sachvortrag bezüglich der einjährigen Trennung sowie Zerrüttung der Ehe.

21 Die Scheidung gem. § 1565 BGB kommt in folgenden zwei Fällen in Betracht:

- Beide Ehegatten wollen geschieden werden, können jedoch bei Einreichung des Scheidungsantrags noch keine Vereinbarung i.S.v. § 630 ZPO (Vereinbarung über Sorgerecht, Umgangsrecht, Kindesunterhalt, Ehegattenunterhalt sowie Ehewohnung und Hausrat) vorlegen. In diesem Fall spricht man von einer sog. **verdeckten Konventionalscheidung.**
- Der Antragsgegner möchte nicht geschieden werden (offene streitige Scheidung).

22 **Beratungshinweis:** In der Praxis genügt den Gerichten i.d.R. die Angabe des Trennungszeitpunkts sowie der Sachvortrag dahingehend, dass die Ehe zerrüttet ist und einer der Ehegatten geschieden werden möchte, da er sich endgültig vom anderen Ehegatten abgewandt hat und die Wiederherstellung der ehelichen Lebensgemeinschaft ablehnt. Diese Vorgehensweise der Gerichte beruht unter anderem darauf, unnötige emotionale Auseinandersetzungen der Parteien zu vermeiden. Die meisten Gerichte lassen es zu, dass der Scheidungsantrag bereits nach einer Trennungszeit von 10 oder 11 Monaten eingereicht wird.
Dringend abgeraten werden muss von der häufig üblichen Praxis, wonach der Anwalt auf Drängen der Partei den Trennungszeitpunkt zurück verlegt, also bewusst wahrheitswidrig einen falschen Trennungszeitpunkt angibt, um den Parteien so die Einreichung des Scheidungsantrags zu ermöglichen.
Die Partei muss unbedingt darauf hingewiesen werden, dass es sich um eine Falschaussage handelt, da die Parteien zum Trennungszeitpunkt förmlich vernommen werden.
Auch machen sich die Parteien wechselseitig erpressbar, wenn übereinstimmend zum Trennungszeitpunkt falsch vorgetragen wird, mit der Folge, dass bei der geringsten Auseinandersetzung, sei es um Unterhalt, Hausrat u.a., wechselseitig damit gedroht wird, dass bewusst wahrheitswidrig zum Trennungszeitpunkt vorgetragen wurde.
Nicht zuletzt ist zu beachten, dass die Angaben zum Trennungszeitpunkt gegenüber dem Familiengericht übereinstimmen müssen mit jenen Angaben, die gegenüber dem Finanzamt gemacht werden.

#### b. Scheidung vor Ablauf des Trennungsjahres

23 Gem. § 1565 II BGB kann die Ehe vor Ablauf des Trennungsjahres nur geschieden werden, wenn ihre Fortsetzung für den **Antragsteller** aus Gründen die ausschließlich in der Person des **Antragsgegners** liegen, eine **unzumutbare** Härte darstellen würde. Der klassische Fall für eine Scheidung vor Ablauf des Trennungsjahres ist die **dauerhafte ehewidrige Beziehung** eines Partners zu einer neuen Lebensgefährtin, oder das Zusam-

menleben mit einem Partner, sowie extreme Gewalttätigkeiten, sei es gerichtet gegen den Ehepartner oder die Kinder oder übermäßiger Alkoholgenuss mit entsprechenden Auswirkungen, z.B. Randalieren/ständiger Streit u.a. Fast allgemein wird die Anwendung des § 1565 Abs. 2 BGB **streng** gehandhabt[3] und zwar selbst dann, wenn auch der andere Ehegatte geschieden werden möchte.

24 In Kommentaren werden als Unzumutbarkeitsfälle z.B. aufgeführt Gewalttätigkeiten, Alkoholmissbrauch, Prostitution, homosexuelle Beziehungen, Kindesmissbrauch, Schikanen, Beleidigungen, Bedrohungen, Straftaten u.a. Diese Voraussetzungen müssen jedoch im Streitfall detailliert dargelegt und unter Beweis gestellt werden.

25 Anwendbar ist § 1565 Abs. 2 im Einzelnen in folgenden Fällen:

- Verstoß gegen die eheliche Treue, jedoch nicht jeglicher Verstoß, sondern abhängig von der Zeitdauer der Beziehung (etwa 3 – 6 Monate),[4]
- Zusammenleben mit einem anderen Partner in eheähnlicher Lebensgemeinschaft, die schon einige Monate dauert,[5]
- schwere **Beleidigungen**, Ehrverletzungen und Beschimpfungen, jedenfalls dann, wenn diese i.V.m. Tätlichkeiten stehen,[6]
- gravierende **Bedrohungen,**[7]
- Homosexualität,[8]
- häufige Misshandlungen,[9]
- **Vergewaltigung** und sexuelle Nötigung,[10]
- Morddrohungen, die ein Ehegatten gegenüber Dritten bezogen auf den Ehepartner äußert,[11]
- Täuschung dahingehend, dass Eheschließung nur erfolgt ist, um Aufenthaltsgenehmigung zu erlangen,[12]
- Trunksucht/häufige Alkoholexzesse,[13]
- Unfähigkeit zur Ausübung des **Geschlechtsverkehrs.**[14]

26 Ob eine unzumutbare Härte auch dann vorliegt, wenn **beide** Ehegatten sich einem anderen Partner zugewandt haben, ist **umstritten.** Sowohl der **Gesetzeswortlaut** als auch der **Gesetzeszweck** sprechen **dafür,** auch in solchen Fällen § 1565 Abs. 2 BGB anzuwenden. Das Gesetz bestimmt– anders als etwa § 1579 Nr. 6 BGB – **nicht ausdrücklich,** dass **nur** Gründe in der Person des anderen Ehegatten vorliegen dürfen und nicht auch solche in der eigenen des antragstellenden Ehegatten.[15]

---

3 OLG Stuttgart FamRZ 1988, 1276; FamRZ 1999, 722; FamRZ 2002, 239; OLG Köln FamRZ 1999, 723.
4 OLG Düsseldorf FamRZ 1978, 27 f; OLG Frankfurt FamRZ 1978, 115, 116.
5 OLG München FamRZ 1978, 113, 114; OLG Köln FamRZ 1991, 822, 823.
6 BGH FamRZ 1981, 127, 129; OLG Frankfurt FamRZ 1978, 115, 116; OLG Hamm FamRZ 1978, 28, 29.
7 OLG Frankfurt FamRZ 1978, 115, 116.
8 Jaeger in: Johannsen/Henrich Rn. 75 zu § 1565.
9 OLG Bremen FamRZ 1977, 807, 808; OLG Düsseldorf FamRZ 1977, 804, 805.
10 OLG Braunschweig FamRZ 2000, 287.
11 OLG Brandenburg FamRZ 2001, 1458.
12 AG Offenbach FamRZ 1993, 810.
13 OLG Bamberg FamRZ 1980, 577, 578; OLG Düsseldorf FamRZ 1978, 26, 27; OLG München FamRZ 1978, 29, 31.
14 OLG Hamm FamRZ 1979, 37 u. 511, 512.
15 Von Heintschel-Heinegg, FAFamR Rn. 29 zu Kap. 2 i.A.a. OLG Düsseldorf FamRZ 1992, 319.

27 **Beratungshinweis:**[16] Wenn die Voraussetzungen für die Bewilligung von Prozesskostenhilfe gegeben sind, so empfiehlt es sich, bei etwaigen Unsicherheiten evtl. Scheidungsantrag unter der Bedingung der Bewilligung der Prozesskostenhilfe einzureichen. Prozesskostenhilfe wird nur bewilligt, wenn die Erfolgsaussichten bejaht werden. Damit wird das Kostenrisiko der Zurückweisung des Scheidungsantrags und Auferlegung der Kosten gegen den Antragsteller vermieden.
Wenn Prozesskostenhilfe durch das Erstgericht abgelehnt wird, so ist hiergegen die Beschwerde zum Oberlandesgericht möglich.
Um zu vermeiden, dass in der Urteilsbegründung detailliert ausgeführt wird, dass einer der Ehegatten eine anderweitige Beziehung hat u.a. besteht die Möglichkeit, dass der Sachverhalt in der Weise zugestanden wird, dass er nicht bestritten und die Aussage zum Sachvortrag der Gegenseite verweigert wird. Sodann ist ggf. Verzicht auf Tatbestand und Urteilsbegründung möglich (wobei hierzu beide Parteien anwaltlich vertreten sein müssen), sodass keine ausführliche Begründung in das Urteil aufgenommen werden muss. Dies gilt jedenfalls dann, wenn beide Ehegatten deutsche Staatsangehörige sind. Hat einer der Ehegatten eine ausländische Staatsangehörigkeit, so kann auf Tatbestand und Entscheidungsgründe nicht verzichtet werden, weil ggf. seitens des ausländischen Staatsangehörigen die Anerkennung des Urteils in dessen Heimatland betrieben werden muss. Hierfür ist ein vollständiges Urteil mit Tatbestand und Gründen versehen erforderlich.

#### c. Trennung zwischen einem Jahr und 3 Jahren

28 Es besteht eine unwiderlegbare Vermutung für das Scheitern der Ehe, wenn **beide** Ehegatten die Scheidung beantragen oder der Antragsgegner der Scheidung **zustimmt,** § 1566 I. Beantragt der Antragsgegner **Abweisung** des Scheidungsantrags, muss dem Gericht im Einzelnen das Scheitern der Ehe nachgewiesen werden.

29 Bei einer Trennungsdauer von mehr als **3 Jahren** besteht eine unwiderlegbare Vermutung dahingehend, dass die Ehe gescheitert ist, § 1566 II BGB. Die Ehe kann auch auf **einseitigen Antrag** hin geschieden werden.

#### d. Kinderschutzklausel/Ehegattenschutzklausel, § 1568 BGB

30 Gemäß § 1568 BGB darf eine Ehe nicht geschieden werden, „wenn und solange die **Aufrechterhaltung** der Ehe im Interesse der aus der Ehe hervorgegangenen **minderjährigen Kinder** aus besonderen Gründen ausnahmsweise **notwendig** ist“. Es genügen nicht die nachteiligen Folgen, die sich bereits aus der Trennung der Eltern ergeben.

31 Diese Vorschrift spielt in der **Praxis keine Rolle**. Anwendbar wird die Vorschrift wohl sein bei **akuter Selbstmordgefahr**, wobei die **Beweislast** den **scheidungswilligen Elternteil** trifft.[17] Die Ehegattenschutzklausel besagt, dass eine Ehe nicht geschieden werden darf, wenn und solange die Scheidung für den Antragsgegner, der sie ablehnt aufgrund **außergewöhnlicher Umstände,** eine so **schwere Härte** darstellen würde, dass die Aufrechterhaltung der Ehe auch unter Berücksichtigung der Belange des Antragstellers **ausnahmsweise** geboten erscheint.

16 Zur Prozesskostenhilfe s. Heiß, Das Mandat im Familienrecht § 3.
17 Von Heintschel-Heinegg a.a.O. Rn. 32 zu Kap. 2.

32 **Beispiel** für außergewöhnliche Umstände:

- Spätstadium einer multiplen Sklerose, in dem schon kleine Aktivierungen der Entzündungsvorgänge massive Anfälle bewirken, die der Kranke aus eigener Kraft nicht mehr begleichen kann, sodass die Gefahr wesentlicher gesundheitlicher Verschlechterung besteht.[18]
- Gleiches gilt für **psychische** Probleme, die im Fall der Scheidung zu einer **erheblichen** gesundheitlichen Gefährdung führen.[19]

33 Nicht ausreichend sind: lange Dauer der Ehe, hohes Alter des Antragsgegners und angegriffener Gesundheitszustand, wenn keine weiteren Umstände hinzutreten.[20]

34 Bei Vorliegen von **Depressionen** steht dies der Scheidung jedenfalls dann nicht entgegen, wenn der Ehegatte therapiefähig ist.[21]

35 Bei **Selbstmordgefahr** gilt Folgendes:

- Stellt dieser drohende Schritt eine vom Antragsgegner zu verantwortende Fehlreaktion dar: keine Anwendung der Ehegattenschutzklausel.
- Handelt es sich um eine von Antragsgegner nicht steuerbare psychische Ausnahmesituation: Anwendung der Ehegattenschutzklausel.[22]

### 2. Dauer des Scheidungsverfahrens

36 Ist nur das Versorgungsausgleichsverfahren (Ausgleich der während der Ehezeit erworbenen Rentenanwartschaften) anhängig, beträgt die Dauer etwa 5 bis 7 Monate. Das **Gericht** entscheidet nur über **Scheidung** und **Versorgungsausgleich**, falls keine anderen Verfahren gerichtlich anhängig sind.

37 **BERATUNGSHINWEIS:** Die Partei ist ausdrücklich darauf hinzuweisen, dass das Gericht nicht von sich aus über die Scheidungsfolgen entscheidet. Die Praxis zeigt, dass die Parteien davon ausgehen, dass das Gericht in jedem Fall über Unterhalt, Vermögensauseinandersetzung und Schuldenteilung entscheidet, ohne dass entsprechende Anträge gestellt werden.

38 Im Übrigen handelt es sich um eine **Verbundentscheidung**, die Entscheidung erfolgt also erst wenn alle Folgesachen entscheidungsreif sind. Klageschriftsätze können auch noch im Termin zur mündlichen Verhandlung über die Scheidung übergeben werden.

39 Eine Abtrennung von Scheidungsfolgesachen kommt gemäß § 628 in Ausnahmefällen in Betracht, so z.B. wenn die zu erwartende **Verzögerung des Scheidungsausspruchs außergewöhnlich** ist und die Verfahrensdauer erheblich über das Maß hinausgeht, das die Entscheidung in den anderen Folgesachen im Allgemeinen in Anspruch nimmt.[23] Maßgebend ist die Zeit ab **Rechtshängigkeit des Scheidungsantrags.**[24]

---

18 BGH FamRZ 1985, 905, 906.

19 OLG Hamm FamRZ 2000, 1418; von Heintschel-Heinegg a.a.O. Rn. 34.

20 OLG Nürnberg FamRZ 1979, 818; OLG Karlsruhe FamRZ 1990, 630.

21 Von Heintschel-Heinegg a.a.O. Rn. 35 i.A.a. OLG Stuttgart NJW-RR 1992, 1093.

22 BGH FamRZ 1981, 1161; OLG Hamm FamRZ 1990, 60.

23 OLG Frankfurt FamRZ 1981, 579, 580; OLG Düsseldorf 1988, 313; NJW-RR 1991, 264; OLG Hamm FamRZ 1992, 1086; OLG Schleswig FamRZ 1992, 1199.

24 BGH FamRZ 1991, 687.

40 Auszugehen ist von der durchschnittlichen Dauer eines Verbundverfahrens, wobei in der Praxis von einem Zeitraum von rund **2 Jahren** ausgegangen wird; die Tatsache, dass das Verfahren schon 2 Jahre läuft, **reicht für sich alleine nicht aus**, sondern es ist im übrigen auch noch auf die Lage des konkreten Falles abzustellen.[25]

41 Beruht die Verzögerung der Erledigung der Folgesache auf einer Überlastung des Gerichts, so genügt dies nicht für eine Abtrennung.[26] Nach der Rechtsprechung des OLG München ist eine Verfahrensdauer von **3 Jahren** erforderlich für eine Abtrennung.

42 Im Übrigen muss hinzukommen, dass der Aufschub der Scheidung zu einer für den Antragsteller **unzumutbaren Härte** führen würde, wobei z.B. zu Gunsten des Antragstellers sprechen kann: Kinderlosigkeit der Ehe; geringe Lebenserwartung durch hohes Alter oder schlechter Gesundheitszustand; die bevorstehende Geburt eines **Kindes** aus einer **neuen Verbindung**,[27] **nicht** dagegen allein die Absicht einer **Wiederheirat**; starke wirtschaftliche Belastung durch die vertragliche Verpflichtung zu überhöhtem Trennungsunterhalt ohne nacheheliche Unterhaltspflicht bei verzögerlicher Verfahrensführung der Gegenseite.[28]

43 Ein im Scheidungsverbund befindliches **Sorgerechtsverfahren muss** gem. § 623 Abs. 2 S. 2 ZPO auf Antrag eines Elternteils abgetrennt werden. Das abgetrennte Verfahren ist dann als isoliertes Verfahren fortzuführen, § 623 Abs. 2 S. 4 ZPO.[29]

44 **Beratungshinweis:** In der Praxis wird Abtrennung vorgenommen, wenn beide Ehegatten mit der Abtrennung einverstanden sind.
In der Regel sollte kein Scheidungsverfahren durchgeführt werden, ohne dass alle Folgesachen geregelt sind. Liegen die Voraussetzungen für Prozesskostenhilfe vor, so ist zu beachten, dass auch für die Folgesachen jeweils Prozesskostenhilfeantrag gesondert gestellt werden muss.

45 Wird ein Scheidungsverfahren ohne Folgesachenregelung durchgeführt, so hat dies für die Parteien den Nachteil, dass die Kosten erheblich höher werden und zwar deshalb, weil im Scheidungsverbundverfahren die Streitwerte für Scheidung und Unterhaltsregelung, sowie Zugewinnausgleichsregelung zusammengezählt werden, während in gesonderten Verfahren für jedes Verfahren ein eigener Streitwert zugrunde gelegt wird.

46 Im Übrigen zeigt die Erfahrung, dass Scheidungsfolgesachen, die erst nach der durchgeführten Scheidung gerichtlich geregelt werden, häufig wesentlich längere Zeit in Anspruch nehmen, da das Hauptinteresse, nämlich die Scheidung, weggefallen ist, während andernfalls beide Parteien mit der Durchführung des Scheidungsverfahrens abwarten müssen, bis die Folgesachen geregelt werden.

25 OLG Hamm FamRZ 1979, 166, 167.
26 Sedemund-Treiber in: Johannsen/Henrich Eherecht, Rn. 6 zu Kap. 628.
27 BGH FamRZ 1986, 898.
28 OLG Celle FamRZ 1979, 523, 524; siehe auch OLG Zweibrücken FamRZ 2002, 334.
29 OLG München FamRZ 2000, 168; OLG Düsseldorf FamRZ 2000, 686; OLG Frankfurt FamRZ 2001, 1227, 1228.

47 Bezüglich Unterhalt empfiehlt sich – falls dieser nicht durch Urteil oder Vereinbarung geregelt ist – ein Belehrungsschreiben dahingehend, dass die Unterhaltsansprüche nicht tituliert sind und somit bei Nichtzahlung durch den Unterhaltspflichtigen ein gesondertes Klageverfahren bezüglich Unterhalt eingeleitet werden muss.

48 Wenn Mandanten ausschließlich die Durchführung des Scheidungsverfahrens wünschen und Folgesachen nicht mitgeregelt werden sollen, so empfiehlt es sich, diese Vorgehensweise gegenüber dem Mandanten ausdrücklich nochmals schriftlich festzuhalten und eine Abschrift des Schreibens in einem gesonderten Akt betreffend Belehrungsschreiben aufzubewahren, damit auch nach Aktenauflösung noch der Nachweis geführt werden kann, dass der Mandant diese Vorgehensweise wünschte. Dies betrifft insbesondere Zugewinnausgleichsansprüche, die in 3 Jahren nach Beendigung des Güterstandes verjähren. Hierzu empfiehlt sich das nachfolgende Belehrungsschreiben:

49 **3. Muster: Belehrungsschreiben betreffend Verjährung Zugewinn**

4

Sehr geehrte(r)

Lediglich der guten Ordnung halber weise ich auf folgendes hin:

Gemäß § 1378 Abs. 4 BGB verjährt die Zugewinnausgleichsforderung in 3 Jahren.

Die Frist beginnt mit dem Zeitpunkt, in dem der Ehegatte erfährt, dass der Güterstand beendet ist.

Bei Beendigung durch Scheidung, also zu dem Zeitpunkt, in dem Sie von dem rechtskräftigen Urteil Kenntnis erlangt haben.

Im Hinblick auf die Abgabe des Rechtsmittelverzichts im Termin beginnt die Frist am ■■■

Das Scheidungsurteil wurde rechtskräftig am ■■■ und Ihnen übersandt am ■■■, sodass von Fristbeginn ■■■ auszugehen ist.

Mit vorzüglicher Hochachtung

■■■.

## B. Prozess

### I. Zuständigkeit

50 Gem. § 606 ZPO gilt folgende Reihenfolge: Zunächst ist das Familiengericht zuständig, in dessen Bezirk die Ehegatten ihren gemeinsamen gewöhnlichen Aufenthalt haben.

51 Fehlt es an einem gemeinsamen gewöhnlichen Aufenthalt der Ehegatten, ist zuständig das Gericht, bei dem einer der Ehegatten zusammen mit den gemeinsamen Kindern den gewöhnlichen Aufenthaltsort hat. Fehlt es bei Eintritt der Rechtshängigkeit an einem solchen gemeinsamen Aufenthalt im Inland, so ist das Familiengericht ausschließlich zuständig in diesem Bezirk einer der Ehegatten mit den gemeinsamen minderjährigen Kindern den gewöhnlichen Aufenthalt hat.

Sind die **Kinder** auf die **Eltern verteilt**, ist Abs. 1 S. 2 unanwendbar.[30] Es gilt dann § 606 Abs. 2 S. 1, also letzter gemeinsamer Aufenthalt, wenn ein Ehepartner dort noch wohnt/Wohnsitzgericht des Antragsgegners/falls ein solcher im Inland fehlt: Wohnsitz des Antragstellers. 52

Ist eine solche Zuständigkeit nicht gegeben, dann ist jenes Gericht zuständig in dessen Gerichtsbezirk die Parteien den letzten gemeinsamen gewöhnlichen Aufenthalt hatten, wenn ein Ehepartner **noch** dort wohnt. 53

Im Übrigen ist das Wohnsitzgericht des Antragsgegners zuständig. Wenn der Antragsgegner keinen gewöhnlichen Aufenthaltsort im **Inland** hat, so zuständig das Gericht des gewöhnlichen Aufenthaltsorts des Antragstellers/der Antragstellerin. 54

Für die **internationale** Zuständigkeit gem. § 606a ZPO gilt: Deutsche Gerichte sind in Ehesachen immer dann zuständig, wenn **ein Ehegatte** deutscher ist oder bei der Eheschließung **war.** Ist keiner der Ehegatten Deutscher und war es auch bei der Eheschließung nicht: Zuständigkeit deutscher Gerichte, wenn beide Ehegatten ihren gewöhnlichen Aufenthalt im Inland haben, § 606a I Satz 1 Nr. 2 ZPO. 55

Internationale Zuständigkeit deutscher Gerichte besteht auch, wenn ein Ehegatte staatenlos ist und den gewöhnlichen Aufenthalt im Inland hat, ebenso: Wenn nur **ein** Ehegatte seinen gewöhnlichen Aufenthalt im Inland hat (nicht jedoch, wenn „die zu fällende Entscheidung offensichtlich nach dem Recht keines der Staaten anerkannt würde, denen einer der Ehegatten angehört) (Übersicht zu diesen Staaten siehe Johannsen/Henrich, Rn.: 36 zu § 606a ZPO). 56

### II. Anwaltszwang

Gem. § 78 ZPO besteht für Scheidungsverfahren, sowie für Scheidungsfolgesachen **im Verbund** Anwaltszwang. Ist alleine das Scheidungsverfahren ohne Folgesachen anhängig, sind sich also die Parteien im übrigen über die Folgesachen einig oder haben sie eine notarielle Vereinbarung getroffen, so genügt es, wenn die **antragstellende** Partei anwaltlich vertreten ist. 57

### III. Staatsangehörigkeit

Anwendbares Recht gem. Artikel 17 in Verbindung mit Artikel 14 EGBGB ist zunächst das Recht des Staates, dem **beide** Ehegatten **angehören** oder während der Ehe zuletzt angehörten, **wenn** einer von ihnen diesem Staat noch **angehört.** 58

Ferner das Recht des Staates, in dem beide Ehegatten ihren **gewöhnlichen Aufenthalt** haben oder während der Ehe zuletzt hatten, wenn einer von ihnen dort noch seinen gewöhnlichen Aufenthalt hat, bzw. hilfsweise das Recht des Staates mit dem die Ehegatten auf **andere** Weise gemeinsam am engsten verbunden sind. 59

30 BGH FamRZ 1987, 1020.

### IV. Aussetzung des Scheidungsverfahrens, § 614 Abs. 2 ZPO

60 Das Gericht soll das Verfahren auf Scheidung von Amts wegen aussetzen, wenn nach seiner freien Überzeugung **Aussicht auf Fortsetzung** der Ehe besteht, § 614 Abs. 2 S. 1 ZPO.

### V. Abtrennung von Folgesachen

61 Eine Abtrennung von Scheidungsfolgesachen kommt gemäß § 628 in Ausnahmefällen in Betracht, so z.B. wenn die zu erwartende **Verzögerung des Scheidungsausspruchs außergewöhnlich** ist und die Verfahrensdauer erheblich über das Maß hinausgeht, das die Entscheidung in den anderen Folgesachen im Allgemeinen in Anspruch nimmt.[31] Maßgebend ist die Zeit ab **Rechtshängigkeit des Scheidungsantrags**.[32]

62 Auszugehen ist von der durchschnittlichen Dauer eines Verbundverfahrens, wobei in der Praxis von einem Zeitraum von rund **2 Jahren** ausgegangen wird, wobei die Tatsache, dass das Verfahren schon 2 Jahre läuft, reicht für sich alleine nicht aus, sondern es ist im übrigen auf die Lage des konkreten Falles abzustellen.[33] Beruht die Verzögerung der Erledigung der Folgesache auf einer Überlastung des Gerichts, so genügt dies nicht für eine Abtrennung.[34]

63 Nach der Rechtsprechung des OLG München ist eine Verfahrensdauer von **3 Jahren** erforderlich für eine Abtrennung. Im Übrigen muss hinzukommen, dass der Aufschub der Scheidung zu einer für den Antragsteller **unzumutbaren Härte** führen würde, wobei z.B. zu Gunsten des Antragstellers sprechen kann: Kinderlosigkeit der Ehe; geringe Lebenserwartung durch hohes Alter oder schlechter Gesundheitszustand; die bevorstehende Geburt eines Kindes aus einer neuen Verbindung,[35] nicht dagegen allein die Absicht einer Wiederheirat; starke wirtschaftliche Belastung durch die vertragliche Verpflichtung zu überhöhtem Trennungsunterhalt ohne nacheheliche Unterhaltspflicht bei verzögerlicher Verfahrensführung der Gegenseite.[36]

64 Ein im Scheidungsverbund befindliches **Sorgerechtsverfahren muss** gem. § 623 Abs. 2 S. 2 ZPO auf Antrag eines Elternteils abgetrennt werden. Das abgetrennte Verfahren ist dann als isoliertes Verfahren fortzuführen, § 623 Abs. 2 S. 4 ZPO.[37]

### VI. Erledigung der Hauptsache bei Tod einer Partei, § 619 ZPO

65 Lebt der Antragsgegner bereits bei Einreichung der Antragsschrift nicht mehr oder stirbt er nach Einreichung (= Anhängigkeit), aber vor Zustellung = Rechtshängigkeit),

31 OLG Frankfurt FamRZ 1981, 579, 580; OLG Düsseldorf 1988, 313; NJW-RR 1991, 264; OLG Hamm FamRZ 1992, 1086; OLG Schleswig FamRZ 1992, 1199.

32 BGH FamRZ 1991, 687.

33 OLG Hamm FamRZ 1979, 166, 167.

34 Sedemund-Treiber in: Johannsen/Henrich Eherecht, Rn. 6 zu Kap. 628.

35 BGH FamRZ 1986, 898.

36 OLG Celle FamRZ 1979, 523, 524; siehe auch OLG Zweibrücken FamRZ 2002, 334.

37 OLG München FamRZ 2000, 168; OLG Düsseldorf FamRZ 2000, 686; OLG Frankfurt FamRZ 2001, 1227, 1228.

wird der Scheidungsantrag mangels Existenz eines Gegners als unzulässig abgewiesen, wenn er nicht zurückgenommen wird.[38]

66 Tritt der Tod **nach** Rechtshängigkeit, aber **vor** Rechtskraft ein, ist das Verfahren als erledigt anzusehen, § 619 ZPO. Ein bereits ergangenes **Urteil** wird mit Ausnahme der Kostenentscheidung **wirkungslos.**[39] Verstirbt der Antragsgegner nach Rechtshängigkeit, aber **vor mündlicher Verhandlung** zur Hauptsache, kann der Antragsteller den Scheidungsantrag zurücknehmen.[40] Sind noch **Folgesachen** rechtshängig, so erledigen sich die FGG-Folgesachen (mit Ausnahme des Versorgungsausgleichs), da diese nur unter Lebenden geregelt werden können.

67 Für **Versorgungsausgleich** gilt: Stirbt der **Ausgleichsberechtigte**, so erlischt nach § 1587e Abs. 2 BGB der Ausgleichsanspruch; der Versorgungsausgleich ist nicht mehr durchzuführen. Stirbt der **Ausgleichsverpflichtete**, ist der Ausgleichsanspruch nach § 1587e Abs. 4 S. 2 BGB gegen die **Erben** geltend zu machen.

68 Für **Unterhalt** gilt: Stirbt der Ausgleichsberechtigte, können nach § 1586 Abs. 2 BGB seine Erben Unterhalt für die Zeit zwischen der Rechtskraft des Scheidungsurteils und dem Tod verlangen. Stirbt der Unterhaltspflichtige, ist der Unterhalt für die angegebene Zeit gegen dessen **Erben** geltend zu machen.[41]

### VII. Rücknahme des Scheidungsantrags, § 626 ZPO

69 Die Rücknahme des Scheidungsantrags richtet sich nach § 269 ZPO. Der Scheidungsantrag kann durch den den Antragsteller vertretenden Rechtsanwalt zurückgenommen werden **bis zur ersten mündlichen Verhandlung** mit der Folge, dass die Anhängigkeit rückwirkend entfällt.

70 **Nach Beginn** der Verhandlung zur Hauptsache kann der Scheidungsantrag nur noch **mit Einwilligung** des Antragsgegners wirksam zurückgenommen werden.[42] Wird der Scheidungsantrag zurückgenommen, werden die **Folgesachen gegenstandslos,** soweit sie nicht die Übertragung der elterlichen Sorge betreffen, weil diese als selbständige Familiensache fortzuführen ist, § 626 Abs. 1 S. 1 1. Hs ZPO. Allerdings kann eine **Folgesache** auf **Antrag** als **selbständige** Familiensache **fortgeführt** werden, § 626 Abs. 2 S. 1 ZPO. Diese Vorschrift ist nur anwendbar für geeignete Folgesachen, z.B. Unterhalt, nicht Versorgungsausgleich. Der Beschluss ergeht ohne mündliche Verhandlung.[43]

### VIII. Rechtsmittel bei Abtrennung

71 Für die Abtrennung einer Folgesache bedarf es nicht zwingend eines besonderen Beschlusses. Auch wenn über die Abtrennung ein isolierter Beschluss ergangen ist,

38 Von Heintschel-Heinegg a.a.O. Rn. 154 zu Kap. 1.
39 BGH FamRZ 1981, 245, 246.
40 Von Heintschel-Heinegg a.a.O. Rn. 154 zu Kap. 1.
41 Von Heintschel-Heinegg a.a.O. Rn. 154 zu Kap. 1.
42 Von Heintschel-Heinegg a.a.O. Rn. 172 zu Kap. 1.
43 Thomas/Putzo Rn. 5 zu § 627.

muss die Rüge der unzulässigen Auflösung des Entscheidungsverbunds im Wege der **Anfechtung** des **Scheidungsausspruchs** erhoben werden, weil die Entscheidung über die Auflösung des Verbundverfahrens verfahrensmäßig dem Urteil über den Scheidungsantrag zugeordnet wird[44]

72 Es gibt also **keine Beschwerde** nach § 567 Abs. 1 ZPO gegen einen isolierten Abtrennungsbeschluss, ebenso wenig wie gegen den Beschluss, der die Abtrennung **ablehnt.**[45] Gegen die **Ablehnung** einer **Vorwegentscheidung** auf Abtrennung ist ein ordentliches Rechtsmittel nicht statthaft.[46]

### IX. Entscheidung im Verbundverfahren

73 Die Entscheidung ergeht einheitlich durch Urteil über Scheidung und Scheidungsfolgesachen (§ 629 Abs. 1 ZPO). Bei einer **Stufenklage** in einer ZPO-Folgesache Unterhalt oder Güterrecht steht nur der **Zahlungsanspruch** im Verbund; über **Auskunft** und **eidesstattliche Versicherung** ist vorab durch Teilurteil zu entscheiden[47]

74 Ist der die Scheidung begehrende Ehegatte **säumig**, kann auf Antrag der Scheidungsantrag **abgewiesen** werden (§§ 608, 330 ZPO). Dagegen kann bei Säumnis des **Antragsgegners** die Ehe **nicht** durch **Versäumnisurteil** (§ 612 Abs. 4 ZPO) geschieden werden, wohl aber durch streitiges Endurteil.[48]

75 In FGG-Folgesachen gibt es **kein** Säumnisverfahren. In **ZPO**-Folgesachen kann bei **stattgebendem** Scheidungsurteil durch Versäumnisurteil entschieden werden. § 612 Abs. 4 ZPO gilt nur für die Scheidung, nicht für ZPO-Folgesachen, für die nach § 624 Abs. 3 ZPO die Vorschriften über das Verfahren vor den Landgerichten und damit auch die Vorschrift über das Säumnisverfahren nach §§ 330ff. ZPO gelten.[49]

76 Die Urteilsformel ist überschrieben mit „Versäumnisurteil und Endurteil". Es ergeht **kein gesondertes Versäumnisurteil.**

## C. Muster

77
### I. Muster: Scheidungsantrag vor Ablauf Trennungsjahr ohne Prozesskostenhilfe

5

■■■

Antrag

der/des ■■■

Antragstellerin/Antragsteller

Prozessbevollmächtigte:

---

44 Von Heintschel-Heinegg a.a.O. Rn. 185 zu Kap. 1 i.A.a. BGH FamRZ 1996, 1333.
45 Thomas/Putzo Rn. 7 zu § 628.
46 OLG Düsseldorf FamRZ 1994, 1121; OLG Karlsruhe FamRZ 1999, 98.
47 OLG Nürnberg FamRZ 1998, 685.
48 Von Heintschel-Heinegg a.a.O. Rn. 188 i.A.a. Thomas/Putzo Rn. 5 zu § 612 ZPO.
49 Von Heintschel-Heinegg a.a.O.

gegen

■■■

Antragsgegner/Antragsgegnerin

wegen Ehescheidung

vorläufiger Gegenstandswert: ■■■

Ich zeige ausweislich anliegender/nachzureichender Prozessvollmacht die anwaltliche Vertretung der Antragstellerin/des Antragstellers an.

In der Sache selbst stelle ich folgenden Antrag:

Die am ■■■ vor dem Standesbeamten in ■■■, Heiratsregister-Nr.: ■■■, geschlossene Ehe der Parteien wird geschieden.

Begründung:

I. Persönliche Verhältnisse der Parteien
Die Antragstellerin/der Antragsteller geboren am ■■■ und der Antragsgegner/die Antragsgegnerin, geboren am ■■■, beide deutsche/■■■ Staatsangehörigem, haben – wie im Antrag bezeichnet – die Ehe geschlossen.
Beweis:
1. Heiratsurkunde die anliegt/umgehend nachgereicht wird.
2. Personalausweise, im Termin vorzulegen.
Die Parteien haben ihren derzeitigen gewöhnlichen Aufenthalt im Bezirk des angerufenen Familiengerichts ■■■ die Parteien haben ihren derzeitigen gewöhnlichen Aufenthalt zwar im Bezirk verschiedener Familiengerichte, jedoch hat ihn die Antragstellerin mit den gemeinsamen minderjährigen Kindern im Bezirk des angerufenen Familiengerichts.
Der letzte gewöhnliche Aufenthaltsort der Parteien war in ■■■
Aus der Ehe sind folgende gemeinschaftliche Kinder hervorgegangen ■■■/aus der Ehe sind keine Kinder hervorgegangen.
■■■ geboren am ■■■
■■■ geboren am ■■■
■■■ geboren am ■■■
■■■ geboren am ■■■
Der gewöhnliche Aufenthaltsort der Kinder befindet sich bei ■■■
Das Sorgerecht soll gemeinsam ausgeübt werden ■■■/bezüglich des Sorgerechts wird auf den gesonderten Schriftsatz heutigen Datums verwiesen.

II. Wirtschaftliche Verhältnisse der Parteien
Die Antragstellerin/der Antragsteller verfügt über ein Nettoeinkommen in Höhe von ■■■
Der Antragsgegner/die Antragsgegnerin verfügt über ein Nettoeinkommen in Höhe von ■■■
Anrechenbares Vermögen ist nicht vorhanden.

III. Ehescheidung
Die Ehe der Parteien ist gescheitert. Die Lebensgemeinschaft der Ehegatten besteht nicht mehr.

Die Parteien leben getrennt seit ■■■ Beide Parteien/die Antragstellerin/der Antragsteller ■■■ wollen/will ■■■ die eheliche Lebensgemeinschaft nicht mehr wieder herstellen und lehnt die Wiederaufnahme der ehelichen Lebensgemeinschaft ab.
Beweis: Parteieinvernahme.
Der Scheidungsantrag wird gestützt auf § 1565 II BGB. Der Antragsgegner/die Antragsgegnerin hat sich nachhaltig einem anderen Partner/einer anderen Partnerin zugewandt. Es liegt ein Fall der unzumutbaren Härte vor.
Beweis:
1. Im Bestreitensfalle Einvernahme des Antragsgegners/der Antragsgegnerin.
2. N.N.

IV. Folgesachen
Entscheidungen zu Folgesachen sind, mit Ausnahme des Versorgungsausgleichs, nicht veranlasst ■■■
Bezüglich der Folgesachen soll eine außergerichtliche Vereinbarung herbeigeführt werden ■■■
Im Rahmen des Scheidungsverfahrens soll folgende Vereinbarung zu Protokoll gegeben werden.
Ich bitte um Übersendung der Versorgungsausgleichsformulare.

V. Kosten

Kostenvorschuss in Höhe von € ■■■ ist beigefügt in Form von ■■■

Rechtsanwältin

78

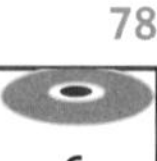

6

## II. Muster: Scheidungsantrag nach Ablauf Trennungsjahr mit Prozesskostenhilfe

■■■

Antrag:

wegen Ehescheidung

Ich zeige ausweislich anliegender/nachzureichender Prozessvollmacht die anwaltliche Vertretung der Antragstellerin/des Antragstellers an.

Namens und im Auftrag der Antragstellerin/des Antragstellers bitte ich, dieser/diesem Prozesskostenhilfe zu bewilligen und ihr/ihm zur Wahrnehmung ihrer/seiner Rechte die Unterfertigte als Rechtsanwältin beizuordnen.

Zur Begründung nehme ich Bezug auf die anliegende Erklärung über die persönlichen und wirtschaftlichen Verhältnisse sowie die zur Glaubhaftmachung beigefügten Belege.

Ich gelange zu folgender Prozesskostenhilfeberechnung, wobei das Kindergeld nicht einkommenserhöhend berücksichtigt wurde.

Das Kindergeld zählt bei der Bewilligung der Prozesskostenhilfe nicht als Einkommen.[50]

Das Kindergeld ist dazu bestimmt, Familien oder Einzelpersonen mit Kindern zu entlasten. Dieser Zweck wird verfehlt, wenn man es bei der Frage, ob Raten zu zahlen sind, berücksichtigen würde.[51]

50 OLG Hamm, FamRZ 2000, 1.093.
51 OLG Hamm, a.a.O.

Jedenfalls nach der Entscheidung des Bundesverfassungsgerichts zur Frage des Existenzminimums[52] ist für die Berücksichtigung des Kindergelds im Rahmen des § 115 ZPO kein Raum.

Die Frage der Anrechnung von Kindergeld als Einkommen der Eltern dürfte sich zwischenzeitlich erübrigt haben im Hinblick auf § 82 SGB XII. Darin wird klargestellt, dass das Kindergeld dem jeweiligen Kind als Einkommen zuzurechnen ist, soweit es bei diesem Kind zur Deckung des notwendigen Lebensunterhalts benötigt wird.

| | |
|---|---|
| Einkommen | ■■■ |
| zuzüglich Unterhalt | ■■■ |
| zuzüglich Erziehungsgeld | ■■■ |
| zuzüglich Kindergeld | ■■■ |
| abzüglich Einkommensfreibetrag | 353,00 € |
| abzüglich Erwerbstätigenfreibetrag | 154,00 € |
| abzüglich Freibetrag Kind | 248,00 € |
| abzüglich Fahrtkosten: | |
| ■■■ km x 2x 027x 22 = | ■■■ |
| abzüglich Miete | ■■■ |
| abzüglich Nebenkosten | ■■■ |
| abzüglich Schulden monatlich | ■■■ |
| abzüglich Unfallversicherung | ■■■ |
| abzüglich Haftpflichtversicherung | ■■■ |
| abzüglich Lebensversicherung | ■■■ |
| #abzüglich Hausratsversicherung | ■■■ |
| abzüglich Strom | ■■■ |
| abzüglich Kindergartenkosten | ■■■ |
| abzüglich Ausbildungsversicherungen | |
| Kinder | ■■■ |
| | ___________ |
| ergibt folgendes Einkommen: | ■■■ |

In der Sache selbst stelle ich folgenden Antrag:

52 OLG Hamm, FamRZ 2000, 1.093.

Die am ■■■ vor dem Standesbeamten in ■■■, Heiratsregister-Nr.: ■■■ geschlossene Ehe der Parteien wird geschieden.

Begründung

I. Persönliche Verhältnisse der Parteien

Die Antragstellerin/der Antragsteller, geboren am ■■■ und der Antragsgegner/die Antragsgegnerin, geboren am ■■■, beide deutsche/■■■ Staatsangehörige, haben – wie im Antrag bezeichnet – die Ehe geschlossen.

Beweis:

1. Heiratsurkunde, die anliegt.
2. Personalausweise im Termin vorzulegen.

Die Parteien haben ihren derzeitigen gewöhnlichen Aufenthalt im Bezirk des angerufenen Familiengerichts ■■■/die Parteien haben ihren derzeitigen gewöhnlichen Aufenthalt zwar im Bezirk verschiedener Familiengerichte, jedoch hat die Antragstellerin mit den gemeinsamen minderjährigen Kindern im Bezirk des angerufenen Familiengerichts.

Der letzte gewöhnliche Aufenthaltsort der Parteien war in ■■■

Aus der Ehe sind folgende gemeinschaftliche Kinder hervorgegangen:

■■■ geboren am ■■■

Der gewöhnliche Aufenthaltsort der Kinder befindet sich bei ■■■

Das Sorgerecht soll gemeinsam ausgeübt werden ■■■/bezüglich des Sorgerechts wird auf den gesonderten Schriftsatz heutigen Datums verwiesen.

oder: ■■■ aus der Ehe sind keine Kinder hervorgegangen.

II. Wirtschaftliche Verhältnisse der Parteien

Die Antragstellerin/der Antragsteller verfügt über ein Nettoeinkommen in Höhe von ■■■

Der Antragsgegner/die Antragsgegnerin verfügt über ein Nettoeinkommen in Höhe von ■■■

Anrechenbares Vermögen ist nicht vorhanden.

III. Ehescheidung

Die Ehe der Parteien ist gescheitert.

Die Lebensgemeinschaft der Ehegatten besteht nicht mehr.

Die Parteien leben getrennt seit ■■■ Beide Parteien/die Antragstellerin/der Antragsteller ■■■ wollen/will ■■■ die eheliche Lebensgemeinschaft nicht mehr wieder herstellen und lehnt/en die Wiederaufnahme der ehelichen Lebensgemeinschaft ab.

Beweis: Parteieinvernahme.

Der Scheidungsantrag wird gestützt auf § 1565 II BGB. Der Antragsgegner/die Antragsgegnerin hat sich nachhaltig einem anderen Partner/einer anderen Partnerin zugewandt. Es liegt ein Fall der unzumutbaren Härte vor.

Beweis:

1. Im Bestreitensfalle Einvernahme des Antragsgegners/der Antragsgegnerin.
2. N.N.

IV. Folgesachen

Entscheidungen zu Folgesachen sind, mit Ausnahme des Versorgungsausgleichs, nicht veranlasst ■■■

Bezüglich der Folgesachen soll eine außergerichtliche Vereinbarung herbeigeführt werden ■■■

alternativ: Im Rahmen des Scheidungsverfahrens soll folgende Vereinbarung zu Protokoll gegeben werden, wobei ich um Prozesskostenhilfeerstreckung auf die nachfolgende Vereinbarung bitte ■■■

Ich bitte um Übersendung der Versorgungsausgleichsformulare.

Rechtsanwältin

79

**Beratungshinweis:**[53] Werden Anträge mit Prozesskostenhilfe eingereicht, so empfiehlt es sich, zur Vereinfachung für das Gericht – wie in dem vorstehenden Formular geschehen – eine Prozesskostenhilfeberechnung zu erstellen. Die damit verbundene Arbeitserleichterung des Gerichts wird i.d.R. mit großzügigen Entscheidungen über den Prozesskostenhilfeantrag honoriert. Zu denken ist jedoch daran, dass diese im Scheidungsantrag erfolgten Angaben der Gegenseite dann im Detail bekannt sind, was jedoch in der Praxis an sich keine Probleme bereitet, nachdem Angaben über Einkommen und Ausgaben spätestens dann gemacht werden müssen, wenn Unterhaltsansprüche geltend gemacht werden.

80

### III. Muster: Scheidungsantrag nach Ablauf Trennungsjahr ohne Prozesskostenhilfe

7

■■■

Antrag

wegen einverständlicher Ehescheidung

vorläufiger Gegenstandswert: ■■■

Ich zeige ausweislich anliegender/nachzureichender Prozessvollmacht die anwaltliche Vertretung/der Antragstellerin/des Antragstellers an.

In der Sache selbst stelle ich folgenden Antrag:

Die am ■■■ vor dem Standesbeamten in ■■■, HR-Nr.: ■■■, geschlossene Ehe der Parteien wird geschieden.

Begründung

I. Persönliche Verhältnisse der Parteien
Die Antragstellerin/Der Antragsteller, geboren am ■■■ und der Antragsgegner/die Antragsgegnerin, geboren am ■■■ beide deutsche Staatsangehörige, haben – wie im Antrag bezeichnet – die Ehe geschlossen.
Beweis:
1. Heiratsurkunde, die anliegt.
2. Personalausweise im Termin vorzulegen.
Die Parteien haben ihren derzeitigen gewöhnlichen Aufenthalt im Bezirk des angerufenen Familiengerichts ■■■ Die Parteien haben ihren derzeitigen gewöhnlichen Aufenthalt zwar im Bezirk verschiedener Familiengerichte, jedoch hat ihn die Antragstellerin mit den gemeinsamen minderjährigen Kindern im Bezirk des angerufenen Familiengerichts.

53 Im Einzelnen zur Prozesskostenhilfe s. Heiß, Das Mandat im Familienrecht § 3.

Der letzte gewöhnliche Aufenthaltsort der Parteien war in ■■■
Aus der Ehe sind folgende gemeinschaftliche Kinder hervorgegangen: / Aus der Ehe sind keine Kinder hervorgegangen.
■■■ geboren am ■■■
Der gewöhnliche Aufenthaltsort der Kinder befindet sich bei ■■■
Das Sorgerecht soll gemeinsam ausgeübt werden ■■■ / Bezüglich des Sorgerechts wird auf den gesonderten Schriftsatz heutigen Datums verwiesen.

II. Wirtschaftliche Verhältnisse der Parteien
Die Antragstellerin / Der Antragsteller / verfügt über ein Nettoeinkommen in Höhe von ■■■
Der Antragsgegner / Die Antragsgegnerin verfügt über ein Nettoeinkommen in Höhe von ■■■
Anrechenbares Vermögen ist nicht vorhanden.

III. Ehescheidung
Die Ehe der Parteien ist gescheitert.
Die Lebensgemeinschaft der Ehegatten besteht nicht mehr.
Die Parteien leben getrennt seit ■■■ Beide Parteien / Die Antragstellerin / Der Antragsteller ■■■ wollen / will ■■■ die eheliche Lebensgemeinschaft nicht mehr wieder herstellen und / lehnen / lehnt / die Wiederaufnahme der ehelichen Lebensgemeinschaft ab.
Beweis: Parteieinvernahme.
Da die Parteien seit über einem Jahr/knapp einem Jahr/getrennt leben, sind die Voraussetzungen für die Durchführung des Scheidungsverfahrens gegeben.

IV. Folgesachen
Entscheidungen zu Folgesachen sind, mit Ausnahme des Versorgungsausgleichs, nicht veranlasst ■■■
Bezüglich der Folgesachen soll eine außergerichtliche Vereinbarung herbeigeführt werden ■■■ alternativ:
Im Rahmen des Scheidungsverfahrens soll folgende Vereinbarung zu Protokoll gegeben werden:
Ich bitte um Übersendung der Versorgungsausgleichsformulare.

V. Kosten
Kostenvorschuss in Höhe von € ■■■ ist beigefügt in Form von ■■■

Rechtsanwältin

81

### IV. Muster: Verdeckte Konventionalscheidung

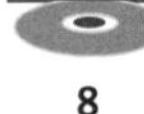

8

■■■

Antrag:

wegen einverständlicher Ehescheidung

vorläufiger Gegenstandswert: ■■■

Ich zeige ausweislich anliegender / nachzureichender Prozessvollmacht die anwaltliche Vertretung / der Antragstellerin / des Antragstellers an.

In der Sache selbst stelle ich folgenden Antrag:

Die am ■■■ vor dem Standesbeamten in ■■■, HR-Nr.: ■■■, geschlossene Ehe der Parteien wird geschieden.

Begründung

Persönliche Verhältnisse der Parteien

Die Antragstellerin/Der Antragsteller, geboren am ■■■ und der Antragsgegner/die Antragsgegnerin, geboren am ■■■ beide deutsche Staatsangehörige, haben – wie im Antrag bezeichnet – die Ehe geschlossen.

Beweis:
1. Heiratsurkunde, die anliegt.
2. Personalausweise im Termin vorzulegen.

Die Parteien haben ihren derzeitigen gewöhnlichen Aufenthalt im Bezirk des angerufenen Familiengerichts ■■■ Die Parteien haben ihren derzeitigen gewöhnlichen Aufenthalt zwar im Bezirk verschiedener Familiengerichte, jedoch hat ihn die Antragstellerin mit den gemeinsamen minderjährigen Kindern im Bezirk des angerufenen Familiengerichts.

Der letzte gewöhnliche Aufenthaltsort der Parteien war in ■■■

Aus der Ehe sind folgende gemeinschaftliche Kinder hervorgegangen:/Aus der Ehe sind keine Kinder hervorgegangen.

■■■ geboren am ■■■

Der gewöhnliche Aufenthaltsort der Kinder befindet sich bei ■■■

Das Sorgerecht soll gemeinsam ausgeübt werden ■■■/Bezüglich des Sorgerechts wird auf den gesonderten Schriftsatz heutigen Datums verwiesen.

I. Wirtschaftliche Verhältnisse der Parteien
Die Antragstellerin/Der Antragsteller/verfügt über ein Nettoeinkommen in Höhe von ■■■
Der Antragsgegner/Die Antragsgegnerin verfügt über ein Nettoeinkommen in Höhe von ■■■
Anrechenbares Vermögen ist nicht vorhanden.

II. Ehescheidung
Die Ehe der Parteien ist gescheitert.
Die Lebensgemeinschaft der Ehegatten besteht nicht mehr.
Die Parteien leben getrennt seit ■■■ Beide Parteien/Die Antragstellerin/Der Antragsteller ■■■ wollen/will ■■■ die eheliche Lebensgemeinschaft nicht mehr wieder herstellen und/lehnen/lehnt/die Wiederaufnahme der ehelichen Lebensgemeinschaft ab.
Beweis: Parteieinvernahme.
Da die Parteien seit über einem Jahr/knapp einem Jahr/getrennt leben, sind die Voraussetzungen für die Durchführung des Scheidungsverfahrens gegeben.
Der Antragsteller/die Antragstellerin sieht keine Möglichkeit mehr für eine Fortsetzung der Ehe und möchte deshalb geschieden werden. Der Antragsteller/die Antragstellerin hat sich endgültig von dem Antragsgegner/der Antragsgegnerin abgewandt, sodass nicht erwartet werden kann, dass die Ehegatten die Ehe wieder herstellen. Die Ehe muss deshalb als endgültig gescheitert angesehen werden. Der Scheidungsantrag wird gestützt auf § 1565 Abs. 1 BGB.

III. Folgesachen
Entscheidungen zu Folgesachen sind, mit Ausnahme des Versorgungsausgleichs, nicht veranlasst ■■■

Bezüglich der Folgesachen soll eine außergerichtliche Vereinbarung herbeigeführt werden ■■■

Im Rahmen des Scheidungsverfahrens soll folgende Vereinbarung zu Protokoll gegeben werden:

Ich bitte um Übersendung der Versorgungsausgleichsformulare.

IV. Kosten

Kostenvorschuss in Höhe von € ■■■ ist beigefügt in Form von ■■■

Rechtsanwältin

82

### V. Muster: Antrag auf Aussetzung des Verfahrens gem. § 614 ZPO

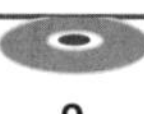

9

■■■

Antrag:

Das Scheidungsverfahren wird ausgesetzt.

Begründung:

Der Antragsteller sieht eine Möglichkeit, die Ehe mit der Antragsgegnerin aufrecht zu erhalten. Zwischen den Parteien kam es zu mehreren Gesprächen. Möglicherweise werden sich die Parteien in eine Familientherapie begeben.

Rechtsanwältin

83 **Anmerkung**: Die **Aussetzung** darf gem. § 614 Abs. 4 ZPO nur einmal wiederholt werden. Sie darf insgesamt die Dauer von **einem Jahr**, bei einer mehr als dreijährigen Trennung die Dauer von **6 Monaten**, nicht überschreiten. Neben der Aussetzungsmöglichkeit gem. § 614 ZPO ist § 251 ZPO anwendbar, wonach das Ruhen des Verfahrens anzuordnen ist, wenn entweder beide Parteien dies beantragen und anzunehmen ist, dass wegen Schwebens von Vergleichsverhandlungen oder aus sonstigen wichtigen Gründen diese Anordnung zweckmäßig ist.

84 Gemäß § 252 ZPO ist die **sofortige Beschwerde** gegen die Aussetzung des Verfahrens oder Ablehnung der Aussetzung statthaft.

85

### VI. Muster: Antrag auf Abtrennung von Folgesachen

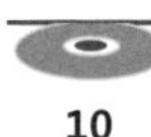

10

■■■

Antrag:

Namens und im Auftrag der Antragstellerin beantrage ich:

Die Folgesache Güterrecht wird abgetrennt.

Begründung:

1. Die Voraussetzungen des § 628 S. 1 Nr. 4 ZPO liegen vor.
   Die gleichzeitige Entscheidung über die Folgesache Güterrecht würde den Scheidungsausspruch so außergewöhnlich verzögern, dass der Aufschub auch unter Berücksichtigung der Bedeutung der Folgesache eine unzumutbare Härte darstellen würde.

2. Das Scheidungsverfahren ist seit ■■■ also mehr als 3 Jahren rechtshängig.
3. Die Ehescheidung ist entscheidungsreif. Die Parteien leben bereits mehr als 3 Jahre getrennt. Die Auskünfte zum Versorgungsausgleich liegen vor.
4. Das Verfahren in der Folgesache Güterrecht wird voraussichtlich noch längere Zeit in Anspruch nehmen und zwar aus folgenden Gründen:
   - Der Antragsgegner behauptet, dass per Stichtag Zustellung Scheidungsantrag gegen ihn eine Schadenersatzforderung in Höhe von ■■■ € geltend gemacht wurde, bezüglich deren nunmehr ein Verfahren in 1. Instanz beim Landgericht anhängig ist.
   - Sollte diese Forderung tatsächlich bestehen, was erst dann feststeht, wenn – rechtskräftig – über diese Forderung entschieden wurde, so wäre diese Forderung unter Umständen im negativen Endvermögen des Antragsgegners zu berücksichtigen.
   - Es ist nicht abzusehen, wann mit einer rechtskräftigen Entscheidung über diese angebliche Forderung zu rechnen ist.
   - Bezüglich des Unternehmens des Antragsgegners ist ein Sachverständigen- gutachten zu erholen, dessen Erstellung mindestens ein halbes Jahr in Anspruch nehmen wird. Sodann ist aufgrund der bisherigen Einlassung des Antragsgegners damit zu rechnen, dass eine Anhörung des Sachverständigen zu erfolgen hat, Einwendungen gegen das Gutachten erhoben werden u.a.

   Aus den vorgenannten Gründen ergibt sich die außergewöhnliche Verzögerung des Verfahrens.
5. Die unzumutbare Härte ergibt sich aus Folgendem:
   - Die Antragstellerin erwartet ein Kind von ihrem neuen Lebenspartner.
   - Sie beabsichtigt, ihren Lebensgefährten zu heiraten.
   - Der Antragsgegner hat das Verfahren unnötig verzögert, indem er keine Auskünfte erteilt hat.

Rechtsanwältin

86

**Anmerkung:** Die Entscheidung betreffend die Abtrennung ist **nicht selbständig anfechtbar.**[54] Bei Abtrennung kann jedoch gegen den **Scheidungsausspruch Berufung** eingelegt werden mit der Begründung, dass die Abtrennung nicht hätte erfolgen dürfen.[55]

## VII. Muster: Eheaufhebungsantrag

87

11

■■■

zeige ich ausweislich anliegender Vollmacht die anwaltliche Vertretung der Antragstellerin an und stelle folgenden

Antrag:

Die am ■■■ vor dem Standesbeamten in ■■■, Heiratsregister-Nr. ■■■, geschlossene Ehe der Parteien wird aufgehoben.

54 BGH FamRZ 1979, 221.

55 BGH FamRZ 1979, 690; OLG Zweibrücken FamRZ 1998, 1525.

Begründung:[56]

I. Die Parteien hatten zu keinem Zeitpunkt einen gemeinsamen gewöhnlichen Aufenthalt.
II. Der gewöhnliche Aufenthaltsort des Antragsgegners befindet sich im Bezirk des angerufenen Familiengerichts.
III. Die örtliche Zuständigkeit des angerufenen Familiengerichts ergibt sich aus § 606 Abs. 2 S. 2 ZPO.
IV. Der Antrag auf Aufhebung der Ehe wird auf § 1314 Abs. 2 Nr. 5 BGB gestützt.
V. Die Parteien haben die Ehe geschlossen, um zu vermeiden, dass der Antragsgegner aus Deutschland abgeschoben wird.
VI. Ein Zusammenleben der Parteien oder gar ein ehelicher Verkehr zwischen ihnen hat zu keinem Zeitpunkt stattgefunden.
Beweis: Parteieinvernahme
VII. Die Eheschließung seitens der Antragstellerin erfolgte aus reinem Mitleid. Finanzielle Leistungen für die Eheschließung hat sie nicht erhalten.
Beweis: Parteieinvernahme
VIII. Die Parteien haben bereits vor der Eheschließung durch notarielle Vereinbarung sämtliche Scheidungsfolgesachen wie Unterhalt, Zugewinnausgleich, Versorgungsausgleich, ausgeschlossen.
Beweis: Anliegender notarieller Vertrag vom ■■■
IX. Auch hieraus ergibt sich, dass die Parteien keinerlei eheliche Verpflichtungen i.S.d. § 1353 Abs. 1 BGB begründen wollten.

Die Ehe der Parteien ist damit aufzuheben.

Rechtsanwältin

88 **Anmerkung:** Die Eheaufhebung ist in den §§ 1313ff. BGB geregelt. Sie unterscheidet sich von der Ehescheidung dadurch, dass die Aufhebung aus Gründen erfolgte, die **bei der Eheschließung** vorlagen, während die Scheidung aus Gründen erfolgt, die **nach der Eheschließung** eingetreten sind.[57]

89 Die Eheaufhebungsgründe sind in § 1314 BGB **abschließend** geregelt (§ 1313 S. 3 BGB). Eheaufhebungsgründe sind, abgesehen von Geschäftsunfähigkeit, Doppelehe oder Formmängel:

- Bewusstlosigkeit oder vorübergehende Störung der Geistestätigkeit, § 1314 Abs. 2 Nr. 1 BGB
- Fehlendes Bewusstsein vom Vorliegen einer Eheschließung (§ 1314 Abs. 2 Nr. 2 BGB)
- Arglistige Täuschung, § 1314 Abs. 2 Nr. BGB
- Drohung, § 1314 Abs. 2 Nr. 4 BGB
- **Scheinehe**, § 1314 Abs. 2 Nr. 5 BGB

90 Antragsfrist: **1 Jahr**, § 1317 BGB, wobei im Falle einer **Scheinehe keine** Frist läuft.

91 **Aufhebungsfolgen** nach § 1318 BGB: Unterhalt kann nur der gutgläubige Ehegatte verlangen bzw. wenn auch der andere Ehegatte bösgläubig war, nur unter den Voraus-

56 I.A.a. Bergschneider in: Münchener Prozessformularbuch Familienrecht B. I.

57 Bergschneider a.a.O. Anm. 1 zu B. I.

setzungen des § 1318 Abs. 2 Nr. 2 BGB.[58] Die Vorschriften zum gesetzlichen **Güterrecht** und zum **Versorgungsausgleich** sind entsprechend anwendbar, soweit dies nicht im Hinblick auf die Umstände bei der Eheschließung **grob unbillig** wäre, § 1318 Abs. 3 BGB. Die Vorschriften der Hausratsverordnung gelten entsprechend, § 1318 Abs. 4 BGB. Die Aufhebung verlangt **keine Trennungsfrist.**[59]

92 Für das Eheverfahren gelten zunächst die §§ 606-620g ZPO, also die Vorschriften über **Ehesachen,** zusätzlich gilt § **631 ZPO.** Es gelten also weitgehend die Vorschriften des Scheidungsverfahrens, jedoch **nicht** der **Scheidungsverbund** nach § 623 ZPO. Über **Folgesachen** ist nur auf **Antrag** zu entscheiden und zwar in einem **gesonderten Verfahren.** Für die **Zuständigkeit** gelten wie bei Ehesachen §§ 23g Abs. 1 S. 1 Nr. 1 GVG, § 606 Abs. 1 S. 1 ZPO sowie für die örtliche Zuständigkeit § 606 ZPO. Es besteht **Anwaltszwang.**

93 Die Ehe ist mit der **Rechtskraft** des Urteils aufgelöst, § 1313 S. 2 BGB, also mit Wirkung ex nunc. **Zulässig** ist die **gleichzeitige Beantragung** der Scheidung. Sind beide Anträge begründet, ist nur auf Aufhebung der Ehe zu erkennen, § 631 Abs. 2 S. 3 ZPO.[60] Es empfiehlt sich in jedem Fall, **hilfsweise einen Scheidungsantrag** zu stellen.

94 Der **Antragsteller** hat die **Beweislast** für das Vorliegen des Aufhebungsgrundes. Gegen das Urteil kann Berufung (§ 511 ZPO) zum **Oberlandesgericht** eingelegt werden. Die **Berufungsfrist** beträgt **einen Monat** (§ 517 ZPO). Die **Berufungsbegründungsfrist** beträgt **2 Monate,** gerechnet ab Zustellung des Urteils (§ 520 Abs. 2 S. 1 ZPO). Zu **Kosten** und **Gebühren** gelten die **gleichen** Vorschriften wie für das **Scheidungsverfahren.**

### VIII. Muster: Antrag auf öffentliche Zustellung des Scheidungsantrags

95

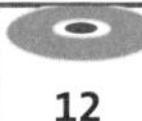

12

■■■

Zeige ich ausweislich anliegender Vollmacht die anwaltliche Vertretung der Antragstellerin an und stelle folgenden

Antrag:

Es wird die öffentliche Zustellung des Scheidungsantrags und der Ladung zum Verhandlungstermin bewilligt.

Begründung:

I. Mit heutigem Schriftsatz wurde Scheidungsantrag bei Gericht eingereicht.

II. Die letzte bekannte Anschrift des Antragsgegners war ■■■
Trotz eingehender Ermittlungen ist der derzeitige Aufenthalt des Antragsgegners unbekannt.

III. Anliegend übergebe ich Auskunft des Einwohnermeldeamts, wonach der Antragsgegner unbekannt verzogen ist sowie Ergebnis der Anschriftenüberprüfung der Post mit gleichem Inhalt.

58 Bergschneider a.a.O.

59 Bergschneider a.a.O.

60 Bergschneider a.a.O. Anm. 6.

IV. Die Antragstellerin hat keinerlei Möglichkeit z.B. über Bekannte oder Verwandte die Anschrift des Antragsgegners zu ermitteln.

Die wenigen Bekannten, die der Antragsgegner hatte, hat die Antragstellerin befragt, jedoch ohne Erfolg.

Glaubhaftmachung: In Kopie anliegende eidesstattliche Versicherung

Auch über die zuletzt zugunsten des Antragsgegners bestehende Mobiltelefonnummer war eine Ermittlung der Anschrift nicht möglich.

Rechtsanwältin

96 **Anmerkung:** Zulässigkeit der öffentlichen Zustellung liegt vor bei unausführbarer oder **aussichtsloser Auslandszustellung**, bei **exterritorialer Wohnung**, § 185 ZPO, sowie bei **unbekanntem Aufenthalt.**

97 Die Bewilligung erfolgt durch **Beschluss.** Wird die Zustellung nach den Vorschriften von §§ 185-188 ZPO durchgeführt, ist sie auch dann wirksam, wenn die Voraussetzungen für die Bewilligung nicht vorgelegen haben.[61] Es besteht **Anwaltszwang.**

98 Es ist zu beachten, dass auch die Terminsladung zugleich mit dem Scheidungsantrag öffentlich zugestellt wird (s. hierzu § 186 Abs. 2 Nr. 4 ZPO). Nach der Rechtsprechung bestehen **hohe Anforderungen** an die Feststellung der Voraussetzung des unbekannten Aufenthalts im Hinblick auf das rechtliche Gehör.[62] Hierzu genügen nicht die Nachfragen bei Post und Einwohnermeldeamt. Wenn bei Ausländern die letzte bekannte Anschrift eine Inlandsadresse war, ist zusätzlich beim **Bundesverwaltungsamt** (Barbarastr. 1, 50728 Köln) anzufragen.[63] Private Auskunftsersuchen werden dort allerdings nur beantwortet, wenn die Nachfrage bei der zuletzt zuständigen Meldebehörde erfolglos geblieben ist und ein rechtliches Interesse nachgewiesen wird.[64]

99 Gegen den zurückweisenden Beschluss kann gem. § 567 Abs. 1 Nr. 2 ZPO die **sofortige Beschwerde** eingelegt werden. Der bewilligende Beschluss ist unanfechtbar. Zusätzliche Anwaltsgebühren neben der Prozessgebühr fallen nicht an. Das Bewilligungsverfahren und die Entscheidung sind **gerichtsgebührenfrei.**

### D. Kosten / Streitwert

#### I. Kosten

100 Die Kosten des Scheidungsverfahrens werden gegeneinander aufgehoben, § 93a ZPO. Dies hat zur Folge, dass jede Partei ½ der Gerichtskosten zu tragen hat, sowie jede Partei die eigenen Anwaltskosten trägt; dies gilt bei **erfolgreichem** Scheidungsantrag. Eine anderweitige Kostenverteilung nach **billigem Ermessen** ist nach § 93a Abs. 1 S. 2 ZPO nur dann möglich, wenn z.B. einer der Ehegatten in seiner Lebensführung unverhält-

61 Bergschneider a.a.O. Anm. 1 zu A. IX. i.A.a. BGH NJW 1992, 2280.
62 OLG München FamRZ 1999, 446.
63 Bergschneider a.a.O. Rn. 4 zu A. XI.
64 Bergschneider a.a.O.

nismäßig beeinträchtigt würde oder die Kostenaufhebung **unbillig** erscheint im Hinblick darauf, dass ein Ehegatte in Folgesachen ganz oder teilweise unterlegen ist.[65]

101 Bei **Abweisung** des Scheidungsantrags trägt die unterliegende Partei nach § 93a Abs. 2 S. 1 grundsätzlich **auch** die Kosten aller **Folgesachen**. Auch hier ist jedoch nach billigem Ermessen eine anderweitige Kostenentscheidung gem. § 93a Abs. 2 S. 2 ZPO möglich.

102 Bei **Zurücknahme** des Scheidungsantrags trägt der Antragsteller auch die Kosten der Folgesachen unabhängig davon, ob die Verfahren von ihm selbst oder vom Antragsgegner eingeleitet wurden (§ 626 Abs. 1 i.V.m. § 269 Abs. 3 S. 2 ZPO). Bezüglich der Kostenentscheidung ist ein entsprechender **Antrag** zu stellen.

103 **Beratungshinweis:** Ist in einem Verfahren nur eine Partei anwaltlich vertreten, so fallen die Anwaltskosten nur auf Seiten der anwaltschaftlich vertretenen Partei an. Dies betrifft jedoch nur einfache und unproblematische Scheidungen, in denen keine Scheidungsfolgesachen –für die Anwaltszwang besteht- anhängig sind.
In diesen Fällen empfiehlt es sich, unter Umständen mit der Gegenseite eine Vereinbarung abzuschließen, wonach die Parteien die Kosten des Verfahrens zu je ½ übernehmen, dies jedoch auf der Grundlage, dass nur ein Anwalt an dem Verfahren beteiligt ist. Andernfalls kann der Fall eintreten, dass die Gegenseite sich dennoch anwaltlich anderweitig vertreten lässt und möglicherweise eine Partei sich anteilig an den Kosten des Gegenanwalts beteiligen muss.

104 Muster: Vereinbarung zur Kostenübernahme

13

Vereinbarung

zwischen

■■■

und

■■■

Wir sind uns dahingehend einig, dass die Anwaltskosten, die durch das Scheidungsverfahren entstehen, von uns hälftig übernommen werden.

Gleiches gilt für etwaige Anwaltskosten, die durch den Abschluss eines Vergleichs oder sonstige außergerichtliche Tätigkeiten entstehen.

Diese Vereinbarung gilt auf der Grundlage, dass lediglich ein Anwalt mit der Durchführung des Scheidungsverfahrens bzw. Protokollierung eines Vergleichs beauftragt wird.

## II. Streitwert

105 Der **Streitwert** richtet sich nach § 23 Abs. 1 Ziff. 1 RVG i.V.m. § 48 Abs. 2 S. 1 u. Abs. 3 GKG. Danach beträgt der **Mindeststreitwert** 2.000 €, § 23 Abs. 1 S. 1 RVG

65 Zu den Voraussetzungen: Thomas/Putzo § 93 a, Rn. 4ff.

i.V.m. § 48 Abs. 3 S. 2 GKG und der **Höchststreitwert** 1 Million Euro, § 48 Abs. 2 S. 2 GKG.

106 Der Streitwert errechnet sich in der Regel wie folgt:

- 3x Nettoeinkommen beider Eheleute.
- Abzug vom Einkommen: 250,00 € pro Kind als Freibetrag.

107 Im Geltungsbereich der süddeutschen Leitlinien wird vorhandenes Vermögen nach Abzug von Schulden wie folgt berücksichtigt.

- Abzug von 60.000 € **Freibetrag** je Ehegatte.
- Abzug von 30.000 € **Freibetrag** je Kind als jeweilige Freibeträge.

108 Sodann wird das verbleibende Vermögen mit 5% zu dem aus dem Einkommen errechneten Streitwert hinzugerechnet. In anderen Gerichtsbezirken geht die Rechtsprechung von Freibeträgen von 35.000 € je Ehegatte und 17.500 € je unterhaltsberechtigtem Kind aus. Je nach Gericht unterschiedlich wird als Freibetrag pro Kind vom **Einkommen** 150 – 250 € abgezogen.

109 Der Streitwert **muss** im Scheidungsantrag angegeben werden, da sich hieraus die Höhe der einzuzahlenden Gerichtskosten ergibt. Dies betrifft den Fall, dass **kein** Prozesskostenhilfeantrag gestellt wird.

110 **BERATUNGSHINWEIS:** Zu beachten ist, dass für den Versorgungsausgleich der Regelstreitwert (unabhängig vom Jahresbetrag, der i.d.R. wesentlich höher liegt) lediglich 1.000 € beträgt. Bei Versorgungsausgleichsverfahren nach § 49 Nr. 1 und Nr. 2 GKG, also Anwartschaften aus öffentlich-rechtlichem Dienstverhältnis, gesetzliche Rentenversicherung, Alterssicherung der Landwirte und sonstige Anrechte (z.B. Betriebsrente) beträgt der Streitwert 2.000 € (§ 49 GKG).

111 Werden mit der Scheidungssache Folgesachen anhängig gemacht, so gelten Scheidung und sämtliche Folgesachen als **ein Verfahren**, dessen Gebühren nach dem **zusammengerechneten Wert der Gegenstände zu berechnen** ist.

### III. Kosten / Höhe

#### 1. Gerichtsgebühren

112 Mit Einreichung des Scheidungsantrag muss die Verfahrensgebühr in Höhe von 2,0 gem. KV 1300 als **Kostenvorschuss** einbezahlt werden, dies gilt jedoch nur für die **Scheidungssache**, nicht für die Folgesachen.

113 Die **Urteilsgebühr** entsteht, wenn das Verbundurteil eine Begründung enthalten muss. Sie kann auf 1/2 ermäßigt werden, wenn das Urteil keine Begründung enthält oder sie nicht zu enthalten braucht.[66] Die **Vergleichsgebühr** fällt nur an, wenn ein Vergleich über **nicht anhängige** Scheidungsfolgesachen geschlossen wird. Ist die Folgesache anhängig, so ist der Wert des Vergleichsgegenstands bereits im Wert des Streitgegenstands enthalten.[67]

66 Von Heintschel-Heinegg FAFamR Kap. 1 Rn. 204/205.
67 Von Heintschel-Heinegg a.a.O. Rn. 206.

### 2. Anwaltsgebühren

114 Nach der Neuregelung und dem **Wegfall** der Beweisgebühr erhält der Anwalt für das Scheidungsverfahren:

- 1,3 Verfahrensgebühr gem. VV 3100
- 1,2 Terminsgebühr gem. VV 3104
- Pauschale gem. VV 7002: 20 €

115 Neben der Geltendmachung der **Auslagenpauschale** können **nicht zusätzlich** Kosten für die Fertigung von **Kopien** geltend gemacht werden.

116 Scheidungs- und Folgesachen bleiben bei einem Scheidungsurteil vor der Entscheidung über die Folgesache gem. § 628 ZPO eine **einheitliche** Gebührenangelegenheit, auch wenn sie **abgetrennt** wurden, mit der Folge, dass die Streitwerte zusammenzurechnen sind und **Gebühren nur einmal anfallen.** Zu beachten ist, dass zusätzlich die Geltendmachung einer **Geschäftsgebühr** nach VV 2400 in Betracht kommen kann. Diese beträgt **0,2 – 2,5**. Eine Gebühr von mehr als 1,3 kann nur gefordert werden, wenn die Tätigkeit umfangreich oder schwierig war.

117 Die **Mindestgebühr** kommt nur für die denkbar einfachste außergerichtliche Anwaltstätigkeit in Betracht. Die Höchstgebühren sind gerechtfertigt bei überdurchschnittlichen wirtschaftlichen Verhältnissen des Auftraggebers oder wenn der Umfang oder die Schwierigkeit der Tätigkeit des Rechtsanwalts weit über den Normalfall hinausgegangen ist. Soweit wegen desselben Gegenstandes eine Geschäftsgebühr nach den Nummern 2400 – 2403 entstanden ist, wird diese Gebühr zur **Hälfte**, jedoch **höchstens** mit einem Gebührensatz von **0,75** auf die Verfahrensgebühr des gerichtlichen Verfahrens **angerechnet.**

118 **Beratungshinweis:** In der Praxis selten wird sein, dass in einer reinen Scheidungssache ohne Folgesachen eine Geschäftsgebühr anfällt, also eine Gebühr für außergerichtliche Tätigkeit. Anders ist dies bei Scheidungsfolgesachen, bei welchen nahezu ausschließlich zunächst vorgerichtlich korrespondiert wird und sodann nach Scheitern von Vergleichsverhandlungen Klage erhoben wird.

## E. Vollstreckung

119 Der Scheidungsausspruch ist ein **rechtsgestaltender** Akt, der erst mit Rechtskraft seine Wirkung entfaltet. Aus diesem Grund scheidet schon begrifflich eine vorläufige Vollstreckbarkeitserklärung aus. Dies stellt § 704 Abs. 2 S. 1 ZPO auch ausdrücklich klar.[68] Dies gilt nicht für Folgesachen. Diese sind nach den allgemeinen Regeln für vorläufig vollstreckbar zu erklären, jedoch mit der Maßgabe, dass die vorläufige Vollstreckbarkeit auf den **Zeitraum** ab **Rechtskraft** des Scheidungsausspruchs beschränkt wird.

120 Gemäß §§ 708 Nr. 8, 711 ZPO sind Unterhaltsurteile **ohne Sicherheitsleistung**, jedoch mit **Abwendungsbefugnis** für vorläufig vollstreckbar zu erklären.

68 Von Heintschel-Heinegg a.a.O. Rn. 195.

121 Muster: Formulierungsvorschlag[69] für den Fall, dass im Verbundurteil über Kindes- und nachehelichen Unterhalt entschieden wurde

14

Das Urteil ist in Ziffer ■■■ ab Rechtskraft des Scheidungsausspruchs ohne Sicherheitsleistung vorläufig vollstreckbar, sofern es insoweit angefochten wird. Der Antragsgegner kann die Vollstreckung durch Sicherheitsleistung in Höhe des jeweils fälligen Unterhaltsbetrages abwenden, wenn nicht die Antragstellerin vor Vollstreckung Sicherheit in gleicher Höhe leistet.

## F. Fristen und Rechtsmittel

### I. Abweisung des Scheidungsantrags

122 Wird der Scheidungsantrag **abgewiesen**, werden die Folgesachen gegenstandslos; sie können jedoch als **selbständige** Familiensachen fortgeführt werden (§ 629 Abs. 3 ZPO), s. auch Rn. 70.

### II. Berufung

123 Gegen das Scheidungsurteil bzw. Verbundurteil kann Berufung zum OLG eingelegt werden, § 511 ZPO. Die Berufung ist beim **Berufungsgericht** einzulegen (§ 519 Abs. 1 ZPO), das in Familiensachen immer das **Oberlandesgericht** ist. Das Berufungsgericht ist genau zu bezeichnen. Wird die Berufungsschrift falsch adressiert, geht sie bei dem zuständigen Gericht erst nach Weiterleitung und Eingang beim richtigen Gericht ein.[70]

124 Die **Parteienbezeichnung** lautet auch im Berufungsverfahren **Antragsteller** und **Antragsgegner**. Die **Partei** ist genau zu **bezeichnen**; eine falsche Parteibezeichnung führt zur Unzulässigkeit der Berufung.[71] Das **Urteil** muss genau bezeichnet werden (§ 519 Abs. 2 Nr. 1 ZPO), also sowohl das Gericht, dessen Entscheidung angefochten wird, das Aktenzeichen 1. Instanz und das Verkündungsdatum.[72]

125 Die **Berufungsfrist** beträgt **1 Monat**. Sie ist eine **Notfrist** und beginnt mit der **Zustellung** des in vollständiger Form abgefassten **Urteils**. Aus diesem Grunde ist die Angabe des Datums der Zustellung zweckmäßig. Wird ein Urteil nicht innerhalb von **5 Monaten** nach seiner **Verkündung** zugestellt, so beginnt die Berufungsfrist nach 5 Monaten (§ 517 ZPO).

126 Das angefochtene Urteil **„soll" beigefügt** werden (§ 519 Abs. 3 ZPO). Zwar macht ein Fehlen der Abschrift die Berufung nicht unwirksam oder unzulässig, jedoch ist es sinnvoll, das Urteil beizufügen, weil hierdurch **Schreibfehler** in der Berufungsschrift (z.B. falsche Parteibezeichnung, falsches Ausgangsgericht, falsches Aktenzeichen 1. Instanz) „korrigiert" werden können, wenn aus der Urteilsabschrift eindeutig zu ersehen ist, für wen und gegen wen Berufung eingelegt wird.[73]

69 Nach Heintschel-Heinegg a.a.O, Rndr 195.

70 Bischoff in: Münchener Prozessformularbuch Familienrecht Anm. 2 zu J. I. 1.

71 BGH NJW 1998, 3499; FamRZ 1999, 3124.

72 Bischoff a.a.O. Rn. 6.

73 Bischoff a.a.O. Rn. 9.

127 Die **Unterschrift** muss in Form eines ausreichend **kennzeichnenden Schriftzuges** erfolgen, wobei nicht erforderlich ist, dass der Schriftzug lesbar ist, wobei jedoch nicht ausreicht, wenn die Unterschrift aus dem vollen Vornamen und dem ersten Buchstaben des Nachnamens mit einem Punkt dahinter besteht.[74] Die Berufung kann auch durch **Telefax** eingelegt werden, jedoch ist zu empfehlen, dass unmittelbar nach Übermittlung per Fax nochmals per **Original** Berufung eingelegt wird.

128 Die **Berufungsbegründungsfrist** beträgt **2 Monate** und beginnt mit der Zustellung des in vollständiger Form abgefassten Urteils (§ 520 Abs. 2 S. 1 ZPO). Sie kann auf Antrag einmal oder auch mehrmals **verlängert** werden (§ 520 Abs. 2 ZPO). Eine Verlängerung der Berufungsbegründungsfrist ist grundsätzlich nur zulässig, wenn der Gegner zustimmt (§ 520 Abs. 2 S. 2 ZPO). **Ohne Einwilligung** kann die Frist um bis zu **einem Monat** verlängert werden (§ 520 Abs. 2 S. 3 ZPO).

129 Eine Verlängerung **über einen Monat** hinaus darf nur bewilligt werden, wenn der Gegner **zustimmt** (§ 520 Abs. 2 S. 3 ZPO). Eine Partei hat grundsätzlich **keinen Anspruch** auf eine Fristverlängerung. Der Rechtsanwalt **darf** aber darauf **vertrauen**, dass einem ersten, mit Gründen versehenen Verlängerungsantrag (dabei werden in der Praxis an die Gründe keine allzu hohen Anforderungen gestellt) **stattgegeben** wird.[75] Ein **zweiter** Verlängerungsantrag darf nicht allein deswegen abgelehnt werden, weil der Gegner **nicht** zustimmt,[76] wenn die Verlängerung sich insgesamt noch innerhalb der **Monatsfrist** hält.[77]

130 **BERATUNGSHINWEIS:** Bei der Berechnung der Begründungsfrist ist zu beachten, dass sich diese Frist nicht verlängert, wenn die Berufungseinlegungsfrist an einem Samstag oder Sonntag endet!

### III. Berufungseinlegung mit Prozesskostenhilfe

131 Es muss **innerhalb** der **Berufungsfrist Antrag** auf Bewilligung von Prozesskostenhilfe für eine **beabsichtigte** Berufung gestellt werden. Dabei ist ein **aktuelles** Formular über die persönlichen und wirtschaftlichen Verhältnisse vorzulegen. Im Notfall genügt die Bezugnahme auf das in 1. Instanz vorgelegte Formular verbunden mit der Versicherung, dass sich an den persönlichen und wirtschaftlichen Verhältnisse nichts geändert hat. Das Formular muss **vor Ablauf** der Berufungs*einlegungsfrist* eingereicht werden. Ein Nachreichen ist **nicht zulässig.**[78]

132 Zweckmäßigerweise wird in einem gesonderten Schriftsatz die **beabsichtigte Berufungsbegründung** eingereicht. **Auch die Begründung** muss innerhalb der **Einlegungsfrist** für die Berufung eingereicht werden, damit das Berufungsgericht den Umfang und die Erfolgsaussichten der beabsichtigten Berufung prüfen kann. Der **Entwurf** der Berufungsbegründung ist wie eine **vollständige Berufungsbegründung** einzureichen.[79]

74 BGH FamRZ 2003, 675.
75 Vgl. BVerfG NJW 1998, 3703; Bischoff a.a.O. Rn. 6 zu J. I. 2.
76 BVerfG NJW 2000, 944.
77 Bischoff a.a.O. Rn. 6.
78 BGH FamRZ 2003, 89; FamRZ 2003, 668.
79 Bischoff a.a.O. Rn. 4 zu J. XIX. 2.

133 **Nach Bewilligung der Prozesskostenhilfe** (oder nach deren **Ablehnung,** wenn der Antragsteller mit einer Bewilligung rechnen konnte) ist dann innerhalb von **2 Wochen** nach **Zustellung** des Beschlusses ein **Antrag** auf Wiedereinsetzung in den vorigen Stand zu stellen. **Gleichzeitig** ist als nachzuholende Prozesshandlung die **Berufung einzulegen.** Außerdem ist auch die **Berufungsbegründung mit einzureichen.** Wurde jedoch die Berufungsbegründung schon von einem bei einem Oberlandesgericht zugelassenen Rechtsanwalt unterzeichnet eingereicht, so **genügt** eine **Bezugnahme** auf den mit dem Prozesskostenhilfeantrag eingereichten Entwurf der Berufungsbegründung.[80] Sicherheitshalber ist aber zu empfehlen, die Berufungsbegründung **mit einzureichen.**

134 **IV. Muster zum Berufungsverfahren**

**1. Muster: Berufung**

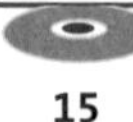

15

■■■

an das

Oberlandesgericht

Familiensenat

■■■

Az. 1. Instanz: Amtsgericht ■■■ 1 F ■■■

In der Sache

■■■

Prozessbevollmächtigte ■■■

gegen

■■■

in 1. Instanz vertreten durch: RAe ■■■

wegen Ehescheidung

lege ich im Auftrag des Antragstellers gegen das Urteil des Amtsgerichts –Familiengericht– ■■■ Az. ■■■ zugestellt am ■■■

Berufung

ein.

Die Begründung der Berufung erfolgt innerhalb der Berufungsbegründungsfrist. Anliegend übergebe ich Ausfertigung des angefochtenen Urteils.

Rechtsanwältin

80 Bischoff a.a.O. Anm. Ziff. 4 zu J. XIX. 4.

## 2. Muster: Antrag auf Bewilligung von Prozesskostenhilfe für eine beabsichtigte Berufung

135

16

■■■

an das

Oberlandesgericht

Familiensenat

■■■

Az. 1. Instanz: ■■■ Amtsgericht –Familiengericht- ■■■

In der Sache

■■■ Antragsteller

in 1. Instanz vertreten durch: RAe ■■■

gegen

■■■ Antragsgegnerin

vertreten durch die Unterfertigte: RAin ■■■

wegen Ehescheidung

beantrage ich, der Antragsgegnerin für das beabsichtigte Berufungsverfahren Prozesskostenhilfe zu bewilligen und ihr zur Wahrnehmung ihrer Rechte die Unterfertigte als Rechtsanwältin beizuordnen.

Begründung:
1. Die Antragsgegnerin beabsichtigt, gegen das Urteil des Amtsgericht – Familiengericht- ■■■ vom ■■■ zugestellt am ■■■ Berufung einzulegen.
2. Kopie des angefochtenen Urteils liegt an.
3. Die Antragsgegnerin ist nicht in der Lage, die Kosten des Berufungsverfahrens aus eigenen Mitteln zu bestreiten, wie sich aus der beigefügten aktuellen Erklärung über die persönlichen und wirtschaftlichen Verhältnisse ergibt.
4. Die Berufung ist nicht mutwillig. Die Erfolgsaussichten der beabsichtigten Berufung ergeben sich aus dem als Anlage beigefügten Entwurf der Berufungsbegründung.

Rechtsanwältin

## 3. Muster: Antrag auf Wiedereinsetzung in den vorigen Stand

136

17

■■■

an das

Oberlandesgericht

Familiensenat

■■■

lege ich für die Antragsgegnerin gegen das Urteil des Amtsgerichts – Familiengericht – ■■■ vom ■■■ zugestellt am ■■■

Berufung

ein.

Gleichzeitig beantrage ich, der Antragsgegnerin gegen die Versäumung der Berufungsfrist Wiedereinsetzung in den vorigen Stand zu gewähren.

Begründung:

Die Antragsgegnerin war unverschuldet verhindert, innerhalb der Berufungsfrist das Rechtsmittel der Berufung einzulegen. Dies ergibt sich daraus, dass zunächst Antrag auf Bewilligung von Prozesskostenhilfe für die beabsichtigte Berufung gestellt werden musste. Die Antragsgegnerin war ohne ihr Verschulden gehindert, die Berufungsfrist einzuhalten, da sie aufgrund ihrer persönlichen und wirtschaftlichen Verhältnisse nicht in der Lage war, die Kosten der Prozessführung für die Berufungsinstanz aufzubringen. Aus diesem Grund hat die Antragsgegnerin innerhalb der Berufungsfrist mit Antrag vom ■■■ für die beabsichtigte Berufung Prozesskostenhilfe beantragt. Gleichzeitig wurde die Berufungsbegründung vorgelegt. Mit Beschluss des OLG ■■■ zugestellt am ■■■ wurde der Antragsgegnerin Prozesskostenhilfe bewilligt.

Die Berufung begründe ich wie im Antrag auf Bewilligung von Prozesskostenhilfe für die beabsichtigte Berufung nochmals wie folgt:

Rechtsanwältin

### G. Anwaltsfehler

137 Die Rechtsprechung bezüglich der Voraussetzungen für eine vorzeitige Scheidung **vor Ablauf** des **Trennungsjahres** ist örtlich sehr unterschiedlich. Teilweise gelten sehr strenge Voraussetzungen. Ein vorzeitiger Scheidungsantrag sollte nur dann eingereicht werden, wenn absolut sicher ist, dass nach der örtlichen Rechtsprechung die Voraussetzungen der unzumutbaren Härte gegeben sind. Bei Zurückweisung des Scheidungsantrags hat die Partei sowohl die eigenen Kosten als auch die Kosten des Gegenanwalts und die Gerichtskosten zu tragen.

138 Haben die Parteien durch notarielle Vereinbarung den Versorgungsausgleich ausgeschlossen, so ist zu beachten, dass der **Versorgungsausgleichsausschluss** gem. § 1408 II Satz 2 BGB **unwirksam** ist, wenn **vor Ablauf eines Jahres** Scheidungsantrag eingereicht wird.

139 Wird im Scheidungsverfahren durch den Antragsgegner der Durchführung der Scheidung lediglich zugestimmt und **kein eigener Antrag** gestellt, so besteht die Gefahr, dass die antragstellende Partei den Scheidungsantrag **zurücknimmt** und damit der **Stichtag** für die **Zugewinnausgleichsauseinandersetzung beseitigt** wird. Es empfiehlt sich daher in jedem Fall, einen **eigenen Scheidungsantrag** zu stellen, da in diesem Fall bei Antragsrücknahme das Scheidungsverfahren anhängig bleibt und es damit auch bei dem Stichtag für die Zugewinnausgleichsauseinandersetzung gem. § 1384 BGB verbleibt.

140 Auch die **erbrechtlichen Auswirkungen** sind zu beachten. Sind diese seitens der vertretenen Partei erwünscht (Wegfall des Erbrechts), so ist es **sinnvoll**, einen **eigenen** Scheidungsantrag zu stellen, statt lediglich die Zustimmung zum Scheidungsantrag zu erklären, da auch diese Auswirkungen durch **Antragsrücknahme** seitens Antragstellerseite ansonsten beseitigt werden könnten. Mit der Scheidung **erlischt** das Erbrecht der Ehegatten. Die Kinder bleiben nach wie vor erbberechtigt. **Gleiches gilt** gem. § 1933 Satz 1 BGB, wenn der Scheidungsantrag **eingereicht ist und**

- die Voraussetzungen für die Ehescheidung (§§ 1565 ff. BGB) beim Erbfall gegeben waren **und**
- der Erblasser die Scheidung beantragt oder ihr zugestimmt hat.

141 Da das **Pflichtteilsrecht** über § 2303 I Satz 2 BGB vom gesetzlichen Erbrecht abhängt, entfällt es in diesen Fällen ebenfalls. Um Anwaltsfehler bei der Erstberatung zu vermeiden empfiehlt es sich, die unter § 1 aufgeführte Checkliste bei der Erstberatung – so weit zutreffend – zu verwenden.

142 Der Zeitraum zwischen Trennung und Einreichung des Scheidungsantrags wird häufig von dem zugewinnausgleichspflichtigen Ehepartner dazu genutzt, vorhandene **Vermögenswerte** zu **beseitigen** oder umzuschichten, Schenkungen vorzunehmen oder den Schuldenstand zu erhöhen um so den Zugewinnausgleichsanspruch des berechtigten Ehepartners zu vermindern. Eine solche Vermögensminderung zwischen Trennung und Scheidungsantragseinreichung führt zwar – **wenn der entsprechende Beweis geführt werden kann** – dazu, dass diese Vermögensminderungen **fiktiv** dem Endvermögen zuzurechnen sind. Eine echte Chance, die diesbezügliche Beweisführung zu erbringen besteht jedoch nur dann, wenn Unterlagen, wie z.B. Kontoauszüge, Sparbücher, Wertbestätigungen betreffend Aktiendepots, Jahreskontoauszüge Bausparverträge u.a. vorliegen, wobei hier Kopien genügen. Aus diesem Grunde sollte bereits bei dem Erstberatungsgespräch bzw. bei der telefonischen Vereinbarung des Besprechungstermins an die Mandanten der entsprechende **Hinweis** erfolgen, dass **Unterlagen vollständig kopiert** werden, die den Vermögensstatus zum Zeitpunkt der Trennung wiedergeben. Häufig ist es so, dass die Parteien zum Zeitpunkt des Erstberatungstermins noch zusammenleben und somit auch noch Zugriff auf diese Unterlagen haben.

143 Es besteht zwar ein **Auskunftsanspruch** über den Stand des Vermögens per Stichtag und es besteht auch die Möglichkeit die Abgabe einer eidesstattlichen Versicherung bezüglich der Richtigkeit der Angaben zum Vermögensstatus zu verlangen, jedoch nützt dies alles in der Praxis dann wenig, wenn nicht der Nachweis geführt werden kann, dass die Vermögensangaben **nicht der Richtigkeit** entsprechen. So kann die Abgabe einer eidesstattliche Versicherung nur dann verlangt werden, wenn **glaubhaft** gemacht wird, dass die Auskunft falsch ist, was wiederum nur durch Vorlage entsprechender Belege erfolgen kann.

144 In der Praxis wenig hilfreich ist auch allein die Erhebung einer Auskunftsklage und zwar deshalb, weil selbst bei einem diesbezüglich erlassenen Auskunftsurteil bei Nichtabgabe der entsprechenden Auskünfte nur die Möglichkeit besteht, dass Zwangsgeld gegen den Auskunftsschuldner verhängt wird. Das Verfahren ist zeitaufwendig. Es ist

eindeutig die Erhebung einer **Leistungsklage** statt einer Stufenklage oder Auskunftsklage vorzuziehen, wozu jedoch **konkrete Zahlen** vorliegen müssen.

145 Häufig gehen die Mandanten davon aus, dass mit der durchgeführten Scheidung auch die **Entlassung** aus **gemeinsamen Schulden** geklärt ist. Dies ist **falsch.** An den Mandanten müssen folgende Hinweise ergehen:

146 Die Frage der Trennung oder Scheidung ändert **nichts** an der Haftung für **gemeinsam** unterzeichnete Darlehen, Bürgschaften u.a.

147 Wenn ein Ehegatte während der Zeit der Trennung oder während des Verlaufs des Scheidungsverfahrens Schulden macht, so haftet der andere Ehegatte – **außer** bei dem Güterstand der **Gütergemeinschaft** – gegenüber der Bank **nicht** mit, wenn er den entsprechenden Darlehensvertrag **nicht selbst unterzeichnet** und auch keine Bürgschaft übernommen hat. Allerdings führt die Aufnahme von Schulden in der Zeit zwischen Trennung und Scheidung zu einer **Verminderung** des **Endvermögens** und damit zu einer Verminderung des Zugewinnausgleichsanspruchs. Eine Schuldenhaftung für allein vom anderen Ehegatten aufgenommene Schulden ist jedoch dann möglich, wenn z.B. ein gemeinsames Haus vorhanden ist, das **dinglich** für die eingetragenen Grundschulden haftet und entsprechende **Zweckbestimmungserklärungen** der Bank gegenüber abgegeben wurden, wonach die eingetragenen **Grundschulden** für alle etwaigen Ansprüche der Bank gegenüber beiden Ehegatten als Sicherheit dienen.

148 Umstritten ist, ob **Kostenvorschussrechnungen** des Anwalts gegenüber dem eigenen Mandanten evtl. als zugewinnausgleichsmindernde offene Forderungen (also Schulden) zu berücksichtigen sind.

149 Ist der Zugewinnausgleichsschuldner **selbständiger Unternehmer,** so sind bezüglich der Unternehmensbewertung grundsätzlich die Gewinne der abgelaufenen 5 Kalenderjahre bei der Wertermittlung des Unternehmens durch Gutachten zugrunde zu legen. Der Unternehmer hat unter anderem die Möglichkeit, Rechnungen in dem betreffenden Jahr nicht zu stellen, Ausgaben zu erhöhen durch Anschaffungen u.a. und **Steuern fällig** zu stellen durch Fertigstellung der Jahresabschlüsse und Abgabe der Steuererklärungen, um so zu vermeiden, dass möglicherweise **hohe Steuernachzahlungen nach dem Stichtag** zu erbringen sind, die bei der Zugewinnausgleichsberechnung nicht vermögensmindernd berücksichtigt werden.

150 Wenig hilfreich ist der Sachvortrag, dass zunächst vorhandene Gelder im **Spielkasino** „verspielt" worden wären und deshalb nicht mehr vorhanden seien. In der Praxis wird sich wohl kaum ein Richter finden, der diesen Sachvortrag als richtig akzeptiert.

151 Auch der häufig vorgenommene Versuch, von vorhandenen Geldern **Gegenstände anzuschaffen,** führt nicht zu einer Verminderung des Zugewinnausgleichsanspruchs, da in diesem Fall an die Stelle der vorhandenen Geldbeträge der Wert der Gegenstände tritt mit der Folge, dass sich diese Vermögensumschichtung **neutral** verhält.

152 Auch die Anschaffung von **Hausratsgegenständen,** die trennungsbedingt notwendigerweise erfolgt, führt – sei es durch Aufnahme von Darlehen oder Verwendung von Sparguthaben – nicht zu einer Verminderung des Zugewinnausgleichsanspruchs, da **nach**

der Trennung angeschaffter Hausrat **Zugewinn** darstellt und somit wiederum der Wert der angeschafften Hausratsgegenstände in die Zugewinnberechnung einzustellen ist.

153 Häufig wird auch versucht, **Gelder** bei anderen Personen „zu **parken**". Auch hiervon muss abgeraten werden aufgrund der damit verbundenen Erpressbarkeit gegenüber Dritten. Eine solche Vorgehensweise kann den **Straftatbestand** des Betruges/Prozessbetruges erfüllen und des Weiteren bei Abgabe einer falschen Versicherung an Eides Statt den Straftatbestand der Abgabe einer falschen eidesstattlichen Versicherung.

154 Dem gegenüber wird in der Praxis jedoch z.B. akzeptiert, dass während der Trennungszeit Gelder, z.B. für größere Urlaube oder einen aufwendigeren Lebensstil ausgegeben werden, soweit diese Ausgaben in einem **angemessenen** Verhältnis zum Einkommen und zur Vermögenssituation des Ausgleichspflichtigen stehen.

155 **Rentnerprivileg/Pensionistenprivileg/Unterhaltsprivileg:** Hierzu wird auf die Ausführungen oben Rn. 2ff. verwiesen.

# § 3 Elterliche Sorge

**Literatur:** Büchting/Heussen, Beck'sches Rechtsanwaltshandbuch, 8. Auflage 2004; Gerhardt/Heintschel-Heinegg/Klein, Handbuch des Fachanwalts Familienrecht, 4. Auflage; Gottwald Münchener Prozessformularbuch, Familienrecht, 2. Auflage; Palandt, Bürgerliches Gesetzbuch, 63. Auflage 2004; Schwab, Familienrecht, 12. Auflage 2004; Schwab, Elterliche Sorge bei Trennung und Scheidung der Eltern, FamRZ 1998, 457ff; Thomas/Putzo, Zivilprozessordnung, 26. Auflage 2004

## A. Vorprozessuale Situation

### I. Grundlagen

#### 1. Träger der elterlichen Sorge

156 Die elterliche Sorge ist die wichtigste Verantwortung der Eltern gegenüber ihren Kindern.[1] Eltern können Träger der elterlichen Sorge allein oder gemeinsam sein. Das Gesetz unterscheidet zwei große Regelungsbereiche, die **Personensorge** und die **Vermögenssorge**. Die Abgrenzung ist nicht immer ganz eindeutig. Werden für ein Kind Unterhaltsansprüche geltend gemacht, zählt dies zur Personensorge, die Verwaltung von Einkünften aus geerbtem Vermögen des Kindes, welche zu Unterhaltszwecken dienen, zählt aber zur Vermögenssorge.[2]

157 Eltern, die miteinander verheiratet sind, steht die elterliche Sorge stets gemeinsam zu. Auch nach Trennung und Scheidung der Eltern besteht die **gemeinsame elterliche Sorge** fort. Auf **Antrag** eines bzw beider Elternteile, oder auch von Amts wegen kann eine anderslautende gerichtliche Entscheidung ergehen.

158 **Beratungshinweis:** Ein gerichtlicher Antrag zur Erlangung des alleinigen Sorgerechts zieht eine emotionale Auseinandersetzung nach, die sowohl die Eltern, als auch die Kinder erheblich belastet. Die Eltern sind darauf hinzuweisen, dass eine Sorgerechtsentscheidung eine solche ist, die letztendlich mehr oder weniger auf dem Papier steht. Das bedeutet, dass viel ausschlaggebender ist, in welchem Ausmaß ein Elternteil über ein umfangreiches Umgangsrecht Einfluss auf die Kinder und deren Entwicklung nehmen kann. Denn durch die Übertragung des alleinigen Sorgerechtes auf einen Elternteil wird das Band zum anderen Elternteil nicht durchschnitten. Es besteht nicht nur ein Recht, sondern sogar eine Pflicht zum Umgang mit dem Kind.

159 Sind Eltern bei der Geburt des Kindes **nicht miteinander verheiratet**, so steht ihnen gem. § 1626a BGB die elterliche Sorge dann gemeinsam zu, wenn sie:

- erklären, dass sie die elterliche Sorge gemeinsam ausüben wollen (Sorgeerklärungen) **oder**
- einander heiraten.

1 Schwab, Familienrecht, Kap. 5 Rn. 517.
2 Schwab, Familienrecht, Kap. 5 Rn. 518.

160 Im Fall der Abgabe einer **Sorgeerklärung** müssen beide Elternteile eine übereinstimmende Sorgeerklärung abgegeben. Diese höchstpersönliche und bedingungsfeindliche Erklärung ist öffentlich zu beurkunden, § 1626d I BGB. Dies ist möglich beim Notar bzw kostenfrei beim zuständigen Amt für Kinder, Jugend und Familie.[3] Die Sorgeerklärung kann bereits vor Geburt des Kindes abgegeben werden, bis zu dessen 18ten Lebensjahr, § 1626b II BGB. Besteht jedoch aufgrund gesetzlicher Vermutung die Vaterschaft des mit der Kindesmutter verheirateten (anderen) Mannes, kann zunächst keine wirksame Sorgeerklärung abgegeben werden. Es ist erforderlich, dass diese Vaterschaft angefochten wird. Wird das Kind während eines laufenden Scheidungsverfahrens geboren, und erkennt eine Dritter innerhalb eines Jahres nach Rechtskraft der Scheidung die Vaterschaft an, und stimmen Mutter und der geschiedene Ehemann zu, so gilt das Kind nicht als ehelich, § 1599 II BGB. Die Anerkennung wird frühestens mit Rechtskraft des Scheidungsurteils wirksam.

161 Mit Abgabe der Sorgeerklärung sollen keine gerichtlichen Sorgerechtsentscheidungen abgeändert werden können. Sorgeerklärungen sind dem gemäß nach § 1626b III BGB unwirksam, soweit eine gerichtliche Entscheidung über die elterliche Sorge nach den §§ 1671, 1672 BGB getroffen wurde oder eine solche Entscheidung nach § 1696 I BGB geändert wurde

162 Nicht miteinander verheiratete Eltern erlangen, unter der Voraussetzung, dass ihre Elternschaft feststeht, und die Mutter noch nach § 1626a BGB allein sorgeberechtigt ist, **durch die Eheschließung** automatisch die gemeinsame elterliche Sorge für das Kind.[4]

163 Im Übrigen steht der **Mutter die alleinige elterliche Sorge** zu. Um der Kindesmutter für diesen Fall im Rechtsverkehr den Nachweis ihrer Alleinsorge und somit auch ihrer alleinigen Vertretungsbefugnis zu erleichtern, kann sie beim zuständigen Jugendamt die Erteilung eines sog. Negativtestes verlangen. Dies ist eine Bescheinigung, dass keine Sorgeerklärungen abgegeben worden sind.[5]

## 2. Gemeinsames Sorgerecht mit Alleinentscheidungsbefugnis[6]

164 Bei gemeinsamer Sorgerechtsausübung hat jeder Elternteil in der Zeit, in der sich das Kind bei ihm aufhält, die Befugnis bei **Geschäften des täglichen Lebens** alleine zu entscheiden. So kann er z.B. die Schlafzeiten bestimmen, den Fernsehkonsum, oder Entscheidungen treffen über die gewöhnliche medizinische Versorgung, § 1687 I BGB. Nur ganz wesentliche, schwer abänderbare Entscheidungen bedürfen der Zustimmung des anderen Elternteils, so z.B. die Wahl der Schule oder Schulart, die Wahl des Ausbildungszieles oder die Einverständniserklärung zu größeren Operationen (abgesehen wiederum von Notfällen), oder Fragen der Religionszugehörigkeit.

3 FA-FamR, Oelkers, Kap. 4 Rn. 142.
4 Palandt, Diederichsen, § 1626a Rn. 10.
5 Palandt, Diederichsen, § 1626a Rn. 12.
6 Vgl. zum Thema Kinder in der eingetragenen Lebenspartnerschaft Heiß, Das Mandat im Familienrecht, § 19.

165 **BERATUNGSHINWEIS:** Der Mandant ist darauf hinzuweisen, dass jede Sorgerechtsentscheidung **jederzeit** bei **nachträglicher Änderung** der Verhältnisse abgeändert werden kann. Besteht also zunächst Einverständnis zwischen den Eltern betreffend der gemeinsamen Ausübung des Sorgerechts, und stellt sich hinterher heraus, dass dies nicht praktikabel ist, kann Abänderung verlangt werden, wenn dies aus triftigen, das Wohl des Kindes nachhaltig berührenden Gründen, angezeigt ist, § 1696 I BGB.

### II. Aufhebung des gemeinsamen Sorgerechts

165a

1. Die Übertragung der alleinigen elterlichen Sorge ist **mit Zustimmung** des anderen Elternteils möglich. Voraussetzung hierfür ist dauerndes Getrenntleben der Eltern, bisheriges gemeinsames Sorgerecht und der Antrag eines Elternteils.
2. Die Frage wo das Kind zukünftig leben soll, kann auch mit dem abgeschwächten Antrag auf Übertagung des **Aufenthaltsbestimmungsrechtes** auf einen Elternteil geklärt werden.
3. **Ohne Zustimmung** des anderen sorgeberechtigten Elternteils kommt die Übertragung der alleinigen elterlichen Sorge auf einen Elternteil nur in Betracht, wenn die Aufhebung der gemeinsamen elterlichen Sorge und Übertragung auf gerade den einen Elternteil dem **Kindeswohl** am besten entspricht.
4. **Gründe für die Aufhebung des gemeinsamen Sorgerecht** können sein:[7]
   a. anhaltende Streitigkeiten um Art und Häufigkeit des Umgangs bzw Umgangsvereitelung[8]
   b. Schwere Vernachlässigung des Kindes[9]
   c. Erkennbare Gleichgültigkeit eines Elternteils um das Wohl des Kindes (z.B. kein Interesse am Umgang, keine Unterhaltszahlungen)
   d. Gewaltanwendungen gegenüber dem anderen Elternteil oder dem Kind
   e. Abneigung des Kindes[10]
   f. Suchterkrankung eines Elternteils[11]
   g. mangelnde Kooperationsfähigkeit und -bereitschaft zwischen den Eltern

166 **BERATUNGSHINWEIS:** Häufig wird die Frage auftauchen, ob das Sorgerecht in irgendeiner Weise Auswirkungen auf die Regelung des Unterhalts hat. Dies ist klar zu **verneinen**. Dies gilt auch für die Frage, ob eine Umgangsregelung Auswirkungen auf den Unterhalt hat. Dies wäre nur der Fall, wenn die Kinder in etwa gleich viel Zeit beim Vater und bei der Mutter verbringen.

167 Vor Antragseinreichung auf Übertragung der alleinigen elterlichen Sorge sollte mit dem Mandanten eine umfassende Checkliste durchgegangen werden, damit sich der Anwalt möglichst frühzeitig ein umfassendes Bild über die familiäre Situation machen kann. Es kommt schließlich darauf an dem Gericht darzulegen, warum die Erziehungseignung des anderen Elternteils infrage gestellt wird, oder gar verneint wird, und der

7 VGL AUCH SCHWAB, FAMRZ 1998, 457, 463FF.
8 BayObLG, FamRZ, 1998, 1044.
9 Büchting/Heussen, Beck'sches Rechtsanwaltshandbuch, Heiß/Heiß, Kap. C 17 Rn. 49 mwBspen.
10 FA-FamR, Oelkers, Kap. 4 Rn. 169.
11 AG Ratzeburg, FamRZ 2000, 505, 506; FA-FamR, Oelkers, Kap. 4 Rn. 169.

andere Elternteil wesentlich besser geeignet ist das Sorgerecht allein auszuüben, oder die gemeinsame Sorgerechtsausübung sogar ausgeschlossen ist.

168 Checkliste

a. Wer hat die Kinder bisher überwiegend betreut
b. Mit wem haben die Kinder bisher die Wochenenden verbracht
c. Schilderung der emotionalen Bindung der Kinder an den jeweiligen Elternteil
d. Verhältnis des Vaters/der Mutter zu dem Kind unmittelbar nach der Geburt
e. Geschwisterbindung
f. Betreuungssituation
g. Vorhandensein weiterer Bezugspersonen, wie z.B. Großeltern
h. Kontinuitätsprinzip
i. Erziehungsgeeignetheit
j. Verhalten der Kinder gegenüber dem anderen Elternteil bei Trennung von diesem bzw. bei der Übergabe zur Umgangsausübung (z.B. ob die Kinder traurig sind, weinen, oder sich jeweils auf die Kontakte mit den Eltern freuen)

### III. Beteiligte

169 Vor Einleitung eines gerichtlichen Sorgerechtsverfahrens ist grundsätzlich das **Jugendamt** einzuschalten. Es muss den Eltern vor Einleitung eines Sorgerechtsverfahrens die Möglichkeit gegeben werden eine hoch emotionale Auseinandersetzungen zu vermeiden, indem eine außergerichtliche Einigung erzielt wird, zum anderen erwartet das Familiengericht in jedem Fall, dass sich die Parteien **vor** Einleitung eines solchen Verfahrens mit dem Jugendamt in Verbindung gesetzt haben. Eine Ausnahme besteht, wenn von vorne herein ausgeschlossen ist, dass, auch mit Vermittlung des Jugendamtes, eine Einigung zu Stande kommt. Im Fall eines gerichtlichen Verfahrens ist das Jugendamt als Beteiligter des Verfahrens gem. § 49a FGG immer anzuhören.

170 Das Gericht kann, damit die Kindesinteressen unabhängig wahrgenommen werden können, im gerichtlichen Verfahren einen Verfahrenspfleger bestellen, der dann als „Anwalt“ des Kindes fungiert, mit eigenem Antragsrecht.

171 **Beratungshinweis:** Sollte ein Mandant beabsichtigen mit dem gemeinsamen minderjährigen Kind an einen anderen Ort zu ziehen, so stellt sich die Frage, ob er dies vorher dem anderen Elternteil mitteilen soll. Bei gemeinsamen Sorgerecht müsste dies laut Gesetzgeber so geschehen. Teilt der umziehende Elternteil seine Absichten im vorhinein nicht mit, und wird von dem anderen Elternteil ein entsprechender gerichtlicher Antrag eingereicht, ist damit zu rechnen, dass eine Entscheidung getroffen wird, wonach die Kinder grundsätzlich ihren bisherigen Aufenthaltsort beibehalten sollen, wohingegen nach erfolgtem Ortswechsel die sodann zuständigen Jugendämter sich häufig für einen Verbleib der Kinder an dem Umzugsort aussprechen (sog. Heimvorteil). In diesem Zusammenhang ist aber § 235 StGB zu beachten, wonach die Entziehung Minderjähriger, auch von einem Elternteil selbst, mit Strafe bewehrt ist.[12]

12 Vgl. ausführlich zum Anspruch auf Herausgabe des Kindes und zum Thema Kindesentführung Heiß, Das Mandat im Familienrecht, §§ 6 und 7.

## IV. Anspruchsgrundlagen

### 1. Sorgerechtsentscheidung gem. § 1671 BGB

172 Die zentrale Sorgerechtsnorm ist § 1671 BGB, wonach auf Antrag die alleinige elterliche Sorge oder ein Teil davon, auf den einen oder anderen Elternteil übertragen werden kann. Voraussetzung ist das Getrenntleben der Eltern. Ausschlaggebend für die Entscheidung ist das **Kindeswohl.**

173 Wird das Sorgerecht gemäß § 1671 BGB einem Elternteil alleine zugesprochen, so ist damit auch die, in der Praxis sehr wichtige Frage, wo das Kind zukünftig lebt, geregelt.

174 Häufig ist es den Elter zu empfehlen, anstatt eines hoch emotionsgeladenen Sorgerechtsverfahrens, ein Verfahren zur Übertragung des Aufenthaltsbestimmungsrecht auf einen Elternteil alleine zu führen. Voraussetzung hierfür ist, dass ein Mindestmass an Kommunikationsfähigkeit zwischen den Eltern, zumindest in Bezug auf die Kindesbelange, besteht. Wurde das Aufenthaltsbestimmungsrecht einem Elternteil zugewiesen, hat dieser die Möglichkeit den gewöhnlichen Aufenthalt des Kindes bei sich rechtsverbindlich zu bestimmen und damit die Rechtsfolge der Alleinentscheidungsbefugnis i.S.d. § 1687 BGB auszulösen. Es kommt aber auch die Übertragung der Personensorge in Betracht. Diese schließt das Aufenthaltsbestimmungsrecht mit ein, § 1631 BGB.[13]

#### a. Übertragung der alleinigen elterlichen Sorge mit Zustimmung des anderen Elternteils, § 1671 II Nr. 1 BGB

175 Voraussetzung für die Übertragung der alleinigen elterlichen Sorge gem. § 1672 II Nr. 1 BGB ist, dass die Eltern, denen das Sorgerecht bisher gemeinsam zustand dauerhaft von einander getrennt leben, und zumindest ein Elternteil den Antrag auf Übertragung der alleinigen elterlichen Sorge stellt. Stimmt der andere Elternteil dem Antrag auf Sorgerechtsübertragung zu, so ist das Gericht an den **gemeinsamen Elternwillen** bei der Entscheidung gebunden. Die Zustimmung ist jedoch frei widerruflich.[14] Die Eltern können auch ein Weniger beantragen, wie z.B. die Übertragung des Aufenthaltsbestimmungsrechtes auf einen Elternteil. Widerspricht das Kind, welches sein 14. Lebensjahr bereits vollendet hat, diesem Antrag, so hat das Gericht eine Kindeswohlprüfung vorzunehmen.

#### b. Übertragung der alleinigen elterlichen Sorge ohne Zustimmung des anderen Elternteils, § 1671 II Nr. 2 BGB

176 Beantragt ein Elternteil die Übertragung der alleinigen elterlichen Sorge auf sich und stimmt der andere Elternteil diesem Antrag nicht zu, hat das Gericht zu prüfen, ob die Aufhebung der gemeinsamen elterlichen Sorge dem **Kindeswohl am besten** entspricht und ob die Übertragung der alleinigen elterlichen Sorge **gerade auf den Antragsteller** die beste Lösung für das Kind darstellt. Das Gericht hat also eine zweistufige Prüfung vorzunehmen. Es hat sich am Grundsatz der **Verhältnismäßigkeit** zu orientieren, und sich gegebenenfalls mit einer Teilentscheidung als milderes Mittel zu begnügen.[15] Die

13 Büchting/Heussen, Beck'sches Rechtsanwaltshandbuch, Heiß/Heiß, Kap. C 17 Rn. 43.
14 Schwab, FamRZ 1998, 457, 461.
15 BVerfG, FamRZ 2004, 1015, 1016.

Kindeswohlprüfung tritt tatbestandsmäßig an die Stelle der Zustimmung des anderen Elternteils.[16] Allein eine größere Entfernung zwischen den Wohnsitzen der Eltern rechtfertigt die Übertragung der Alleinsorge auf einen Elternteil nicht.[17] Es ist kein ständiger, umfassender Austausch zwischen den Eltern erforderlich. Eines solchen bedarf es lediglich bei Angelegenheiten, die für das Kind von wesentlicher Bedeutung sind. Eltern sind grundsätzlich zur Konsensbildung verpflichtet. Formelhafte Äußerungen sie könnten nicht mehr miteinander reden oder nur noch über ihre Anwälte kommunizieren sind für eine Sorgerechtsübertragung nach § 1671 II Nr. 2 BGB nicht ausreichend.[18] Eine Auflösung des gemeinsamen Sorgerechts ist aber angezeigt, wenn die Kindeseltern in grundsätzlichen Erziehungsfragen unterschiedlicher Ansicht sind, und ihr Zerwürfnis sie daran hindert die Kindesinteressen wahrzunehmen.[19] Ein wesentliches Kriterium für die Prognose, ob die Eltern in der Zukunft die notwendige Kooperationsbereitschaft und -fähigkeit in den Angelegenheiten des Kindes aufbringen ist ihr bisheriges Verhalten.[20] Die Übertragung der alleinigen elterlichen Sorge auf einen Elternteil aufgrund der überwiegenden Kindeswohlinteressen kommt auch dann in Betracht, wenn zwischen den jetzt getrennt lebenden Eltern ein erhebliches Konfliktpotential besteht, das sogar zu tätlichen Auseinandersetzungen im Beisein des Kindes geführt hat.[21]

c. Gründe für Aufhebung der gemeinsamen elterlichen Sorge können sein:

- Ungeeignetheit zur Pflege und Erziehung des Kindes, die sich z.B. in der Vernachlässigung des Kindes äußert und/oder in der Suchterkrankung eines Elternteils ihre Ursache hat, z.B. Alkohol oder Haschisch[22]
- Äußere Lebensverhältnisse, z.B. wenn ein Elternteil für längere Zeit nicht erreichbar ist
- massive Gewalttätigkeiten des einen gegen den anderen Elternteil[23]
- psychische Erkrankung eines Elternteils[24]
- mangelnde Kooperationsfähigkeit oder Kooperationswilligkeit des Elternpaares[25]

177

**Beratungshinweis:** Kommt es zu Problemen bei der gemeinsamen Ausübung des Sorgerechts, und beabsichtigt ein Elternteil die Übertragung des alleinigen Sorgerechts auf sich zu beantragen, ist ihm zu empfehlen, zur Vorbereitung des Antrages bzw der mündlichen Verhandlung, einzelne Ereignisse und Umgangstermine mit Datum und Verlauf aufschreiben, wie z.B. dass der andere Elternteil mehrfach unentschuldigt das Umgangsrecht nicht ausgeübt hat oder erheblich verspätet erscheint, dass Unterschriften, z.B. für die Schulanmeldung o.ä. verweigert wurden oder der andere Elternteil

16 Palandt, Diederichsen, § 1671 Rn. 16.
17 OLG Hamm, FamRZ 2002, 565.
18 OLG Naumburg, FamRZ 2002, 564.
19 Palandt, Diederichsen, § 1671 Rn. 17; KG – FamRZ 2000, 504.
20 OLG Nürnberg, FamRZ 2002, 188, 189.
21 OLG Düsseldorf, FamRZ 1999, 1598.
22 OLG Nürnberg, FamRZ 1999, 1160.
23 BverfG, FamRZ 2004, 354ff.
24 FA-FamR, Oelkers, Kap. 4 Rn. 169.
25 Schwab, FamRZ 1998, 457, 463 mit weiteren Bspen.

hierfür nur sehr schwer zu erreichen ist. Diese detaillierten Aufzeichnungen können dem Gericht bereits mit dem Antrag oder spätestens in der mündlichen Verhandlung vorgelegt werden. Dem anderen Elternteil obliegt es dann hierauf schlüssig und nachvollziehbar zu erwidern und ggf. eine Gegendarstellung zu unterbreiten.

#### d. Gründe für Übertragung der alleinigen elterlichen Sorge auf einen Elternteil

178 Oberstes Prinzip bei Regelungen über die elterliche Sorge ist das Wohl des Kindes. Das Gericht hat die Entscheidung zu treffen, die dem Wohl des Kindes am besten entspricht. Aus Sicht des Kindes ist es häufig die beste Lösung, dass die Eltern wieder zusammenfinden. Jedoch wird dieser Lösungsweg den Gerichten regelmäßig verwehrt sein.[26] Die folgenden Wertungsgesichtspunkte sind in die Entscheidung des Gerichtes mit einzubeziehen.[27]

- Förderungsprinzip
- Bindungstoleranz
- Kontinuitätsgrundsatz
- Kooperations- und Kommunikationsbereitschaft
- Kindeswille

179 Wie schwer welcher Gesichtpunkt wiegt, entscheidet sich regelmäßig erst am einzelnen Fall. Im Rahmen des **Förderungsprinzips** wird abgefragt, mit Blick auf die weitere Entwicklung des Kindes, welcher Elternteil besser in der Lage ist das Kind zukünftig zu fördern. Es ist darauf zu achten, welcher Elternteil das überlegenere Erziehungskonzept hat,[28] welcher Elternteil die Einheitlichkeit und Gleichmäßigkeit der Erziehung gewähren kann,[29] und welcher Elternteil als die stabilere Betreuungsperson erscheint.[30] Mit dem Gesichtspunkt der **Bindungstoleranz** wird die Bereitschaft der Eltern überprüft einen ungezwungenen Umgang des Kindes mit dem anderen Elternteil zuzulassen. Es findet insoweit besondere Beachtung, ob der Elternteil nicht nur den Umgang mit dem anderen Elternteil zulässt, sondern darüber hinaus positive Einflussnahme auf das Kind nimmt, um es entsprechend zu motivieren. Es zeigt die Erfahrung, dass ein häufiger Wechsel in der Betreuungsperson des Kindes schädlich für dessen Entwicklung ist. Im Rahmen des **Kontinuitätsgrundsatzes** wird angestrebt, dem Kind weiterhin seine vertraute Bezugsperson an die Seite zu stellen, und das bisherige soziale Umfeld zu erhalten. Anzustreben ist, dass das Kind den Wohnort, die Schule und die Freunde nicht wechseln muss.[31] Der Kontinuitätsgrundsatz darf aber nicht dazu führen, dass einen zwar gleichmäßige, aber dafür schädliche Entwicklung des Kindes eingeleitet wird, unter Vernachlässigung der übrigen Aspekte.[32] Zwischen den Eltern, die das Sorgerecht gemeinsam ausüben, muss ein Mindestmass an **Kommunikationsbereitschaft**, insbesondere im Hinblick auf Kindesbelange, bestehen. Sie müssen kooperieren kön-

26 OLG Hamm, FamRZ, 1996, 361.
27 OLG Frankfurt, FamRZ 1994, 920, 921.
28 AG Hamburg, FamRZ 2000 499, 500.
29 OLG Frankfurt, FamRZ 1994, 920.
30 OLG Hamm, FamRZ 2000, 1602, 1603.
31 FA-FamR, Oelkers, Kap. 4 Rn. 184.
32 OLG München, FamRZ 1991, 1343, 1345.

nen, da ja einige, für das Kind wesentliche Entscheidungen, von beiden Eltern gemeinsam zu treffen sind. Fehlt es hieran, und können die Eltern eigene Interessen nicht in den Hintergrund stellen, ist die gemeinsame elterliche Sorge aufzuheben. Nicht ausreichend ist es, wenn die Eltern über Alltagsprobleme streiten. Begibt sich aber ein Elternteil in eine Verweigerungshaltung, und ist zu keinen Gesprächen mit dem anderen Elternteil bereit, ist dessen Sorgerechtseignung zu überprüfen, auch wenn dies der Elternteil ist, bei dem das Kind bislang den Schwerpunkt der Betreuung gefunden hatte. In jedem Fall ist ein substantiierter Tatsachenvortrag anhand konkreter Einzelfälle und Geschehnisse erforderlich.[33] Den **Vorstellungen** und Wünschen des **Kindes** ist unter dem Gesichtspunkt seines Selbstbestimmungsrechtes Rechnung zu tragen. Sie sind Ausdruck seiner Bindungen und Neigungen. Die Meinung des Kindes ist altersabhängig zu bewerten, und erhält mehr Gewicht, je älter das Kind ist. Gegen den Willen eines fast 16jährigen Kindes kann wohl nur entschieden werden, wenn schwerwiegende Gründe entgegenstehen.[34]

180

**Beratungshinweis:** Die Eltern sollten darauf achten, ob das Kind durch den jeweils anderen Elternteil **beeinflusst** wird. Ist dies der Fall, sollten in den Anträgen entsprechende Äußerungen des Kindes **wörtlich zitiert** werden. Häufig sind die Kindesaussagen derart, dass schon am Wortlaut zu erkennen ist, dass sie nicht von einem Kind entsprechenden Alters stammen können.
Grundsätzlich geht es in einem Sorgerechtsverfahren darum einem bislang völlig unbeteiligten Richter die **Tatsachen** und das tatsächliche Verhalten der Kinder möglichst kurz und knapp zu schildern. Das Sorgerechtsverfahren ist ein Verfahren, das ausschließlich auf tatsächlichem Sachvortrag beruht. Es muss dem Richter die Möglichkeit gegeben werden sich selbst ein Bild von den gegebenen Verhältnissen zu machen. Eine gewisse Stimmungsmache ist hier unausweichlich. Auch hier gilt das Prinzip der Kürze, auch wenn der Mandant gerne ausführlichere Darstellungen hätte. Der Richter liest Ausführungen zu Zitaten, z.B. wer wem was gesagt hat, nur in begrenztem Umfang.

## 2. Sorgerechtsentscheidungen nach § 1666 BGB

181

Bei **drohender Kindeswohlgefährdung** und mangelnder Gefahrabwendungsbereitschaft bzw –fähigkeit der Eltern kann das Familiengericht **von Amts wegen**, im Interesse eines möglichst effektiven Schutzes des Kindes, Eingriffe in die Personen- und Vermögenssorge der Eltern vornehmen. Es kommen folgende Maßnahmen in Betracht:

- **Entziehung der elterlichen Sorge** insgesamt oder hinsichtlich einzelner Befugnisse
- bei Entziehung der gesamten elterlichen Sorge Anordnung der **Vormundschaft**
- Übertragung einzelner Befugnisse auf einen **Pfleger**, falls die Kindeswohlgefährdung nicht durch Übertragung der Alleinsorge auf einen Elternteil hinreichend abgewendet werden kann.

182

Ist im Hinblick auf die körperliche, geistige oder seelische Entwicklung des Kindes bereits ein Schaden eingetreten, ist jedenfalls ein Eingriff in die Personensorge gerechtfertigt. Eine **Gefährdung** des Kindeswohls ist anzunehmen, wenn die begründete

33 OLG München, NJW 2000, 368, 369.
34 BayObLG, FamRZ 2000, 972, 974.

Besorgnis besteht, dass bei Nichteingreifen des Gerichts das Wohl des Kindes beeinträchtigt wird bzw eine gegenwärtig vorhandene Gefahr die Erwartung begründet, dass bei weiterer unbeeinflusster Entwicklung der Eintritt eines Schadens mit ziemlicher Sicherheit zu erwarten ist.[35] Das **Kindeswohl** meint immer das Wohl des konkreten Individuums, weshalb weder das räumliche Milieu, in dem das Kind aufgewachsen ist, ausgeblendet werden darf, noch der Zeitfaktor, der die Bedeutung der äußeren Umstände nach Alter und geistiger Entwicklung des Kindes relativieren kann.[36]

183 Zur Gefährdung des Kindeswohls müssen das **Erziehungsunvermögen** der Eltern und die **fehlende Gefahrabwendungsfähigkeit bzw -bereitschaft** hinzukommen, bevor staatliche Eingriffe in Betracht kommen. Das Erziehungsunvermögen der Eltern kann sich im Sorgerechtsmissbrauch, der Vernachlässigung des Kindes und/oder im unverschuldeten Versagen der Eltern oder eines Dritten zeigen. Regelmäßig tritt es zu Tage in erheblichen Verhaltensstörungen und Entwicklungsrückständen bei dem Kind.[37]

184 Ein Kind kann auch bei unverschuldetem Versagen der Eltern von der Familie getrennt werden. Dies stellt einen Eingriff in den Kern der Personensorge dar. Eine solche Maßnahme ist nur bei strikter Wahrung des Verhältnismäßigkeitsprinzips zulässig.[38] Es gilt bei jeder Maßnahme der Grundsatzsatz des **geringsten Eingriffs.** Das Gericht hat bei seinen Anordnungen das **Verhältnismäßigkeitsprinzip** stets zu achten. Hier gelten hohe Anforderungen.

### 3. Entscheidungen nach § 1628 BGB

185 Können sich die Eltern in einer **einzelnen Angelegenheit**, oder in einer bestimmten **Art von Angelegenheiten** der elterlichen Sorge, deren Regelung für das Kind von **erheblicher Bedeutung** ist, nicht einigen, so kann das Familiengericht **auf Antrag** eines Elternteils die **Entscheidung einem Elternteil allein übertragen.**

186 Diese **Entscheidungskompetenz** kann das Gericht mit Bedingungen und Auflagen verbinden. Voraussetzung ist das Bestehen der gemeinsamen elterlichen Sorge und **konkrete** Meinungsdifferenzen der Eltern über eine wesentliche Angelegenheit, so dass zum Beispiel die Befugnis zur Entscheidung über die Anmeldung an einer Schule, aber nicht die Befugnis zur Entscheidung in allen schulischen Angelegenheiten übertragen werden kann.

187 Das Familiengericht wird gem. § 52 FGG vor einer Entscheidung regelmäßig auf eine Einigung der Eltern hinwirken. Dies dient dem Familienfrieden. Das Gericht ist **nicht** an die gestellten Anträge gebunden. Das Gericht trifft die Entscheidung, die dem Wohl des Kindes am besten entspricht, § 1697a BGB.

### 4. Alleinentscheidungsbefugnis bei gemeinsamer elterlicher Sorge, § 1687 BGB

188 Leben die Eltern getrennt und steht ihnen das Sorgerecht gemeinsam zu, so sind zwei Entscheidungsbereiche zu unterscheiden:

35 OLG Celle, FamRZ 2002, 1490.
36 Palandt, Diederichsen, § 1666 Rn. 15.
37 BayOblG, FamRZ 1999, 179, 180.
38 BVerfG NJW 1982, 1379.

- der Bereich, in dem das **gegenseitige Einvernehmen** der Eltern zur Entscheidung erforderlich ist, § 1687 I S. 1 BGB
- der Bereich, in dem ein Elternteil **allein entscheidungsbefugt** ist, § 1687 I S. 2 BGB

#### a. Erfordernis des gegenseitigen Einvernehmens

189 In Angelegenheiten die von **erheblicher Bedeutung** für das Kind sind, sind Entscheidung von den Eltern **gemeinsam** zu treffen. Von erheblicher Bedeutung sind Angelegenheiten, deren Entscheidung nur schwer oder gar nicht abzuändernde Auswirkungen auf die Entwicklung des Kindes haben.[39] Dies können sein: Religionszugehörigkeit, Wahl der Schule oder Schulart, Ausbildung, medizinische Eingriffe (bei Gefahr in Verzug gilt das Notvertretungsrecht).

#### b. Alleinentscheidungsbefugnis

190 Derjenige Elternteil, bei dem das Kind seinen gewöhnlichen Aufenthalt hat, hat das Recht zur alleinigen Entscheidung in **Angelegenheiten des täglichen Lebens.** Das sind solche, die häufig vorkommen, und deren Auswirkungen auf die Entwicklung des Kindes ohne Aufwand wieder abänderbar sind.[40]

### 5. Änderungen von Sorgerechtsentscheidungen, § 1696 BGB

191 Ist es aus **triftigen,** nachhaltig das Wohl des Kindes berührenden Gründen angezeigt, so ist die Entscheidung des Familiengerichts den veränderten Verhältnissen anzupassen. § 1696 BGB ist nur auf bereits ergangene gerichtliche Entscheidungen anwendbar. Triftige Gründe können der geänderte gemeinsame Wille der Eltern, Änderungen von Gesetzen und Rechtsprechung, oder eine Veränderung der ursprünglich maßgeblichen Umstände sein.

### 6. Getrenntleben bei elterlicher Sorge der Mutter, § 1672 BGB

192 Leben Eltern, die **nicht miteinander verheiratet** sind, nicht nur vorübergehend **getrennt**, und steht die **elterliche Sorge allein der Kindesmutter** zu, so kann der Kindesvater mit **Zustimmung der Mutter** beim Familiengericht beantragen, dass ihm ein Teil der elterlichen Sorge, oder die elterliche Sorge allein übertragen wird, § 1672 I BGB. Voraussetzung ist die Zustimmung der Kindesmutter, welche nicht gerichtlich ersetzt werden kann. Darüber hinaus muss die Übertragung der elterlichen Sorge auf den Kindesvater dem **Kindeswohl dienen.** Steht das Kindeswohl nicht entgegen, kann das Familiengericht auf Antrag eines Elternteils mit Zustimmung des anderen Elternteils die nach § 1672 I BGB auf einen Elternteil übertragene elterliche Sorge auf beide Elternteile gemeinsam übertragen, § 1672 II BGB.

### 7. Subsidiäre Alleinsorge

193 Ein Elternteil übt die elterliche Sorge allein aus, wenn der andere Elternteil verstorben ist, wenn der andere Elternteil tatsächlich an der Ausübung der elterlichen Sorge verhindert ist, oder wenn die elterliche Sorge des anderen Elternteils ruht. Bei ursprüng-

39 Palandt, Diederichsen, § 1687 Rn. 7.
40 Palandt, Diederichsen, § 1687 Rn. 11.

lich bestehender **gemeinsamer elterlicher Sorge** erhält der andere Elternteil **ohne weitere Prüfung** des Gerichts das Sorgerecht, §§ 1678 I, 1680 BGB.

194 Ist ein Elternteil, dem die Alleinsorge zustand, **verstorben**, so ist die elterliche Sorge dem anderen Elternteil zu übertragen, wenn dies dem **Kindeswohl nicht widerspricht**, § 1680 II BGB. Bei originärer Alleinsorge der Kindesmutter gem. § 1626 II BGB, ist die Alleinsorge dem Kindesvater zu übertragen, wenn dies dem **Kindeswohl dient**, § 1680 II S. 2 BGB.

#### 8. Entscheidungsrecht von Pflegeeltern

195 Gemäß § 1688 BGB können Pflegepersonen in **Angelegenheiten des täglichen Lebens** für das Kind Entscheidungen treffen, und den Inhaber der elterlichen Sorge insoweit vertreten. Das Entscheidungsrecht kann aber sowohl durch den Sorgerechtsinhaber selbst, als auch durch familiengerichtliche Entscheidung ausgeschlossen oder eingeschränkt werden, § 1688 III BGB.

#### 9. Verbleibensanordnungen

196 Das Familiengericht kann zugunsten von Bezugspersonen des Kindes, auf Antrag, Verbleibensanordnungen aussprechen. Einen solchen Antrag können gem. § 1632 IV BGB die **Pflegeeltern** stellen. Eine Verbleibensanordnung kann auch ausgesprochen werden, wenn der subsidiäre Sorgerechtsinhaber das Kind zur Unzeit von dem anderen Elternteil wegnehmen möchte. Voraussetzung ist jeweils, dass das Kind mit den Bezugspersonen längere Zeit **in einem Haushalt** gelebt hat, sowie eine **Kindeswohlgefährdung**.

## B. Prozess

### I. Zuständigkeit

197 Familiensachen stehen dem Familiengericht kraft Gesetz und gerichtsinterner Geschäftsverteilung unmittelbar zu.

#### 1. Sachliche Zuständigkeit

198 Sachlich zuständig sind für sämtliche Sorgerechtsverfahren gem. § 23b I Nr. 2 GVG, § 621 I Nr. 1 ZPO die Familiengerichte, da es sich um Verfahren handelt, in denen die Vorschriften des FGG Anwendung finden.

#### 2. Örtliche Zuständigkeit

199 Bei **isolierten** FGG- Sorgerechtsverfahren, also dann, wenn keine Ehesache anhängig ist, richtet sich die örtliche Zuständigkeit nach § 621 II S. 2 ZPO nach den allgemeinen Vorschriften. Gem. §§ 64 III S. 2 FGG i.V.m. § 621a I ZPO, §§ 43 I, 36 I S. 1 FGG ist das Gericht zuständig, an dem das minderjährige Kind seinen **Wohnsitz** oder bei Fehlen eines solchen seinen **gewöhnlichen Aufenthalt** hat. Leben **Geschwister getrennt** voneinander, je bei einem Elternteil, und ist bereits einmal ein Sorgerechtsverfahren betrieben worden, so ist gem. § 36 I S. 2 FGG dieses Gericht zuständig. Dagegen ist das Gericht am Wohnsitz des jüngsten Kindes zuständig, wenn bislang nicht bei dem anderen Gericht eine anderweitige Sorgerechtsregelung anhängig gemacht wurde. Es gilt das Prioritätsprinzip.

200 Ist eine **Ehesache anhängig**, richtet sich die örtliche Zuständigkeit nach § 621 II ZPO, ist eine **Ehesache rechtshängig**, richtet sich die Zuständigkeit nach § 621 III ZPO.

Zuständig ist jeweils das Gericht der Ehesache, §§ 64 III, 43 I, 36 I FGG, §§ 621 I Nr. 1, II S. 2, 621a I ZPO.[41]

201 Ist für das Scheidungsverfahren Prozesskostenhilfe gewährt worden, erstreckt sich diese kraft Gesetzes nur auf die Verbundverfahren elterliche Sorge und Versorgungsausgleich. Für sonstige Verfahren, insbesondere einstweilige Anordnungen ist Prozesskostenhilfe gesondert zu beantragen und die Erfolgsaussicht werden gesondert und konkret geprüft.[42]

#### 3. Internationale Zuständigkeit

202 Die internationale Zuständigkeit hat keine Auswirkungen auf das Prozessrecht. Ist das deutsche Familiengericht zuständig, wendet es nach dem Grundsatz der ***lex fori*** deutsches Prozessrecht an.

203 Nach § 621 II ZPO tritt bei **Anhängigkeit einer Ehesache** im Inland auch für andere Familiensachen die Zuständigkeit im Verbundsverfahren ein. Ist **keine Ehesache anhängig**, richtet sich die Zuständigkeit nach § 621 II S. 2 ZPO. Hat das minderjährige Kind seinen Wohnsitz im Inland, sind deutsche Gerichte zuständig. **Internationale Verträge** gehen stets vor. Die Regelung über Zuständigkeiten im **Haager Minderjährigenschutzabkommen** (MSA) haben, auch in Verbundverfahren, Vorrang. Deutsche Gerichte sind demnach gem. Art 1, 2 MSA zuständig, wenn das Kind in seinem Bezirk den gewöhnlichen Aufenthalt hat. Für Sorgerechtsentscheidungen im Verbund mit der Scheidung nach § 1671 BGB i.V.m. § 623 II Nr. 1 ZPO ist die EG.VO Nr. 1347/2000 zu berücksichtigen.[43] In Fällen der so genannten **Kindesentführung** durch einen Elternteil wird das MAS teilweise durch das HkiEntÜ (Haager Übereinkommen über die zivilrechtlichen Aspekte internationaler Kindesentführungen) verdrängt. Der gewöhnliche Aufenthalt eines minderjährigen Kindes kann grundsätzlich nicht gegen den Willen des anderen sorgeberechtigten Elternteils in einem andern Vertragstaat begründet werden kann.

### II. Verfahren

#### 1. Anhörungspflichten

204 In **isolierten Sorgerechtsverfahren** ist gem. § 50b FGG die **Anhörung des Kindes** vorgeschrieben, wenn es zur Aufklärung des Sachverhaltes erforderlich ist, oder der Wille des Kindes, nebst seinen Neigungen und Bindungen für die Entscheidung des Gerichts von Bedeutung sind. Die Bedeutung des Kindeswillen selbst nimmt mit zunehmenden Alter des Kindes zu. Eltern und Anwälte haben kein Recht auf Anwesenheit bei der Anhörung des Kindes, jedoch auf Mitteilung des Ergebnisses der Anhörung.

205 Gemäß § 50a FGG sind die **Kindeseltern** in Angelegenheiten der Personen- und Vermögenssorge grundsätzlich persönlich anzuhören. In den Fällen der §§ 1666 und 1666a

41 Ausführlicher hierzu: Verfahrenshandbuch Familiensachen, Eckebrecht, § 2 Rn. 7ff.

42 OLG Karlsruhe, FamRZ 1993, 216.

43 FA-FamR, Oelkers, Kap. 4, Rn. 829.

BGB sind die Eltern anzuhören, um mit ihnen zu klären, wie die Kindeswohlgefährdung abgewendet werden kann. **Pflegepersonen** sind gemäß § 50c FGG anzuhören.

206 Nach §§ 49, 49a FGG hat das Familiengericht das **Jugendamt** vor einer Sorgerechtsentscheidung anzuhören. Das Jugendamt hat eine eigene Stellung im Verfahren. Es wird in der Regel bereits vor der mündlichen Verhandlung einen Bericht abgeben, der den Beteiligten zugestellt wird. Das Jugendamt ist verpflichtet den Beteiligten zur Konfliktbeilegung Beratungs- und Unterstützungsangebote zu unterbereiten. Bei **Gefahr in Verzug** kann das Familiengericht auch Entscheidungen ohne vorherige Anhörung des Jugendamtes treffen, §§ 49a II, 49 IV FGG.

207 Im **Scheidungsverbund** gilt der Grundsatz der mündlichen Verhandlung, gem. § 128 ZPO.

208 **Beratungshinweis:** Die Kindeseltern sollten sich möglichst frühzeitig mit dem **Jugendamt** in Verbindung zu setzen, um mit diesem, dem Verfahrenspfleger und dem Sachverständigen von Anfang an konstruktiv zusammenzuarbeiten.
Die Sachbearbeiter der Jugendämter und Sachverständige können bei ihren Stellungnahmen auch zu einem falschen Ergebnis gelangen, da sowohl der Jugendamtsbericht, als auch das Sachverständigengutachten auf einigen wenigen Gesprächen mit den Eltern und dem Kind beruhen. Diese sind also kritisch zu hinterfragen.
An die Eltern sollte appelliert werden, dass sie selbst die dem Wohl des Kindes am besten entsprechende Entscheidung treffen sollen. Jedenfalls ist der Mandant darauf hinzuweisen, dass **Emotionsausbrüche** im Rahmen eines gerichtlichen Termins in jedem Fall zu seinen **Lasten** gehen. In Sorgerechtsverfahren geht es ausschließlich um das Wohl des Kindes, und nicht um persönliche Differenzen der Eltern.

### 2. Sachverständigengutachten

209 Kann auch nach der Anhörung des Kindes eine Einigung zu einer Sorgerechtsfrage nicht erzielt werden, sollte der Anwalt die Erholung eines **familienpsychologischen Sachverständigengutachtens** beantragen. Gutachten werden in Sorgerechtsverfahren regelmäßig zu der Frage in Auftrag gegeben, welche Entscheidung, welcher Aufenthalt, dem Wohl des Kindes am besten dient. Aufgrund des übergeordneten Interesses des Kindeswohls darf das Gericht die Einholung des Sachverständigengutachtens nicht von der Einzahlung eines Auslagenvorschusses abhängig machen. Gutachten können aber auch zu der Frage der Erziehungseignung eines Elternteils eingeholt werden.

210 Die Einholung des Sachverständigengutachtens ersetzt nicht die Entscheidung des Gerichtes. Das Gericht kann sich bei seiner Entscheidung lediglich auf das Gutachten stützen.

211 Zu beachten ist, dass auch gerichtspsychologische Gutachten fehlerhaft sein können, und kritisch hinterfragt werden müssen. Gutachten werden in der Regel **schriftlich** erstellt. Auf Antrag eines Verfahrensbeteiligten ist der Gutachter grundsätzlich zur mündlichen Verhandlung zu laden, um sein Gutachten **mündlich zu erläutern.**

### 3. Verfahrenspfleger

212 Gemäß § 50 FGG ist für das Kind ein Verfahrenspfleger zu bestellen, wenn zu befürchten ist, dass die Kindesinteressen nicht in ausreichendem Maße vertreten werden. Der Verfahrenspfleger vertritt als „Anwalt" des Kindes dessen Interessen unabhängig. Er hat ein Anrecht auf Anwesenheit in der mündlichen Verhandlung sowie zur eigenen Antragsstellung. Die Bestellung eines Verfahrenspflegers kann von jedem beteiligten Elternteil angeregt werden, und ist umfassend zu begründen. Auch Vorschläge zu Person des Verfahrenspflegers können gemacht werden.

### 4. Anwaltszwang

213 Grundsätzlich besteht in isolierten Sorgerechtsverfahren kein Anwaltszwang, vgl. § 78 II S. 1 Nr. 3 ZPO. Eine Ausnahme besteht für die weitere Beschwerde vor dem BGH. Für Sorgerechtsverfahren, die im Verbund geführt werden, besteht gem. § 78 II S. 1 Nr. 2 ZPO Anwaltszwang.

## III. Einstweiliger Rechtsschutz

214 Regelungen über die elterliche Sorge können in einem Hauptsacheverfahren und in einem Verfahren im einstweiligen Rechtsschutz herbeigeführt werden. Der Erlass einer einstweiligen Anordnung verlangt das Vorliegen eines deckungsgleichen Hauptsacheverfahrens.

215 Bei **Anhängigkeit** einer **Ehesache** bzw. ab Einreichung eines diesbezüglichen PKH – Gesuches kann der Erlass einer **einstweiligen Anordnung** nach § 620 Nr. 1 ZPO beantragt werden. **Zuständig** ist das Familiengericht der Hauptsache. Es besteht als Folgesache Anwaltszwang, § 78 II Nr. 1 ZPO. **Antragsberechtigt** sind ausschließlich die Eltern. Die Tatsachen sind glaubhaft zu machen, da das Gericht entscheiden muss, ob sofort einzuschreiten ist, oder ob bis zur Entscheidung der Hauptsache abgewartet werden kann.

216 Ist ein **isoliertes Sorgerechtsverfahren** anhängig und leben die Kindeseltern getrennt, kann auf Antrag eines Elternteils eine einstweilige Anordnung gem. § 621g ZPO ergehen. Die Vorschriften der §§ 620a–gff. ZPO gelten entsprechend. Es besteht jedoch kein Anwaltszwang, § 78 II Nr. 3 ZPO.

217 Im Rahmen einer einstweiligen Anordnung werden in der Regel nur Teilentscheidungen ergehen, wie z.B. die Übertragung des Aufenthaltsbestimmungsrechtes. Die Einstweilige Anordnung darf in ihrem Regelungsinhalt nicht über die Hauptsache hinausgehen.[44] Ein **Regelungsbedürfnis** im Rahmen des einstweiligen Anordnungsverfahrens besteht nur, wenn die Hauptsache noch nicht entscheidungsreif ist, und das Zuwarten mit Nachteilen für das Wohl des Kindes verbunden ist. Bei Antragstellung ist die **Dringlichkeit** der Regelung hervorzuheben. Gemäß § 620a ZPO sind die Voraussetzungen **Glaubhaft zu machen.** Es sollte zusammen mit der Antragschrift eine **eidesstattliche Versicherung** des Antragstellers eingereicht werden.

44 FA-FamR, Kap. 4 Rn. 402.

## IV. Schriftsatzmuster

218

### 1. Muster: Übertragung der elterlichen Sorge gem. § 1671 II Nr. 1 BGB, mit Zustimmung des anderen Elternteils im Scheidungsverbund

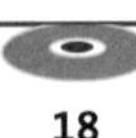

18

■■■

wegen Ehescheidung

hier: Regelung der elterlichen Sorge für das ehegemeinschaftliche Kind ■■■, geboren am ■■■

vorläufiger Streitwert: ■■■€

Namens und im Auftrag der Antragstellerin und unter Bezugnahme auf die bereits im Scheidungsverfahren vorgelegte Prozessvollmacht beantrage ich,

das Recht der alleinigen elterlichen Sorge für das ehegemeinschaftliche Kind ■■■,

geboren am ■■■, wird auf die Kindesmutter übertragen.

Begründung:

Die Parteien, denen bislang die elterliche Sorge gemeinsam zustand, unterbreiten dem Gericht übereinstimmend den Vorschlag, das Recht der alleinigen elterlichen Sorge auf die Kindesmutter zu übertragen. Der Antragsgegner hat diesem Vorschlag ausdrücklich durch schriftliche Erklärung zugestimmt.

Beweis: Schriftliche Zustimmungserklärung vom ■■■

Gründe von dem gemeinsamen Vorschlag der Eltern abzuweichen bestehen nicht. Insbesondere sind keine Anhaltspunkte dafür erkennbar, dass der gemeinsame Vorschlag der Parteien nicht dem Kindeswohl entsprechen würde.

Das Kind hat seinen gewöhnlichen Aufenthaltsort bei der Antragstellerin. Das Kind selbst ist mit der Sorgerechtsübertragung auf die Antragstellerin einverstanden.

Die Parteien sind sich auch über das Umgangsrecht einig. Es wird einvernehmlich ausgeübt.

■■■

Rechtsanwalt

219 **Hinweis:** Nicht ausreichend ist, dass der andere Elternteil eine allgemeine Einverständniserklärung zur Alleinsorge des anderen Elternteils abgegeben hat. Die Zustimmung muss auf einen **konkreten** Antrag gerichtet sein.[45]

45 Schwab, Elterliche Sorge bei Trennung und Scheidung, FamRZ 1998, 457, 461.

## 2. Übertragung der elterlichen Sorge gem. § 1671 II Nr. 2 BGB im isolierten Verfahren mit PKH Antrag

### a. Muster: Antrag nach § 1671 II Nr. 2 BGB bei bekanntem Aufenthalt des Antragsgegners

220

19

■■■

wegen Regelung der elterlichen Sorge für das ehegemeinschaftliche Kind ■■■, geboren am ■■■

Ausweislich anliegender Prozessvollmacht zeige ich die anwaltliche Vertretung der Antragstellerin an.

Namens und im Auftrag der Antragstellerin bitte ich dieser Prozesskostenhilfe zu bewilligen und ihr zur Wahrnehmung ihrer Rechte den Unterfertigten als Rechtsanwalt beizuordnen.

Zur Begründung beziehe ich mich auf anliegende Erklärung über die persönlichen und wirtschaftlichen Verhältnisse, sowie die zur Glaubhaftmachung beifügten Belege.

Namens und im Auftrag der Antragstellerin beantrage ich,

das Recht der alleinigen elterlichen Sorge für das ehegemeinschaftliche Kind ■■■,

geboren am ■■■ wird auf die Kindesmutter übertragen.

Begründung:

I. Die Parteien sind getrennt lebende Eheleute. Aus ihrer Ehe ist das gemeinschaftliche Kind ■■■, geboren am ■■■ hervorgegangen. Das Kind hat seinen gewöhnlichen Aufenthalt bei der Kindesmutter.
Auch nach den nunmehr geltenden strengen Voraussetzungen ist das alleinige Sorgerecht antragsgemäß aus folgenden Gründen auf die Kindesmutter zu übertragen:

II. Der Kindesvater bezahlt keinerlei Unterhalt für das ehegemeinschaftliche Kind.

III. Der Antragsgegner hat keinerlei Interesse an der Entwicklung seines Kindes. Bereits seit ■■■ kam es zu keinerlei Kontakten mehr zwischen Vater und Kind.

IV. Der Kindesvater ist gewalttätig. So kam es bereits zu folgenden Vorfällen, bei denen das Kind mit anwesend war:

Am ■■■ suchte der Antragsgegner die Antragstellerin in der vormals ehegemeinschaftlichen Wohnung auf. Es kam es zu einer verbalen Auseinandersetzung zwischen den Parteien, im Zuge derer ■■■

■■■

■■■ weitere Ausführungen

Da das Kind anwesend war, bekam es ■■■ mit.

Auch in der Vergangenheit hat sich der Antragsgegner der Antragstellerin gegenüber bereits mehrfach gewalttätig gezeigt.

V. Der Kindesvater ist für die Kindesmutter nicht erreichbar.
Sie benötigte am ■■■ dringend ■■■ vom Antraggegners für ■■■. Sie konnte den Antragsgegner weder telefonisch noch schriftlich erreichen.
Diese Umstände sind der Antragstellerin auf Dauer nicht zumutbar, da sie auch keineswegs im Interesse des gemeinsamen Kindes liegen. Der Antragstellerin muss die Möglichkeit gewährt werden in sämtlichen Kindesbelangen allein zu entscheiden, da der

Antragsgegner durch sein Verhalten das Treffen von gemeinsamen Entscheidungen kaum möglich macht.
Auch eine Vermittlungsversuch des Kreisjugendamtes hat zu keiner Änderung der Verhältnisse geführt. Der Antragsgegner hat einen entsprechenden Beratungstermin gar nicht erst wahrgenommen. Entsprechendes wird die Stellungsnahme des Kreisjugendamtes ergeben.

VI. Die Antragstellerin hat sich bislang schwerpunktmäßig um die Erziehung und Förderung von ■■■ gekümmert. Der Antragsgegner ist hierzu aufgrund seiner Berufstätigkeit im Schichtdienst gar nicht in der Lage.

Aufgrund des gesamten obigen Vortrages ist zum Wohl des Kindes antragsgemäß zu entscheiden.

■■■

Rechtsanwalt

221 **Hinweis:** Der Vortrag sollte sich nicht darauf beschränken, dass dem Antragsteller eine weitere Kommunikation mit dem Antragsgegner nicht zumutbar ist, außer bei in besonders gelagerten Fällen, wie z.B. schweren Gewaltanwendungen gegen den Antragsteller und/oder das Kind. Da es nicht um Probleme auf der Paarebene geht, sondern die Kindesbelange vorrangig sind, sollte sich der antragstellende Elternteil in Bezug auf Kindesbelange durchaus kommunikationsbereit zeigen.

222 b. Muster: Antrag nach § 1671 II Nr. 2 BGB bei unbekanntem Aufenthalt des Antragsgegners

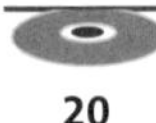

20

■■■

wegen Regelung der elterlichen Sorge

Ausweislich anliegender Prozessvo macht zeige ich die anwaltliche Vertretung der Antragstellerin an.

Namens und im Auftrag der Antragstellerin beantrage ich,

das Recht der alleinigen elterlichen Sorge für das ehegemeinschaftliche Kind ■■■,

geboren am ■■■ wird auf die Kindesmutter übertragen.

Begründung:

I. Die Parteien haben am ■■■ die Ehe geschlossen. Die Trennung erfolgte bereits wieder am ■■■. Die Parteien sind seit ■■■ rechtskräftig geschieden.
Beweis: Scheidungsurteil des Amtsgerichtes ■■■, Az. ■■■, vom ■■■
Aus ihrer Ehe ist das gemeinsame Kind ■■■, geboren am ■■■, hervorgegangen. Das Kind hat seinen gewöhnlichen Aufenthaltsort bei der Kindesmutter. Es besteht gemeinsames Sorgerecht.

II. Der Kindesvater ist unbekannten Aufenthalts. Die Antragstellerin hat diesen seit ■■■ nicht mehr gesehen, und keinerlei Kontakt zu ihm.
Aus diesem Grund wird die öffentliche Zustellung beantragt.
Der letzte bekannte Wohnsitz des Antragsgegners befand sich in ■■■ (genaue Adresse).
Die Adressprüfung bei der Post, sowie bei der Gemeinde hat zu keinem Ergebnis geführt.

Beweis:
1. Mitteilung Gemeinde vom ■■■
2. Mitteilung der Post vom ■■■
Die Telefonnummer des Antragsgegners ist der Antragstellerin nicht bekannt. Auch kennt sie keine Verwandten oder Bekannten des Antragsgegners, die Auskunft über den Verbleib des Antragsgegners geben könnten.
Beweis: Eidesstattliche Versicherung der Antragstellerin vom ■■■

III. Vorliegend ist der klassische Fall für die Übertragung der alleinigen elterlichen Sorge auf die Antragstellerin gegeben.
Der Antragsgegner ist unbekannten Aufenthalts.

Der Antragstellerin ist es nicht möglich notwendige gemeinsame Entscheidungen mit dem Antragsgegner gemeinsam zu treffen. Schon jetzt benötigte die Antragstellerin dringend die Unterschrift des Antragsgegners für ■■■.

Auch zukünftig wird die Antragstellerin für das Kind notwendige gemeinsame Entscheidungen mit dem Kindesvater nicht treffen können.

Aus diesem Grund ist die alleinige elterliche Sorge für das Kind ■■■, geboren ■■■, auf die Antragstellerin zu übertragen.

■■■

Rechtsanwalt

**Hinweis:** Es ist ausführlich darzulegen und ggf. glaubhaft zu machen, dass dem einen Elternteil der Aufenthaltsort, und somit die ladungsfähige Anschrift, des anderen Elternteils unbekannt sind. Hieran werden hohe Anforderungen gestellt, vor allem, da der Entzug der elterlichen Sorge einen einschneidenden Eingriff darstellt. Es empfiehlt sich, zur Unterstreichung der Eilbedürftigkeit des Antrages, zugleich einen einstweiligen Anordnungsantrag einzureichen. Die Angaben in diesem Antrag sind Glaubhaft zu machen, so dass grundsätzlich eine **eidesstattliche Versicherung** bei Gericht. mit einzureichen ist. 223

### 3. Muster: Übertragung des Aufenthaltsbestimmungsrechtes, § 1666 BGB, im Scheidungsverbund 224

21

■■■

wegen Ehescheidung

hier: Regelung der elterlichen Sorge für das ehegemeinschaftliche Kind ■■■, geboren am ■■■

vorläufiger Streitwert: ■■■€

Namens und im Auftrag des Antragstellers und unter Bezugnahme auf die bereits im Scheidungsverfahren vorgelegte Prozessvollmacht beantrage ich,

Das Aufenthaltsbestimmungsrecht und die damit verbundene Alltagsalleinsorge, sowie das Recht zur Gesundheitsfürsorge und das Recht zu alleinigen Vertretung in schulischen Angelegenheiten für das Kind ■■■, geboren am ■■■, wird auf den Kindesvater übertragen.

Begründung:

I. Die Parteien sind getrennt lebende Eheleute. Unter obigen Aktenzeichen ist das Scheidungsverfahren anhängig. Aus ihrer Ehe ist der gemeinsame Sohn ■■■, geboren am ■■■, hervorgegangen. Das Kind hat seinen gewöhnlichen Aufenthalt derzeit bei der Antragsgegnerin.

II. Die Antragsgegnerin kümmert sich nicht in ausreichender Weise um die Entwicklung und Erziehung des Kindes. Das Kindeswohl ist gefährdet.
Die Antragsgegnerin hat angefangen auch tagsüber Alkohol in erheblichen Mengen zu trinken. Dies führt dazu, dass das Kind vernachlässigt wird.
■■■
■■■ (detailliertere Ausführungen)
Beweis: ■■■ (Name und ladungsfähige Anschrift)
Die Kindesmutter zeigt keinerlei Einsicht, und lehnt jede therapeutische Maßnahme ab.

III. Die schulische Leistungen des Kindes haben in den letzten Monaten erheblich nachgelassen, so dass ein Vorrücken in die nächste Klasse gefährdet ist.
Beweis: Einvernahme der Klassenlehrerein ■■■, (ladungsfähige Anschrift)
Das Kind bekommt in schulischen Angelegenheiten seitens der Mutter keinerlei Unterstützung. Dies kann der Antragsteller auch nicht an den Wochenenden mit dem Kind nachholen, wenn dieser ihn im 14tägigen Rhythmus besucht.

IV. ■■■ selbst möchte seinen gewöhnlichen Aufenthaltsort zum Kindesvater verlegen. Dies wird die Anhörung des Kindes bestätigen.

V. Der Kindesvater ist freiberuflich tätig. Er kann sich seine Arbeitszeiten so einteilen, dass sie auf die Bedürfnisse des Kindes zugeschnitten sind.

VI. Mit dem Wohnungswechsel von ■■■ zum Kindesvater ist kein Schulwechsel verbunden. Die Kindeseltern leben nur wenige Kilometer voneinander entfernt. Das Kind bleibt in seinem gewohnten Umfeld.
Der Kindesvater sichert der Antragsgegnerin zu, dass ihr ein großzügiges Umgangsrecht mit ■■■ gewährt wird. Voraussetzung ist, das die Kindesmutter sich einsichtig zeigt, und an sich arbeitet.

VII. Aufgrund des gesamten obigen Vortrages ist antragsgemäß das Aufenthaltsbestimmungsrecht für das Kind auf den Kindesvater zu übertragen.

■■■

Rechtsanwalt

225 **Hinweis:** Sinnvoll ist es, dem anderen Elternteil die Gewährung eines **großzügigen Umgangsrechtes** zuzusichern, wenn eine enge Bindung zwischen dem Kind und diesem Elternteil besteht. Ein Entgegenkommen in diese Richtung hilft dem anderen Elternteil oft, auch im Interesse des Kindes, einzulenken. [46]

226 Das Gericht kann im Verlauf eines Sorgerechtsverfahren, dass sich z.B. aufgrund der Einholung eines Gutachtens zeitlich hinzieht, **vorläufig** den **Umgang** regeln. Bei Antragstellung ist auf das Alter des Kindes zu achten, da ein Antrag hinsichtlich der Regelung **schulischer Belange** nur sinnvoll ist, wenn das Kind bereits die Schule besucht.

46 Vgl. ausführlich zum Anspruch auf Herausgabe des Kindes Heiß, Das Mandat im Familienrecht, § 6.

### 4. Muster: Das Abänderungsverfahren, § 1696 BGB

227

■■■

22

wegen Regelung der elterlichen Sorge

vorläufiger Streitwert: ■■■ €

Ausweislich anliegender Prozessvollmacht zeige ich die anwaltliche Vertretung des Antragstellers an.

Namens und im Auftrag des Antragstellers beantrage ich,

Das Verbundsurteil des Amtsgerichts ■■■ vom ■■■, Aktenzeichen ■■■ wird in seinem Ausspruch über die elterliche Sorge (Ziff. ■■■ des Tenors) dahingehend abgeändert, dass die alleinige elterliche Sorge für das Kind ■■■, geboren ■■■ auf den Antragsteller übertragen wird.

Hilfsweise wird beantragt das Verbundsurteil des Amtsgerichts ■■■ vom ■■■ Aktenzeichen ■■■ in seinem Ausspruch über die elterliche Sorge (Ziff. ■■■ des Tenors) dahingehend abzuändern, dass das Aufenthaltsbestimmungsrecht und die damit verbundene Alltagsalleinsorge für das Kind ■■■, geboren ■■■, auf den Kindesvater übertragen wird.

Begründung:

I. Die Parteien wurden mit Urteil des Amtsgerichts ■■■, Az ■■■, rechtskräftig seit ■■■ geschieden. Die elterliche Sorge wurde aufgrund übereinstimmenden Elternvorschlag auf die Kindesmutter übertragen.
Beweis: Scheidungsurteil des Amtsgericht ■■■, Az. ■■■, vom ■■■
Die Verhältnisse haben sich zwischenzeitlich jedoch so verändert, dass der Kindesvater einem weiteren und dauerhaften Verbleib von ■■■ bei der Kindesmutter nicht zustimmen kann. Das Kindeswohl ist gefährdet.

II. Vgl. zum weiteren Vortrag beispielhaft oben Antrag 3. Ziff II. bis VI.

■■■

228

**Hinweis:** Bei Antragstellung ist berücksichtigen, dass bis zum Ende der letzten mündlichen Verhandlung die jeweiligen Anträge noch umgestellt werden können. Also ist genauestens abzuwägen, ob bereits im Antragsschriftsatz ein Hilfsantrag gestellt wird, mit der abgeschwächten Sorgerechtsfolge. Es könnte der Eindruck entstehen, dass sich der Antragsteller auch bereits mit der Entscheidung über den Hilfsantrag zufrieden geben könnte.

### 5. Muster: Antrag auf Erlass einer einstweilige Anordnung, zur Regelung der elterlichen Sorge im Verbundverfahren, § 620 Nr. 1 ZPO

229

■■■

23

wegen Regelung der elterlichen Sorge

hier: einstweilige Anordnung

vorläufiger Streitwert: ■■■ €

Ausweislich anliegender Prozessvollmacht zeige ich die anwaltliche Vertretung des Antragstellers an.

Namens und im Auftrag des Antragstellers beantrage ich,

dass im Wege der einstweiligen Anordnung ohne mündliche Verhandlung das Aufenthaltsbestimmungsrecht und die damit verbundene Alltagsalleinsorge, sowie das Recht zur Gesundheitsfürsorge und das Recht zur alleinigen Vertretung in schulischen Angelegenheiten für das Kind ■■■, geboren am ■■■. auf den Kindesvater übertragen wird.

Begründung:

I. Die Parteien sind getrennt lebende Eheleute. Unter obigen Aktenzeichen ist das Scheidungsverfahren anhängig. Aus ihrer Ehe ist der gemeinsame Sohn ■■■, geboren am ■■■ hervorgegangen. Das Kind hat seinen gewöhnlichen Aufenthalt derzeit bei der Antragsgegnerin.

II. Vgl. zum weiteren Vortrag beispielhaft oben Antrag 3. Ziff II. bis VI.
■■■
■■■
Glaubhaftmachung: ■■■, (Name, ladungsfähige Anschrift)
■■■
■■■
Glaubhaftmachung: Einvernahme der Klassenlehrerein ■■■, (ladungsfähige Anschrift)
■■■,
■■■

VII. Um jedoch eine weitere negative Entwicklung zu vermeiden, sollte das Kind noch in den jetzigen großen Sommerferien seinen Aufenthalt zum Kindesvater wechseln. Da die Kindesmutter auch keine Einsichtsfähigkeit zeigt, und keine Absicht hat ihr Verhalten zu ändern, ist Eilbedürftigkeit des Antrages gegeben.
Der Kindesvater sichert der Antragsgegnerin zu, dass ihr ein großzügiges Umgangsrecht mit dem Kind gewährt wird. Voraussetzung ist, das die Kindesmutter Einsichtsfähigkeit zeigt, und an sich arbeitet.

Aufgrund des gesamten obigen Vortrages ist antragsgemäß das Aufenthaltsbestimmungsrecht für das Kind auf den Kindesvater zu übertragen.

Zur Glaubhaftmachung des gesamten obigen Vortrages wird anliegende eidesstattliche Versicherung des Antragstellers übergeben.

Glaubhaftmachung: Eidesstattliche Versicherung des Antragstellers

■■■

Rechtsanwalt

230 **Hinweis:** In Fällen, wie dem vorliegenden wird das Gericht voraussichtlich nicht ohne mündliche Verhandlung entscheiden. Vor der Entscheidung sind die Kindeseltern, das Kind selbst und das Jugendamt zu hören. Bei besonderer Eilbedürftigkeit sind die Anhörungen unverzüglich nachzuholen.

## 6. Muster: Antrag gem. § 1628 BGB

231

24

■■■

wegen Regelung der elterlichen Sorge

Ausweislich anliegender Prozessvollmacht zeige ich die anwaltliche Vertretung der Antragstellerin an.

Namens und im Auftrag des Antragstellerin beantrage ich,

dass der Antragstellerin die Entscheidung darüber übertragen wird, dass das Kind ■■■, geboren am ■■■, an der Waldorfschule ■■■ in ■■■ im nächsten Schuljahr angemeldet wird.

Begründung:

I. Die Parteien wurden mit Urteil des Amtsgerichtes ■■■, Az. ■■■, rechtskräftig seit ■■■ geschieden. Aus ihrer Ehe ist das gemeinsame Kind ■■■, geb. ■■■ hervorgegangen. Es besteht gemeinsames Sorgerecht. Das Kind hat seinen gewöhnlichen Aufenthalt bei der Kindesmutter.
II. Das Kind soll im September eingeschult werden. Erfolglos versuchen die Parteien seit mehreren Monaten sich über die Art der Schule, die das Kind zukünftig besuchen soll, zu einigen. Sie haben sowohl mündlich als auch schriftlich ihre Argumente ausgetauscht.

Der Kindesvater möchte, dass das Kind die Regelschule besucht. Die Kindesmutter möchte, dass das Kind zukünftig die Waldorfschule besucht.

Dem Wohl des Kindes entspricht es am besten, wenn es zukünftig die Waldorfschule besucht.

Das Kind besucht bereits jetzt schon einen Waldorfkindergarten. Im Zuge der Einheitlichkeit der Erziehung und Ausbildung ist es angezeigt, dass das Kind auch die weiterführende Waldorfschule besucht.

Mindestens ■■■ weitere Kinder werden im Anschluss an den Waldorfkindergarten im nächsten Schuljahr in die Waldorfschule wechseln. Das Kind befände sich somit in seinem bekannten sozialen Umfeld.

Die Kindesmutter lebt mit dem Kind den Alltag. Da sie selbst die Lehrweise einer Waldorfschule bevorzugt, sind Konflikte im Alltag vorprogrammiert, wenn das Kind eine Regelschule besuchen würde.

■■■

■■■ weitere Argumente

Aufgrund des gesamten obigen Vortrages wird es deutlich, dass zum Wohl des Kindes die Entscheidung der Wahl der Schulart auf die Kindesmutter zu übertragen ist.

■■■

Rechtsanwalt

232 **Hinweis:** Verfahren nach § 1628 BGB können keine Folgesache einer Ehescheidung sein. In § 623 II S. 1 Nr1 ZPO bleibt es bei der Beschränkung auf § 1671 I BGB.[47] Die Abgrenzung der Anwendung von § 1628 BGB und § 1671 I BGB ist nicht ganz eindeutig. Gem § 1628 BGB kann das Sorgerecht jedenfalls nicht im Ganzen übertragen werden. Bei den Teilbereichen ist die Abgrenzung schwierig.[48]

233 Zur Beschleunigung des Verfahrens sollten bereits in dem Antragschriftsatz die voraussichtlich zu erwartenden Argumenten der Gegenseite aufgegriffen werden und diesen entgegengetreten werden.

## V. Streitwert/Kosten

### 1. Streitwert

234 Der Streitwert für Sorgerechtsangelegenheiten in **Verbundverfahren** beträgt grundsätzlich 900 €. In **isolierten Verfahren** beträgt der Streitwert grundsätzlich 3000 € gemäß §§ 94 I Nr. 3, 4, 9, II, 30 II KostO. Gemessen an der Schwierigkeit des Falles kann der Streitwert durch das Gericht höher oder niedriger festgesetzt werden.

235 Die Scheidungssache und eine Folgesache gelten als eine Angelegenheit, so dass die Streitwerte addiert werden. Durch die Anhörung des Kindes oder der Eltern wird keine Beweisgebühr ausgelöst.

### 2. Kosten

236 Im **Verbundverfahren** sind gemäß § 93a I S. 1 ZPO die Kosten der Scheidung und der Folgesachen grundsätzlich gegeneinander aufzuheben.

237 In **isolierten Sorgerechtsverfahren** richtet sich die Kostenentscheidung grundsätzlich nach § 13a FGG, der die Kostenlast zwischen den Beteiligten regelt. Grundsätzlich hat jeder Beteiligte seine außergerichtlichen Kosten selbst zu tragen, so dass eine anders lautende Entscheidung der besonderen Begründung bedarf.

238 In **einstweiligen Anordnungsverfahren** gelten gem. § 620g ZPO die anfallenden Kosten als Teil der Kosten der Hauptsache. Eine Kostenentscheidung ergeht nicht, da für die Kosten die Entscheidung in der Hauptsache maßgeblich ist.[49]

## VI. Rechtsmittel

### 1. Rechtsmittel gegen Entscheidungen isolierter FGG-Sachen

239 Gegen die erstinstanzlich ergangenen Beschlüsse der Familiengerichte ist gem. § 621e I ZPO die **befristete Beschwerde** das statthafte Rechtsmittel.

240 Die Beschwerde ist innerhalb der **Notfrist** von **einem Monat** nach Zustellung beim **Oberlandesgericht,** als Beschwerdegericht, einzureichen. **Beschwerdebefugt** ist, wer als Beteiligter durch die Entscheidung des Erstgerichtes beschwert ist. Ausreichend ist

47 Schwab, FamRZ, 1998, 457,467.
48 Schwab, FamRZ 1998, 457, 467 m.w.N.
49 Thomas/Putzo, ZPO, Hüßtege, § 620g Rn. 5.

zunächst, dass dies behauptet wird. Die befristete Beschwerde ist innerhalb von einem Monat nach Einlegung der Beschwerde zu **begründen**, gemäß der entsprechenden Anwendung von § 520 I, II, III S. 1 ZPO.[50] Im Verfahren der befristeten Beschwerde besteht **kein Anwaltszwang**. Im Beschwerdeverfahren verdrängt der Vorrang des Kindeswohls den Grundsatz des Verschlechterungsverbotes.[51]

### 2. Rechtsmittel gegen im Verbund ergangene Entscheidung

241 Gegen den Ausspruch der Scheidung und die Folgesachen ist die **Berufung** gem. § 511 ZPO das statthafte Rechtsmittel. Soll **lediglich** die **Sorgerechtsentscheidung** angegriffen werden, so ist die **befristete Beschwerde** zum Oberlandesgericht gem. §§ 629a II S. 1 i.V.m. 621e I ZPO das einschlägige Rechtsmittel.

### 3. Rechtsmittel gegen einstweilige Anordnungen

242 Als Rechtsbehelfe stehen für alle einstweiligen Anordnungen die §§ 620b, 620c ZPO zur Verfügung. Ein Antrag auf Aufhebung oder Änderung der einstweiligen Anordnung kann jederzeit gestellt werden gem. § 620b I ZPO, bis zum Außerkrafttreten der einstweiligen Anordnung. Eine mündliche Verhandlung kann gem. § 620b II ZPO nur beantragt werden, wenn diese nicht schon einmal stattgefunden hat.

243 Im übrigen ist die sofortige Beschwerde gem. § 620c ZPO statthaft. Nur stattgebende Entscheidungen sind angreifbar, nicht ablehnende. Nach § 620e ZPO kann das Amtsgericht vor seiner Entscheidung die Vollziehung der einstweiligen Anordnung aussetzen. Dies ist wichtig, da die Beschwerde selbst keine aufschiebende Wirkung hat. Die Beschwerde ist innerhalb einer Frist von zwei Wochen beim Amts- bzw Beschwerdegericht durch einen zugelassenen Rechtsanwalt einzureichen und innerhalb dieser Frist auch zu begründen. Es gelten grundsätzlich die §§ 567ff ZPO.

### 4. Die Rechtsbeschwerde

244 Gegen Beschwerdeentscheidungen ist gem. § 621e II ZPO die Rechtsbeschwerde statthaft, wenn das Oberlandesgericht sie zugelassen hat oder der BGH sie auf die Beschwerde gegen die Nichtzulassung zulässt. Zuständiges Beschwerdegericht ist gem. § 133 GVG der Bundesgerichtshof. Beschwerdeberechtigt ist grundsätzlich derjenige, der durch die angefochtene Entscheidung benachteiligt wird.

## VII. Zwangsvollstreckung

245 Sorgerechtsentscheidungen haben rechtsgestaltende Wirkung an sich. Zur Umsetzung der Sorgerechtsentscheidung besteht allenfalls die Möglichkeit im Wege einer Herausgabeanordnung Vollstreckungsmaßnahmen einzuleiten.[52]

---

50 Thomas/Putzo, ZPO, Hüßtege, § 621e Rn. 7.
51 FA-FamR, Oelkers, Kap. 4 Rn. 360.
52 FamVerf/Große – Boymann, § 2 Rn. 262.

# § 4 UMGANGSRECHT

**Literatur:** Büchting/Heussen, Beck'sches Rechtsanwaltshandbuch, 8. Auflage 2004; Gerhardt/Heintschel-Heinegg/Klein, Handbuch des Fachanwalts Familienrecht, 4. Auflage 2004; Gottwald, Münchener Prozessformularbuch, Familienrecht, 2. Auflage 2003; Heiß/Heiß, Die Höhe des Unterhalts von A-Z, 9. Auflage; Heiß/Heiß, ABC der unterhaltspflichtigen Einkünfte, 2002; Palandt, Bürgerliches Gesetzbuch, 63. Auflage 2004; Thomas/Putzo, Zivilprozessordnung, 26. Auflage 2004

## A. Vorprozessuale Situation

### I. Allgemeines

246 Der Gesetzgeber hat in § 1626 III BGB festgeschrieben, das zum **Wohl des Kindes** in der Regel der Umgang mit **beiden Elternteilen** gehört, und gleiches auch für den Umgang mit **anderen Personen** gilt, zu denen das Kind enge **Bindungen** besitzt, und deren Aufrechterhaltung für die Entwicklung des Kindes förderlich ist.

### II. Kreis der Umgangsberechtigten

#### 1. Umgangsrecht der Eltern

247 Eltern steht ein **subjektives Recht** auf Umgang zu. Dieses Individualrecht steht jedem Elternteil unabhängig vom anderen zu, also auch unabhängig von der bestehenden Sorgerechtslage.[1] Darüber hinaus hat jeder Elternteil alles zu unterlassen, was das Verhältnis des Kindes zum jeweils anderen Elternteil beeinträchtigt, oder die Erziehung erschwert. Eine Mutter, die ihr Kind zur Adoption frei gegeben hat, gehört nicht zum Kreis der Umgangsberechtigten.[2]

248 Wichtig ist der Hinweis an die Kindeseltern, dass das **Sorgerecht** und das **Umgangsrecht** zwei grundlegend verschiedene Regelungstatbestände sind. Auch bei alleinigem. Sorgerecht eines Elternteils, oder bei nichtehelichen Kindern steht dem anderen Elternteil grundsätzlich ein Umgangsrecht mit dem Kind zu.

249 **BERATUNGSHINWEIS:** Der Mandant ist dringend darauf hinzuweisen, dass Umgangsrechtsstreitigkeiten mit enormen emotionalen Belastungen, gerade auch für das Kind verbunden sein können. Häufig geraten die Kinder in **Loyalitätskonflikte** aufgrund der Meinungsverschiedenheiten zwischen den Eltern. Kein Elternteil hat aber das Recht den **Konflikt der Paarebene** auf das Kind zu projizieren. Entscheidend ist das Kindeswohl. Der Mandant sollte sich, falls es zu Problemen bei der Ausübung des Umgangsrechtes kommt, möglichst frühzeitig mit dem Amt für Kinder, Jugend und Familie, sowie ggf. dem vom Gericht bestellten Verfahrenspfleger in Verbindung setzen, und sich konstruktiv verhalten.

---

1 Vgl. auch Heiß, Das Mandat im Familienrecht zum Thema Umgangsrecht mit Kindern aus einer nichtehelichen Lebensgemeinschaft, § 19.

2 OLG Schleswig, FamRZ 2004, 1057.

Getrennt lebenden Eheleuten steht kein Recht zum persönlichen Umgang mit einem früher gemeinsam gehaltenen **Tier** z.B. Hund zu.[3] Auf Haustiere sind die Vorschriften der HausrVO anzuwenden. Diese sieht ein Umgangsrecht nicht vor.

### 2. Umgangsrecht Dritter

250 **Großeltern** und **Geschwister** haben ein Recht auf Umgang, wenn dies dem **Wohl** des Kindes dient, wie auch andere **Bezugspersonen**, mit denen das Kind längere Zeit in häuslicher Gemeinschaft gelebt hat, oder Personen, bei denen das Kind längere Zeit in Familienpflege war, § 1685 BGB.

251 Bei **Meinungsverschiedenheiten** zwischen den Erziehungsberechtigten und z.B. den Großeltern über Art, Dauer und Häufigkeit der Umgangskontakte ist zu beachten, das dem Erziehungsrecht der personensorgeberechtigten Eltern grundsätzlich Vorrang zukommt. Dies hat zur Folge, dass bei Meinungsverschiedenheiten zwischen den Eltern und den „Dritten" von Letzteren der Beweis zu führen ist, dass die Besuchskontakte dem Wohl des Kindes dienen. Wenn also Großeltern eine von Seiten eines Sachverständigen zunächst für erforderlich gehaltene Umgangsbegleitung mit familienpsychologischer Beratung, welche dem Abbau der Spannungen gegenüber den Erziehungsberechtigten dienen soll, ablehnen, kann ihnen das Umgangrecht zu versagen sein.[4]

252 **Beratungshinweis:** Der Umgang mit den anderen Bezugspersonen muss dem Kindeswohl dienen. Dies ist zwar von Amts wegen zu prüfen, muss aber dennoch in der Antragschrift substantiiert vorgetragen werden. Die Praxis zeigt, das die Gerichte ein Umgangsrecht Dritter zurückhaltend behandeln. Leben die Eltern des Kindes getrennt, geht grundsätzlich das Umgangsrecht der Eltern vor. Die Kinder sollen nicht durch zusätzliche, „erzwungene" Umgangskontakte überfordert werden. Besteht eine **längerandauernde, tatsächliche Beziehung** zwischen dem Dritten und dem Kind, und soll diese **aufrechterhalten** bleiben, so hat der Dritte Aussicht auf Erfolg mit seinem Antrag.

## III. Regelungsinhalt

253 Vereinbarungen zum Umgangsrecht zwischen den Eltern sind auch ohne gerichtliches Verfahren wirksam. Die Eltern können grundsätzlich vereinbaren, was sie für das Beste halten. Das Gericht wird nur auf Anregung eines Elternteils tätig.

254 Im Gesetz existiert keine Bestimmung über Zeit, Dauer, Häufigkeit oder zum Ort des Umgangs. Es hat sich jedoch herausgebildet, dass die **Dauer** des **Umgangs** altersabhängig zu gestalten ist. Ein **Kleinkind** wird i.d.R. nur wenige Stunden mit dem Umgangsberechtigten verbringen. Ein **Kind**, das den **Kindergarten** besucht, wird einen ganzen Besuchstag, ein **schulpflichtiges Kind** wird i.d.R. die Zeit von Samstagsvormittag bis Sonntagnachmittag mit dem Umgangsberechtigten verbringen. Üblich sind **zwei** Besuchstermine im **Monat**. Üblicherweise wird auch geregelt, dass das Kind die hohen **Feiertage** bei dem Elternteil verbringt, bei dem es seinen gewöhnlichen Aufenthalt hat, und den zweiten Feiertag beim anderen Elternteil. Die **Ferien** sind hälftig zu teilen,

3 OLG Bamberg, FamRZ 2004, 559.
4 OLG Hamm, FamRZ 2004, 57, 58.

wobei auf das Alter des Kindes abzustellen ist, so das die Ferien auch wochenweise aufgeteilt werden können. Häufig hat der umgangsberechtigte Elternteil gar nicht so viel Urlaub, wie das Kind Ferien hat. Nicht erforderlich ist, dass **Geschwister** immer gemeinsam den Umgang verbringen. Es gilt aber zu vermeiden, dass diese die Wochenenden oder die Ferien dauernd getrennt verbringen.[5]

255 In einer Umgangsvereinbarung sollten **Einzelheiten** möglichst genau geregelt werden, an welchen Tagen der Umgang stattfindet, sowie die Abhol- und Bringzeiten. Auch wann Telefonkontakte stattfinden kann geregelt werden. Dies ist wichtig zur Konfliktvermeidung bei Umsetzung der Vereinbarung und später evtl. im Raum stehender Zwangsmaßnahmen.

256 Ein **Verzicht** auf Umgang kann nicht wirksam vereinbart werden. Eine Vereinbarung, in welcher ein Elternteil auf Umgang verzichtet und der andere ihn im Gegenzug von dessen Unterhaltsverpflichtung freistellt, ist wegen § 138 ZPO unwirksam.

257 **Beratungshinweis:** Die Eltern können grundsätzlich Umgangsvereinbarungen so treffen, wie sie es für richtig halten. Zu achten ist aber darauf, dass das Kind nicht den Eindruck erhält, es habe eine „**Alltagsmama**“ und einen „**Freizeitpapa**“, wenn es jedes Wochenende beim Vater verbringt.
Häufig kommt es bei den ersten Umgangskontakten zu Problemen bei der Übergabe des Kindes an den jeweils anderen Elternteil. Dies kann daher rühren, dass das Kind durch die Trennung und das Wiedersehen des je anderen Elternteils überfordert ist, und die Situation nicht gleich verarbeiten kann.

### IV. Kindeswille

258 Auch in Umgangsverfahren gilt, dass der Wille des Kindes **altersabhängig** zu bewerten ist. Etwa ab dem 9. Lebensjahr des Kindes kommt seinem Willen ganz erhebliche Bedeutung zu.

259 Wenn das Kind den Umgang mit dem anderen Elternteil ablehnt, hat der **geäußerte Kindeswille** keinen absoluten Vorrang. Das Gericht hat eine **Abwägung** vorzunehmen zwischen dem **Persönlichkeitsrecht des Kindes** und dem **Interesse des umgangsberechtigten** Elternteils. Das Gericht hat den Gründen für den ablehnenden Willen des Kindes nachzugehen. Die Ablehnung ist für das Gericht beachtlich, wenn sie aus Sicht des Kindes berechtigt erscheint, wie z.B. bei tiefer Enttäuschung des Kindes durch einen Elternteil, oder wegen sonstiger Verfehlungen des Umgangsberechtigten gegenüber dem Kind. Hier kann das Gericht sodann von der Möglichkeit des **begleiteten Umgangs** Gebrauch zu machen. Die zwangsweise Durchsetzung des Umgangs gegen den wiederholt erklärten Willen des Kindes kann jedoch auch nicht tatsächlich seinem Wohl entsprechen.

260 Die **Willensbildung** des Kindes beruht häufig daraus, dass sich Geschwister solidarisieren, und die jüngeren den älteren nach dem Mund reden. Kinder halten häufig auch zu dem Elternteil, den sie als den „Verlassenen“ ansehen, der ihrer Unterstützung bedarf.

---

5 Vgl. zum Umgangsrecht mit dem Stiefkind Heiß, Das Mandat im Familienrecht, § 19.

Schließlich hat der Elternteil, bei dem das Kind seinen gewöhnlichen Aufenthalt hat, regelmäßig die Möglichkeit das Kind in **seelische Konflikte** zu stürzen, und für sich gegen den anderen Elternteil zu vereinnahmen. Hier wird die Einholung eines **kinderpsychologischen Sachverständigengutachtens** in Betracht kommen, um den wahren Willen des Kindes zu erforschen und zu ermitteln, welcher Umgangskontakt dem Wohl des Kindes am besten entspricht.

261 **Beratungshinweis:** Tatsache ist jedenfalls, dass **erzwungene Kontakte** wertlos sind. Je älter das Kind ist, desto eher versucht es seinen eigenen Willen durchzusetzen, was zu erheblichen Spannungen führen kann. Auf der anderen Seite scheint es auch nicht angebracht einen umgangsunwilligen Elternteil zum Umgang zu verpflichten. Das kann nicht zum Wohl des Kindes sein.
Für die Entwicklung des Kindes ist der regelmäßige Umgang mit **beiden** Elternteilen wichtig. Beide Elternteile sind dazu verpflichtet auf das Kind so einzuwirken, dass der Umgang mit dem jeweils anderen Elternteil gefördert wird. Das Kind ist von den Konflikten der Eltern fernzuhalten. Möglich ist z.B. das die Kindesmutter dem Kind sagt, dass sie an dem folgenden Wochenende selbst etwas vorhabe und das Kind diese Zeit beim Vater verbringe. So wird der Umgang dem Kind erleichtert, da es weiß der andere Elternteil hat nichts gegen den Umgang.

### V. Regelungsmöglichkeiten

#### 1. Ort des Umgangs

262 Der umgangsberechtigte Elternteil kann den Umgang mit dem Kind in seiner Wohnung ausüben. Das gilt auch dann, wenn er in einer neuen Partnerschaft lebt. Das Kind soll das soziale Umfeld des anderen Elternteils erleben. Was der umgangsberechtigte Elternteil mit dem Kind an dem Besuchstag unternimmt ist ihm überlassen. Der andere Elternteil ist jedenfalls dazu verpflichtet das Kind mit der notwendigen Ersatzkleidung auszustatten.[6]

263 Der Elternteil, bei dem das Kind seinen gewöhnlichen Aufenthalt hat, kann sich grundsätzlich nicht gegen die **Anwesenheit dritter Personen** bei den Umgangskontakten wenden. Führt die Anwesenheit nach Erkenntnis des Gerichtes jedoch zu unzumutbaren psychischen Belastungen für das Kind, kann das Gericht diese jedoch **untersagen**. Die **Anordnung der Anwesenheit** dritter Personen kann das Gericht nur in seltenen Ausnahmefällen anordnen, wenn nach längerer Entfremdung eine Anbahnung des Kontaktes erreicht werden soll, oder wenn **Entführungsgefahr** besteht.[7]

#### 2. Beschützter Umgang

264 Nach § 1684 IV S. 3 BGB kann das Gericht anordnen, dass Umgang nur dann stattfinden darf, wenn ein mitwirkungsberechtigter Dritter anwesend ist. Im Interesse eines unbefangenen Zusammenseins sollte der Umgang grundsätzlich ohne Beisein einer Aufsichtsperson stattfinden. Der begleitete Umgang soll die Ausnahme sein. In bestimmten

6 AmtsG Monschau, FamRZ 2004, 287.
7 Büchting/Heussen, Beck'sches Rechtsanwaltshandbuch, Heiß/Heiß, C 17 Rn. 81.

Einzelfällen ist es aber gerade für die Beteiligten eine akzeptable Möglichkeit den Umgang unter Beisein einer dritten Person zu gestalten. Dies kann der Fall sein z.B. bei der Gefahr einer Kindesentziehung durch den Umgangsberechtigten, bei nachgewiesenem oder aber unbewiesenen aber nicht völlig fern liegenden Verdacht des sexuellen Missbrauchs. Dritter kann das Jugendamt oder ein sonstiger sozialer Verein sein. Die Kosten der Aufsicht hat das Jugendamt zu tragen.

265 **BERATUNGSHINWEIS:** Wenn es im Zuge einer gerichtlichen Umgangsverhandlung dazu kommt, dass ein begleiteter Umgang vorgeschlagen wird, ist der Mandant darauf hinzuweisen, wenn er selbst gegen die Durchführung des Umgangs ist, dass diese Art der Umgangausübung auf Dauer häufig leer läuft. In der Praxis wird der Umgang alle 14 Tage für z.B. 2 Stunden unter Aufsicht in den Räumen einer Sozialeinrichtung stattfinden. Da diese Einrichtungen grundsätzlich terminlich überbelastet sind, wird der Umgang i.d.R. unter der Woche stattfinden. Gerade bei weiterer Anfahrt des Umgangsberechtigten kann es dazu kommen, dass dieser im Laufe der Zeit das Interesse hieran verlieren wird.

### 3. Ausschluss des Umgangs

266 Ein gänzlicher Ausschluss des Umgangs kommt als äußerste Maßnahme nur in Betracht, wenn andernfalls das Kindeswohl gefährdet wäre. Es muss eine **konkrete, akute Kindeswohlgefährdung** zu befürchten sein, und eine andere Maßnahme zur Abwendung der Gefahr nicht verfügbar sein. Ein Ausschluss des Umgangs für **längere Zeit** oder auf **Dauer** kommt in folgenden Fällen in Betracht:

- Trunksucht und/oder Drogenabhängigkeit des Umgangsberechtigten
- Ansteckende Krankheit des Umgangsberechtigten
- Falls zwischen den Eltern ein derartiger Konflikt besteht, dass ein Umgang des Kindes mit dem anderen Elternteil ohne Zwang und ohne große Belastungen für das Kind nicht durchzuführen ist[8]
- Verdacht von Gewaltanwendung, Misshandlungen oder sexuellem Missbrauch[9]
- Wiederholte Beeinflussung des Kindes gegen den Sorgeberechtigten, und wiederholtes Verstoßen gegen die Wohlverhaltensklausel des § 1684 III BGB

### 4. Vorläufiger Rechtschutz und Eilmaßnahmen

267 Ist zwischen den Kindeseltern eine Ehesache anhängig oder ein hierauf bezogenes Prozesskostenhilfeverfahren, so kann im Wege der **einstweiligen Anordnung** eine Umgangsregelung beantragt werden. Ist ein Umgangsverfahren anhängig, kann mit der so genannten **vorläufigen Anordnung** eine Regelung herbeigeführt werden. In Eilverfahren kann das Umgangsrecht in **vollem Umfang**, in **bestimmten Teilbereichen** oder in Bezug auf **Einzelheiten der Umgangsausübung** geregelt werden, wie z.B. Ferienbesuche, Ferienaufenthalte im Ausland oder Telefonkontakte. Ein **gänzlicher Ausschluss** des Umgangsrechtes kann im Eilverfahren nicht ergehen. Es ist allenfalls möglich den Umgang **auf Zeit einzuschränken**, wenn andernfalls das Wohl des Kindes gefährdet ist.

8 OLG Rostock, FamRZ 2004, 968.
9 FA-FamR, Oelkers, Kap. 4 Rn. 669ff.

## VI. Auskunftsrecht

268 Jeder Elternteil kann, bei berechtigtem Interesse, **Auskunft** vom anderen über die **persönlichen Verhältnisse** des Kindes verlangen, § 1686 BGB. Dieser Anspruch besteht nur, wenn die Auskunft dem Wohl des Kindes nicht widerspricht. Ein berechtigtes Interesse liegt regelmäßig dann vor, wenn der Umgangsberechtigte beruflich längere Zeit im Ausland verbringt, oder aufgrund weiter räumlicher Entfernung nur in den Ferien das Umgangsrecht ausübt. Die Auskunft hat das zu umfassen, was der Umgangsberechtigte bei persönlichem Umgang mit dem Kind auch selbst erfahren könnte. So kann die Übersendung einer Zeugnisabschrift verlangt werden, oder im halbjährlichen Abstand die Übergabe einer Fotografie des Kindes.[10]

## VII. Kosten des Umgangs

269 Der Umgangsberechtigte hat grundsätzlich das Kind abzuholen und es wieder zurückzubringen. Er hat die Kosten für die Wahrnehmung des Umgangs grundsätzlich allein zu tragen. Dies gilt auch bei engen finanziellen Verhältnissen.[11] Dies berechtigt ihn grundsätzlich auch nicht die Aufwendungen bei der Berechnung des Unterhaltsanspruches des geschiedenen Ehegatten in Abzug zu bringen. In **verschärften Mangelfällen** sollte aber der **notwendige Selbstbehalt erhöht** werden, wenn der Schuldner die Kosten eines angemessenen Umgangs sonst nur unter Gefährdung dieses Selbstbehaltes aufbringen könnte.[12] Allein der Umstand, dass die Kindesmutter mit dem Kind in einen 160 km entfernten Ort verzogen ist, da sie dort eine neue Lebensgemeinschaft begründet hat, rechtfertigt keine Kürzung des Unterhalts. Dem sorgeberechtigten Elternteil soll es überlassen bleiben seinen künftigen Wohnsitz und Lebenskreis frei zu bestimmen. Erst wenn der betreuende Elternteil so weit entfernt wohnt, dass auf aufgrund der ohnehin schon vorhandenen beengten wirtschaftlichen Verhältnisse die Kostenbelastung für den Umgangsberechtigten **schlechthin unzumutbar** ist, und dazu führt, dass er das Umgangsrecht so gut wie nicht mehr ausüben kann, hat eine **Billigkeitsabwägung** stattzufinden.[13] In solchen **Überforderungsfällen** können ausnahmsweise die Mehrkosten aus der Ausübung des Umgangs, insbesondere wenn sehr hohe Kosten aufgrund unverschuldeter weiter Entfernung entstehen, die Leistungsfähigkeit beeinflussen.[14]

## VIII. Anspruchsgrundlagen

### 1. § 1684 I – III BGB, Umgang des Kindes mit den Eltern

270 § 1684 I BGB normiert das **Umgangsrecht der Eltern.** Kinder haben ein Recht auf Umgang mit den Eltern, dem eine **Umgangspflicht** der Eltern korrespondiert.[15] Auf volljährige Kinder ist diese Norm nicht anwendbar. Das **Familiengericht** kann über den **Umfang** des Umgangsrechtes entscheiden und seine **Ausübung**, auch Dritten gegenüber, **regeln,** § 1684 III BGB. Hierzu bedarf es keines Antrages. Er hat lediglich die

10 FA-FamR. Oelkers, Kap. 4 Rn. 700.
11 OLG Hamm, FamRZ 2004, 560.
12 Heiß/Heiß, Die Höhe des Unterhalts von A-Z, S. 407ff. m.w.N.
13 Heiß/Heiß, ABC der unterhaltspflichtigen Einkünfte, S. 412f.
14 BGH FamRZ, 1995, 215.
15 Palandt, Diederichsen, § 1684 Rn. 1.

Funktion einer Anregung. Entscheidungsmaßstab ist das **Kindeswohl**, wobei das Gericht auch den **Kindeswillen** zu ermitteln hat.

271 **Geregelt** werden können in einer Umgangsvereinbarung alle Rahmenbedingungen des Umgangs. Das Gesetz normiert nicht wann, wo und wie der Umgang stattzufinden hat. Herauskristallisiert hat sich, dass **schulpflichtige Kinder** 14tägig am Wochenende Samstagvormittag bis Sonntagnachmittag beim Umgangsberechtigten verbringen, **Kindergartenkinder** werden i.d.R. nur an einem Besuchstag und **Kleinkinder** nur einige Stunden an einem Tag beim Berechtigten verbringen. Die **Ferien** sind grundsätzlich zwischen den Eltern hälftig aufzuteilen. Die hohen **Feiertage** (z.B. Heilig Abend) sollte das Kind bei dem Elternteil verbringen, bei dem es seinen gewöhnlichen Aufenthalt hat. Den folgenden Feiertag sollte das Kind beim anderen Elternteil verbringen. Möglich ist es auch für **Telefonkontakte** Tage mit Uhrzeit des Anrufes in die Vereinbarung mit aufzunehmen. Üblich ist hier bei 14tägigem. Umgangsrecht am Wochenende 2 Anrufe unter der Woche. Auch ist es möglich in der Vereinbarung festzuhalten, dass dem anderen Elternteil aufgegeben wird, den Kindern jeweils der Jahreszeit entsprechend ausreichend Kleidung mitzugeben.

272 Alle Regelungen sollten möglichst exakt in die Vereinbarung aufgenommen werden, Tage, Uhrzeiten, Abhohlort und weitere Modalitäten. Andernfalls sind Schwierigkeiten bei der Umsetzung vorprogrammiert.

273 § 1684 II BGB normiert die **Wohlverhaltensklausel**, wonach die Eltern alles zu unterlassen haben, was das Verhältnis des Kindes zum jeweils anderen Elternteil beeinträchtigt, und die Erziehung erschwert.

274 **Beratungshinweis: Vor** Einleitung eines gerichtlichen Umgangsverfahrens sollten sich die Beteiligten mit dem **Jugendamt** in Verbindung gesetzt haben. Das Jugendamt ist unterstützend tätig, indem es versucht sowohl in Einzelgesprächen, als auch in gemeinsamen Gesprächen eine allen Beteiligten gerecht werdende Umgangsvereinbarung zu erarbeiten. Das Gericht erwartet ganz grundsätzlich, dass die Eltern vor Einreichung eines gerichtlichen Antrages diese Möglichkeit zu Konfliktlösung wahrgenommen haben. In einem gerichtlichen Verfahren wird das Jugendamt vom Gericht aufgefordert eine Stellungnahme abzugeben bzw in der mündlichen Verhandlung angehört.
Die Stellungnahme des Jugendamtes beruht auf wenigen Gesprächen, so dass es von Vorteil sein kann, wenn sich der Mandant bereits im vorhinein mit diesem in Verbindung gesetzt hatte, und signalisiert hat, dass er zur Konfliktlösung bereit ist. Aber gerade auch aufgrund der wenigen Kontakte zwischen den Beteiligten und dem Jugendamt kann es in den Stellungnahmen durchaus zu einer Fehleinschätzung der Situation kommen. Aus diesem Grund sind diese Berichte kritisch zu durchleuchten.
An den Mandanten sollte jedenfalls appelliert werden, dass **Emotionsausbrüche** vor den Sachbearbeitern des Jugendamtes, vor Sachverständigen aber auch gerade im Gerichtsaal eindeutig zu seinen Lasten gewertet werden. Auch hier ist hervorzuheben, dass das Wohl des Kindes im Vordergrund steht, und nicht die Konfliktsituation zwischen den Eltern.

274a Umgangsvereinbarungen sind jederzeit **abänderbar**, wenn sich die tatsächlichen Verhältnisse geändert haben.

### 2. § 1684 IV BGB, Einschränkung und Ausschluss des Umgangsrechtes

275 Wenn es zum Wohl des Kindes **erforderlich** ist, kann das Familiengericht gem. § 1684 IV BGB das Umgangsrecht oder den Vollzug früherer Entscheidungen **einschränken** oder **ausschließen.**

276 Eine Einschränkung des Umgangs kann in der Anordnung eines **begleiteten Umgangs** liegen. In bestimmten Fällen bestehen gegen den unbeaufsichtigten persönlichen Kontakt sachliche Bedenken. Das Familiengericht kann anordnen, dass der Umgang unter Anwesenheit eines mitwirkungsbereiten Dritten oder bei einer bestimmten Einrichtung, Jugendamt oder bestimmte Vereine, stattfindet.

277 Ein **Ausschluss** des Umgangsrechtes als schwerstmöglicher Eingriff ist nur dann gerechtfertigt, wenn er zum Wohl des Kindes **zwingend erforderlich** ist, um eine **akute** Kindeswohlgefährdung abzuwenden. Das Recht des Umgangsberechtigten muss insoweit dem vorrangigen Recht des Kindes weichen. Die Tatsache, dass ein Elternteil, welcher der Religionsgemeinschaft der Zeugen Jehovas angehört, seine Kinder im Rahmen der üblichen, 14tägigen Umgangszeiten mit zu seinem sonntäglichen Gottesdienst mitnimmt, kann eine Einschränkung des Umgangsrechtes nicht rechtfertigen.[16]

278 Als Gründe für die einen Ausschluss oder Einschränkung rechtfertigende Maßnahme kommen folgende in Betracht:

- Trunksucht und/oder Drogenabhängigkeit des Umgangsberechtigten
- Ansteckende Krankheit des Umgangsberechtigten
- Falls zwischen den Eltern ein derartiger Konflikt besteht, dass ein Umgang des Kindes mit dem anderen Elternteil ohne Zwang und ohne große Belastungen für das Kind nicht durchzuführen ist[17]
- Verdacht von Gewaltanwendung, Misshandlungen oder sexuellem Missbrauch[18]
- Wiederholte Beeinflussung des Kindes gegen den Sorgeberechtigten, und wiederholtes Verstoßen gegen die Wohlverhaltensklausel des § 1684 III BGB
- Gefahr der Kindesentführung[19]

### 3. § 1685 BGB, Umgangsrecht anderer Bezugspersonen

#### a. Personenkreis

279 Dritten steht ein Umgangsrecht mit dem Kind grundsätzlich nur dann zu, wenn dieses dem Kindeswohl dient. Hierfür haben die Dritten die Feststellungslast. Bei **Großeltern und Geschwistern,** § 1685 II BGB besteht eine Vermutung, aufgrund des engen verwandtschaftlichen Verhältnisses, dass eine **soziale Beziehung** besteht, deren Aufrechterhaltung durch die Vereinbarung eines Umgangsrechtes dem Kindeswohl dient. Für das Umgangsrecht ehemaliger **Pflegepersonen** oder **Stiefeltern** ist zusätzliche Voraussetzung zur engen Beziehung, dass diese mit dem Kind in längerer häuslicher Gemeinschaft gelebt haben, § 1685 II BGB.

16 AmtsG Düren, FamRZ 2004, 970.
17 OLG Rostock, FamRZ 2004, 968.
18 FA-FamR, Oelkers, Kap. 4, Rn. 669ff.
19 OLG Köln, FamRZ 2004, 1109.

b. Kindeswohl

280 Schwerpunktmäßig ist das Vorhandensein **enger Beziehungen** zwischen Kind und dem Dritten zu prüfen. Besteht jedoch keinerlei Bindung zwischen Kind und Dritten, ist Voraussetzung für die Gewährung eines Umgangs, dass dieser für die **Entwicklung des Kindes förderlich** ist. Hier trifft die Feststellungslast nicht den Umgangbegehrenden, sondern es gilt § 12 FGG.

281 Die Kindeswohlprüfung wird i.d.R., auch aufgrund des Erziehungsvorranges der Eltern dazu führen, dass das Kind mit dem Elternteil den Dritten besucht, oder der Dritte das Kind in dessen häuslicher Umgebung aufsucht. Vor allem ist zu vermeiden, dass das Kind aufgrund konkurrierender Umgangsrechte, der Eltern und Dritter, überfordert und emotional belastet wird. Hierbei spielt auch der **Kindeswille** eine große Rolle, dem um so größere Bedeutung zukommt, je älter das Kind ist, und somit in der Lage ist eigene Entscheidungen zu treffen.

#### 4. Auskunftsanspruch, § 1686 BGB

282 Unabhängig vom Umfang des Umgangsrechtes steht jedem Elternteil ein Auskunftsanspruch gegen den anderen Elternteil bezüglich der persönlichen Verhältnisse des Kindes zu, § 1686 BGB. Voraussetzung ist ein **berechtigtes Interesse** des Elternteils. Dies wird i.d.R. dann gegeben sein, wenn eine große räumliche Entfernung zwischen dem Elternteil und dem Kind vorliegt. Der Auskunft begehrende Elternteil ist über die **wesentlichen Lebensumstände** des Kindes zu informieren. So hat er einen Anspruch auf Übersendung von Zeugnissen sowie Fotos des Kindes. Die Auskunftserteilung darf dem Wohl des Kindes nicht widersprechen. Der Auskunftsanspruch endet mit der Volljährigkeit des Kindes. Widerspricht ein fast volljähriges Kind der Auskunftserteilung, und verweigert es auch im Übrigen Umgang mit dem anderen Elternteil, ist eine Interessenabwägung vorzunehmen.

## B. Prozess

### I. Zuständigkeit

#### 1. Sachliche Zuständigkeit

283 Verfahren über die Regelung des Umgangs mit einem Kind, einschließlich der Auskunftsverfahren und solche betreffend den Vollzug einer Umgangsregelung sind Familiensachen, §§ 621 I Nr. 2 ZPO, 23b I Nr. 3 GVG, so dass die Familiengerichte ausschließlich sachlich zuständig sind.

#### 2. Örtliche Zuständigkeit

284 Zur Feststellung der örtlichen Zuständigkeit ist zunächst zu unterscheiden, ob es sich um ein isoliertes Umgangsrechtsverfahren handelt, oder bereits eine Ehesache anhängig ist. Im **Scheidungsverbundverfahren** ist das Gericht örtlich zuständig, bei welchem bereits die Ehesache anhängig ist. Handelt es sich um ein **isoliertes** Umgangsrechtsverfahren folgt die örtliche Zuständigkeit den § 621 II S. 2 ZPO i.V.m. §§ 43 I, 36 I, 64 III S. 2 FGG. Die Zuständigkeit richtet sich nach dem **Wohnsitz** des Kindes. Hat das Kind bei Antragstellung keinen Wohnsitz oder ist dieser nach deutschem Recht nicht fest-

stellbar, richtet sich die örtliche Zuständigkeit nach seinem **gewöhnlichen Aufenthalt.** Gem. § 11 BGB teilt das Kind mit seinem personensorgeberechtigten Elternteil seinen Wohnsitz. Nur wenn also dieser, inländische, Wohnsitz fehlt, kommt es auf den Aufenthalt des Kindes an. Wird während eines Umgangsrechtsverfahrens eine Ehesache anhängig gemacht, so hat das Gericht ggf. vAw die Umgangsangelegenheit an dieses Gericht abzugeben, § 64 II FGG.

### 3. Internationale Zuständigkeit

285

Die internationale Zuständigkeit hat keine Auswirkungen auf das Prozessrecht. Ist das deutsche Familiengericht zuständig, wendet es nach dem Grundsatz der ***lex fori*** deutsches Prozessrecht an. Nach § 621 Abs.2 ZPO tritt bei **Anhängigkeit einer Ehesache** im Inland auch für andere Familiensachen die Zuständigkeit im Verbundsverfahren ein. Ist **keine Ehesache anhängig**, richtet sich die Zuständigkeit nach § 621 Abs.2 S.2 ZPO. Hat das minderjährige Kind seinen Wohnsitz im Inland, sind deutsche Gerichte zuständig. Zu beachten ist, dass **internationale Verträge** stets Vorrang haben. Die Regelung über Zuständigkeiten im **Haager Minderjährigenschutzabkommen** (**MSA**) haben, auch in Verbundverfahren, Vorrang. Deutsche Gerichte sind demnach gem. Art 1, 2 MSA zuständig, wenn das Kind in seinem Bezirk den gewöhnlichen Aufenthalt hat. Das MSA wird teilweise durch das **HKÜ** (Haager Übereinkommen über die zivilrechtlichen Aspekte internationaler Kindesentführungen) verdrängt. Dies ist anwendbar auf die Umgangsregelung mit Kindern unter 16 Jahren, die in einen Vertragsstaat **entführt** wurden. Dem gemäß kann der gewöhnliche Aufenthalt eines minderjährigen Kindes grundsätzlich nicht gegen den Willen des anderen Elternteil in einem andern Vertragstaat begründet werden.

## II. Verfahren

### 1. Amtsermittlungsgrundsatz

286

Grundsätzlich kann das Familiengericht von Amts wegen den Umgang des Kindes mit den Eltern oder Dritten regeln, wenn dies zum Wohl des Kindes erforderlich ist, §§ 1684 III, 1685 III BGB. Es gilt aber der Antragsgrundsatz, da das Familiengericht ansonsten nicht tätig werden wird. Wird der Antrag jedoch zurückgenommen, ist das Gericht hieran nicht gebunden, da der Verfahrensgegenstand nicht zur Disposition der Beteiligten steht.[20] Im Verfahren selbst gilt gem. § 12 FGG der **Amtsermittlungsgrundsatz.** Das Gericht kann mithilfe **psychologischer Gutachten** die Möglichkeiten zur Anbahnung eines Umgangskontaktes zwischen Berechtigtem und dem Kind überprüfen. Es ist nicht berechtigt den Umgang von der zwangsweisen Durchführung bestimmter Therapien abhängig zu machen.

287

Da sich das Gericht aufgrund der Anhörung der Beteiligten in der mündlichen Verhandlung ein Bild von den Gegebenheiten machen soll, gibt es kein **Versäumnisurteil.** Grundsätzlich ist bei Nichterscheinen eines Beteiligten ein neuer Termin anzuberaumen. Gegebenenfalls hat eine Anhörung schriftlich zu erfolgen.

20 OLG Thüringen, FamRZ 1996, 359; FA- FamR, Oelkers, Kap. 4 Rn. 738.

288 **Beratungshinweis:** Die Gerichte haben aufgrund der zum Zeitpunkt der Antragstellung bestehenden familiären Situation und des zu diesem Zeitpunkt bestehenden Willen des Kindes zu entscheiden. Ausführliche Darstellungen über Episoden aus der Vergangenheit sollten aus diesem Grund in den Schriftsätzen vermieden werden. Es geht auch nicht darum den anderen Elternteil möglichst schlecht zu machen. Dieser hat ganz grundsätzlich ein Recht auf Umgang. Zum anderen nehmen die Schriftsätze unübersichtliche Formen an, so dass man leicht den Unmut des Gerichtes auf sich ziehen kann. Schließlich geht es um das Kind.

### 2. Anhörungspflichten

289 In § 50a FGG ist die Anhörung der **Eltern** durch das Gericht und in § 50b FGG die des **Kindes** vorgeschrieben. Grundsätzlich wird das Kind ohne Beisein weiterer Verfahrensbeteiligter vom Gericht angehört, um dessen Neigungen und Wünsche zu ermitteln. Den Parteien wird nach erfolgter Anhörung regelmäßig das Ergebnis mündlich mitgeteilt.

### 3. Beteiligte

290 Das **Jugendamt** hat eine eigene Verfahrensstellung, und ist gem. § 49a Nr. 7 FGG vom Gericht anzuhören. In der Regel gibt das Jugendamt vor der mündlichen Verhandlung eine Stellungnahme ab, die in der Verhandlung erläutert und ausgeführt werden kann. Das Jugendamt hat die Verpflichtung den Beteiligten Beratungsangebote zur Konfliktbeilegung zu unterbreiten.

291 Das Gericht kann dem Kind gem. § 50 FGG einen **Verfahrenspfleger** zur Seite stellen, soweit dies zur unabhängigen Wahrnehmung seiner Interessen erforderlich ist. Der Verfahrenspfleger hat als „Anwalt des Kindes" ein Recht auf Anwesenheit in der mündlichen Verhandlung, sowie auf Antragstellung. Von jedem Beteiligten kann die Bestellung eines Verfahrenspflegers angeregt werden, und auch Vorschläge zu dessen Person können gemacht werden. Da der völlige **Ausschluss des Umgangs** für einen Elternteil einen schwerwiegenden Eingriff in die Interessen des Kindes darstellt, der nur in besonderen Fällen gerechtfertigt ist, kommt hier regelmäßig die Bestellung eines Verfahrenspflegers in Betracht.

292 Kann das Gericht den Umgang mangels ausreichender eigener Sachkunde nicht regeln, hat es sachverständige Hilfe in Anspruch zu nehmen, wie z.B. durch die Beauftragung eines **Kinderpsychologen**.

### 4. Anwaltszwang

293 In **selbstständigen Umgangsverfahren** besteht gem. § 78 II S1 Nr. 3 ZPO im ersten und zweiten Rechtszug kein Anwaltszwang. Ist das Umgangsverfahren **Folgesache**, so besteht gem. § 78 II S. 1 Nr. 2 ZPO Anwaltszwang in allen Rechtszügen.

### 5. Vereinbarungen und Billigung durch das Familiengericht

294 Da das Umgangsrecht nicht zur Disposition der Parteien steht, hat sich das Familiengericht eine zwischen den Eltern geschlossene Umgangsvereinbarung zu eigen zu machen. Es ist ausreichend, wenn das Gericht im Anschluss an die Vereinbarung dessen **Billigung** erklärt, oder die Vereinbarung mit einer Zwangsgeldandrohung bewehrt.

### III. Einstweiliger Rechtschutz

295 Bei **Anhängigkeit** einer **Ehesache** bzw ab Einreichung eines diesbezüglichen Prozesskostenhilfegesuches kann der Erlass einer **einstweiligen Anordnung** nach § 620 Nr. 1 ZPO beantragt werden. **Zuständig** ist das Familiengericht der Hauptsache. Es besteht als Folgesache Anwaltszwang, § 78 II Nr. 1 ZPO. **Antragsberechtigt** sind ausschließlich die Eltern, die den Umgang eines gemeinschaftlichen Kindes regeln möchten. Tatsachen sind glaubhaft zu machen, da das Gericht entscheiden muss, ob sofort einzuschreiten ist, oder bis zur Entscheidung der Hauptsache abgewartet werden kann.

296 Ist ein **isoliertes Umgangsverfahren** anhängig kann auf Antrag eines Elternteils eine einstweilige Anordnung gem. § 621g ZPO ergehen. Die Vorschriften der §§ 620a–gff. ZPO gelten entsprechend. Es besteht jedoch kein Anwaltszwang, § 78 II Nr. 3 ZPO.

297 Im Rahmen einer einstweiligen Anordnung werden in der Regel nur Teilentscheidungen ergehen, wie z.B. eine Ferienregelung. Ein völliger Ausschluss des Umgangsrechtes kommt nicht in Betracht. Die einstweilige Anordnung darf in ihrem Regelungsinhalt nicht über die Hauptsache hinausgehen.[21] Ein **Regelungsbedürfnis** im Rahmen des einstweiligen Anordnungsverfahrens besteht nur, wenn die Hauptsache noch nicht entscheidungsreif ist, und das Abwarten unzumutbar ist. Bei Antragstellung ist die **Dringlichkeit** der Regelung hervorzuheben. Gemäß § 620a ZPO sind die Voraussetzungen **Glaubhaft zu machen.** Hierbei ist es zu empfehlen mit der Antragschrift eine eidesstattliche Versicherung des Antragstellers einzureichen.

### IV. Schriftsatzmuster

#### 1. Muster: Antrag auf Regelung des Umgangs

298

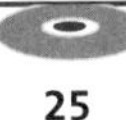

25

■■■

wegen Regelung des Umgangs

Ausweislich anliegender Prozessvollmacht zeige ich die anwaltliche Vertretung des Antragstellers an.

Namens und im Auftrag des Antragstellers beantrage ich:

Der Antragsteller hat das Recht das Kind ■■■, geboren ■■■ wie folgt zu sich zu nehmen:

14-tägig in der Zeit von Freitag 16:00 Uhr bis Sonntag 17:00 Uhr.

Sollte ein Umgangsrechtswochenende ausfallen, wird der Umgang am darauf folgenden Wochenende nachgeholt.

In den Weihnachtsferien, Osterferien und Pfingstferien jeweils die zweite Ferienwoche und in den Sommerferien zwei Wochen, beginnend ab dem ersten Ferientag.

21 FA-FamR, Oelkers, Kap. 4 Rn. 402.

Begründung:

I. Die Parteien wurden mit Urteil des Amtsgerichtes ■■■, rechtskräftig seit dem ■■■, geschieden. Aus ihrer Ehe ist das gemeinsame Kind ■■■, geboren am ■■■ hervorgegangen. Es besteht gemeinsames Sorgerecht.
Beweis: Scheidungsurteil des Amtsgerichtes ■■■ vom ■■■
Aufgrund erklärtem Willen der Parteien hat das Kind seinen gewöhnlichen Aufenthalt bei der Kindesmutter. Diese verweigert jedoch derzeit gänzlich ein Umgangsrecht des Antragstellers mit dem Kind.

II. Der Antragsteller hat sich von ■■■ bis ■■■ beruflich bedingt im Ausland aufgehalten. Während dieser Zeit hat er sein Kind nur ■■■ gesehen. Dies wirft die Antragsgegnerin ihm nun vor.
Tatsache ist aber, dass der Antragsteller ein berechtigtes Interesse am Umgang mit seinem Kind ■■■ hat, um einer weiteren Entfremdung entgegenzuwirken. Er möchte an der Entwicklung und Erziehung seines Kindes entscheidenden Anteil haben. Darüber hinaus ist das Kind in das soziale Umfeld des Kindesvaters zu integrieren.
Vor seinem Weggang ins Ausland hat der Antragsteller intensiven Kontakt zu seinem Kind gepflegt. Die Kindesmutter gewährte ein Umgangsrecht im 14tägigen Rhythmus. Erst seit der Antragsteller im Ausland war, kam es zu Problemen beim Umgang.
■■■
■■■ (weitere Ausführungen zum konkreten Fall)

III. Der Antragsteller hat sich zwischenzeitlich mit dem zuständigen Jugendamt in Verbindung gesetzt, um eine Kontaktanbahnung zu erreichen. Der Antragsteller hat bereits Gespräche beim Jugendamt wahrgenommen. Die Antragsgegnerin erschien jedoch trotz Aufforderung bei Jugendamt nicht.
Beweis: Einvernahme Frau ■■■, zu laden über das Amt für Kinder, Jugend und Familie ■■■
In diesen Gesprächen erfuhr der Antragsteller, dass ■■■. Offensichtlich möchte sie aus diesem Grund den Antragsteller vom Kind fern halten, und nahm seinen Auslandsaufenthalt als willkommenen Anlass.
Eine Regelung des Umgangs ist dringend erforderlich, um eine drohende Entfremdung zwischen Vater und Kind zu verhindern. Der Vater hat nicht nur ein Recht auf Umgang mit seinem Kind. Es ist ein Erfahrungssatz, dass der Kontakt zu beiden Elternteilen für die Entwicklung des Kindes von entscheidender Bedeutung ist, und somit zu dessen Wohl ist.
■■■

Rechtsanwalt

299 **Beratungshinweis:**

1. Einem unbeteiligten Richter sind die tatsächlichen Gegebenheiten klar zu machen. Auch wenn in Umgangsverfahren das Wohl des Kindes im Vordergrund steht, ist eine emotionale Einfärbung des Antrages unvermeidbar. Der Vortrag, dass der Elternteil, bei dem das Kind seinen gewöhnlichen Aufenthalt hat, seine **Machtposition** ausspielt und das Kind **negativ** gegen den anderen Elternteil **vereinnahmt**, ist eine übliche und häufig vorkommende Formulierung. Hierauf ist zwingend zu erwidern, dass der Elternteil ganz im Gegenteil versucht erzieherisch positiv auf das Kind einzuwirken, und es zum Umgang anzuhalten. Dieser Vortrag ist sodann mit Beispielen zu untermauern. Entsprechend ist der Mandant auch zu belehren.

2. Dem Mandanten ist anzuraten eine Auflistung zu erstellen, mit Datum und ggf. Uhrzeit, an welchen Tagen der jeweils andere Elternteil entweder das Umgangsrecht nicht wahrgenommen hat, sei es unentschuldigt oder entschuldigt, oder den Umgang aus irgendwelchen Gründen verweigert hat, weil er entweder mit dem Kind nicht zu Hause war, oder aber den anderen Elternteil schon im vorhinein abgewimmelt hat. Diese Auflistung kann dem Gericht bereits im schriftlichen Verfahren oder anlässlich der mündlichen Verhandlung vorgelegt werden. Es ist sodann an dem anderen Elternteil sich hierüber zu erklären.
3. Ist eine mündliche Verhandlung anberaumt, und sind Zeugen benannt worden, kann es in bestimmten Fällen empfehlenswert sein die Zeugen mit zum Termin zu nehmen, auch wenn sie vom Gericht nicht geladen wurden. Gerade in Umgangs- und Sorgerechtsverfahren werden Zeugen selten geladen, um nicht noch weitere Personen zu involvieren, die in das sowieso schon emotional hoch belastete Verfahren zusätzliche Unruhe bringen. Ist der Zeuge aber bereits vor Ort, und in der Lage zu einer strittigen Situation Stellung zu nehmen, kann es sein dass das Gericht den Zeugen anhört.

## 2. Muster: Antrag auf Erlass einer Einstweiligen Anordnung zur Regelung des Umgangs

300

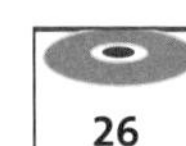

26

■■■

wegen Regelung des Umgangs

hier: Einstweilige Anordnung

Ausweislich anliegender Prozessvollmacht zeige ich die anwaltliche Vertretung des Antragstellers an.

Namens und im Auftrag des Antragstellers beantrage ich:

Der Antragsteller hat das Recht das Kind ■■■, geboren ■■■ wie folgt zu sich zu nehmen:

An jedem ersten und dritten Wochenende eines Monats in der Zeit von Freitag 16:00 Uhr bis Sonntag 17:00 Uhr.

Sollte ein Umgangsrechtswochenende ausfallen, wird der Umgang am darauf folgenden Wochenende nachgeholt.

Begründung:

I. Zwischen den Parteien ist unter obigem. Aktenzeichen das Scheidungsverfahren anhängig.
Aus ihrer Ehe ist das gemeinsame Kind ■■■, geb. ■■■ hervorgegangen.
Beweis: Scheidungsurteil des Amtsgerichtes ■■■ vom ■■■.

II. Die Kindesmutter verweigert (grundlos) das beantragte Umgangsrecht des Antragstellers mit dem gemeinsamen Kind. Es liegt eine missbräuchliche Verweigerung vor, da
■■■
■■■
■■■
(Ausführungen dazu, warum das beantragte Umgangsrecht nicht durchgeführt wird. Dies werden i.d.R. Gründe sein, die beim Antragsgegner liegen)

Glaubhaftmachung: ■■■ (z.B. Benennung eines Zeugen)
Der Antragsteller hat ein dringendes Interesse an baldmöglichstem Umgang mit seinem Kind, zu dem er immer ein enges Verhältnis pflegte.
■■■
■■■
(Ausführungen zu bisherigen Umgangskontakten bzw. der Beziehung zwischen Antragsteller und Kind)

III. Der Antragsteller hat sein Kind ■■■ zuletzt am ■■■ gesehen.
Es gilt eine drohende Entfremdung zwischen dem Antragsteller und dem Kind zu vermeiden.
Da die Antragsgegnerin das Umgangsrecht grundlos verweigert, ist antragsgemäß zu entscheiden.
Zur Glaubhaftmachung des gesamten obigen Vortrages wird anliegende eidesstattliche Versicherung des Antragstellers übergeben.
Glaubhaftmachung: Eidesstattliche Versicherung vom ■■■
■■■

Rechtsanwalt

301

**3. Muster: Eidesstattliche Versicherung**

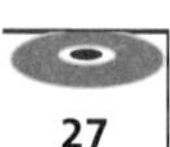

27

Eidesstattliche Versicherung

Hiermit erkläre ich, nachdem ich eindringlich und ausführlich über die Strafbarkeit einer eidesstattlichen Versicherung belehrt worden bin, zum Zweck der Glaubhaftmachung des Inhalts des Schriftsatzes vom meines Prozessbevollmächtigten, Herr Rechtsanwalt ■■■ (Name und Anschrift), vom ■■■ was folgt:

Zur Person:

■■■

■■■

Zur Sache:

■■■

■■■

Die im Schriftsatz meines Rechtsanwaltes ■■■ (Name und Anschrift) vom ■■■ dargelegten Tatsachenbehauptungen entsprechen der Wahrheit.

Ich versichere die Richtigkeit an Eides statt.

■■■, den ■■■

(Name, Datum)

## 4. Muster: Umgangsrecht Dritter

302

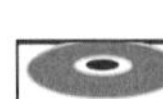

28

■■■

wegen Regelung des Umgangs

Ausweislich anliegender Prozessvollmacht zeige ich die anwaltliche Vertretung der Antragstellerin an.

Namens und im Auftrag der Antragstellerin beantrage ich:

Die Antragstellerin hat das Recht die Kinder ■■■, geboren ■■■ und ■■■, geboren ■■■ wie folgt zu sich zu nehmen:

An jedem zweiten Samstag im Monat in der Zeit zwischen 10:00 Uhr und 18:00 Uhr.

Begründung:

Die Antragstellerin ist die Großmutter der Kinder ■■■, geboren am ■■■ und ■■■, geboren am ■■■. Die Kinder stammen aus der Ehe ihrer zwischenzeitlich verstorbenen Tochter ■■■ und dem Antragsgegner.

Der Antragsgegner lebte mit seiner Frau und den Kindern im Haus neben der Antragstellerin. Die Kinder besuchten die Großmutter täglich. Da sowohl der Antragsgegner, als auch die Tochter der Antragstellerin in Vollzeit erwerbstätig waren, hielten sich die Kinder regelmäßig bei der Antragstellerin auf ■■■

■■■

■■■

(Ausführungen wann und wie oft die Kinder bei der Antragstellerin waren, und insbesondere Ausführungen zur Intensität der Beziehung zwischen den Kindern und der Antragstellerin, deren Aufrechterhaltung zum Wohl der Kinder ist)

Dies änderte sich auch nicht, als bei der Tochter der Antragstellerin eine schwere Krankheit ausbrach, die innerhalb weniger Wochen zu deren Tod führte.

Seit ■■■ besteht kaum noch Kontakt zwischen der Antragstellerin und den Kindern.

■■■

■■■

(Ausführungen hierzu bezogen auf den Einzelfall, wie zB: Knapp einen Monat nach dem Tod der Kindesmutter zog der Antragsgegner mit den Kindern in den Nachbarort. Die Kinder wurden in einer Schule mit Mittagsbetreuung angemeldet. Schließlich wurde der Kontakt zu früheren Freunden, Nachbarskindern und anderen Verwandten abgebrochen.)

Trotz mehrfacher Nachfrage der Antragstellerin untersagt der Antragsgegner jeglichen Kontakt der Antragstellerin mit den Kindern, außer gelegentliche Telefonate. Eine nachvollziehbare Begründung nennt er der Antragstellerin hierfür nicht.

Durch die intensive Betreuung der Kinder durch die Großmutter hat sich eine enge Beziehung zwischen diesen entwickelt. Die Kinder sollten nicht völlig von den Familienbanden ihrer verstorbenen Mutter abgeschnitten werden. So verlieren sie nicht nur ihre Mutter, sondern auch noch die Großmutter.

Ein von der Antragstellerin angeregtes Beratungsgespräch beim zuständigen Amt für Kinder, Jugend und Familie hat der Antragsgegner gar nicht erst wahr genommen.

Der Antragsgegnerin steht ein eigenes Umgangsrecht mit ihren Enkelkindern zu. Dieses dient der Aufrechterhaltung der Beziehungen zwischen der Antragstellerin und den Kindern, welche für deren Entwicklung förderlich ist.

■■■

Rechtsanwalt

303

### 5. Muster: Antrag auf Zwangsgeldandrohung wegen Nichtgewährung des Umgangs

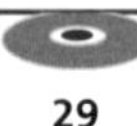

29

■■■

wegen Regelung des Umgangs

hier: Zwangsgeldantrag

Ausweislich anliegender Prozessvollmacht zeige ich die anwaltliche Vertretung des Antragstellers an.

Namens und im Auftrag des Antragstellers beantrage ich:

Der Antragsgegnerin wird wegen Zuwiderhandlung gegen den Beschluss des Amtsgerichtes ■■■ vom ■■■, Aktenzeichen ■■■ ein Zwangsgeld angedroht.

Die Antragsgegnerin trägt die Kosten des Verfahrens.

Begründung:

I. Die Parteien wurden mit Urteil des Amtsgerichtes ■■■, Az. ■■■ rechtskräftig seit ■■■ geschieden. Aus ihrer Ehe ist das gemeinsame Kind ■■■, geb. ■■■ hervorgegangen. Im Wege des Verbundurteils wurde das alleinige Sorgerecht für ■■■ auf die Kindesmutter übertragen.
Beweis: Scheidungsurteil des Amtsgerichtes ■■■ vom ■■■
Im Zuge des Scheidungsverfahrens wurde zugleich das Umgangsrecht des Antragstellers mit dem Kind ■■■ geregelt. Es erging Beschluss des Amtsgerichts ■■■ vom ■■■, wonach der Antragsteller das Recht hat das Kind jedes zweite Wochenende im Monat abwechselnd samstags und sonntags in der Zeit von 10:00 Uhr bis 17:00 Uhr zu sich zu nehmen. Die Kindesmutter wurde verpflichtet das Kind zur Übergabe bereit zu halten.
Beweis: Beschluss des Amtsgerichts ■■■ vom ■■■

II. Die Antragsgegnerin widersetzt sich schuldhaft dem Umgangs-Beschluss des Gerichtes.
Als der Antragsteller am ■■■ das Kind abholen wollte, erklärte die Antragsgegnerin ihm, dass sie die nächsten zwei Wochen mit dem Kind in Urlaub fahren werde, und er das Kind erst am darauf folgenden Wochenende zu sich holen könne.
Nun musste der Antragssteller erfahren, dass die Antragsgegnerin nur ca. 5 Tage mit dem Kind weg war. Der Umgangsrhythmus wäre hierdurch nicht unterbrochen worden.
Beweis: Frau ■■■, wohnhaft ■■■

Vor den nächsten Umgangstag, dem ■■■ des Antragstellers rief die Antragsgegnerin diesen an, und teilte ihm mit, dass das Kind krank sei, und aus diesem Grund der Umgang ausfallen müsse. Ein Bekannter des Antragstellers traf die Antragsgegnerin jedoch am ■■■ zusammen mit dem Kind.

Beweis: Herr ■■■, wohnhaft ■■■

■■■

■■■

(ggf. weitere Termine ansprechen, an denen der Elternteil das Umgangsrecht verweigert hat.)

Die Antragsgegnerin setzt sich bewusst über den gerichtlichen Beschluss hinweg.

Darüber hinaus ist zu vermuten, dass die Antragstellerin das Kind negativ gegen den Antragsteller vereinnahmt. Bislang hat sich das Kind immer auf die Besuche beim Vater gefreut, und wäre am liebsten länger bei ihm geblieben.

Da die Antragsgegnerin versucht den Umgang des Antragstellers mit dem Kind, entgegen dem Beschluss des Amtsgerichtes ■■■ zu unterbinden, ist ihr ein Zwangsgeld anzudrohen, dessen Höhe im Ermessen des Gerichtes steht. Es steht zu befürchten, dass die Antragsgegnerin auch die künftigen Umgangskontakte boykottieren wird.

■■■

Rechtsanwalt

304

**Beratungshinweis:** Im Antrag selbst sollte vorschlagsweise die Höhe des zu verhängenden Zwangsgeldes aufgenommen werden. Die Entscheidung hierüber liegt beim Gericht. Es wird aufgrund der Einkommens- und Vermögensverhältnisse, sowie gemessen an der schwere der Zuwiderhandlung hierüber entscheiden.

## V. Rechtsmittel

### 1. Rechtsmittel gegen Entscheidungen in isolierten Verfahren

305

Statthaftes Rechtmittel gegen Entscheidungen des Familiengerichtes erster Instanz im isolierten Umgangsverfahren ist gem. § 621e ZPO die **befristete Beschwerde**. Die Beschwerde ist innerhalb **eines Monats** ab Zustellung der Entscheidung beim **Oberlandesgericht** als Beschwerdegericht einzureichen. Im isolierten Verfahren besteht **kein Anwaltszwang,** § 78 II Nr. 3 ZPO. **Beschwerdeberechtigt** ist der Beteiligte, der durch die Entscheidung des Ausgangsgerichtes in seinen Rechten beeinträchtigt wird. Dies können sein, das Jugendamt, die Eltern, das Kind selbst. Die Beschwerde ist innerhalb eines **weiteren Monats** nach Einlegung zu **begründen.** Das Verbot der Schlechterstellung gilt in Beschwerdeverfahren betreffend die Umgangsregelung nicht, das dem Kindeswohl Vorrang zukommt. Auch im Beschwerdeverfahren gibt es **kein Versäumnisurteil**, es ist grundsätzlich ein neuer Termin anzuberaumen, da von der Anhörung der Beteiligten nur in Ausnahmefällen abgesehen werden kann.

### 2. Rechtsmittel gegen Entscheidungen im Verbundverfahren

306

Gegen den Scheidungsausspruch und die Entscheidung über den Umgang als Folgesache ist die **Berufung** gem. § 511 ZPO das statthafte Rechtsmittel. Soll aber **nur** die Entscheidung über die **Umgangsregelung** angegriffen werden, ist die **befristete Beschwerde** zum Oberlandesgericht das statthafte Rechtsmittel, §§ 629a II S. 1, 621 I Nr. 2, ZPO i.V.m. § 621e I ZPO.

### 3. Die Rechtsbeschwerde

307 Gegen die Beschwerdeentscheidung des Oberlandesgerichtes ist gem. § 621e II ZPO die Rechtsbeschwerde zulässig, wenn das Oberlandesgericht sie zugelassen hat, oder der BGH sie auf Beschwerde gegen die Nichtzulassung zulässt. Gem. § 133 GVG ist zuständiges Beschwerdegericht der Bundesgerichtshof. Beschwerdebefugt ist, der Beteiligte, dessen Recht durch die Entscheidung beeinträchtigt wird.

## VI. Kosten

308 Gem. § 13a FGG hat in **isolierten Umgangsrechtsverfahren** jeder Beteiligte seine außergerichtlichen Kosten selbst zu tragen. Eine anderslautende Entscheidung bedarf der besonderen Begründung. In **Verbundverfahren** sind gem. § 93a I S. 1 ZPO die Kosten der Scheidung und der Folgesachen grundsätzlich gegeneinander aufzuheben

309 Im **einstweiligen Anordnungsverfahren** gelten für die Kostenentscheidung die Kosten als Teil der Hauptsache, wobei einer Partei jedoch nach § 620g ZPO die Kosten für ihre erfolglosen Angriffs- und Verteidigungsmittel auferlegt werden können.

## VII. Durchsetzung und Vollstreckung, § 33 FGG

310 Vor der Beantragung von Zwangsmaßnahmen kann die Durchführung eines gerichtlichen **Vermittlungsverfahrens** gem. § 52a FGG beantragt werden. Ist dieses erfolglos, oder nicht erfolgversprechend, kann eine Umgangsvereinbarung zwangsweise durchgesetzt werden, mit **unmittelbarem Zwang**, oder der Verhängung von **Zwangsgeld.** Voraussetzung ist zunächst, dass die gerichtliche Entscheidung **vollzugsfähigen Inhalt** hat. Hierzu müssen Ort, Zeit und Art des Umgangs genauestens bestimmt sein. Vor der Verhängung von Zwangsgeld ist dieses **anzudrohen**. Es ist durchaus möglich die Androhung von Zwangsgeld oder unmittelbaren Zwang mit in den Beschluss zur Regelung des Umgangs aufzunehmen. Schließlich muss ein Elternteil vor Anwendung der Zwangsmaßnahmen **schuldhaft** gegen ein Verbot oder Gebot aus der Umgangsregelung verstoßen haben. Die Androhung bzw Verhängung eines Zwangsgeldes ist keine Strafe, sondern ausschließlich ein Beugemittel. Wird die Anordnung befolgt, ist es nicht weiter durchsetzbar. Zu beachten ist aber, dass die gänzliche **Vereitelung** des Umgangs durch einen Elternteil trotz Androhung und Verhängung eines Zwangsgeldes dazu führen kann, dass die Erziehungseignung und damit die Sorgerechtseignung zu überprüfen ist. In diesem Zusammenhang ist deutlich zu machen, dass **Gewaltanwendung gegen ein Kind** nicht zugelassen werden darf, wenn dieses zum Zweck der Ausübung des Umgangs herausgegeben werden soll, § 33 II S. 2 FGG.

311 Schon gegen die Androhung eines Zwangsgeldes im **isolierten** Umgangsrechtsverfahren ist die **Beschwerde** gem. § 119ff FGG zulässig. Ergeht die Androhung im Rahmen einer im Scheidungsverbund ergangenen einstweiligen Anordnung, ist die Beschwerde hiergegen ausgeschlossen, §§ 620 Nr. 2, 620c ZPO.

# § 5 Ehegattenunterhalt

**Literatur:** Büchting/Heussen, Beck'sches Rechtsanwaltshandbuch, 8. Auflage; Gerhardt/Heintschel-Heinegg/Klein, Handbuch des Fachanwalts Familienrecht, 4. Auflage 2004; Gottwald, Münchener Prozessformularbuch Familienrecht, 2. Auflage 2003; Heiß/Born, Unterhaltsrecht – Ein Handbuch für die Praxis, Stand Juli 2004; Schwab, Handbuch des Scheidungsrechts, 5. Auflage 2004

## A. Vorprozessuale Situation

### I. Beratung

#### 1. Verzugsschreiben / Anträge für Übergangszeit

a. Verzugsschreiben

312 Da Unterhalt erst für den Zeitraum ab **Verzug** geschuldet ist, somit ab dem Monat, in welchem der Unterhaltspflichtige nachweislich aufgefordert wurde **Auskunft** zu erteilen und den sich sodann ergebenden Unterhalt zu **bezahlen**, ist der Mandant ausdrücklich darauf hinzuweisen, dass **rückwirkend** Unterhalt nicht verlangt werden kann, wenn keine entsprechende Aufforderung erfolgt ist. Zur **Sicherheit** bezüglich des Nachweises des **Zugangs** des entsprechenden Aufforderungsschreibens empfiehlt es sich, diese Schreiben per **Einschreiben mit Rückschein** zu versenden.

313 Bezüglich des Einkommens von Nichtselbstständigen ist die Auskunft durch Vorlage der letzten **12 Verdienstabrechnungen**, sowie des zuletzt erlassenen Steuerbescheides zu erteilen. Bei **Selbständigen** müssen **Gewinnermittlungen, Steuerbescheide** und **Steuererklärungen** für die abgelaufenen **3 Kalenderjahre** vorgelegt werden, sowie Nachweise über die Zusammensetzung der Sonderausgaben (Abzugsposten: Krankenversicherung, Lebensversicherung, Altersvorsorge sowie Kirchensteuer). Zu Auskunft und eidesstattliche Versicherung im Einzelnen s.u. Rn. 567ff.

314 *aa. Muster: Schreiben betreffend Auskunftserteilung bei Nichtselbstständigen*

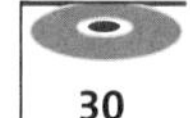

30

Sehr geehrter Herr ■■■

Ausweislich anliegender Vollmacht zeige ich die anwaltliche Vertretung Ihrer Ehefrau an.

Sie leben von Ihrer Ehefrau getrennt seit ■■■

Im Hinblick auf die Trennung sind Sie verpflichtet, Auskunft über die Höhe Ihres Einkommens zu erteilen und Ehegatten- sowie Kindesunterhalt zu bezahlen.

Ich habe Sie zu diesem Zweck im Wege der

Stufenmahnung

aufzufordern,

Auskunft zu erteilen über die Höhe Ihres Brutto- und Nettoeinkommens in den abgelaufenen 12 Kalendermonaten, somit für die Zeit von ■■■ bis ■■■ durch Vorlage sämtlicher

Gehaltsabrechnungen / Besoldungsabrechnungen für diesen Zeitraum sowie durch Vorlage des zuletzt erlassenen Steuerbescheides.

Soweit Sie Reisekosten, Spesen oder Aufwandsersatz erhalten, sind auch diese anzugeben und Nachweise hierüber vorzulegen.

Zur Auskunftserteilung setze ich Frist bis ■■■

Nach Fristablauf müsste Klage erhoben werden.

Ich habe Sie des Weiteren aufzufordern, den sich sodann nach Auskunftserteilung ergebenden Ehegatten- und Kindesunterhalt zu bezahlen.

Vorläufig gehe ich von einem Einkommen Ihrerseits aus in Höhe von ■■■

Ich übergebe anliegende Unterhaltsberechnung mit Zahlungspflichten wie folgt:
- Ehegattenunterhalt ■■■
- Kindesunterhalt ■■■

Bis zur endgültigen Unterhaltsberechnung habe ich Sie aufzufordern, diese Beträge zu bezahlen.

Frist zur Zahlung:

■■■

Auch diesbezüglich müsste nach Fristablauf Klage erhoben werden.

Mit vorzüglicher Hochachtung

Rechtsanwalt

315 *bb. Muster: Schreiben betreffend Einkommen Selbständiger*

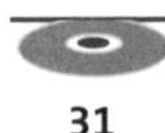

31

Sehr geehrter Herr ■■■,

Ausweislich anliegender Vollmacht zeige ich die anwaltliche Vertretung Ihrer Ehefrau an.

Sie leben getrennt seit ■■■

Im Hinblick auf das Getrenntleben sind Sie verpflichtet, Auskunft über die Höhe Ihres Brutto- und Nettoeinkommens zu erteilen für die abgelaufenen 3 Kalenderjahre.

Zu diesem Zweck habe ich Sie aufzufordern, folgende Unterlagen zu übersenden:
- Bilanzen sowie Gewinn- und Verlust-Rechnungen der letzten 3 abgeschlossenen Geschäftsjahre bzw. Einnahmen-Überschuss-Rechnungen,
- Einkommensteuererklärungen sowie Einkommensteuerbescheide der letzten 3 abgeschlossenen Geschäftsjahre,
- Kirchensteuerbescheide für die letzten 3 abgeschlossenen Geschäftsjahre,
- Angabe und Vorlage von Nachweisen bezüglich Krankenversicherungsbeiträgen, Altersversorgung, Lebensversicherung, ggf. Einzahlung in die gesetzliche Rentenversicherung.

Zur Auskunftserteilung setze ich Frist bis ■■■

Ich habe Sie des Weiteren aufzufordern, den sich sodann ergebenden Ehegatten- und Kindesunterhalt zu bezahlen.

Vorläufig gehe ich von einem Einkommen Ihrerseits – bis zur Vorlage der Einkommensnachweise – aus

in Höhe von ■■■

Ich übergebe anliegende Unterhaltsberechnung mit Ergebnis:
- Ehegattenunterhalt ■■■
- Kindesunterhalt ■■■

und habe Sie aufzufordern, diese Unterhaltsbeträge bis zur endgültigen Berechnung zu bezahlen.

Frist zum Zahlungseingang: ■■■

Auch hier müsste nach Fristablauf Klage erhoben werden.

Mit vorzüglicher Hochachtung

Rechtsanwalt

### b. Anträge für die Übergangszeit

316 Die Partei ist darauf hinzuweisen, dass Antrag beim **LRA/Jugendamt** gestellt werden kann bezüglich des Erhalts von Unterhalt nach dem Unterhaltsvorschussgesetz (**UVG**), sowie des Weiteren Antrag betreffend sonstiger staatlicher Leistungen wie Arbeitslosengeld II und Sozialgeld (im Einzelnen hierzu s.u. Rn. 626ff.). Da nahezu **jegliche staatliche** Leistungen **subsidiär**, also nachrangig gewährt werden, ist es sinnvoll, beim LRA bereits das **Aufforderungsschreiben** betreffend die Geltendmachung des Unterhalts vorzulegen, sodass der Nachweis gegenüber dem LRA geführt werden kann, dass die Unterhaltsansprüche gegenüber dem Unterhaltspflichtigen auch **tatsächlich verfolgt** werden. Die Sozialleistungsträger verlangen üblicherweise so genannte **Trennungsbestätigungen**, also Bestätigungen, seit wann die Parteien getrennt leben und wo sich die **Kinder aufhalten**.

### c. Muster: Trennungsbestätigung

317

32

Hiermit bestätige ich Ihnen zur Vorlage beim Landratsamt, dass Sie ausweislich der mir vorliegenden Angaben seit ■■■ getrennt leben.

Ich bestätige des Weiteren, dass sich das Kind/die Kinder ausweislich meiner Unterlagen bei Ihnen aufhalten.

Mit vorzüglicher Hochachtung

Rechtsanwältin

## 2. Einkommen/Beratungshinweis

318 Bei **Beamten** ist zu beachten, dass diese **Besoldungsabrechnungen** nur in den Monatenerhalten, in denen sich das Einkommen gegenüber dem Vormonat ändert. Die Besol-

dungsabrechnungen sind **durchlaufend nummeriert**, sodass an der Nummerierung erkennbar ist, ob diese Abrechnungen vollständig für 12 Monate vorgelegt wurden.

319 Bei Angestellten mit höherem Einkommen ist zu beachten, dass diese häufig **Arbeitgeberzuschüsse** zur **Kranken- und Pflegeversicherung** erhalten, die in den Gehaltsabrechnungen gesondert ausgewiesen sind. In der Regel müssen diese Angestellten, dann den **doppelten** Betrag, den sie vom Arbeitgeber erhalten **von** ihrem Einkommen als **Kranken- und Pflegeversicherung** bezahlen. Häufig befinden sich auf Gehaltsabrechnungen auch so genannte **Nutzungsvorteile** für die Nutzung eines **Dienst-Pkws.** Hierbei handelt es sich um eine so genannte **Sachzuwendung.** In der Regel werden die **Eigenersparnisse** infolge der Sachzuwendung **geschätzt** und der so ermittelte Betrag dem Einkommen zugeschlagen. Dieser Betrag für die **Privatnutzung** eines **Firmenfahrzeugs** ist **nicht** identisch mit dem **Gehaltsbestandteil** der Pkw-Nutzung, sondern ist zu schätzen. Dabei ist zu berücksichtigen wer das Benzin, die Versicherung, die Steuer und die Reparaturkosten bezahlt.

320 Darüber hinaus ist die **steuerliche** Mehrbelastung zu berücksichtigen, die durchdie Erhöhung des Bruttoeinkommens bei der Nutzung des Firmenfahrzeugs entsteht.[1] In der Regel wird ein Betrag zwischen 150,00 € und 300,00 € angemessen sein.[2] Der steuerliche **Zu- und Abschlag ist wertneutral** zu behandeln und stattdessen der **geschätzte** Vermögensvorteil anzusetzen.[3] Zu prüfen ist des Weiteren ob in den Gehaltsabrechnungen **Steuerfreibeträge** enthalten sind, wie z.B. **Abschreibungen** für die Nutzung eines gemeinsamen **Hauses,** da diese möglicherweise bei der künftigen Unterhaltsberechnung in Wegfall geraten können.

321 Bei **Steuerrückerstattungen,** die grundsätzlich dem Einkommen zuzurechnen sind, ist zu prüfen, ob es sich hierbei um **außergewöhnlich hohe** Steuerrückerstattungen handelt, die sonst üblicherweise nicht anfallen, wie z.B. wenn Sonderausgaben wegen einer Fortbildung geltend gemacht werden oder aber sich die Steuerklasse während des laufenden Jahres geändert hat.

322 Außergewöhnlich hohe Steuerrückerstattungen, die künftig nicht mehr anfallen werden, sind bei der Einkommensermittlung **außer Betracht** zu lassen.

323 Die Überprüfung von vorgelegten Einkommensunterlagen eines **Selbständigen** erfordert detaillierte Kenntnisse. Hierzu s.u. Rn. 482ff. Steht aufgrund längeren Getrenntlebens eine **Steuerklassenänderung** seitens des Unterhaltspflichtigen in **Lohnsteuerklasse I** unmittelbar bevor, so ist mithilfe des vorhandenen **Gutdeutsch-Programms** möglich, eine **fiktive** Berechnung des **künftigen Einkommens** auf der Grundlage der Lohnsteuerklasse I vorzunehmen und hierbei auch bereits den **Realsplittingvorteil** zu berücksichtigen (im Einzelnen s.u. S. 245, 251 nach Rn. 967).

1 OLG München FamRZ 1999, 1350.

2 Heiß/Heiß in: Heiß/Born, Unterhaltsrecht, ein Handbuch für die Praxis, Rn. 409 zu Kap. 3 i.A. Gerhardt, FA-FamR, Rn. 39 zu Kap. 6.

3 Heiß/Heiß a.a.O.

### 3. Checkliste zur Ermittlung der notwendigen Daten für die Unterhaltsberechnung[4]

- Alter und Anzahl der **Kinder** (**wichtig** wegen **Erwerbsobliegenheit** nach Ablauf des Trennungsjahres), sowie wegen Höhe des **Kindesunterhalts** nach der Düsseldorfer Tabelle.
- Bestehende **Krankheiten** oder Entwicklungsverzögerungen bei den **Kindern** bzw. Krankheit der Unterhalts**berechtigten** oder des Unterhalts**pflichtigen** (wichtig wiederum für Erwerbsobliegenheit und auch für die Frage, ob ein wechselseitiger Unterhaltsverzicht abgeschlossen werden soll/kann.
- Ausgeübte **Tätigkeit** des Unterhaltspflichtigen und Einkommen hieraus.
- Bei **Arbeitslosigkeit** des Unterhaltspflichtigen: Erlernter Beruf, **Bemühungen** um Erhalt einer Arbeitsstelle (**wichtig** wegen evtl. fiktiver Zurechnung von Einkünften).
- Bei Arbeitsunfähigkeit/Krankheit: Bezug von **Krankengeld**? **Arbeitslosengeld.**
- Eigenes Einkommen der **Partei**; Vorlage der letzten **12 Verdienstabrechnungen** fordern.
- Fallen seitens des Unterhaltspflichtigen berufsbedingte Aufwendungen an, insbesondere **Fahrtkosten** zur **Arbeitsstelle** (wichtig, da in diesem Fall 5% des Nettoeinkommens für berufsbedingte Aufwendungen in Abzug gebracht werden können bzw. die **konkreten** Fahrtkosten, falls diese höher sind).
- Bei Einkünften aus **selbstständiger Tätigkeit: Steuerbescheide** für **drei Jahre, Steuererklärungen, Gewinn- und Verlustrechnungen** oder Einnahmen-Überschuss-Rechnungen für 3 Jahre, Kirchensteuer. **Hinweis:** Die **Vorsorgeaufwendungen** können aus den **Steuerbescheiden** entnommen werden, jedoch ist im Einzelnen zu prüfen, wie sich die Vorsorgeaufwendungen zusammensetzen, insbesondere, ob hierin z.B. **private Lebenshaltungskosten,** wie Unfallversicherungen enthalten sind, die unterhaltsrechtlich **nicht** einkommensmindernd **berücksichtigt** werden. Die Steuerbescheide sind auch daraufhin zu prüfen, ob zusätzliche Einkünfte aus **Kapitalvermögen** oder z.B. **Vermietung und Verpachtung** vorliegen.
- Einkünfte aus **Vermietung und Verpachtung:** Hier ist die Partei darauf hinzuweisen, dass grundsätzlich **Gebäudeabschreibungen** nicht einkommensmindernd zu berücksichtigen sind und es ist des Weiteren zu beachten, dass – wenn **Schulden** auf den Gebäuden lasten – in den Steuererklärungen zwar die **Zinsen** einkommensmindernd berücksichtigt sind, nicht aber die **Tilgung.** Des Weiteren ist zu prüfen, ob und in welcher Höhe **Unkosten** in Verbindung mit der Vermietung auf den **Mieter umgelegt** werden.
- **Wohnwert/Nutzung der eigenen Wohnung:**
  - Eigentumsverhältnisse.
  - Beschreibung der bewohnten Immobilie nach Wohnraum, Ausstattung, Lage
  - Monatliche Zins- und Tilgungsraten für Hausschulden (wichtig für die Wohnwertberechnung).
- Bestehen **weitere Unterhaltsverpflichtungen** (z.B. für **nichteheliche** Kinder).
- Fallen Kosten für die **Kinderbetreuung** an.

4 Zu Einkommen und Abzugsposten s. Heiß, Das Mandat im Familienrecht § 8.

- Lebt die Unterhalts**berechtigte** mit einem anderen **Partner** zusammen (**wichtig** wegen Anrechnung fiktiver Einkünfte und etwaigen Verwirkungseinwand).
- Bezüglich **Kindesunterhalt:**
  - Hat das Kind einen **eigenen Hausstand** (Studium).
  - Eigene **Einkünfte** des Kindes, sei es aus Ausbildungsvergütung, Kindergeld oder BAföG-Leistungen oder auch regelmäßigen Nebentätigkeiten.
  - Fallen für das Kind zusätzliche **Krankenversicherungskosten** an (**wichtig**, da in den Sätzen der Düsseldorfer Tabelle Krankenversicherungskosten nicht enthalten sind).
  - **Wo hält** sich das Kind **auf**?

324 **Wichtig**: Beabsichtigt die Unterhalts**berechtigte**, mit einem neuen **Partner** auf Dauer zusammenzuleben oder nach der Scheidung wieder zu heiraten? Falls ja, könnte unter Umständen eine **Gesamtregelung** getroffen werden, wenn z.B. vermögensrechtliche Ansprüche/Ansprüche bezüglich Hausauseinandersetzung und nachehelicher Ehegattenunterhalt – ggf. mit Unterhaltsabfindung – in Betracht kommen.

325 **Beratungshinweis:** Zwar ist nach der derzeitigen **Rechtslage** (im Einzelnen s.u. Rn. 713ff.) bei jedweder Scheidungsvereinbarung **Vorsicht** geboten und es empfiehlt sich auch bei Abgabe eines **Unterhaltsverzichts** ein entsprechendes ausführliches **Belehrungsschreiben** an die Partei zu senden – das in einem gesonderten Ordner aufbewahrt wird und damit nicht der Aktenauflösung unterliegt-, so dass bei etwaigen späteren Angriffen durch die eigene Partei der Nachweis geführt werden kann, dass die Partei **voll** umfänglich über die Risiken der Abgabe eines Unterhaltsverzichts aufgeklärt wurde.

Besteht bereits ein **Unterhaltstitel** (Jugendamtsurkunde/Urteil/Vergleich), in welchem der Unterhalt geregelt ist: Wenn der Unterhalt **teilweise tituliert** ist, so ist lediglich der **darüber hinausgehende** Betrag ggf. klageweise geltend zu machen, bzw. es muss seitens des Verpflichteten **Abänderungsklage** nach vorheriger **Aufforderung** zum **Verzicht** auf die Ansprüche aus dem Titel erhoben werden, wenn der Unterhaltsverpflichtete weniger Unterhalt bezahlen möchte.

### 4. Erklärung betreffend den Verzicht auf die Rechte aus einem Unterhaltstitel

326 Muster: Verzichtserklärung betreffend Ansprüche aus einem Unterhaltstitel

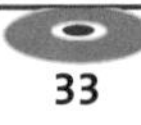

33

Hiermit verzichte ich ■■■ mit Wirkung ab ■■■ auf sämtliche Ansprüche betreffend Ehegattenunterhalt aus der Vereinbarung/dem Urteil vom ■■■, Ziffer ■■■, Aktenzeichen ■■■

Alternativ:

Hiermit verzichte ich auf die Ansprüche betreffend Ehegattenunterhalt, soweit diese den Betrag von monatlich ■■■ überschreiten.

■■■, den ■■■ Unterschrift

### II. Anspruchsgrundlagen

#### 1. Familienunterhalt

Gemäß § 1360 Satz 1 BGB sind die Ehegatten einander verpflichtet, die Familie **angemessen** zu **unterhalten.** Der angemessene Unterhalt der Familie umfasst nach § 1360a Abs. 1 BGB alles, was nach den Verhältnissen der Ehegatten erforderlich ist, um die Kosten des **Haushalts** zu bestreiten und die **persönlichen Bedürfnisse** der Ehegatten sowie den Lebensbedarf der gemeinsamen unterhaltsberechtigten Kinder **zu befriedigen.**[5] Voraussetzung ist, dass die **Ehe** und die **häusliche Gemeinschaft** der Eheleute noch besteht. Ab dem Zeitpunkt des **Getrenntlebens** gilt § 1361 BGB, nicht mehr § 1360 BGB. 327

In der Praxis kommt es zu einem Streit um Familienunterhalt in der Regel dann, wenn einem Ehegatten das **notwendige Wirtschaftsgeld** nicht zur Verfügung gestellt wird. In der **Doppelverdienerehe** haben die Ehegatten nach § 1360a BGB durch **gemeinsame Finanzierung** der entstehenden Kosten ihrer Verpflichtung aus § 1360 BGB nachzukommen.[6] Der Familienunterhalt besteht aus dem **Wirtschaftsgeld** für den haushaltsführenden Ehegatten und dem **Taschengeld** für nicht selbstverdienende Familienmitglieder, sowie einmaligen Geldleistungen für Sonderbedarf.[7] 328

**Beratungshinweis:** Entsteht in einer Ehe Streit um die **Höhe** des **Hauswirtschaftsgeldes,** so ist in der Regel unmittelbare Folge eine **Trennung** der Parteien. Bereits die Formulierung, wonach sich die Höhe des Hauswirtschaftsgeldes bestimmt, zeigt, dass es sich –anders als bei der Geltendmachung von Trennungs- oder nachehelichen Ehegattenunterhalt, der sich nach bestimmten **Quoten** bestimmt- um die Geltendmachung von Ansprüchen handelt, deren Höhe **Ermessenssache** ist und es darüber hinaus eines exakten **Nachweises** bedarf, was nun nach den Verhältnissen der Ehegatten für die **Bedürfnisse** der Familie **erforderlich** ist, also im Einzelnen z.B. Kosten für Lebensmittel, Kleidung, Urlaub, Kosten für Sonderbedarf u.a. 329
In der Praxis werden Streitigkeiten um Hauswirtschaftsgeld nahezu nie geführt. Man bedenke, dass Voraussetzung für den Unterhaltsanspruch eine **häusliche Gemeinschaft** der Eheleute ist. Fälle in denen trotz Bestehens der häuslichen Gemeinschaft Rechtsstreitigkeiten um die Höhe des Wirtschaftsgeldes oder gar Taschengeldes geführt werden, gibt es praktisch nicht.

#### 2. Trennungsunterhalt

Zunächst ist das **Einkommen** beider Parteien zu ermitteln (hierzu s.u. Rn. 482ff.). Gemäß § 1361 Abs. 4 i.V.m. § 1605 BGB ist der Unterhaltspflichtige verpflichtet, **Auskunft** über sein Einkommen oder Vermögen – soweit hieraus Einkünfte fließen – zu erteilen. 330

Ist die Partei **arbeitslos** und besteht **Erwerbsobliegenheit** – sei es seitens des Unterhaltsberechtigten oder seitens des Unterhaltspflichtigen –, so muss die Partei darauf hinge- 331

5 Ausführlich hierzu s. Deisenhofer in: Heiß/Born, Rn. 9ff. zu Kap. 11.
6 Heiß/Heiß in: Beck'sches Rechtsanwaltshandbuch, Rn. 146 zu Kap. C 17.
7 Heiß/Heiß a.a.O., Rn. 148 zu Kap. C 17.

wiesen werden, dass sie **nachweisen** muss, dass sie sich **erfolglos** um den Erhalt einer **Arbeitsstelle bemüht** hat. Andernfalls werden seitens des Gerichts **fiktive** Einkünfte, also die **erzielbaren** Einkünfte in Ansatz gebracht. Insbesondere bei **gesteigerter Unterhaltsverpflichtung** gegenüber **minderjährigen** Kindern oder einer **Ehefrau**, die minderjährige Kinder **betreut**, ist ein Arbeitsloser verpflichtet, alles ihm Zumutbare zu tun, um eine Arbeitsstelle zu finden. Er muss für die Suche etwa die Zeit aufwenden, die ein Erwerbstätiger für seinen Beruf aufwendet. Deshalb sind neben der **Meldung** beim **Arbeitsamt** etwa **20 Bewerbungen** im **Monat** zu verlangen.[8]

332 **BERATUNGSHINWEIS:** Es sind sämtliche **Bewerbungsschreiben** sowie die daraufhin erhaltenen **Erwiderungsschreiben** der Arbeitgeber vorzulegen und es ist der **Verlauf** der Bewerbung darzulegen, also z.B. Inhalt und Ausgang des Bewerbungsgesprächs. Soweit **Zeitungsannoncen** aufgegeben werden, sind diese ebenfalls vorzulegen, gleiches gilt für etwaige **Absageschreiben.**

Werden **Bewerbungsschreiben** erstellt, die **von vorneherein** zum **Scheitern** verurteilt sind, z.B. weil **nicht** die nötigen beruflichen **Qualifikationen** vorliegen oder weil in dem Bewerbungsschreiben auf bestehende Krankheiten verwiesen oder aber darauf hingewiesen wird, dass die Bewerbung deshalb erfolgt, **um die Rente aufzubessern,** so sind solche Bewerbungsschreiben nicht anzuerkennen, da diese den weiteren Verlauf der Bewerbung – nämlich in jedem Fall **Absage** durch den Arbeitgeber – bereits in sich tragen.

Es ist auch streng darauf zu achten, ob es sich bei den Bewerbungsschreiben lediglich um sog. „**Blindbewerbungen**" handelt, also um Bewerbungen an potenzielle Arbeitgeber, die keine Stellengesuche ausgeschrieben haben. Solche Bewerbungen sind ebenfalls **nicht** dazu **geeignet**, den **Nachweis** zu führen, dass der Unterhaltspflichtige/Unterhaltsberechtigte sich in ausreichender Weise um eine Arbeitsstelle bemüht hat.

333 Wird vorgetragen, dass die Partei auf dem Arbeitsmarkt **nicht vermittelbar** ist und die Chance der Partei, Arbeit zu finden, gleich Null ist, so muss hierzu der **Sachbearbeiter** des **Arbeitsamtes** als **Zeuge** angeboten werden.[9] Seitens des Unterhaltsberechtigten besteht **vor Ablauf** des **Trennungsjahres** grundsätzlich keine Verpflichtung zur Aufnahme einer **Erwerbstätigkeit.** Nach Ablauf des Trennungsjahres besteht grundsätzlich Erwerbsobliegenheit, also Verpflichtung zur Aufnahme einer Erwerbstätigkeit wie folgt:

- **Teilzeitbeschäftigung** regelmäßig dann, wenn das jüngste Kind in die **3. Grundschulklasse** kommt,
- **Ganztagsbeschäftigung** mit der Vollendung des **15. Lebensjahres** des jüngsten Kindes.

334 In der Praxis wird die Frage der Erwerbsobliegenheit regelmäßig in der Weise gehandhabt, dass

335 bis zur Vollendung **des 9.** Lebensjahres des jüngsten Kindes **keine** Verpflichtung zur Erwerbstätigkeit besteht,

8 Heiß/Heiß in: Heiß/Born, Unterhaltsrecht, Rn. 194 zu Kap. 3 i.A.a. OLG Naumburg FamRZ 1997, 574.
9 Heiß/Heiß in: Beck'sches Rechtsanwaltshandbuch, Rn. 151, 152 zu Kap. C 17.

- **ab 9.** Lebensjahr auf **400 €** Basis,
- **ab 11.** Lebensjahr **halbtags,**
- ab **15.** Lebensjahr **ganztags.**

336 Die Verpflichtung, einer Erwerbstätigkeit nachzugehen, kann des Weiteren eingeschränkt oder ausgeschlossen werden

- bei **Krankheit** des Unterhaltsberechtigten,
- im Hinblick auf das **Alter** des Berechtigten (siehe hierzu im Einzelnen bei den Unterhaltstatbeständen zum nachehelichen Ehegattenunterhalt, unten Rn. 368 ff.)

337 Im Übrigen ist Tatbestandsvoraussetzung lediglich die Trennung der Parteien, wobei **nicht** erforderlich ist, dass die Parteien **verschiedene Haushalte** haben müssen. Es reicht aus, wenn die Parteien **innerhalb** der **Ehewohnung** getrennt leben.[10] Die **Höhe** des Unterhalts bemisst sich „nach den Lebensverhältnissen und Vermögensverhältnissen der Ehegatten", § 1361 BGB. Diese Kriterien sind **identisch** mit den Kriterien bezüglich des **nachehelichen** Ehegattenunterhalts, sodass hier auf die Ausführungen unten Rn. 444 ff. verwiesen wird.

338 Die **Herabsetzung** oder **Verwirkung** des Unterhaltsanspruchs richtet sich nach § 1579 BGB, auf welchen § 1361 Abs. 2 BGB verweist. **Ausgenommen** ist der Härtegrund nach § 1579 Nr. 1 BGB, sodass eine Verminderung oder Versagung des Unterhaltsanspruchs **nicht** in Betracht kommt, wenn die Ehe von **kurzer Dauer** war. Bei der Billigkeitsabwägung sind die Belange der vom Berechtigten betreuten **gemeinschaftlichen Kinder** zu wahren. Auch bei Bejahung eines Verwirkungstatbestandes kann daher das **Existenzminimum** des betreuenden Elternteils nicht unterschritten werden[11] (zur Verwirkung s.u. Rn. 661 ff.).

339 Die **Beweislast** bezüglich der tatbestandlichen Voraussetzungen des § 1361 BGB liegt beim Unterhalts**berechtigten.** Dieser muss seine Bedürftigkeit darlegen und beweisen, während der Unterhalts**verpflichtete** seine **Leistungsunfähigkeit** nachweisen muss.

## III. Anspruch auf Prozesskostenvorschuss

### 1. Rechtsgrundlage

340 **Rechtsgrundlage** für eine Prozesskostenvorschusspflicht sind §§ 1360a Abs. 4, 1361 Abs. 4 S. 4 und 1601 ff. BGB. Bei dem Anspruch auf Prozesskostenvorschuss handelt es sich um einen **Unterhaltsanspruch.** Der **getrennt lebende** (nicht der geschiedene) Ehegatte kann Anspruch auf Prozesskostenvorschuss haben, wenn

- **Erfolgsaussichten** für den zu führenden Prozess bestehen,
- **kein** oder ein sehr **geringes Einkommen** seitens des Berechtigten vorliegt,
- der **Verpflichtete** ein sehr **hohes Einkommen** hat und z.B. keinen Unterhalt bezahlt, aus dem der Berechtigte die Kosten für den Prozess bezahlen könnte.

341 Der Anspruch auf Prozesskostenvorschuss setzt zum einen die Bedürftigkeit des Anspruchstellenden und zum anderen die Leistungsfähigkeit des in Anspruch genom-

10 Ausführlich zum Trennungsunterhalt s. Born in: Heiß/Born, Kap. 10.
11 BGH FamRZ 1987, 1238.

menen Ehegatten voraus. Für beides ist der Gesichtspunkt der **Billigkeit** maßgeblich, also sowohl die Einkommenssituation als auch die vermögensrechtliche Situation. Je leistungsfähiger der verpflichtete Ehegatte ist, umso **geringere** Anforderungen sind an die **Bedürftigkeit** des **Berechtigten** zu stellen[12, 13, 14]

### 2. Höhe

342 Die Höhe **des Prozesskostenvorschusses** entspricht der Höhe der voraussichtlich anfallenden **Anwaltskosten, Gerichtskosten** und etwaigen Kosten für **Sachverständige.**

343 **Beratungshinweis:** Ein Prozesskostenvorschuss kann zurückverlangt werden, wenn die Voraussetzungen für die Bewilligung nicht mehr bestehen, z.B. wenn sich die wirtschaftlichen Verhältnisse des berechtigten Ehegatten, z.B. aufgrund Zahlung einer hohen Zugewinnausgleichsforderung u.a., erheblich gebessert haben.
Um langwierige Prozesse über einen Prozesskostenvorschuss zu vermeiden, empfiehlt es sich, wenn gleichzeitig eine Zugewinnausgleichszahlung im Raum steht, den Prozesskostenvorschuss als Vorauszahlung auf Zugewinn zu leisten, da in diesem Fall dann bei Zugewinnausgleichszahlung Verrechnung mit der geleisteten Vorschusszahlung erfolgen kann.
Gerichtliche Verfahren bezüglich der Zahlung von Prozesskostenvorschuss sind zeitaufwändig, da sie dem Inhalt nach im Wesentlichen dem eigentlichen Unterhaltsverfahren entsprechen. Da über den Prozesskostenvorschuss vorab entschieden werden muss, verzögert sich die Hauptsacheentscheidung zu der eigentlichen Frage des Unterhalts. (Muster betreffend Antrag auf Prozesskostenvorschuss s.u. Rn. 933.)

344 Könnte der **Unterhaltspflichtige selbst Antrag auf Prozesskostenhilfe stellen**, weil er z.B. unter Berücksichtigung von Unterhaltszahlungen ein entsprechend niedriges Einkommen hat, so besteht **kein** Anspruch auf Prozesskostenvorschuss.

345 **Beratungshinweis:** In der Praxis häufig ist der Fall, dass bei Beantragung von Prozesskostenhilfe eine Anfrage des Gerichts dahin erfolgt, ob nicht Anspruch auf Prozesskostenvorschuss besteht.

346 Streng genommen besteht bereits bei Stellung eines Antrags auf Prozesskostenhilfe die **Darlegungspflicht** des Antragstellers dahingehend, dass Anspruch auf Prozesskostenvorschuss nicht besteht oder nicht in zumutbarer Weise durchsetzbar ist. (Zu dem wesentlich einfacheren Weg der Stellung eines Prozesskostenhilfeantrags, zur Prozesskostenhilfe s. Heiß, Das Mandat im Familienrecht).

## IV. Nachehelicher Ehegattenunterhalt

### 1. Tatbestände

347 Checkliste
- Unterhalt wegen Kindesbetreuung, § 1570 BGB
- Unterhalt wegen Alters, § 1571 BGB

12 OLG Köln FamRZ 2003, 97.
13 Heiß/Heiß in: Heiß/Born, Rn. 427 zu Kap. 3.
14 Im Einzelnen siehe Einkommen und Abzugsposten von A–Z im Heiß, Das Mandat im Familienrecht § 8.

- Unterhalt wegen Krankheit oder Gebrechen, § 1572 BGB
- Unterhalt wegen fehlender angemessener Erwerbstätigkeit, § 1573 BGB
- Unterhalt wegen Anspruch auf Ausbildung oder Fortbildung zur Erlangung oder Verbesserung der Erwerbsfähigkeit, § 1575 BGB
- Unterhalt nach Billigkeitsgründen, § 1576 BGB

348 Auszugehen ist von dem Grundsatz der Eigenverantwortung nach der Scheidung, § 1569 BGB, wonach jeder Ehegatte grundsätzlich verpflichtet ist, selbst für seinen Unterhalt zu sorgen.

### 2. Unterhalt wegen Kindesbetreuung, § 1570 BGB

349 Der Elternteil, der die Kinder betreut, hat je nach Alter der Kinder einen Anspruch auf sog. **Betreuungsunterhalt.** Dies deshalb, weil er aufgrund der Kinderbetreuung an der Aufnahme einer Erwerbstätigkeit gehindert ist. Ab **wann** in welchem **Umfang** Erwerbsobliegenheit besteht, wird in den Leitlinien und Rechtsprechungshinweisen der verschiedenen Oberlandesgerichte nicht einheitlich beurteilt. Im Regelfall ist von Folgendem auszugehen:

- **Keine** Erwerbsobliegenheit, bis das jüngste Kind in die **3. Grundschulklasse** kommt.
- Ab **Beginn der 3. Grundschulklasse** bis zur Vollendung des **15. Lebensjahres** des jüngsten Kindes: Halbtags-/Teilzeitbeschäftigung. So z.B. bis zum **11.** Lebensjahr auf 400 € Basis und sodann halbtags.
- Ab **15.** Lebensjahr: Ganztagserwerbsobliegenheit. Hierbei handelt es sich um den **Regelfall.**

350 **BERATUNGSHINWEIS:** Im Gespräch mit der Partei muss abgeklärt werden, ob die Kinder z.B. wegen **Reifeverzögerung** oder geistiger oder körperlicher **Behinderung** einer verstärkten Pflege bedürfen, die den betreuenden Elternteil an der Aufnahme einer Erwerbstätigkeit hindern.

351 **Arbeitet** der **betreuende Elternteil** trotz Nichtbestehens einer Erwerbsobliegenheit, so werden von seinem Einkommen bei der Unterhaltsberechnung in Abzug gebracht

- **Kinderbetreuungskosten,** oder falls solche nicht anfallen:
- im Geltungsbereich der Süddeutschen Leitlinien:
- **Betreuungsbonus** von 150 – 200 €.

352 Bei **Bar-** und **Betreuungsleistung** für ein gemeinschaftliches Kind (dies ist der Fall, wenn der andere Ehegatte keinen Kindesunterhalt bezahlt) wird das **Einkommen** für den Ehegatten um den **Tabellenunterhalt** des Kindes als Aufwand für den **Barunterhalt gekürzt,** ferner um **konkrete** Betreuungskosten **oder** einen pauschalen Betreuungsbonus.[15] Ob ein Betreuungsbonus anzusetzen ist, hängt von den Umständen des Einzelfalles ab, z.B. dem **Betreuungsaufwand, Alter** des Kindes, **Dauer** des Kindergartenbesuchs u.a.[16]

15 BGH FamRZ 2001, 350; Gerhardt in: FA FamR Rn. 95 zu Kap. 6.
16 BGH FamRZ 1991, 182, 183; FamRZ 2001, 350.

353 Wird eine bereits **vor** der **Trennung** trotz Kinderbetreuung und trotz mangelnder Erwerbsobliegenheit ausgeübte Tätigkeit **fortgesetzt,** so ist es zwar nach der Rechtsprechung grundsätzlich möglich, die **Zumutbarkeit** der Fortsetzung zu **bejahen.** Dieses Einkommen ist nach der Rechtsprechung des BGH[17] als **eheprägend** zu beurteilen. In der **Praxis** ist es regelmäßig jedoch so, dass, wenn eine zunächst ausgeübte Tätigkeit **aufgegeben** wird, dies damit begründet wird, dass **wegen** der **Trennung** eine umfangreichere **Betreuung** des Kindes erforderlich ist, da zum einen die weitere Betreuungsperson in Form des Unterhaltspflichtigen nicht mehr zur Verfügung steht und zum anderen aufgrund der **Trennungssituation** das Kind einer intensiveren Betreuung bedarf. Diese Argumentation wird üblicherweise durch die Gerichte **akzeptiert.**

354 **BERATUNGSHINWEIS:** Im Sinne des Bestrebens nach einer einvernehmlichen Regelung sollte im Rahmen außergerichtlicher oder gerichtlicher Regelung durchaus an den Unterhaltspflichtigen der Hinweis erfolgen, dass die Erwerbstätigkeit der Unterhaltsberechtigten überobligatorisch ist und jederzeit aufgegeben werden kann mit der Folge, dass dem Unterhaltspflichtigen i.d.R. dann lediglich noch sein Selbstbehalt von 840 € verbleibt.
Liegt allerdings – wie in den nahezu überwiegenden Fällen – ohnehin ein Mangelfall vor, sodass auch unter Berücksichtigung der eigenen Einkünfte der Unterhaltspflichtige auf seinen Selbstbehalt verwiesen wird, so geht der entsprechende Hinweis folgegemäß ins Leere.
Auch wird in der Praxis in einem solchen Fall die Unterhaltsberechtigte ihre Erwerbstätigkeit rein aus wirtschaftlichen Erwägungen heraus nicht aufgeben, da der sodann verbleibende Unterhalt ohne eigene Einkünfte aus Erwerbstätigkeit zum Leben nicht ausreicht und zum anderen die Gefahr besteht, dass unter Berücksichtigung der derzeitigen Arbeitsmarktsituation möglicherweise für längere Zeit eine neue Erwerbstätigkeit nicht gefunden werden kann.

355 Betreut **jeder Ehegatte** ein **gemeinschaftliches** Kind, besteht hier im Rahmen von § 1570 BGB eine **Gesetzeslücke:** Entsprechend den wechselseitigen Einkommensverhältnissen ist gegenseitig **Kindesunterhalt** geschuldet. Kommt ein Ehegatte für das bei ihm lebende Kind **alleine** auf, so ist vorab von seinem Einkommen der **Kindesunterhalt** in Abzug zu bringen. Darüber hinaus ist bei jedem Ehegatten je nach Alter des Kindes der **Betreuungsbonus** in Abzug zu bringen. Besteht sodann noch eine **Differenz der Einkünfte**, so kann ein Unterhaltsanspruch des weniger verdienenden Elternteils gegeben sein.

356 **BERATUNGSHINWEIS:** In der Praxis werden in solchen Fällen häufig wechselseitige Freistellungserklärungen abgegeben des Inhalts, dass jeder Ehegatte für das bei ihm lebende Kind allein aufkommt. Bei der Abgabe solcher Freistellungserklärungen ist folgendes zu beachten:
Haftungsfreistellungserklärungen sollten niemals unbegrenzt abgeben werden, sondern wenn, dann nur für die Dauer der Ausbildung; dies deshalb, weil auch mit dem Fall zu rechnen ist, dass z.B. eines der Kinder einen Verkehrsunfall erleidet oder krank

17 FamRZ 2002, 88.

wird und deshalb auch nach Abschluss der Ausbildung noch in erheblichem Umfang unterhaltsbedürftig ist.
Des weiteren ist der jeweilige Altersunterschied der Kinder sowie das beiderseitige Einkommen zu berücksichtigen, wobei beides dazu führen kann, dass nicht unerhebliche Unterschiede bei der Höhe der jeweiligen Ansprüche betreffend Kindesunterhalt bestehen.

### a. Einsatzzeitpunkt

357 **Beratungshinweis:** In der Praxis zeigt sich, dass in den wenigsten Fällen durch die Anwälte geprüft wird, ob der Einsatzzeitpunkt für einen Anspruch auf nachehelichen Ehegattenunterhalt gegeben ist.
In der Regel ist Einsatzzeitpunkt der Zeitpunkt der Scheidung, sodass es also falsch ist – abgesehen von der Möglichkeit der zeitlichen Begrenzung eines Unterhaltsanspruchs, die im Falle des Betreuungsunterhalts aber nicht gegeben ist –, anwaltlicherseits davon auszugehen, dass ein lebenslanger Unterhaltsanspruch gegeben ist. So ist insbesondere bei dem Unterhalt wegen Krankheit oder bei dem Unterhalt wegen Alters die Partei unbedingt unter Berücksichtigung des **Einsatzzeitpunktes** zu beraten (im Einzelnen siehe zu den Einsatzzeitpunkten die Ausführungen bei den einzelnen Unterhaltstatbeständen).
Würde die Frage des Einsatzzeitpunktes häufiger beachtet, so würde dies dem Anwalt den Rat zu einer angemessenen Abfindungszahlung und damit die Beendigung des Prozesses erheblich erleichtern.

358 **Anders** als bei den übrigen Tatbeständen ist es für die Entstehung der Unterhaltspflicht nach § 1570 BGB **ohne Bedeutung,** in welchem **Zeitpunkt nach der Scheidung** die Tatbestandsvoraussetzungen eintreten, also z.B. ob das gemeinschaftliche Kind erst **nach** der **Scheidung geboren** wird.[18] So kann z.B. der Unterhaltstatbestand des § 1570 BGB auch **von neuem** entstehen, obwohl die Voraussetzungen bereits einmal entfallen sind. Dieser Fall kann **dann** eintreten, wenn ein Kind zunächst nicht mehr betreuungsbedürftig ist, dann aber in Folge einer **Krankheit** pflege- und **betreuungsbedürftig** wird.
**Weitere Unterschiede** zu den anderen Unterhaltstatbeständen:

- Gem. § 1582 BGB hat der **geschiedene Ehegatte** einen **Vorrang** gegenüber einem unterhaltsberechtigten **neuen** Ehegatten des Unterhaltspflichtigen;
- gem. § 1586a BGB lebt nach **Auflösung** einer **neuen Ehe** ein Unterhaltsanspruch nach § 1570 BGB wieder auf;
- im Falle des **Todes** des Unterhaltspflichtigen kann an die Stelle des Unterhaltsanspruchs wegen Kindesbetreuung die sog. **Erziehungsrente** treten.

### b. Beweislast

359 Der **Unterhalt Begehrende** trägt sowohl die Beweislast für das Vorliegen der **Tatbestandsvoraussetzungen** des § 1570 BGB, als auch für seine **Bedürftigkeit**, insbesondere auch für die **Notwendigkeit** der **Pflege** gemeinschaftlicher Kinder. Die Beweislast für **mangelnde Leistungsfähigkeit** obliegt dem Unterhaltspflichtigen.[19]

18 Heiß/Heiß in: Heiß/Born, Unterhaltsrecht – Ein Handbuch für die Praxis, Rn. 27 zu Kap. 1.
19 Heiß/Heiß in: Heiß/Born, Rn. 29 zu Kap. 1.

### c. Zeitliche Begrenzung des Unterhaltsanspruchs

360 Der Unterhaltsanspruch nach § 1570 BGB kann nur nach der Vorschrift des **§ 1578 Abs. 1 S. 2 BGB** zeitlich begrenzt und herabgesetzt werden; eine zeitliche Begrenzung nach **§ 1573 Abs. 5 BGB** sieht das Gesetz **nicht** vor.[20]§ 1578 Abs. 1 BGB betrifft die zeitliche Begrenzung der **Bemessung** des Unterhaltsanspruchs **nach den ehelichen Lebensverhältnissen.** Nach dem Wortlaut des Gesetzes gilt die Möglichkeit der zeitlichen Begrenzung der Bemessung des Unterhaltsanspruchs nach den ehelichen Lebensverhältnissen i.d.R. **nicht,** wenn der Unterhaltsberechtigte ein gemeinschaftliches Kind **betreut.** Im Übrigen steht die Zeit der **Kindesbetreuung** der **Ehedauer gleich** (außer bei § 1579 Nr. 1 BGB – kurze Ehedauer, bei welcher von der tatsächlichen Ehezeit auszugehen ist, hierzu s.u. Rn. 661ff.).

361 Dem gegenüber betrifft § **1573 Abs.** 5 BGB die zeitliche Begrenzung des **Unterhaltsanspruchs als solchen.** Gemäß § 1573 Abs. 5 BGB gilt diese Vorschrift ebenfalls i.d.R. nicht, wenn der Unterhaltsberechtigte ein gemeinschaftliches Kind betreut hat. Auch gem. § 1573 Abs. 5 BGB steht die Zeit der **Kindesbetreuung** der **Ehedauer** gleich (außer bei § 1579 Nr. 1 BGB – kurze Ehedauer, bei welcher von der tatsächlichen Ehezeit auszugehen ist, hierzu s.u. Rn. 661ff.).

362 Das OLG München (12 UF 1740/04, nicht veröffentlicht) hat bei einer **kurzen Ehedauer** und einem knapp **zwei Jahre alten** Kind entschieden, dass grundsätzlich der Anspruch auf **Betreuungsunterhalt** nur bei hinreichend **sicherer Prognose** über die **weitere** Entwicklung der **Betreuungsbedürftigkeit** des Kindes befristet werden kann.[21] Dies schied im entschiedenen Fall schon deshalb aus, weil das gemeinsame Kind, um dessen Betreuung es ging, noch nicht einmal **zwei** Jahre alt war und eine **vorausschauende** Beurteilung der Verhältnisse für den noch **fernliegenden** Zeitpunkt eines gänzlichen oder teilweisen Wegfalls der Betreuungsbedürftigkeit nicht möglich ist.[22] Nur **ausnahmsweise** könne eine zeitliche Begrenzung dieses Unterhaltsanspruchs infrage kommen, wenn die Voraussetzungen des **§ 1579 BGB,** insbesondere dessen Ziff. 6 und 7 vorliegen.[23] Nach der Auslegung des § 1579 Nr. 1 BGB durch das BVerfG,[24] der auch der BGH gefolgt ist,[25] wäre hier entgegen dem Wortlaut eine „kurze Ehezeit" anzunehmen, allerdings im nächsten Schritt die zur **Wahrung** der **Belange** des **Kindes** gesetzlich vorgesehene Abwägung vorzunehmen. Diese führt allerdings wegen der **fortwirkenden Verantwortung** der Ehegatten auch nach der Scheidung, insbesondere bei noch länger andauernder **Pflege und Erziehung** dazu, **keine Beschränkung** des Unterhalts vorzunehmen[26] und entsprechend auch **keine zeitliche Befristung.** Der Senat wies darauf hin,

20 Heiß/Heiß a.a.O., Rn. 30 zu Kap. 1.
21 BGH FamRZ 1995, 291, 292.
22 BGH FamRZ 1997, 873, 875; Schwab/Borth, Handbuch des Scheidungsrechts, 5. Aufl., Rn. 180 zu IV.
23 Schwab/Borth a.a.O.
24 FamRZ 1989, 941.
25 FamRZ 1990, 492, 495ff.
26 Schwab/Borth a.a.O., Rn. 430.

dass **kein „unerträglicher Widerspruch** zum Gerechtigkeitsempfinden“[27] vorliegt, der eine andere Beurteilung gebieten würde.[28]

363 **Beratungshinweis:** Eine zeitliche Begrenzung des Unterhaltsanspruchs bei Kinderbetreuung kommt i.d.R. nicht in Betracht. Dies jedenfalls nicht bis zur Vollendung des 15. Lebensjahres des Kindes.
Zwar hat das Bundesverfassungsgericht entschieden, dass der Härtetatbestand der Kurzzeitehe (§ 1579 Nr. 1 BGB) bei einer Ehe mit einem Kind auch erfüllt sein kann, da eine andere Handhabung dieser Vorschrift zu verfassungswidrigen Ergebnissen führen würde[29]
Somit ist zunächst – dies allerdings im Rahmen der Vorschrift des § 1579 Nr. 1 BGB (kurze Ehe) von der tatsächlichen Ehezeit auszugehen und anschließend die zur Wahrung der Belange des Kindes gesetzlich vorgesehene Abwägung vorzunehmen.[30] Diese Wahrung der Belange der Kinder sieht in der Praxis so aus, dass bis zur Vollendung des 15. Lebensjahres des Kindes eine zeitliche Begrenzung nicht in Betracht kommt.

364 Die **Voraussetzungen** der zeitlichen Begrenzung sind regelmäßig bereits im **Erstverfahren** zu prüfen, in einem späteren **Abänderungsverfahren** ist diese Einwendung **präkludiert.**[31] Dies gilt jedoch nur, wenn die Gründe, aus denen eine zeitliche Begrenzung des Unterhaltsanspruchs hergeleitet wird, bereits zurzeit des Ausgangsverfahrens eingetreten waren oder **zuverlässig vorausgesehen** werden konnten.[32] Bei der Betreuung gemeinschaftlicher Kinder in der Ehe und nach der Trennung/Scheidung entfällt i.d.R. eine zeitliche Begrenzung, außer es sind dadurch keine beruflichen Nachteile oder nur kurzfristige Einkommenseinbußen eingetreten.[33]

365 Bei der Billigkeitsprüfung ist insbesondere die Ehedauer, die Gestaltung der Haushaltsführung und Erwerbstätigkeit und die **Betreuung gemeinschaftlicher Kinder** zu prüfen.[34] Durch die **geänderte Rechtsprechung des BGH** zu den ehelichen Lebensverhältnissen kommt es in der Praxis wesentlich häufiger zu Ansprüchen des Berechtigten, die aus **zwei Teilansprüchen** bestehen, z.B. bei Ausübung einer **Teilzeittätigkeit** wegen der **Kinderbetreuung** aus § 1570 und § 1573 Abs. 2 BGB.

366 Probleme bereitet die **Berechnung** eines **Teilanspruchs** nach § 1573 Abs. 2 BGB, der zeitlich zu begrenzen ist. Es muss insoweit zunächst **fiktiv** hochgerechnet werden, welches bereinigte Nettoeinkommen der Bedürftige bei **Ganztagstätigkeit** hätte. Der **Teilanspruch** nach § 1573 Abs. 2 BGB ist deshalb in diesen Fällen immer gegeben, wenn trotz fiktiver Hochrechung des Einkommens des Bedürftigen noch eine **Differenz** zum prägenden bereinigten Nettoeinkommen des Pflichtigen verbleibt.[35]

27 BGH FamRZ 1982, 582.
28 OLG München FamRZ 1996, 1078.
29 So BVerfG FamRZ 1989, 941ff.
30 So BVerfG a.a.O.
31 BGH FamRZ 1986, 886, 888; 2000, 1499; 2001, 905.
32 BGH FamRZ 2000, 1499; BGH FamRZ 2000, 905.
33 BGH FamRZ 1990, 492, 494.
34 Gerhardt in: FA-FamR, Rn. 386ff. zu Kap. 6.
35 Gerhardt in: FA-FamR, Rn. 387a zu Kap. 6.

367 **Beratungshinweis:** Nur dieser Aufstockungsteilanspruch, der bei Zugrundelegung eines fiktiven Ganztagseinkommens noch gegeben wäre, kann zeitlich begrenzt werden.

### 3. Unterhalt wegen Alters, § 1571 BGB

#### a. Voraussetzungen

368 Gemäß § 1571 BGB kann ein geschiedener Ehegatte von dem andern Unterhalt verlangen, **soweit** von ihm im **Zeitpunkt** der **Scheidung**, der **Beendigung** der **Pflege** oder Erziehung eines gemeinschaftlichen **Kindes** oder des **Wegfalls** der Voraussetzungen für einen Unterhaltsanspruch nach den §§ **1572** und **1573** BGB, wegen seines **Alters** eine Erwerbstätigkeit **nicht mehr erwartet werden** kann. Der Unterhaltsanspruch wegen Alters kann also sowohl gleich **nach der Scheidung** gegeben sein, er kann sich aber auch **an andere Unterhaltstatbestände** anschließen, insbesondere, wenn **Kinderbetreuung abgeschlossen** ist, wenn eine **Krankheit ausgeheilt** ist, oder wenn der Ehegatte nach der Scheidung **keine** seinen Unterhalt nachhaltig sichernde **Erwerbstätigkeit gefunden** hat und dann dazu wegen Alters nicht in der Lage ist.[36] (Im einzelnen s.u. c))

#### b. Flexible Altersgrenze

369 Die Tatbestandsvoraussetzungen sind in jedem Fall erfüllt bei Alter von **65 Jahren.**[37] Nicht ausreichend ist, wenn der **Berechtigte vorzeitig** z.B. mit **60** Jahren in Altersruhestand geht.[38] Auch für **Selbständige** gilt die Regelaltersgrenze von **65** Jahren.[39] Der Gesetzgeber hat die Einführung einer gesetzlichen **Vermutung,** dass eine Frau, die zurzeit der Scheidung das 55. Lebensjahr vollendet hat, keine angemessene Erwerbstätigkeit zu finden vermag, ausdrücklich abgelehnt.[40] Wann wegen Alters eine Erwerbstätigkeit vom Ehegatten nicht mehr erwartet werden kann, ist eine Frage des **Einzelfalles** und hängt z.B. vom **Gesundheitszustand,** von den **ehelichen Lebensverhältnissen,** von der **Dauer der Ehe** und der **Art** der infrage kommenden Erwerbstätigkeit ab.

370 **Beratungshinweis:** In der Praxis wird eine Erwerbsobliegenheit zu einer Ganztagstätigkeit z.B. dann verneint, wenn die Ehefrau bei Scheidung das 50. Lebensjahr vollendet hat und bis zu diesem Zeitpunkt lediglich auf 400 € Basis oder überhaupt nicht gearbeitet hat. In diesem Fall besteht Erwerbsobliegenheit nach der Scheidung ebenfalls nur auf 400 € Basis.
Es empfiehlt sich jedoch in jedem Fall, die Partei darauf hinzuweisen, dass Erwerbsbemühungen in dem durch die Rechtsprechung vorgegebenen Umfang (hierzu s.o. 332f.) erfolgen und diese auch einschließlich der Vorstellungsgespräche und des Ausgangs der Bewerbung zu belegen, um den Nachweis zu führen, dasseine Erwerbstätigkeit eben wegen des Alters nicht mehr gefunden werden konnte.

36 Heiß/Heiß in: Heiß/Born – Ein Handbuch für die Praxis, Rn. 31 zu Kap. 1.
37 BGH FamRZ 1999, 843.
38 BGH FamrZ 1999, 843.
39 OLG Hamm FamRZ 1997, 883.
40 BT-Drucks. 7/650, 123.

371 In jedem Fall ist in der Praxis davon auszugehen, dass einer Frau, die das 55. Lebensjahr vollendet hat und längere Zeit nicht erwerbstätig war, es meist unmöglich ist, in das Erwerbsleben zurückzukehren.[41] Gleiches gilt bei Frauen, die im Zeitpunkt der Scheidung zwischen 50 und 55 Jahre alt sind. In der Regel kann von einer Ehefrau, die bei der Scheidung das 48. Lebensjahr vollendet hat, grundsätzlich noch eine volle Erwerbstätigkeit erwartet werden.[42] Ob dies im Hinblick auf die derzeitige Situation auf dem Arbeitsmarkt noch uneingeschränkt gelten kann, erscheint mehr als fraglich. In der Praxis stellt sich nämlich heraus, dass Frauen bereits im Alter von 40 Jahren häufig als „zu alt" nicht eingestellt werden.

372 **Vorgezogene Altersgrenze:** Bei der Frage der Berücksichtigung der Minderung der Einkünfte kommt es darauf an, ob eine **Erwerbsobliegenheitsverletzung** vorliegt, wenn sich der Unterhaltspflichtige/-berechtigte bereits ab dem Zeitpunkt der vorgezogenen Altersrente mit seinen Versorgungsbezügen begnügt.[43] Im Falle einer **Pensionierung vor Erreichen der festen Altersgrenze** (i.d.R. das 65. Lebensjahr) ist stets zu prüfen, ob der Unterhaltspflichtige/-berechtigte bei Verminderung der Einkünfte **weiterhin einer beruflichen Tätigkeit nachgehen** kann und hieran **nicht** durch **gesundheitliche** Beeinträchtigungen **gehindert** ist (BGH a.a.O, entschieden für den Unterhalts**pflichtigen**). Erwerbsobliegenheit besteht nicht, wenn – was häufig der Fall sein dürfte – eine berufliche Tätigkeit deshalb nicht aufgenommen werden kann, weil keine **reale Beschäftigungschance** besteht.

### c. Abgrenzung der Unterhaltsansprüche wegen Alters einerseits und wegen Erwerbslosigkeit andererseits

373 Die **Anspruchsgrundlage des § 1571 BGB** ist gegeben, wenn **typischer Weise** in diesem Alter und der in Betracht kommenden Berufssparte keine angemessene Arbeit mehr gefunden werden kann[44] Die **Anspruchsgrundlage** des § 1573 Abs. 1 BGB (Unterhalt wegen Erwerbslosigkeit) ist gegeben, wenn wegen der **konkreten** Einzelfallumstände aufgrund des Alters **keine** angemessene **Arbeit gefunden** werden kann.[45]

### d. Keine Maßgeblichkeit des Alters bei Eheschließung

374 Der Unterhaltsanspruch wegen Alters besteht auch dann, wenn der bedürftige Ehegatte nicht erst „während der Ehe" aus Altersgründen erwerbsunfähig geworden ist, sondern bereits **bei** der **Heirat wegen Alters** einer **Erwerbstätigkeit nicht** nachgehen konnte.[46]

### e. Zeitliche Begrenzung

375 In Fällen grober Unbilligkeit bei **kurzen Ehen,** die erst im Alter geschlossen wurden, stehen die Korrekturmöglichkeiten über § 1579 Nr. 1, 1578 Abs. 1 S. 2 BGB zur Verfügung; Voraussetzungen: kurze Ehe und die Tatsache, dass die Ehegatten sich noch

41 Heiß/Heiß in: Heiß/Born, Unterhaltsrecht – Ein Handbuch für die Praxis, Rn. 35 zu Kap. 1.
42 BGH FamRZ 1988, 265 f.
43 BGH FamRZ 2003, 590, 592; 848, 850.
44 OLG Hamburg FamRZ 1991, 445.
45 BGH FamRZ 1987, 691; im Einzelnen Heiß/Heiß, Handbuch Unterhaltsrecht, Rn. 34ff. zu Kap. 1.
46 BGH FamRZ 1982, 28; FamRZ 1983, 150.

nicht nachhaltig in ihren persönlichen und wirtschaftlichen Lebensverhältnissen auf eine gemeinsame Lebensführung eingestellt haben.[47]

### f. Entstehen des Anspruchs (Einsatzzeitpunkte)

376 Verlangt ein Unterhaltsanspruch eine **Einsatzzeit**, müssen nur die Tatbestandsvoraussetzungen zum Einsatzzeitpunkt vorliegen. Tritt die **Bedürftigkeit** erst **nachträglich** ein, besteht der Anspruch, wenn die Tatbestandsvoraussetzungen weiterhin gegeben sind.[48]

377 **Beratungshinweis:** Geht z.B. die unterhaltsberechtigte Partei zum Zeitpunkt der Scheidung einer Erwerbstätigkeit nach, obwohl sie bereits aufgrund Alters einer Erwerbstätigkeit nicht mehr nachgehen könnte und aufgrund Alters eine Erwerbsobliegenheit nicht mehr besteht und wird die Partei sodann bedürftig, weil die Arbeitsstelle gekündigt wird, so besteht ein Unterhaltsanspruch gem. § 1571 BGB.

378 Besteht nur eine Verpflichtung zu einem **Teilunterhalt,** so kann ein **Anschlussunterhalt** auch **nur in Höhe des Teilbetrages begehrt werden.**[49] Dies ergibt sich aus dem Begriff „**soweit**" in den einzelnen Tatbeständen.[50]

379 **Beratungshinweis:** Hatte z.B. der Bedürftige einen Teilanspruch von 400 € nach § 1570 BGB, weil er wegen Kinderbetreuung nur halbtags arbeitete und wird er durch einen Unfall erwerbsunfähig, besteht nur ein Teil-Anschlussunterhalt nach § 1572 BGB in Höhe von 400 €, auch wenn er sein bisheriges Einkommen nicht mehr bezieht. Das gleiche gilt, wenn er einen Aufstockungsanspruch nach § 1573 Abs. 2 BGB hatte und erwerbsunfähig wird. Der Anschlussunterhalt kann dann den bisherigen Anspruch zu Gunsten des Pflichtigen nicht überschreiten.[51] Dies ist unbedingt bei nach der Scheidung eintretenden Tatbestandsveränderungen zu beachten. Im Übrigen setzt ein Unterhaltsanspruch nach der Scheidung eine lückenlose Unterhaltskette voraus, also einen dauerhaften Unterhaltsanspruch (Ausnahme: Die Einkünfte waren bei Scheidung nicht nachhaltig gesichert, § 1573 Abs. 4 S. 1 BGB, Wiederaufleben des Unterhaltsanspruchs nach Auflösung einer weiteren Ehe, § 1586a Abs. 1 BGB, Betreuungsunterhalt, § 1570 BGB und Billigkeitsunterhalt, § 1576 BGB).

### g. Einsatzzeitpunkt Rechtskraft der Scheidung, § 1571 Nr. 1 BGB

380 Einsatzzeitpunkt ist die Rechtskraft des Scheidungsurteils bzw., bei Entscheidung im Verbund, der Zeitpunkt der letzten mündliche Verhandlung. Denkbar ist auch, auf den Zeitpunkt der **Rechtshängigkeit des Scheidungsantrags** abzustellen, wie bei § 1579 BGB (Dauer der Ehe/kurze Ehezeit).[52]

381 **Beratungshinweis:** Wird seitens der bedürftigen Unterhaltsklägerin das Scheidungsverfahren eindeutig deshalb **verzögert**, um zum Zeitpunkt der Rechtskraft des Scheidungsurteils ein **höheres Alter** erreicht zu haben, um somit Unterhalt wegen

47 BGH FamRZ 1982, 28.
48 OLG München FamRZ 1993, 564; Heiß/Heiß a.a.O., Rn. 40 zu Kap. 1.
49 BGH FamRZ 2001, 1291, 1294; OLG Stuttgart FamRZ 1983, 501.
50 Gerhardt in: FA-FamR, Rn. 350a zu Kap. 6 i.A.a. BGH FamRZ 2001, 1291, 1294.
51 Gerhardt a.a.O.
52 Heiß/Heiß a.a.O., Rn. 41 zu Kap. 1.

Alters verlangen zu können, so ist diese Vorgehensweise unbehelflich, da die Frage der **Erwerbsobliegenheit rückwirkend** zu dem Zeitpunkt nach Ablauf des Trennungsjahres zu beurteilen ist. Bei der gerichtlichen Prüfung des Unterhaltsanspruchs ist daher darauf abzustellen, ob die Bedürftige sich rechtzeitig nach Ablauf des Trennungsjahres um den Erhalt einer Arbeitsstelle bemüht hat oder bereits seinerzeit wegen Alters eine Erwerbsobliegenheit nicht mehr bestanden hat.

### h. Zeitpunkt der Beendigung der Pflege und Erziehung eines gemeinsamen Kindes, § 1571 Nr. 2 BGB

382 Es ist **nicht notwendig**, dass der Voranspruch tatsächlich **geltend gemacht** worden war, wenn nur die Voraussetzungen hierfür vorgelegen haben.[53] Anschlussunterhalt kann ab dem Zeitpunkt der Beendigung der Voraussetzungen eines anderen nachehelichen Unterhaltsanspruchs, der nur einen Teil des Bedarfs zu decken hatte, **nur im Umfang des weggefallenen Teilanspruches** verlangt werden. Im Anschluss an einen Teilunterhaltsanspruch kann also auch nur Teilunterhalt **gleichen Umfangs** gewährt werden, denn **nur insoweit** ist ein **Vortatbestand weggefallen.**[54]

### i. Einsatzzeitpunkt Wegfall der Voraussetzungen für einen Unterhaltsanspruch nach §§ 1572, 1573 BGB (§ 1571 Nr. 3 BGB)

383 Betroffen sind die Fälle, in denen ein Ehegatte Unterhalt zunächst bekam, weil er krank war und dieser Unterhaltsanspruch entfallen ist, weil er genesen ist, oder weil der Ehegatte eine angemessene Erwerbstätigkeit nicht zu finden vermochte (§ 1573 BGB). Weitere Voraussetzung ist, dass er zu dem Zeitpunkt des Wegfalls dieser Unterhaltsansprüche wegen Alter nicht arbeiten konnte. Der Anschlussunterhalt wird nur geschuldet, wenn die einzelnen vorangegangenen Unterhaltsansprüche ohne zeitliche Lücken aneinander anschließen.[55] Dies hat zur Konsequenz, dass Unterhalt wegen Alters nicht nur dann verlangt werden kann, wenn die Voraussetzungen zum Zeitpunkt der Scheidung gegeben waren, sondern auch wenn zwischen Scheidung und Eintritt des Alters ein anderer Unterhaltsanspruch nach §§ 1572, 1573 BGB gegeben war.

384 Wenn der Unterhaltsberechtigte zunächst einen Anspruch auf Unterhalt wegen Erwerbslosigkeit hatte, weil er keine Beschäftigung finden konnte und dann aufgrund seines Alters nicht mehr erwerbstätig sein konnte, entsteht anstelle des Anspruchs wegen Erwerbslosigkeit ein Anschlussunterhalt wegen Alters. Die Voraussetzungen für den Anschlussunterhalt liegen jedoch nicht vor, wenn der Berechtigte zwischen der Scheidung und dem Eintreten der Voraussetzungen für den Altersunterhalt seinen Unterhaltsbedarf durch eigene Erwerbseinkünfte nachhaltig gesichert hatte.

385 **Beratungshinweis:** Wie oben (Rn. 357) ausgeführt, ist die Partei dahingehend zu beraten, dass nicht generell von einem lebenslangen Unterhaltsanspruch auszugehen ist, wonach Unterhalt bei Krankheit, Alter u.a. geschuldet ist, sondern dass ein Unterhaltsanspruch wegen Alters, Krankheit u.a. voraussetzt, dass bereits bis zum Zeitpunkt

53 Heiß/Heiß a.a.O., Rn. 42 zu Kap. 1.

54 Heiß/Heiß a.a.O., i.A.a. OLG Stuttgart FamRZ 1983, 501 f; OLG Stuttgart FamrZ 1982, 1025; FamRZ 1983, 503 m.w.Nachw.

55 OLG Stuttgart FamRZ 1982, 1015.

des Eintretens der Krankheit bzw. des Alters ein Unterhaltsanspruch nach anderen Unterhaltstatbeständen bestand.

**Besondere Bedeutung** erhält die Frage des Einsatzzeitpunktes bei Fällen, in denen die **Sozialleistungsträger** z.B. bei späterer **Heimunterbringung** wegen Pflegebedürftigkeit versuchen, Unterhaltsansprüche **gegenüber Familienangehörigen** geltend zu machen. Dies **gilt** betreffend die Unterhaltsansprüche der Ehegatten untereinander, **nicht** aber die Geltendmachung von Unterhalt gegenüber **weiteren Unterhaltspflichtigen**, wie z.B. **Kinder** u.a., da diese nicht im Wege der Ersatzhaftung an die Stelle des ursprünglich Unterhaltspflichtigen treten, sondern **diesbezüglich** ein **eigener Unterhaltsanspruch** nach §§ 1601ff. **besteht.**

386 Hat der Unterhaltsberechtigte während der Zeit seiner Erwerbstätigkeit einen **Aufstockungsunterhaltsanspruch**, weil er weniger verdient als der Unterhaltspflichtige und wird ihm z.B. die Arbeitsstelle **gekündigt** und findet er in Folge seines Alters keine Arbeitsstelle mehr, kann sich ein **Altersunterhalt in Höhe des Aufstockungsunterhalts** anschließen. Er kann **keinesfalls höher** sein als der Aufstockungsunterhalt war.

387 **BERATUNGSHINWEIS:** Ein **Anschlussunterhalt** kann grundsätzlich **nie höher** sein als der **vorhergehende** Unterhalt!

### j. Altersunterhalt und Versorgungsausgleich[56]

388 Die Tatsache, dass Rentenansprüche aus dem Versorgungsausgleich bezogen werden, weil das Rentenalter bereits erreicht ist, schließt die Geltendmachung von Unterhaltsansprüchen nicht aus (zu Versorgungsausgleich s. Das Mandat im Familienrecht). **Renteneinkommen**, das auf dem **Versorgungsausgleich** beruht, ist **prägendes** Einkommen.[57] Gleiches gilt bei Renteneinkünften, die auf **vorehelichen Einkünften** oder einer **prägenden** Tätigkeit nach Trennung/Scheidung beruhen,[58] ebenso Erhöhung einer Erwerbsunfähigkeitsrente durch den Versorgungsausgleich.[59] Die im **Versorgungsausgleich** erworbene **Rente** stellt ebenso wie die vorehelichen Rentenanwartschaften ein **Surrogat** für die Haushaltsführung in der Ehe dar und ist **bedarfsprägend**, auch wenn sie **erst nach** der **Scheidung erstmals** bezogen wird.[60] **Nichtprägende** Einkünfte liegen allerdings vor, wenn die **Berechtigte** aufgrund von Bezug von **Altersvorsorgeunterhalt Rentenanwartschaften erworben** hat.[61]

### k. Beweislast

389 Der geschiedene Ehegatte muss **nachweisen**, dass er aufgrund seines **Alters keine** angemessene **Erwerbstätigkeit finden konnte** oder seinen Bedarf nicht voll decken kann. Der Nachweis ist zu führen durch Vorlage von Bewerbungsschreiben sowie Zeitungsannoncen, Meldung beim Arbeitsamt, Verlauf von **Vorstellungsgesprächen**, Vorlage von Absagen der potenziellen Arbeitgeber u.a. Im Übrigen liegt die Beweislast für **mangelnde Leistungsfähigkeit** beim **Unterhaltspflichtigen.**

---

56 Zu Versorgungsausgleich s. Heiß, Das Mandat im Familienrecht § 12.
57 BGH FamRZ 2003, 848.
58 BGH FamRZ 2003, 848.
59 BVerfG FamRZ 2002, 527.
60 Heiß/Heiß a.a.O., Seite 3.224, Rn. 413 i.A.a. BGH FamRZ 2002, 88.
61 BGH FamRZ 2003, 848; kritisch hierzu: Hoppenz Anm. zu BGH FamRZ 2003, 848.

### 4. Unterhalt wegen Krankheit oder Gebrechen, § 1572 BGB

390 Gemäß § 1572 BGB kann ein geschiedener Ehegatte von dem anderen Unterhalt verlangen, **solange** und **soweit** von ihm zum **Zeitpunkt** der Scheidung, der Beendigung der Pflege oder Erziehung eines gemeinschaftlichen Kindes der Beendigung der Ausbildung, Fortbildung oder Umschulung oder des Wegfalls der Voraussetzungen für einen Unterhaltsanspruch nach § 1573 BGB wegen **Krankheit** oder **anderer Gebrechen** oder **Schwäche** seiner körperlichen oder geistigen Kräfte eine Erwerbstätigkeit **nicht** erwartet werden kann.

#### a. Krankheit, Gebrechen, Schwäche

391 Krankheit ist ein **objektiv fassbarer** regelwidriger Körper- oder Geisteszustand, der **ärztlicher Behandlung** bedarf und Arbeitsunfähigkeit zur Folge hat.[62] Erhebliches **Übergewicht** kann als Krankheit anerkannt werden, da es nicht darauf ankommt, ob die Krankheit verschuldet ist.[63] **Verschulden** gehört nicht zum Tatbestand des § 1572 BGB, sondern ist nur im Rahmen einer möglichen **Verwirkung** des Anspruchs nach § 1579 Nr. 3 BGB zu prüfen (z.B. bei Alkoholismus, Drogensucht usw.).[64]

392 **Alkoholsucht** ist als Krankheit anerkannt;[65] allerdings muss sich der alkoholsüchtige Ehegatte einer **Entziehungskur** unterziehen, um seine Arbeitsfähigkeit wieder zu erlangen. Tut er dies **nicht**, so sind die Voraussetzungen der **mutwilligen Herbeiführung** einer **Bedürftigkeit** i.S.d. § 1579 Nr. 3 BGB gegeben. **Medikamentenabhängigkeit** ist ebenfalls als Krankheit zu beurteilen, allerdings gelten die vorstehenden Ausführungen betreffend § 1579 Nr. 3 BGB (mutwillige Herbeiführung der Bedürftigkeit).

393 Bei **psychischen Fehlhaltungen** (Prozess- oder Rentenneurose) ist Unterhaltsbedürftigkeit zu **verneinen,** wenn keine Versuche unternommen wurden, eine Berufstätigkeit auszuüben. Auch eine nur **vorübergehende** Erkrankung fällt unter den Krankheitsbegriff. **Andere Gebrechen** haben im Hinblick auf den weiten Krankheitsbegriff nur geringe Bedeutung. Sie bezeichnen Zuständen mit deren Dauer für nicht absehbare Zeit zu rechnen ist, z.B. Lähmungen, Taubheit, Blindheit, Sprachfehler. **Schwäche der körperlichen oder geistigen Kräfte** sind Abnutzungserscheinungen, geistige Verkümmerung, Schwachsinn, rasche Erschöpfung, geringe Belastbarkeit.[66]

394 **Beratungshinweis:** Kann eine geschiedene Ehefrau aus Gesundheitsgründen nur noch **einfache** Arbeiten verrichten, diese aber **ganztags**, so beruht der Unterhaltsanspruch **nicht** auf § 1572 BGB, **sondern nur auf § 1573 Abs. 2 BGB.**[67]
Bei Bezug einer **zeitlich beschränkten Erwerbsunfähigkeitsrente** beruht der Unterhaltsanspruch nicht auf § 1573 Abs. 2 BGB, sondern auf **§ 1572 BGB.**[68]

62 Heiß/Heiß in: Handbuch Unterhaltsrecht, Rn. 50 zu Kap. 1.
63 OLG Köln FamRZ 1992, 65.
64 BGH FamRZ 1988, 375, 377.
65 OLG Stuttgart FamRZ 1981, 963.
66 OLG Bamberg FamRZ 2000, 231.
67 OLG Düsseldorf, FamRZ 1987, 1254.
68 Heiß/Heiß a.a.O., Rn. 55 zu Kap. 1 i.A.a. OLG Nürnberg FamRZ 1992, 683.

Bei einer krankheitsbedingten **Teilerwerbstätigkeit** geht der Anspruch nach § 1572 BGB nur bis zur Höhe des **Mehreinkommens,** das der Berechtigte durch eine Vollerwerbstätigkeit erzielen könnte. **Daneben** kann ein Anspruch nach § **1573 Abs. 2 BGB** bestehen, wenn der Anspruch nach § 1572 BGB zusammen mit den Teilerwerbseinkünften zur Deckung des vollen Unterhalts nicht ausreicht.[69]
Die **Anspruchsgrundlage** ist deshalb **wichtig,** weil von ihr die Frage abhängt, ob eine **zeitliche Begrenzung oder Herabsetzung** nach § 1578 Abs. 1 S. 2 in Betracht kommt oder auch noch zusätzlich nach § 1573 Abs. 5 BGB.

395 Wird trotz behaupteter gesundheitlicher Beeinträchtigung eine Tätigkeit ausgeübt, kann sich der Bedürftige in Höhe des hierfür erzielten Einkommens **nicht** auf eine **überobligatorische** Tätigkeit berufen.[70] Zum **Nachweis** einer vollen oder geminderten Erwerbsunfähigkeit ist i.d.R. ein **Sachverständigengutachten** zu erholen; ärztliche Atteste reichen regelmäßig nicht aus.[71]

396 **BERATUNGSHINWEIS:** Wird die krankheitsbedingte Erwerbsunfähigkeit z.B. auf das Vorliegen von **Depressionen,** die insbesondere im Zusammenhang mit der Trennung und Scheidung aufgetreten sind, gestützt, so muss davon ausgegangen werden, dass sich hierzu sodann in **Sachverständigengutachten** statt der Feststellung der krankheitsbedingten Erwerbsunfähigkeit der Hinweis befindet, dass gerade bei Vorliegen von Depressionen ein geregelter Tagesablauf in Form von **Arbeitstätigkeit** mit der damit verbundenen Verantwortung **empfohlen** wird zur Bekämpfung der Krankheit!
**Wichtig** für den Unterhaltspflichtigen ist, falls die Unterhaltsberechtigte Anspruch wegen Krankheit geltend macht, diese darauf zu verweisen, **Antrag auf Erwerbsunfähigkeitsrente** zu stellen, da ihr andernfalls **fiktiv** die Einkünfte aus **Erwerbsunfähigkeitsrente** anzurechnen sind. Dabei ist zu beachten, dass die **Höhe** der anzurechnenden Erwerbsunfähigkeitsrente sich berechnet **unter Einschluss** des durch den **Versorgungsausgleich** übertragenen Betrages, da sich der Versorgungsausgleich bei jeder Form von Rentenzahlung und **nicht erst** bei der **Altersrente** zu Gunsten des Ausgleichsberechtigten **auswirkt.**
Die **Anforderungen** bezüglich der Erwerbsunfähigkeitsrente sind **so hoch,** dass nur echt schwerwiegende Erkrankungen zu einem positiven Bescheid bezüglich Erwerbsunfähigkeit führen.

397 Soweit bei **voller Erwerbsunfähigkeit** neben der Rente **Zusatzeinkünfte** (z.B. Zinsen, Wohnwert) bestehen, bleibt es beim Tatbestand des § **1572 BGB;** es liegt dann nicht etwa ein Anspruch nach § 1573 Abs. 2 BGB vor; die genaue Festlegung des Tatbestandes ist wegen der unterschiedlichen Rechtsfolgen nach § 1573 Abs. 5 und § 1578 Abs. 1 S. 2 BGB (zeitliche Begrenzung sowie Begrenzung der Höhe des Unterhalts) wichtig.[72]

69 BGH FamRZ 1988, 265 f.
70 BGH NJW 1988, 2821, 2822.
71 Gerhardt in: FA-FamR, Rn. 369b zu Kap. 6.
72 OLG München FamRZ 1997, 295.

### b. Einsatzzeitpunkt (Maßgeblichkeit des Zeitpunkts der Erkrankung)

398 Für die Einsatzzeit nach § 1572 BGB ist es ausreichend, dass eine bereits **bei Scheidung bestehende** Erkrankung sich nach der Scheidung so **verschlimmert**, dass sie zur Erwerbsunfähigkeit führt.[73] **Nicht** ausreichend ist dagegen, dass eine Krankheit nur **latent** vorhanden ist und erst **23 Monate** nach Scheidung ausbricht.[74] Es genügt nicht jede schicksalsbedingte Krankheit, die ein Ehegatte **nach** der Scheidung bekommt, sondern es muss ein **unmittelbarer zeitlicher Zusammenhang** mit der Ehe gegeben sein. Tritt die Erwerbsunfähigkeit erst **4 Jahre** nach der Scheidung auf, ist die **Unterhaltskette nicht mehr gewahrt**, und zwar auch dann nicht, wenn z.B. eine die Erwerbsunfähigkeit begründende Psychose schon im Ansatz **in der Ehe** aufgetreten ist.[75]

399 **Beratungshinweis:** Sofern die Zubilligung eines Unterhaltsanspruchs wegen Krankheit **lediglich** am **Einsatzzeitpunkt** scheitert **und** die zusätzliche Voraussetzung der **groben Unbilligkeit** erfüllt ist, kommt ein Unterhaltsanspruch nach § 1576 BGB (Billigkeitsunterhalt, im Einzelnen s. Rn. 443 in Betracht.[76]

400 Es ist nicht erforderlich, dass zwischen **Krankheit** und **Ehe** eine **kausale Verbindung** besteht. Die Bedürftigkeit muss also nicht ehebedingt sein.

401 *aa. Zeitpunkt der Scheidung:* **Rechtskraft** des Scheidungsurteils oder letzte mündliche Verhandlung; es genügt, dass die Krankheit im Zeitpunkt der Scheidung in der Weise **latent** vorhanden war, dass sie in **nahem** zeitlichen Zusammenhang, etwa nach Ablauf der Inkubationszeit ausbricht[77]

402 *bb. Zeitpunkt der Beendigung der Kindesbetreuung, § 1570 BGB:* Es ist auf den Zeitpunkt abzustellen, in dem die Voraussetzungen für einen auf § 1570 BGB gestützten Unterhaltsanspruch entfallen.[78]

403 *cc. Geltendmachung des Voranspruchs:* Es ist zwar **nicht erforderlich**, dass der **Voranspruch geltend gemacht** worden ist, aber seine allgemeinen Voraussetzungen müssen im maßgebenden Zeitpunkt vorgelegen haben. Der Anschlussunterhalt besteht nur im **Umfang** des weggefallenen **Voranspruchs**.[79] In der Regel fällt der Voranspruch bei Vollendung des 15. oder 16. Lebensjahres des jüngsten Kindes weg. Werden **mehrere Kinder** betreut, so kann die Erwerbsobliegenheit **später** einsetzen.

404 **Beratungshinweis:** Das Gesetz kennt **keinen festen** Zeitpunkt für das Ende des Betreuungsunterhalts.
Die **vorbehaltlose Weiterzahlung** des Betreuungsunterhalts nach dem 15./16. Lebensjahr des jüngsten Kindes hinaus birgt somit die Gefahr der **Verschiebung des Einsatzzeitpunktes** in sich.[80] Aber auch hier gilt: Anschlussunterhalt wegen Krankheit nur **in**

73 BGH FamRZ 1987, 684f., 685.
74 BGH FamrZ 2001, 1291.
75 Heiß/Heiß a.a.O., Rn. 48 zu Kap. 1 i.A.a. OLG Kalrsruhe FamRZ 1994, 105.
76 BGH FamRZ 2003, 1734.
77 Heiß/Heiß a.a.O., Rn. 60 zu Kap. 1 i.A.a. OLG Stuttgart FamRZ 1983, 501, 503 m.w.N.
78 BGH FamRZ 1990, 260, 262.
79 OLG Stuttgart FamrZ 1983, 501.
80 GBH FamRZ 1990, 260, 496, 498.

Höhe des **Teilunterhaltsanspruchs** wegen **Kindesbetreuung**, und zwar auch in den Fällen, in denen die Krankheit die **Erwerbstätigkeit ganz ausschließt.**[81]

*dd. Zeitpunkt der Beendigung der Ausbildung, Fortbildung oder Umschulung, § 1575 BGB:*

405 **Beratungshinweis:** Es ist genau zu überprüfen, ob die strengen Voraussetzungen des Ausbildungsunterhalts überhaupt vorlagen, da nur dann Anschlussunterhalt geschuldet ist. Es muss konkret während der Ehe oder wegen der Ehe eine zunächst geplante Ausbildung nicht aufgenommen oder abgebrochen worden sein und hierfür der Nachweis erbracht werden.

406 *ee. Zeitpunkt des Wegfalls der Voraussetzungen des § 1573 BGB (Übergangsschwierigkeiten):* Im Ergebnis kommt ein Unterhaltsanspruch bei krankheitsbedingte Erwerbsunfähigkeit immer dann in Betracht, wenn die Erkrankung zu einer Zeit eintritt, zu der der Unterhalt des Ehegatten nicht durch eigenes Einkommen oder Vermögen nachhaltig gesichert war. Danach kann (Teil-)Anschlussunterhalt nur in demselben beschränkten Umfang verlangt werden, in dem zuvor ein Unterhaltsanspruch nach § 1573 BGB bestanden hätte.[82]

407 **Beratungshinweis:** Die Einsatzzeitpunkte **schließen** eine **völlige Neuberechnung** des Unterhalts im Falle der krankheitsbedingten Erwerbsunfähigkeit **aus.**
Krankheiten, die erst **nach** den Einsatzzeitpunkten auftreten, begründen **keinen** Unterhaltsanspruch mehr.
Bezüglich der Krankheit muss ein **naher zeitlicher Zusammenhang** vorhanden sein. Eine **feste Zeitgrenze** hat sich bisher **nicht** herausgebildet, was auch damit zusammenhängen dürfte, dass diese krankheitsabhängig ist und nicht für jeden Fall gleich beurteilt werden kann.[83]

### c. Nachhaltigkeit der Sicherung des Lebensunterhalts

408 Geht der Unterhaltsberechtigte **in Überschätzung** seiner Leistungsfähigkeit ein Arbeitsverhältnis ein, das aus gesundheitlichen Gründen wieder aufgelöst werden muss, so bedeutet diese Tätigkeit **keine nachhaltige** Unterhaltssicherung.[84] Wenn der Berechtigte aufgrund seines Gesundheitszustandes nur einer **Teilzeitbeschäftigung** nachgehen kann, kommt die Gewährung von **Teilunterhalt** nach § 1572 BGB in Betracht.

### d. Irrtum über bestehende Krankheit bei Eheschließung

409 Der Unterhaltsanspruch nach § 1572 BGB besteht **auch dann,** wenn der in Anspruch genommene Ehegatte bei der Eheschließung eine bestehende Krankheit des anderen **nicht gekannt** hat;[85] Heiß/Heiß a.a.O., Rn. 67 zu Kap. 1.

81 OLG Düsseldorf FamRZ 1994, 965.
82 OLG Karlsruhe FamRZ 1994, 105 ff.
83 OLG Karlsruhe FamRZ 1994, 104, 106.
84 OLG Hamm FamRZ 1997, 26.
85 BGH NJW 1982, 40.

### e. Obliegenheit zur Wiederherstellung der Arbeitskraft

410 Der Unterhaltsberechtigte muss **alles** zur **Wiederherstellung** der **Arbeitskraft Erforderliche** tun. Tut er dies nicht, so kann seine Bedürftigkeit mutwillig herbeigeführt sein und der Unterhaltsanspruch gem. § 1579 BGB ganz oder teilweise **verwirkt** sein.[86]

### f. Auskunftspflicht über gesundheitliche Entwicklung

411 Unter Berücksichtigung von Treu und Glauben muss der Berechtigte auf Verlangen **Auskunft** erteilen, ob die krankheitsbedingte Arbeitsunfähigkeit noch **fortdauert.**[87] Die Auskunftspflicht umfasst **nicht** den Anspruch auf die Vorlage ärztlicher oder gar amtsärztlicher Zeugnisse.

412 **Beratungshinweis:** Die Vorlage entsprechender Zeugnisse muss dennoch empfohlen werden. **Erschwert** im Rahmen einer Abänderungsklage nach § 323 ZPO der Berechtigte dem Pflichtigen den **Beweis** für das Vorliegen einer wesentlichen Änderung der die Unterhaltspflicht begründenden Umstände, kann das **Gericht** daraus im Rahmen der **Beweiswürdigung** Schlüsse ziehen, vgl. §§ 427, 444, 446 ZPO.

### g. Darlegungspflicht und Beweislast

413 Der Unterhaltsberechtigte muss das **Vorliegen** der Krankheit sowie die **Unmöglichkeit** der Aufnahme einer angemessenen **Erwerbstätigkeit** beweisen. Gleiches gilt für die **Bemühungen** um die Wiederherstellung seiner Arbeitsfähigkeit. Auf Antrag **muss** ein **Sachverständigengutachten** dazu erholt werden, dass sich die Folgen einer Erkrankung nicht kurzfristig oder nachhaltig bessern ließen.[88]

414 **Beratungshinweis:** Bereits **bei Klageerhebung** sollte ein ausführliches **privatärztliches** Attest vorgelegt werden, da das Gericht zur Krankheit und zur krankheitsbedingten Erwerbsunfähigkeit **Feststellungen** treffen muss.[89] Das Krankheitsbild, auf das der Anspruch gestützt wird, muss **ausführlich dargelegt werden.** Dies insbesondere deshalb, da eine krankheitsbedingte Erwerbsunfähigkeit nicht schon bei gewissen verbreiteten körperlichen Abnutzungserscheinungen vorliegt[90] und auch nicht wenn eine nur **vorübergehende** heilbare Erkrankung vorliegt.

415 **Beweislast** bei **Abänderungsklage:** Begehrt der Unterhalts**pflichtige** Abänderung mit der Begründung, dass der Berechtigte nicht mehr krankheitsbedingt erwerbsunfähig ist, so ist er zwar als **Kläger darlegungs- und beweispflichtig.** Werden jedoch seitens der **Beklagten** nicht die erforderlichen **Nachweise** vorgelegt, so kann das **Gericht** im Rahmen der **Beweiswürdigung** Schlüsse ziehen (vgl. §§ 427, 444, 446 ZPO). Auch in diesem Fall ist dringend anzuraten, dass ärztliche Atteste vorgelegt werden. Eine **Beweislastumkehr** findet daher **faktisch** nicht statt. Im Unterhaltsprozess muss grundsätzlich derjenige den Beweis führen, in dessen **Sphäre** sich die maßgebenden **Umstände befinden.**

86 BGH FamRZ 1981, 1042; OLG Hamm FamRZ 1996, 683.
87 Heiß/Heiß a.a.O., Rn. 70 zu Kap. 1.
88 BGH FamRZ 1982, 779, 781.
89 BGH FamRZ 1988, 265.
90 Vgl. BGH FamRZ 1984, 353.

#### h. Zeitliche Begrenzung

416 Der Unterhaltsanspruch wegen Krankheit kann nach § 1578 Abs. 1 S. 2 BGB **zeitlich** begrenzt und herabgesetzt werden, nicht aber nach § 1573 Abs. 5 BGB. Auch bei einer Ehedauer von **9 ½** Jahren mit teilweiser Betreuung des gemeinsamen Kindes, das beim **Pflichtigen** lebt und **Erkrankung** der Ehefrau kommt eine **Begrenzung** auf den **angemessenen** Bedarf nach § 1578 Abs. 1 S. 2 BGB in Betracht. Hatte die Bedürftige vor der Eheschließung **keine geregelten** Einkünfte, entspricht der angemessene Bedarf i.S.d. § 1578 Abs. 1 S. 2 BGB dem **angemessenen Selbstbehalt** (derzeit 1.000 €).

### 5. Unterhalt wegen Arbeitslosigkeit, §§ 1573, 1574 BGB/Aufstockungsunterhalt

417 Der Erwerbslosenunterhalt erfordert, dass der Bedürftige ohne Kinderbetreuung, Alter oder Krankheit (§§ 1570 – 1572 BGB) **trotz ausreichender Bemühungen** nicht in der Lage ist, eine nach § 1574 Abs. 1, Abs. 2 BGB angemessene Erwerbstätigkeit zu finden.[91]

#### a. Unterhalt nach § 1573 Abs. 1

418 **Beratungshinweis:** Zwar soll § 1573 Abs. 1 BGB den Bedürftigen nach der Scheidung vor dem sozialen Abstieg schützen,[92] jedoch ist das Gebot der wirtschaftlichen Eigenverantwortung (§ 1569 BGB) vorrangig zu beachten.[93]

419 *aa. Keine oder keine volle angemessene Erwerbstätigkeit zum Zeitpunkt der Scheidung:* Der Anspruch nach § 1573 Abs. 1 BGB setzt voraus, dass der Ehegatte zum Zeitpunkt der Scheidung nicht oder nicht voll erwerbstätig ist, wobei jedoch Voraussetzung ist, dass der Berechtigte seiner Erwerbsobliegenheit nachkommt. Gibt der Ehegatte z.B. eine Erwerbstätigkeit auf, um einen Unterhaltsanspruch zu erlangen, so ist zu prüfen, ob § 1579 Nr. 3 BGB zur Anwendung kommt, weil der Berechtigte seine Bedürftigkeit mutwillig herbeigeführt hat. In diesem Fall sind, wenn Erwerbsobliegenheit besteht, die erzielbaren Einkünfte aus einer entsprechenden Erwerbstätigkeit fiktiv anzurechnen.

420 **Beratungshinweis:** Zwar muss gem. § 1574 BGB nur eine angemessene Erwerbstätigkeit ausgeübt werden.
In der Praxis ist jedoch i.d.R. jegliche Erwerbstätigkeit als angemessen zu beurteilen, sodass z.B. auch einer Ehefrau eines Arztes u.a. zugemutet wird, z.B. als Altenpflegerin u.a. zu arbeiten.
Die Prüfung der Angemessenheit einer Erwerbstätigkeit hat somit in der Praxis i.d.R. keine Bedeutung.

421 *bb. Erfolglose Bemühung um Erwerbstätigkeit:* Bemüht sich die Unterhaltsberechtigte nicht ausreichend um den Erhalt einer Erwerbstätigkeit, so ist ein Unterhaltsanspruch nicht gegeben. Durch den Grundsatz der Eigenverantwortung bestehen hohe Anforderungen an die Nachweispflicht, sich um eine angemessene Erwerbstätigkeit bemüht zu

---

91 Gerhardt in: FAFamR, Rn. 376 zu Kap. 6.
92 BGH FamRZ 1983, 144f.
93 BGH FamRZ 1991, 416, 419.

haben.[94] Die Erwerbsbemühungen müssen rechtzeitig vor Beendigung der Kindererziehungsphase (i.d.R. 15. Lebensjahr) erfolgen.[95]

**Beratungshinweis:** Wenn durch den Unterhaltspflichtigen freiwillige Unterhaltszahlungen erfolgen trotz Erwerbsobliegenheit, so kann dies den Einsatzzeitpunkt für die Erwerbsobliegenheit hinausschieben, wenn nicht gleichzeitig auf die Notwendigkeit der Arbeitssuche hingewiesen wird. 422

Die Bedürftigkeit des Unterhaltsgläubigers entfällt im Umfang erzielbarer Einkünfte aus zumutbarer Tätigkeit.[96] Der Unterhalt fordernde Ehegatte hat im Einzelnen vorzutragen und zu beweisen, dass er sich in ausreichendem Maße um Arbeit bemüht hat und dass er dennoch eine angemessene Erwerbstätigkeit nicht finden kann.[97] 423

**Beratungshinweis:** Die Meldung beim Arbeitsamt reicht nicht aus, schon weil erfahrungsgemäß nicht alle Arbeitsstellen über das Arbeitsamt angeboten werden. Es wird jedoch dringend empfohlen, dass sich der Berechtigte zusätzlich beim Arbeitsamt als arbeitssuchend meldet. 424

Zum ordnungsgemäßen Nachweis gehört:

- Vorstellungen beim Arbeitsamt
- Zeitungsannoncen
- Bewerbungen auf Anzeigen
- Vorstellungsgespräche
- probeweiser Arbeitsbeginn

All diese Erwerbsbemühungen müssen durch Vorlage von Zeitungsannoncen, Bewerbungsschreiben sowie Rückantwort des Arbeitgebers nachgewiesen werden.

**Beratungshinweis:** Wenn Bewerbungsschreiben eine nichtssagende Gleichförmigkeit aufweisen oder wenn die Bewerbungen Stellen betreffen, für die die Voraussetzungen erkennbar nicht erfüllt werden, so liegt keine ernsthafte Arbeitssuche vor.[98] 425

Gleiches gilt auch für sog. Blindbewerbungen (im Einzelnen zu den Anforderungen an Bewerbungsschreiben s.o. Trennungsunterhalt, Rn. 332).

Einsatzzeitpunkt für die Bemühungen um den Erhalt einer Arbeitsstelle ist nach überwiegender Rechtsprechung der Zeitpunkt der Zustellung des Scheidungsantrags.[99]

Bemüht sich die Berechtigte z.B. in einem Zeitraum von einem Jahr nach der Scheidung nicht um eine Erwerbstätigkeit, so ist die gegebene Bedürfnislage dann nicht mehr ehebedingt mit der Folge, dass der Unterhaltsanspruch nach § 1573 BGB auf Dauer entfällt ).[100]

Voraussetzung für die Obliegenheit bezüglich der Erwerbsbemühungen ist zusätzlich jedoch, dass tatsächlich eine reale Beschäftigungschance bestanden hätte). Dies hängt

94 Heiß/Heiß a.a.O., Rn. 77 zu Kap. 1.
95 BGH FamRZ 1985, 871.
96 Heiß/Heiß a.a.O., Rn. 77 zu Kap. 1.
97 OLG Stuttgart FamRZ 1983, 1233, 1235 i.A.a. BGH FamRZ 1982, 225, 227.
98 OLG Hamm FamRZ 1992, 63ff.
99 OLG Hamm FamRZ 1991, 1310.
100 Heiß/Heiß a.a.O., Rn. 79 zu Kap. 1 i.A.a. OLG Oldenburg FamRZ 1986, 64,65.

ab von Alter, Ausbildung, Berufserfahrung und Gesundheitszustand sowie Verhältnissen auf dem Arbeitsmarkt.[101]

426 Wenn der Unterhaltsberechtigte vorträgt, er sei **nicht vermittelbar** und hätte keine Anstellung erhalten, auch wenn er sich „rund um die Uhr" auf jedes nur denkbare Inserat, auch überregional, beworben hätte, muss der angebotene **Beweis** durch Erholung einer **Auskunft** des Arbeitsamtes erhoben werden, denn die **amtliche Auskunft** einer Behörde **ersetzt** die **Zeugenvernehmung** des zuständigen **Sachbearbeiters** des Arbeitsamts.[102]

#### b. Ergänzungs- oder Aufstockungsunterhalt, § 1573 Abs. 2

427 Gemäß § 1573 Abs. 2 BGB kann ein geschiedener Ehegatte von dem anderen eine **nicht einheitlich** geregelte **Quote** des **Unterschiedsbetrages** zwischen seinen Einkünften und den Einkünften des Unterhaltspflichtigen verlangen. Ein solcher **Aufstockungsunterhaltsanspruch** kann gegeben sein, wenn z.B. wegen Kindesbetreuung nur eine **Teilzeittätigkeit** seitens der Berechtigten ausgeübt wird oder wenn eine **Ganztagstätigkeit** ausgeübt wird, jedoch ein nicht geringfügiger **Einkommensunterschied** zu den Einkünften des Unterhaltspflichtigen besteht.

- Bei nur **geringfügigen Einkommensunterschieden** kommt ein Aufstockungsunterhalt nach § 1573 Abs. 2 BGB **nicht in Betracht.**[103]
- Bei einem bereinigten Nettoeinkommen des Mannes von 3.100 DM und der Frau von 2.700 DM ist aber ein Aufstockungsunterhalt von DM 160 (82 €) eine **nicht zu vernachlässigende Größe.**[104]
- Ein **Aufstockungsunterhalt unter** DM 100 bzw. **50 €** kommt dagegen auch bei **niedrigen** Einkommensverhältnissen **nicht in Betracht.**[105]
- Einkommensdifferenzen von weniger als **10 % des Gesamteinkommens** können als **geringfügig** außer Betracht gelassen werden.[106]
- Bei Bezug einer **zeitlich beschränkten Erwerbsunfähigkeitsrente** beruht der Unterhaltsanspruch nicht auf § 1573 Abs. 2 BGB, sondern auf § **1572 BGB;**[107]dies hat zur Folge, dass § 1573 Abs. 5 BGB **(zeitliche Begrenzung) nicht** zur Anwendung kommen kann.

#### c. § 1573 Abs. 3 i.V.m. § 1573 Abs. 1 BGB (Anschlussunterhalt, insbesondere nach Wegfall des Unterhaltsanspruchs wegen Kindererziehung oder Krankheit)

428 Anspruchsvoraussetzung ist, dass zunächst Unterhalt nach den §§ 1570 – 1572, 1575 BGB zu gewähren war, die Voraussetzungen dieser Vorschriften aber später weggefallen sind. Die Bedürfnislage muss **im Zusammenhang** mit der Ehe stehen.[108] Der Anspruch setzt voraus, dass eine angemessene Erwerbstätigkeit bei **Abschluss** der

---

101 BGH FamRZ 1985, 912.
102 BGH FamRZ 1987, 912; 984, 159, 161.
103 KG FamRZ 1981, 156f., 157.
104 BGH FamrZ 1984, 988ff., 990.
105 OLG München FamRZ 1997, 425; OLG Düsseldorf FamRZ 1996, 947.
106 OLG Düsseldorf FamRZ 1996, 947.
107 Heiß/Heiß a.a.O., Rn. 123 zu Kap. 1 i.A.a. OLG Nürnberg FamRZ 1992, 683.
108 Heiß/Heiß a.a.O., Rn. 105 zu Kap. 1.

**Erziehung** eines gemeinschaftlichen Kindes oder nach **Heilung** einer **Krankheit** nicht gefunden werden kann. Notwendig ist, dass die genannten **Voransprüche** vom Zeitpunkt der Ehescheidung an eine **ununterbrochene Kette** gebildet haben.

**BERATUNGSHINWEIS:** Da es sich um **Anschlussunterhalt** handelt, kann er nur in dem **Umfang** gewährt werden, in dem auch der **Voranspruch** zu gewähren war.[109] 429

### d. § 1573 Abs. 4 BGB

Der Anspruch besteht, wenn eine bei Scheidung bestehende Erwerbstätigkeit nach einem objektiven Maßstab nicht nachhaltig gesichert war und später wegfällt, z.B. bei einem Arbeitsverhältnis auf Probe.[110] Gleiches gilt bei Aufnahme eines Arbeitsverhältnisses trotz angegriffenen Gesundheitszustandes, das wieder aufgelöst werden musste. Kein ungesichertes Arbeitsverhältnis liegt dagegen vor, wenn ein festes Arbeitsverhältnis kurz nach der Scheidung gekündigt wird[111] oder bei einem unerwarteten Konkurs des Arbeitgebers.[112] Nach § 1573 Abs. 4 BGB ist nicht auf die nachhaltige Sicherung eines bestimmten Arbeitsplatzes abzustellen, sondern auf die nachhaltige Sicherung des Unterhalts[113] Bei einer zeitlich befristeten Arbeitsbeschaffungsmaßnahme ist der Unterhalt noch nicht als nachhaltig gesichert anzusehen.[114] 430

### e. § 1573 Abs. 5 BGB: Zeitliche Begrenzung

**BERATUNGSHINWEIS:** Eine zeitliche Begrenzung des Unterhaltsanspruchs nach § 1573 Abs. 5 BGB kommt nur bei den Tatbeständen nach § 1573 Abs. 1 – Abs. 4 BGB in Betracht wobei auch Teilansprüche neben § 1570 – 1572 BGB ausreichen.[115] 431

Die Frage der zeitlichen Begrenzung ist unter Berücksichtigung der **Dauer** der Ehe, sowie der Gestaltung von Haushaltsführung und Erwerbstätigkeit zu prüfen. Ein zeitlich **unbegrenzter** Unterhaltsanspruch müsste **unbillig** sein.[116] 432

**BERATUNGSHINWEIS:** Waren die **Gründe** für eine zeitliche Begrenzung bereits zur Zeit des **Ausgangsverfahrens** eingetreten oder konnten sie **zuverlässig vorausgesehen** werden, kann die Unterhaltsbegrenzung **nicht** einer **Abänderungsklage** überlassen werden, sondern ist bereits im **Ausgangsverfahren** zu treffen.[117] Die Folge ist, dass **Präklusion** bezüglich dieser Einwendung in einem späteren Verfahren eintritt, also die Einwendung nicht mehr zu berücksichtigen ist. 433

Eine zeitliche Begrenzung kommt nur bei den Tatbeständen nach § 1573 Abs. 1–4 BGB in Betracht, wobei auch Teilansprüche neben §§ 1570–1572 BGB ausreichen. Bei Teilansprüchen nach § 1573 Abs. 5 BGB genügt es nicht, ohne genaue Berechnung der 434

---

109 Vgl. OLG Stuttgart FamRZ 1983, 501.
110 BGH FamRZ 1988, 701, 702.
111 OLG Bamberg FamRZ 1997, 819.
112 OLG Hamm FamRZ 1997, 26, 281.
113 Heiß/Heiß a.a.O., Rn. 115 zu Kap. 1 i.A.a. BGH FamRZ 1985, 53, 55.
114 OLG Fankrfurt FamRZ 1987, 1042 f.
115 Gerhardt in: FA-FamR Rn. 383ff. zu Kap. 6.
116 Heiß/Heiß a.a.O., Rn. 133 zu Kap. 1.
117 BGH FamRZ 2000, 1499; BGH FamRZ 2001, 905.

Höhe des Teilanspruchs den Teilanspruch lediglich tatbestandlich festzustellen und zeitlich zu begrenzen, sondern der jeweilige Teilanspruch ist der Höhe nach wegen möglicher Abänderungen zu ermitteln.[118] Durch die Formulierung „unbillig wäre" soll der Ausnahmecharakter einer zeitlichen Begrenzung hervorgehoben werden und der Schutz des Ehegatten, der gemeinsame Kinder betreut, soll sichergestellt werden: Eine zeitliche Begrenzung kommt danach in Fällen der Kindesbetreuung grundsätzlich nicht in Betracht.[119] (Im Einzelnen s.o. Rn. 360ff.). **Eheliches Fehlverhalten** spielt in diesem Zusammenhang keine Rolle, da dies in § 1579 Nr. 6 BGB abschließend geregelt ist.

435 Neben der Dauer der Ehe spricht **für** eine **zeitliche Begrenzung** der Umstand, dass die Einkommensdifferenz **nicht ehebedingt** ist.[120] Des Weiteren spricht **für** eine zeitliche Begrenzung des Aufstockungsunterhalts die Tatsache, dass die **Einkommensdifferenz gering** ist. 150,00 € wurden als gering angesehen[121] über 500,00 € sind nicht gering[122] Für die Bemessung der **Dauer** der Ehe ist auf den Zeitpunkt der Eheschließung bis zur **Rechtshängigkeit** des Verfahrens abzustellen, die **Dauer der Kindesbetreuung** ist **zusätzlich** zu berücksichtigen.[123] Auch eine Ehedauer von über **10 Jahren** kann noch zu einer zeitlichen Begrenzung führen.[124]

- Ehedauer 5 ½ **Jahre:** Zeitliche Begrenzung auf 14 Monate ab Rechtskraft der Scheidung.[125]
- Ehedauer **2 Jahre und 11 Monate**: Ehefrau 56 Jahre alt: Nach Übergangszeit von rund 3 Jahren wurde die Ehefrau auf die Einkommensverhältnisse vor Eingehung der Ehe verwiesen.[126]
- Ehedauer 5 ½ **Jahre**: Wegfall des Unterhaltsanspruchs nach 5 ½ Jahren.[127]
- Ehedauer 7 **Jahre**: Begrenzung des Unterhalts auf 3 Jahre.[128]
- Ehedauer von **13 Jahren:** Ebenfalls noch zeitliche Begrenzung.[129]
- Ebenso Ehedauer von über **16 Jahren.**[130]
- Ebenso Ehedauer von **18 Jahren.**[131]

436 **BERATUNGSHINWEIS:** Zu **beachten** ist die **Unterscheidung** der zeitlichen Begrenzung nach **§ 1573 Abs. 4** sowie nach **§ 1579 Nr. 1 BGB**. Im einzelnen hierzu s.u. Rn. 668ff.

437 Neben der **zeitlichen Begrenzung** des Aufstockungsunterhalts ist zu beachten, dass die **Bemessung** des Unterhaltsanspruchs nach den **ehelichen** Lebensverhältnissen ebenfalls **zeitlich** begrenzt werden kann und danach auf den **angemessenen** Lebensbedarf abge-

118 Heiß/Heiß a.a.O., Rn. 133 zu Kap. 1; BGH FamRZ 2001, 1687 a.A. OLG München NJW-RR 2000, 1243.
119 Heiß/Heiß a.a.O.
120 Heiß/Heiß a.a.O., Rn. 135 zu Kap. 1.
121 BR-Drucks. 501/84, S. 19.
122 OLG Celle, FamRZ 1980, 571.
123 BGH FamRZ 1991, 307, 310.
124 BGH FamRZ 1990, 857ff., 859.
125 OLG Koblenz FamRZ 1987, 160.
126 OLG Celle FamRZ 1987, 69.
127 OLG Düsseldorf FamRZ 1988, 838.
128 OLG Hamm FamRZ 2003, 1839.
129 OLG Düsseldorf FamRZ 1987, 945; OLG Köln FamRZ 1993, 565.
130 OLG Hamm FamRZ 1995, 1204.
131 OLG Köln NJW-RR 1995, 1157; OLG München NJW-RR 2000, 1243.

stellt werden kann, also den Lebensstandard, wie er seitens des Berechtigten **vor der Ehe** bestand. Möglich ist auch eine **Kombination** in der Weise, dass der Unterhalt nach einer Übergangszeit **verringert** wird und nach einer weiteren Übergangszeit vollständig wegfällt.

438 **Darlegungs- und Beweislast:** Da § 1573 Abs. 5 BGB keine anspruchs**begründende** Norm ist, trifft die **Darlegungs- und Beweislast** grundsätzlich den Unterhalts**pflichtigen.**[132] Dieser muss die Umstände, die für eine möglichst kurze **Übergangsfrist** sprechen, darlegen und beweisen.

439 **Beratungshinweis:** Wenn die Voraussetzungen für eine zeitliche Befristung vorliegen, so ist diese bei der erstmaligen Festsetzung des Unterhalts **von Amts wegen** auszusprechen. Jedoch muss der Unterhaltsberechtigte seine Klage nicht von Anfang an begrenzen. Die Darlegung der **rechtsvernichtenden** Einwendungen bleibt Sache des Unterhalts**pflichtigen.**
Die zeitliche Begrenzung des Unterhaltsanspruchs ist mit der **Abänderungsklage** nach § 323 ZPO geltend zu machen, **nicht** mit der **Vollstreckungsgegenklage** nach § 767 ZPO.[133]

### 6. Unterhalt wegen Ausbildung, Fortbildung oder Umschulung, § 1575 BGB

440 Ein Unterhaltsanspruch gem. § 1575 BGB ist gegeben, wenn der Berechtigte in Erwartung der Ehe oder während der Ehe eine Schul- oder Berufsausbildung nicht aufgenommen oder abgebrochen hat und wenn er diese oder eine entsprechende Ausbildung so bald wie möglich aufnimmt, um eine angemessene Erwerbstätigkeit, die den Unterhalt nachhaltig sichert, zu erlangen und wenn ferner der erfolgreiche Abschluss der Ausbildung zu erwarten ist. § 1575 BGB soll nur ehebedingte Ausbildungsnachteile ausgleichen.[134]

441 **Beratungshinweis:** Es muss **konkret dargelegt** und **nachgewiesen** werden, dass eine Ausbildung nicht aufgenommen oder abgebrochen wurde. So ist z.B. für eine Nichtaufnahme einer Ausbildung der Nachweis erforderlich, dass **konkret** schon z.B. **Anmeldung** zum Studium erfolgt war und das Studium nicht durchgeführt wurde. Der Berechtigte muss nachweisen, dass feste **Berufspläne** vorlagen, wie Anmeldung bei der Ausbildungsstätte, Beschaffung von Unterkunft und dergleichen bereits in die Wege geleitet waren.

442 Es reicht **nicht** aus, dass der Ehegatte bislang **keine Berufsausbildung** hat.[135] Die Aufnahme der Ausbildung muss **„so bald wie möglich"** erfolgen. Jedoch sind **Überlegungsfristen**, Einschreibezeiten für das Studium, Zeiten anderweitiger Verhinderung durch die Familie, wie durch Kindererziehung, insoweit anzuerkennen, als sie nicht schuldhaft herbeigeführt sind.[136] Es muss sich um ein Studium handeln, das geeignet ist, den **Lebensunterhalt** zu **sichern**, was z.B. fraglich sein kann bei Kunststudium u.a.

132 BGH FamRZ 1990, 857, 859.
133 BGH FamRZ 2001, 905; BGH FamRZ 2000, 1499.
134 BGH FamRZ 1987, 795.
135 BGH FamRZ 2001, 350.
136 OLG Hamm FamRZ 1983, 181.

Ein Unterhaltsanspruch wegen **Fortbildung** oder **Umschulung** nach § 1575 Abs. 2 BGB setzt eine **abgeschlossene** Berufausbildung oder angemessene Berufserfahrung voraus.[137] Der Anspruch **entfällt**, wenn die Ausübung einer **ungelernten** Tätigkeit **zumutbar** ist, z.B. weil auch der **Ehemann** nur einer **ungelernten** Tätigkeit nachgeht[138] (Im einzelnen siehe zu Ausbildungsunterhalt Heiß/Heiß a.a.O., Rn. 144ff. zu Kap. 1).

### 7. Unterhalt aus Billigkeitsgründen, § 1576 BGB

443 Der Billigkeitsanspruch nach § 1576 BGB ist **subsidiär** zu §§ 1570 – 1575 BGB und als **Ausnahmeregelung eng** auszulegen. Anwendbar ist er bei **Betreuung nicht gemeinschaftlicher** Kinder, die bereits in der Ehe mitversorgt wurden[139] oder wenn z.B. Unterhalt wegen **Krankheit** am **Einsatzzeitpunkt scheitert**[140] (Im Einzelnen zu den Gründen, die für Unterhalt aus Billigkeitsgründen sprechen, Heiß/Heiß a.a.O., Rn. 167 zu Kap. 1).

## V. Bedarf/Maß des Unterhalts

### 1. Checkliste zur Feststellung eines Unterhaltsanspruchs

- Unterhaltstatbestand
- Höhe des Bedarfs der Berechtigten nach den ehelichen Lebensverhältnissen
- Bedürftigkeit des Unterhaltsberechtigten (eigene Einkünfte des Berechtigten)
- Einkommen und Leistungsfähigkeit des Unterhaltspflichtigen; ist der Selbstbehalt gewahrt?
- Einwendungen gegen die Unterhaltspflicht (Herabsetzung, zeitliche Begrenzung oder Versagung)

444 Die Höhe des Unterhaltsanspruchs richtet sich nach den **ehelichen Lebensverhältnissen.** Der Berechtigte muss alle Einkünfte – egal ob **prägendes** oder **nicht prägendes** Einkommen – zur Deckung seines Unterhalts heranziehen.[141] Die Frage, ob Einkommen die ehelichen Lebensverhältnisse geprägt hat oder nicht, ist wegen der anzuwendenden Berechnungsmethode wichtig. Bei prägenden Einkünften ist die **Differenzmethode** anzuwenden, die zum einen dann gilt, wenn beide Eheleute während der Ehezeit erwerbstätig waren, aber nach der geänderten Rechtsprechung des BGH auch dann, wenn die Berechtigte eine Erwerbstätigkeit erst nach der Ehescheidung bzw. nach der Trennung aufnimmt.[142]

445 Die **Anrechnungsmethode** ist anzuwenden, wenn der Bedürftige nicht prägende Einkünfte, z.B. aus einer nach der Trennung erhaltenen Erbschaft, aus einem Lottogewinn oder aus einer Zugewinnausgleichszahlung hat.

446 **Beratungshinweis:** Der **Unterschied** der beiden Berechnungsmethoden liegt darin, dass bei der **Differenzmethode** der Unterhaltsanspruch sich aus einer **Quote** der **Differenz** der **beiderseitigen Einkünfte** ergibt, während bei der **Anrechnung**smethode der

137 BGH FamRZ 1987, 795, 797.
138 BGH FamRZ 2001, 350.
139 BGH FamRZ 1993, 800, 801.
140 Heiß/Heiß a.a.O., Rn. 175 zu Kap. 1.
141 BGH FamRZ 1989, 487, 488.
142 BGH FamRZ 2001, 986.

Unterhaltsanspruch zunächst aus dem **prägenden Einkommen** (eventuell nur Erwerbseinkommen des Pflichtigen) ermittelt wird und sodann **von diesem Unterhaltsanspruch** die **nicht prägenden** Einkünfte **in Abzug** gebracht werden. Die Anrechnungsmethode führt also zu einer **Verringerung** des Unterhaltsanspruchs.

447 In der **Praxis** werden die Unterhaltsberechnungen üblicherweise sowohl seitens der Anwälte als auch seitens der Gerichte mithilfe des **Gutdeutsch-Programms** erstellt. Zu den Berechnungen s. S. 248 ff.: In der Berechnung V. sind beiderseits nur prägende Einkünfte berücksichtigt, in der Berechnung VI sind seitens der Unterhaltsberechtigten teilweise prägende und teilweise nicht prägende Einkünfte berücksichtigt.

## 2. Checkliste betreffend prägende und nicht prägende Einkünfte[143]

448

### a. Prägendes Einkommen

- Aufnahme oder Ausweitung einer Erwerbstätigkeit nach der Trennung als Surrogat für die Haushaltsführung in der Ehe.[144]
- Fiktiv anzusetzendes Erwerbseinkommen als Surrogat des Wertes der bisherigen Haushaltsführung.[145]
- Einkommensminderung durch Arbeitslosigkeit, Verrentung.
- Einkommenserhöhung durch Regelbeförderungen oder vorhersehbaren beruflichen Aufstieg.
- Renteneinkommen, das auf dem Versorgungsausgleich beruht,[146] ebenso Renteneinkünfte, die auf vorehelichen Einkünften oder einer prägenden Tätigkeit nach Trennung/Scheidung beruhen,[147] ebenso Erhöhung einer Erwerbsunfähigkeitsrente durch den Versorgungsausgleich.[148]
- Fiktives Einkommen wegen Verstoß gegen Erwerbsobliegenheiten (sowohl beim Unterhaltsberechtigten als auch beim Unterhaltspflichtigen;.[149]
- Überobligatorisches Einkommen (beim Berechtigten und Verpflichteten;.[150] (**Ausnahme:** Vom Unterhaltsberechtigten überobligationsmäßig erzielter Einkommensanteil.[151]
- Haushaltsführung für den neuen Partner durch den Unterhaltsberechtigten.[152]
- Änderung der Steuerklasse und der Vorsorgeaufwendungen einschließlich der berufsbedingten Aufwendungen.[153]

143 I.A.A. Gerhardt, Neubewertung der ehelichen Lebensverhältnisse, FamRZ 2003, 272 ff.).
144 BGH FamRZ 2001, 986.
145 BGH FamRZ 2003, 434.
146 BGH FamRZ 2003, 848.
147 FamRZ 2003, 848.
148 BVerfG FamRZ 2002, 527.
149 BGH FamRZ 2001, 986.
150 BGH FamRZ 2002, 88.
151 BGH FamRZ 2003, 518.
152 BGH FamRZ 2001, 1693 sowie erneut bestätigt durch BGH FamRZ 2004, 1170, 1173.
153 BGH FamRZ 1991, 304.

- Entstehen neuer Unterhaltsverpflichtungen auf Seiten des Verpflichteten für ein vor Rechtskraft der Scheidung geborenes Kind aus einer neuen Beziehung.[154]
- Bis zur Trennung entstandene Verbindlichkeiten.[155]
- Vermögensbildende Ausgaben, soweit sie nach einem objektiven Maßstab angemessen sind, weil sie zu keinem Konsumverzicht führten.
- Wegfall von Verbindlichkeiten oder Kindesunterhalt.[156]
- Mietfreies Wohnen währen des Zusammenlebens in Höhe des Wohnwertes abzüglich Zins und Tilgung.[157]
- Zinsen aus dem Erlös des Verkaufs des Familienheims;[158] der Erlös wird als Surrogat des früheren Wohnwertes angesehen, selbst wenn die Zinsen den früheren Wohnwert übersteigen.[159]
- Miet- und Kapitaleinkünfte, die bereits während der Ehe bezogen wurden.
- Zinsen aus dem Zugewinn, wenn aus dem Vermögen bereits während der Ehe Nutzungen gezogen wurden; beruht der Zugewinn auf Vermögen, für das noch keine Nutzungen gezogen wurden, handelt es sich dagegen um nicht prägendes Einkommen.[160]

### b. Nicht prägendes Einkommen

- Steuervorteil bei Wiederverheiratung des Unterhaltspflichtigen.[161]
- Einkommensreduzierung durch einen nicht leichtfertigen Arbeitsplatzwechsel mit niedrigerem Einkommen.[162]
- Auf dem Vorsorgeunterhalt beruhende Renteneinkünfte.[163]
- Vom Unterhaltsberechtigten wegen Betreuung kleiner Kinder und gleichzeitiger Berufstätigkeit überobligationsmäßig erzielter Einkommensanteil.[164]
- Zusätzliche Vermögenseinkünfte, die erst nach der Trennung entstanden sind, z.B. durch Zugewinn, Erbschaft oder Lottogewinn.
- Nutzungsentschädigung für das gemeinsame Eigenheim.[165]
- Nach der Trennung entstandene Verbindlichkeiten und vermögensbildende Aufwendungen.
- Nach der Scheidung neu entstandene Unterhaltsverbindlichkeiten für ein minderjähriges Kind.
- Einkommen, das aus einer unerwarteten, vom Normalverlauf erheblich abweichenden Entwicklung der Erwerbsverhältnisse beruht, etwa durch einen nicht voraussehbaren Karrieresprung.

---

154 BGH FamRZ 1999, 367.
155 BGH NJW 1998, 2821.
156 BGH FamRZ 1988, 701; BGH FamRZ 1990, 1085.
157 BGH FamRZ 1998, 87.
158 BGH FamRZ 2002, 88.
159 BGH FamRZ 2002, 88.
160 Gerhardt in: FA-FamR, Rn. 417 zu Kap. 6.
161 BVerfG FamRZ 2003, 1821.
162 BGH FamRZ 2003, 590.
163 BGH FamRZ 2003, 848.
164 BGH FamRZ 2003, 518.
165 Gerhardt in: FA-FamR, Rn. 236b zu Kap. 6.

449 **Beratungshinweis: Lebt** die Berechtigte mit einem anderen Mann **zusammen,** so sind ihr hierfür fiktive Einkünfte anzurechnen. Der Wert der Haushaltsführung beträgt i.d.R. nach den Süddeutschen Leitlinien bei einer Nur-Hausfrau zwischen 200,00 € und 550,00 €. Diese Einkünfte, die eindeutig schon von der Art ihrer Entstehung her an sich keine prägenden Einkünfte sein könnten, sind – wie ausdrücklich nochmals vom BGH[166] erneut bestätigt, ein **Surrogat** für die während der Ehe erfolgte Haushaltstätigkeit und Kindererziehung und deshalb als **prägende** Einkünfte zu Gunsten der Unterhaltsberechtigten zu berücksichtigen.

450 **Neu** ist ebenfalls die Entscheidung, dass der **Steuervorteil** aus einer neuen Ehe der **neuen Ehe** verbleiben soll, also die ehelichen Lebensverhältnisse **nicht prägt.** Wird **einerseits** Wohnwert zugerechnet und **andererseits Nutzungsentschädigung** geltend gemacht, so entspricht das Ergebnis einer entsprechenden Unterhaltsberechnung i.d.R. dem Fall, dass **anstelle** der **Geltendmachung** von **Nutzungsentschädigung** voll umfänglich der **Wohnwert angerechnet** wird. Etwas anderes gilt nur dann, wenn **kein Unterhalt** zu zahlen ist oder wenn der Unterhaltsbetrag unter dem Betrag der Nutzungsentschädigung liegt.

### 3. Höhe des Unterhalts[167]

451 Die **ehelichen Lebensverhältnisse** bestimmen sich nach dem beiderseitigen **prägenden** Einkommen.[168]

452 **Prinzip der Unterhaltsberechnung:**
Einkommen Ehemann
abzüglich 5 % berufsbedingte Aufwendungen oder konkrete Aufwendungen
abzüglich sonstige Abzugsposten, wie Schulden/Lebensversicherungen u.a.
eventuell Zurechnung Wohnwert abzüglich Hauslasten
abzüglich Kindesunterhalt
abzüglich Erwerbstätigenbonus (nach Süddeutschen Leitlinien 10 %) (bzw. 1/7 bis 1/5)
zuzüglich Einkommen Ehefrau
abzüglich 5 % berufsbedingte Aufwendungen oder konkrete Aufwendungen
abzüglich sonstige Abzugsposten, wie Schulden u.a.
abzüglich Erwerbstätigenbonus
zuzüglich eventuell Wohnwert
abzüglich eventuelle Schuldenrückzahlungen
Das **zusammengerechnete** Einkommen wird **halbiert** und hierauf das Einkommen der Berechtigten **angerechnet.** Zur Unterhaltsberechnung s.u. S. 242 ff.

453 Es gibt keinen **Mindestbedarf** (außer beim Einsatzbetrag im Mangelfall). Nach der Rechtsprechung des BGH gibt es auch **keine Sättigungsgrenze,** also keine Begrenzung nach oben, jedoch kann eingewendet werden, dass das Einkommen die ehelichen Lebensverhältnisse nicht geprägt hat, da es zur **Vermögensbildung** verwendet wurde.[169]

---

166 FamRZ 2004, 1170, 1173.
167 Im Einzelnen s. Einkünfte und Abzugsposten von A–Z in Heiß, Das Mandat im Familienrecht § 8.
168 BGH FamRZ 1989, 842, 843; 1997, 806, 807.
169 BGH FamRZ 1987, 36, 39; 1989, 1160, 1163.

Bei **hohen** oder **schwer** feststellbaren Einkünften kann der Unterhalt **allein** nach dem **konkreten Bedarf** ermittelt werden.[170] Im einzelnen zur konkreten Bedarfsermittlung s. Einkünfte und Abzugsposten von A–Z in Heiß, Das Mandat im Familienrecht § 8.

454 **Beratungshinweis:** Eine solche **konkrete Bedarfsermittlung** bzw. Darlegung des tatsächlich während der Ehezeit für den Lebensunterhalt verwendeten Betrages (pro Monat) empfiehlt sich insbesondere dann, wenn z.B. bei einem **Selbständigen** sich aus den **Gewinn- und Verlust-Rechnungen kein anrechenbares Einkommen ergibt** und **auch** unter **Hinzurechnung** von **Abschreibungen** u.a. ein anzurechnendes Einkommen nicht errechnet werden kann. Häufig wird in diesen Fällen der Lebensunterhalt durch **unversteuerte Einkünfte** finanziert, wobei diese i.d.R. **nicht nachgewiesen** werden können und zum anderen die Gefahr besteht, dass die **Behauptung** und der Nachweis solcher unversteuerter Einkünfte zum einen zu erheblichen **Steuernachzahlungen** führen kann und zum anderen den **Verwirkungstatbestand** der vorsätzlichen sittenwidrigen Schädigung erfüllen kann.

455 Einkommensänderungen nach der Trennung sind nur prägend, wenn es sich um eine **normale Entwicklung**, d.h. um eine voraussehbare Entwicklung handelt.[171] Dies liegt nicht vor bei außergewöhnlichen, vom Normalverlauf abweichenden Einkommensentwicklungen.[172] Die **Beweislast** für die prägenden Einkünfte trägt der Unterhaltsberechtigte.[173] Nimmt die Unterhaltsberechtigte eine Erwerbstätigkeit erst nach der Scheidung auf, so ist dies **eheprägend**, weil es sich um ein **Surrogat** der früheren Haushaltsführung handelt.[174] Gleiches gilt nach der genannten Rechtsprechung auch für **fiktive** Einkünfte, also Einkünfte, die die Berechtigte nicht erzielt, weil sie ihre Erwerbsobliegenheit verletzt. In der Regel werden hier die erzielbaren **Einkünfte** in die Unterhaltsberechnung eingestellt.

456 Bei **Haushaltsführung** für einen neuen **Lebensgefährten** muss sich die Unterhaltsberechtigte für Haushaltsleistungen und Mietersparnis wegen Zusammenlebens einen Betrag in Höhe von **200 €** bis **550 €** anrechnen lassen (SüdL 6). Auch hierbei handelt es sich um prägende Einkünfte[175] Die Bedürftige hat die **Darlegungs- und Beweislast,** dass sie bei Zusammenleben mit dem neuen Partner **keine Aufwendungen erspart**[176] und ebenso dass sie in **keinem eheähnlichen Verhältnis** mit dem Partner zusammen lebt.[177]

457 Einkommen aus **unzumutbarer** Tätigkeit ist eheprägend. Die Entscheidung des BGH enthält jedoch keinen Hinweis darauf, in welcher Höhe es anzusetzen ist.[178] Bei **Erwerbstätigkeit** trotz **Kinderbetreuung** ist jedoch ein **Betreuungsbonus** abzuziehen,

---

170 BGH FamRZ 1987, 691, 693; FamRZ 1990, 280, 281; OLG Düsseldorf FamRZ 1996, 1418; Eschenbruch/Loy FamRZ 1994, 665 ff.
171 BGH FamRZ 1988, 927, 929.
172 BGH FamRZ 1982, 576, 578; FamRZ 2001, 986.
173 BGH FamRZ 1984, 149, 150.
174 BGH FamRZ 2001, 986.
175 BGH FamRZ 2002, 23; FamRZ 2001, 1693 und bestätigt durch BGH FamRZ 2004, 1170, 1173.
176 BGH FamRZ 2002, 23.
177 BGH FamRZ 1995, 344, 346.
178 BGH FamRZ 2002, 23.

**soweit keine konkret** nachgewiesenen Betreuungskosten anfallen.[179] Die Höhe des Kinderbetreuungsbonus hängt vom **Alter** und der **Anzahl** der Kinder ab und beträgt i.d.R. etwa **50 € bis 200 €**. Letztlich ist die Höhe des Betreuungsbonus auch abhängig von der Höhe des Einkommens bzw. dem Umfang der überobligatorischen Tätigkeit.

458 **Schulden** prägen die ehelichen Lebensverhältnisse nur, wenn diese bereits während der Ehe zurückbezahlt wurden und sie **bis zur Trennung entstanden sind.**[180]

459 **Beratungshinweis:** Häufig wird vom Unterhaltsverpflichteten eingewandt, er habe in Verbindung mit der **Trennung Schulden** aufnehmen müssen für die Anschaffung von **Hausrat.** Hier ist zunächst zu prüfen, ob der Unterhaltspflichtige erfolglos Hausratsteilung **in natur verlangt** hat und die Anschaffung der Hausratsgegenstände wirklich notwendig war. Zum anderen sind solche Schulden **nicht** bei der **Bedarfsermittlung** zu berücksichtigen, da sie **nach** der **Trennung** entstanden sind, allerdings sind sie bei der Prüfung der **Leistungsfähigkeit** des Unterhaltsschuldners zu berücksichtigen.

460 Bei **Veräußerung** des **Familienheims** ist der Erlös als **Surrogat** ebenfalls eheprägend, auch wenn der Erlös den früheren Wohnwert übersteigt.[181] **Nicht prägend** sind dagegen die **Zinsen** aus Zugewinn, wenn in der Ehe keine entsprechenden Einkünfte vorhanden waren.[182] Gleiches gilt für Einkünfte aus **Erbschaft** oder **Lottogewinn nach Trennung.**[183]

461 Eine zeitliche Begrenzung auf den **angemessenen Bedarf** kommt bei allen Unterhaltstatbeständen in Betracht, wenn ein zeitlich unbefristeter voller Unterhalt **unbillig wäre** (siehe hierzu oben Rn. 431ff. die Ausführungen zu § 1573 Abs. 5 BGB). Im Wesentlichen ist darauf abzustellen, ob die Ehe versorgungsrechtliche **Nachteile** brachte.[184] Die Höhe des angemessenen Bedarfs liegt **über** dem **Existenzminimum** (notwendiger Selbstbehalt) und soll sich an den **vorehelichen Lebensstandard** orientieren.[185] Der **Erwerbstätigenbonus** ist nur von Erwerbseinkünften abzuziehen, **nicht** bei **sonstigen Einkünften,** wie Rente, Miete, Zinsen, Wohnwert, Arbeitslosengeld.[186] Im **Mangelfall** kann es im Einzelfall angebracht sein, neben 5% berufsbedingten Aufwendungen **keinen Erwerbstätigenbonus** abzuziehen[187] oder den Bonus herabzusetzen.[188]

462 Eine Verpflichtung des Berechtigten zur **Verwertung** des **Vermögensstammes** besteht dann nicht, wenn die Verwertung **unwirtschaftlich** wäre, z.B. Veräußerung eines kleinen Hausgrundstücks, in dem gemeinschaftliche Kinder und der Unterhaltsberechtigte wohnen. Im einzelnen hierzu s. Einkünfte und Abzugsposten von A–Z in Heiß, Das Mandat im Familienrecht § 8.

179 OLG München FamRZ 2002, 1467; OLG Hamm FamRZ 2002, 1708; Gerhardt FamRZ 2003, 272; SüdL 10.3.
180 BGH FamRZ 1985, 911.
181 BGH FamRZ 2001, 986, 1140; FamRZ 2002, 23.
182 BGH FamRZ 1985, 357; 1986, 437.
183 OLG Hamm FamRZ 1992, 1184; Gerhardt in: FA-FamR, Rn. 290 zu Kap. 6.
184 BGH FamRZ 1986, 886, 888; OLG Düsseldorf FamRZ 1992, 952.
185 BGH FamRZ 1986, 886, 888.
186 BGH FamRZ 1991, 1163ff.
187 BGH FamRZ 1992, 539, 541.
188 BGH FamRZ 1997, 806, 807.

#### 4. Altersvorsorgeunterhalt

463 Ab **Rechtshängigkeit** des Scheidungsverfahrens kann zusätzlich zum Elementarunterhalt **Altersvorsorgeunterhalt** verlangt werden.[189] Die Berechnung erfolgt nach der **Bremer Tabelle** und zwar in der Weise, dass der **Elementarunterhalt** fiktiv wie **rentenversicherungspflichtiges Einkommen** errechnet wird und sodann **hieraus** der gesetzliche **Beitrag** für **Altersvorsorgeunterhalt** geschuldet ist. Der Altersvorsorgeunterhalt ist bei der Berechnung des endgültigen **Elementarunterhalts vorab** vom Einkommen in **Abzug** zu bringen. Dies setzt jedoch voraus, dass ausreichendes Einkommen seitens des Pflichtigen vorhanden ist. Werden **Altersvorsorge-, Kranken- und Pflegeversicherungskosten** vom Berechtigten gesondert geltend gemacht und vom Verpflichteten bezahlt, sind diese von dem **Einkommen** des **Pflichtigen** vorweg abzuziehen, wenn sonst der eheangemessene Selbstbehalt gefährdet wäre. Die Kosten für die Altersvorsorge sind zusätzlich zum Elementarunterhalt zu zahlen, sie sind beim Quotenunterhalt in der Quote **nicht** enthalten.[190]

464 Die **Berechnung** erfolgt in der Weise, dass **fingiert** wird, dass der Elementarunterhalt **Einkommen** aus einer versicherungspflichtigen Erwerbstätigkeit ist. Es wird zunächst das **bereinigte** Nettoeinkommen des Unterhaltsschuldners festgestellt und zwar unter Berücksichtigung sämtlicher unterhaltsrechtlich relevanter **Abzugsposten.** Sodann wird von diesem bereinigten Nettoeinkommen der **Quotenunterhaltsanspruch** errechnet (Elementarunterhalt). Die errechneten fiktiven Unterhaltsbeträge dienen im folgenden für die Berechnung des Vorsorgeunterhalts. Der sich daraus ergebende **fiktive Elementarunterhalt** wird wie Nettoeinkommen aus versicherungspflichtiger Erwerbstätigkeit behandelt und in ein **fiktives Bruttoentgelt** gem. der vom Oberlandesgericht Bremen veröffentlichten Tabelle umgerechnet.

465 Sodann wird der Vorsorgeunterhalt aus dem fiktiven Bruttobetrag errechnet. Es hat eine **zweistufige** Berechnung zu erfolgen, denn der Vorsorgeunterhalt muss nunmehr vom Einkommen des Unterhaltsschuldners abgezogen werden und sodann der **endgültige** Elementarunterhalt nach der entsprechenden Quote ermittelt werden.

466 **BERATUNGSHINWEIS:** Die Tatsache, dass Altersvorsorgeunterhalt geschuldet wird, beruht darauf, dass ab Rechtshängigkeit des Scheidungsverfahrens der unterhaltsberechtigte Ehegatte nicht mehr über den Versorgungsausgleich an den weiter erwirtschafteten Rentenanwartschaften teilnimmt.
Zu beachten ist, dass Altersvorsorgeunterhalt auch als Altersvorsorgeaufstockungsunterhalt geschuldet ist, also auch dann, wenn die Berechtigte eigene Einkünfte erzielt, jedoch im Hinblick auf das erheblich höhere Einkommen des Pflichtigen noch ein Aufstockungsunterhalt gegeben ist. Berücksichtigt man die obigen Ausführungen zu der komplizierten Berechnung des Altersvorsorgeunterhalts, so kann wiederum nur dringend empfohlen werden, zur Berechnung des Altersvorsorgeunterhalts bzw. Altersvorsorge-Aufstockungsunterhalts das Gutdeutsch-Programm zu verwenden. Zur entsprechenden Berechnung bzw. Anwendung des Programms s.u. S. 251 nach Rn. 968.

189 BGH FamRZ 1988, 1145 ff., 1147.
190 BGH FamRZ 1982, 555; FamRZ 1983, 676 f.

467 Der Unterhaltsberechtigte kann **frei** wählen, in welcher Form er sich versichern will, insbesondere ob er in einer privaten Versicherung oder in der Rentenversicherung für sein Alter vorsorgen will.[191] Wird der Vorsorgeunterhalt **zweckwidrig verwendet**, so liegen bei Geltendmachung von Ehegattenunterhalt die Voraussetzungen des § 1579 Nr. BGB (**mutwillige Herbeiführung** der Bedürftigkeit) vor. Darüber hinaus kann die zweckwidrige Verwendung dazu führen, dass künftig **unmittelbar** an den Versorgungsträger gezahlt werden kann.[192] Ein Anspruch auf Vorsorgeunterhalt besteht nicht, wenn der Unterhalts**pflichtige** den Vorsorgeunterhalt nur unter **Gefährdung** seines eigenen **angemessenen Selbstbehalts** aufbringen könnte.

468 Altersvorsorgeunterhalt ist nicht geschuldet, wenn der Unterhalts**berechtigte** bereits **Rente bezieht.** Er kann nur bis zur **Vollendung des 65. Lebensjahres** verlangt werden.[193]

469 **Beratungshinweis:** Da in Mangelfällen der Elementarunterhalt dem Vorsorgeunterhalt vorgeht, wird dieser oft nicht geltend gemacht, zumal bei der zusätzlichen Zubilligung entweder der Selbstbehalt des Verpflichteten erreicht wird oder sich der Elementarunterhalt verringert.

470 Hat ein Ehegatte seinen vollen Unterhalt eingeklagt, jedoch den **Vorsorgeunterhalt nicht geltend gemacht,** so kann er eine Erhöhung der zugesprochenen Unterhaltsrente allenfalls im Wege der **Abänderungsklage** erreichen, die erst **zulässig** ist, wenn sich die im Vorprozess maßgebenden Verhältnisse **wesentlich** geändert haben.[194] Altersvorsorgeunterhalt ist als **Folge** der Scheidung zu bezahlen. Die insoweit bezogene **Rente** ist deshalb auch nur eine Folge der Scheidung. Sie **prägt** daher die **ehelichen Lebensverhältnisse nicht.**[195] Die aus dem Altersvorsorgeunterhalt bezogene Rente wird daher in die Unterhaltsberechnung im Wege der **Anrechnungsmethode** eingestellt.[196] Zur Berechnung des Altersvorsorgeunterhalts s.u. Computerberechnung S. 251 nach Rn. 968.

### 5. Krankheitsvorsorgeunterhalt

471 Besteht seitens des Berechtigten **keine Erwerbsobliegenheit** und geht dieser auch **keiner** Erwerbstätigkeit **nach,** über die er **krankenversichert** ist, so sind die Kosten für die freiwillige Weiterversicherung **nach der Scheidung** zusätzlich zum Elementarunterhalt geschuldet. Die Höhe der Kosten hängt ab von der Höhe des Elementarunterhalts. **Bis** zur **Rechtskraft** der Scheidung bleibt der beim Ehegatten krankenversicherte Berechtigte noch wie bisher **weiter krankenversichert.**

472 Sowohl Altersvorsorgeunterhalt als auch Krankenvorsorgeunterhalt sind bei der Berechnung des endgültigen Elementarunterhalts **vorab** vom **Einkommen** in **Abzug** zu bringen. Verlangt der Unterhaltsberechtigte zusätzlich **Pflegevorsorgeunterhalt,** erfolgt die Berechnung in gleicher Weise wie beim Krankheitsvorsorgeunterhalt.

---

191 BGH FamRZ 1983, 152, 153.

192 Heiß/Heiß a.a.O., Seite 19.

193 Heiß/Heiß in: Heiß/Born, Unterhaltsrecht – Ein Handbuch für die Praxis, Rn. 20 zu Kap. 3 i.A.a. OLG Frankfurt FamRZ 1990, 1363; BGH FamRZ 2000, 351, 354.

194 BGH FamRZ 1985, 690.

195 BGH FamRZ 2003, 848, 452.

196 Krause FamRZ 2003, 1617.

473 Die **Höhe** des Krankheitsvorsorgeunterhalts beträgt **12,5 – 14,5%** des **geschuldeten Unterhalts**, sofern nicht der Beitritt in eine gesetzliche Krankenversicherung unzulässig ist. War der verpflichtete Ehegatte **sozialversichert,** so empfiehlt es sich für den noch nicht selbstständig versicherten geschiedenen Ehegatten in aller Regel, **innerhalb einer Frist von 3 Monaten** nach Rechtskraft des Scheidungsurteils gegenüber der zuständigen Krankenkasse den Beitritt zur gesetzlichen Krankenversicherung zu erklären. Krankheitsvorsorgeunterhalt ist **auch** im Mangelfall zuzusprechen, da der Elementarunterhalt gegenüber dem Krankheitsvorsorgeunterhalt (anders als der Vorsorgeunterhalt) **keinen** Vorrang hat.[197]

474 Der Unterhaltsberechtigte kann im Verhältnis zum **Pflichtigen** nur Ersatz für die **kostengünstigste** Art der nach den ehelichen Lebensverhältnissen **angemessenen** Versicherung verlangen. Bestand während der Ehe der für eine **Beamtenfamilie** kennzeichnende Versicherungsschutz durch die Beihilfeberechtigung des Verpflichteten und eine ergänzende **Privatversicherung,** so kann der Berechtigte, um diesen Schutz nach der Scheidung in gleichwertiger Weise aufrechtzuerhalten, für sich eine **private Krankenversicherung** abschließen.[198] **Kündigt** der Unterhaltsschuldner die bisher von ihm finanzierte Krankenversicherung, muss er den Unterhaltsberechtigten rechtzeitig hiervon in **Kenntnis** setzen, andernfalls er **schadensersatzpflichtig** wird, wenn dem Berechtigten hierdurch ein Schaden entsteht.[199, 200]

### VI. Leistungsfähigkeit / Einkommensermittlung

#### 1. Einkommen Nichtselbstständiger

475 Das Einkommen wird i.d.R. auf der Grundlage der Abrechnungen für die abgelaufenen **12 Kalendermonate** ermittelt.

476 **BERATUNGSHINWEIS:** Nahezu alle größeren Unternehmen stellen Verdienstabrechnungen aus, in welchen das **aufgelaufene Gesamtjahresbruttoeinkommen** mit allen **Gesamtjahres-Abzügen**, wie Lohnsteuer, Kirchensteuer u.a. enthalten ist. Diese Angaben befinden sich i.d.R. unter dem Vermerk „aufgelaufene Jahressummen".
Die Berechnung ist wie folgt vorzunehmen:
Bruttoeinkommen
./. Lohnsteuer
./. Kirchensteuer
./. Rentenversicherungsbeiträge
./. Pflegeversicherung
./. Krankenversicherung
./. Arbeitslosenversicherung
Das sich sodann ergebende Nettoeinkommen ist sodann in ein **Monatseinkommen** umzurechnen.

197 BGH FamRZ 1989, 483; OLG München FamRZ 1998, 553.
198 BGH FamRZ 1983, 677.
199 OLG Koblenz FamRZ 1990, 1111.
200 Zu Sonderbedarf und Mehrbedarf s. Heiß, Das Mandat im Familienrecht § 8.

477

**Beratungshinweis:** Zu der Einkommensermittlung, wenn der Arbeitgeber Teile der Krankenversicherung übernimmt und der Arbeitnehmer – bei hohem Einkommen – sodann den doppelten Betrag an Kranken- und Pflegeversicherung zu zahlen hat sowie zur Beachtung der Besonderheiten bei Beamten, s.o. Rn. 318ff. Zu beachten ist, dass **Steuerrückerstattungen** jeweils mit 1/12 dem Einkommen zugerechnet werden, dies jedenfalls dann, wenn diese nicht auf einem **außergewöhnlichen** Grund, wie z.B. Fortbildungskosten u.a., die in Zukunft nicht mehr anfallen werden, beruhen.

## 2. Realsplitting/Vereinbarung zum Nachteilsausgleich

478

**Beratungshinweis:** In der Regel haben die Eheleute, wenn **beide erwerbstätig** sind und der Ehemann die höheren Einkünfte erzielt, folgende Steuerklassen: Ehemann die günstige Lohnsteuerklasse **III**, Ehefrau Lohnsteuerklasse **V.**
Leben die Parteien ab **01.01.** des betreffenden Jahres **auf Dauer getrennt**, so ist die getrennte Veranlagung zu wählen, sodass i.d.R. **der Ehemann** die ungünstige Lohnsteuerklasse **I** und die **Ehefrau**, wenn sich die Kinder bei ihr aufhalten, die Lohnsteuerklasse **II** hat.
Der dadurch eintretende Steuer**nachteil** kann weitgehend durch das sog. **Realsplitting** wieder ausgeglichen werden. Realsplitting bedeutet, dass der Ehemann die Zahlungen auf **Ehegattenunterhalt** (nicht Kindesunterhalt!) als **Sonderausgaben** von seinem Einkommen abziehen kann. Andererseits muss er der **Ehefrau** etwaige bei ihr entstehende **steuerliche Nachteile** wieder **ersetzen.** Im Einzelnen s.u. Rn. 480 und das Muster betreffend der Erklärung der Zustimmung zum Realsplitting und der Übernahme von dadurch entstehenden Steuernachteilen. Zur Realsplitting-Berechnung s.u. Computerberechnungen S. 251 und Rn. 968.

479

Unterhaltsrechtlich besteht eine **Obliegenheit**, die entsprechenden **Freibeträge geltend** zu **machen** und – wenn die Höhe des Ehegattenunterhalts feststeht – im Wege des **Vorwegeintrags** diese Steuerfreibeträge auf der **Lohnsteuerkarte eintragen** zu lassen, womit sich das Einkommen bei Steuerklasse I nicht unerheblich erhöht.[201] Der Unterhalts**berechtigte** ist **verpflichtet,** die **Anlage U zu unterzeichnen**, wenn der Unterhalts**pflichtige** die **Erklärung** abgibt, sämtliche finanziellen **Nachteile** zu **übernehmen**, die der Berechtigten durch die Unterzeichnung der Anlage U entstehen.

480

Muster: Ausführliche Vereinbarung zum Realsplitting

34

Die Unterhaltsgläubigerin (Frau ■■■) verpflichtet sich, für die Jahre ■■■ dem steuerlichen Sonderausgabenabzug des Ehegattenunterhalts zuzustimmen. Der Unterhaltspflichtige (Herr ■■■) verpflichtet sich hiermit, die Unterhaltsgläubigerin (Frau ■■■) von allen durch diese Zustimmung entstehenden finanziellen Nachteilen im Innenverhältnis gegen ausreichenden und üblichen Nachweis freizustellen.

Die Unterhaltsgläubigerin (Frau ■■■) verpflichtet sich, ihre Steuerangelegenheiten ordnungsgemäß zu bearbeiten und die betreffenden Steuerbescheide dem Unterhaltsschuldner (Herrn ■■■) so rechtzeitig zu übermitteln, dass diese noch vor Ablauf der Einspruchsfrist auf Kosten des Unterhaltsschuldners, (Herrn ■■■) geprüft werden können. Zu den aus-

201 Im einzelnen hierzu s.: Heiß/Heiß in: Heiß/Born, Rn. 439 zu Kap. 3.

zugleichenden Nachteilen gehören insbesondere die steuerliche Mehrbelastung einschließlich etwaiger Zuschlagsteuern durch Besteuerung des Unterhalts sowie mögliche sozialrechtliche Nachteile, auch im Rahmen von staatlichen Leistungen (z.B. Familienversicherung sowie etwaige höhere Krankenversicherungskosten oder Entzug öffentlicher Leistungen).

Gegen den Freistellungsanspruch darf unter keinem Gesichtspunkt aufgerechnet werden oder ein Zurückbehaltungsrecht geltend gemacht werden.

■■■, den ■■■, den

■■■ ■■■

(Frau ■■■) (Herr ■■■)

481 **BERATUNGSHINWEIS:** Häufig soll der Anwalt bereits anlässlich des Erstberatungsgesprächs oder aber zum Jahresende – spätestens aber im Januar des Jahres, in welchem die Steuerklassenänderung eintritt – eine fiktive Unterhaltsberechnung erstellen auf der Grundlage der geänderten Steuerklassen einschließlich des Realsplittingvorteils sowie des Realsplittingnachteils.
Eine solche Berechnung ist ohne Zuhilfenahme eines Steuerberaters ausschließlich mit dem bereits mehrfach erwähnten Gutdeutsch-Programm zu erstellen. Die Anwendung des Programms für solche Berechnungen bereitet vielen Anwälten und auch Gerichten in der Praxis häufig Schwierigkeiten, weshalb unten S. 245ff. die Hinweise zur Anwendung des Berechnungsprogramms aufgeführt werden sowie eine Beispielsberechnung erfolgt (s. S. 251).

### 3. Einkommen Selbständiger[202]

482 Das Einkommen selbstständiger wird grundsätzlich anhand der zurückliegenden **3 abgeschlossenen Kalenderjahre** ermittelt. Hierbei handelt es sich um den **Regelfall**, von dem in einzelnen Fällen auch abgewichen werden kann (so z.B. Zugrundelegung von 5 Jahren). Demgemäß erstreckt sich auch die **Auskunftsverpflichtung** auf die Vorlage der Einkommensunterlagen für die abgelaufenen **3 Kalenderjahre.** Das Einkommen von Selbständigen wird nach folgenden **Grundsätzen** ermittelt:

- Höhe des **Gewinns**
- **Hinzurechnungen** von unterhaltsrechtlich nicht relevanten Positionen (siehe unten)
- Abzug der **Steuern** (nach sog. „In- oder Für-Prinzip)
- Abzug von Kirchensteuer
- Abzug **Solidaritätszuschlag**
- Prüfung nach Steuerbescheiden, ob zusätzlich **Kapital**einkünfte oder Einkünfte aus **Vermietung** und **Verpachtung** vorliegen
- Abzug der **tatsächlichen** Sonderausgaben (**nicht** nur der nach steuerlich anerkannten Grundsätzen **beschränkt** abzugsfähigen Sonderausgaben)
- Abzug von **Tilgungsleistungen** (in den Gewinnermittlungen sind einkommensmindernd jeweils nur die Zinsen, nicht aber die Tilgung, die über die Abschreibung berücksichtigt wird) einkommensmindernd enthalten

202 Im Einzelnen s. Heiß, Das Mandat im Familienrecht § 8 .

**Überprüfung der Gewinnermittlung** und **Hinzurechnung von Ausgaben,** die zwar steuerlich beachtlich sind, jedoch unterhaltsrechtlich nicht zu berücksichtigen sind: Zunächst ist zu überprüfen, inwieweit bei den Umsatzerlösen bereits **Privatnutzung** Pkw u.a. dem Einkommen zugerechnet wurde. Bei der Position **Personalkosten** ist zu **beachten,** dass häufig die **Ehefrau** bis zur Trennung beim Ehemann **mit angestellt** war, das Arbeitsverhältnis sodann gekündigt wurde mit der **Folge,** dass die **Bruttobezüge** (also einschließlich Arbeitgeberanteile zur Sozialversicherung) dem Einkommen **zugerechnet werden müssen,** da insoweit **Personalkosten weggefallen** sind. Bei den **Raumkosten** ist besondere **Vorsicht** geboten bei der Überprüfung und zwar dahingehend, ob sich die teilweise betrieblich genutzten Räume **im Privatanwesen der Parteien** befinden. Ist dies der Fall, so können häufig Zurechnungen für Raumkosten in der Weise erfolgen, dass z.B. verbrauchsabhängige **Nebenkosten** nicht in voller Höhe als betriebsbedingt akzeptiert werden. 483

**Beratungshinweis:** Nicht selten ist der Fall, dass auf Anraten des Steuerberaters z.B. **Räumlichkeiten,** die im **Eigentum** oder im Miteigentum der **Ehefrau** stehen, von dem **Unternehmer angemietet werden,** wobei die **Mietzahlung** dann an die **Ehefrau** erfolgt. Diese Mieteinkünfte sind in der Gewinnermittlung einkommensmindernd berücksichtigt. Wenn diese Zahlungen letztlich wieder dem Unternehmer zugute kommen, sind sie **eindeutig** dem Gewinn hinzuzurechnen. 484

Bei den **Kraftfahrzeugkosten** ist häufig eine Hinzurechnung deshalb geboten, weil in den Pkw-Kosten auch Pkw-Kosten der **Ehefrau** oder **anderer Familienmitglieder** enthalten sind. 485

**Beratungshinweis:** Auch ist ein Abzug der vollen Pkw-Kosten, der seitens des Unternehmers selbst genutzt wird, deshalb nicht gerechtfertigt, weil auch dieser in der Regel den Pkw **in größerem Umfang privat nutzt.** Hier ist jedoch, wie eingangs erwähnt, zu **prüfen,** inwieweit für Pkw-Nutzung bereits eine **Zurechnung zum Gewinn** erfolgt ist. Im Übrigen lässt sich anhand der den Bilanzen beigefügten **Abschreibungslisten** exakt entnehmen, **welche Pkws** über den **Betrieb** laufen. 486

Auch in der Position **sonstige Betriebsausgaben** sind häufig Privatanteile enthalten, wie z.B. unter der Position **Porto, Telefonkosten, Reisekosten** Unternehmer, **Repräsentationskosten,** Kosten für **Werbung** u.a. 487

**Beratungshinweis:** Es empfiehlt sich generell, eine **pauschale** Zurechnung von z.B. 1/3 der Pkw-Kosten, 1/3 oder ½ Portokosten u.a. in der Einkommens- und Unterhaltsberechnung zugrunde zu legen, denn der Unterhalts**pflichtige** ist **voll umfänglich beweispflichtig** bezüglich der Tatsache, dass die Ausgaben **betriebsbedingt** sind. Im Bestreitensfalle müssen sogar zum Nachweis der Überprüfung der Betriebsbedingtheit **Einzelbelege** vorgelegt werden. 488

Die **wesentlichste** Position bei der Frage der Zurechnung sind die **Abschreibungen.** Abschreibungen sind **keine tatsächlichen Ausgaben,** sondern **Wertminderungen,** die steuerlich als Abzugsposten anerkannt sind. Abschreibungen sind nur insoweit zu berücksichtigen, als ihnen ein **konkreter** Wertverzehr in entsprechender Höhe zugrunde liegt. Den Unterhaltspflichtigen trifft hierzu eine **erhöhte Aufklärungs- und** 489

**Darlegungslast. Genügt** er dieser **Darlegungslast nicht**, so sind die Abschreibungen lediglich mit einer Quote von **50 %** zu **berücksichtigen.**[203] Im Zweifel kann **ein Drittel** der Abschreibungsbeträge dem Einkommen zugeschlagen werden.[204] **Gebäudeabschreibungen** sind in **vollem Umfang zuzurechnen**, da ihnen kein tatsächlicher Verschleiß von Gegenständen des Vermögens gegenübersteht.

490 **Beratungshinweis:** So genannte **Ansparabschreibungen** sind voll umfänglich dem Einkommen **zuzurechnen**, wenn sie **nicht** im darauf folgenden Jahr gewinnerhöhend wieder **aufgelöst** wurden. Ansparabschreibungen sind Abschreibungen für Investitionen, die für das kommende Jahr geplant sind. Sie mindern den Gewinn, ohne dass in dem **betreffenden Jahr** entsprechende Ausgaben vorliegen. Ansparabschreibungen nach § 7g EStG sind unterhaltsrechtlich **nicht** anzuerkennen, da ihnen **kein Wertverzehr** zugrunde liegt.[205] Folgegemäß darf eine **Auflösung der Rücklage** nicht gewinnerhöhend berücksichtigt werden.[206]

491 Für **Rückstellungen** und **Rücklagen** gilt gleiches. Hier werden Beträge einkommensmindernd berücksichtigt für **künftige** Ausgaben. Es handelt sich also nicht um Ausgaben, die in dem betreffenden Jahr vorgenommen wurden. Gleiches gilt für die sog. **Sonderposten** mit **Rücklageanteil.** Auch diesen liegen **keine** entsprechenden **Ausgaben zugrunde.** Wie bei den Ansparabschreibungen darf jedoch die **Auflösung** dieser Sonderposten mit Rücklageanteil dann **auch nicht** in den kommenden Jahren **einkommenserhöhend** berücksichtigt werden.

#### a. Privatentnahmen

492 Ergibt sich aus den Gewinnermittlungen kein Einkommen bzw. Verluste, so können die **Privatentnahmen** ein Hilfsmittel sein, um das Einkommen festzustellen. Es müssen jedoch die im gleichen Zeitraum verbuchten **Privateinlagen** abgezogen werden.

#### b. Beweislast

493 Der Unterhaltsschuldner muss, wenn er sich auf **mangelnde Leistungsfähigkeit** beruft, seine Einnahmen und Aufwendungen im Einzelnen so darstellen, dass die allein **steuerlich** beachtlichen Aufwendungen von den unterhaltsrechtlich relevanten Aufwendungen **abgegrenzt** werden können. Die erforderlichen Darlegungen oder **Nachweise** können **nicht** durch den Antrag auf **Vernehmung** eines **Steuerberaters**, Steuerbevollmächtigten oder Buchhalters **ersetzt** werden. Insbesondere bei Streitigkeiten bezüglich der Frage der tatsächlichen Wertminderung und des Ansatzes von Abschreibungen ist im Streitfall ein **Sachverständigengutachten** einzuholen.

494 Im Hinblick auf die zahlreichen **Möglichkeiten** eines Unternehmers, das **Betriebsergebnis negativ** zu **beeinflussen**, ist es in vielen Fällen, in denen **konkrete** Anhaltspunkte für eine nicht ordnungsgemäße Buchführung vorliegen, unter Umständen **sinnvoller**, statt eines **Sachverständigengutachtens** zur Frage der Ermittlung der Höhe des Einkommens

203 OLG Hamm FamRZ 2002, 885.
204 OLG Köln FamRZ 2002, 819.
205 OLG Hamm FamRZ 2002, 885.
206 Heiß/Heiß in: Heiß/Born – Unterhaltsrecht – Ein Handbuch für die Praxis, Rn. 24 zu Kap. 3.

ein Sachverständigengutachten durch einen **Wirtschaftprüfer** einholen zu lassen. Während der Sachverständige zur Einkommensermittlung i.d.R. die vorliegenden Zahlen zugrunde legt und lediglich z.B. Zurechnungen für Abschreibungen u.a. vornimmt, erfolgt durch einen Wirtschaftsprüfer, wenn konkrete Hinweise vorliegen, eine vollständige **Überprüfung** der **Buchungen**, wie z.B. Verhältnis Personalkosten zu Umsatzerlöse, Nachprüfung – soweit möglich –, ob **Rechnungen**, die bereits aufgrund Fertigstellung der zugrunde liegenden Arbeiten gestellt werden hätten können, **nicht gestellt wurden**, Prüfung ob Buchungen auf **Privatkonten** statt über das Geschäftskonto erfolgten.

495 **Beratungshinweis:** Häufig ist auch die **Ankündigung eines Beweisangebots** in Form eines Wirtschaftssachverständigengutachtens die beste Grundlage für eine **Vergleichsbereitschaft** seitens des unterhaltspflichtigen Unternehmers!

### c. Schätzung der Einkommenshöhe

496 Ergeben sich **konkrete** Zweifel an dem behaupteten unterhaltsrechtlich relevanten Einkommen, so kann das **Gericht** solche Posten gem. **§ 286 ZPO** als unwahr **zurückweisen.**[207] Das Gericht kann darüber hinaus gem. **§ 287 Abs. 2 ZPO** solche unklaren Positionen **schätzen** und so zur Annahme eines ggf. höheren Einkommens gelangen.[208]

497 **Beratungshinweis:** In solchen Fällen empfiehlt es sich, in der Praxis den konkreten **Lebensstandard** während der Ehe **darzulegen** und durch Nachweis von Fixkosten, wie Miete, Pkw-Kosten, Urlaube, Luxusausgaben, darzulegen. Bei **Divergenz** zwischen dem belegten **Einkommen** und der konkreten **Lebensführung** ist Anhaltspunkt durchaus auch die **konkrete Lebensführung.**[209]

498 Problematisch sind häufig auch die Fälle, in denen vorgebracht wird, bestimmte Umsätze seien **nicht** verbucht worden. Eine Kontrollmöglichkeit besteht dann darin zu überprüfen, in welchem **Verhältnis Umsatzerlös** einerseits und **Wareneinsatz** andererseits zueinander stehen.[210]

### d. Steuerabzug

499 Steuern werden grundsätzlich in der **tatsächlich** bezahlten **Höhe** berücksichtigt[211] (BGH FamRZ 1990, 491). Man spricht hier vom sog. **„In-Prinzip“**. Trotz der Rechtsprechung des BGH wird aus den vorgenannten Gründen in der Praxis weitgehend vom **Für-Prinzip** ausgegangen, da dies den **tatsächlichen Einkommensverhältnissen** weit mehr entspricht.

500 **Beratungshinweis:** Bei der Anwendung des In-Prinzips müssen alle **Vorschusszahlungen, Erstattungen** und **Nachforderungen** berücksichtigt werden. Es ist **zu beachten,** dass häufig für ein Jahr **mehrere** Steuerbescheide erlassen werden, nämlich sog. **berichtigte** Steuerbescheide. Maßgeblich ist der **zuletzt erlassene Steuerbescheid.**

207 Heiß/Heiß a.a.O. Rn. 555 zu Kap. 3.
208 BGH FamRZ 1993, 789; BGH FamRZ 1986, 885, 886.
209 OLG Frankfurt FamRZ 1992, 64ff.
210 Heiß/Heiß a.a.O., Rn. 555 zu Kap. 3.
211 BGH FamRZ 1986, 885.

Die Erstattungen und Nachforderungen betreffen **Zeiträume**, die weit **vor** dem **Prüfungszeitraum** erzielt wurden oder aber bei **steigendem Einkommen** werden zu **wenig** Steuern berücksichtigt. Damit ergeben sich – je nach dem – entweder zu hohe oder zu niedrige Unterhaltsverpflichtungen gemessen an dem tatsächlich erzielten Einkommen.

501 **e. Vorsorgeaufwendungen:** Vorsorgeaufwendungen sind in den im Steuerbescheid ausgewiesenen **Sonderausgaben** enthalten. Es handelt sich um Beiträge zur **Krankenversicherung, Lebensversicherung,** sonstige **Altersvorsorge**, Unfallversicherung u.a. Ein Selbständiger kann i.d.R. eine Quote von rund **20 %** seines **Bruttoeinkommens** für seine **Altersversorgung** einsetzen.[212] Es steht dem Selbständigen frei, in welcher Weise er Vorsorge für sein Alter trifft. Wegen der **unsicheren Entwicklung** der herkömmlichen Altersvorsorge sind nicht nur Renten- und Lebensversicherungsbeiträge anzuerkennen, sondern auch **Sparguthaben, Immobilien, Wertpapiere** oder **Fonds.**[213] Die **Krankenversicherungszahlungen** sind in der **tatsächlich** bezahlten Höhe voll umfänglich abzuziehen.

502 **f. Fiktive Einkünfte:** Ein selbstständiger Unternehmer, der **nur Verluste** erwirtschaftet, muss das Unternehmen aufgeben und eine **abhängige Tätigkeit annehmen.**[214] Kommt er dieser Verpflichtung nicht nach, so ist ihm jenes **Einkommen** anzurechnen, das er **fiktiv**, nämlich bei der Aufnahme einer anderen Arbeitsstelle z.B. als **Nichtselbstständiger** erzielen könnte.[215]

503 **Beratungshinweis:** Ist ein **Unternehmer** bei seiner **eigenen Gesellschaft** (z.B. GmbH) **angestellt** und bezahlt er sich fortlaufend Gehalt nach Gehaltsabrechnungen durch seinen eigenen Betrieb aus, so ist er **einerseits Angestellter** und **andererseits Selbständiger.** Verbleibt somit bei der Gewinnermittlung nach Abzug der darin enthaltenen Personalkosten für den Unternehmer selbst noch ein **Gewinn**, so ist dieser – jedenfalls dann, wenn er zur **Auszahlung gelangt** und damit die ehelichen Lebensverhältnisse geprägt hat – **zusätzlich** als Einkommen aus selbstständiger Tätigkeit zu berücksichtigen.

### 4. Arbeitsplatzaufgabe

504 Eine Berufung auf eine Leistungs**unfähigkeit** oder **verminderte** Leistungsfähigkeit ist dem Unterhaltsschuldner nach Treu und Glauben **verwehrt,** wenn er sich **unterhaltsbezogen verantwortungslos** oder zumindest **leichtfertig** verhält).[216]

505 **Beratungshinweis:** In der Praxis häufig **droht** der Unterhalts**pflichtige** damit, er werde seine Arbeitsstelle **kündigen**, da er es nicht einsehe, für die Ehefrau und die Kinder Unterhalt zahlen zu müssen.
In diesem Fall ist **fiktiv** von dem **zuletzt erzielten Einkommen auszugehen** und der Unterhaltspflichtige ist auf der Grundlage des bisher erzielten Einkommens zu verurteilen.

212 BGH FamRZ 2003, 680.
213 BGH a.a.O.
214 OLG Köln FamRZ 1983, 87; OLG Koblenz FamRZ 1984, 1225.
215 Heiß/Heiß a.a.O., Rn. 161 zu Kap. 3.
216 BGH FamRZ 1994, 240ff.; 1994, 372, 374.

Diese Rechtsprechung mag einige Unterhaltsschuldner von einer Kündigung ihrer Arbeitsstelle abhalten, jedoch bei weitem nicht alle, denn die Praxis sieht so aus, dass zwar dann ein **Urteil** über die Unterhaltsansprüche aus **fiktivem Einkommen** des Unterhaltsschuldner vorliegt, diese Unterhaltsansprüche jedoch im Wege der **Zwangsvollstreckung nicht durchgesetzt** werden können, da keine Einkünfte und auch kein Vermögen vorliegen.
Hier hilft dann allenfalls noch eine **Strafanzeige** wegen **Unterhaltspflichtverletzung.**

506 Gibt der **Unterhaltspflichtige** seinen **Arbeitsplatz** auf, um sich selbstständig zu machen, so ist er verpflichtet, **Rücklagen zu bilden.**[217] Tut er dies nicht, so liegt ein **leichtfertiges Verhalten** mit der Folge der Anrechnung **fiktiver** Einkünfte vor.

507 Geht der Unterhalts**pflichtige** eine **neue Ehe** ein und wird aus der neuen Ehe ein zweites Kind geboren, so kann sich der Unterhaltspflichtige künftig **nicht** in die Rolle des **Hausmanns** begeben, wenn der erste Ehegatte noch gemeinschaftliche Kinder betreut und deshalb nicht erwerbstätig sein kann (sog. „Hausmanns-Rechtsprechung"). Dies hat zur Folge, dass **fiktiv** von seinem **zuletzt erzielten Einkommen** auszugehen ist.[218] Gegenüber minderjährigen Kindern und dem betreuenden Elternteil besteht eine **gesteigerte Erwerbsobliegenheit.** Dies bedeutet, dass der Unterhaltspflichtige **alles** unternehmen muss, um den Unterhalt sicherzustellen. Besonders gegenüber minderjährigen Kindern besteht die Obliegenheit, **Nebentätigkeiten** aufzunehmen, auch am **Wochenende** zu arbeiten u.a. Bei der Leistungsfähigkeit sind nicht nur prägende, sondern auch **nicht prägende** Einkünfte des Verpflichteten zu berücksichtigen).[219]

508 **Beratungshinweis:** Während nach bisheriger Rechtsprechung in der Praxis in jedem Fall Verurteilung bezüglich **Kindesunterhalt** nach Gruppe 1 der Düsseldorfer Tabelle erfolgte, ist nach der Rechtsprechung des Bundesverfassungsgerichts[220] durchaus zu berücksichtigen, dass **nicht immer** fiktive Einkünfte zugerechnet werden können, um den Regelunterhalt nach Gruppe 1 der Düsseldorfer Tabelle zuzusprechen.
Vielmehr ist insbesondere bei Vorhandensein mehrerer Kinder zunehmend die sog. **Mangelfallberechnung** (hierzu s.u. S. 259) anzuwenden.

### 5. Einkünfte aus Vermietung und Verpachtung

509 **Negativeinkünfte** aus Vermietung und Verpachtung sind **unterhaltsrechtlich nicht** zu berücksichtigen, da sie der **Vermögensbildung** dienen; dem Unterhaltspflichtigen ist aber der daraus resultierende **Steuervorteil** zu belassen, sodass insoweit eine **fiktive** Steuerberechnung durchzuführen ist.[221] Es ist also die **höhere Steuer** in Ansatz zu bringen, die der Unterhaltspflichtige zu zahlen hätte, wenn er die Verluste aus Vermietung und Verpachtung nicht geltend machen würde. **Gebäudeabschreibungen** sind – wie oben ausgeführt – **nicht** einkommensmindernd zu berücksichtigen.

217 BGH FamRZ 1987, 372ff., 374.
218 BGH FamRZ 1996, 796.
219 BGH FamRZ 1985, 354, 356; 1989, 159, 161.
220 FamRZ 2003, 1370; FamRZ 2003, 661.
221 BGH FamRZ 1987, 36.

510 **Beratungshinweis:** Fraglich ist, ob diese Rechtsprechung beibehalten werden kann, denn sie beruht darauf, dass ein etwaiger Wertverschleiß bei Gebäuden i.d.R. durch eine **günstigere Entwicklung** des **Immobilienmarktes** ausgeglichen wird.[222] Die derzeitige Entwicklung des Immobilienmarktes spricht an sich **für** eine Berücksichtigung von **Abschreibungen.** Bei der Überprüfung der Anlage „Vermietung und Verpachtung" zur Steuererklärung ist zu berücksichtigen, dass hierin nur etwaige **Schuldzinsen** berücksichtigt sind, **nicht aber** die **Tilgungsraten,** die auf die Immobilienschulden entfallen.
Im Übrigen ist zu überprüfen, ob und in welcher Höhe Werbungskosten, wie z.B. Wasser, Müllabfuhr, Gebäudebrandversicherung u.a. **auf die Mieter umgelegt werden.**
Beträge, die zur **Tilgung** von Schulden für Immobilien verwendet werden, sind i.d.R. **nicht** abzugsfähig, da sie der Vermögensbildung dienen.[223] **Reparaturkosten** sind nur zu berücksichtigen, soweit sie zur **Erhaltung** der Immobilie **erforderlich** sind, **nicht** jedoch soweit sie zur **Wertsteigerung** der Immobilie beitragen.
Liegen positive Einkünfte vor, so ist jeweils zu berücksichtigen, dass diese Einkünfte **versteuert** werden müssen. Die auf die Einkünfte entfallenden Steuern sind selbstverständlich in Abzug zu bringen.

### 6. Einkünfte aus Kapitalvermögen

511 Die Einkünfte aus Kapitalvermögen ergeben sich i.d.R. aus dem **Steuerbescheid** und der zugrunde liegenden **Steuererklärung.** Es handelt sich hierbei um **Zinsen** aus Sparguthaben, Darlehen, verzinslichen Wertpapieren und Gewinnanteilen. Bei der Einkommensermittlung sind persönliche **Steuern,** Kapitalertragssteuer sowie **Werbungskosten,** wie Depot-Gebühren, Bankspesen u.a. in Abzug zu bringen.

### 7. Einkommen aus Wohnwert[224]

512 Leben Eheleute oder einer der Ehegatten **im eigenen Haus**/in der eigenen Wohnung, so ist hierfür ein **Wohnwert** anzurechnen. Wohnt einer der Ehegatten unentgeltlich bei seinen **Eltern,** so handelt es sich um eine **freiwillige Leistung** Dritter mit der Folge, dass **kein** Wohnwert anzurechnen ist.[225] Ist jedoch zu Gunsten des mietfrei Wohnenden ein **grundbuchmäßig gesichertes** Wohnrecht **eingetragen,** so ist **Wohnwert** anzurechnen.

#### a. Höhe des Wohnwerts

513 Während der Trennungszeit gilt der **angemessene** Wohnwert, nach der Scheidung gilt der **objektive** Wohnwert. Die Angemessenheit richtet sich nach dem Mietzins einer nach dem Auszug des Partners den ehelichen **Lebensverhältnissen entsprechenden angemessenen kleineren Wohnung.**[226] Das durch den Auszug des Ehepartners entstandene „**tote Kapital**" ist **nicht** mit zu bewerten).[227] Der **objektive Mietwert** entspricht der **üblichen** Marktmiete ohne verbrauchsabhängige Mietnebenkosten.[228] Der Miet-

222 BGH FamRZ 1984, 39, 41.
223 Heiß/Heiß a.a.O., Rn. 691 zu Kap. 3.
224 Im Einzelnen s. Heiß, Das Mandat im Familienrecht § 8.
225 OLG München FamRZ 1996, 169.
226 BGH FamRZ 1998, 899.
227 Heiß/Heiß a.a.O. Rn. 739 zu Kap. 3.
228 BGH FamRZ 1998, 87.

wert kann entweder durch Einschaltung eines **Sachverständigen** oder durch **richterliche Schätzung** nach § 287 ZPO ermittelt werden.

**Beratungshinweis:** Es ist im Hinblick auf die Möglichkeit der richterlichen Schätzung dringend zu empfehlen, die bewohnte Immobilie **exakt** zu **beschreiben**, also Ortslage, Größe, Zuschnitt, Ausstattung im Einzelnen vorzutragen. 514
Unter Umständen kann es auch sinnvoll sein, die örtliche Marktmiete aus dem **Mietspiegel** zu entnehmen.

b. Abzug von Nebenkosten/Instandhaltungskosten

515 **Verbrauchsunabhängige** Nebenkosten **kürzen** den **Wohnwert**).[229] Dies gilt jedoch **nur** für Nebenkosten, die **üblicherweise nicht** auf einen **Mieter umgelegt** werden. In der Regel werden heute aber alle in der Anlage 3 zu § 27 Abs. 1 der II. BV aufgeführten Betriebskosten auf den Mieter umgelegt. Dies hat zur Folge, dass im **Ergebnis lediglich** die **Verwaltungskosten** (Kosten für Hausmeistertätigkeiten) abgezogen werden können. **Verbrauchsabhängige** Nebenkosten sind generell nicht umlegbar).[230] **Rücklagen** sind nur zu berücksichtigen, soweit sie **konkrete** Instandhaltungsmaßnahmen für unaufschiebbare Maßnahmen darstellen).[231]

c. Schuldenabzug 516

517 Bei der **Bedarfsermittlung** kürzen **Zins und Tilgung** den Wohnwert. **Ab Rechtshängigkeit** des Scheidungsverfahrens sind bei der **Leistungs- fähigkeit nur** die Zinsen, nicht die Tilgung als Abzugsposten zu berücksichtigen, **wenn** die Immobilie im **Alleineigentum** eines Ehegatten steht, denn in diesem Fall stellt die Tilgung **Vermögensbildung** dar).[232]

518 **Beratungshinweis:** Bei **Alleineigentum** ist zu prüfen, ob die Abzahlung nach einem objektiven Maßstab **wirtschaftlich vertretbar** ist.[233] Ist dies nicht der Fall, so kann eine Verpflichtung zur **Vermögensumschichtung** bestehen.

519 Bei der **Unterhaltshöhe** ist folgendes zu **unterscheiden:** Wohnt der **Bedürftige** mietfrei, kürzen bei **gemeinsamem Eigentum Zins- und Tilgungsleistungen** den Wohnwert, wobei dann ein Gesamtschuldenausgleich nach § 426 Abs. 1 BGB nicht mehr erfolgt.[234] Wohnt der **Bedürftige** in einer Immobilie, die sein **Alleineigentum** ist,sind nur die **Zinsen, nicht** die **Tilgung** zu berücksichtigen. Wohnt der Unterhalts**pflichtige** weiterhin mietfrei, gilt das **gleiche** wie beim Unterhalts**bedürftigen.**

520 **Voraussetzung** für die Anrechnung von Zins und Tilgung ist, dass der mietfrei Wohnende **auch** die Abzahlungen **leistet.** Zahlt der Unterhaltspflichtige allein die Hausschulden und wohnt der Unterhalts**bedürftige** mietfrei, so ist bei diesem der Wohnwert ohne Kürzung anzusetzen. Die **Schulden** kürzen die **Leistungsfähigkeit** des **Pflichti-**

229 BGH FamRZ 1998, 899.
230 Heiß/Heiß a.a.O. Rn. 744 zu Kap. 3.
231 Heiß/Heiß a.a.O. Rn. 744 zu Kap. 3.
232 BGH FamRZ 2000, 950.
233 BGH FamRZ 2000, 950.
234 BGH FamRZ 1990, 989.

**gen.**[235] Bei **Alleineigentum** sind Tilgungsraten ab Klärung der Vermögensverhältnisse nicht mehr abzuziehen. Bei **Zugewinngemeinschaft** ist dies bereits **ab Rechtshängigkeit** der Scheidung der Fall, da dies der Stichtag für die Vermögensauseinandersetzung ist. Bei einem **nicht prägenden** neuen Wohnwert (z.B. **Kauf** eines neuen **Eigenheims** aus dem Erlös der Ehewohnung), sind nur die **Zinsen** vom Wohnwert abzuziehen, **nicht** die **Tilgung.**[236]

521 Im **Mangelfall** ist **kein negativer** Wohnwert zu berücksichtigen.[237] Übersteigen also die Schulden den Wohnwert, so sind diese im Mangelfall **nicht einkommensmindernd** zu berücksichtigen.

522 Wohnt ein **Kind** mietfrei mit dem Sorgeberechtigten, so **mindert** dieser Vorteil den **Barunterhaltsanspruch** des Kindes gegen den anderen Elternteil **nicht.** Der für das Kind geleistete Barunterhalt **erhöht** aber durch den darin enthaltenen Mietkostenzuschuss den **Wohnwert** des mietfrei wohnenden, das Kind betreuenden **Elternteils.**

523 Bei **Veräußerung** eines Familienheims ist ein **neuer Wohnwert** oder ein **Erlös** aus der Veräußerung das **Surrogat** des **früheren** Wohnwerts und prägt damit die ehelichen Lebensverhältnisse.[238]

524 **Beratungshinweis:** Wird dem **Bedürftigen Wohnwert** angerechnet, so kann **nicht zusätzlich Nutzungsentschädigung** verlangt werden.
Bezahlt der Berechtigte Nutzungsentschädigung, so ist ein entsprechend **verminderter Wohnwert** seitens des **Berechtigten** zu berücksichtigen und dem Unterhalts**pflichtigen** die **Nutzungsentschädigung** als **Einkommen** anzurechnen.
Diesbezügliche Streitigkeiten sind also völlig **überflüssig.** Dies betrifft jedoch **ausdrücklich** nicht den Fall, dass z.B. kein Ehegattenunterhalt geschuldet ist.

525 Zu berücksichtigen ist, ob noch **Eigenheimzulage** bezahlt wird. Diese Zahlung ist als Einkommen zu berücksichtigen bzw. kürzt die Schulden seitens des Pflichtigen, falls dieser die **Eigenheimzulage** erhält.

### 8. Abzugsposten

#### a. Berufsbedingte Aufwendungen

526 Vom Einkommen sind die **berufsbedingten Aufwendungen** in Abzug zu bringen (**nicht** bei Selbständigen, da hier die Aufwendungen bereits in der Gewinnermittlung enthalten sind!) und zwar entweder mit **pauschal 5%** oder bei **höheren Fahrtkosten: Gefahrene Kilometer** x **0,27 €** x **220** Arbeitstage unter Berücksichtigung der Tatsache, dass urlaubsbedingt Fahrtkosten nicht das ganze Jahr über anfallen. In diesem Kilometergeld **sind sämtliche** Kosten (Betrieb, Steuer, Versicherung, Anschaffungskosten) enthalten.[239] Wenn die Fahrtkosten **unangemessen hoch** sind, kann ein **Wohnsitzwechsel**

235 Heiß/Heiß a.a.O. Rn. 746 zu Kap. 3.
236 Heiß/Heiß a.a.O.
237 BGH FamRZ 2002, 536, 542.
238 BGH FamRZ 2001, 1140; 986.
239 BGH FamRZ 1994, 87, 88.

**verlangt** werden oder der Verpflichtete darauf verwiesen werden, **öffentliche Verkehrsmittel** in Anspruch zu nehmen.[240]

527 **Kinderbetreuungskosten** sind als berufsbedingte Aufwendungen dann abzugsfähig, wenn die Betreuung durch **Dritte** erforderlich ist, damit der Sorgeberechtigte einer Berufstätigkeit nachgehen kann.

528 Berufsbedingte Aufwendungen sind ferner Arbeitsmittel, Berufskleidung, Beiträge zur Berufsverbänden, Fortbildungskosten, Kosten für Steuerberatung.[241]

### b. Schuldenabzug

529 Schulden sind berücksichtigungsfähig, soweit es sich um **ehegemeinschaftliche** Schulden handelt oder um Schulden, die im **Einvernehmen** während der Ehe aufgenommen wurden. Berücksichtigungswürdige Schulden sind im Rahmen eines **vernünftigen Tilgungsplanes** in angemessenen Raten abzuzahlen ).[242]

530 **Beratungshinweis:** Dies bedeutet, dass der Unterhaltsschuldner z.B. – jedenfalls im **Mangelfall** – darauf verwiesen werden kann, die monatlichen Schuldenrückzahlungsraten zu **ermäßigen** oder gar nur Zinszahlungen zu leisten, um so bei **gesteigerter Erwerbsobliegenheit** seinen Unterhaltsverpflichtungen nachkommen zu können.
In der **Praxis scheitert** die tatsächliche Umsetzung jedoch i.d.R. daran, dass die **Bank** mit einer Ermäßigung der monatlichen Schuldenraten im Hinblick auf die Höhe des Gesamtdarlehens sowie insbesondere im Hinblick auf die **Möglichkeit** der **Privatinsolvenz nicht einverstanden** ist.
Liegt eine **nachhaltige oder dauerhafte Überschuldung** vor, kann dem Unterhaltsschuldner angesonnen werden, ein **Insolvenzverfahren** einzuleiten.
Für Unterhaltsschuldner gelten im Insolvenzverfahren nach § 36 Abs. 1 S. 2 InsO die §§ 850ff. ZPO mit der Folge, dass der **Unterhaltsschuldner** im **Insolvenzverfahren über deutlich höhere unterhaltsrechtliche** als **vollstreckungsrechtliche** Liquidität verfügt (im Einzelnen und ausführlich hierzu:).[243]

### c. Abzug von freiwilligen Beiträgen zur Altersvorsorge

531 **Beratungshinweis:** Nach **bisheriger Rechtsprechung** wurden Beiträge zur **Lebensversicherung** oder vermögenswirksame Leistungen u.a. **nicht** einkommensmindernd **berücksichtigt**, jedenfalls nicht ab Rechtshängigkeit des Scheidungsantrags mit der Begründung, dass es sich hierbei um **Vermögensbildung** handelt.
Die Rechtsprechung hierzu hat sich im Hinblick auf die **derzeitige Rentensituation** geändert. Die sog. „**Riester-Rente**“ ist einkommensmindernd zu berücksichtigen, ebenfalls in angemessenem Umfang auch **Beiträge** zur **Lebensversicherung** oder freiwillige Rentenversicherung.

240 Gerhardt FA-FamR, Rn. 78 zu Kap. 6.
241 BGH FamRZ 1991, 182, 184.
242 BGH FamRZ 1982, 23, 24.
243 Heiß/Heiß a.a.O. Rn. 266a zu Kap. 3.

**Fraglich** ist allerdings, ob dies auch im **Mangelfall** gilt, also für den Fall, dass das vorhandene Einkommen nicht ausreicht, um die bestehenden Unterhaltsansprüche zu erfüllen.

532 Sodann ist der Kindesunterhalt für **minderjährige Kinder** nach **Düsseldorfer Tabelle** in Abzug zu bringen und zwar unabhängig davon, ob es sich um **nichteheliche** oder **eheliche** Kinder handelt. Dies gilt **nicht** für **Kinder**, die **nach** der **Scheidung geboren** wurden, da diese Unterhaltsverpflichtungen die ehelichen Lebensverhältnisse nicht mehr **geprägt** haben. Allerdings sind solche Unterhaltsverpflichtungen bei der **Leistungsfähigkeit** zu berücksichtigen.

### 9. Selbstbehalt

533 Der **notwendige** Selbstbehalt beträgt

- beim nicht Erwerbstätigen: **730,00 €**
- beim Erwerbstätigen: **840,00 €** (SL Nr. 21)

534 Der notwendige Selbstbehalt gilt für **Eltern** gegenüber **minderjährigen** Kindern. Gegenüber **volljährigen** Kindern beträgt der Selbstbehalt **1000,00 €**. Beim **Ehegattenunterhalt** gilt grundsätzlich der **eheangemessene Selbstbehalt.** Er entspricht dem angemessenen Unterhalts**bedarf** des **Berechtigten** zuzüglich des **Erwerbstätigenbonus** des Unterhalts**pflichtigen,** darf aber den notwendigen Selbstbehalt nicht unterschreiten.[244] **Betreut** der Ehegatte ein **gemeinschaftliches Kind**, so gilt der **notwendige** Selbstbehalt.

535 Kosten für **Unterkunft** und **Heizung** sind im notwendigen Selbstbehalt (730,00/ 840,00 €) in Höhe von **360 €** enthalten, im **angemessenen** Selbstbehalt in Höhe von 440,00 €. Wird konkret eine erhebliche und nach den Umständen **nicht vermeidbare erhebliche** Überschreitung der im Selbstbehalt enthaltenen Wohnkosten dargelegt, **erhöht sich der Selbstbehalt.**

536 **Beratungshinweis:** Eine Erhöhung des Selbstbehalts wird in der Praxis de facto nicht vorgenommen. Dies deshalb, weil häufig der Unterhalts**pflichtige** aus der **Ehewohnung** auszieht und ihm sodann angesonnen werden kann, eine entsprechend günstige Wohnung zu nehmen. Zieht jedoch z.B. der Unterhalts**berechtigte** aus einer teuren Ehewohnung aus und muss der Unterhalts**verpflichtete**, obwohl die Wohnung nicht seinem angemessenen Wohnbedarf entspricht und zum einen **zu groß** und zum anderen **zu teuer** ist, trotzdem die **erhöhte Miete weiter bezahlen** bis ein Nachmieter gefunden wurde bzw. das Mietverhältnis wirksam gekündigt werden kann, so handelt es sich hier um absolut **unvermeidbar hohe** Wohnkosten.

537 Bei **Zusammenleben** mit einem **neuen** Partner kann wegen **ersparter** Aufwendungen ein **Einkommen** angesetzt werden.[245] Der **Selbstbehalt** des Pflichtigen kann **gekürzt** werden, wenn seine **Mietkosten unter** den im Selbstbehalt ausgewiesenen Mietkosten

244 SL 21.4.

245 Gerhardt in: FA-FamR, Rn. 498a zu Kap. 6.

liegen.[246] Gleiches gilt, wenn der **Pflichtige** mietfrei bei den **Eltern** lebt,[247] dies jedoch nur im Mangelfall.

538 Zur **Sicherung** des **Regelbetrages** nach Düsseldorfer Tabelle Gruppe 1 bei **minderjährigen** Kindern können **5 %** berufsbedingte Aufwendungen angesetzt werden, obwohl die **tatsächlichen** Fahrtkosten höher liegen und es können auch **Schulden** teilweise **unberücksichtigt** gelassen werden.[248] Der **Erwerbstätigenbonus** (nach SL 1/10) kann **zur Berücksichtigung erhöhter berufsbedingter Aufwendungen** oder zur Berücksichtigung von **Schulden** herangezogen werden, also dem Einkommen **zugerechnet** werden.[249] Im Mangelfall sind nach BGH für Kindes- und Ehegattenunterhalt jeweils **Mindestbedarfssätze** anzusetzen und zwar je Kind 135 % des jeweiligen Regelbetrages, beim Ehegatten der sog. Notbedarf = notwendiger Selbstbehalt des Pflichtigen von derzeit 730/840 €).[250] Zur Mangelfallberechnung s. unten Rn. 554ff.

539 **Beratungshinweis:** In der **ganz überwiegenden** Anzahl der Unterhaltsfälle ist in der Praxis eine **Mangelfallberechnung** vorzunehmen. Dies zum einen im Hinblick auf die **Einkommensverhältnisse** des Unterhaltspflichtigen, zum anderen im Hinblick auf etwa vorhandene **Schulden** und des Weiteren aufgrund der **Anzahl** der **unterhaltsberechtigten Personen.**
In der familienrechtlichen Praxis sind somit zahlreiche Mangelfallberechnungen vorzunehmen, die einen **enormen Zeitaufwand** erfordern und bei welchen durch die **verschiedenen erforderlichen Rechenvorgänge** selbst bei Fachanwälten für Familienrecht noch **Fehler** auftreten können.
Wie bereits oben bei der Berechnung des Realsplittingvorteils und Realsplittingnachteils ausgeführt, ist für die Bearbeitung nahezu **jeden** unterhaltsrechtlichen (und auch zugewinnausgleichsrechtlichen) Falles **unabdingbar notwendig**, dass das **Gutdeutsch-Programm** zur Berechnung zur Verfügung steht.
Im Nachfolgenden wird unter Rn. 557ff. die Mangelfallberechnung in der **theoretischen Berechnungsweise** dargestellt. Zur entsprechenden **Computerberechnung** s.u. S. 259.

540 Da in der Praxis nahezu ausschließlich der notwendige Selbstbehalt zur Anwendung kommt, weil es um Unterhaltsansprüche für Ehefrau und minderjährige Kinder geht, wird **häufig übersehen**, nach der Scheidung den **eheangemessenen Selbstbehalt** zu berücksichtigen. Diese darf nur in absoluten Ausnahmefällen auf den notwendigen Selbstbehalt herabgesenkt werden, nämlich wenn der **Berechtigte** ähnlich **hilflos** und **bedürftig** ist wie ein **minderjähriges Kind (z.B.** bei **Krankheit**).[251]

246 OLG Dresden FamRZ 1999, 1522.
247 OLG Koblenz FamRZ 2002, 1215.
248 OLG Koblenz FamRZ 2002, 536.
249 Gerhardt in: FA-FamR, Rn. 498a zu Kap. 6.
250 BGH FamRZ 2003, 366.
251 BGH FamRZ 1997, 806, 808.

## VII. Rangfragen

### 1. Grundsätze

541 **Es besteht Vorrang** der **minderjährigen** Kinder und des Ehegatten, § 1609 Abs. 1, Abs. 2 BGB. Der **volljährige** noch im **Haushalt** eines Elternteils lebende **Schüler** bis zum Lebensalter von **21 Jahren** ist **gleichrangig** mit dem minderjährigen Kind und dem Ehegatten, § 1609 Abs. 1, Abs. 2 BGB. Im **übrigen** sind volljährige Kinder gegenüber Ehegatten und minderjährigen Kindern **nachrangig,** § 1609 Abs. 1 BGB. Dies gilt auch für ein **behindertes** volljähriges Kind.[252]

542 Bei **mehreren** Ehegatten ist der **geschiedene Ehegatte** bei Ansprüchen nach §§ **1570,** 1576 BGB **und** bei einer **langen Ehe** (einschließlich Kinderbetreuungszeit) **vorrangig,** ferner wenn der neue Ehegatte keinen Anspruch nach §§ 1570, 1571, 1572, 1573 Abs. 1, Abs. 2, 1576 BGB hat, ansonsten besteht **Gleichrang** (§ 1582 BGB;.[253] Eine **lange Ehedauer** in diesem Sinn liegt vor (wobei die Zeit der **Kinderbetreuung** der **Ehedauer gleichsteht**) bei **15 Jahren** und mehr.

543 Zur Verdeutlichung noch:

544 **Vorrang** besteht

- bei Anspruch des geschiedenen Ehegatten wegen **Kinderbetreuung** (§ 1570 BGB),
- bei Anspruch des geschiedenen Ehegatten nach § 1576 BGB (**Billigkeitsunterhalt**),
- bei **langer Ehedauer** der **alten Ehe** (einschließlich Kinderbetreuung über 15 Jahre),
- wenn der **neue** Ehegatte im Falle einer (hypothetischen Scheidung) **keinen Unterhaltsanspruch** nach §§ 1569ff. hätte.

545 Als **Ausgangspunkt** ist festzuhalten: Sofern das unterhaltsrechtlich anrechenbare Einkommen zur Deckung zumindest des **notwendigen** Bedarfs ausreicht, bekommt jeder Unterhaltsberechtigte den **Mindestunterhalt.** Nur wenn dieser nicht gedeckt ist, entsteht die Frage der Rangfolge. **Vorrangige** Unterhaltspflichten mindern die Leistungsfähigkeit stets um den **gesamten** an den ranggünstigeren Unterhaltsgläubiger **zu zahlenden Betrag. Gleichrangige** Unterhaltspflichten sind bei Würdigung der Leistungsfähigkeit **anteilig** anzusetzen (Mangelfälle).[254]

546 Gleichrang zwischen dem ersten und dem zweiten Ehegatten besteht, wenn der erste Ehegatte Ansprüche aus § 1571 – 1573 BGB hat (also Unterhalt wegen Alters, Krankheit und Aufstockungsunterhalt, seine Ehe nicht von langer Dauer war und der zweite Ehegatte seinerseits nach §§ 1569ff. BGB unterhaltsberechtigt ist.

### 2. Verhältnis der Unterhaltsberechtigten

547 Nach dem Gesetz sind folgende **Rangstufen** zu unterscheiden:

548 **Rangstufe 1:**

- **Minderjährige** unverheiratete Kinder, § 1609 Abs. 1 i.V.m. § 1603, Abs. 2 S. 1 BGB

252 BGH FamRZ 1984, 683ff., 685.

253 Gerhardt in: FA-FamR, Rn. 490, 491 zu Kap. 6.

254 Heiß/Heiß – Die Höhe des Unterhalts von A-Z, Seite 321.

- **Volljährige** unverheiratete Kinder bis zur Vollendung des **21. Lebensjahres,** solange sie im Haushalt der Eltern oder eines Elternteils leben **und** sich in der **allgemeinen Schulausbildung** befinden, § 1609 Abs. 1 i.V.m. § 1603 Abs. 2 S. 2 BGB.[255] Allgemeine Schulausbildung ist ausschließlich Grundschule bzw. Gymnasium.
- **Verheiratete Ehegatten,** die nach § 1609 Abs. 1 S. 1 BGB den Kindern i.S.d.
- § 1603 Abs. 2 BGB gleichstehen – jedoch unter Beachtung von § 1582 BGB -.
- **Geschiedene Ehegatten,** soweit sie gem. § 1582 BGB den **verheirateten** gleichstehen. Dabei ist zu beachten, dass vom BGH[256]§ 1609 Abs. 2 S. 1 BGB bei **„relativem"** Rangverhältnis so verstanden wird, dass bei einem Vorrang des geschiedenen Ehegatten der **neue** Ehegatte auch **hinter** den Kindern im Rang **zurücktritt.** Ist dagegen der geschiedene Ehegatte **nicht** privilegiert, besteht zwischen dem geschiedenen Ehegatten und dem neuen Ehegatten **Gleichrang.**[257]

549

**Rangstufe 2:**
- Mutter oder Vater eines **nichtehelichen** Kindes, § 1615l Abs. 3 S. 3, Abs. 5 BGB

550

**Rangstufe 3:**
- **Volljährige** Kinder, soweit es sich nicht um volljährige Schüler bis 21 Jahre handelt (die unter Rangstufe 1 fallen).
- **Verheiratete** minderjährige Kinder
- Auch volljährige **behinderte** Kinder fallen unabhängig vom anfallenden Betreuungsbedürfnis unter Rangstufe 3, weil der Gesetzgeber eine Ausweitung der Regelung des § 1603 Abs. 2 S. 2 BGB abgelehnt hat.

551

**Rangstufe 4:**
- Lebenspartner, § 16 Abs. 3 LPartG; der frühere Lebenspartner geht dem neuen Lebenspartner vor.[258]

552

**Rangstufe 5:**
- Andere Abkömmlinge, Enkelkinder, § 1609 Abs. 1 BGB

553

**Rangstufe 6:**
- Verwandte der aufsteigenden Linie i.S.d. § 1609 Abs. 1 BGB, somit **Eltern** und **Großeltern.**

## VIII. Mangelfall

### 1. Berechnung

554

Im Mangelfall ist der Unterhalt nach folgenden Schritten zu **berechnen:**
- Bestimmung des vollen Unterhaltsbedarfs aller Unterhaltsberechtigten (Vorwegabzug des Tabellenunterhalts der minderjährigen Kinder, Quotenunterhalt für Ehegatten)
- Feststellung der Verteilungsmasse nach Einkommenskorrektur,

255 Heiß/Heiß a.a.O., Seite 322.
256 FamRZ 1988, 705.
257 OLG Hamm FamRZ 1996, 629.
258 Büttner, FamRZ 2001, 1105.

- Prüfung der Rangfragen und Neuberechnung des Unterhaltsbedarfs der Vorrangigen nach Ausscheiden der Nachrangigen,
- Prüfung, ob sich ein Missverhältnis zwischen den für die minderjährigen Kinder festgestellten Bedarfssätzen zum Quotenunterhalt für den Ehegattenunterhalt ergibt. Ist dies der Fall, scheidet ein Vorwegabzug des Kindesunterhalts aus.

555 Liegt das Ergebnis über dem Mindestbedarfssatz von 730,00 € bzw. bei eigenen Einkünften des Berechtigten in Höhe von 840 € und steht dieses mit den ehelichen Lebensverhältnissen nicht in Einklang, ist der maßgebliche Eigenbedarf heranzuziehen. Liegt der Tabellenunterhalt der Kinder unterhalb 135 % des Regelbetrages, sind die Einsatzbeträge entsprechend auf 135 % des Regelbetrages anzuheben. Die Unterhaltsansprüche aller Berechtigten sind festzustellen und die einzelnen Beträge ins Verhältnis zum Gesamtbedarf zu setzen. Es erfolgt eine **anteilige Unterhaltskürzung** bei allen Gleichrangigen, indem vom verteilungsfähigen Einkommen der prozentuale Anteil jedes Unterhaltsberechtigten betragsmäßig als geschuldeter Unterhalt bestimmt wird.

556 Das Kindergeld ist nach Maßgabe des § 1612b Abs. V BGB anzurechnen, d.h. dass im Regelfall eine Anrechnung des Kindergeldes ausscheidet, wenn ein Mangelfall vorliegt. Die **Einsatzbeträge** im **Mangelfall** belaufen sich bei **Minderjährigen** (und diesen nach § 1603 Abs. 3 S. 2 BGB gleichgestellten) Kindern nach **Gruppe 6** der Düsseldorfer Tabelle und bei getrennt lebenden/geschiedenen Ehegatten beim **Nichterwerbstätigen** auf **730 €**, beim **Erwerbstätigen** auf **840 €**, wobei anrechenbares **Einkommen des Unterhaltsberechtigten** vom **Einsatzbetrag** abzuziehen ist (BGH FamRZ 2003, 363; SL Ziff. 23.2.3).

557 Die nach **Abzug** des notwendigen **Selbstbehalts** des Unterhaltspflichtigen verbleibende **Verteilungsmasse** ist anteilig auf alle gleichrangigen Unterhaltsberechtigten im **Verhältnis** ihrer **Unterhaltsansprüche** zu verteilen. Die prozentuale Kürzung berechnet sich nach der **Formel**

558 K = V:S x 100

559 K = prozentuale Kürzung

560 S = Summe der Einsatzbeträge aller Berechtigten

561 V = Verteilungsmasse (Einkommen des Verpflichteten abzügl. Selbstbehalt

562 Der proportional gekürzte Unterhalt ergibt sich aus der Multiplikation mit dem Einsatzbetrag. Für die Kindergeldverrechnung gilt § 1612b BGB.

563 **Beratungshinweis:** Wie die vorstehenden Ausführungen zeigen, bedarf eine Mangelfallberechnung eines erheblichen Zeitaufwands und birgt zudem die Gefahr einer falschen Berechnung in sich.Um Fehler bei der Mangelfallberechnung zu vermeiden, wird auch hier dringend die Anwendung des Gutdeutsch-Programms empfohlen (zur Mangelfallberechnung s.u. Computerberechnungen S. 259).

### 2. Einkommensermittlung im Mangelfall

564 Im Mangelfall, also wenn das vorhandene Einkommen nicht ausreicht, um die Unterhaltsansprüche aller Berechtigten zu erfüllen, können **freiwillige Leistungen Dritter**, auf die **kein Rechtsanspruch** besteht, als **Einkommen** angerechnet werden.[259] Sowohl seitens des **Berechtigten** als auch seitens des **Pflichtigen** können überobligatorische Einkünfte in **erhöhtem** Umfang als Einkommen angesetzt werden.[260] Ist der Pflichtige wieder verheiratet und hat sein Ehegatte Einkommen oder lebt er mit einem **neuen Partner** zusammen, kann wegen **ersparter Aufwendungen** der **Selbstbehalt herabgesetzt** werden.

565 Beim Mangelfall ist zunächst zu prüfen, ob durch eine **Einkommenskorrektur** eine Kürzung der Unterhaltsansprüche vermieden werden kann. **Überobligatorische Einkünfte** können im Mangelfall herangezogen werden;[261] **freiwillige Leistungen Dritter** können als Einkommen angesetzt werden.[262]

566 Liegen die **Wohnkosten** unter dem im Selbstbehalt ausgewiesenen Mietanteil, kann der **Selbstbehalt** ebenfalls gekürzt werden. Höhere Fahrtkosten können im Mangelfall i.d.R. nicht berücksichtigt werden, weil dann die Benutzung **öffentlicher Verkehrsmittel** verlangt werden kann.[263] **Schuldentilgungen** können im Mangelfall gegenüber minderjährigen Kindern nur in **Ausnahmefällen** Berücksichtigung finden, solange der **Regelbetrag** nicht gesichert ist.[264] Es kann auch verlangt werden, dass der **Erwerbstätigenbonus des Pflichtigen** beim Selbstbehalt für **erhöhte** berufsbedingte Aufwendungen oder Schulden herangezogen wird.[265] Auch kann die Erhöhung der Deckungsmasse durch **Verwertung des Vermögensstammes** in Betracht kommen.[266] Der **Erwerbstätigenbonus** kann **reduziert** werden[267] oder **ganz entfallen**, wenn **pauschale berufsbedingte Aufwendungen** berücksichtigt wurden.[268]

## IX. Auskunft und eidesstattliche Versicherung

### 1. Erforderlichkeit der Auskunft / Auskunftspflichten

567 Folgende **Auskunftspflichten** bestehen:

- für **Kindes**unterhalt nach § 1605 Abs. 1 BGB
- für **Getrenntlebens**unterhalt nach § 1361 Abs. 4 i.V.m. § 1605 Abs. 1 BGB
- für **nachehelichen** Ehegattenunterhalt gem. § 1580 BGB
- für die Berechnung des Haftungsanteils beim Unterhalt **volljähriger** Kinder aus **§ 242 BGB**
- für das **Gericht** in **allen** Unterhaltsverfahren aus § 643 ZPO

259 BGH FamRZ 1999, 843, 847.
260 BGH FamRZ 1983, 146; Gerhardt in: FA-FamR, Rn. 498a zu Kap. 6.
261 Heiß / Heiß a.a.O., Seite 278.
262 BGH FamRZ 1999, 843, 847.
263 OLG Brandenburg FamRZ 1999, 110.
264 BGH FamRZ 2002, 536, 542.
265 Gerhardt in: FA-FamR, Rn. 498a zu Kap. 6.
266 Gerhardt a.a.O., Rn. 498b zu Kap. 6.
267 BGH FamRZ 1997, 806.
268 BGH FamRZ 1992, 539.

568 Soweit eindeutig **kein** Unterhaltsanspruch besteht, kann bereits in der Auskunftsstufe die **gesamte Klage** (Stufenklage) abgewiesen werden.[269] Der Auskunftsanspruch setzt jedoch nicht voraus, dass der Unterhaltsanspruch dem Grunde nach besteht, denn **von** den **Einkünften** und dem **Vermögen** des auf Auskunftserteilung in Anspruch genommenen Ehegatten kann **nicht** nur die Höhe der Unterhaltsverpflichtung, sondern auch deren **Bestehen** abhängen.[270]

569 Soweit ein **volljähriges** Kind Unterhalt begehrt, gehört die Mitteilung des Einkommens **beider** Elternteile bereits zum **schlüssigen Klagevortrag,** da der Haftungsanteil des in Anspruch genommenen Elternteils sonst nicht berechnet werden kann.[271] Über die Höhe der Einkünfte sind auf Verlangen **Belege**, insbesondere Bescheinigungen des Arbeitgebers, vorzulegen. **Auskunft** und **Vorlage von Belegen** sind **zwei** getrennte Ansprüche, die auch einzeln geltend gemacht werden können.[272]

570 Einwendungen von **Härtegründen** nach § 1579 BGB führen, unabhängig von ihrer Begründetheit, regelmäßig **nicht zum Verlust des Auskunftsanspruchs.** Eine **Prüfung** dieser **Einwendungen** vor einer Verurteilung zur Auskunft ist regelmäßig **nicht** geboten.[273]

571 Vom **Gericht** kann die Vorlage von Verdienstbescheinigungen und Steuerbescheiden sowie Steuererklärungen und den dazugehörigen Belegen und Unterlagen sowie Gewinn- und Verlustrechnungen, Bilanzen usw. nach § 273 ZPO **von Amts wegen** der auf Antrag nach § 421 ZPO angeordnet werden. Das **Auskunftsrecht** des **Gerichts** ergibt sich insbesondere aus **§ 643 ZPO.** Der **Streitwert einer Berufung** gegen die Verurteilung zur Auskunftserteilung richtet sich nach dem voraussichtlichen **Aufwand an Zeit und Kosten** für die Erteilung der Auskunft.[274] Die Auskunftsansprüche geschiedener Ehegatten bestehen zwar **wechselseitig;** sie sind aber **nicht Zug um Zug** (§ 322 BGB) zu erfüllen.

### 2. Bestimmter Klageantrag

572 Die **Zwangsvollstreckung** setzt eine konkrete Fassung des Auskunftsurteils voraus, so dass das Urteil nur dann einen **vollstreckungsfähigen Inhalt** hat, wenn sowohl der Zeitraum als auch die Art der Auskunftserteilung **hinreichend konkret** beantragt werden und entsprechendes Urteil ergeht. (Im einzelnen zur Auskunftsklage bzw. Stufenklage s.u. Muster Rn. 874.) Ein Klageantrag ist **unzulässig,** der offen lässt, für welchen **Zeitraum** Auskunft zu erteilen ist und zu welchem **Zeitpunkt** eine **Vermögensaufstellung** vorzulegen ist. Gleiches gilt für einen Klageantrag, der die **Belege,** die der Auskunftspflichtige vorlegen soll, nicht genau bezeichnet.[275] Die Unzulässigkeit der Klage ergibt sich aus § 253 Abs. 2 ZPO.

---

269 BGH FamRZ 1990, 863.
270 Haiß/Heiß a.a.O., Rn. 23 zu Kap. 6.
271 Heiß/Heiß a.a.O., Rn. 4 zu Kap. 6.
272 Heiß/Heiß a.a.O. Rd-Nr. 6 zu Kap. 6.
273 OLG München Ez-FamR 1997, 260.
274 BGH FamRZ 2002, 666.
275 OLG Karlsruhe FamRZ 1983, 631 i.A.a. BGH FamRZ 1983, 454.

### 3. Umfang, Art und Weise der Auskunft

573 Die Auskunft ist eine **Wissenserklärung**, die der **Schriftform** bedarf und vom Auskunftspflichtigen **persönlich zu unterzeichnen** ist.[276] Die Vorlage eines Beleges ist damit **keine** Auskunft.[277] Eine Einkommensauskunft beinhaltet eine **systematische Aufstellung** aller erforderlichen Angaben, um dem Gegner ohne übermäßigen Arbeitsaufwand die Einkommensberechnung zu ermöglichen, wobei die Erklärung vom Auskunftspflichtigen **schriftlich** abzugeben und **persönlich zu unterzeichnen** ist.[278] Die **Übersendung** irgendwelcher **Unterlagen**, wie Gewinn- und Verlustrechnungen u.a. genügt **nicht.**[279] Der Anspruch wird auch **nicht** durch Übergabe der **Lohn-** und **Einkommensteuererklärung** erfüllt,[280] weil sich hieraus nur die **Gesamtheit** der Bezüge ergibt und nicht z.B. ob und wann ggf. eine Lohnerhöhung eingetreten ist.[281] Ebenso wenig genügt die Vorlage von **Lohnbescheinigungen,** weil diese Unterlagen eine aufgeschlüsselte Darstellung der Einkünfte nicht ersetzen können, weil nicht gesichert ist, ob in ihnen **alle** Einkünfte enthalten sind.[282]

574 Gewährt bei einem **nicht** selbstständigen **Erwerbstätigen** eine systematische Zusammenstellung gegenüber einer **Jahreslohnbescheinigung** nicht mehr Informationen oder Aufschluss, fehlt es an einem **Rechtsschutzbedürfnis.**[283]

575 Von der Auskunftspflicht zu trennen ist die **Belegpflicht** nach §§ 1580 S. 2, 1605 Abs. 1 S. 2 BGB. Danach hat der Auskunftspflichtige auf Verlangen Belege über die Höhe der Einkünfte, insbesondere **Bescheinigungen** des Arbeitgebers vorzulegen. Dies betrifft auch Vorlage von **Steuerbescheiden** und **Steuererklärungen.**[284]

576 Die Auskunftsverpflichtung erstreckt sich **nicht** auf **persönliche Umstände,** die für die Bedürftigkeit oder Leistungsfähigkeit von Bedeutung sind, wie etwa Heirat, Scheidung oder Geburt eines Kindes oder auch Bemühungen zur Erlangung eines Arbeitsplatzes.[285] Zu den Auskünften über die persönlichen Umstände s. aber **unaufgeforderte Informationspflicht.**[286]

577 **Beratungshinweis:** Konkrete Anforderungen an eine Auskunftserteilung im Rahmen eines Unterhaltsverfahrens:

1. Der Auskunftsanspruch erstreckt sich auf alle Umstände, die für den Urteilsausspruch von Bedeutung sein können.
2. Die Auskunftserteilung stellt eine schriftliche Wissenserklärung dar, die Erklärung ist in einer und nicht in mehreren Erklärungen abzugeben.

276 OLG München FamRZ 1995, 737; 1996, 738.
277 Heiß/Heiß a.a.O., Rn. 37 zu Kap. 6.
278 OLG München FamRZ 1996, 307.
279 Heiß/Heiß a.a.O., Rn. 41 zu Kap. 6 i.A.a. OLG Hamm FamRZ 1983, 1232; OLG Düsseldorf FamRZ 1986, 168.
280 OLG Düsseldorf FamRZ 1981, 42.
281 OLG Düsseldorf a.a.O.
282 Heiß/Heiß a.a.O., Rn. 41 zu Kap. 6.
283 OLG Zweibrücken FamRZ 2000, 1222.
284 Heiß/Heiß a.a.O., Rn. 42 zu Kap. 6 i.A.a. OLG München FamRZ 1993, 202 m.w.Nachw.
285 OLG Düsseldorf FamRZ 1997, 361.
286 Im Einzelnen s. Heiß, Das Mandat im Familienrecht § 8: Einkünfte und Abzugsposten von A–Z.

3. Es ist eine systematische konkrete Aufstellung über Einkommen und Vermögen vorzulegen. Diese muss so beschaffen sein, dass sie dem Berechtigten ohne übermäßigen Arbeitsaufwand die Berechnung des Unterhaltsanspruchs ermöglicht. Das erfordert i.d.R. die Vorlage einer geschlossenen Aufstellung nicht als zeitlich nacheinander erteilte Teilauskünfte und mehr als die Mitteilung, wenn auf vollständiger, ungeordneter Fakten.
4. Bei Lohn- und Gehaltsempfängern sind das gesamte Bruttoeinkommen (alle Bezüge gleich welcher Art, auch Sachbezüge) nach Monaten getrennt (nur so kann die ausreichende Ausnutzung der Arbeitskraft beurteilt werden), Art und Höhe aller Bezüge gesetzlicher Art und das sich daraus ergebende Nettoeinkommen anzugeben. Fehlt es an einer derartigen Aufstellung, so ist die Auskunftspflicht auch nicht teilweise erfüllt.
5. Ausgabeposten sind so genau darzulegen, dass der Berechtigte imstande ist, deren unterhaltsrechtliche Relevanz nachzuprüfen. Die Aufzählung einzelner Kostenarten genügt nicht.
6. Belege sind über die Höhe der Einkünfte auf Verlangen vorzulegen. Auskunft und Vorlage von Belegen sind zwei getrennte Ansprüche, die auch einzeln geltend gemacht werden können.

578

### 4. Muster: Systematische Zusammenstellung der Einkünfte

35

Ich, ■■■, gebe folgende Wissenserklärung ab, die höchstpersönlicher Natur ist und von mir selbst nachfolgend persönlich unterzeichnet wird, wobei ich darauf hinweise, dass bezüglich der Einkünfte aus selbstständiger Tätigkeit nach der Rechtsprechung[287] genügt, dass das Endergebnis in der Auskunft angeführt wird und bezüglich aller Einzelheiten auf die beigefügte Anlage zur Bilanz/Einnahmenüberschussrechnung Bezug genommen wird.

I. Einkünfte aus nichtselbstständiger Tätigkeit

1. Januar ■■■

| | |
|---|---|
| Gehalt | ■■■ |
| Pkw-Nutzung | ■■■ |
| SB-Private Fahrten | ■■■ |
| Direktversicherung Arbeitgeberleistung | ■■■ |
| Brutto■■■ | |
| abzüglich steuerliche Abzüge | ■■■ |
| netto■■■ | |
| abzüglich Pkw-Nutzung | ■■■ |
| abzüglich Pkw-Nutzung | ■■■ |
| abzüglich betriebliche Altersvorsorge | ■■■ |
| 2. Februar ■■■ | ■■■ |
| (■■■) | |
| 12. Dezember ■■■■■■ | |

II. Einkünfte aus selbstständiger Tätigkeit gem. den vorgelegten Jahresabschlüssen:

1. ■■■ nach Jahresabschluss für ■■■ (Angabe des Jahres): Gewinn ■■■
2. Jahresabschluss ■■■, ■■■ für ■■■ (Angabe des Jahres): Gewinn ■■■

287 OLG München FamRZ 1996, 738.

3. Jahresabschluss ■■■, ■■■ für ■■■ (Angabe des Jahres): Gewinn ■■■
4. Einkünfte aus Vermietung und Verpachtung für ■■■ Verlust ■■■
5. Einkünfte aus Vermietung und Verpachtung für ■■■ Verlust ■■■
6. Einkünfte aus Vermietung und Verpachtung für ■■■ Verlust ■■■
Die Verluste und deren Zusammensetzung ergeben sich aus den anliegenden 3 Steuerbescheiden für die Jahre ■■■ sowie den beigefügten Steuererklärungen nebst Anlagen für die Jahre ■■■

III. Steuern:
Gem. Steuerbescheid für ■■■ ■■■
Gem. Steuerbescheid für ■■■ ■■■
(■■■)

IV. Solidaritätszuschlag:
Für ■■■ (Angabe des Jahres) ■■■
Für ■■■ (Angabe des Jahres) ■■■
(■■■)

V. Versicherungsbeiträge:
Für ■■■ (Angabe des Jahres) ■■■
Für ■■■ (Angabe des Jahres) ■■■
(■■■)

VI. Schuldenrückzahlungen, die nicht in den Gewinn- und Verlustrechnungen mit berücksichtigt sind:
Darlehen ■■■ bei der ■■■ mit Stand per ■■■ in Höhe von ■■■
Monatliche Rückzahlungen gem. in Kopie anliegendem Schreiben der Bank vom ■■■

VII. Vermögen:
1. Aktivvermögen ■■■
2. Passivvermögen ■■■

VIII. Für das Jahr ■■■ können die Einkünfte aus selbstständiger Tätigkeit noch nicht angegeben werden, da die Jahresabschlüsse noch nicht vorliegen.

X. Über weitere Einkünfte verfüge ich nicht.

■■■, den ■■■

### 5. Auskunft unselbstständiger Arbeitnehmer

579 Der unselbstständig tätige Auskunftspflichtige hat i.d.R. Auskunft über seine Einkommensverhältnisse für die Zeit des **abgelaufenen Kalenderjahres** (12 Monate) zu erteilen, wenn sich das laufende Einkommen nicht mit Sicherheit wesentlich und nachhaltig geändert hat[288]

580 **Beratungshinweis:** In der Praxis wird der Unterhalt zeitnah gerechnet, also nicht mit dem abgelaufenen Kalenderjahr, sondern mit den abgelaufenen 12 Kalendermonaten.

581 Es sind Verdienstabrechnungen vorzulegen und auf Verlangen eine Bescheinigung des Arbeitgebers.[289] Ferner sind sämtliche Einkünfte aus Kapitalvermögen, Vermietung und Verpachtung, Nebentätigkeiten sowie im maßgebenden Zeitraum geflossenen **Rückzahlungen des Finanzamts** anzugeben. Es besteht Anspruch auf Auskunftsertei-

288 OLG München FamRZ 1984, 173.
289 HeißHeiß a.a.O., Rd-Nr. 44 zu Kap. 6.

lung über die **Höhe seiner Steuererstattung.**[290] Zur **Belegpflicht** gehört unter besonderen Umständen auch die Vorlage des Arbeitsvertrages, insbesondere bei einer Beschäftigung im Ausland.[291]

### 6. Selbständig Tätige

582 Der selbstständig Tätige muss seine Einnahmen und Aufwendungen im Einzelnen so darstellen, dass die **allein steuerlich beachtlichen Aufwendungen** von solchen, die **unterhaltsrechtlich** von Bedeutung sind, abgegrenzt werden können.[292] Die Auskünfte müssen so erteilt werden, dass das **tatsächlich** dem Selbständigen zur **Verfügung** stehende **Gesamteinkommen** ermittelt werden kann.[293] Der Selbständige kann sich insbesondere nicht darauf zurückziehen, das Gericht habe ihm zu einzelnen unklaren Positionen Auflagen zu erteilen.[294] Grundsätzlich sind Gewinnermittlungen, Steuerbescheide und Steuererklärungen nebst Anlagen für die abgelaufenen **3 Kalenderjahre** vorzulegen, wobei die Vorlage dieser Unterlagen allein **keine ausreichende Auskunft** darstellt.

583 Diese Unterlagen können eine aufgeschlüsselte **Darstellung der Einnahmen und Ausgaben** schon deshalb nicht ersetzen, weil nicht gesichert ist, ob in ihnen alle Einkünfte enthalten sind. Gewinnermittlungen geben lediglich die Ergebnisse von Additionen wider, die i.d.R. der Steuerberater des Auskunftspflichtigen aufgrund dessen Angaben erstellt hat[295] Hinzu kommt, dass der **steuerrechtliche Einkommensbegriff** nicht mit dem Einkommen i.S.d. **Unterhaltsrechts** übereinstimmt. So ist häufig nicht erkennbar, ob **Investitionen** abgesetzt wurden und auf welcher Grundlage die **privaten Warenentnahmen** angenommen worden sind wie z.B. bei den Positionen „private Kfz-Nutzung" und „private Telefonbenutzung". Im übrigen fehlen die erforderlichen **Einzeldarstellungen** zu den geltend gemachten **Abschreibungen,** so dass nicht beurteilt werden kann, ob diese tatsächlich auch unterhaltsrechtlich in dieser Höhe in Abzug gebracht werden können. Auch in den üblicherweise verwendeten Positionen wie z.B. Wareneinkauf, sonstige Waren, Aushilfslöhne, Heizung, Strom, Reinigung, Instandhaltung, Versicherungen, Repräsentationskosten usw. ist nicht nachprüfbar, inwieweit sie der Bestreitung des **allgemeinen Lebensbedarfs** dienten.[296] Es sind Nachweise über den **Stand** des **Kapitalkontos** und dessen Entwicklung vorzulegen sowie insbesondere über die Höhe der getätigten **Entnahmen** in den letzten Jahren.[297] Gerade auch in der Position **Mietkosten** sind häufig private Anteile mit enthalten, wenn sich Geschäftsräume in einer **privaten Immobilie** befinden.[298]

584 Umfasst der Auskunftsanspruch die Vorlage des Steuerbescheides, so muss der Unterhaltspflichtige den Bescheid auch dann vorlegen, wenn er **zusammen mit seinem Ehe-**

290 OLG Düsseldorf FamRZ 1991, 1315.
291 OLG München FamRZ 1993, 202 m.w.Nachw.
292 BGH FamRZ 1980, 770; BGH FamRZ 1985, 357, 359; Heiß/Heiß a.a.O., Rn. 48 zu Kap. 6.
293 OLG Koblenz FamRZ 2000, 605.
294 OLG Koblenz a.a.O.
295 Heiß/Heiß a.a.O., Rn. 49 zu Kap. 6.
296 Heiß/Heiß a.a.O., Rn. 50 zu Kap. 6.
297 OLG Stuttgart FamRZ 1983, 1267.
298 Im Einzelnen s. auch Einkünfte und Abzugsposten von A–Z in Heiß, Das Mandat im Familienrecht § 8.

**gatten** veranlagt worden ist. Er darf dabei jedoch solche Betragsangaben **abdecken** oder sonst unkenntlich machen, die **ausschließlich** seinen Ehegatten betreffen oder in denen Werte für ihn und seine Ehegatten **zusammengefasst** sind, **ohne** dass sein eigener Anteil daraus entnommen werden kann.[299]

585 Grundsätzlich sind die Einkünfte für die abgelaufenen **3 Jahre** zu erteilen. Es ist jedoch nicht zu beanstanden, wenn ein **längerer** Zeitraum zugrunde gelegt wird.[300] Der Auskunftsanspruch besteht hierbei für Selbständige nur für **volle** Kalenderjahre.[301] Die Auskunft für das **abgelaufene** Kalenderjahr kann **frühestens** nach **6 Monaten** begehrt werden, da diese Frist für die Erstellung des Jahresabschlusses nach § 243 HGB zuzubilligen ist.[302] Im Rahmen des Auskunftsanspruchs kann von dem **Gesellschafter und Geschäftsführer** einer **GmbH,** der vom **Gewinn** der GmbH **abhängige** Einkünfte bezieht, die Vorlage von **Bilanzen** mit Gewinn- und Verlustrechnungen der GmbH verlangt werden, ebenso die Vorlage der **Steuererklärungen.**[303]

## 7. Eidesstattliche Versicherung

586 Sofern **Grund** zu der Annahme besteht, dass das Verzeichnis nicht mit der **erforderlichen Sorgfalt** aufgestellt worden ist, ist eine entsprechende eidesstattliche Versicherung abzugeben, §§ 259, 260, 261 BGB. Die eidesstattliche Versicherung ist nur abzugeben, wenn die Unvollständigkeit auf **schuldhafter Unsorgfalt** beruht.[304] Unvollständige mehrfach **berichtigte** Angaben können die Angabe mangelnder Sorgfalt begründen, ebenso wie das Verschweigen von wesentlichen Tatsachen.[305]

587 Es muss also stets bereits eine Auskunft erteilt worden sein.[306] Der Anspruch auf Abgabe der eidesstattlichen Versicherung kann **freiwillig** vor dem Gericht der **freiwilligen Gerichtsbarkeit** nach §§ 163, 79 FGG erfüllt werden. Eine rechtskräftige Verurteilung wird nach § 889 ZPO **vollstreckt.**[307]

## 8. Rechtsfolge bei Verstoß gegen die Auskunftspflicht

588 Bei schuldhafter Nichterfüllung der Auskunftspflicht kann das **Gericht** von dem vom **Unterhaltskläger** behaupteten **Nettoeinkommen** ausgehen. Das gleiche Ergebnis wird erreicht durch die Anwendung der **Grundsätze** über die **Beweisvereitelung.**[308] Hat der **Unterhaltspflichtige** die **Klage veranlasst,** weil er seiner Verpflichtung, Auskunft zu erteilen, nicht oder nicht vollständig nachgekommen ist, so können ihm nach § 93d

299 BGH FamRZ 1983, 680.
300 BGH FamRZ 1985, 357, 358, hier: 6 Jahre.
301 München OLGR 1992, 104ff.
302 OLG Bamberg FamRZ 1989, 423; OLG Celle FamRZ 1992, 1440.
303 BGH FamRZ 1982, 680.
304 BGH FamRZ 1984, 146.
305 Heiß/Heiß a.a.O., Rn. 62 zu Kap. 6.
306 BGH FamRZ 1983, 996, 998; FamRZ 1984, 144 f.
307 Heiß/Heiß a.a.O., Rn. 65 zu Kap. 6.
308 OLG Karlsruhe FamRZ 1990, 533, 535.

ZPO die **Kosten** nach billigem Ermessen ganz oder teilweise auferlegt werden.[309] Das **Prozessergebnis** der Auskunft ist für die Anwendung des § 93d ZPO nicht ausschlaggebend. Bewertet wird das **vorprozessuale** Verhalten.[310]

#### 9. Beschränkung der Auskunftspflicht

589 Gem. § 1605 Abs. 2 BGB kann **vor** Ablauf von **2 Jahren** Auskunft erneut nur verlangt werden, wenn **glaubhaft** gemacht wird, dass der zur Auskunft Verpflichtete später wesentlich **höhere** Einkünfte oder weiteres Vermögen erworben hat.[311]

#### 10. Pflicht zur unaufgeforderten Information

590 S. Heiß, Das Mandat im Familienrecht § 8.

#### 11. Unterhalt für die Vergangenheit

591 S. Heiß, Das Mandat im Familienrecht § 8.

592 Beim **nachehelichen** Unterhalt ist beim Rückstand für einen angemahnten oder vertraglich vereinbarten Unterhalt die **einjährige Zeitschranke** des § 1585b Abs. 3 BGB zu beachten.[312] Eine Geltendmachung von Unterhalt erfolgt danach nur in den Fällen, in denen sich der Verpflichtete der Leistung **absichtlich entzogen** hat.[313] Die Zuleitung eines **Prozesskostenhilfegesuchs** reicht nicht aus, um die Zeitschranke des § 1585b Abs. 3 BGB zu beseitigen.[314]

593 Die Vorschrift des § 1585 Abs. 3 BGB ist **analog** anwendbar bei Forderungen bezüglich der **Nachteile** aus dem begrenzten **Realsplitting,** da es sich hier um einen **unterhaltsrechtlichen** Anspruch handelt.[315]

594 **Beweislast:** Der **Berechtigte** muss die Fälligkeit und die **Mahnung** darlegen und beweisen. Der Unterhalts**verpflichtete** muss beweisen, dass er den Umstand, auf dem der Verzug beruht, **nicht zu vertreten hat.**[316] Im Fall des § 1585b Abs. 3 muss der **Berechtigte** auch darlegen und beweisen, dass Tatsachen gegeben sind, die darauf hinweisen, dass der Verpflichtete sich der Leistung **absichtlich** entzogen hat. Der Verpflichtete kann diese Vermutung nur entkräften, wenn er dem gegenüber **Tatsachen** darlegt und beweist, aufgrund derer die tatsächliche Vermutung erschüttert wird.[317]

### X. Verjährung / Verwirkung rückständigen Unterhalts

#### 1. Allgemeine Grundsätze

595 Es gilt die regelmäßige Verjährungsfrist von **3 Jahren** ab Fälligkeit gem. §§ 197 Abs. 2, 199 BGB. Unterhaltsansprüche verjähren in 3 Jahren mit dem **Schluss des Jahres,** in

309 Heiß / Heiß a.a.O., Rn. 67 zu Kap. 6.
310 OLG Naumburg FamRZ 2003, 239; vgl. auch OLG Brandenburg FamRZ 2003, 239.
311 Heiß / Heiß a.a.O., Rn. 68 zu Kap. 6.
312 BGH FamRZ 1989 150.
313 Heiß / Heiß a.a.O., Rn.49 zu Kap. 7.
314 Heiß / Heiß a.a.O., i.A.a. AG Beilburg FamRZ 1995,ff.
315 OLG Hamburg FamRZ 2000, 888.
316 Heiß / Heiß a.a.O., Rn. 53 zu Kap. 7.
317 BGH FamRZ 1989, 150.

dem der **Anspruch entstanden ist. Gleiches** gilt für **familienrechtliche Ausgleichsansprüche,**[318] ebenso für Ansprüche wegen **Sonderbedarfs.**[319]

596 Die **Vollstreckungsverjährung** beträgt nach § 197 Nr. 3 BGB für **titulierte Rückstände** bis zur Rechtskraft der Entscheidung **30 Jahre,** für den titulierten **künftigen** Unterhalt nach § 197 Abs. 1 Nr. 3, Abs. 2 BGB dagegen nur **3 Jahre.**[320] (Im einzelnen s. zu der Rechtsanwendung des neuen Schuldrechts.[321]

597 Die Verjährung ist **gehemmt** bei Verhandlungen (§ 203 BGB), durch Rechtsverfolgung (§ 204 BGB), bei höherer Gewalt (§ 206 BGB) und aus familiären und ähnlichen Gründen (§§ 207, 209 BGB). Die **Hemmung endet** bei Rechtsverfolgung, wofür bereits ein **PKH-Gesuch** ausreicht (§ 204 Abs. 1 Nr. 14 BGB). 6 Monate nach der Entscheidung oder letzten Prozesshandlung der Parteien, § 204 Abs. 2 BGB.

### 2. Hemmung der Verjährung aus familiären Gründen gem. § 207 BGB

598 Die Verjährung von Ansprüchen zwischen Ehegatten ist gehemmt, **solange die Ehe besteht.** Das gleiche gilt für Ansprüche zwischen Lebenspartnern, solange die Lebenspartnerschaft besteht, Eltern und Kindern und dem Ehegatten eines Elternteils und dessen Kindern während der **Minderjährigkeit der Kinder.**

### 3. Verwirkung

599 Von der Verjährung zu unterscheiden ist die **Verwirkung** rückständigen Unterhalts nach § 242 BGB, die schon **vor Ablauf** der **kurzen Verjährung** in Betracht kommt, weil sich bei Vorliegen besonderer Umstände der Gläubiger nach Treu und Glauben nicht mehr auf die Verzugsfolgen berufen darf.[322] Diese besonderen Umstände können vorliegen, wenn sowohl das **Zeitmoment** (längeres Zuwarten als **ein Jahr**) als auch das **Umstandsmoment** (Umstände, aufgrund derer der Verpflichtete **darauf vertrauen durfte,** dass der rückständige Unterhalt nicht mehr geltend gemacht wird, z.B. aufgrund einer hingenommenen Reduzierung des Unterhalts) erfüllt sind.[323] Bemüht sich der Unterhaltsgläubiger **nicht zeitnah** um die Durchsetzung seines Anspruchs, führt dies regelmäßig zu der Schlussfolgerung, er sei **nicht bedürftig.** Nach Ablauf der **Dreijahresfrist** ist **regelmäßig** das **Zeitmoment** erfüllt, wobei im Einzelfall schon bei einem Zeitabschnitt von mehr als einem Jahr bis zur Rechtshängigkeit der Klage insoweit die Voraussetzungen für eine Verwirkung vorliegen können.[324] Bei der Bemessung des **Zeitmoments** ist nach der Rechtsprechung des BGH im Allgemeinen von **einem Jahr** auszugehen.[325]

600 **Nachehelicher Unterhalt** kann gem. § 1585b Abs. 3 für eine **mehr** als ein Jahr vor **Rechtshängigkeit** liegende Zeit nur verlangt werden, wenn der Verpflichtete sich der

318 Büttner FamRZ 2002, 361.
319 Heiß/Heiß a.a.O., Rn. 54 zu Kap. 7.
320 Büttner FamRZ 2002, 361.
321 Heiß/Heiß, a.a.O., Rn. 56ff. zu Kap. 7.
322 BGH FamRZ 1988, 370, 478; 1995, 725.
323 OLG Nauenburg FamRZ 1996, 1239.
324 BGH FamRZ 1988, 370.
325 Heiß/Heiß a.a.O., Rn. 59 zu Kap. 7.

Leistung absichtlich entzogen hat.[326] Die Verwirkung ergreift gerade auch **fällige** Ansprüche, mit denen der Schuldner in Verzug ist.[327]

601 Das **Umstandsmoment** kann darin liegen, dass der Unterhalts**gläubiger** auf von ihm angeforderte Auskunft über die Einkommensverhältnisse des Unterhaltsschuldners den Unterhaltsanspruch **nicht beziffert**[328] oder eine **Kürzung** der laufenden Zahlungen des Unterhaltsschuldners **hinnimmt.**[329]

602 Durch das Verhalten des Unterhalts**berechtigten** muss beim Pflichtigen ein **schützenswertes Vertrauen** geschaffen worden sein, dieser werde den Unterhalt nicht in Anspruch nehmen, z.B. durch die Erklärung eine Adoption sei beabsichtigt.[330]

603 Bei Dauerschuldverhältnissen, die **vor dem 01.01.2002 entstanden** sind, gilt das neue Recht gem. Art. 229 § 5 Abs. 1 S. 2 EGBGB ab **01.01.2003. Rechtshängigen** und **titulierten** Unterhaltsforderungen kann nur **ausnahmsweise** der Verwirkungseinwand entgegengehalten werden. Entscheidend ist darauf abzustellen, ob der Verpflichtete darauf vertrauen durfte, trotz der Titulierung seine Verpflichtung nicht erfüllen zu müssen. Allein aus der **nicht erfolgten Zwangsvollstreckung** kann ein Vertrauensschutz nicht hergeleitet werden.

604 Der **Umfang** der Verwirkung ist davon abhängig, bis zu welchem Zeitpunkt die **Zeit- und Umstandsmoment erfüllt** sind. Ist für einen **zurückliegenden** Zeitraum Zeit- und Umstandsmomente erfüllt und damit Verwirkung eingetreten, werden von dieser Verwirkung **nicht** die **späteren** Unterhalsansprüche erfasst.[331] Zur **Verwirkung** von Ansprüchen minderjähriger Kinder hat das OLG Hamburg[332] entschieden, dass die Verwirkung die anspruchsbegründenden Wirkungen von **Inverzugsetzung** oder Rechtshängigkeit **beseitigt,** so dass jede Möglichkeit, Unterhalt für die Vergangenheit zu fordern, **entfällt.** Es bedürfe einer neuen Mahnung, um von deren Wirksamkeit an wieder Unterhalt fordern zu können.[333]

605 **Titulierte Unterhaltsansprüche minderjähriger Kinder** können der Verwirkung unterliegen, wenn sich ihre Geltendmachung unter dem Gesichtspunkt **illoyal verspäteter Rechtsausübung** als unzulässig darstellt.[334] Verwirkung kann insbesondere dann vorliegen, wenn für einen mehr als **4 Jahre** zurückliegenden Zeitraum titulierte Rückstände geltend gemacht werden und der Unterhaltsberechtigte seit **10 Jahren** den Unterhalt nicht vollstreckt hat, obwohl der Schuldner seine Zahlungen eingestellt hat.[335]

326 Heiß/Heiß a.a.O.
327 OLG Karlsruhe FamRZ 2002, 1039.
328 Heiß/Heiß a.a.O., Rn. 59 zu Kap. 7.
329 OLG Karlsruhe FamRZ 2002, 1039.
330 OLG Hamm FamRZ 1998, 1189.
331 Heiß/Heiß, a.a.O., Rn. 62 zu Kap. 7; a.A. OLG Düsseldorf OLG-ReBorth 1998, 205.
332 FamRZ 1990, 1271 f.
333 Abweichend von BGH FamRZ 1988, 370 und OLG Düsseldorf FamRZ 1989, 776.
334 BGH FamRZ 1999, 1422.
335 OLG Karlsruhe FamRZ 1993, 1456; Im einzelnen s. Heiß/Heiß a.a.O. Rn. 65 zu Kap. 7.

## XI. Rückforderung überzahlten Unterhalts

### 1. Ungerechtfertigte Bereicherung (§ 812 Abs. 1 S. 1 BGB)

#### a. Anspruchsgrundlage

606 Als Anspruchsgrundlage für das Rückzahlungsbegehren wegen **Überzahlungen** von Unterhalt aufgrund **einstweiliger Anordnung** kommt insbesondere **§ 812 Abs. 1 BGB** in Betracht. Die einstweilige Anordnung Unterhalt ist **nicht** anfechtbar (§ 620c ZPO) und gilt gem. § 620f ZPO bis zu einer **anderweitigen Regelung** fort, auch über die Scheidung hinaus. Der Unterhaltsschuldner hat nur die Möglichkeit, durch eine **negative Feststellungsklage** oder eine **Bereicherungsklage** die Wirkung der einstweiligen Anordnung zu beseitigen. Zwar kann das durch ein **rechtskräftiges Urteil** zugesprochene **nicht** mit der Bereicherungsklage zurückgefordert werden mit der Begründung, der **Rechtsstreit** sei **unrichtig entschieden** worden.[336]

607 Dies gilt jedoch **nicht** für die **einstweilige** Anordnung Unterhalt nach §§ 620 Nr. 4, 6, 644 ZPO; denn diese trifft aufgrund einer **summarischen** Prüfung nur eine vorläufige Regelung, die **keine rechtskräftige Entscheidung** über den Unterhaltsanspruch darstellt und jederzeit **auch für die zurückliegende Zeit** – durch ein im ordentlichen Rechtsstreit ergehendes Urteil **abgelöst** werden kann.

608 Geht die einstweilige Anordnung über Bestand oder Höhe des materiellrechtlichen Unterhaltsanspruchs hinaus, leistet der Schuldner insoweit **„ohne rechtlichen Grund"** im Sinn des § 812 Abs. 1 S. 1 BGB, weil die Vorschriften über die einstweilige Anordnung (§§ 620 Nr. 4, 6, 644 ZPO) **rein prozessualer** Natur sind und nur eine **einstweilige** Vollstreckungsmöglichkeit wegen eines vorläufig als bestehend **angenommenen** Anspruchs schafft.[337] Der Schuldner kann in diesen Fällen die **Bereicherungsklage** erheben, **ohne** dass es auf die förmliche Aufhebung der einstweiligen Anordnung ankäme. Das **zusprechende** Urteil auf **diese** Klage ist zugleich eine „anderweitige Regelung" i.S. von § 620f S. 1 ZPO.

#### b. Wegfall der Bereicherung gem. § 818 Abs. 2, 3 BGB

609 Hat der **Bereicherungsschuldner** rechtsgrundlos erhaltene Beträge **ausgegeben,** ist das ursprünglich erlangte in seinem **Vermögen nicht mehr vorhanden**. Er ist an sich gem. § 818 Abs. 2 BGB zum Wertersatz verpflichtet, dies aber nur **vorbehaltlich** eines **Wegfalls** der Bereicherung nach § 818 Abs. 3 BGB. Diese Vorschrift dient dem Schutz des **gutgläubig** Bereicherten, der das rechtsgundlos Empfangene **im Vertrauen auf das Fortbestehen des Rechtsgrundes verbraucht** hat und daher nicht über den Betrag der bestehen gebliebenen Bereicherung hinaus zur Herausgabe oder zum Wertersatz verpflichtet werden soll.[338]

610 Bei der **Überzahlung von Unterhalt** kommt es daher darauf an, ob der Empfänger die Beträge **restlos für seinen Lebensbedarf verbraucht** oder sich noch in seinem Vermögen

336 BGH FamRZ 1982, 470.
337 BGH FamRZ 1984, 767.
338 BGH FamRZ 2000, 751.

**vorhandene Werte** – auch in Form anderweitiger Ersparnisse, Anschaffungen oder Tilgung eigener Schulden – verschafft hat.[339]

611 Durch Unterhaltsleistungen werden gewöhnlich **keine Vermögensvorteile geschaffen,** sondern der Empfänger **verbraucht** die Zahlungen für seine **Lebensbedürfnisse.** I.d.R. entfällt daher ein **Wertersatz** nach § 818 Abs. 2 BGB, wenn der Bedürftige nicht mehr bereichert ist.[340] Der BGH hat wiederholt entschieden, dass § 820 BGB auch auf **Unterhaltsvereinbarungen,** die den gesetzlichen Unterhaltsanspruch lediglich modifizieren, weder direkt **noch** entsprechend **anwendbar** ist. Dann kommt eine **analoge Anwendung auf Unterhaltstitel** über den gesetzlichen Unterhalt – wie es die einstweilige Anordnung ist – erst recht **nicht** infrage.[341]

#### c. Rückforderungsklage/Anbieten eines Darlehens

612 Der Unterhaltsschuldner kann den **Entreicherungseinwand** nur **vermeiden,** indem er die **negative** Feststellungsklage gegen die einstweilige Anordnung **sofort mit einer Rückforderungsklage verbindet.** Ab **Rechtshängigkeit** der Rückforderungsklage tritt dann die **verschärfte Haftung** nach § 818 Abs. 4 BGB ein.

613 Zur **Vermeidung** eines Kostenrisikos kann die Rückforderungsklage **hilfsweise** für den Fall des **Obsiegens** mit der negativen Feststellungsklage erfolgen.[342] Die Rückforderungsklage ist jedoch **nur zulässig,** wenn sie **genau beziffert** ist, § 253 Abs. 2 Nr. 2 ZPO.

614 Muster: Antrag für Rückforderungsklage

36

Die Beklagte wird verpflichtet, den monatlich seit (Zeitpunkt der Zustellung der negativen Feststellungsklage) ■■■ in Höhe von € 800,00 gezahlten Unterhalt zurückzuzahlen.[343]

615 Der BGH[344] hat des Weiteren ausgeführt, dass der Unterhalts**berechtigte** nach Treu und Glauben einen **Kredit annehmen muss,** den ihm der Unterhaltsschuldner als zins- und tilgungsfreies Darlehen anbietet, verbunden mit der Verpflichtung im Fall der **Abweisung** der negativen Feststellungsklage auf Rückzahlung zu **verzichten.**

#### d. Schadensersatzanspruch aus dem Vollstreckungsrecht, § 717 Abs. 2 S. 1 ZPO

616 **Schadensersatzansprüche** aus dem **Vollstreckungsrecht** kommen **nicht in Betracht,** auch wenn aus einer ganz oder teilweise ungerechtfertigten einstweiligen Anordnung vollstreckt wurde, weil die §§ 620ff. ZPO keine Bestimmung enthalten, die den §§ 641 g, 717 Abs. 2, 945 ZPO entsprechen würde. Eine **analoge Anwendung** dieser Vorschriften kommt **nicht** in Betracht, da die §§ 620ff. ZPO eine abschließende Regelung enthalten.[345]

339 BGH FamRZ 2000, 751.
340 BGH FamRZ 1984, 767.
341 BGH FamRZ 2000, 752; 1998, 951.
342 BGH FamRZ 2000, 751.
343 Heiß/Heiß, Die Höhe des Unterhalts von A-Z, Seite 343.
344 FamRZ 1992, 1152; 2000, 751.
345 BGH FamRZ 1984, 767; 2000, 751.

#### e. Schadensersatzansprüche aus unerlaubter Handlung, §§ 823 Abs. 2 i.V.m. § 263 StGB

617 Es kommen auch Ansprüche aus unerlaubter Handlung in Betracht, wenn die einstweilige Anordnung z.B. durch **falsche** Angaben betreffend **Einkommens-** und Vermögensverhältnisse oder der **Erbringung von geldwerten Leistungen für Dritte erwirkt** wurde oder wenn eine **sittenwidrige Schädigung** i.S.d. § 826 BGB vorliegt, weil von der einstweiligen Anordnung, die unrichtig geworden ist, in sittenwidriger vorsätzlicher Weise Gebrauch gemacht wurde.[346] Der Schadensersatzanspruch wegen **Betruges** gem. § 823 Abs. 2 BGB i.V.m. § 263 StGB kann dadurch entstehen, dass der Unterhaltsberechtigte unter Verletzung seiner **prozessualen Wahrheitspflicht** sowie unter Verletzung seiner **Verpflichtung zur ungefragten Information falsche Angaben zu seinem Einkommen** gemacht hat. Der Unterhalts**gläubiger** muss alle der Begründung des Anspruchs dienenden **tatsächlichen** Umstände angeben und er darf **nichts** verschweigen, was die Unterhaltsbedürftigkeit infrage stellen könnte.[347]

618 Wird diese Verpflichtung verletzt, kann ebenso **Betrug** vorliegen, wie in dem Fall, dass der Unterhaltsberechtigte **nicht mitteilt,** dass sein **Einkommen** zwischenzeitlich **deutlich gestiegen** ist, nachdem zuvor in einem Vergleich vereinbart wurde, dass er bis zu einem bestimmten Betrag **anrechnungsfrei** hinzuverdienen darf.[348]

#### f. Zuvielleistung, § 1360 b BGB

619 **Im Zweifel** ist anzunehmen, dass ein Ehegatte **nicht beabsichtigt,** von dem anderen Ehegatten **Ersatz** zu verlangen, wenn er einen höheren Unterhaltsbeitrag leistet als ihm obliegt. Bei § 1360b BGB handelt es sich um eine **Beschränkung** von den nach allgemeinen Vorschriften bestehenden Ersatzansprüchen. Diese Vorschrift dient also nicht als Anspruchsgrundlage für einen besonderen familienrechtlichen Ersatzanspruch, der nicht den Beschränkungen des § 818 BGB unterliegt.[349] Auch dann, wenn **ausdrücklich eine Erstattungsabsicht** für die Mehrleistung zum Ausdruck gebracht worden ist, kann § 1360b BGB **nicht** als Anspruchsgrundlage herangezogen werden. In Betracht kommt dann allenfalls ein Rückforderungsanspruch nach § 812 Abs. 1 BGB – mit der Möglichkeit des Entreicherungseinwandes.[350]

### XII. Erbenhaftung

620 Hierzu s. Heiß, Das Mandat im Familienrecht § 8.

### XIII. Erlöschen des Unterhaltsanspruchs

621 Der Unterhaltsanspruch erlischt, wenn kein Unterhaltstatbestand mehr erfüllt ist, der Berechtigte wieder heiratet, § 1586 Abs. 1 BGB (Ausnahme: § 1586a bei Kindesbetreuung) und bei Begründung einer Lebenspartnerschaft nach LPartG, § 1586 Abs. 1 BGB. Er erlischt ferner, wenn der Berechtigte stirbt, auf den Unterhalt vertraglich ver-

---

346 BGH FamRZ 1984, 767; 1986, 450.
347 BGH FamRZ 2000, 153.
348 BGH FamRZ 1997, 483.
349 BGH FamRZ 1984, 767.
350 Heiß/Heiß a.a.O., Seite 345.

zichtet wird, der Berechtigte eine Abfindung erlangt gem. § 1585 Abs. 2 BGB, ein Anspruch nach § 1573 Abs. 5 BGB zeitlich begrenzt wurde mit Ablauf der festgesetzten Zeitgrenze oder bei einer zeitlichen **Bedarfsbegrenzung** nach § 1578 BGB mit Ablauf der Zeitgrenze, soweit der angemessene Unterhalt den Unterhalt nach den ehelichen Lebensverhältnissen übersteigt.[351]

### XIV. Unterhalt bei Gütergemeinschaft

622 Der Unterhaltsanspruch kann nur auf eine **„Mitwirkung zur ordnungsgemäßen Verwaltung“** gerichtet sein. Es gibt i.d.R. **keinen** Zahlungsanspruch.[352] Die Klage ist gerichtet auf **Vornahme von Handlungen,** die erforderlich sind, damit der Ehegatte aus dem Gesamtgut die erforderlichen Mittel bekommt. Es handelt sich also um eine **unvertretbare Handlung**, die im Weigerungsfall nach § 888 ZPO **erwirkt** werden kann.[353] Es handelt sich hierbei um eine **Mitwirkungsklage** nach § 1472 BGB.

623 Es empfiehlt sich, im Klageantrag **konkret** aufzuführen, in welcher Form das Bewirken zur ordnungsgemäßen Verwendung des Gesamtguts für den Unterhalt geschehen soll, so z.B. in Form von **Zustimmung zur Auszahlung eines Teilbetrages des Einkommens** in bestimmter Höhe.

624 Nach § 1452 kann das Vormundschaftsgericht auf Antrag die ohne ausreichenden Grund verweigerte **Zustimmung** des anderen Ehegatten zu einem **Rechtsgeschäft ersetzen**, dessen Vornahme erforderlich ist, damit der Berechtigte seinen Unterhalt erhält.

625 Da die Vollstreckung nach § 888 ZPO, die in der Praxis dazu führt, dass Zwangsgeld verhängt wird, nur schwerlich geeignet ist, tatsächlich zu einer **Befriedigung** der **Unterhaltsansprüche** zu führen, muss es ergänzend die Möglichkeit geben, nach § 1452 BGB durch das Vormundschaftsgericht z.B. die **Zustimmung** zum **Bewirken** in Form einer Lohnabtretung **ersetzen** zu lassen. Im einzelnen zur Geltendmachung von Unterhalt bei Gütergemeinschaft s. oben „Einkünfte und Abzugsposten von A–Z“

### XV. Unterhalt- und Arbeitslosengeld II/Sozialgeld nach dem SGB II

#### 1. Übergang von Unterhaltsansprüchen beim Bezug von Arbeitslosengeld II und Sozialgeld nach dem SGB II[354]

626 In § 33 SGB II ist der Übergang von Ansprüchen bei **Grundsicherung** für Arbeitssuchende geregelt. Diese Bestimmung richtet sich sowohl an Unterhaltsverpflichtete als auch an **sonstige Dritte,** gegen die der Leistungsempfangende Ansprüche hat.

627 Während der Gesetzgeber bisher eine klare Regelungstrennung zwischen den **überzuleitenden** Ansprüchen (z.B. Schenkungsrückforderung wegen Verarmung) und den **kraft** Gesetzes auf den Kostenträger übergehenden Unterhaltsansprüchen vorgenommen hat, fehlt es an einer solchen gesetzlichen Trennung im Geltungsbereich des § 33 Abs. 2 SGB.

351 Heiß/Heiß a.a.O., Rn. 391 zu Kap. 9.

352 BGH FamRZ 1990, 851; OLG München FamRZ 1996, 166.

353 BGH FamRZ 1990, 851.

354 Rust in FamRB 1, 2005, Seite 27.

### a. Überleitung per Verwaltungsakt

628 Zur Überleitung des Unterhaltsanspruchs hat der zuständige **Kostenträger** – die **Agentur** für Arbeit, die Arbeitsgemeinschaft (§ 446 SGB II) oder einer der gem. § 6a SGB II zugelassenen **kommunalen Kostenträger** eine **Überleitungsanzeige** zu erlassen. Die Überleitungsanzeige ist ein sowohl gegenüber dem leistungs**berechtigten** als auch gegenüber dem leistungs**verpflichteten Drittschuldner**wirkender privatrechtsgestaltender **Verwaltungsakt. Erst mit Zugang** der Überleitungsanzeige wird ein **Gläubigerwechsel** bewirkt, indem nun der **Kostenträger** statt des bisher **Unterhaltsberechtigten** Inhaber der Unterhaltsforderung bis zur Höhe seiner Leistungsaufwendungen wird.[355]

629 Dem Erlass der Überleitungsanzeige geht ein **Verwaltungsverfahren**[356] in Form von ordnungsgemäßer Beteiligung voran, wobei Verfahrensbeteiligte der Leistungsberechtigte und der Unterhaltsverpflichtete sind:

- Anhörung des Unterhalts**verpflichteten** vor Erlass der Überleitungsanzeige
- Ausübung des Ermessens.[357]

630 **Beratungshinweis:**

**Für den Leistungsberechtigten:** Dieser sollte frühzeitig mit dem Kostenträger zusammenarbeiten und diesem alle erforderlichen Informationen zur Verfügung stellen, wobei hier in Betracht kommen- Name und Anschrift des Rechtsbeistandes- Trennungszeitpunkt- Rechtshängigkeit des Scheidungsantrags oder Rechtskraft der Scheidung- Prozesskostenhilfeantrag – Kontakt zum Jugendamt wegen Beistandschaft – aktueller Arbeitgeber des Unterhaltsverpflichteten einschl. seiner Einkommens- und Ver- mögensverhältnisse- genauer Aufenthaltsort des Unterhaltsverpflichteten einschl. der zustellbaren Anschrift- Telefonnummer- Zahlungen des Unterhaltsverpflichteten, wenn ja für wen und in welcher Höhe?

**Für den Unterhaltsverpflichteten:** Auch aus der Sicht des Unterhaltsverpflichteten empfiehlt es sich, frühzeitig mit dem Kostenträger Kontakt aufzunehmen und zwar bereits vor Erlass der Überleitungsanzeige, da der Unterhaltsverpflichtete schon Beteiligter des Verwaltungsverfahrens ist, bevor der Kostenträger eine Überleitungsanzeige erlässt. Wichtige Informationen, die der Unterhaltsverpflichtete dem Kostenträger zur Verfügung stellen kann: – Trennungszeitpunkt- Einkommens- und Vermögensverhältnisse im Hinblick auf eine u.U. drohende Insolvenz- Bestehen einer eheähnlichen Lebensgemeinschaft des Unterhaltsberechtigten- Anderweitige Unterhaltsverpflichtungen- Verwirkungsgründe beim Berechtigten (z.B. intime Beziehung zu einem anderen Partner während der bestehenden Ehe)- Gesichtspunkte für die Erwerbsfähigkeit des Unterhaltsberechtigten

631 Zugunsten des unterhaltsberechtigten **Kindes** kann zum Zeitpunkt der Leistungsbewilligung bereits vom Jugendamt eine **Beistandschaft** begründet worden sein. Von einer **Überleitung** sollte in diesem Fall **abgesehen** werden, damit der Beistand weiterhin **legitimiert** ist, das Kind zu vertreten. Es bedarf hier **dringend** der **Abstimmung** der ver-

355 Rust a.a.O.
356 SGB X.
357 Rust a.a.O.

schiedenen zuständigen Ämter (Jugendamt, Agentur für Arbeit bzw. optierende Kommune und dort das Sozialamt) untereinander. Die Überleitungsanzeige sollte möglichst **zügig versandt** werden, da der Unterhaltsanspruch erst mit **Zugang** der Überleitungsanzeige beim **Drittschuldner** auf den Sozialleistungsträger übergeht.

#### b. Rechtsbehelf gegen die Überleitungsanzeige

632 Gegen die Überleitungsanzeige kann sowohl der Leistungs**berechtigte** als auch der Unterhalts**verpflichtete Widerspruch** einlegen. Die **Rechtmäßigkeit** der Überleitungsanzeige überprüft seit dem 01.01.2005 **nicht** mehr das **Verwaltungsgericht,** sondern das gem. § 10 Abs. 1 FGG sachlich zuständige **Sozialgericht.** Der Prüfungsumfang im sozialgerichtlichen Verfahren **beschränkt** sich auf die Frage nach der **Rechtmäßigkeit** der **Überleitungsentscheidung.** Die Prüfung, ob und ggf. in welcher **Höhe** der Unterhaltsanspruch tatsächlich besteht, bleibt dem gesonderten **gerichtlichen Verfahren** bei den **Familiengerichten** vorbehalten, das der Kostenträger im Falle mangelnder Zahlungsbereitschaft anzustrengen hat. Auf das Privileg der **Gerichtskostenbefreiung** aus § 64 Abs. 3 SGB X wird sich insoweit auch die klagende **Agentur** für Arbeit berufen können.

633 **Widerspruch und Anfechtungsklage** gegen die Überleitungsanzeige haben **keine aufschiebende Wirkung.**

### 2. Auskunft des Unterhaltsverpflichteten

634 Mit der Überleitung des zivilrechtlichen Unterhaltsanspruchs geht **nicht** die **Überleitung** des **zivilrechtlichen** Auskunftsanspruchs (§ 1605 Abs. 1 BGB) einher. Der Sozialleistungsträger ist vielmehr gehalten, zunächst **öffentlich-rechtlich** nach § 60 Abs. 2 SGB II von dem **Unterhaltsverpflichteten** Auskunft zu verlangen. Der Sozialleistungsträger muss also zunächst **per Verwaltungsakt** den Unterhaltsverpflichteten zur Erteilung einer unterhaltsrechtlich relevanten Auskunft auffordern.[358]

635 **BERATUNGSHINWEIS:** Erteilt der Unterhaltsverpflichtete keine Auskunft, kann der Sozialleistungsträger von der Möglichkeit der Geltendmachung des kompletten Sozialleistungsaufwandes mit Hinweis auf § 93d ZPO Gebrauch machen. Wird dann die Klage beziffert und ein Teil der Unterhaltsklage für erledigt erklärt, so trägt die Kostenlast der Unterhaltsverpflichtete. Dies gilt insbesondere in den Fällen, in denen die unterhaltsrechtliche Bedürftigkeit des Leistungsempfängers außer Zweifel steht, wie bei Betreuung minderjähriger Kinder durch einen Elternteil.

### 3. Keine Rückübertragung des Unterhaltsanspruchs

636 **Nach Überleitung** des Unterhaltsanspruchs und dem damit verbundenen Gläubigerwechsel **verliert** der Unterhalts**berechtigte** und Sozialleistungs**empfangende** seine **Aktivlegitimation** und Prozessführungsbefugnis. Im Gegensatz zum Sozialhilferecht und dem Unterhaltsvorschussrecht kann der Sozialleistungsträger den übergeleiteten Unterhaltsanspruch **zum Zwecke der Prozessführung nicht mehr** auf den Unterhaltsberechtigten **rückübertragen.** Demzufolge sollte der Sozialleistungsträger von der Über-

358 Rust a.a.O.

leitung des Anspruchs eher **sparsam** Gebrauch machen und die Unterhaltsheranziehung den **Leistungsempfängern** überlassen.[359]

637 Einen Anspruch auf **Prozesskostenhilfe** zur Durchsetzung **rückständigen Unterhalts** wird wohl das **Familiengericht** mit der Begründung versagen, dem Unterhaltsberechtigten verbleibe mit Beginn der Sozialleistungsgewährung **kein primärer Unterhaltsanspruch** mehr. Es obliege dem Kostenträger, den auf sich überzuleitenden Unterhaltsanspruch selbst gerichtlich geltend zu machen.

### 4. Bedürftigkeit des Leistungsberechtigten:

638 Leistungen der **Grundsicherung** für Arbeitssuchende erhalten gem. § 7 Abs. 1 SGB II **erwerbsfähige Hilfsbedürftige,** d.h. Personen

- die zwischen 15 und 65 Jahre alt sind,
- die erwerbsfähig sind,
- die hilfsbedürftig sind und
- die ihren gewöhnlichen Aufenthalt in der Bundesrepublik Deutschland haben.

639 Ebenfalls leistungsberechtigt sind die mit dem erwerbsfähigen **Hilfsbedürftigen** in **Bedarfsgemeinschaft** zusammenlebenden Personen, nämlich

- Eltern des erwerbsfähigen Hilfsbedürftigen
- Mutter oder Vater eines minderjährigen unverheirateten erwerbsfähigen Kindes
- Partner der erwerbsfähigen Hilfsbedürftigen, d.h. der nicht getrennt lebende Ehegatte oder die Person, die mit dem erwerbsfähigen Hilfsbedürftigen in einer **eheähnlichen Gemeinschaft lebt**[360]

### 5. Der unterhaltsrechtliche Bedarf – das Leistungssystem des SGB II

640 Die Leistungen zur Sicherung des Lebensunterhalts regelt das SGB II wie folgt:

- **Pauschalierte Regelleistung** des **Arbeitslosengeld II** (§ 20 SGB II): Dieses erhält ein **erwerbsfähiger** Hilfsbedürftiger in Höhe von: **€ 345,00** (alte Bundesländer einschl. Berlin) und € 331,00 (neue Bundesländer).
- **Sozialgeld** (§ 28 SGB II): Dies erhalten **nicht erwerbsfähige** Familienangehörige, die mit dem erwerbsfähigen Hilfsbedürftigen in einer **Bedarfsgemeinschaft** leben, und zwar in folgender Höhe: Bis zur Vollendung des 14. Lebensjahres = 60% der Regelleistung = € 207,00; ab dem 15. Lebensjahr bis zur Volljährigkeit = 80% der Regelleistung = € 276,00.
- **Unterkunfts- und Heizungskosten:** Höhe der Leistung: nach § 22 SGB II: Gewährung in **tatsächlicher** Höhe, soweit nach den jeweiligen Bestimmungen der Kostenträger **angemessen;** bei **unangemessener** Höhe im Übrigen **zeitlich befristet** bis zu **6 Monate** mit der Auflage, bei der Suche einer preisgünstigeren Wohnung mitzuwirken.

641 Leistungen für **Mehrbedarf,** der nicht durch die Regelleistungen **abgedeckt** ist erhalten z.B. werdende Mütter, die erwerbsfähig und hilfsbedürftig sind, nach der 12. Schwangerschaftswoche (Höhe: 17% der Regelleistung (§ 20 Abs. 2 SGB II)), oder aber:

359 Hussmann, Auswirkungen der neuen Sozialgesetzgebung auf das Unterhaltsrecht, FRB 2004, 534 (543.).
360 Rust a.a.O.

Alleinerziehende, die mit einem Kind **unter 7 Jahren** oder mit **2 oder 3 Kindern** unter **16 Jahren** zusammenleben, Höhe: 36% der Regelleistung (§ 20 Abs. 2 SGB II).

### 6. Wohngeld

642 Seit 01.01.2005 sind gem. §§ 1 Abs. 2 WoGG Empfänger von Leistungen nach dem Arbeitslosengeld II und des Sozialgeldes nach dem SGB von **Wohngeld** nach dem **Wohngeldgesetz ausgeschlossen.** Infolgedessen **steigen** die **Sozialhilfeaufwendungen** um den bislang durch die Inanspruchnahme von Wohngeld gedeckten Bedarf. Konsequenterweise steigt damit **auch** der **unterhaltsrechtlich** Anspruchsübergang zugunsten des Kostenträgers. Durch § 105 Abs. 2 SGB XII stellt der Gesetzgeber die bisherige Rechtslage wieder her, indem er bestimmt, dass der dem Anteil des Wohngeldes entsprechende **Unterkunftsbetrag** in Höhe von **56% nicht** der **Rückforderung unterliegt.**

### 7. Kindergeld

643 **Kindergeld** einschl. des nach § 6a des Bundeskindergeldgesetzes gewährten **Kindergeldzuschlages** ist **Einkommen des Kindes.** Dies hat der Gesetzgeber für das **Sozialleistungssystem** nach dem SGB II in § 11 Abs. 1 S. 2 SGB II und für das des SGB XII in § 82 Abs. 1 S. 2 SGB XII klargestellt.

### 8. Höhenmäßige Begrenzung der Unterhaltsforderung

644 Die Überleitung und Geltendmachung des **Unterhaltsanspruchs** ist **höhenmäßig** begrenzt. Der Kostenträger ist berechtigt, Unterhalt aus übergeleiteten Rechten **maximal** in Höhe der **tatsächlich erbrachten Leistungen** zu fordern.

### 9. Leistungsfähigkeit des Unterhaltsverpflichteten

645 Fiktives Einkommen: Die Sozialleistungssysteme gehen bei der Einkommensermittlung ausschließlich von einem **tatsächlich vorhandenen** Einkommen aus. Fiktives Einkommen kann familienrechtlich als Maßstab für die Bewertung der **Leistungsfähigkeit** des Unterhaltsverpflichteten zugrunde gelegt werden.

646 Unterhaltsansprüche, die aus der Anrechnung **fiktiven Einkommens** beim Unterhaltsverpflichteten **resultieren, können** gem. § 33 Abs. 2 SGB II **nicht übergeleitet werden.**[361]

### 10. Sozialrechtlicher Selbstbehalt des Unterhaltsverpflichteten

647 Gem. § 33 Abs. 2 S. 2 SGB II darf der Übergang des Unterhaltsanspruchs nur bewirkt werden, **soweit** Einkommen und Vermögen der unterhaltsverpflichteten Person das nach §§ 11 und 12 SGB II zu berücksichtigende **Einkommen und Vermögen übersteigen.** Die Überleitung ist vor diesem Hintergrund als rechtswidrig zu bewerten, soweit der Unterhaltspflichtige entweder schon vor der Überleitung Arbeitslosengeld II oder Sozialgeld bezogen hat **oder** er **durch die Inanspruchnahme** des Kostenträgers droht, **selbst bedürftig** im Sinn der Regelungen zum **Arbeitslosengeld II** oder zum **Sozialgeld** zu werden.[362]

361 Hußmann in: Heiß/Born, Unterhaltsrecht – Ein Handbuch für die Praxis, Rn. 196ff. zu Kap. 16.
362 Rust, a.a.O.

## XVI. Einwendungen gegen die Unterhaltspflicht / Verwirkung, § 1579 BGB

### 1. Einwendungen gegen die Unterhaltspflicht / Verteidigung des Unterhaltsverpflichteten

648 Schon bei der **Anspruchsgrundlage** ist zu überprüfen, ob hierzu **schlüssig** und substantiiert unter Vorlage der Beweisangebote vorgetragen wurde. Es ist ferner zu prüfen, ob die erforderlichen **Unterlagen**, z.B. **ärztliche Atteste** und Verdienstbescheinigungen vorgelegt wurden.

649 Besteht seitens der Berechtigten eine **Erwerbsobliegenheit?** Falls ja, in welchem Umfang? Dementsprechend sind die vorgelegten Verdienstbescheinigungen daraufhin zu überprüfen, in welchem Umfang, also **wieviele Stunden** die Unterhaltsberechtigte arbeitet und ob sie ihrer Erwerbsobliegenheit nachkommt.

650 Beruft sich die Berechtigte auf § 1573 BGB bzw. darauf, dass sie keine Erwerbstätigkeit findet, so sind die vorgelegten Bewerbungen, Annoncen u.a. exakt zu überprüfen daraufhin, ob es sich z.B. um **Blindbewerbungen** handelt oder um Bewerbungen, die schon **mangels Qualifikation** keine Erfolgsaussicht haben. Hierzu im Einzelnen siehe auch oben Rn. 332ff.

651 Es ist zu überprüfen, ob nicht **fiktive** Einkünfte anzurechnen sind, entweder weil die Unterhaltsberechtigte ihrer Erwerbsobliegenheit nicht nachkommt oder aber weil sie in **eheähnlicher Gemeinschaft** wohnt.

- Wurde der **Wohnwert** angegeben?
- Wurden die erforderlichen **Angaben** gemacht, die es dem Gericht ermöglichen, die Höhe des Wohnwertes zu schätzen?

652 Häufig wird übersehen, **sämtliche Abzugsmöglichkeiten** zu berücksichtigen oder die Abzugsposten so ausführlich **darzulegen,** dass sie vom Gericht anerkannt werden können.[363] [364]

653 **BERATUNGSHINWEIS:** Der Unterhaltspflichtige zahlt häufig noch Lebensversicherungsbeiträge, Mietkosten, Mietnebenkosten, Handykosten u.a. für den Unterhaltsbedürftigen von seinem Konto (dies gilt jedenfalls für die Zeit des Beginns der Trennung). In diesem Fall ist der Unterhaltspflichtige darauf hinzuweisen, dass diese Leistungen Naturalunterhalt darstellen, die zwar in der Praxis vom errechneten Unterhalt abgezogen werden, bezüglich deren jedoch eine Aufrechnung streng genommen nicht möglich ist, so dass sie einkommensmindernd seitens des Unterhaltspflichtigen zu berücksichtigen sind. Es ist in jedem Fall die Partei darauf hinzuweisen, baldmöglichst die entsprechenden Abbuchungen von seinem Konto einzustellen, so dass der errechnete Unterhalt auch dem tatsächlich geschuldeten Unterhalt entspricht.

654 **Häufig übersehen** wird, Ausführungen zur **zeitlichen Begrenzung** des Unterhaltsanspruchs nach **§ 1573 Abs. V BGB** zu machen.

---

363 Hierzu s. Heiß, Das Mandat im Familienrecht § 8.

364 Heiß / Heiß in: Heiß / Born „Unterhaltsrecht – Ein Handbuch für die Praxis, alphabetisch geordnete Zusammenstellung der Rechtsprechung in Handbuch Unterhaltsrecht, S. 3.1ff.

655 Zu vorhandenen **Schulden** ist ein **vernünftiger Tilgungsplan** darzulegen. Es sind Grund und Höhe der Schulden sowie Höhe der monatlichen Schuldenraten darzulegen und nachzuweisen sowie Verwendungszweck, damit das Gericht prüfen kann, ob die Schulden abzugsfähig sind oder nicht.

656 Nur in **seltenen** Fällen wird der **eheangemessene Selbstbehalt** berücksichtigt, der jedoch nur in Betracht kommt, wenn keine minderjährigen Kinder vorhanden sind.

657 Streng darauf zu achten ist, dass lediglich die **prägenden** Einkünfte in Ansatz gebracht werden, also z.B. bei **hohen Einkünften** Abzüge für **Vermögensbildung** vorgenommen werden können, wenn diese auch bisher betrieben wurde.

658 **Völlig falsch** wird eine Unterhaltsberechnung, wenn nicht die richtige **Berechnungsmethode** (Anrechnungs- oder Differenzmethode) dargelegt wird.

659 In **allen** Fällen, in denen eine **zeitliche Begrenzung** (egal nach welcher Vorschrift) des Unterhaltsanspruchs in Betracht kommt, entstehen kaum mehr reparable Schäden, wenn die **Voraussetzungen** hierfür nicht **dargelegt** und **nachgewiesen** werden.

660 **Beratungshinweis:** Erst wenn die vorstehenden Verteidigungsmöglichkeiten geprüft und entsprechender Sachvortrag erfolgt ist, sollte sich der Anwalt der unterhaltsrechtlichen Härteklausel des § 1579 BGB zuwenden.

### 2. Verwirkung, § 1579 Nr. 1 – 7 BGB

661 **Beratungshinweis:** § 1579 BGB gilt mit Ausnahme von § 1579 Nr. 1 BGB (kurze Ehezeit) auch für den Trennungsunterhalt (§ 1361 Abs. 3 BGB).

662 § 1579 BGB ist eine **rechtsvernichtende Einwendung** und keine Einrede. Die Härteklausel ist daher von **Amts wegen** zu beachten.[365] Die **Darlegungs- und Beweislast** für die Erfüllung der Tatbestandsvoraussetzungen des § 1579 trägt der Unterhalts**schuldner**,[366] dies gilt auch für das **Nichtvorhandensein** von Tatsachen.[367]

663 Im Rahmen der Prüfung, ob **grobe Unbilligkeit** vorliegt, sind **vorrangig** die Interessen der **gemeinschaftlichen** Kinder zu beachten. Trotz Vorliegen eines Verwirkungstatbestandes kommt **bei Kinderbetreuung durch den Berechtigten** i.d.R. kein völliger Wegfall des Unterhalts in Betracht, sondern nur eine Kürzung auf den **notwendigen** Bedarf. Auf **staatliche Leistungen** darf der Bedürftige nicht verwiesen werden.[368]

664 Die Belange der Kinder sind z.B. gewahrt, wenn das Kind anderweitig ausreichend versorgt wird, z.B. weil es von den **Großeltern** betreut werden kann.[369] Ist dies nicht der Fall, muss auch im Verwirkungsfall eine **volle** Erwerbstätigkeit neben der Kinderbetreuung erst ab dem **15./16. Lebensjahr** des Kindes erfolgen, eine Teilzeittätigkeit erst ab der **3. Grundschulklasse** oder ab dem **11.** Lebensjahr.[370]

---

365 BGH FamRZ 1984, 364, 366; 1991, 670, 672.
366 BGH FamRZ 1991, 670, 672.
367 BGH FamRZ 1982, 463; Gerhardt in: FA-FamR, Rn. 443 zu Kap. 6.
368 BGH FamRZ 1989, 1279, 1280; 1991, 670, 673; 1997, 671, 673.
369 Heiß/Heiß in: Heiß/Born, Rn. 31 zu Kap. 9; BGH FamRZ 1997, 671, 672.
370 BGH FamRB 1997, 671, 673; 873, 875.

**Weitere Prüfungskriterien** sind das Interesse des Bedürftigen an der Unterhaltsleistung, die Interessen des **Pflichtigen** an einer finanziellen Entlastung, die Schwere des Härtegrundes, Dauer der Ehe, Alter, Gesundheitszustand sowie wirtschaftliche Verhältnisse der Parteien.[371] 665

Ein **verwirkter** Unterhaltsanspruch kann im Einzelfall wieder **aufleben**, z.B. nach **Beendigung** des **Zusammenlebens** mit einem Partner. Dies gilt jedoch nur für Ausnahmefälle, z.B. wenn die Belange der gemeinschaftlichen **Kinder** es erfordern.[372] 666

**Beratungshinweis:** Wird ein Unterhaltsanspruch trotz Kenntnis des Verwirkungsgrundes außergerichtlich anerkannt, kann sich der Verpflichtete nachträglich nicht mehr auf die Verwirkung berufen. Gleiches gilt, wenn trotz Kenntnis eines Verwirkungsgrundes der Unterhalt jahrelang bezahlt wird. 667

### a. § 1579 Nr. 1 BGB: Kurze Ehedauer

Ehedauer ist die Zeit von der **Eheschließung** bis zur **Rechtshängigkeit** des Scheidungsantrags.[373] Eine **kurze Ehedauer** liegt i.d.R. vor, wenn die Ehe nicht mehr als **2 Jahre** gedauert hat.[374] Eine nicht mehr kurze Ehedauer liegt i.d.R. vor, wenn die Ehe **3 Jahre** oder **länger** gedauert hat.[375] 668

Bei Ehen mit einer Dauer **zwischen 2 und 3 Jahren** ist entscheidend, inwieweit die Ehegatten ihre **Lebensführung** in der Ehe aufeinander eingestellt und in wechselseitiger **Abhängigkeit** auf ein gemeinsames Lebensziel ausgerichtet haben.[376] 669

Es ist zunächst von der **tatsächlichen Ehezeit auszugehen** und **anschließend** die zur Wahrung der Belange des Kindes vorgesehene Abwägung vorzunehmen.[377] Eine Auslegung des § 1579 Nr. 1 BGB in der Weise, dass der Härtetatbestand der Kurzzeitehe bei einer Ehe mit einem **Kind** überhaupt **nicht** mehr erfüllt sein kann, führt zu **verfassungswidrigen Ergebnissen.**[378] 670

**Beratungshinweis:** Auch bei Betreuung eines gemeinschaftlichen Kindes kann eine Ehedauer von fast 3 Jahren noch kurz sein, wenn das Verhalten des Bedürftigen – etwa durch einen Ehebruch – aufzeigt, dass er die Ehe nicht als feste Bindung ansieht und sich deshalb in seiner Zukunftsplanung nicht auf ein langes Zusammenleben mit dem Partner eingerichtet hat. 671
Es sind jedoch die obigen Ausführungen zu berücksichtigen, wonach die Belange der Kinder gewahrt sein müssen und der betreuende Elternteil nicht auf öffentliche Leistungen verwiesen werden darf.

371 Heiß/Heiß a.a.O., Rn. 33 zu Kap. 9.
372 BGH FamRZ 1987, 1238/ 1239.
373 BGH FamRZ 1995, 1405.
374 BGH FamRZ 1989, 483, 486.
375 BGH FamRZ 1989, 483, 486; 1995, 1405.
376 OLG Nürnberg FuR 1997, 351.
377 BVerfG FamRZ 1989, 941 ff.
378 Heiß, Beck'sches Rechtsanwaltshandbuch, Rn. 238 zu Kap. C 17.

672 Eine Ehedauer von 5 **Jahren** ist im Regelfall **nicht** mehr kurz, jedenfalls dann nicht, wenn sich die Ehegatten in ihrer Lebensführung aufeinander eingestellt haben.[379]

### b. § 1579 Nr. 2: Straftaten gegen den Verpflichteten oder dessen nahe Angehörige

673 Voraussetzung ist ein **schuldhaftes** Verhalten.[380]

674 **Beratungshinweis:** Hauptanwendungsfall des § 1579 Nr. 2 BGB ist in der Praxis der Fall, dass im Unterhaltsverfahren seitens des Berechtigten falsch vorgetragen wird oder entscheidungserhebliche Tatsachen verschwiegen werden. Dies betrifft insbesondere Verschweigen eigener Einkünfte oder falsche Angaben bezüglich des Zusammenlebens mit einem anderen Partner (im Einzelnen siehe hierzu: . Der diesbezügliche Sachvortrag hat Folgen auf die Höhe der Bedürftigkeit und die Höhe des Unterhaltsanspruchs und nicht zuletzt strafrechtliche Folgen (Prozessbetrug).
Hierauf ist die Unterhaltsberechtigte ausdrücklich hinzuweisen!

675 Wer einen Unterhaltsanspruch geltend macht, muss **wahrheitsgemäße Angaben** machen und darf **nichts verschweigen**, was seine **Unterhaltsbedürftigkeit** infrage stellen könnte. Dies gilt gem. § 138 Abs. 1 ZPO erst recht in einem laufenden Rechtsstreit.[381] Bei **Prozessbetrug** im Unterhaltsverfahren durch **Verschweigen** eigener Einkünfte oder **Abbruch** einer Ausbildung sind die Voraussetzungen des § 1579 Nr. 2 BGB erfüllt.[382]

676 Ein Betrug liegt auch vor, wenn in einem **Vergleich** vereinbart wurde, dass der Bedürftige ein bestimmtes Einkommen anrechnungsfrei hinzu verdienen darf und er ein höheres Einkommen verschweigt.[383]

677 Die Verletzung der Pflicht zur **ungefragten** Information führt zur **Verwirkung**, wenn **höhere** Einkünfte nicht angegeben werden.[384] Gleiches gilt durch bewusst **falsche Angaben** zum **Zusammenleben** mit einem neuen Partner.[385]

678 Eine **falsche Aussage im Ehelichkeitsanfechtungsverfahren** erfüllt den Tatbestand des § 1579 Nr. 2. Hat die Berechtigte angegeben, in der Empfängniszeit Geschlechtsverkehr nur mit ihrem Ehemann gehabt zu haben und ergibt ein späteres Sachverständigengutachten den Ausschluss der Vaterschaft des Ehemannes, so ist der Unterhaltsanspruch **verwirkt.** Bei Diebstahl und Unterschlagung tritt die Verwirkung dann ein, wenn damit die wirtschaftliche Grundlage des Verpflichteten erheblich und nachhaltig beeinträchtigt ist.

---

379 BGH FamRZ 1999, 710.

380 BGH NJW 1982, 100, 101.

381 BGH FamRZ 2000, 153.

382 BGH FamRZ 1990, 1095, 1096; OLG Celle FamRZ 1991, 1313 f; OLG Frankfurt FamRZ 1990, 1363 f; OLG Karlsruhe FamRZ 1995, 1488; OLG Zweibrücken FamRZ 1996, 220; Gerhardt in: FA-FamR, Rn. 451 zu Kap. 6.

383 Gerhardt in: FA-FamR, Rn. 451 zu Kap. 6 i.A.a. BGH FamRZ 1997, 483.

384 OLG Koblenz FamRZ 1997, 371, 373; im Einzelnen Heiß/Heiß in: Heiß/Born, Unterhaltsrecht – Ein Handbuch für die Praxis, Rn. 117 zu Kap. 9.

385 (OLG Hamm FamRZ 1996, 1079; OLG Koblenz FamRZ 2000, 605.).

679 **Beratungshinweis:** Häufig wird bei Auszug der Unterhaltsberechtigten von dieser ein gemeinsames Konto „abgeräumt“, um so den Lebensunterhalt für die kommenden Monate zu finanzieren.
Eine solche Vorgehensweise ist äußerst gefährlich bezüglich des Verwirkungseinwands, denn bezüglich eines gemeinsamen Kontos fällt mit der Trennung die Verfügungsbefugnis nach den Grundsätzen des Wegfalls der Geschäftsgrundlage dahingehend weg, dass nur solche Verfügungen über das Konto getroffen werden dürfen, die dem mutmaßlichen Willen des Ehepartners entsprechen.
Vor der Abhebung erheblicher Beträge vom gemeinsamen Konto muss damit der Mandant dringend gewarnt bzw. auf die Folgen hingewiesen werden!

680 Bei nicht provozierter **Körperverletzung** ist der Tatbestand erfüllt.[386] Gleiches gilt bei gefährlicher Körperverletzung gegenüber einem gemeinsamen **Säugling.**[387] Bei **Beleidigungen** und **Verleumdungen** ist der Tatbestand **nur** erfüllt, wenn diese mit nachteiligen Auswirkungen auf die persönliche und berufliche Entfaltung des Unterhaltspflichtigen verbunden sind.[388] Des Weiteren muss es sich hierbei um erhebliche Auswüchse handeln, die über das übliche Maß der Eheauseinandersetzungen hinausgehen.[389]

681 Die Verwirkung tritt nur für die **Zukunft** ein, nicht für rückständigen Unterhalt.[390]

#### c. § 1579 Nr. 3 BGB: Mutwillig herbeigeführte Bedürftigkeit

682 Bei **Alkohol-, Tabletten- und Drogenmissbrauch** ist der Tatbestand erfüllt, wenn notwendige Behandlungsmaßnahmen (Entziehungskur u.a.) seitens des Unterhaltsberechtigten unterlassen werden.[391] Erhält die Berechtigte Vorsorgeunterhalt (**Altersvorsorgeunterhalt**) und wird dieser nicht bestimmungsgemäß verwendet, nämlich zur Einzahlung für Altersvorsorge, erfolgt im Rentenfall eine **Teilverwirkung** in Höhe des dadurch **niedrigeren** Renteneinkommens.[392]

683 Auch das **Unterlassen**, einen **Rentenantrag** zu stellen, stellt eine mutwillige Herbeiführung der Bedürftigkeit dar.[393]

684 **Beratungshinweis:** Wenn sich die Berechtigte oder der Verpflichtete darauf beruft, wegen Krankheit keiner Erwerbstätigkeit nachgehen zu können, so ist er im Prozess darauf hinzuweisen, dass bei Krankheit Antrag auf Erwerbsunfähigkeitsrente gestellt wird.
Die Anforderungen an dem Bezug von Rente wegen Erwerbsunfähigkeit sind so streng, dass wohl davon ausgegangen werden kann, dass Feststellungen dahingehend getroffen werden, ob wirklich Erwerbsunfähigkeit vorliegt.

386 OLG Koblenz FamRZ 1991, 1312.
387 OLG Hamm FamRZ 2002, 240; Gerhardt in: FA-FamR, Rn. 451 zu Kap. 6.
388 BGH NJW 1982, 100.
389 Gerhardt a.a.O.
390 BGH FamRZ 1984, 34f.
391 BGH FamRZ 1987, 359, 361; 1988, 375, 377.
392 BGH FamRZ 1987, 684, 686.
393 Heiß / Heiß in: Heiß / Born a.a.O., Rn. 170 zu Kap. 9.

In vielen Fällen könnte sich dadurch möglicherweise die Erholung eines Sachverständigengutachtens erübrigen.
Sinnvoll ist diese Vorgehensweise jedoch nur dann, wenn ausreichend Rentenanwartschaften erworben wurden und der Rentenbezug nicht daran scheitert, dass die formellen Voraussetzungen nicht gegeben sind, z.B. weil die Wartezeit nicht erfüllt ist.

685 Der typische Fall mutwillig herbeigeführter Bedürftigkeit liegt vor, wenn ein Ehegatte eine Berufstätigkeit aufgibt, **um** einen **Unterhaltsanspruch** zu erlangen. Es muss sich um **unterhaltsbezogene Mutwilligkeit** handeln.[394] Fehlt es an der unterhaltsbezogenen Mutwilligkeit, so kommt jedenfalls noch die **fiktive** Anrechnung von erzielbaren Einkünften in Betracht.[395]

686 Dem Unterhaltsschuldner obliegt die **Beweislast** der rechtsvernichtenden **Einwendung.** Dazu gehört auch, dass er Vorbringen der Gegenseite, welches im Fall seiner Richtigkeit gegen die Annahme einer mutwilligen Herbeiführung der Bedürftigkeit sprechen würde, zu **widerlegen** hat.[396]

#### d. § 1579 Nr. 4 BGB: Mutwillige Missachtung schwerwiegender Vermögensinteressen

687 Der Tatbestand liegt vor bei **betrügerischem** Verhalten im **Unterhaltsprozess,**[397] wobei hier jedoch in erster Linie Verwirkung nach § 1579 Nr. 2 BGB (Straftaten gegen den Verpflichteten) in Betracht kommt. (Hierzu s. im Einzelnen oben Rn. 674.)

688 In der **Praxis** wichtigster Fall des § 1579 Nr. 4 BGB sind leichtfertige **Strafanzeigen** gegen den Unterhalts**pflichtigen** wegen **Steuerhinterziehung.** Das gilt unabhängig davon, ob die Straftat vom Unterhaltspflichtigen begangen wurde oder nicht. **Unterhaltsbezogen** ist das Verhalten auch dann, wenn sich die Ehefrau mittels der Strafanzeige Unterlagen verschaffen wollte, um **Beweise** über die Höhe des Einkommens und des Vermögens des Unterhaltspflichtigen zu haben.[398]

689 **Beratungshinweis:** Nicht selten ist in der Praxis jener Fall, in welchem der – selbstständige – Ehemann während der Ehezeit unversteuerte Einkünfte bezogen hat.

690 Es ist mit äußerster Vorsicht zu genießen, ob ein diesbezüglicher Sachvortrag detailliert im Rahmen eines Unterhaltsprozesses vorgetragen wird. Hat dieser Sachvortrag dann nämlich zur Folge, dass das Familiengericht die Akte an die Staatsanwaltschaft zum Zwecke weiterer Ermittlungen abgibt und ist dann weitere Folge ein Strafverfahren wegen Steuerhinterziehung gegen den Unterhaltspflichtigen.

- So kann der Tatbestand des § 1579 Nr. 4 BGB erfüllt sein mit der Folge, dass der Unterhaltsanspruch ganz oder teilweise verwirkt ist.
- Des Weiteren ist damit zu rechnen, dass sich der Unterhaltsanspruch schon deshalb erheblich ermäßigt, weil der Unterhaltspflichtige erhebliche Steuernachzahlungen zu leisten hat.

394 Heiß/Heiß a.a.O. Rn. 165 zu Kap. 9.
395 Heiß a.a.O. Rn. 164 zu Kap. 9.
396 BGH FamRZ 1984, 364, 368; FamRZ 1989, 1054, 1056.
397 BGH FamRZ 1990, 1095, 1096.
398 Heiß/Heiß a.a.O. Rn. 194 zu Kap. 9.

Diese Steuernachzahlungen wirken sich einkommensmindernd und damit auch mindernd auf den Unterhaltsanspruch aus.
Auf diese Rechtsfolgen ist die Partei hinzuweisen!

691 Bei einer zurecht erstatteten Strafanzeige wegen **Unterhaltspflichtverletzung** ist der Tatbestand nicht erfüllt.[399] Erfüllt ist der Tatbestand bei **Anschwärzen** des Unterhaltspflichtigen beim **Arbeitgeber** mit dem Ziel des Arbeitsplatzverlustes.[400]

### e. § 1579 Nr. 5 BGB: Gröbliche Verletzung der Pflicht zum Familienunterhalt beizutragen

692 Häufig kommt hier bereits ein Ausschluss nach § 1579 Nr. 2 BGB in Betracht, wenn eine **strafbare** Unterhaltspflichtverletzung vorliegt.[401] Die Verwirkung ist zu bejahen, wenn der Berechtigte über einen längeren Zeitraum, d.h. mindestens 1 Jahr, nichts zum Familienunterhalt beiträgt, z.B. kein Haushaltsgeld abliefert oder keiner Berufstätigkeit trotz Erwerbsfähigkeit und Arbeitsplatzmöglichkeit nachgeht.

### f. § 1579 Nr. 6 BGB: Offensichtlich schwerwiegendes einseitiges Fehlverhalten

693 Anwendungsbereich in erster Linie: Verletzung der Treuepflicht[402] Voraussetzung ist ein **einseitiges** Fehlverhalten, welches dann gegeben ist, wenn sich die Hinwendung zu einem Dritten als **evidente Abkehr aus einer intakten Ehe** darstellt, **nicht** jedoch, wenn die Abkehr **Folge** eines **Fehlverhaltens** des anderen Ehegatten ist, also wenn es sich um eine Flucht aus einer bereits gescheiterten Ehe handelt.[403]

694 Die **Treuepflicht** gilt auch noch in der **Trennungszeit, außer** die neue Beziehung wird **erst** aufgenommen, nachdem der Partner bereits **Scheidungsabsichten** geäußert hat,[404] **nicht** dagegen **nach der Scheidung.**[405] Hat der andere Ehegatte durch **eigene schwere Ehewidrigkeiten verursacht**, dass sich der Berechtigte einem Dritten zuwendet oder hat er sich bereits **vorher** von den ehelichen Bindungen **losgesagt**, sind die Voraussetzungen des § 1579 Nr. 6 BGB **nicht** gegeben.[406]

695 Ein Ausbrechen aus einer harmonisch verlaufenden Ehe und damit ein einseitiges Fehlverhalten liegt **nicht** vor, wenn **auch** der **andere** Ehegatte vor der Trennung **Verhältnisse** mit anderen Partnern gehabt hat.[407] Ein einmaliger Ehebruch reicht **nicht.**[408] Werden **mehrere** auf Dauer angelegte intime Verhältnisse zu wechselnden Partnern aufgenommen, ist der Tatbestand erfüllt.[409]

---

399 OLG Stuttgart FamRZ 1979, 40.
400 OLG Hamm FamRZ 1987, 946 f; OLG Zweibrücken FamRZ 1986, 63; OLG Hamm FamRZ 1998, 371; OLG Düsseldorf FamRZ 1997, 418.
401 Heiß/Heiß a.a.O. Rn. 206 zu Kap. 9.
402 BGH FamRZ 1980, 665, 655; 1985, 267, 268.
403 Heiß in: Beck´sches Rechtsanwaltshandbuch, Rn. 244 zu Kap. C 17.
404 BGH FamRZ 1983, 142; 1989, 1279, 1280.
405 BGH a.a.O.; BGH FamRZ 1995, 344, 345.
406 (BGH FamRZ 1982, 463, 464; 1983, 150, 152; 1989, 487, 489; Heiß/Heiß in: Heiß/Born, Unterhaltsrecht – Ein Handbuch für die Praxis, Rn. 230 zu Kap. 9.
407 BGH FamRZ 1983, 996; OLG Schleswig, FamRZ 1985, 68.
408 Heiß a.a.O. Rn. 265 zu Kap. 9.
409 Heiß/Heiß a.a.O. Rn. 266 zu Kap. 9 i.A.a. BGH FamRZ 1983, 670.

696 **Allein** die Tatsache, dass die Eheleute bereits in den **3 Jahren vor der Trennung** geschlechtlich nicht miteinander verkehrt haben, ist **nicht ausreichend**, um die Ehe als bereits **gescheitert** zu beurteilen.[410] Wendet sich ein Ehegatte einem anderen Partner zu, **ohne** dass **geschlechtliche** Kontakte bestehen, sich aber ansonsten ganz das Bild eines **wie Eheleute zusammenlebenden** Paares bietet, ist der Tatbestand erfüllt.[411]

697 **Beratungshinweis:** Die Vorschrift des § 1579 Nr. 6 BGB erfordert eine Verschuldensabwägung! Es ist erforderlich, dass der Unterhaltspflichtige darlegt, dass die Berechtigte aus einer intakten Ehe ausgebrochen ist.
Im Hinblick hierauf wird es in den meisten Fällen nahe liegend sein, die Voraussetzungen nach § 1579 Nr. 7 zu prüfen; dabei braucht nämlich die Mitursächlichkeit für das Scheitern der Ehe, die Frage „wer angefangen hat" i.d.R. keine Rolle mehr zu spielen. Dies gilt insbesondere für die nach der Scheidung fortgesetzte eheähnliche Gemeinschaft.
In der Praxis lassen sich die Verfahren, in denen Verwirkung wegen Zusammenleben eingewandt wird, häufig – ohne umfangreiche Beweisaufnahme – dadurch lösen, dass ein Anrechnung fiktiver Einkünfte für das Zusammenleben vorgenommen wird (allerdings im Wege der Differenzmethode), sodass schon aus diesem Grund kein Unterhaltsanspruch mehr gegeben ist. Zu empfehlen ist seitens des Unterhaltspflichtigen, in diesen Fällen eine Abfindungsvereinbarung abzuschließen, wonach gegen Zahlung einer gewissen Summe wechselseitig auf Unterhalt verzichtet wird.
Vorausgehen sollte in diesen Fällen jedoch jeweils – soweit möglich – eine Überprüfung mithilfe von Zeugen u.a. dahingehend, dass eine anderweitige Beziehung besteht und ob und in welchem Umfang ein Zusammenleben vorliegt (im Einzelnen hierzu siehe noch: unten Rn. 703 ff.)

698 Häufig wird die Unterhaltsberechtigte die Zahlung einer Abfindungssumme dann annehmen, wenn sie andernfalls mit einer ständigen Überprüfung dahingehend zu rechnen hat, wann sie bei ihrem Freund übernachtet oder umgekehrt oder ob beide in der Öffentlichkeit gemeinsamen gesehen werden. Dies spielt insbesondere bei § 1579 Nr. 7 eine Rolle (hierzu siehe unten Rn. 701 ff.).

699 Bei fortgesetzter schuldhafter und massiver **Vereitelung des Umgangsrechts** kann ein Unterhaltsanspruch **verwirkt** sein.[412] Dabei sind jedoch die **Belange** der **Kinder** zu wahren, sodass dem betreuenden Elternteil der **Mindestbedarf** zu belassen ist.[413] **Abhalten** von der **Vaterschaftsanfechtung** und Unterschieben eines fremden Kindes erfüllt den Tatbestand des § 1579 Nr. 6;[414] im Einzelnen hierzu siehe Heiß/Heiß a.a.O. Rn. 270 zu Kap. 9.

---

410 BGH FamRZ 1982, 463; a.A.: KG FamRZ 1992, 571.
411 OLG Hamm FamRZ 1981, 162 f; KG FamRZ 1989, 868.
412 BGH FamRZ 1987, 356; OLG Nürnberg FamRZ 1994, 1394; OLG München FamRZ 1998, 750.
413 Heiß/Heiß a.a.O. Rn. 277 zu Kap. 9.
414 BGH FamRZ 1985, 267, 268.

Ein Ausschluss des **Trennungsunterhalts** nach §§ 1361 Abs. 3, 1579 Nr. 6 BGB führt **regelmäßig auch** zu einem Ausschluss des **nachehelichen Unterhalts** nach § 1579 Nr. 7 BGB, insbesondere wenn das **intime Verhältnis** bei der Scheidung noch **andauert.**[415] 700

#### g. § 1579 Nr. 7 BGB: Anderer Grund

Eine Verwirkung bei einem **langjährigen Zusammenleben** mit einem neuen Partner liegt vor, wenn 701

der Unterhaltsberechtigte nur deshalb von der Eheschließung absieht, um seinen Unterhaltsanspruch nicht nach § 1586 BGB zu verlieren, 702

- eine Unterhaltsgemeinschaft besteht,
- sich die neue Beziehung so verfestigt hat, dass ein nichteheliches Zusammenleben von mindestens 2 – 3 Jahren an die Stelle der Ehe getreten ist.[416]

Grundvoraussetzung ist immer, dass ein **Fortbestehen** der Unterhaltspflicht als **objektiv** unzumutbar zu beurteilen ist.[417] Abzustellen ist darauf, ob die Unterhaltsbelastungen für den Verpflichteten die **Grenzen** des **Zumutbaren** überschreiten.[418] Handelt es sich bei der neuen Partnerschaft um eine **dauerhafte feste soziale Bindung,** so liegt ein Fall der objektiven Unzumutbarkeit vor. 703

**Beratungshinweis:** Für den Unterhaltsverpflichteten ist es besonders wichtig, möglichst viele Details und Beweismittel betreffend Gemeinsamkeiten und Lebensgestaltung zu beschaffen, so z.B. 704

- Beginn der Beziehung sowie Zeiten, die das neue Paar im Alltag miteinander verbringt (werktags, Wochenende, Übernachtungen),
- gemeinsame Hobbys, Gestaltung von Feiertagen/Urlauben,
- Mahlzeitengestaltung/Versorgungsleistungen,
- Freundeskreis und Familienfest beider Familien,
- Wohnungssituation der beiden Partner und gemeinsame Pkw-Nutzung.

Häufig empfiehlt sich auch die Beauftragung eines Detektivs, die jedoch einen erheblichen Kostenaufwand verursacht.

Gemessen an Dauer und Höhe der laufenden Unterhaltsleistungen sollten diese Kosten jedenfalls dann hingenommen werden, wenn konkrete Anhaltspunkte für das Zusammenleben der Berechtigten mit einem neuen Lebensgefährten vorliegen.

Zu empfehlen ist bei der anschließenden Verwertung der Informationen in Form von Detektivberichten, dass diese nicht schriftsätzlich in das Verfahren eingebracht werden, sondern im Rahmen der mündlichen Verhandlung nochmals auf die prozessuale Wahrheitspflicht hingewiesen wird und sodann konkrete Fragen an die Berechtigte gestellt werden, deren Wahrheitsgehalt sodann anhand des vorliegenden Detektivberichts überprüft werden kann.

415 BGH FamRZ 1991, 670ff., 673.
416 BGH FamRZ 1989, 487, 489; 1995, 540, 542; Heiß/Heiß a.a.O. Rn. 284ff. zu Kap. 9, insbesondere Rn. 295 zu Kap. 9.
417 BGH FamRZ 1991, 670; Heiß/Heiß a.a.O. Rn. 293 zu Kap. 9.
418 BGH FamRZ 1983, 569.

Der Gegenseite können dann konkrete Vorhaltungen bezüglich des Wahrheitsgehalts gemacht werden mit dem Hinweis, dass beantragt wird, die Akte an die Staatsanwaltschaft abzugeben.
Wird in dieser Reihenfolge vorgegangen, so lassen sich i.d.R. sodann relativ einfach Abfindungsvereinbarungen abschließen, wenn die Gegenseite zu befürchten hat, dass ein Strafverfahren wegen Prozessbetrug eingeleitet wird.

705 Die **Beweislast** trägt der Unterhalts**pflichtige.** Dem gegenüber ist es Sache des Unterhaltsberechtigten, das **Trennende** in der Beziehung in objektiver und subjektiver Hinsicht darzulegen. Ein einmal verwirkter Unterhaltsanspruch kann **wieder aufleben,** wenn die **Beziehung beendet** ist.[419] Die **vorgetäuschte** Beendigung der Beziehung zu einem neuen Partner hat keinen Einfluss auf die Verwirkung des Anspruches auf nachehelichen Unterhalt.[420]

706 Die Verwirkung aufgrund verfestigter ehegleicher Gemeinschaft tritt zumindest nach Zusammenleben von **2 – 3 Jahren**[421] ein. Auch wenn das Zusammenleben noch **keine** 2 Jahre andauert, kann Verwirkung aus der **Art des Zusammenlebens** folgen, so z.B. beim **Kauf** und **Bezug** eines **gemeinsamen** Hauses.[422] Auch wenn **getrennte** Wohnungen unterhalten werden, aber aufgrund der starken **Verflechtung** der **Lebensbereiche** sich die Beziehung für einen Außenstehenden als ehegleiche Gemeinschaft darstellt, kann Nr. 7 erfüllt sein.[423]

707 Es ist **nicht zwingende** Voraussetzung, dass die Partner **räumlich zusammenleben** und einen gemeinsamen Haushalt führen.[424] Es kommt dann auf die **tatsächliche** Gestaltung der Beziehung an, nämlich gemeinsame **Freizeitgestaltung**, gemeinsam verbrachte **Urlaube** und **Integration** des Partners in das **Familienleben.**

708 Verwirkung zwischen **2 – 3 Jahren** Zusammenleben: Es liegt objektive Unzumutbarkeit vor.[425] Dass die Partner weiterhin ihre **eigene Wohnung beibehalten,** steht der Bewertung des nichtehelichen Zusammenlebens **nicht entgegen.**[426] Auch längere berufsbedingte **Auslandsaufenthalte** eines der Partner steht der Verwirkung **nicht entgegen,** denn auch zwischen Eheleuten gibt es häufig berufsbedingte Abwesenheiten eines Ehepartners.[427] Ein **intimes** Verhältnis **allein** reicht **nicht** aus.[428] Die **wirtschaftliche Leistungsfähigkeit** des **neuen Partners** ist dann unerheblich, wenn die verfestigte Gemeinschaft sich als **auf Dauer angelegt** darstellt.[429]

---

419 OLG Hamm FamRZ 1996, 1080.
420 OLG Hamm FamRZ 2003, 455.
421 Heiß / Heiß a.a.O. Rn. 296 zu Kap. 9.
422 OLG Hamburg FamRZ 2002, 1038; OLG Köln FamRZ 2000, 290.
423 OLG Frankfurt / M. FamRZ 2003, 99.
424 BGH FamRZ 2002, 23.
425 OLG Köln FamRZ 1998, 1236; BGH FamRZ 1997, 671.
426 OLG Köln FamRZ 1998, 1238; BGH FamRZ 1997, 672.
427 OLG Hamm NJW-RR 1999, 1233.
428 BGH FamRZ 1995, 540ff.; OLG München FamRZ 1990, 1243.
429 BGH FamRZ 1989, 487, 490; OLG Bremen FamRZ 1999, 1138.

709 **Beweislast:** Der Unterhalts**pflichtige** muss den Härtegrund **beweisen** und auch das **Fortbestehen** eines eheähnlichen Verhältnisses.[430] Den **Nichtfortbestand** eines eheähnlichen Verhältnisses muss derjenige darlegen und beweisen, der sich darauf zu seinem Rechtsvorteil beruft,[431] also der **Berechtigte.**

710 Ein langjähriges Zusammenleben mit einem **gleichgeschlechtlichen** Partner kann zur Bejahung des § 1579 Nr. 7 BGB führen.[432] Bei einer unerkannten **vorehelichen** Erkrankung **entfällt** der Tatbestand des § 1579 Nr. 7 BGB.[433] Die zeitlich unbegrenzte Unterhaltszahlung kann jedoch ausnahmsweise i.S.v. § 1579 Nr. 7 BGB unbillig sein, wenn die Erkrankung bereits bei Eheschließung **bekannt** war und die Eheleute nur **kurz zusammenlebten.**[434]

711 Ein Unterhaltsanspruch kann **wieder aufleben**, wenn z.B. zunächst das Kind beim Unterhalts**pflichtigen** lebt und der Unterhalt dem Berechtigten nach § 1579 versagt wurde und sodann das **Kind** zum **Berechtigten** wechselt.[435]

712 **BERATUNGSHINWEIS:** In der Praxis weitgehend unbekannt ist die Entscheidung des BGH, wonach die Treuepflicht auch noch in der Trennungszeit gilt mit Ausnahme des Falles, dass der andere Ehepartner die Scheidungsabsicht deutlich zum Ausdruck gebracht hat. Vielmehr wird den Parteien häufig erklärt, dass ehewidrige Beziehungen in der Trennungszeit, wenn kein Zusammenleben vorliegt, keine Auswirkungen auf den Unterhalt haben. Dies ist falsch.
Anderes muss aber gelten, wenn sich der andere Ehepartner einem Dritten zugewandt hat und lediglich als Folge dieses Verhaltens durch den Berechtigten eine neue Beziehung aufgenommen wird.
Auch die vielfach erteilten Ratschläge, getrennte Wohnungen beizubehalten und mit dem neuen Partner nicht in der gleichen Wohnung zusammen zu leben, vermögen nach den obigen Ausführungen nicht zu verhindern, dass unter Umständen der Verwirkungstatbestand des § 1579 Nr. 7 BGB erfüllt ist und zwar deshalb, weil das Erscheinungsbild in der Öffentlichkeit ein Zusammenleben wie in der Ehe vermittelt, z.B. durch gemeinsame Urlaube, Freizeitgestaltung, Familienfeiern u.a. Hierauf muss die Partei ausdrücklich hingewiesen werden.
Der Unterhaltpflichtige muss auf seine Beweislast für das Vorliegen einer neuen Partnerschaft bzw. Zusammenleben hingewiesen werden. Liegen jedoch Anhaltspunkte für das Bestehen einer neuen Partnerschaft vor, trägt der unterhaltsberechtigte Ehegatte die Beweislast dafür, dass keine eheähnliche Gemeinschaft besteht.
Der in Anspruch genommene Ehegatte braucht nicht darzulegen und zu beweisen, dass er sich ehegemäß verhalten hat, sondern er kann sich auf die konkret gegen ihn erhobenen Vorwürfe beschränken.

430 BGH NJW 1991, 1290.
431 OLG Hamm FamRZ 1993, 566.
432 Vgl. Neufassung § 1586 Abs. 1 BGB, Palandt/Brudermüller, § 1586 Rn. 1 zu § 1586.
433 BGH FamRZ 1994, 566; 1995, 1405, 1407.
434 OLG Oldenburg FamRZ 1991, 827ff.; OLG Hamburg FamRZ 1995, 1417; OLG Hamm FamRZ 1995, 880; Heiß/Heiß a.a.O. Rn. 371 zu Kap. 9.
435 Heiß a.a.O. Rn. 379 zu Kap. 9.

Die unterhaltsberechtigte Partei ist deutlich darauf hinzuweisen, dass eine unaufgeforderte Informationspflicht besteht und vor allen Dingen, dass falsche Angaben im Unterhaltsprozess auch zu einer Verwirkung wegen Prozessbetruges führen können.

## XVII. Vereinbarungen/richterliche Inhaltskontrolle/Freistellungsvereinbarungen

### 1. Inhaltskontrolle/Wirksamkeit von Eheverträgen und Scheidungsvereinbarungen

713 Zwar gilt bei Eheverträgen, Trennungs- und Scheidungsvereinbarungen der Grundsatz der **Vertragsfreiheit**, dessen Grenzen jedoch liegen bei **Dominanz** des einen und struktureller **Unterlegenheit** des anderen Ehegatten. Die **Eheschließungsfreiheit** rechtfertigt **keine einseitige ehevertragliche Lastenverteilung.**[436]

#### a. Inhaltskontrolle nach der Rechtsprechung des Bundesverfassungsgerichts[437]

714 Das Bundesverfassungsgericht verlangt für eine richterliche Inhaltskontrolle das **kumulative** Vorliegen **zweier** Voraussetzungen: Zum einen muss eine **Ungleichgewichtslage** vorliegen, zum anderen muss der Vertragsinhalt durch eine **erkennbare einseitige Lastenverteilung** gekennzeichnet sein. Die Grenze ist dort zu ziehen, wo die **strukturelle** Unterlegenheit einer Partei der Grund für den Vertragsinhalt ist. Diese strukturelle Unterlegenheit kann auf eine bestehende **Schwangerschaft** bei **Vertragsabschluss** gegründet sein.[438]

715 Ist aufgrund einer **besonders einseitigen** Aufbürdung von vertraglichen Lasten ein **krasses** Ungleichgewicht und eine **unangemessene Benachteiligung** ersichtlich und liegt gleichzeitig eine erheblich ungleiche **Verhandlungsposition** der Vertragspartner wegen der **einseitigen Dominanz** des einen Vertragspartners vor, so dass letztendlich der Vertragsinhalt **faktisch einseitig** bestimmt wurde, ist es **Aufgabe des Rechts**, auf die Wahrung der Grundrechtspositionen beider Vertragspartner hinzuwirken, um zu verhindern, dass sich für einen Vertragsteil die **Selbstbestimmung** in eine **Fremdbestimmung** verkehrt.[439]

716 Bei Eheverträgen/Scheidungsvereinbarungen gebietet in solchen Fällen **gestörter Vertragsparität** der verfassungsrechtlich erforderliche Schutz der Ehe als **gleichberechtigte Partnerschaft** eine **gerichtliche** Kontrolle und ggf. Korrektur der Vereinbarung.

717 Die **einseitige Lastenverteilung** kann sich aus dem **Verzicht** der einkommensmäßig unterlegenen Frau auf nachehelichen **Unterhalt** und der Freistellung des Mannes von Kindesunterhalt ergeben, wobei eine bestehende **Schwangerschaft** bei Abschluss eines Ehevertrages **nur** ein Indiz für eine vertragliche Disparität sein kann, die Anlass gibt, den Vertrag einer **stärkeren richterlichen Kontrolle** zu unterziehen.

718 Wenn aber auch der Inhalt des Ehevertrages eine solche **Unterlegenheitsposition** der **nicht verheirateten Schwangeren** zum Ausdruck bringt, werde die Schutzbedürftigkeit offenkundig. Dies sei dann der Fall, wenn der Vertrag die Schwangere **einseitig belaste**

436 Heiß/Heiß in: Heiß/Born a.a.O., Rn. 264 zu Kap. 3.
437 FamRZ 2001, 343, 985.
438 Heiß/Heiß a.a.O.
439 Heiß/Heiß a.a.O. i.A.a. BVerfG FamRZ 2001, 343, 985.

und ihre Interessen keine angemessene Berücksichtigung finden. Darüber hinaus sei in einem solchen Fall auch noch das **Kindeswohl** zu berücksichtigen.

719 Der ehevertraglich vereinbarte **Ausschluss** von **Unterhaltsansprüchen** (neben dem Verzicht auf Versorgungsausgleichsansprüche und auf Zugewinnausgleich) ist jedenfalls dann **unwirksam,** wenn die **schwangere Braut** erst **kurze Zeit** vor der beabsichtigten Eheschließung erstmalig mit dem Abschluss des Ehevertrages konfrontiert wird.[440]

720 Bei der Prüfung, ob ein Ehevertrag der richterlichen Inhaltskontrolle stand hält, ist der Ehevertrag sowohl unter einem **subjektiven** als auch unter einem **objektiven Aspekt** zu überprüfen.[441] **Vergleichsmaßstab** ist nicht etwa die Rechtslage **ohne** Eheschließung, sondern die **Rechtslage** mit Eheschließung, aber ohne **Ehevertrag.** Das BVerfG weist nämlich ausdrücklich darauf hin, dass trotz der **Eheschließungsfreiheit keine** grenzenlose **Ehevertragsfreiheit** besteht.[442]

### b. Inhaltskontrolle von Eheverträgen / Scheidungsvereinbarungen nach der Rechtsprechung des BGH[443]

721 Nach dem Grundsatz der **Vertragsfreiheit** steht es den Ehegatten frei, die gesetzlichen Regelungen über den **Zugewinn,** den **Versorgungsausgleich** und den **nachehelichen Unterhalt** ehevertraglich **auszuschließen.** Dabei darf aber nicht der **Schutzzweck** dieser Regelungen beliebig unterlaufen werden.[444]

722 Das wäre der Fall, wenn durch die Vereinbarung eine **evident einseitige** und durch die individuelle **Gestaltung** der **ehelichen** Lebensverhältnisse **nicht gerechtfertigte Lastenverteilung** entstünde, die hinzunehmen für den **belasteten** Ehegatten – bei angemessener Berücksichtigung der **Belange** des **anderen** Ehegatten und seines Vertrauens in die Geltung der getroffenen Abrede – bei verständiger Würdigung des Wesens der Ehe **unzumutbar** erscheint.

723 Die Belastungen für den einen Ehegatten einerseits und die Belange des anderen Ehegatten andererseits müssen einer umso genaueren Prüfung unterzogen werden, je **unmittelbarer** die vertragliche **Abbedingung** gesetzlicher Regelungen in den **Kernbereich des Scheidungsfolgenrechts** eingreift.

724 Zu diesem **Kernbereich** gehört in erster Linie der **Betreuungsunterhalt** (§ 1570 BGB), der schon im Hinblick auf seine Ausrichtung am **Kindesinteresse** nicht der freien Disposition der Ehegatten unterliegt. Eine vertragliche Regelung auch des **Betreuungsunterhalts** ist allerdings möglich, wenn z.B. die **Art** des **Berufs** der Mutter erlaubt, **Kinderbetreuung** und **Erwerbstätigkeit** miteinander zu vereinbaren, ohne dass das Kind **Erziehungseinbußen** erleidet oder wenn z.B. Dritte zur Kinderbetreuung herangezogen werden, um einen möglichst frühen **Wiedereintritt** der Mutter in das **Berufsleben** zu ermöglichen.

440 Heiß/Heiß a.a.O. i.A.a. OLG Oldenburg FamRZ 2004, 545.
441 Vgl. OLG Koblenz FamRZ 2004, 805 m. Anm. Bergschneider.
442 FamRZ 2001, 343.
443 FamRZ 2004, 601.
444 Heiß/Heiß a.a.O., i.A.a. BGH FamRZ 2004, 601.

725 Es ist eine **Rangabstufung** vorzunehmen, die sich in erster Linie danach bemisst, welche **Bedeutung** die einzelnen Scheidungsfolgenregelungen für den **Berechtigten** in seiner jeweiligen Lage haben.

- **Rangstufe 1:** Unterhalt wegen **Kindesbetreuung,** § 1570 BGB
- **Rangstufe 2:** Unterhalt wegen **Alters,** § 1571 BGB und Unterhalt wegen **Krankheit,** § 1572 BGB. Auf derselben Stufe wie der Altersunterhalt rangiert der **Versorgungsausgleich** als vorweggenommener Altersunterhalt und ist daher vertraglicher Disposition nur **begrenzt offen.** Vereinbarungen über den **Versorgungsausgleich** müssen deshalb nach **denselben Kriterien** geprüft werden wie ein vollständiger oder teilweiser **Unterhaltsverzicht.**
- **Rangstufe 3:** Unterhalt wegen **Erwerbslosigkeit,** § 1573 Abs. 1 BGB
- **Rangstufe 4: Krankenvorsorge-** und **Altersvorsorgeunterhalt,** § 1578 Abs. 2, 1. Variante, Abs. 3 BGB
- **Rangstufe 5:** Aufstockungs- und Ausbildungsunterhalt, §§ 1573 Abs. 2, 1575 BGB, die i.d.R. ohnehin **befristet** sind.

726 **Außerhalb** des Kernbereichs: **Zugewinnausgleich;** dieser erweist sich ehevertraglicher Disposition am **weitesten zugänglich.** Das **Gebot** der ehelichen Solidarität fordert **keine wechselseitige Vermögensbeteiligung** der Ehegatten: Deren Verantwortung füreinander tritt bei **konkreten** und **aktuellen** Versorgungsbedürfnissen auf den Plan; ihr trägt das geltende **Unterhaltsrecht** Rechnung. Grob unbillige **Versorgungsdefizite,** die sich aus einer Vereinbarung ergeben, sind vorrangig im **Unterhaltsrecht** und allenfalls **hilfsweise** durch **Korrektur** der von den Ehegatten gewählten Vermögensordnung zu kompensieren.

727 Die richterliche Inhaltskontrolle wird **nicht** dadurch **obsolet,** dass der belastete Ehegatte durch einen **Notar** hinreichend über den **Inhalt** und die **Konsequenzen** des Vertrages belehrt oder von einem **Rechtsanwalt beraten wurde.**

728 Der Tatrichter hat als **ersten** Schritt im Rahmen einer **Wirksamkeitskontrolle** zu prüfen, ob die Vereinbarung schon im **Zeitpunkt** ihres **Zustandekommens** offenkundig zu einer einseitigen Lastenverteilung für den Scheidungsfall führt, so dass ihr – und zwar losgelöst von der **künftigen** Entwicklung der Ehegatten und ihrer Lebensverhältnisse – **wegen Verstoßes gegen die guten Sitten** die Anerkennung der Rechtsordnung ganz oder teilweise mit der Folge zu versagen ist, dass an ihre Stelle die **gesetzlichen** Regelungen treten, § 138 Abs. 1 BGB.

729 Erforderlich ist dabei eine **Gesamtwürdigung,** die auf die individuellen Verhältnisse beim **Vertragsabschluss** abstellt, insbesondere also auf die **Einkommens- und Vermögensverhältnisse,** den geplanten oder bereits verwirklichten **Zuschnitt der Ehe** sowie auf die Auswirkungen auf die Ehegatten und auf die Kinder.

730 **Sittenwidrigkeit** wird regelmäßig nur in Betracht kommen, wenn Regelungen aus dem **Kernbereich** des Scheidungsfolgenrechts ganz oder ebenfalls zu **erheblichen** Teilen abbedungen werden, ohne dass dieser Nachteil für den anderen Ehegatten durch anderweitige **Vorteile gemildert** oder durch die besonderen Verhältnisse der Ehegatten, den von ihnen angestrebten oder gelebten **Ehetyp** oder durch sonstige gewichtige

Belangte des begünstigten Ehegatten gerechtfertigt wird. Bei **Sittenwidrigkeit** ist der **gesamte** Vertrag nichtig und die Frage einer **Teilnichtigkeit** nach § 139 BGB nicht mehr zu prüfen.

731 Ist der Vertrag **nicht** sittenwidrig, aber **zu beanstanden,** muss der Richter im Rahmen der **Ausübungskontrolle** als **zweiten** Schritt prüfen, ob und inwieweit ein Ehegatte die ihm durch den Vertrag eingeräumte Rechtsmacht **missbraucht,** wenn er sich im Scheidungsfall gegenüber einer vom anderen Ehegatten begehrten gesetzlichen Scheidungsfolge darauf **beruft,** dass diese durch den Vertrag wirksam abbedungen sei, § 242 BGB. Dabei sind nicht nur die Verhältnisse im **Zeitpunkt des Vertragsschlusses** maßgebend. **Entscheidend** ist vielmehr, ob sich nunmehr – zum **Zeitpunkt des Scheiterns** der Lebensgemeinschaft – aus dem vereinbarten Ausschluss der Scheidungsfolge eine **evident einseitige** Lastenverteilung ergibt, die hinzunehmen für den belasteten Ehegatten auch bei angemessener Berücksichtigung der Belangte des anderen Ehegatten und seines Vertrauens in die Geltung der getroffenen Abrede sowie bei verständiger Würdigung des Wesens der Ehe **unzumutbar** ist. Das kann insbesondere der Fall sein, wenn die tatsächliche einvernehmliche Gestaltung der ehelichen Lebensverhältnisse von der **ursprünglichen,** dem Vertrag zugrunde liegenden **Lebensplanung** grundlegend abweicht.

732 Nacheheliche **Solidarität** wird dabei ein Ehegatte regelmäßig **nicht einfordern können,** wenn er **seinerseits** die eheliche **Solidarität verletzt** hat. Soweit ein angemessener Ausgleich **ehebedingter Nachteile** in Rede steht, werden dagegen **Verschuldensgesichtspunkte** eher zurücktreten. Insgesamt hat sich die gebotene Abwägung an der **Rangordnung** der Scheidungsfolgen zu orientieren:

733 Je **höherrangig** die vertraglich ausgeschlossene Scheidungsfolge ist, umso **schwerwiegender** müssen die Gründe sein, die für ihren **Ausschluss** sprechen. Hält die Berufung eines Ehegatten auf den vertraglichen Ausschluss der Scheidungsfolge der richterlichen **Rechtsausübungskontrolle** nicht stand, so führt dies im Rahmen des § 242 BGB noch **nicht** zur **Unwirksamkeit** des vertraglich vereinbarten Ausschlusses.

734 Der Richter hat vielmehr **diejenige Rechtsfolge** anzuordnen, die den berechtigten Belangen beider Parteien in der nunmehr eingetretenen Situation in **ausgewogener Weise** Rechnung trägt. Dabei wird er sich allerdings umso **stärker** an der vom **Gesetz** vorgesehenen Rechtsfolge zu orientieren haben, je zentraler diese Rechtsfolge im **Kernbereich** des gesetzlichen Scheidungsfolgenrechts liegt.[445]

735 Der Kernbereich ist jedoch **nicht jeglicher Modifikation entzogen.** Ehevertragliche Regelungen hält der BGH für denkbar, wenn die **berufliche** Tätigkeit und die **Betreuung** eines Kindes miteinander vereinbart werden können. Auch ist ein Verzicht möglich, wenn bereits **bei Eheschließung** die Voraussetzungen eines Unterhalts wegen **Krankheit** nach § 1572 BGB und wegen **Alters** nach § 1571 BGB gegeben sind, soweit der Verzicht objektiv **nicht zum Nachteil Träger öffentlicher Leistungen** vereinbart wurde, weil dann § 138 BGB eingreift.[446]

445 Heiß/Heiß a.a.O. i.A.a. BGH FamRZ 2004, 601.
446 BGH FamRZ 1992, 1703.

736 Entscheidend für die **Definition des Kernbereichs** ist nach dem BGH, welche Bedeutung die einzelnen Scheidungsfolgen für den Berechtigten in dessen **konkreter Lebenslage** haben. Der BGH hält deshalb die Sicherung des **laufenden** Lebensbedarfs (Existenzsicherung) für **wichtiger** als die Gewährung des Zugewinns und des **Versorgungsausgleichs.**

737 Die Inhaltskontrolle von Eheverträgen nimmt der BGH – wie ausgeführt – in **zwei** Schritten vor, nämlich durch die **Wirksamkeitskontrolle** gem. § 138 BGB und die **Ausübungskontrolle** nach § 242 BGB. Bei der Wirksamkeitskontrolle ist auf den **Zeitpunkt des Vertragsabschlusses** abzustellen. Sittenwidrigkeit liegt nach BGH nur dann vor, wenn Regelungen aus dem Kernbereich ganz oder zu erheblichen Teilen abbedungen werden, **ohne** dass die sich aus dem Vertrag ergebenden Nachteile durch **anderweitige** Vorteile gemildert werden. Eine **Kompensation** kann durch die **Übertragung** von **Vermögenswerten** für den Fall der **Scheidung** eintreten, die den Unterhaltsbedarf des berechtigten Ehegatten **dauerhaft und angemessen absichert** (Kapitallebensversicherung, Immobilie). Auch bei **gesicherten Einkünften** oder **eigenen Vermögenswerten** kann Sittenwidrigkeit entfallen.

738 Soweit ein Ehevertrag der Prüfung des § 138 BGB stand hält (wobei der BGH darauf hinweist, dass die **Einstiegsschwelle** für § 138 BGB sehr hoch ist), muss der Richter anhand des **Maßstabes** des § 242 BGB prüfen, ob ein Ehegatte die ihm durch den Vertrag eingeräumte **Rechtsmacht** missbraucht, wenn er sich auf die vertraglichen Regelungen beruft. Bei dieser Abwägung sind vor allem **nachvertragliche Entwicklungen** zu berücksichtigen, wenn im Zeitpunkt des **Scheiterns der Ehe** durch die vertragliche Regelung eine **evident einseitige Lastenverteilung** eintritt. Diese Voraussetzungen können insbesondere dann bestehen, wenn die einvernehmliche **Gestaltung der ehelichen Lebensverhältnisse** von der bei Vertragsabschluss **geplanten** Gestaltung der ehelichen Lebensverhältnisse grundlegend abweicht, z.B. entgegen den gemeinsamen Vorstellungen ein **Kind** zur Welt kommt. Gleiches gilt, wenn durch **schicksalhafte Entwicklungen** ein Ehegatte besondere Lasten zu tragen hat (z.B. das gemeinsame Kind dauerhaft erkrankt oder behindert ist und ständig gepflegt werden muss).

739 Während das BVerfG die Inhaltskontrolle auf den **Zeitpunkt** des Vertragsabschlusses abstellte, berücksichtigt der BGH im Rahmen der **Ausübungskontrolle** auch eine **nachvertraglich** eintretende, evident einseitige Lastenverteilung.

740 **Rechtsfolge** im Falle einer gebotenen Rechtsausübungskontrolle im Rahmen des § 242 BGB ist nicht Unwirksamkeit des Ausschlusses. Es werden auch nicht **zwingend** die vom Gesetz vorgesehenen **Scheidungsfolgen** wieder in **kraft gesetzt.**

741 Der BGH will vielmehr im Rahmen des § 242 BGB den **beiderseitigen Belangen** der Ehegatten in der veränderten Sachlage Rechnung tragen. Je zentraler die Rechtsfolgen im **Kernbereich** der Scheidungsfolgen angesiedelt sind, umso stärker greift die **gesetzliche Rechtsfolge** durch. **Rechtsfolge** der Rechtsausübungskontrolle ist somit eine **Umgestaltung** der vertraglichen Rechtsfolgen und **nicht** nur eine **Versagung** der Berufung auf den vereinbarten Verzicht. Dabei ist eine **Gesamtschau** aller Scheidungsfolgen anzustellen und diese in die Prüfung einzubeziehen, **unbeschadet** einer **salvatorischen Klausel.**

742 **Beweislast:** Will ein Ehegatte einen Ehevertrag mit der **Wirksamkeitskontrolle** nach § 138 BGB oder der **Ausübungskontrolle** nach § 242 BGB angreifen, muss er deren **Voraussetzungen** darlegen und beweisen, weil er die Abkehr von einer vertraglichen Regelung erreichen will.[447] Der BGH verlangt für beide Prüfungsbereiche eine **Gesamtschau** zur getroffenen Vereinbarung, insbesondere **Gründe** und **Umstände** ihres **Zustandekommens.** Dies wird, wenn der Ehevertrag keine **Erläuterungen zur Motivation** der Einzelnen Regelungen enthält, zu **Beweislastproblemen** führen.

743 Wurden in einem Ehevertrag oder einer Scheidungsfolgenvereinbarung **global** die Scheidungsfolgen **vollständig** oder jedenfalls **weitgehend** ausgeschlossen, so kann bereits aus dem Vertragsinhalt die – **widerlegbare** – **Vermutung** abgeleitet werden, dass bereits durch den Vertrag in den Kernbereich der **Scheidungsfolgen eingegriffen** wurde.[448] Dies wird durch die Feststellung des BVerfG gestützt, dass sich der **Effekt** einer **einseitigen** Benachteiligung umso mehr verfestigen kann, je **mehr gesetzliche Rechte** im Ehevertrag abbedungen wurden.[449] Dem betroffenen Ehegatten dürfte in diesem Fall **jedenfalls** der Nachweis der Voraussetzungen einer Ausübungskontrolle bei Berücksichtigung seiner **persönlichen** und **wirtschaftlichen** Lage bei Scheitern der Ehe gelingen.

744 Bei einem Verzicht auf **höchstrangige Rechte aus dem Kernbereich** der Scheidungsfolgen hat der **Antragsgegner** die **Darlegungs-** und **Beweislast** dafür, dass der Verzicht nicht zu beanstanden ist. Für den Verzicht auf **Betreuungsunterhalt** gilt diese Regel uneingeschränkt. Der Unterhalts**pflichtige** muss also **darlegen,** dass der betreuende Elternteil im Hinblick auf seinen **Beruf** die Kindesbetreuung mit einer **Erwerbstätigkeit** vereinbaren kann, ohne dass das Kind Erziehungseinbußen erleidet oder die Ehegatten sich verständigt hatten, ab einem bestimmten Kindesalter **Dritte** zur Betreuung heranzuziehen, um einen möglichst frühen **Wiedereinstieg** des betreuenden Elternteils in das **Berufsleben** zu ermöglichen.[450]

### c. Umfang der Wirksamkeitskontrolle

745 Die Wirksamkeitskontrolle setzt eine **Gesamtwürdigung** voraus, so dass in jedem Fall eine Prüfung entsprechend **§ 139 BGB** stattzufinden hat, inwieweit ein **Wille** zur **Einheitlichkeit** der vertraglichen Regelungen besteht, bei dessen Vorliegen der **gesamte Vertrag** nichtig ist. Soweit bei Bestehen eines **Globalverzichts** die Voraussetzungen des § 138 BGB wegen des Gesamtcharakters des Ehevertrages angenommen werden, wird der **gesamte** Vertrag von **§ 138 BGB** erfasst, so dass auch eine salvatorische Klausel nicht dazu führt, dass einzelne Teile wirksam bleiben, weil deren Zweck nur in der Beseitigung der Wirkungen des § 139 BGB besteht.[451]

---

447 Vgl. Borth FamRZ 2004, 609ff.
448 Borth FamRZ 2004, 611.
449 FamRZ 2001, 343, 347.
450 Bergschneider FamRZ 2004, 808.
451 Borth FamRZ 2004, 612.

### d. Feststellungsklage / Leistungsklage

746 Macht der benachteiligte Ehegatte die Unwirksamkeit eines **Globalverzichts** geltend, ist aus prozessökonomischen Gründen eine **Feststellungsklage** nach § 256 ZPO zur Prüfung der Wirksamkeit des Vertrages zulässig, um ein aufwändiges Verfahren zur Bestimmung der **Anspruchshöhe** im Falle einer **Leistungsklage** zu vermeiden.[452]

747 Macht ein Ehegatte die **Unwirksamkeit** eines Ehevertrages nach § 138 BGB geltend oder hält er die Berufung auf einen Verzicht nach **§ 242 BGB** für missbräuchlich, muss er hinsichtlich **jeder Einzelnen Scheidungsfolge** entweder im **Verbund** nach § 623 Abs. 1 ZPO oder **isoliert** eine Leistungsklage erheben, der i.d.R. eine **Stufenklage zur Auskunft** voranzustellen ist.

748 Das Familiengericht entscheidet dann, ob der Ausschluss der Scheidungsfolgen nach dem Vertrag Bestand hat oder dieser nach §§ 138, 242 BGB zu korrigieren ist.[453]

749 
## 2. Muster: Vereinfachte Vereinbarung Unterhaltsverzicht bei kurzer Ehedauer und Kinderlosigkeit und Erwerbstätigkeit beider Ehegatten

In diesem Fall empfiehlt sich die nachfolgend vereinfachte Verzichtsvereinbarung:

37

Präambel:

Wir sind erst seit (z.B. 1 1/2 Jahre) verheiratet. Das Scheidungsverfahren ist anhängig. Es ist davon auszugehen, dass unsere Ehe in Kürze geschieden wird.

Wir sind beide berufstätig und verfügen in etwa über gleich hohe Einkünfte. Aus unserer Ehe sind keine Kinder hervorgegangen.

Wir verzichten hiermit gegenseitig auf jeglichen nachehelichen Ehegattenunterhalt, auch für den Fall der Not und nehmen den Verzicht wechselseitig an.

Wir sind – ohne insoweit eine rechtliche Verpflichtung einzugehen – darüber einig, dass wir auch während des Getrenntlebens vor einer Scheidung gegenseitig keine Unterhaltsansprüche geltend machen werden.

Die besondere wirtschaftliche Bedeutung der vorstehenden Unterhaltsverzichtsvereinbarung ist uns bekannt.

Uns ist auch bekannt, dass ein Verzicht auf Trennungsunterhalt nach dem Gesetz nicht zulässig ist.

Im Zusammenhang mit der Verzichtserklärung betreffend nachehelichen Ehegattenunterhalt erklären wir – ohne dass dies Geschäftsgrundlage für den vorstehenden Verzicht ist – dass wir aus jetziger Sicht jeweils in der Lage sind, für den eigenen Lebensunterhalt selbst aufzukommen.

Geschäftsgrundlage dieser Vereinbarung ist, dass sie für beide wirksam ist.

452 Borth FamRZ 2004, 612 i.A.a. OLG Stuttgart WM 1994, 626, 629.
453 Borth FamRZ 2004, 612.

Sollte die Unterhaltsvereinbarung – aus welchen Gründen auch immer – für eine Vertragspartei unwirksam sein, so tritt Unwirksamkeit auch bezüglich der anderen Vertragspartei ein.

Gleiches gilt, falls sich eine Vertragspartei auf die Wirksamkeit der Vereinbarung gem. § 242 BGB nicht berufen kann.

Den Beteiligten ist bekannt, dass die Vereinbarung einer richterlichen Inhalts- und Ausübungskontrolle unterliegen kann, insbesondere im Hinblick auf die §§ 138, 242 BGB und Art. 2 und 6 GG.

Die Beteiligten erklären, dass aufgrund ihrer Einkommens- und Vermögensverhältnisse nach ihrer Ansicht einem vollständigen und teilweisen Unterhaltsverzicht nichts entgegensteht.

Die Beteiligten erklären weiter, dass aus heutiger Sicht kein Ehegatte aufgrund dieser Vereinbarung auf Leistungen öffentlicher Träger angewiesen sein wird.

### 3. Muster: Unterhaltsverzicht mit Vermögensübertragung/Abfindungszahlung

750

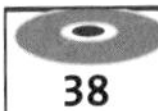

38

Erhält die Ehefrau eine größere Auszahlung aus der Vermögensauseinandersetzung, so empfiehlt sich folgende ergänzende Formulierung:

Die Parteien sind sich dahingehend einig, dass mit der Zahlung in Höhe von € ■■■ die Ehefrau vollumfänglich ihren Bedarf aus den Zinseinkünften aus diesem Vermögen decken kann.

Aus der vermögensrechtlichen Auseinandersetzung hätten der Ehefrau lediglich € ■■■ zugestanden.

Der Restbetrag wurde als Abfindung für Unterhaltsverzicht bezahlt.

Sollte die Unterhaltsvereinbarung – aus welchen Gründen auch immer – unwirksam sein, so sind sich die Parteien dahingehend einig, dass die Abfindung in Höhe von € ■■■ mit einem etwaigen laufenden Unterhalt verrechnet wird und insoweit Aufrechnung ausdrücklich zulässig ist, wobei jedoch nochmals ausdrücklich klargestellt wird, dass beide Parteien von der Wirksamkeit dieser Vereinbarung ausgehen und Anhaltspunkte dafür, dass die Vereinbarung unwirksam sein könnte, nicht bestehen.

751

**Anmerkung:** Wird eine **Kapitalabfindung** von Unterhaltsansprüchen vereinbart, also Zahlung einer einmaligen Summe gegen wechselseitigen Verzicht auf jeglichen nachehelichen Ehegattenunterhalt, so ist die Höhe der Kapitalabfindung bei **exakter** Berechnung wie folgt zu ermitteln:[454]

- Höhe der monatlichen Unterhaltsrente
- Laufzeit der Unterhaltsrente
- Ermittlung des Betrages zur Sicherstellung der Unterhaltsrente
- Überprüfung des Betrages auf unterhaltsrechtliche Besonderheiten

454 Hausleiter, Vermögensauseinandersetzung bei Trennung und Scheidung, Rn. 301ff. zu Kap. 6.

752 Die Berechnung der **Laufzeit** erfolgt anhand der durchschnittlichen Lebenserwartung nach dem jeweils geltenden statistischen Jahrbuch.[455]

753 Es ist zu berücksichtigen, ob der Unterhaltsanspruch **zeitlich** begrenzt werden kann. Der Betrag muss **kapitalisiert** werden, was üblicherweise in der Weise erfolgt, dass die Jahresrente mit dem für die jeweilige Laufzeit angegebenen **Faktor**[456] vervielfacht wird. **Richtschnur** ist die Rendite **festverzinslicher Wertpapiere.**[457]

754 **Beratungshinweis:** Jedwede konkrete Berechnung einer Unterhaltsabfindung scheitert jedoch bereits an allen Unwägbarkeiten der künftigen Entwicklung der tatsächlichen und wirtschaftlichen Verhältnisse, so z.B.

- Ableben des Unterhaltspflichtigen
- Ableben des Unterhaltsberechtigten
- Wiederheirat des Unterhaltsberechtigten
- dauerhaftes Zusammenleben der Unterhaltsberechtigten über 2½ Jahre
- Einkommensverminderungen des Unterhaltspflichtigen oder der Unterhaltsberechtigten
- Einkommenserhöhungen seitens des Unterhaltsberechtigten oder -verpflichteten
- insbesondere bei Selbständigen: Illoyale Einkommensminderungen, die unterhaltsrechtlich nicht beweisbar sind.

So ist es letztlich Sache des Anwalts, unter Berücksichtigung sämtlicher Gesichtspunkte eine angemessene Abfindungszahlung zu ermitteln, die sich jedoch in der Praxis regelmäßig tatsächlich der Höhe nach orientiert, was der Unterhaltspflichtige finanziell aufbringen kann oder aber auch daran, ob die Unterhaltsberechtigte bereits einen neuen Partner hat, so dass ohnehin nach Ablauf von 2 Jahren bei eheähnlichem Zusammenleben davon auszugehen ist, dass ein Unterhaltsanspruch entfällt. Wesentlicher Punkt ist auch das Alter der Kinder sowie die Berücksichtigung der oben ausgeführten Rechtsprechung des BVerfG sowie des BGH zur Inhaltskontrolle.

755 Bei einer wirksamen Unterhaltsabfindungsvereinbarung ist der Verzicht i.d.R. absolut endgültig. Schon allein aus Gründen der Rechtswirksamkeit einer Verzichtsvereinbarung sollte davon der Fall ausgenommen sein, dass der Unterhaltsberechtigte wegen einer schweren Erkrankung eines der Kinder (z.B. Unfall u.a.) einer Erwerbstätigkeit nicht mehr nachgehen kann. Wichtig: Ist seitens der Unterhaltsberechtigten bei Abschluss der Vereinbarung bereits bekannt, dass diese unmittelbar nach Abschluss der Vereinbarung erneut eine Ehe eingehen will, steht also die Eheschließung unmittelbar bevor, so kann eine Anfechtung wegen arglistiger Täuschung nach § 123 Abs. 1 BGB erfolgen.

756 Aus Haftungsgründen muss die Partei in jedem Fall auf diese Rechtsfolge hingewiesen werden.

455 Hierzu s. im Einzelnen: Hausleiter, a.a.O. Rn. 302 zu Kap. 6.
456 Nach Anlage 9a zu § 13 des Bewertungsgesetzes.
457 Hausleiter, a.a.O., Rn. 307 zu Kap. 6.

#### 4. Freistellungsvereinbarungen

757 Eine Freistellung von Unterhaltsansprüchen ist grundsätzlich **rechtlich zulässig,** auch wenn es um den Unterhalt für **gemeinschaftliche Kinder** geht. Die Eltern können sich im Verhältnis zueinander über die von Ihnen zu leistenden Unterhaltsbeiträge verständigen und grundsätzlich auch **einen** von ihnen von einer Unterhaltsleistung **völlig freistellen.**[458] Dies deshalb, weil der Unterhaltsanspruch des Kindes durch eine solche Vereinbarung nicht **betroffen** wird, denn es handelt sich dabei um eine sog. **Erfüllungsübernahme.**

758 BGH[459] hat betont, dass es sich bei einer Unterhaltsabsprache zwischen Eltern über Kindesunterhalt um einen **Vertrag** zwischen den Eltern handelt, der nur zwischen **ihnen,** nicht aber **für und gegen das Kind** Rechtswirkungen zu entfalten vermag. Aufgrund einer solchen vertraglichen Abrede kann der vom Kind auf Unterhalt in Anspruch genommene Elternteil vom anderen verlangen, dass er den Anspruch des Kindes befriedigt.[460]

759 Die Freistellungsvereinbarung zwischen den Eltern **ändert nichts daran,** dass sich das **Kind** seinen **Barunterhaltsanspruch** gegen den im Innenverhältnis der Eltern **freigestellten** anderen **Elternteil titulieren lassen** und ihn notfalls im Wege der **Zwangsvollstreckung** durchsetzen kann.[461]

760 Als **sittenwidrig** im Sinne des § 138 Abs. 1 BGB ist lediglich die **Kombination** einer solchen Freistellungsvereinbarung mit der gleichzeitigen **Zustimmung** zur Übertragung des Sorgerechts auf den verzichtenden Elternteil anzusehen, **jedoch nur dann,** wenn das **Wohl des Kindes** zur Erlangung wirtschaftlicher Vorteile **übergangen** wird.[462]

761 Grundsätzlich **zulässig** ist es auch, dass der **künftige** Partner des Ehegatten erklärt, er stelle den früheren Ehegatten von der Unterhaltspflicht frei, solange das Kind in seinem Haushalt lebt.[463]

762 **Beratungshinweis:** Derartige Freistellungserklärungen bezüglich der Haftung für Kindesunterhalt sollten beschränkt werden auf die Zeit der Ausbildung. Andernfalls besteht die Gefahr, dass u.U. dann evtl. lebenslang für sehr hohe Unterhaltsbeträge die alleinige Haftung übernommen wird, wenn das Kind z.B. aufgrund eines Unfalls vollumfänglich betreuungsbedürftig wird oder wenn eine entsprechende Betreuungsbedürftigkeit aufgrund einer schweren Erkrankung eintritt! Formulierungsvorschlag: „Herr ... stellt Frau ... hiermit für die Dauer der Ausbildung des Kindes ... von jeglicher Haftung für Kindesunterhalt frei."

458 BGH FamRZ 1986, 444.
459 FamRZ 1987, 934.
460 BGH FamRZ 1986, 444 f.
461 KG FamRZ 1985, 1073 f.
462 OLG Hamm FamRZ 1999, 163.
463 BGH FamRZ 1986, 254.

### B. Prozess

#### I. Zuständigkeit

763 **Sachlich zuständig** ist nach § 23a Nr. 2, 3 GVG i.V.m. § 23b Abs. 1 GVG das Amtsgericht – Familiengericht –.

764 Die **örtliche** Zuständigkeit richtet sich nach folgendem: Ist eine Ehesache anhängig, ist das Gericht **ausschließlich** zuständig, bei dem die Ehesache im ersten Rechtszug anhängig ist oder war, soweit es sich um **Ehegattenunterhalt** oder um den Unterhalt **gemeinschaftlicher Kinder** handelt.[464]

765 Ist **keine** Ehesache anhängig, so ist folgendes zu unterscheiden:

- Unterhaltspflicht der Eltern gegenüber dem **minderjährigen** Kind: Ausschließlich zuständig ist das Gericht am **Wohnsitz** des Kindes oder des Elternteils, der das Kind vertritt. Dies gilt für alle Arten von Klagen (Leistungsklage, Stufenklage, Abänderungsklage). Die Zuständigkeit ergibt sich aus **§ 642 Abs. 1 ZPO** und gilt auch bei **gemeinsamer Sorge.**
- Ist ein **Scheidungsverfahren** zwischen den Eltern **anhängig**, geht nach § 642 Abs. 2 ZPO die Zuständigkeitsregelung in § 621 Abs. 2, Abs. 3 ZPO vor.[465]

766 Bei einer **Vollstreckungsgegenklage** geht die **ausschließliche** Zuständigkeit nach §§ 767, 795, 802 ZPO der ausschließlichen Zuständigkeit nach § 642 Abs. 1 ZPO vor.[466] Für Vollstreckungsgegenklagen ist das Prozessgericht des **ersten Rechtszuges,** das die anzugreifende **Entscheidung getroffen hat**, ausschließlich zuständig, §§ 767 Abs. 1, 802 ZPO, wenn keine Regelung für den Fall der Scheidung begehrt wird.[467]

767 Für **volljährige** Schüler bis 21 Jahre, die noch im **Haushalt** eines Elternteils leben, gilt **§ 642 Abs. 1 ZPO nicht.**[468] Ist ein Verfahren betreffend **Kindesunterhalt** bezüglich eines **minderjährigen Kindes** anhängig, so kann bei dem **gleichen** Gericht auch eine **Klage** auf **Ehegattenunterhalt** oder Unterhalt nach § 1615l BGB eingereicht werden (§ 642 Abs. 3 ZPO). Wird eine **Ehesache** während der Anhängigkeit eines Unterhaltsverfahrens **rechtshängig,** ist der Rechtsstreit über Ehegattenunterhalt und Kindesunterhalt **von Amts wegen** an das Gericht der Ehesache zu verweisen (§ 621 Abs. 3 ZPO).

#### II. Verfahrensrecht

768 **Unterhaltsstreitigkeiten** sind, wie sich aus § 621a Abs. 1 ZPO ergibt, reine **ZPO-Verfahren.**[469] Ist der Unterhaltsrechtsstreit als **Verbundverfahren** anhängig, gelten nur die **landgerichtlichen** Verfahrensvorschriften gem. § 624 Abs. 3 ZPO.

769 Bei **isolierten Unterhaltsprozessen** finden hingegen die Bestimmungen des **amtsgerichtlichen** Verfahrens Anwendung, §§ 495ff. ZPO. Anwaltspflicht besteht nur, wenn der

464 Gerhardt in: FA-FamR, Rn. 582 zu Kap. 6.
465 Gerhardt a.a.O.
466 BGH FamRZ 2001, 1705.
467 Heiß/Heiß in: Beck'sches Rechtsanwaltshandbuch, Rn. 143 zu Kap. C 17.
468 OLG Dresden FamRZ 1999, 449; OLG Hamm FamRZ 1999, 1022; OLG Naumburg FamRZ 2000, 280.
469 Thomas/Putzo/Hüßtegge § 621a ZPO, Rn. 9.

Unterhalt als Folgesache einer Ehesache anhängig gemacht wurde (§ 78 Abs. 2 Nr. 1 ZPO) und im **selbstständigen** Verfahren vor den Gerichten des **höheren** Rechtszugs (§ 78 Abs. 2 Nr. 2 ZPO).

770 **BERATUNGSHINWEIS:** Soll im Rahmen einer einverständlichen Scheidung nach § 630 ZPO eine Unterhaltsregelung zwischen den Parteien getroffen werden, so müssen beide Parteien anwaltlich vertreten sein.

771 **Keine** Anwaltspflicht besteht, wenn im Rahmen eines Scheidungsverfahrens lediglich ein **nachehelicher Ehegattenunterhaltsverzicht** vereinbart wird. Der Vergleich ist zwar dann als **Prozessvergleich unwirksam**. Er bleibt aber als **materielles Rechtsgeschäft wirksam**.[470]

772 Ist im Scheidungsverfahren mit Verbundverfahren **Unterhalt** der Antragsgegner **säumig**, also entweder nicht erschienen oder anwaltlich nicht vertreten, so ergeht gegen ihn und, zwar für die **Scheidung**, wegen § 612 Abs. 4 ZPO ein **streitiges Endurteil**, für das Verbundverfahren „Unterhalt" aber nach § 629 Abs. 2 ZPO ein **Versäumnisurteil** (**End- und Versäumnisurteil**).[471]

773 Soweit **Kindesunterhalt** im Wege der Prozessstandschaft nach § 1629 Abs. 3 BGB und **Trennungsunterhalt** in einer Klage verlangt werden, sind **gesonderte** Anträge zu stellen, wobei **exakt** die **Höhe** des Kindesunterhalts und des Ehegattenunterhalts beziffert werden müssen. Erfolgt keine Bezifferung und lässt sich auch durch Auslegung die Höhe des Kindes- und Trennungsunterhalts nicht ermitteln, liegt ein unbestimmter und damit **unzulässiger Klageantrag** vor.[472] Der Unterhalt **gemeinschaftlicher minderjähriger Kinder** gehört nur zum **Scheidungsverbund,** soweit er erst ab Rechtskraft der Scheidung begehrt wird (§ 623 Abs. 1 Ziff. 1 ZPO). Wird der Unterhalt bereits ab Trennung verlangt, so ist er gesondert zu beantragen, am besten im Wege einer einstweiligen Anordnung im Rahmen des Scheidungsverbunds.

774 **BERATUNGSHINWEIS:** Da es sich beim Kindesunterhalt immer um den gleichen Streitgegenstand handelt, muss er nicht mehr zusätzlich mit der Scheidung begehrt werden

775 Der Unterhalt **volljähriger** Kinder muss stets **isoliert** geltend gemacht werden, da der Volljährige Dritter i.S.d. § 623 Abs. 1 S. 2 ZPO ist. Wird ein **minderjähriges** Kind, dessen Unterhalt im Scheidungsverbund verlangt wurde, während des Verfahrens **volljährig**, ist das Verfahren **abzutrennen.** Der Volljährige führt den Prozess durch **gesetzlichen Parteiwechsel** im eigenen Namen fort.[473]

### III. Klage Ehegattenunterhalt

776 Der nacheheliche Ehegattenunterhalt kann entweder – **sinnvollerweise** – im Verbundverfahren geltend gemacht werden, oder nach der Scheidung durch gesonderte Unterhaltsklage.

470 Gerhardt a.a.O. Rn. 475 zu Kap. 6.
471 Thomas/Putzo/Hüßtegge ZPO-Kommentar § 629 Rn. 6.
472 OLG München FamRZ 1994, 836.
473 Gerhardt a.a.O. Rn. 591 zu Kap. 6.

777 Beim **Ehegattenunterhalt** kann **nur** der **nacheheliche** Unterhalt in den Scheidungsverbund fallen, während der **Trennungsunterhalt,** über den vor der Scheidung zu befinden ist, immer ein **isoliertes Verfahren** ist (§ 623 Abs. 1 Ziff. 1 ZPO).

778 Soweit ein **Verbundverfahren** möglich ist, kann im Bereich des Unterhalts auch eine **negative Feststellungsklage** nach § 256 ZPO, eine **Abänderungsklage** beim Unterhalt minderjähriger Kinder nach § 323 ZPO und insbesondere eine **Stufenklage** nach § 254 ZPO erhoben werden.[474] Wird eine **Unterhaltsstufenklage** im Scheidungsverbund anhängig gemacht, bezieht sich das Gebot der **einheitlichen Entscheidung** nach § 623 Abs. 1 Ziff. 1 ZPO nur auf den **Zahlungsantrag,** so dass über die Auskunft und eidesstattliche Versicherung vorab durch **Teilurteil** zu entscheiden ist.[475] Eine isolierte **Auskunftsklage** ist dagegen **kein Verbundverfahren.**[476]

779 Auskunft/Verzug: Es wird auf die Ausführungen oben Rn. 567ff., Rn. 312ff. verwiesen, insbesondere auf die dortige Auskunftsaufforderung sowie auf das Muster zur Stufenklage (s.u. Rn. 874ff.).

780 **Beratungshinweis:** Aus der Auskunftsaufforderung muss eindeutig zu entnehmen sein,

- für welchen Zeitraum der Schuldner Auskunft erteilen
- auf welchen Zeitpunkt er die Aufstellung seines Vermögens abstellen und
- welche Belege er vorlegen soll.

Ohne die konkrete Bezeichnung des Auskunfts- und Belegverlanges ist das Aufforderungsschreiben wirkungslos. Grundsätzlich ist die Auskunft durch Vorlage einer geordneten, systematischen Zusammenstellung zu erteilen, wie dies im Klageverfahren aus dem Muster, s. Rn. 874 zu entnehmen ist (zu den materiellrechtlichen Voraussetzungen s.o. Rn. 567ff., 312ff.).

In der Praxis bewährt es sich jedoch durchaus, lediglich, wie in den Formularschreiben Stufenmahnung (s.o. Rn. 314f.) dargestellt, die Einkommensnachweise in Form von Verdienstabrechnungen und Steuerbescheiden u.a. anzufordern.

Dies deshalb, weil in der Großzahl der Fälle eben nur Einkünfte aus Erwerbstätigkeit vorliegen.

Auf Vorlage einer geordneten, systematischen Zusammenstellung sollte allerdings dann bestanden werden, wenn z.B. Einkünfte des Verpflichteten aus unversteuerten Nebentätigkeiten vorliegen oder der Unterhaltsverpflichtete selbstständig erwerbstätig ist und Einkünfte aus mehreren Einkunftsarten, wie z.B. Vermietung, Kapitaleinkünfte, Gewerbebetrieb u.a. vorliegen.

781 Die Auskunft ist eine Wissenserklärung, die der Schriftform bedarf (§ 260 Abs. 1 BGB). Sie ist höchstpersönlicher Natur und deshalb vom Pflichtigen selbst abzugeben und gem. § 126 BGB persönlich zu unterzeichnen. Sie muss ggf. eidesstattlich versichert werden.

474 Gerhardt a.a.O. Rn. 593 zu Kap. 6.

475 Gerhardt a.a.O.

476 BGH FamRZ 1997, 811, 812.

782 Liegt noch kein Unterhaltstitel vor, so ist **Leistungsklage** zu erheben: Im Klageantrag ist sowohl der Unterhaltsanspruch **exakt** zu beziffern sowie der Zeitraum, für den Unterhalt begehrt wird. Vor Klageeinreichung **gezahlte** Beträge sind ebenso zu **berücksichtigen,** wie später im Laufe des Prozesses erbrachte Zahlungen, die insoweit zu einer **Erledigung** der Hauptsache führen.

783 **Beratungshinweis:** Wird der Klageantrag in der letzten mündlichen Verhandlung nicht insoweit angepasst, als die erbrachten Zahlungen geleistet wurden, so besteht die Gefahr, dass die Klage teilweise als unbegründet abgewiesen wird, weil zu diesem Zeitpunkt ein Unterhaltsanspruch in der beantragten Höhe nicht mehr gegeben ist.

784 Auch der Möglichkeit der **zeitlichen Begrenzung** des Anspruchs nach §§ 1573 Abs. 5, 1578 Abs. 1 S. 2, 1579 BGB muss durch die Fassung des **Antrages** Rechnung getragen werden. Ab **Rechtshängigkeit** des Scheidungsverfahrens ist **Vorsorgeunterhalt** (Altersvorsorgeunterhalt) geschuldet. Die Berechnung erfolgt nach der sog. Bremer Tabelle, wobei der Elementarunterhalt in Bruttoeinkommen umgerechnet wird und hieraus der gesetzliche Altersvorsorgebeitrag als Altersvorsorgeunterhalt ermittelt wird (im Einzelnen hierzu s.o. Rn. 463ff.).

### IV. Vereinbarungen

785 Zur Frage der **Wirksamkeit** von **Unterhaltsvereinbarungen** wird auf die ausführlichen Ausführungen oben Rn. 713ff. verwiesen. Zur Klarstellung wird nochmals darauf hingewiesen, dass für die Zeit des **Getrenntlebens** grundsätzlich auf Unterhalt für die **Zukunft** nicht verzichtet werden kann. Dies ergibt sich ausdrücklich aus dem Gesetz, nämlich aus § 1614 BGB.

786 Auch ein Unterhalts**abfindungsvertrag** ist unzulässig, soweit damit der Verzicht für zukünftigen Getrenntlebensunterhalt verbunden ist. Ferner ist die Möglichkeit über eine **Haftungsfreistellung** einen verdeckten Verzicht herbeizuführen, rechtlich unwirksam.

787 Wenn dennoch – wie dies häufig der Fall ist – ein Vergleich abgeschlossen wird, wonach gegen Zahlung einer bestimmten Summe kein Trennungsunterhalt geltend gemacht wird, so empfiehlt es sich, folgende Formulierung mit aufzunehmen:

788 Muster: Vergleich zum Trennungsunterhalt

39

Sollte entgegen dieser Vereinbarung Trennungsunterhalt geltend gemacht werden, so wird die bezahlte Abfindungssumme auf die geltend gemachten Unterhaltsansprüche angerechnet. Die Unterhaltsberechtigte erklärt ausdrücklich ihr Einverständnis dahingehend, dass insoweit Aufrechnung gegen laufende Unterhaltsansprüche bis zur Höhe des Abfindungsbetrages zulässig ist.

789 In einem Vergleich müssen alle Vergleichsgrundlagen angegeben werden, insbesondere das beiderseitige Einkommen, Wohnwert, Kindergeldbezug, Schuldenabzug u.a. Geschieht dies nicht, so besteht bei einem etwaigen erforderlichen späteren Abänderungsverfahren das Problem, dass Beweisschwierigkeiten bezüglich des Eintretens

einer nachträglichen Änderung zu Lasten der beweispflichtigen Partei gehen. Im Rahmen eines Unterhaltsvergleichs muss in jedem Fall Ehegatten- und Kindesunterhalt gesondert wegen späterer Abänderungsmöglichkeiten bezüglich Kindesunterhalt ausgewiesen werden.

790 Anders als beim Trennungsunterhalt ist vom **Grundsatz** her ein Verzicht auf **nachehelichen** Ehegattenunterhalt möglich. **Erhebliche** Einschränkungen ergeben sich jedoch aufgrund der aktuellen Rechtsprechung des Bundesverfassungsgerichts für die des Bundesgerichtshofs zur gerichtlichen Inhaltskontrolle (hierzu s. Ausführlich oben Rn. 713ff.).

791 Die Scheidungsvereinbarung über den nachehelichen Unterhalt bedarf nach § 1585b ZPO grundsätzlich **keiner** Form (Zum **Formular** einer Unterhaltsverzichtsvereinbarung unter Berücksichtigung der Inhaltskontrolle s. oben Rn. 747ff.).

792 **Beratungshinweis:** Wird ein bestimmter Betrag als nachehelicher Ehegattenunterhalt vereinbart, so ist der Anwalt schon aus Haftungsgründen gehalten, einen diesbezüglichen Vollstreckungstitel zu erwirken in Form einer Vereinbarung, die zu Protokoll des Gerichts abgeschlossen wird, da andernfalls gesondert aus der Vereinbarung erneut Klage erhoben werden müsste.
Im Hinblick auf die eingeschränkten Vereinbarungsmöglichkeiten, insbesondere zur Frage der „einseitigen Lastenverteilung" und zur Frage der ausführlichen Belehrung über die folgende Abgabe eines etwaigen Unterhaltsverzichts empfiehlt es sich in jedem Fall, eine Verzichtserklärung unter Beteiligung beider Anwälte zu Protokoll des Gerichts zu geben oder notariell zu vereinbaren (zum Formular Vereinbarung s.o. Rn. 747ff.).
Es empfiehlt sich, unbedingt vor Abschluss einer Vereinbarung, wonach die Unterhaltsberechtigte auf Unterhalt generell verzichtet hat, an die eigene Partei ein Belehrungsschreiben zu senden, das gesondert in einem Akt betreffend Belehrungsschreiben aufbewahrt wird zur Vermeidung von Inanspruchnahme bezüglich irgendwelcher Regressansprüche.

793 **1. Muster: Schreiben an eigene Mandantin bezüglich Belehrung bei Abgabe Unterhaltsverzicht**

40

Sehr geehrte Frau ■■■

Ich nehme Bezug auf das mit Ihnen am ■■■ geführte Gespräch, wonach Sie auf jeglichen nachehelichen Ehegattenunterhalt verzichten wollen.

Ich weise ausdrücklich darauf hin, dass im Falle der Abgabe eines generellen Unterhaltsverzichts auch im Fall der Not, keinerlei Unterhaltsansprüche mehr gegen Ihren Ehemann bestehen.

Dies betrifft sowohl den Fall der Krankheit als auch des Alters oder der Erwerbslosigkeit u.a. Ausdrücklich weise ich auch nochmals auf die Rechtsprechung des Bundesverfassungsgerichts und des Bundesgerichtshofs, wonach Unterhaltsverzichtserklärungen nur eingeschränkt wirksam sind und grundsätzlich der richterlichen Inhaltskontrolle unterliegen. Soweit mit der Unterhaltsverzichtserklärung eine einseitige Lastenverteilung verbunden ist, kann dies i.d.R. dazu führen, dass das Gericht die Vereinbarung entsprechend anpasst.

Dies betrifft insbesondere Fälle, in denen auf Unterhalt verzichtet wurde trotz Kinderbetreuung.

Wird in diesen Fällen nicht durch etwaige Vermögensübertragungen ein angemessener Ausgleich geschaffen, so ist davon auszugehen, dass die Vereinbarung möglicherweise keinen Bestand hat.

Ich darf festhalten, dass bereits mündlich die Frage der Abgabe eines Unterhaltsverzichts ausführlich erörtert wurde und insbesondere auch die nicht mehr abänderbare Folge, dass Sie – egal welche Lebensumstände sich Ihrerseits ergeben –, in keinem denkbaren Fall mehr Unterhalt von Ihrem Ehemann verlangen können.

Mit vorzüglicher Hochachtung

Rechtsanwalt

Ein genereller Unterhaltsverzicht umfasst auch den sog. Notbedarf. Die in der Praxis häufige ausdrückliche Einbeziehung des Notbedarfs in den Verzicht dient nur der Klarstellung. 794

**Beratungshinweis:** Häufig wird in der Praxis von einem Unterhaltsverzicht ausgenommen der Fall, dass wegen eines unvorhergesehenen Ereignisses (Unfall der Kinder oder Krankheit der Kinder) aufgrund von Kinderbetreuung die Unterhaltsberechtigte keiner Erwerbstätigkeit nachgehen kann. 795

Unterhaltsverzichtsvereinbarungen bieten sich i.d.R. in folgenden Fällen an: 796
- Die Unterhaltsberechtigte lebt mit einem neuen Partner dauerhaft zusammen,
- die Unterhaltsberechtigte beabsichtigt, irgendwann erneut zu heiraten,

Wichtig: Eine etwaige Eheschließung sollte tunlichst nicht im unmittelbaren zeitlichen Zusammenhang mit der Zahlung einer Kapitalabfindung gegen Unterhaltsverzicht stehen, um zu vermeiden, dass der Unterhaltspflichtige möglicherweise die Kapitalabfindung zurückfordert mit der Begründung, er sei bei Abschluss der Vereinbarung getäuscht worden, z.B. weil bereits bei Abschluss der Vereinbarung feststand, dass und wann die Berechtigte ihren neuen Lebensgefährten heiraten möchte.
Des weiteren bietet sich ein solcher Unterhaltsverzicht an, wenn sowohl der Zugewinnausgleich als auch eine etwaige Auseinandersetzung von Immobilien geregelt wird. Hier liegen i.d.R., abgesehen von den Wertvorstellungen der Immobilien, häufig mehrere offene Streitpunkte vor, wie z.B. Schenkungen, Anfangsvermögen bei Eheschließung u.a.
In der Praxis häufig wird sodann unter Einbeziehung dieser offenen Positionen ein Gesamtabfindungsbetrag vereinbart, der sowohl diese offenen Positionen als auch den Unterhaltsanspruch mit umfasst.

Wie beim Trennungsunterhalt ist auch beim nachehelichen Ehegattenunterhalt ein **Verzicht unwirksam**, wenn **Sozialgeld** bezogen wird oder abzusehen ist, dass die Unterhaltsberechtigte Sozialgeld beziehen werden muss. Die **modifizierende** Unterhaltsvereinbarung dient der Verfahrensbeschleunigung, Kostenersparnis und vor allem der Vermeidung oder Beilegung von Streit über Höhe und Modalitäten der Unterhalts- 797 pflicht.[477] (Im einzelnen siehe hierzu: Langenfeld in Heiß/Born, Unterhaltsrecht – Ein Handbuch für die Praxis, Rn. 20ff. zu Kap. 15)

798 Soll der Unterhaltsanspruch **zeitlich begrenzt** werden, so ist daraus häufig zuschließen, dass der Ehegatte für die folgende Zeit **auf Unterhalt verzichtet.** Eine **Verzichts-/Abfindungsvereinbarung** ist selbstverständlich nur dann sinnvoll, wenn **auch** der **Verpflichtete** auf Unterhalt verzichtet.

799 Mit der Abgabe der Verzichtserklärung **erlischt** der Unterhaltsanspruch mit der Folge, dass der **Erbe** des an sich unterhaltspflichtigen geschiedenen Ehegatten von Unterhaltsansprüchen **frei** wird, § 1586b BGB. Liegt eine **vertragliche** Vereinbarung bezüglich Ehegattenunterhalt vor, so kommt eine **Abänderung** wegen Anpassung an **veränderte Verhältnisse** nur nach den **Grundsätzen des Wegfalls der Geschäftsgrundlage** in Betracht (**keine** entsprechende Anwendung des § 323 ZPO.[478]

### 2. Gegenstand und Inhalt einer Unterhaltsvereinbarung

800 Folgende Anhaltspunkte sollten bei der Abfassung einer Unterhaltsvereinbarung berücksichtigt werden.

- Wertsicherungsklausel
- Unterhaltsfestschreibung für bestimmten Zeitraum, mit Ausnahme Wiederheirat oder dauerhaftem Zusammenleben mit einem anderen Partner
- Getrennte Aufführung von Kindesunterhalt und Ehegattenunterhalt wegen Anpassung nach DT
- Genaue Benennung der Vergleichsgrundlagen, falls der Unterhalt nach § 323 ZPO abänderbar sein soll
- Möglichkeit der Festschreibung
- Möglichkeit der Vereinbarung dahingehend, dass anrechnungsfrei bestimmte Beträge verdient werden können (evtl. beiderseits), wobei hier klargestellt werden sollte, dass es sich bei diesem Verdienst um Einkommen aus Erwerbstätigkeit handelt und nicht um Einkünfte z.B. aus Zusammenleben mit anderem Partner
- Festlegung des prägenden Einkommens, um so den Unterhaltsbedarf unstreitig zu stellen
- Ausnahme: Falls Kinder der ganztägigen Betreuung bedürfen wegen Unfall u.a.
- Zustimmung zum Realsplitting und Verpflichtungserklärung zur Übernahme der steuerlichen Nachteile
- Ausführliche Belehrung unter Berücksichtigung der Rechtsprechung des BGH und Bundesverfassungsgerichts
- Haftungsfreistellung bezüglich Kindesunterhalt, hier jedoch Klarstellung, dass z.B. „dies nur gilt, wenn die Kinder sich bei ... befinden“ und Hinweis, dass die Kinder einen eigenen Unterhaltsanspruch haben, der durch die Haftungsfreistellung nicht berührt wird (s.o. Rn. 757ff., Freistellungsvereinbarungen)

477 Heiß/Heiß, Beck´sches Rechtsanwalts-Handbuch, Rn. 191 zu Kap. C 17.

478 Vgl. BGH NJW 1986, 2054 = FamRZ 1986, 790.

801

Es empfiehlt sich in jedem Fall, wenn erleichterte Anpassung nach § 323 ZPO gewünscht ist, ausdrücklich in die Vereinbarung mit aufzunehmen.

802

Muster: Vereinbarung zur Anwendung von § 323 ZPO auf die Unterhaltsanpassung

41

Die Parteien sind sich dahingehend einig, dass für die Abänderung der Vereinbarung § 323 ZPO Anwendung findet und sich die Abänderungsmöglichkeiten nach § 323 ZPO richten.

803

Im übrigen kommen folgende Abänderungsgründe in Betracht:

- Veränderung der tatsächlichen Verhältnisse
- Veränderung der Rechtslage
- Veränderung einer gefestigten höchstrichterlichen Rechtsprechung
- Einkommens- und/oder Bedarfsänderungen
- Wegfall von Verbindlichkeiten
- Neue Unterhaltsverpflichtungen

804

**Beratungshinweis:** Bei grundlegender Änderung der höchstrichterlichen Rechtsprechung liegt ein Abänderungsgrund erst mit der Änderung der Rechtsprechung durch den BGH, nicht einer vorangehenden Änderung dieser Rechtsprechung durch ein OLG vor).
Die Zeitschranke des § 323 Abs. 3 gilt bei Abänderung von Unterhaltsvereinbarungen nicht.
Aus Billigkeitsgründen lässt die Rechtsprechung auch ein Nachschieben bereits früher bestehender, nicht vorgebrachter Umstände zu, um die Beibehaltung des ursprünglichen Urteils zu erreichen.

### 3. Muster: Unterhaltsvereinbarung mit Lebenshaltungskostenindex

805

42

Der Unterhaltsbetrag wird wertgesichert.

Der vorgenannte Betrag wird auf der Grundlage der Lebenshaltungskosten bei erstmaliger Fälligkeit des Unterhaltsbetrages, also dem Monat, der der Rechtskraft des Scheidungsurteils nachfolgt, festgelegt.

Der Ehegattenunterhalt verändert sich jeweils zum ■■■ eines jeden Jahres, erstmals zum ■■■ im gleichen prozentualen Verhältnis, wie sich der vom statistischen Bundesamt amtlich festgestellte Preisindex für die Lebenshaltung von Vier-Personen-Haushalten von Arbeitern und Angestellten mit mittlerem Einkommen (Basis 1995 = 100) künftig verändert, wobei das prozentuale Verhältnis durch den Vergleich des Index im Monat ■■■ des Anpassungsjahres zum Index im Monat ■■■ (gleicher Monat) des vorangegangenen Jahres ermittelt wird. Die Anpassung erfolgt jeweils automatisch zum ■■■ (wieder gleicher Monat) eines jeden Jahres.

Beide Parteien verpflichten sich, diese Vereinbarung dem Bundesamt für Wirtschaft und Ausfuhrkontrolle (BAFA, Frankfurter Str. 29-31, 65760 Eschborn) vorzulegen und für Genehmigung bzw. Negativbescheinigung bezüglich der Wertsicherungsklausel Sorge zu tragen.

### V. Prozessstandschaft für minderjährige Kinder

806 Das minderjährige Kind wird **nach** der Trennung durch den Sorgeberechtigten vertreten. Wenn über das Sorgerecht noch nicht entschieden ist, vertritt der Elternteil das Kind, in dessen **Obhut** es sich befindet (§ 1629 Abs. 2 S. 2 BGB). Bei **gemeinsamer** elterlicher Sorge ist der Elternteil, bei dem sich das Kind einverständlich aufhält, analog § 1629 Abs. 2 BGB vertretungsberechtigt.

807 Leben die Eltern ehelicher Kinder **getrennt** oder ist eine **Ehesache** zwischen ihnen anhängig, besteht nach § 1629 Abs. 3 S. 1 BGB eine gesetzliche Prozessstandschaft. Der **Elternteil,** bei dem sich das Kind aufhält, muss den Kindesunterhalt im eigenen Namen einklagen. **Nach** der **Scheidung** muss das eheliche Kind den Unterhalt im **eigenen** Namen, **gesetzlich vertreten** durch den **Sorgeberechtigten** einklagen, da die Prozessstandschaft des § 1629 Abs. 3 S. 1 BGB nicht mehr gilt. Dies gilt auch für **Abänderungsklagen.** Kinder **nicht** verheirateter Eltern müssen den Prozess **immer** im **eigenen** Namen führen.

808 Muster: Antrag, wenn in Prozessstandschaft für das minderjährige Kind eingeklagt wird

43

Der Beklagte wird verurteilt, an die Klägerin für das minderjährige Kind ■■■ eine monatlich im Voraus zahlbare Unterhaltsrente in Höhe von ■■■ zu bezahlen.

809 (Zu volljährigen Kindern s.o. Rn. 775, 767)

### VI. Eilverfahren

#### 1. Einstweilige Anordnung Unterhalt

810 Wenn zwischen den Ehegatten eine **Ehesache** oder ein **Prozesskostenhilfeverfahren** für eine Ehesache anhängig ist, kann der Ehegattenunterhalt im Wege der einstweiligen Anordnung gem. §§ 620 Nr. 4, 6, 620a Abs. 2 ZPO geltend gemacht werden. Gleiches gilt in allen **isolierten** Unterhaltsverfahren einschl. **Stufen- und Abänderungsklage** (§ 644 ZPO). Eine Ausnahme besteht nur bei einer isolierten **Auskunftsklage.**[479]

811 Für die einstweilige Anordnung im **isolierten** Unterhaltsverfahren gelten die §§ 620a – 620g ZPO entsprechend (§ 644 S. 2 ZPO), d.h. insbesondere die **Abänderungsmöglichkeit** bei veränderten Umständen nach § 620b Abs. 1 ZPO, die **Unanfechtbarkeit** nach § 620c ZPO und das Außerkrafttreten nach § 620f ZPO.

812 Die einstweilige Anordnung ist **nicht** auf den **Notunterhalt** zu beschränken, sondern richtet sich nach dem **angemessenen** Unterhalt, der sich aus einer summarischen Überprüfung ergibt.[480]

---

479 OLG Hamm FamRZ 2000, 362.

480 OLG Zweibrücken FamRZ 1999, 662; Gerhardt a.a.O. Rn. 597 zu Kap. 6, Luthin i.A. OLG Hamm FamRZ 2001, 357; a.A. (fehlerhaft) OLG Hamm FamRZ 2001, 357.

## 2. Außerkrafttreten der einstweiligen Anordnung

813 Die Möglichkeit der Abänderung einer einstweiligen Anordnung nach § 620b Abs. 1 ZPO beseitigt **nie** das **Rechtsschutzbedürfnis** für eine **Hauptsacheklage,** um nach § 620f ZPO ein **Außerkrafttreten** zu erreiche.n[481]

814 Wurde die einstweilige Anordnung im **Scheidungsverfahren** nach § 620 Nr. 4, 6 ZPO erlassen, kommt für den **Bedürftigen Hauptsacheklage** in Form einer **Leistungsklage** und für den Unterhaltspflichtigen eine **negative** Feststellungsklage in Betracht.

815 Wurde die einstweiligen Anordnung in einem **isolierten Unterhaltsverfahren** nach § 644 ZPO erlassen, **fehlt** hingegen für eine **negative** Feststellungsklage das **Feststellungsinteresse,** da bereits in der **Leistungsklage** über den **gleichen Streitgegenstand** entschieden wird.[482] Es kann dann allenfalls eine **Rückforderungswiderklage** erhoben werden.

816 Folge ist, dass die einstweilige Anordnung, falls nicht im Rahmen der **Scheidung** eine **anderweitige** Regelung getroffen wurde über den Zeitpunkt der **Scheidung hinaus wirken** kann, während bei einer isolierten Unterhaltsklage die Wirkung einer einstweiligen Anordnung **endet** mit **Abschluss** des **Hauptsacheverfahrens,** da hierdurch eine anderweitige Regelung getroffen wurde.

817 Bei einer Leistungsklage, negativen Feststellungsklage oder Klageabweisung einer Leistungsklage tritt die Wirkung des § 620f ZPO (Außerkrafttreten) erst **mit Rechtskraft** des **Urteils** ein.[483]

818 Bei **einstweiligen Anordnungen nach § 644 ZPO (isolierte Unterhaltsklage)** ist zu beachten, dass ihre **Wirkung nicht weitergehen darf wie die Hauptsache.** Wurde eine einstweilige Anordnung im Trennungsunterhaltsverfahren erlassen und vor Abschluss dieses Verfahrens die Ehe rechtskräftig geschieden, ist auf **Antrag** nach § 620b Abs. 1 ZPO die einstweilige Anordnung **aufzuheben,** da mit Rechtskraft der Scheidung der **Trennungsunterhalt** beendet ist.[484]

## 3. Arrest

819 Der Arrest ist nur ein **Sicherungsmittel** bei einer Geldforderung und dient nicht wie eine einstweilige Anordnung der **Befriedigung** des Anspruchs (§ 916 ZPO). Er kann zur Sicherung eines Unterhalts**rückstandes** oder **künftiger** Unterhaltsforderungen bei Vermögensverschiebungen, unbekanntem Aufenthalt oder Absetzen des Schuldners ins Ausland beantragt werden. Die Sicherung des **Kindesunterhalts** kann bis zu dessen **Volljährigkeit** erfolgen,[485] des Ehegattenunterhalts je nach den Umständen des Einzelfalls für mehrere Jahre.[486]

481 OLG Koblenz FamRZ 2001, 229; Gerhardt a.a.O. Rn. 597a zu Kap. 6.

482 Gerhardt a.a.O. i.A.a. OLG Brandenburg FamRZ 1999, 662; OLG Köln FamRZ 2001, 106; OLG Naumburg FamRZ 2001, 1082.

483 BGH FamRZ 2000, 751, 753 zur Leistungsklage; FamRZ 1991, 180 zur negativen Feststellungsklage und zur Klageabweisung; Gerhardt a.a.O. Rn. 597b zu Kap. 6.

484 Gerhardt a.a.O.

485 KG FamRZ 1985, 730.

486 OLG Düsseldorf FamRZ 1994, 111; OLG Hamm FamRZ 1995, 1427; zu den näheren Einzelheiten s.v. Heintschel-Heinegg in: FA-FamR Rn. 226ff. zu Kap. 1.

## VII. Möglichkeiten gerichtlicher Regelungen

820 Für die Regelungen von Ehegatten- und Kindesunterhalt gibt es folgende Möglichkeiten.

821 Der Kindesunterhalt wird im **vereinfachten Verfahren** (s. dort Rn. 1200ff.) geltend gemacht und der Trennungsunterhalt gesondert.

- Es wird im Scheidungsverfahren eine **einstweilige Anordnung** nach § 620 Nr. 4, 6 ZPO beantragt, was den **Vorteil** einer schnellen Regelung und den **Nachteil** der summarischen Überprüfung und Unanfechtbarkeit der Entscheidung nach § 620c ZPO hat.
- Es besteht nur die Möglichkeit, wenn die einstweilige Anordnung **ohne** mündliche Verhandlung erlassen wurde, **mündliche Verhandlung** zu **beantragen** (§ 620b Abs. 1 S. 1, II ZPO). Gleiches gilt, wenn sich die Umstände verändert haben. Auch in diesem Fall kann Antrag auf Aufhebung oder Änderung **nach mündlicher Verhandlung** beantragt werden.

822 Im übrigen können mit der einstweiligen Anordnung **keine Unterhaltsrückstände** begehrt werden.[487]

### 1. Isolierte Hauptsacheklage nach §§ 253, 528, 258 ZPO

- **Nachteil:** Längere Verfahrensdauer,
- **Vorteil:** Genauere Überprüfung des Anspruchs und Geltendmachung von Unterhaltsrückständen.

### 2. Hauptsacheklage und zusätzlich Antrag auf Erlass einer einstweiligen Anordnung

823 Die einstweilige Anordnung kann dabei sowohl nach § 644 ZPO im **Hauptsacheverfahren** als auch nach § 620 Nr. 4, 6 ZPO im **Scheidungsverfahren** beantragt werden.[488]

## VIII. Darlegungs- und Beweislast:

824 Hierzu s. im Einzelnen die jeweiligen Ausführungen zu den Unterhaltstatbeständen, Verwirkungsgründen u.a. Im Prinzip muss der Unterhalts**kläger** nachweisen, dass er **bedürftig** ist und den Unterhalt in der **beantragten Höhe** verlangen kann. Der Beklagte hat seine **Leistungsunfähigkeit**, niedrigeres Einkommen und Einwendungen gegen den Unterhaltsanspruch (z.B. Verwirkung, zeitliche Begrenzung, Herabsetzung auf den angemessenen Bedarf) zu beweisen.[489]

825 Zwar gilt für das Unterhaltsverfahren die **Parteimaxime.** Es empfiehlt sich jedoch dennoch zur Vorbereitung des Verhandlungstermins, dass seitens des Gerichts von Amts wegen nach § 643 ZPO **Auskünfte** zum Einkommen der Parteien erholt werden und/oder Einkommensbelege vorgelegt werden.

487 Gerhardt a.a.O. Rn. 602 zu Kap. 6.
488 Gerhardt a.a.O. Rn. 604 zu Kap. 6.
489 Gerhardt a.a.O. Rn. 605 zu Kap. 6.

## IX. Abänderung von Unterhaltstiteln[490]

### 1. Klagearten

- Abänderungsklage nach § 323 ZPO
- Vollstreckungsgegenklage nach § 767 ZPO
- Negative Feststellungsklage nach § 256 ZPO

### 2. Abgrenzungskriterien[491]

826 Welche **Klageart statthaft** ist, hängt davon ab, wer gegen den Titel vorgeht, um welchen Titel es sich handelt und was gegen den Titel vorgebracht wird

#### a. Abänderungsklage nach § 323 ZPO

827 Diese kann vom **Leistungsverpflichteten** und vom **Unterhaltsberechtigten** erhoben werden. Sie ist nur möglich gegen **Urteile** (§ 323 Abs. 1 ZPO), **gerichtliche** Vergleiche (§§ 323 Abs. 4, 794 Abs. 1 Nr. 1 ZPO), **vollstreckbare Urkunden** (§§ 323 Abs. 4, 794 Abs. 1 Nr. 5 ZPO), sowie **Titel im vereinfachten Verfahren** (§§ 323 Abs. 4, 794 Nr. 2a ZPO). Bei **Kindesunterhaltstiteln** und Änderung des Kindergeldes kommt eine Abänderungsklage **nur** in Betracht, wenn sie zu einer von der Kindergeldanpassung nach § 655 ZPO **wesentlichen Abweichung** führt (§ 323 Abs. 5 ZPO). (Zu den Einzelheiten der Voraussetzungen der Abänderungsklage s.u.)

#### b. Vollstreckungsabwehrklage nach § 767 ZPO

828 Diese kann nur vom **Leistungsverpflichteten** erhoben werden, da nur er Einwendungen gegen den Titel haben kann. Sie ist möglich gegen **Urteile**, gegen **gerichtliche Vergleiche, vollstreckbare Urkunden** sowie Titel im **vereinfachten Verfahren** sowie gegen **einstweilige Anordnungen.** Voraussetzung ist das Bestehen einer **rechtshemmenden** oder **rechtsvernichtenden** Einwendung.

#### c. Negative Feststellungsklage nach § 256 ZPO

829 Die negative Feststellungsklage kann ebenfalls nur der **Leistungsverpflichtete** erheben, da nur er aus dem Titel in Anspruch genommen werden kann. Die negative Feststellungsklage richtet sich gegen **einstweilige Anordnungen** im Scheidungsverfahren nach § 620 Nr. 4, 6 ZPO, die nach § 620f ZPO noch fortgelten, da gegen diese **nicht** mit der **Abänderungsklage** nach § 323 ZPO vorgegangen werden kann, ferner bei einstweiliger Anordnung nach § 641d ZPO. Voraussetzung ist **völliges** oder **teilweises Fehlen der Unterhaltsverpflichtung.**[492]

830 Bei einstweiliger Anordnung nach § **644 ZPO** fehlt des **Rechtsschutzbedürfnis**, da bei einer positiven Leistungsklage über den gleichen Streitgegenstand entschieden wird. Abänderungsmöglichkeiten seitens des **Leistungsverpflichteten:** Diesem stehen alle **drei Klagemöglichkeiten** zur Verfügung.

490 S.a. Einkünfte und Abzugsposten in Heiß, Das Mandat im Familienrecht § 8.
491 I.a.a. Gerhardt a.a.O. Rn. 611 zu Kap. 6.
492 Gerhardt a.a.O. Rn. 614 zu Kap. 6.

### 3. Abänderung durch den Berechtigten

831 Dieser hat **nur** die Möglichkeit der **Abänderungsklage** nach § 323 ZPO und im Übrigen steht ihm nur die **allgemeine Leistungsklage** nach § 253, 258 ZPO zur Verfügung.

832 Bei einer **einstweiligen** Anordnung im Scheidungsverfahren nach § 620 Nr. 4, 6 ZPO ist darauf zu achten, dass ein Antrag nach § 620b Abs. 2 ZPO nach Rechtskraft der Scheidung bzw. des Verbundverfahrens Unterhalt nicht mehr möglich ist, da kein Verfahren mehr anhängig ist (§ 620a Abs. 2 S. 1 ZPO). Damit muss der Berechtigte spätestens zu diesem Zeitpunkt eine **Leistungsklage** nach § 253, 258 ZPO eingereicht haben.[493]

833 **Beratungshinweis:** Wird nachehelicher Ehegattenunterhalt beansprucht, so kann es der Unterhaltsberechtigte ohnehin nicht bei der einstweiligen Anordnung belassen, sondern muss zusätzlich einen Titel über den nachehelichen Ehegattenunterhalt herbeiführen, sei es im Wege eines Prozessvergleiches oder eines Unterhaltsurteils betreffend die Zeit ab Rechtskraft der Scheidung!
In der Praxis immer wieder übersehen wird, dass z.B. ein Urteil oder Vergleich über Trennungsunterhalt vorliegt, der jedoch nicht für die Zeit ab Rechtskraft der Scheidung gilt, so dass – falls nicht rechtzeitig im Verbund Klage erhoben wurde – nach Rechtskraft der eine neue Klage auf nachehelichen Ehegattenunterhalt erhoben werden muss mit der Folge der erheblich höheren Kosten für die Partei und mit der Folge, dass die Kostenentscheidung nach Obsiegen und Unterliegen getroffen wird.

### 4. Voraussetzungen für Abänderungsklage

#### a. Abänderungstitel nach § 323 Abs. 1, 4 ZPO

- Identität des Streitgegenstandes
- Identität der Parteien und die Behauptung einer **wesentlichen Veränderung** der Verhältnisse eines fortbestehenden Titels nach Schluss der mündlichen Verhandlung (§ 323 Abs. 1, 2 ZPO)
- Abänderung eines **Urteils** – Urteile sind hierbei nur **Leistungsurteile** (auch Anerkenntnis-[494] und Versäumnisurteile ).[495]
- **Zeitpunkt der Abänderung**, gem. § 323 Abs. 3 ZPO darf das **Urteil nur für Zeit nach Erhebung der Klage** abgeändert werden.

834 Die Abänderung erfolgt also ab dem Tag der **Klagezustellung.**[496] Auch bei vorgeschaltetem PKH-Verfahren kann nicht auf den Zugang des Gesuchs abgestellt werden.[497] § 323 Abs. 3 ZPO, also die Zeitschranke, gilt wegen fehlender Rechtskraftwirkung nicht für Abänderung der in Abs. 4 genannten Titel,[498] also nicht für Vergleiche, Beschlüsse im vereinfachten Verfahren und nicht für notarielle Urkunden, in denen der Unterhalt geregelt wurde.

493 Gerhardt a.a.O. Rn. 617 zu Kap. 6.
494 BGH FamRZ 1981, 862.
495 BGH FamRZ 1982, 792.
496 BGH NJW 1990, 709.
497 BGH NJW 1982, 1050.
498 BGH NJW 1998, 2433.

835 Wird eine Unterhaltsklage **abgewiesen** oder im Rahmen einer **negativen** Feststellungklage festgestellt, dass **kein** Unterhalt mehr **geschuldet** wird, ist keine **Abänderungsklage,** sondern eine **allgemeine Leistungsklage** zu erheben, wenn sich die tatsächlichen und wirtschaftlichen Verhältnisse geändert haben und der **Bedürftige** nunmehr einen Unterhaltsanspruch hat.[499]

836 Wurde in einem Urteil ein Unterhaltsanspruch für einen **bestimmten befristeten Zeitraum bejaht** und **anschließend verneint,** ist eine **Abänderungsklage** zu erheben.[500] Das klageabweisende Urteil beruht auf der **richterlichen Prognose,** dass der Anspruch zu einem bestimmten künftigen Zeitpunkt nicht mehr besteht.[501] In der Abänderungsklage muss daher dargelegt werden, dass die **Prognose nicht eingetreten** ist.

837 Wird **fehlerhaft eine Leistungs- bzw. eine Abänderungsklage** erhoben, wird das Gericht regelmäßig eine **Umdeutung** in die richtige Klageart vorzunehmen haben bzw. im Hinblick auf die **erweiterte richterliche Aufklärungspflicht** nach § 139 ZPO auf die Stellung des richtigen Klageantrags hinwirken müssen.

#### b. Abänderungsklage gegen gerichtliche Vergleiche, vollstreckbare Urkunden und Titel im vereinfachten Verfahren (323 Abs. 4, 794 Abs. 1 Nr. 1, 2 a, 5 ZPO)

838 *aa. Vergleich:* Als Vergleiche gelten nach dem eindeutigen Gesetzeswortlaut nur **wirksame** Prozessvergleiche nach § 794 Abs. 1 Nr. 1 ZPO und für vollstreckbar erklärte **Anwaltsvergleiche** (§ 796a – 796c ZPO). Gegen **außergerichtliche Vergleiche** kann **nie** im Wege der Abänderungsklage vorgegangen werden.[502]

839 *bb. Vollstreckbare Urkunden:* Eine notarielle Urkunde stellt nach § 794 Abs. 1 Nr. 5 ZPO nur einen **Vollstreckungstitel** dar und unterliegt damit der **Abänderungsklage** nach § 323 Abs. 4 ZPO, wenn sich der Schuldner der **sofortigen Zwangsvollstreckung** unterworfen hat. Unter § 794 Abs. 1 Nr. 5 ZPO fallen in **entsprechender** Anwendung auch **Urkunden des Jugendamtes,** mit denen ein kostenloser Unterhaltstitel für **Minderjährige** und **Volljährige** bis 21 Jahren geschaffen wurde.[503] Enthalten diese Titel nur einen **Teiltitel,** z.B. den Mindestkindesunterhalt, ist eine **Erhöhung** entsprechend dem Rechtsgedanken des § 651 Abs. 4 ZPO durch eine **Abänderungsklage** geltend zu machen.[504]

840 *cc. Vereinfachtes Verfahren:* Nach § 323 Abs. 4 ZPO fallen die vereinfachten Verfahren unter die Abänderungstitel.

### 5. Begründetheit der Abänderungsklage

841 Es muss eine wesentliche Veränderung der Verhältnisse nach Schluss der mündlichen Verhandlung eingetreten sein[505] Eine Wesentlichkeit wird bejaht, wenn sich die

499 Gerhardt a.a.O. Rn. 641 zu Kap. 6.
500 BGH FamRZ 1984, 353, 354.
501 Gerhardt a.a.O. Rn. 641a zu Kap. 6.
502 BGH FamRZ 1982, 782ff.
503 Gerhardt a.a.O. Rn. 644 zu Kap. 6.
504 OLG München FamRZ 1996, 1021; a.A. OLG Hamm FamRZ 2000, 908: Zusatzklage.
505 BGH FamRZ 2001, 1687.

Gesamtunterhaltshöhe um etwa 10% geändert hat. Sie kann aber bei beengten wirtschaftlichen Verhältnissen auch darunter liegen.[506]

### a. Abänderungsgründe

- Erhöhung oder Reduzierung des Einkommens beim Pflichtigen und beim Bedürftigen[507]
- Erhöhung des Bedarfs durch gestiegene Lebenshaltungskosten[508]
- Arbeitslosigkeit
- Zusätzliche Unterhaltslasten durch Wiederverheiratung des Verpflichteten oder Geburt eines weiteren unterhaltsberechtigten Kindes
- Wegfall berücksichtigter Verbindlichkeiten (Schulden, vorrangige Unterhaltslasten)
- Änderung von Unterhaltstabellen[509]
- Höhere Altersstufe bei Kindern oder höherer Bedarf eines volljährigen Kindes
- Gesetzesänderung[510]
- Änderung der Rechtsprechung durch ein Gebot des BVerfG
- Bei grundlegender Änderung der höchstrichterlichen Rechtsprechung liegt ein Abänderungsgrund erst mit der Änderung der Rechtsprechung durch den BGH, nicht einer vorangehenden Änderung dieser Rechtsprechung durch ein OLG vor.[511]

842 Demzufolge liegt ein **Abänderungsgrund** bei der **geänderten Rechtsprechung zur Haushaltsführung und Aufnahme einer Berufstätigkeit nach Trennung/Scheidung** (prägende Einkünfte) ab dem 13.06.2001 (Urteil des BGH) vor.[512] Diese Rechtsprechung zu den prägenden Einkünften wurde **bestätigt** durch die **Entscheidung** des **BVerfG** vom 05.02.2002,[513] wonach die bisher angewandte Anrechnungsmethode bei **Aufnahme einer Erwerbstätigkeit** durch den haushaltsführenden Ehegatten verfassungswidrig ist und damit insoweit **prägende** Einkünfte vorliegen.

### b. Bindungswirkung

843 Die Abänderungsklage ermöglicht nur die **Anpassung des Unterhalts** an die veränderten **Verhältnisse.**[514] Es besteht eine **Bindungswirkung** an die unverändert gebliebenen Tatsachen, auch wenn die Tatsachenfeststellung **falsch** war.[515] Die Bindungswirkung gilt insbesondere für

- die Ermittlung der Einkommensverhältnisse,
- die Einbeziehung fiktiver Einkünfte,
- die Nichtanrechnung von Einkommensarten,
- die Bildung des bereinigten Nettoeinkommens,

506 BGH FamRZ 1992, 539.
507 BGH FamRZ 1985, 374; 1989, 842.
508 BGH FamRZ 1992, 162, 164.
509 BGH FamRZ 1995, 221, 222.
510 BGH FamRZ 2001, 1687, 1689.
511 Gerhardt a.a.O.
512 BGH FamRZ 2001, 1687, 1690.
513 BVerfG FamRZ 2002, 527.
514 BGH FamRZ 1984, 374, 375; 1994, 1100.
515 BGH FamRZ 1984, 374, 375; 2001, 905.

- Feststellungen zur Arbeitsfähigkeit,
- die Bedürftigkeit,
- die Berücksichtigung weiterer Unterhaltspflichtiger oder berechtigter.[516]

844 Unterhaltsrichtlinien oder **Tabellen sowie Verteilungsschlüssel** entfalten hingegen **keine Bindungswirkung.**[517] Wurde der Unterhaltsanspruch aufgrund der seinerzeit noch anzuwendenden **Anrechnungsmethode** ermittelt, so ist **Abänderungsklage,** gerichtet auf Ermittlung nach der **Differenzmethode, zulässig** aufgrund der **geänderten Rechtsprechung** bei Haushaltsführung und Kinderbetreuung sowie anschließender Aufnahme einer Erwerbstätigkeit nach der Scheidung.

### 6. Billigkeitskorrektur

845 Eine Billigkeitskorrektur früher fehlerhafter Feststellungen oder vergessener Tatsachen wird vom BGH zugelassen, wenn aus anderen Gründen eine Abänderungsklage zulässig ist, um unerträgliche Ergebnisse zu vermeiden.[518, 519] Ein Nachschieben bereits früher bestehender nicht vorgebrachter Umstände wurde zugelassen, um die Beibehaltung des ursprünglichen Urteils zu erreichen,[520] ebenso umgekehrt bei einer auf neu eingetretene Umstände gestützten Herabsetzungsklage als Tatsachen, die zu einer Beibehaltung des bisherigen Titels führen.[521]

### 7. Darlegungs- und Beweislast

846 Die Darlegungs- und Beweislast für eine wesentliche Änderung trägt der Abänderungs**kläger.** Den Abänderungs**beklagten** trifft hingegen die Darlegungs- und Beweislast für Tatsachen, die **trotz** veränderter Umstände die **Aufrechterhaltung** des Titels rechtfertigen.[522]

### 8. Abänderungszeitpunkt

847 Für Anträge auf Unterhalts**erhöhung** gilt überhaupt keine Zeitschranke, soweit im Übrigen die Voraussetzungen nach § 1613 Abs. 1 BGB zur Geltendmachung rückständigen Unterhalts vorliegen.

848 Wird Herabsetzung des Unterhalts beantragt, so darf eine Abänderung erst für die **Zeit ab Klageerhebung, also nicht rückwirkend,** erfolgen, § 323 Abs. 3 ZPO; dies gilt **nicht** bei **Vergleichen, vollstreckbaren Urkunden und Titel im vereinfachten Verfahren:** Diese können **rückwirkend** herabgesetzt werden.

### 9. Vollstreckungsabwehrklage nach § 767 ZPO

849 Örtlich und sachlich **ausschließlich** zuständig ist bei Urteilen und Vergleichen das Prozessgericht der **ersten** Instanz (§§ 767 Abs. 1, 795, 802 ZPO), bei **vollstreckbaren Urkunden** das Wohnsitzgericht des **Schuldners** (§§ 797 Abs. 5, 802 ZPO).

516 BGH FamRZ 1984, 374, 375.
517 BGH FamRZ 1984, 374, 375.
518 Gerhardt a.a.O. Rn. 656 zu Kap. 6.
519 BGH FamRZ 1998, 99, 101.
520 Niklas FamRZ 1987, 869ff.
521 BGH FamRZ 1998, 99, 101.
522 BGH FamRZ 1987, 259, 260; 1990, 496, 497.

850 Wie bei der Abänderungsklage gem. § 323 Abs. 2 ZPO ist für **rechtshemmende** und **rechtsvernichtende** Einwendungen die **Präklusionswirkung** des § 767 Abs. 2 ZPO zu beachten. Die Einwendungen müssen bei einem Urteil nach Schluss der letzten mündlichen Verhandlung entstanden sein.[523] Aus den bereits zu § 323 Abs. 2 ZPO angeführten Gründen (s.o. Rn. 834) gilt diese Wirkung für **Titel** nach § **794 ZPO nicht,** also insbesondere **nicht** für **Vergleiche** und **vollstreckbare** Urkunden.[524]

851 Folgende **rechtsvernichtende Einwendungen** kommen in Betracht:

- Aus einem Titel auf **Trennungsunterhalt** (Urteil, Vergleich, vollstreckbare Urkunde) wird **nach** Rechtskraft der **Scheidung** weiter **vollstreckt.**
- Die Parteien haben nach dem Unterhaltsurteil einen **Unterhaltsverzicht** (evtl. auch Teilverzicht) oder einen Vollstreckungsverzicht **vereinbart.**
- Der Unterhaltsbedürftige geht nach der Scheidung eine **neue** Ehe ein (§ 1586 BGB), **selbst** wenn im **Scheidungsverfahren** für eine **bestimmte** Dauer eine nach § 323 ZPO **unabänderbare Unterhaltsvereinbarung** geschlossen wurde; denn der **Ausschluss der Rechte nach** § **323 ZPO** hat **keine Präklusionswirkung** nach § 767 ZPO zur Folge.
- Wenn mit dem Unterhalt **aufgerechnet** wird, wobei die Klage jedoch wegen der regelmäßigen Unpfändbarkeit von Unterhaltsleistungen unbegründet ist.
- Wenn beim Unterhaltsrückstand **Erlass, Verjährung** oder **Stundung** eingewandt wird.
- Wenn nach **Volljährigkeit** des Kindes (= Wegfall der gesetzlichen Vertretung) vom **Elternteil** aus dem Titel über Kindesunterhalt weiter vollstreckt wird,[525] auch bei Unterhaltsrückstand; mit der Vollstreckungsabwehrklage kann aber nur gegen die **Vollstreckungsberechtigung** des **Elternteils, nicht** des Kindes (**nach Titelumschreibung**), vorgegangen werden.
- Wenn beim Kindesunterhalt die Feststellung der **Nichtehelichkeit** und Nichtvaterschaft nach § 1599 BGB erfolgte.[526]

852 Das **Rechtsschutzbedürfnis** für eine Vollstreckungsabwehrklage ist gegeben, sobald die **Zwangsvollstreckung möglich** ist und solange der Gläubiger den Titel in Händen hat, § 757 Abs. 1 ZPO.

### 10. Negative Feststellungsklage nach § 256 ZPO

853 Diese kommt in erster Linie in Betracht gegen eine **einstweilige Anordnung** zum Unterhalt, die im **Scheidungsverfahren** nach § 620 Nr. 4, 6 ZPO erlassen wurde. Nachdem die einstweilige Anordnung nur eine **vorläufige Vollstreckungsmöglichkeit** gibt und **keinen Bestandsschutz** entfaltet, kann die Feststellung, dass kein Unterhaltsanspruch besteht, auch rückwirkend begehrt werden.[527]

523 Gerhardt a.a.O. Rn. 673 zu Kap. 6.
524 BGH FamRZ 1987, 804ff.
525 OLG Hamm FamRZ 1992, 843 f; OLG München FamRZ 1997, 1493.
526 Gerhardt a.a.O. Rn. 622 zu Kap. 6.
527 BGH FamRZ 1989, 850.

854 In entsprechender Anwendung der §§ 707, 719, 769 ZPO kann auch bei der negativen Feststellungsklage eine **einstweilige Einstellung** der **Zwangsvollstreckung** beantragt werden.[528] Wie oben ausgeführt, betrifft die negative Feststellungsklage nur den Unterhalts**verpflichteten.** Die Klage kann darauf gerichtet werden, dass aus der einstweiligen Anordnung überhaupt nicht oder nicht mehr in voller Höhe, sondern wegen veränderter Umstände nur noch wegen eines geringeren Betrages vollstreckt werden kann. Die Wirkung des § 620f ZPO (Ersetzen und **Außerkrafttreten** aufgrund anderweitiger Regelung) tritt erst mit **Rechtskraft** der negativen Feststellungsklage ein.[529]

855 Bei einer einstweiligen Anordnung nach **§ 644 ZPO** (im **isolierten Unterhaltsverfahren**) ist dagegen im Rahmen der anhängigen Leistungsklage **keine** negative Feststellungsklage **zulässig,** da bei einer Leistungsklage über den **gleichen** Streitgegenstand das Feststellungsinteresse für eine negative Feststellungsklage fehlt.[530]

856 **Beratungshinweis:** Bei Unterhaltstiteln in Form von Urteilen kann eine Herabsetzung des Unterhalts gem. § 323 Abs. 3 ZPO nur für die Zeit nach Erhebung der Klage beantragt werden.
Anderes gilt bei Anträgen auf Unterhaltserhöhung. Die Zeitschranke für die Abänderung von Urteilen nach § 323 Abs. 3 ZPO gilt hier nicht, soweit die Voraussetzungen zur Geltendmachung von Unterhalt für die Vergangenheit nach § 1613 Abs. 1 BGB vorliegen.
Anders verhält es sich bei einem durch Vergleich titulierten Unterhalt. Für die Unterhaltstitel nach § 323 Abs. 4 ZPO (Vergleich, vollstreckbare Urkunde und Titel im vereinfachten Verfahren) gilt die Zeitschranke des § 323 Abs. 3 ZPO nicht. Diese Titel können daher auch rückwirkend herabgesetzt werden.

857 **Beratungshinweis:** Keinesfalls kann bei Bezug von Sozialgeld/Arbeitslosengeld II seitens des Berechtigten ein Unterhaltsverzicht abgegeben werden. Ein solcher Verzicht wäre gem. § 138 Abs. 1 BGB nichtig, als Vertrag zu Lasten Dritter. Dies gilt auch, wenn noch keine derartigen Leistungen bezogen werden, jedoch damit zu rechnen ist, dass der Unterhaltsberechtigte, weil er erwerbs- und vermögenslos ist, auf staatliche Leistungen angewiesen sein wird.

858 Im einzelnen zum Anspruchsübergang u.a. s. oben „Unterhalt und Arbeitslosengeld II/ Sozialgeld“

### X. Titulierungsanspruch/sonstige prozessrechtliche Fragen

859 Auch bei **freiwilliger** und **pünktlicher** Zahlung besteht grundsätzlichfür einen Unterhaltsprozess **ein Rechtsschutzbedürfnis,** weil eine**Titulierung** schutzwürdig ist. Das **volljährige** Kind führt seinen Unterhaltsprozess selbst. Dieser kann **nicht** in den **Verbund** einbezogen werden).[531] War Klageerhebung deshalb erforderlich, weil der Unterhaltspflichtige **keine Auskunft** über sein Einkommen oder Vermögen **erteilt** hat, so

528 BGH FamRZ 1983, 355.
529 BGH FamRZ 1991, 180ff.
530 OLG Brandenburg FamRZ 1999, 1210; OLG Köln FamRZ 2001, 106; BGH NJW 1999, 2516.
531 Heiß/Heiß in: Beck´sches Rechtsanwalts-Handbuch, Kap. C 17.

können diese nach § 93d ZPO die **Kosten** nach billigem Ermessen ganz oder teilweise auferlegt werden. Unterhaltsansprüche von Kindern in Fällen mit Auslandsberührung (das Kind befindet sich im Ausland): siehe hierzu:).[532]

860 **BERATUNGSHINWEIS:** Vor Einleitung eines Prozesses sollte der Schuldner aufgefordert werden, einen Titel bezüglich Kindesunterhalt durch Errichtung einer Jugendamtsurkunde sowie einen Titel über Ehegattenunterhalt durch Erstellung einer notariellen Urkunde zu schaffen, da andernfalls die Kostenfolge des § 93 ZPO eintreten kann, also Abgabe eines sofortigen Anerkenntnisses durch den Schuldner mit der Folge, dass die Klägerseite die Kosten des Verfahrens zu tragen hat.

## C. Muster zum Ehegattenunterhalt

861

### I. Muster: Antrag einstweilige Anordnung auf Zahlung Ehegattenunterhalt

44

■■■

wegen Ehescheidung

hier: Antrag auf Erlass einer einstweilige Anordnung betreffend Ehegattenunterhalt

Unter Bezugnahme auf die im Scheidungsverfahren vorgelegte Vollmacht stelle ich namens und im Auftrag der Antragstellerin folgenden A n t r a g – wegen Dringlichkeit ohne mündliche Verhandlung – im Wege der einstweilige Anordnung zu entscheiden:

Der Antragsgegner wird verurteilt, an die Antragstellerin beginnend ab ■■■ eine monatlich im Voraus zahlbare Unterhaltsrente in Höhe von ■■■ € an die Antragstellerin zu bezahlen.

Bergründung:

I. Die Parteien sind getrennt lebende Eheleute. Sie leben getrennt seit■■■ Zwischen ihnen ist unter dem oben bezeichneten Az. das Scheidungsverfahren beim Amtsgericht Familiengericht ■■■ anhängig.

II. Die Antragstellerin betreut das ehegemeinschaftliche Kind ■■■, geboren am ■■■

III. Der Kindesunterhalt wurde außergerichtlich geregelt. Er wurde tituliert durch Jugendamtsurkunde vom ■■■ in Höhe von ■■■
Glaubhaftmachung: In Kopie anliegende Jugendamtsurkunde.
Der Kindesunterhalt wird vom Antragsgegner auch bezahlt.

IV. Der Antragsgegner wurde außergerichtlich im Wege der Stufenmahnung aufgefordert, Auskunft zu erteilen und den sich sodann ergebenden Trennungsunterhalt zu bezahlen mit Schreiben vom ■■■
Glaubhaftmachung: In Kopie anliegendes Schreiben der Unterfertigten vom ■■■ nebst beigefügtem Rückschein.

V. Die Antragstellerin betreut das gemeinsame, erst 2 Jahre alte Kind, geboren am ■■■
Eine Erwerbsobliegenheit besteht im Hinblick auf das Alter des Kindes nicht. Die Antragstellerin verfügt über keinerlei Einkünfte oder Vermögen.
Die Antragstellerin ist dringend auf die monatlichen Unterhaltszahlungen durch den Antragsgegner angewiesen.

VI. Mit Schreiben vom ■■■ hat der Antragsgegner die Zahlung jeglichen Ehegattenunterhalts abgelehnt, sodass Antrag auf Erlass einer einstweilige Anordnung geboten war.

---

532 Henrich in: Heiß/Born, Handbuch Unterhaltsrecht, S. 34.1ff.

VII. Einkommen des Antragsgegners:
Ausweislich der in Kopie anliegenden Verdienstabrechnungen verfügt der Antragsgegner über ein monatsdurchschnittliches Einkommen in Höhe von ■■■
Glaubhaftmachung: In Kopie anliegende Verdienstabrechnungen der abgelaufenen 12 Kalendermonate.

VIII. Der Antragsgegner fährt mit dem Pkw zur Arbeitsstelle, sodass ein Abzug von 5 % berufsbedingte Aufwendungen vorgenommen wurde. Weitere unterhaltsrechtlich relevante Abzüge liegen nicht vor.

IX. Glaubhaftmachung zu vorstehendem Sachvortrag:
Eidesstattliche Versicherung der Antragstellerin, die anliegt.

X. Der Antragsgegner befindet sich in Verzug seit ■■■

Mit der einstweiligen Anordnung wurde Unterhalt ab ■■■(Zeitpunkt der Einreichung des Antrags auf Erlass einer einstweiligen Anordnung) geltend gemacht, sodass noch der Unterhaltsrückstand für die Zeit vom ■■■ bis ■■■ offen ist. Es wird zunächst davon ausgegangen, dass eine vergleichsweise Regelung auch hinsichtlich des Unterhaltsrückstandes möglich ist. Andernfalls müsste gesondert Klage bezüglich Unterhaltsrückstand erhoben werden.

Rechtsanwältin

862 Eine einstweilige Anordnung nach § 620 Nr. 6 ZPO gilt grundsätzlich für die Zeit nach Rechtskraft der Scheidung bis zum Wirksamwerden einer anderweitigen Unterhaltsregelung fort und umfasst insoweit auch den nachehelichen Unterhalt, dies jedenfalls dann, wenn das Gericht die Wirkung nicht ausdrücklich für die Zeit bis zur Rechtskraft der Scheidung beschränkt hat.

863 **Beratungshinweis:** Es ist zu beachten, dass eine einstweilige Anordnung keine rechtskräftige Entscheidung über den Unterhaltsanspruch darstellt und vom Schuldner jederzeit und zwar auch rückwirkend mit einer negativen Feststellungsklage angegriffen werden kann. Zwar kann der nacheheliche Ehegattenunterhalt nach § 623 Abs. 4 S. 1 ZPO bis zum Schluss der mündlichen Verhandlung anhängig gemacht werden, jedoch wird diese Vorgehensweise in der Praxis von den Richtern nicht gerne gesehen bzw. führt diese Vorgehensweise in der Praxis dann dazu, dass der Termin abgesetzt wird, wenn der Antragsschriftsatz kurz vor dem Termin bei Gericht eingeht, da der Gegenseite die Möglichkeit zur Klageerwiderung gegeben werden muss und ein Termin, ohne dass zumindest eine Klageerwiderung vorliegt, keinen Sinn macht.

864 **Beratungshinweis:** Antrag auf Erlass einer einstweiligen Anordnung bezüglich Trennungsunterhalt kann entweder im Rahmen des Scheidungsverfahrens geltend gemacht werden oder im Rahmen eines gesonderten Verfahrens bezüglich Trennungsunterhalt.

- Im Verfahren Hauptsacheunterhalt: Antrag nach § 644 ZPO
- Im Verbundverfahren: § 620 Nr. 6 ZPO- Mit einem Antrag auf Erlass einer einstweiligen Anordnung kann Unterhalt für die Vergangenheit nicht geltend gemacht werden. Unterhaltsrückstände können ausschließlich mit einer gesonderten Hauptsacheklage anhängig gemacht werden.

- In der Praxis häufig ist jedoch der Fall, dass im Rahmen eines einstweiligen Anordnungsverfahrens auch der Unterhaltsrückstand durch einen Vergleich mitgeregelt wird.
- Ist eine vergleichsweise Regelung nicht möglich und wurde Trennungsunterhalt im Verbundverfahren geltend gemacht, so müsste noch gesondert Hauptsacheklage hinsichtlich etwaiger Rückstände erhoben werden.

865 Wichtig: Wie oben unter Rn. 815ff. ausgeführt, gilt eine einstweilige Anordnung bzw. eine Entscheidung im isolierten Verfahren bezüglich Trennungsunterhalt nur bis zur Rechtskraft der Scheidung, sodass der nacheheliche Ehegattenunterhalt gesondert im Verbund geltend gemacht werden muss.

866 Eine einstweilige Anordnung, die im Verbund erlassen wurde, gilt solange, bis eine anderweitige Unterhaltsregelung in Kraft tritt, also auch über den Zeitpunkt der Scheidung hinaus (§§ 620 Nr. 6, 620f Abs. 1 S. 1 ZPO).

867 Streitwert: 6monatiger Unterhaltsbetrag, § 53 Abs. 2 S. 1 GKG, § 23 I Ziffer 1 RVG. Zuständig ist das Prozessgericht, § 620 Nr. 6 ZPO; im Verfahren bezüglich einstweilige Anordnung müssen die anspruchsbegründenden Tatsachen durch eidesstattliche Versicherung glaubhaft gemacht werden. Der Beschluss über die einstweilige Anordnung kann ohne mündliche Verhandlung erfolgen, § 620a Abs. 1 ZPO. Rechtliches Gehör ist, wenn nicht mündlich verhandelt wird, schriftlich zu gewähren, kann aber bei besonderer Eilbedürftigkeit unterbleiben, weil Änderung oder Aufhebung möglich bleibt (§ 620b ZPO).

868 **Beratungshinweis:** Da aus einer einmal erlassenen einstweiligen Anordnung zunächst in jedem Fall vollstreckt werden kann, egal, ob der Anspruch nun tatsächlich besteht oder nicht, ist es besonders wichtig, den Mandanten darauf hinzuweisen, dass – falls er Schriftsätze durch das Gericht zugestellt erhält – die entsprechenden Schriftsätze umgehend an seinen Anwalt weitergibt. Häufig gehen die Mandanten davon aus, dass die Schriftsätze ohnehin der Anwalt erhält, was jedoch dann nicht der Fall ist, wenn ein Anwalt bisher lediglich außergerichtlich tätig war und bei Gericht noch keine Vertretungsvollmacht vorliegt, weil der Mandant von der Anhängigkeit des Verfahrens noch gar keine Kenntnis hat.
Das Gericht darf eine Zustellung eines Schriftsatzes an einen Anwalt erst dann vornehmen, wenn die Bevollmächtigung nachgewiesen wird. Dies gilt selbst dann, wenn der Gegenanwalt im Rubrum einen Anwalt als Prozessbevollmächtigten der Gegenseite angibt.

869
## II. Muster: Antrag auf mündliche Verhandlung und Aussetzung der Vollziehung einer einstweiligen Anordnung

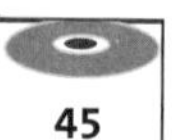

45

■■■

wegen Ehescheidung

hier: Antrag auf mündliche Verhandlung und Aussetzung der Vollziehung

Namens und im Auftrag des Antragsgegners beantrage ich mündliche Verhandlung und Entscheidung wie folgt:

1. Der Beschluss des Gerichts vom ■■■ wird aufgehoben.
2. Der Antrag auf Erlass einer einstweiligen Anordnung vom ■■■ wird zurückgewiesen.
3. Die Vollziehung der einstweiligen Anordnung vom ■■■ wird ausgesetzt.

Begründung

I. Durch Beschluss des Gerichts vom ■■■ wurde der Antragsgegner verurteilt, ab ■■■ eine monatlich im Voraus zahlbare Unterhaltsrente (Trennungsunterhalt) in Höhe von ■■■ zu bezahlen.

II. Richtig ist zwar das angegebene monatsdurchschnittliche Nettoeinkommen, jedoch sind hiervon folgende Abzüge vorzunehmen:
Der Antragsgegner bezahlt als private Altersvorsorge monatlich ■■■ € für eine Lebensversicherung.
Glaubhaftmachung: Vorlage des Versicherungsvertrages sowie 3 Kontoauszüge, aus denen die monatlichen Abbuchungen ersichtlich sind.
Im Hinblick auf derzeitige Rentensituation ist private Altersvorsorge unterhaltsrechtlich einkommensmindernd zu berücksichtigen.
Darüber hinaus bezahlt der Antragsgegner in Form der „Riester-Rente" monatlich ■■■ €.
Glaubhaftmachung: In Kopie anliegender Versicherungsvertrag. Kontoauszüge für die abgelaufenen 3 Kalendermonate, aus denen die monatlichen Abbuchungen ersichtlich sind.
Des Weiteren sind für den vom Antragsgegner beruflich genutzten Pkw monatliche Darlehensrückzahlungsraten in Höhe von ■■■ € zu erbringen, die der Antragsgegner auch tatsächlich bezahlt.
Glaubhaftmachung: In Kopie anliegender Darlehensvertrag vom ■■■, Kontoauszüge für die abgelaufenen 3 Kalendermonate, aus denen sich ergibt, dass die Zahlungen auch tatsächlich erbracht werden.

III. Die Antragstellerin hat nicht angegeben, dass sie dauerhaft mit einem anderen Partner zusammen lebt. Sie führt diesem neuen Partner voll umfänglich den Haushalt und muss sich sowohl für das mietfreie Wohnen als auch für die Haushaltsführung einen Betrag in Höhe von monatlich 550 € anrechnen lassen im Hinblick darauf, dass der neue Lebenspartner über ein monatliches Nettoeinkommen in Höhe von 3.000 € verfügt und keinerlei Unterhaltsverpflichtungen hat.

IV. Unter Berücksichtigung dieser Einkünfte steht der Antragstellerin im Hinblick auf das geringe Nettoeinkommen des Antragsgegners sowie im Hinblick auf die Tatsache, dass der Antragsgegner monatlichen Kindesunterhalt zahlt in Höhe von ■■■ kein Unterhalt mehr zu.

V. Die Vollziehung der einstweiligen Anordnung ist gem. § 620e ZPO auszusetzen.
Die Antragstellerin betreibt die Zwangsvollstreckung aus dem Beschluss des Gerichts vom ■■■
Dem Antragsgegner verbleibt nicht einmal sein notwendiger Selbstbehalt in Höhe von 840 €.
Da möglicherweise bezüglich des von der Antragstellerin bestrittenen Zusammenlebens mit dem anderen Partner weitere Ermittlungen seitens des Gerichts erforderlich sein werden, ist vorab die Vollziehung der einstweiligen Anordnung auszusetzen bis zur endgültigen Entscheidung.

VI. Zur Glaubhaftmachung bezüglich obigen Sachvortrags:
Eidesstattliche Versicherung des Antragsgegners, die anliegt.

Rechtsanwältin

870 **BERATUNGSHINWEIS:** Gemäß § 620e steht die Entscheidung im Ermessen des zuständigen Gerichts. Wird die Vollziehung der einstweiligen Anordnung ausgesetzt, so ist die Zwangsvollstreckung unzulässig, solange der Beschluss über die Aussetzung der Vollziehung Bestand hat (§ 775 Nr. 2 ZPO).
Eine Entscheidung des Gerichts nach mündlicher Verhandlung ist unanfechtbar, § 620c ZPO.
Entscheidet das Gericht sodann auf mündliche Verhandlung hin, so ist die entsprechende Entscheidung gem. § 620c ZPO unanfechtbar. Es verbleibt sodann lediglich die Möglichkeit, im Hauptsacheverfahren eine anderweitige Entscheidung herbeizuführen.
Die Zulässigkeit des Antrags auf mündliche Verhandlung ergibt sich aus § 620b Abs. 2 ZPO, die Begründungspflicht folgt aus § 620d ZPO.
Die Zulässigkeit des Antrags auf Aussetzung der Vollziehung ergibt sich aus § 620e ZPO.

871 **Anmerkung:** Der Beschluss ist **unanfechtbar.**[533] **Zuständig** für den Antrag auf mündliche Verhandlung und über die Aussetzung der Vollziehung ist das **Familiengericht.** Streitwert der einstweiligen Anordnung, also **6facher Monatsbetrag.**

872 **III. Muster: Leistungsklage**

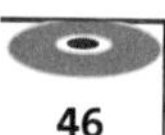

46

■■■

wegen Ehegatten-Trennungsunterhalt

Streitwert: (Jahresbetrag Unterhalt + Unterhaltsrückstandsbetrag)

zeige ich ausweislich anliegender Vollmacht die anwaltliche Vertretung der Klägerin an. Namens und im Auftrag der Klägerin erhebe ich hiermit

Klage

zum

Amtsgericht

Familiengericht

■■■

mit folgenden

Anträgen:

1. Der Beklagte wird verurteilt, an die Klägerin Unterhaltsrückstand für die Zeit von ■■■ bis ■■■ in Höhe von 3.000 € zu bezahlen.

533 Thomas Putzo, Rn. 8 zu § 620e ZPO) i.A.a. OLG Hamburg FamRZ 1990, 423 m.w.N.

2. Der Beklagte wird verurteilt, an die Klägerin beginnend ab (hier den Monat nach Einreichung der Klage eintragen) eine monatlich im Voraus zahlbare Unterhaltsrente in Höhe von 1.000 € zu bezahlen.
3. Der Beklagte hat die Kosten des Verfahrens zu tragen.
4. Das Urteil ist ohne Sicherheitsleistung der Klägerin und ohne Abwendungsbefugnis des Beklagten vorläufig vollstreckbar.

Begründung:

I. Die Parteien sind getrennt lebende Eheleute. Sie leben getrennt seit ■■■

II. Der Unterhaltsanspruch wird gestützt auf § 1361, 1360a Abs. 3, 1613 Abs. 1 BGB

III. Die Parteien leben erst seit ■■■ getrennt, sodass seitens der Klägerin noch keine Erwerbsobliegenheit besteht.

IV. Leistungsfähigkeit des Beklagten:
Der Beklagte verfügt über ein monatsdurchschnittliches Nettoeinkommen in Höhe von ■■■
Beweis: Vorlage der Abrechnungen für die Monate Januar bis Dezember 2004, die in Kopie beigefügt sind.
Aus der Abrechnung Dezember 2004 ergibt sich folgendes Gesamt-Jahreseinkommen:

| | |
|---|---|
| Bruttoeinkommen | ■■■ |
| abzüglich Lohnsteuer | ■■■ |
| abzüglich Kirchensteuer | ■■■ |
| abzüglich Solidaritätszuschlag | ■■■ |
| abzüglich Krankenversicherung | ■■■ |
| abzüglich Pflegeversicherung | ■■■ |
| abzüglich Rentenversicherung | ■■■ |
| abzüglich Arbeitslosenversicherung | ■■■ |
| Nettoeinkommen damit für das gesamte Jahr 2004 | ■■■ |
| 1/12 hiervon = | ■■■ |

V. Hinzu kommt ein Einkommen aus Steuerrückerstattung in Höhe von jährlich ■■■
Damit 1/12 hiervon = ■■■
Beweis: In Kopie anliegender Einkommensteuerbescheid für 2003, erlassen am ■■■

VI. Anliegend übergebe ich Unterhaltsberechnung, Ausdruck ■■■, Uhrzeit ■■■ (s.u. ■■■ Computerberechnungen)
(Hinweis: Es werden üblicherweise die Gutdeutsch-Berechnungen sowohl seitens der Anwälte als auch seitens der Gerichte verwendet. Auf die diesbezügliche Anlage oder Einfügung in den Klageschriftsatz wird verwiesen).
Die anliegende Gutdeutsch-Berechnung wird ausdrücklich zum Inhalt des Schriftsatzes gemacht.
(Hinweis: Die Beifügung einer gesonderten Berechnung ohne Einfügung in den Klageschriftsatz ist übersichtlicher, zumal auch bei Vergleichsabschluss sodann auf eine bestimmte Unterhaltsberechnung mit Auszug und Uhrzeit Bezug genommen werden kann, die als Vergleichsgrundlage für die Vereinbarung verwendet wurde Häufig ändern sich auch im Laufe des Verfahrens die Berechnungsgrundlagen für die Unterhaltsberechnung, die dann jeweils durch eine neue Berechnung ersetzt werden kann.)

VII. Die Unterhaltsberechnung beruht auf folgenden Grundlagen:
Einkommen des Beklagten aus Erwerbstätigkeit ■■■
Einkommen der Klägerin

Abzugsposten sind seitens des Beklagten nicht zu berücksichtigen. Insbesondere fallen keine berufsbedingten Aufwendungen an, da der Beklagte zu Fuß zur Arbeit geht und ihm somit nicht einmal Fahrtkosten zur Arbeitsstelle entstehen.

VIII. Unterhaltsrückstand:

Der Beklagte wurde durch Schreiben der Unterfertigten vom ■■■ aufgefordert, Auskunft über die Höhe seines Einkommens zu erteilen und den sich sodann ergebenden Trennungsunterhalt zu bezahlen.
Die Aufforderung erfolgte unter Fristsetzung zum ■■■
Beweis: In Kopie anliegendes Schreiben der Unterfertigten vom ■■■ nebst Kopie des Rückscheins.
Da der Beklagte bis heute keine Zahlung geleistet hat, war Klage geboten.
Der Unterhaltsrückstand errechnet sich wie folgt:
Monatliche Zahlungsverpflichtung gemäß anliegender Berechnung ■■■
■■■ Monate x ■■■ € = 3.000 €
Da sich der Beklagte seit ■■■ in Verzug befindet, ist der Anspruch auf rückständigen Unterhalt begründet.

IX. Der Antrag zur vorläufigen Vollstreckbarkeit beruht auf §§ 708 Nr. 8, 711 S. 2, 710, 714 ZPO. Die Klägerin benötigt die Unterhaltsleistung dringend für ihre Lebenshaltung, da sie über keinerlei Einkommen oder Vermögen verfügt.

X. Gerichtskostenvorschuss in Höhe von ■■■ € ist beigefügt in Form von ■■■

Rechtsanwältin

873 **Beratungshinweis:** Zur Vereinfachung der Bearbeitung durch das Gericht empfiehlt es sich, in jedem Fall, wie im vorstehenden Schriftsatz-Formular aufgeführt, das Einkommen konkret zu berechnen, also das Bruttoeinkommen sowie sämtliche gesetzlichen Abzüge im Einzelnen aufzuführen.
Je leichter die Einkommensberechnung für das Gericht nachvollziehbar ist (Gleiches gilt für Abzugsposten), desto eher ist mit einer schnellen, auf der Basis richtiger Zahlen erfolgenden Gerichtsentscheidung zu rechnen bzw. umso eher wird ein entsprechender Vergleichsvorschlag des Gerichts im Rahmen des Verhandlungstermins ausgehend von den richtigen Zahlen auch den Unterhaltsanspruch in tatsächlich bestehender Höhe enthalten.
Auch sämtliche Abzugsposten (s. oben Rn. 526), wie z.B. Schulden, Lebensversicherungen/freiwillige Beiträge zur Altersvorsorge, Kindergartenkosten u.a. sollten übersichtlich und im Detail durch beigefügte Belege nachgewiesen vorgetragen werden, um seitens des Gerichts Berücksichtigung zu finden.

874

### IV. Muster: Stufenklage bei Nichtselbstständigen und Selbständigen

47

■■■

wegen Auskunft / Ehegattenunterhalt

vorläufiger Gegenstandswert: ■■■

namens und in Vollmacht des Klägers / der Klägerin – Vollmacht liegt an – erhebe ich im isolierten Verfahren Stufenklage mit nachfolgenden

Anträgen:

I. Die Beklagte/der Beklagte wird verurteilt, dem Kläger/der Klägerin Auskunft zu erteilen:
   1. über ihr/sein Vermögen am ■■■
      durch Vorlage eines spezifizierten Vermögensverzeichnisses über alle aktiven und passiven Vermögenswerte im In- und Ausland,
   2. über ihr/sein Einkommen:
      a. nichtselbstständiger Tätigkeit in dem Zeitraum
         ■■■ bis ■■■
         ■■■ bis ■■■ durch Vorlage eines spezifizierten und nach Monaten systematischen geordneten Verzeichnisses, in dem das gesamte lohnsteuerpflichtige und nicht lohnsteuerpflichtige, laufende oder einmalige Arbeitsentgelt einschließlich aller Zulagen, Zuschläge, Sonderleistungen, geldwerter Vorteile, sowie Auslösen und Spesen und auf der Ausgabeseite je als gesonderte Posten die einzelnen steuerlichen Abzugsbeträge unter Angabe der verwendeten Steuerklasse und steuerlicher Freibeträge, sowie die einzelnen Abzugsbeträge (Arbeitnehmeranteile) für die gesetzliche Sozialversicherung angegeben sind,
      b. das keiner einkommenssteuerlichen Einkunftsart unterfällt, wie beispielsweise Lohnersatzleistungen aller Art und Sozialleistungen für den gleichen Zeitraum,
      c. und die diesbezüglich selbst getragenen Aufwendungen für die Sozialversicherung für den gleichen Zeitraum spezifiziert nach Monaten und die einzelnen Aufwendungen. Mögliche Arbeitgeberzuschüsse sind gesondert aufzuführen,
      d. aus anderen Einkunftsarten für die Kalenderjahre ■■■, ■■■, ■■■ und ■■■, sowie ■■■ durch Vorlage eines spezifizierten und nach Jahren und Einkunftsquellen systematisch geordneten Verzeichnisses, in dem alle Einnahmen und Ausgaben angegeben sind,
      e. bei Einkünften aus Vermietung und Verpachtung ist die steuerliche Gebäudeabschreibung gesondert auszuweisen. Bei Einkünfte aus selbstständiger Arbeit, Gewerbe oder Land- und Forstwirtschaft ist Auskunft über den ermittelten Gewinn, sowie Privateinlagen und Privatentnahmen zu erteilen.

II. Die Beklagte/Der Beklagte wird verurteilt, dem Kläger/der Klägerin folgende Belege vorzulegen:
   1. Die in den Jahren ■■■, ■■■, ■■■ und ■■■ zugestellten Steuerbescheide samt evtl. Berichtigungsbescheiden, sowie die dazu abgegebenen Einkommensteuererklärungen mit allen amtlichen Anlagen (z.B. Anlage N, KAP, SO, GSE, V, je soweit betroffen).
   2. Zum Einkommen aus nichtselbstständiger Arbeit für den in Ziffer I. 2a angegebenen 12 Monatszeitraum:
      – detaillierte Lohn-, Gehalts- oder Bezügeabrechnungen,
      – Abrechnungen über Spesen und andere Nebenleistungen,
      – soweit betroffen, Provisionsabrechnungen.
   3. Einkommen aus Kapital für die Jahre 2000 bis 2003:
      Abrechnungen, Gutschriften und Ausschüttungsbescheinigung über den Kapitalertrag, speziell Zinsen, Dividenden, Ausschüttungen aus GmbHs,
      Abrechnung über einbehaltene inländische und ausländische Steuern,
      Beteiligung an einer GmbH, auch in mittelbarer Form, die vollständigen Gewinnermittlungen, sowie die Eigenkapitalgliederungen der Gesellschaft.
   4. Zum Einkommen aus Vermietung und Verpachtung für den gleichen Zeitraum: spezifizierte Abrechnungen oder Journale über alle Einnahmen und Ausgaben,

die Anlagen V zu den Einkommenssteuererklärungen oder Gemeinschaftserklärungen,
beim Finanzamt eingereichte Anlagen, Übersichten und Erläuterungen zu den Anlagen V.

5. Zum Einkommen aus selbstständiger Arbeit oder Gewerbe für den gleichen Zeitraum:
   - vollständige Gewinnermittlungen einschließlich detaillierter Verzeichnisse über das betriebliche Anlagevermögen und dessen steuerlicher Abschreibung,
   - bei Gesellschaften oder Mitunternehmerschaften die steuerlichen Gewinnerklärungen mit allen Anlagen,
   - etwa vorliegende Berichte über steuerliche Außenprüfungen, die im Auskunftszeitraum ergangen sind oder diesen betreffen,
   - soweit betroffen, die Umsatzsteuervoranmeldungen, sowie Umsatzsteuererklärungen und Steuerbescheide dazu.

III. Die Beklagte / Der Beklagte wird verurteilt, die Richtigkeit ihrer Angaben unter Ziffer I) eidesstattlich zu versichern.

IV. Die Beklagte / Der Beklagte wird verurteilt
den sich nach Auskunftserteilung ergebenden Unterhaltsrückstand für den Zeitraum ab ■■■ bis einschließlich ■■■ zu bezahlen,
den sich nach Auskunftserteilungen ergebenden nachehelichen Ehegattenunterhalt beginnend ab ■■■ zu bezahlen.

V. Die Beklagte / Der Beklagte trägt die Kosten des Rechtsstreits.

VI. Das Urteil ist vorläufig vollstreckbar.

Begründung

■■■

Rechtsanwältin

875 **BERATUNGSHINWEIS:** Das Auskunftsverfahren nimmt in der Regel längere Zeit in Anspruch, insbesondere dann, wenn Auskunftserteilung trotz entsprechender Verurteilung verweigert wird, da die Vollstreckung aus einem Auskunftsurteil nur durch Zwangsgeldandrohung/Zwangsgeldverhängung erfolgen kann.
Aus diesem Grunde ist es wesentlich sinnvoller, in der Weise vorzugehen, dass zunächst versucht wird, entsprechende Einkommensnachweise über den Mandanten zu erhalten, insbesondere dann, wenn die Parteien – wie dies häufig bei der Erstberatung der Fall ist – noch zusammenleben oder innerhalb des Hauses getrennt leben.
Wenn solche Einkommensunterlagen vorliegen, kann statt Auskunftsklage sofort Leistungsklage, also Zahlungsklage erhoben werden.
Es ist dann Sache des Unterhaltspflichtigen, seine mangelnde unterhaltsrechtliche Leistungsfähigkeit zu beweisen, sodass es sich empfiehlt, in jedem Fall den Unterhaltsanspruch zu hoch zu berechnen, statt zu niedrig.

876 **Anmerkung:** Der Anspruch auf nachehelichen Ehegattenunterhalt kann auch im Wege der **Stufenklage** geltend gemacht werden. Der nacheheliche Ehegattenunterhalt ist bei dem für das Scheidungsverfahren zuständigen Familiengericht anhängig zu machen. Dieses ist **ausschließlich** zuständig (§ 621 Abs. 2 S. 1 ZPO).

Parteibezeichnungen im Scheidungsverfahren: Für den Antrag auf nachehelichen Ehegattenunterhalt ist – falls Prozesskostenhilfeantrag gestellt werden soll – gesondert **Prozesskostenhilfe** zu beantragen. 877

Gem. § 643 ZPO kann **das Gericht** den Parteien in Unterhaltsstreitigkeiten **aufgeben**, unter Vorlage entsprechender Belege **Auskunft** zu erteilen über ihre Einkünfte, und soweit es für die Bemessung des Unterhalts von Bedeutung ist, über ihr **Vermögen** und ihre persönlichen und wirtschaftlichen Verhältnisse. Mit dieser Vorschrift tritt zwar **keine Verpflichtung** des Gerichts zur Amtsermittlung ein, jedoch sollten die erstinstanzlichen Familiengerichte von der Vorschrift verstärkt Gebrauch machen, um langwierige Auskunftsklagen zu vermeiden.[534] 878

Für **Scheidungsfolgesachen** müssen **keine** Gerichtskosten einbezahlt werden, § 12 Abs. 2 Nr. 2 GKG. Eine Vorschusspflicht besteht nur für den **Scheidungsantrag** selbst, sofern keine Prozesskostenhilfe bewilligt wurde. Der Anwalt erhält die **Verfahrensgebühr** in Höhe von 1,3 (Nr. 3100 VV) sowie die **Terminsgebühr** mit 1,2 (Nr. 3104 VV) sowie bei einer **gerichtlichen Einigung** 1,0 (Nr. 1003 VV). Eine **Beweisgebühr** fällt nach RVG nicht mehr an. 879

Rechtsmittel: Berufung an das OLG gem. §§ 511ff. ZPO (im Einzelnen zu Frist und Form der Einlegung der Berufung sowie dem entsprechenden Muster s. Rn. 970ff., Rn. 967, Rn. 1702ff.). Die **Berufungssumme** richtet sich nach § 3 ZPO und wird nach dem **3½fachen** Wert des **einjährigen** Bezuges berechnet, so dass i.d.R. in Unterhaltssachen die Berufungssumme fast immer erreicht wird.[535] 880

### V. Muster: Antrag auf Zahlung von nachehelichem Ehegattenunterhalt sowie Krankheits-, Pflege- und Altersvorsorgeunterhalt 881

■■■

48

wegen Zahlung von nachehelichem Ehegattenunterhalt sowie Krankheits-, Pflege- und Altersvorsorgeunterhalt

wird namens und im Auftrag der Antragstellerin im Rahmen des vorbezeichneten Scheidungsverfahrens folgender

Antrag

betreffend nachehelicher Ehegattenunterhalt gestellt:

Der Antragsgegner wird verurteilt, an die Antragstellerin, beginnend ab dem Monat nach Rechtskraft des Scheidungsurteils eine monatlich im Voraus fällige Unterhaltsrente in Höhe von ■■■ € zu bezahlen, wovon ein Teilbetrag in Höhe von ■■■ € auf Elementarunterhalt, ein Teilbetrag in Höhe von ■■■ € auf Krankheits- und Pflegevorsorgeunterhalt und ein Teilbetrag in Höhe von ■■■ € Altersvorsorgeunterhalt entfällt.

Rechtsanwältin

534 So zutreffend Vossenkämper FOR 1995, 43, 48f. sowie Vossenkämper in: Münchener Prozessfomularbuch Familienrecht Anm. 11 zu C IV. 1.

535 Vossenkämper a.a.O. S. 161; BGH FamRZ 1999, 1497.

882 **BERATUNGSHINWEIS:** In der Praxis häufig übersehen wird, dass der Altersvorsorgeunterhalt bereits ab Einreichung des Scheidungsantrags geschuldet ist und nicht erst für die Zeit ab Rechtskraft der Scheidung. Dies deshalb, weil die Zustellung des Scheidungsantrags den Endzeitpunkt für die Versorgungsausgleichsberechnung darstellt, also die Berechtigte nur bis zu diesem Zeitpunkt an den Versorgungsanwartschaften des Ausgleichspflichtigen teilhat.
Anders verhält es sich beim Krankheits- und Pflegevorsorgeunterhalt, wenn die Ehefrau – wie dies i.d.R. der Fall ist – noch bis zur Rechtskraft der Scheidung noch beim Ehemann mit krankenversichert ist. Eine solche Mitversicherung beim Ehemann liegt immer dann vor, wenn die Ehefrau nicht schon vor Trennung und Scheidung eine eigene Krankenversicherung hatte. (Zur Berechnung des Altersvorsorgeunterhalts s. Rn. 463ff.)Wegen der komplizierten Berechnung des Altersvorsorgeunterhalts wird dringend empfohlen, hierzu das Gutdeutsch-Programm zu verwenden (zur entsprechenden Computerberechnung s.u. S. 251).

883

## VI. Muster: Antrag auf Abweisung des Zahlungsantrags betreffend nachehelichen Ehegattenunterhalt wegen Verwirkung

49

■■■

wegen Abweisung des Zahlungsantrags betreffend nachehelichen Ehegattenunterhalt wegen Verwirkung

beantrage ich im Rahmen des vorbezeichneten Scheidungsverfahrens:

Der Antrag der Antragstellerin auf Zahlung von nachehelichem Ehegattenunterhalt wird zurückgewiesen.

Begründung:

Die Antragstellerin hat bewusst wahrheitswidrig nicht angegeben, dass sie seit über 2 Jahren mit ihrem neuen Lebenspartner zusammenlebt.

Die Antragstellerin hält sich täglich bei ihrem Lebensgefährten auf, wäscht für diesen, führt ihm den Haushalt und kocht für ihn.

Sie lebt mit ihrem Partner in einer dauerhaften festen sozialen Verbindung zusammen. Beide verbringen Freizeit und Urlaub gemeinsam.

Mit diesem Verhalten sind die Tatbestandsvoraussetzungen des § 1579 Nr. 7 BGB erfüllt. Eine Unterhaltsbelastung für den Antragsgegner ist unzumutbar.[536]

Darüber hinaus ist auch der Verwirkungsgrund nach § 1579 Nr. 2 BGB erfüllt. Das Verhalten der Antragstellerin, die das Zusammenleben mit ihrem Lebensgefährten bestritten hat, erfüllt die Voraussetzungen des versuchten Prozessbetruges. Im Unterhaltsrechtsverhältnis besteht Pflicht zur ungefragten Information, wenn das Verschweigen evident unredlich ist. Durch ein Verschweigen von Tatsachen, die für Bestand und Höhe des Unterhalts maßgeblich sind, ist der Verwirkungstatbestand des § 1579 Nr. 2 BGB erfüllt.[537]

Rechtsanwältin

536 BGH FamRZ 1997, 671, 672.
537 BGH FamRZ 1990, 1095 entschieden für das Verschweigen eigener Einkünfte; Heiß/Heiß – Die Höhe des Unterhalts von A-Z, S. 483; OLG Stuttgart FamRZ 1997, 419, 420; OLG Koblenz FamRZ 2000, 605.

884

**Beratungshinweis:** Nahezu regelmäßig wird von der Unterhaltsberechtigten bestritten, dass diese mit einem neuen Partner zusammen lebt und behauptet, es handle sich lediglich um eine freundschaftliche Beziehung, im Rahmen derer man sich hin und wider besucht.
Es empfiehlt sich dringend, in einem solchen Fall – trotz der Höhe der damit verbundenen Kosten – einen Detektiv zu beauftragen, um sodann der gegnerischen Partei konkrete Vorhaltungen machen zu können. Dabei ist in jedem Fall darauf zu achten, dass die entsprechenden Vorhaltungen und Ausführungen zu den Ermittlungen des Detektivs nicht bereits im Rahmen des Prozesses vorgetragen werden, sondern diese Vorhaltungen erst im Rahmen des Verhandlungstermins zu bringen und zwar nachdem zuvor nochmals die Frage gestellt wurde, ob die Gegnerin mit einem anderen Mann zusammen lebt oder nicht. In diesem Zusammenhang empfiehlt es sich durchaus auch, die Gegenseite darauf hinzuweisen, dass bei falschen Angaben der Straftatbestand des versuchten Prozessbetruges erfüllt ist.
Detektivkosten zur Ermittlung eines sonst nicht nachweisbaren schwerwiegenden Fehlverhaltens können im Verfahren wegen Trennungsunterhalt erstattungsfähig sein .Die Detektivkosten sind erstattungsfähig, sofern die Beauftragung eines Detektivbüros zur Erhärtung eines bestimmten Verdachts beiträgt.

885

**Anmerkung:** Lebt die Ehefrau mit dem neuen Lebenspartner noch **nicht 2 Jahre** zusammen oder ist das Zusammenleben über diese Dauer **nicht nachweisbar**, so verbleibt noch die **Anrechnung fiktiver** Einkünfte für die für den Partner erbrachten Versorgungsleistungen, wobei die Anrechnung dieser Einkünfte nach der Rechtsprechung des BGH[538] nicht mehr im Wege der Anrechnungsmethode, sondern im Wege der **Differenzmethode** zu erfolgen hat.

886

Nach den Süddeutschen Leitlinien (Ziff. 6) kann bei Haushaltsführung durch einen **Nichterwerbstätigen** i.d.R. ein Betrag von € 200,00 – € 550,00 als Einkommen angerechnet werden.

### VII. Muster: Klage auf Zahlung von Trennungsunterhalt

887

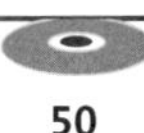

50

■■■

wegen Zahlung von Trennungsunterhalt

erhebe ich namens und in Auftrag der Klägerin

Klage

mit folgenden

Anträgen:

I. Der Beklagte wird verurteilt, an die Klägerin, beginnend ab ■■■ eine monatlich im Voraus zahlbare Unterhaltsrente in Höhe von ■■■ zu bezahlen.
II. Der Beklagte wird verurteilt, an die Klägerin für die Zeit von – bis einen Unterhaltsrückstand in Höhe von ■■■ zu bezahlen.

538 FamRZ 2001, 1693.

III. Der Beklagte wird verurteilt, an die Klägerin Zinsen in Höhe von 5% über dem jeweiligen Basiszinssatz nach § 247 BGB von folgenden monatlichen Unterhaltsrückstandsbeträgen zu zahlen:
Von ■■■ € seit dem ■■■
Von ■■■ € seit dem ■■■
Von ■■■ € seit dem ■■■
IV. Der Beklagte hat die Kosten des Verfahrens zu tragen.

Begründung:
I. Die Parteien sind getrennt lebende Eheleute.
II. Die Klägerin geht keiner Erwerbstätigkeit nach und betreut das ehegemeinschaftliche Kind ■■■.
Im Hinblick auf das Alter des Kindes besteht keine Erwerbsobliegenheit.
III. Einkommen des Beklagten ■■■
IV. Zu berücksichtigende Abzugsposten ■■■
Damit ergibt sich ein anrechenbares Einkommen in Höhe von ■■■
V. Anliegend übergebe ich Unterhaltsberechnung Ausdruck ■■■ Uhrzeit ■■■, bei der von folgenden Einkommens- und Abzugspositionen ausgegangen wurde ■■■
VI. Der Beklagte wurde durch Stufenmahnung vom ■■■ zur Auskunftserteilung und Unterhaltszahlung aufgefordert.
Beweis: In Kopie anliegendes Aufforderungsschreiben nebst Rückschein
Die Unterhaltsrückstände berechnen sich somit wie folgt ■■■
VII. Die Verzugszinsen werden gem. §§ 288, 286 Abs. 1 S. 1 ZPO geltend gemacht. Eine Erweiterung des Zinsantrages auf die bis zum Verhandlungstermin in etwa zusätzlich aufgelaufenen Unterhaltsrückstände bleibt vorbehalten.[539]
VIII. Die Höhe der Zinsen ergibt sich aus der anliegenden Zinsberechnung
(Hinweis: hierzu s. Zinsberechnung nach Gutdeutsch-Programm, Computerberechnungen S. 267)
IX. Falls der Beklagte die Höhe seines Nettoeinkommens bestreiten sollte, wird das Gericht vorsorglich gebeten, gem. § 643 ZPO dem Beklagten aufzugeben, binnen 2 Wochen seine Verdienstabrechnungen für die abgelaufenen 12 Kalendermonate vorzulegen. Sollte der Beklagte der Aufforderung nicht nachkommen, wird das Gericht gebeten, diese Belege vom Arbeitgeber des Beklagten anzufordern.

Rechtsanwältin

888 **Anmerkung:** Die Zahlung von Trennungsunterhalt kann nur in einem isolierten Verfahren geltend gemacht werden und niemals im Scheidungsverbundverfahren.[540]

889 Zusätzlich zum Hauptsacheverfahren sollte bei Eilbedürftigkeit ein Antrag auf Erlass einer einstweiligen Anordnung gem. § 644 ZPO gestellt werden, allerdings in einem gesonderten Schriftsatz, da die Verfahren beim Familiengericht in gesonderten Unterakten geführt werden. Es ist zu beachten, dass der Unterhaltstitel in Form eines Urteils betreffend Trennungsunterhalt **erlischt** mit dem Tage der **Rechtskraft** der Scheidung, so dass im Scheidungsverbundverfahren rechtzeitig der nacheheliche Ehegattenunterhalt geltend gemacht werden muss. Zu beachten ist des Weiteren, dass ein titulierter

539 Vossenkämper in: Münchener Prozessformularbuch Familienrecht D IV. 1.
540 Vossenkämper a.a.O. Anm. 1 zu D IV. 1 unter Hinweis auf BGH FamRZ 1982, 892.

Trennungsunterhaltsanspruch durch ein längeres Wiederzusammenleben der Eheleute erlöschen kann und dass dieser dann durch ein erneutes Getrenntleben nicht wieder auflebt, sondern neu tituliert werden muss.[541]

890 Örtlich zuständig ist für die Klage auf Ehegattenunterhalt der Wohnsitz des Beklagten. Wohnt die Klägerin im Inland und der Beklagte im Ausland, richtet sich die Zuständigkeit nach § 23a ZPO, also nach dem inländischen Gerichtsstand der Klägerin gem. §§ 13, 16 ZPO.[542] Es besteht kein Anwaltszwang (§ 78 Abs. 2 ZPO i.V.m. § 621 Abs. 1 Nr. 5 ZPO).[543]

891 Gegen ein Urteil auf Trennungsunterhalt ist ausschließlich die Abänderungsklage nach § 323 ZPO statthaft[544] (zur Abänderungsklage s. Rn. 826ff.) Mit Einreichung der Klage ist die 3,0fache Gebühr Gerichtskosten einzuzahlen, KV-Nr. 1210 (Anlage zu GKG). Gegenstandswert ist der geforderte Betrag x 12 zuzüglich Rückstände, § 23 Abs. 1 Nr. 1 RVG, § 42 Abs. 1 und V 1 GKG. Rechtsmittel: Berufung.

## VIII. Muster: Klage auf Trennungsunterhalt bei Gütergemeinschaft[545]

892

51

■■■

wegen Trennungsunterhalt

erhebe ich namens und in Auftrag der Klägerin

Klage

mit folgendem

Antrag:

Der Beklagte wird verurteilt dahingehend mitzuwirken, dass die Klägerin aus dem Gesamtgut eine monatlich im Voraus fällige Unterhaltsrente in Höhe von ■■■, beginnend mit dem ■■■ entnehmen kann sowie hiervon ■■■ an die Klägerin zu zahlen.[546]

Begründung:

I. Die Parteien leben im Güterstand der Gütergemeinschaft, woraus sich der vorstehende Klageantrag ergibt.
II. Beide Parteien sind erwerbstätig.
III. Einkommen des Beklagten ■■■
IV. Einkommen der Klägerin ■■■
V. Aufgrund der hohen Einkommensdifferenz ist ein Anspruch auf Aufstockungsunterhalt gegeben.
VI. Das Einkommen des Beklagten wird auf ein allein auf den Namen des Beklagten bei der ■■■-Bank geführtes Konto überwiesen.

541 OLG Hamm FamRZ 1999, 30; Vossenkämper a.a.O. Anm. 1 zu D. IV. 1.
542 Vossenkämper a.a.O. Anm. 2.
543 Zur Berechnung der Verzugszinsen s.u. Computerberechnung nach Gutdeutsch S. 267.
544 BGH FamRZ 1985, 690.
545 Klüber in: Münchener Prozessformularbuch D. IV. 6.
546 Klüber in: Münchener Prozessformularbuch Familienrecht D. IV. 6.

VII. Gleiches gilt für das Einkommen der Klägerin.
VIII. Der Unterhaltsanspruch der Klägerin kann ausschließlich aus den Einkünften des Gesamtguts erfüllt werden.
IX. Der Beklagte schuldet grundsätzlich nicht Zahlung, sondern gem. § 1451 BGB Mitwirkung bei der ordnungsgemäßen Verwaltung des Gesamtguts, wozu auch die Zahlung des Unterhalts gehört.
Die Klägerin kann nicht darauf verwiesen werden, Antrag beim Vormundschaftsgericht nach § 1452 BGB zu stellen mit dem Inhalt, dass eine erforderliche Zustimmung des Beklagten zu ersetzen ist.
Ein solcher Antrag ist nur dann zu stellen, wenn zur Auszahlung des Unterhalts aus dem Gesamtgut ein Rechtsgeschäft, also die Abgabe einer jeweiligen Willenserklärung durch zwei Parteien erforderlich ist.
X. Im vorliegenden Fall fließen die Einkünfte jedoch auf Bankkonten, die jeweils allein auf den Namen der Parteien lauten; zur Auszahlung ist somit nur – insoweit es dessen Konto betrifft – eine Handlung des Beklagten erforderlich.
XI. Kostenvorschuss in Höhe von ■■■ ist beigefügt in Form von ■■■[547]

Rechtsanwältin

893 **Anmerkung:** Die funktionelle **Zuständigkeit** richtet sich nach dem **Inhalt** des **Klageanspruchs.** Wird Unterhalt in Form von Auszahlung verlangt, ist das Familiengericht zuständig und zwar auch dann, wenn der Gegner einwendet, es bestünde nur ein Anspruch auf **Ersetzung seiner Zustimmung** durch das Vormundschaftsgericht.[548] Die Abgrenzung ergibt sich aus § 1451 BGB einerseits und § 1452 BGB andererseits, wobei erstere Vorschrift auf eine bloße **Maßregel** gerichtet ist, die zweitgenannte Bestimmung auf ein **Rechtsgeschäft** zielt.[549]

894 Abzugrenzen ist, ob eine bloße **Handlung** des Verpflichteten genügt oder ob erst noch der gesonderte Abschluss eines **Rechtsgeschäfts** erforderlich wird, an welchem beide Eheleute durch Abgabe entsprechender Willenserklärungen mitwirken müssen, so dass die Abgabe der **Willenserklärung** entsprechend § 1452 BGB nicht durch das Familiengericht, sondern durch das **Vormundschaftsgericht** ersetzt werden muss.[550] Wenn eine bloße Handlung ausreicht, muss geprüft werden, ob diese Handlung durch den in Anspruch genommenen Ehepartner **allein** vorgenommen werden kann oder nur mit „Zutun" des Anspruchstellers.[551]

895 Werden die Erwerbseinkünfte allein von dem in Anspruch genommenen Ehepartner erzielt und auf ein **Konto überwiesen**, das auf **dessen Namen allein** läuft, so beschränkt sich die Mitwirkung allein auf die **Auszahlungsmaßnahme.** Wenn auch der **Anspruch stellende Ehepartner** Einnahmen erzielt, die auf ein Konto fließen, das allein auf seinen Namen läuft, bedarf er seinerseits zur Entnahme des Unterhalts **keiner Mitwirkung** des

547 Klageantrag nach Klüber a.a.O.
548 BGH FamRZ 1990, 851, 852; FamRZ 1985, 48, 49.
549 Klüber a.a.O. Anm. 11.
550 BGH FamRZ 1990, 851, 852, 853.
551 BGH FamRZ 1990, 851, 853.

anderen Ehepartners und er kann bei der Entnahme des sich anteilig hieraus ergebenden Unterhaltsbetrags kraft eigenen Mitverwaltungsrechts hierüber verfügen.[552]

896 Fließen dagegen die **Erwerbseinkünfte** auf ein **gemeinschaftliches** Konto der Parteien, reduziert sich die **Mitwirkungshandlung** darauf, dass eine entsprechende Bankanweisung mit unterzeichnet wird. Es empfiehlt sich, eine entsprechende **Konkretisierung** der verlangten Mitwirkungshandlung in den Antrag aufzunehmen[553] (Im Einzelnen zu Unterhalt bei Gütergemeinschaft s. Rn. 622ff.).

897 Der Anspruch auf Mitwirkung bei der Gewährung von Unterhalt richtet sich auf eine **unvertretbare** Handlung. Die Vollstreckung erfolgt daher gem. § 888 ZPO.[554] Über einen entsprechenden **Zwangsgeldantrag** hat sodann das **Prozessgericht** zu entscheiden.

898 Bezüglich der Kosten gelten die Ausführungen zum Trennungsunterhalt bei gesetzlichem Güterstand (s.o. Rn. 891).

## IX. Muster: Abänderungsklage des geschiedenen Ehemannes gegen die frühere Ehefrau zum Zwecke der Unterhaltsverminderung (323 ZPO)

899

52

■■■

wegen Unterhaltsabänderung

erhebe ich namens und in Auftrag des Klägers

Klage

mit folgenden

Anträgen:

I. Das Urteil des Amtsgerichts ■■■ – Familiengericht – vom ■■■ wird in Ziffer ■■■ dahingehend abgeändert, dass der Kläger an die Beklagte lediglich noch Unterhalt in Höhe von ■■■ zu zahlen hat.
II. Die Abänderungsklage wird wegen des sonst eintretenden Schadens (§ 323 Abs. 3 S. 1 ZPO) sofort zugestellt.
III. Ich beantrage, dem Kläger Prozesskostenhilfe zu bewilligen und ihm zur unentgeltlichen Wahrnehmung seiner Rechte die Unterfertigte als Rechtsanwältin beizuordnen.
IV. Sollte die Beklagte Einwendungs- und Erwiderungsfristen versäumen oder den Anspruch ganz oder teilweise anerkennen, wird beantragt, Versäumnisurteil bzw. Anerkenntnisurteil zu erlassen.
V. Die Beklagte hat die Kosten des Verfahrens zu tragen.
VI. Die Zwangsvollstreckung aus dem Urteil vom ■■■ wird analog § 769 ZPO bis zum Erlass des Urteils in diesem Rechtsstreit ohne Sicherheitsleistung insoweit eingestellt, als der Betrag von ■■■ monatlich überschritten ist.
VII. Hilfsweise wird beantragt, die Beklagte zu verurteilen, etwaige durch Pfändung einbehaltene Beträge an den Kläger zurückzuzahlen.

552 BGH FamRZ 1990, 851, 854; Klüber a.a.O. Anm. 12.
553 Klüber a.a.O. Rn. 12.
554 BGH FamRZ 1990, 851, 853.

Begründung:

I. Zum Prozesskostenhilfeantrag:
Ich übergebe anliegend die Erklärung über die persönlichen und wirtschaftlichen Verhältnisse sowie die zur Glaubhaftmachung beigefügten Belege und gelange zu folgender Prozesskostenhilfeberechnung (hierzu s. ■■■).

II. Die Ehe der Parteien wurde durch das in Kopie anliegende Urteil des Amtsgerichts ■■■ – Familiengericht – vom ■■■ rechtskräftig geschieden.

III. Mit dem anliegenden Urteil wurde der Kläger verurteilt, an die Beklagte eine monatlich im Voraus zahlbare Unterhaltsrente (nachehelicher Ehegattenunterhalt) in Höhe von ■■■ zu bezahlen.

IV. Der Kläger bezieht aufgrund eines schweren Unfalls lediglich noch Erwerbsunfähigkeitsrente in Höhe von ■■■
Beweis: In Kopie anliegender Rentenbescheid
Er liegt damit mit seinem Einkommen erheblich niedriger als bei Erlass des streitgegenständlichen Urteils. Zum damaligen Zeitpunkt erzielte der Kläger als Angestellter bei der ■■■-Bank ein monatliches Nettoeinkommen in Höhe von ■■■

V. Einkommen der Beklagten ■■■

VI. Aus der anliegenden Unterhaltsberechnung ergibt sich, dass lediglich noch Unterhalt in Höhe von ■■■ geschuldet ist.

VII. Durch Schreiben der Unterfertigten vom ■■■ wurde die Beklagte aufgefordert, auf die Rechte aus dem Urteil zu verzichten, soweit sie über den errechneten Unterhaltsbetrag in Höhe von ■■■ hinausgehen.
Die Abgabe einer Verzichtserklärung wurde durch die Beklagte abgelehnt, so dass Klage geboten war.

VIII. Da es sich bei dem abzuändernden Titel um ein Urteil handelt, ersuche ich um sofortige Zustellung der Klage.
Im Hinblick auf seine wirtschaftlichen Verhältnisse ist der Kläger nicht in der Lage, Prozesskostenvorschuss zu bezahlen.
Da vor der Entscheidung über den Prozesskostenhilfentrag und damit vor Zustellung der Klage zunächst die Beklagte zum Prozesskostenhilfeantrag Stellung nehmen müsste, könnte eine Klagezustellung nur mit erheblicher Verzögerung erfolgen. Dies würde dem Kläger einen nicht zu ersetzenden Schaden bringen, weil der Abänderungsbeginn nach § 323 Abs. 3 S. 1 ZPO an die Zustellung der Klage geknüpft ist (§ 253 Abs. 1 ZPO).

IX. Zur einstweiligen Anordnung:
Diese ist analog § 769 ZPO auch bei einer Abänderungsklage zulässig.[555] Zur Begründung wird auf die Klagebegründung verwiesen.
Die mit dem Ziel der Unterhaltsverminderung erhobene Abänderungsklage hat Aussicht auf Erfolg, was die entscheidende Einstellungsvoraussetzung ist.[556]

X. Die Herausgabeklage ist gerechtfertigt, um bei etwaigen Einbehaltungen von Zahlungen des Klägers an die Beklagte den Einwand der Entreicherung zu vermeiden.

XI. Zustellungskosten in Höhe von ■■■ sind beigefügt in Form von ■■■

Rechtsanwältin

555 BGH NJW 1986, 2057.
556 OLG Karlsruhe FamRZ 1999, 1000.

**Anmerkung:** Zu den Voraussetzungen der Abänderungsklage s. Rn. 834ff. Die Abänderungsklage ist möglich bei einer **wesentlichen Änderung** der für die Verurteilung maßgebenden Verhältnisse. Aufgrund der Zeitschranke nach § 323 Abs. 3 S. 1 ZPO kann bei einem **Urteil** Abänderung erst ab **Zustellung** der Klage verlangt werden. 900

Der Abänderungsklage unterliegen **nicht** nur **Urteile,** sondern gem. § 323 Abs. 4 ZPO auch **andere Unterhaltstitel** wie die **Prozessvergleiche, Beschlüsse** im **vereinfachten Verfahren,** die vor dem **Jugendamt** oder vor dem **Notar** errichteten vollstreckbaren Urkunden sowie für vollstreckbar erklärte Anwaltsvergleiche. Diese Titel können **rückwirkend uneingeschränkt** und **nicht erst ab dem Verzug** des Gläubigers mit einem Verzicht auf seine Rechte aus dem Titel herabgesetzt werden,[557] soweit dem nicht materiellrechtliche Gründe (Treu und Glauben, § 242 BGB) entgegenstehen.[558] 901

Die **Abänderbarkeit** ist bei diesen Titeln nicht nach § 323 Abs. 1 ZPO, sondern nach § 242 BGB, nämlich den Regeln zum **Wegfall** der **Geschäftsgrundlage** zu beurteilen. Erforderlich ist eine **wesentliche Änderung** der maßgeblichen Verhältnisse seit dem Abschluss der Vereinbarung,[559] wobei die Anpassung unter Wahrung der dem Parteiwillen entsprechenden Grundlagen erfolgt. **Lässt sich der Parteiwille nicht mehr feststellen,** wird der abzuändernde Unterhalt **wie bei einer Erstfestsetzung** nach den gesetzlichen Vorschriften bemessen.[560] 902

**Beratungshinweis:** Es empfiehlt sich aus diesem Grund bei einem Prozessvergleich auf eine Unterhaltsberechnung Bezug zu nehmen (PC-Berechnung), aus der die Vergleichsgrundlagen ersichtlich sind, nämlich Einkünfte und Ausgaben. 903

Handelt es sich bei dem abzuändernden Titel um eine **Jugendamtsurkunde**, also eine **einseitige** Unterwerfungserklärung des Schuldners, kommt es nicht auf eine Änderung der Geschäftsgrundlage, sondern allein auf die **derzeitige Rechtslage** an.[561] Die **Zuständigkeit** richtet sich nach den allgemeinen Vorschriften der §§ 12ff. ZPO, also ist Gerichtsstand der Wohnort des Beklagten. Es besteht **kein Anwaltszwang** (§ 78 Abs. 2 ZPO i.V.m. § 621 Abs. 1 Nr. 4 ZPO); Gerichtskostenvorschuss: 3,0 904

Die Erhebung einer **Herausgabeklage** bezüglich der durch Pfändung evtl. (mangels Einstellung der Zwangsvollstreckung durch das Gericht) einbehaltenen Beträge ist deshalb von besonderer Bedeutung, weil sich in diesem Fall die Berechtigte **nicht mehr** auf den **Einwand** der **Entreicherung** berufen kann für den Zeitraum ab Erhebung der Herausgabeklage. Um die **sofortige Zustellung** zu bewirken, sind Zustellungskosten einzuzahlen. In diesem Fall kann bei Prozesskostenhilfeanträgen vermieden werden, dass durch die Anhörungsfrist, die die Gegenseite erhält, die Klagezustellung erheblich verzögert wird. 905

557 BGH FamRZ 1983, 22; FamRZ 1984, 997; FamRZ 1990, 989.
558 OLG Düsseldorf FamRZ 1995, 742.
559 Vossenkämper a.a.O. Anm. 1 zu D. III. 4a.
560 BGH FamRZ 1994, 696; OLG Hamm FamRZ 1995, 891.
561 Vossenkämper a.a.O. i.A.a. OLG Köln, FamRZ 2001, 1716; OLG München FamRZ 2002, 1271.

906

### X. Muster: Abänderungsklage der geschiedenen Ehefrau gegen den früheren Ehemann mit dem Ziel der Unterhaltserhöhung wegen der Surrogatsrechtsprechung des BGH[562] (323 ZPO)

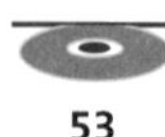

53

■■■

wegen Unterhaltsabänderung

erhebe ich namens und in Auftrag der Klägerin

Klage

mit folgendem

Antrag:

Der Beklagte wird unter Abänderung des Urteils des Amtsgerichts ■■■ – Familiengericht – vom ■■■ verurteilt, an die Klägerin ab ■■■ eine monatlich im Voraus zahlbare Unterhaltsrente in Höhe von ■■■ zu bezahlen.

Begründung:

I. Die Ehe der Parteien wurde durch das in Kopie anliegende Urteil vom ■■■, rechtskräftig seit ■■■, geschieden.

II. Der Beklagte wurde verurteilt, an die Klägerin einen nachehelichen Unterhalt in Höhe von ■■■ monatlich ■■■ zu bezahlen.

III. Der Unterhaltsanspruch wurde im Rahmen des seinerzeitigen Verfahrens wie folgt errechnet:
Bei dieser Berechnung wurde entsprechend der seinerzeitigen Rechtsprechung zu Lasten der Klägerin die Anrechnungsmethode angewandt.

IV. Es liegt aufgrund des Urteils des BGH[563] eine erhebliche Änderung der Rechtsprechung vor. Die Einkünfte, die die Klägerin erst nach der Trennung aufgenommen hat, sind nicht mehr – wie im Ersturteil – im Wege der Anrechnungsmethode als nicht prägende Einkünfte anzurechnen. Vielmehr handelt es sich bei diesen Einkünften um prägende Einkünfte, da es sich bei diesem Einkommen um ein Surrogat der bisherigen Familienarbeit (Haushaltsführung und Kinderbetreuung) handelt.
Dies ergibt sich aus dem Urteil des BGH[564]
Nach der Entscheidung des BGH gilt diese Surrogatsrechtsprechung und damit Berücksichtigung der Einkünfte als prägende Einkünfte auch für ein auf dem Versorgungsausgleich beruhendes Renteneinkommen.
Gleiches gilt für Zinseinkünfte der unterhaltsberechtigten Partei aus der Anlage des Zugewinnausgleichsbetrages, die ebenfalls im Rahmen der Differenzberechnung zu berücksichtigen sind.[565]

V. Diese grundlegend geänderte Rechtsprechung führt nicht nur zu einer Zulässigkeit der Abänderung von Prozessvergleichen ab dem 13.06.2002.[566]
Vielmehr ist die grundlegende Änderung der Rechtsprechung zur Bemessung des Ehegattenunterhalts auch ein Abänderungsgrund bei Urteilen.[567]

562 Vossenkämper a.a.O. D. IV. 4 b.
563 BGH FamRZ 2001, 986.
564 BGH FamRZ 2001, 986 sowie zustimmend BVerfG FamRZ 2002, 527.
565 BGH FamRZ 2002, 88; OLG Saarbrücken OLGR 2002, 473.
566 BGH FamRZ 2001, 1687.
567 BGH FamRZ 2003, 848.

VI. Einkommen des Beklagten ■■■
VII. Einkommen der Klägerin ■■■
VIII. Hieraus ergibt sich gem. anliegender Berechnung nach der Differenzmethode ein Unterhaltsanspruch in Höhe von ■■■

Rechtsanwältin

907 **Anmerkung:** (Zur Abänderungsklage s. auch Rn. 834ff.); ergänzend ist darauf hinzuweisen, dass sogar fiktives Einkommen aus der Versorgung eines neuen Partners als Surrogat für die frühere Haushaltstätigkeit angesehen wird.[568]

## XI. Muster: Klage auf Zustimmung zum begrenzten Realsplitting[569]

908

54

■■■

wegen Zustimmung zum begrenzten Realsplitting

erhebe ich namens und in Auftrag des Klägers

Klage

mit folgendem

Antrag:
I. Die Beklagte wird verurteilt, die Zustimmung zur Durchführung des begrenzten Realsplittings für das Veranlagungsjahr ■■■ zu erteilen.
II. Die Beklagte hat die Kosten des Rechtsstreits zu tragen.

Begründung:
I. Die Parteien sind getrennt lebende Eheleute.
II. Mit der Klage wird die Zustimmung zum Realsplitting für das Jahr ■■■ beantragt. In diesem Jahr hat der Kläger insgesamt ■■■ Ehegattenunterhalt an die Beklagte bezahlt.
III. Mit Schreiben vom ■■■ hat sich der Kläger verpflichtet, der Beklagten sämtliche ihr durch Unterzeichnung der Anlage U entstehenden Steuernachteile zu ersetzen und die Beklagte zur Unterzeichnung der Anlage U aufgefordert.
IV. Die Beklagte hat die Unterzeichnung der Anlage U verweigert.
V. Die Beklagte ist aufgrund der Erklärung betreffend der Übernahme der finanziellen Nachteile durch den Kläger verpflichtet, die Anlage U zu unterzeichnen.[570]
VI. Bei der Durchführung des begrenzten Realsplittings wird der Kläger voraussichtlich nach Abzug des Nachteilsausgleiches für die Beklagte eine Steuerrückerstattung erhalten in Höhe von ■■■

Beweis: Anliegende Gutdeutsch-Berechnung betreffend Realsplittingvorteil und -nachteil

Dieser Betrag wurde als Streitwert angegeben.

Rechtsanwältin

568 BGH FamRZ 2001, 1693.
569 I.a.a. Ullrich, Münchener Prozessformularbuch G. IV. 2.
570 BGH FamRZ 1983, 576ff.

909 **BERATUNGSHINWEIS:** Eine Berechnung des Realsplittingvorteils und Realsplittingnachteils und des verbleibenden Steuervorteils ist ohne Anwendung des Gutdeutsch-Programmes praktisch nicht möglich (zur entsprechenden Berechnung s. S. 251 Computerberechnung mit Realsplitting).

910 **Anmerkung:** Zum Realsplitting im Einzelnen s. Rn. 478ff.); zuständig ist das **Familiengericht,** § 23b Abs. 1 S. 2 Nr. 6 GVG aufgrund des **Sachzusammenhangs** zum Ehegattenunterhalt.

911 Die Klage ist gerichtet auf **Abgabe einer Willenserklärung.** Diese gilt mit Rechtskraft des Urteils als abgegeben, § 894 ZPO.[571] Auf die Unterzeichnung der **„Anlage U"** zur Einkommensteuererklärung kommt es **nicht** an.[572]

912 **Anders** als die „Anlage U" **wirkt** das Urteil für **nur** für das im **Tenor** angegebene **Veranlagungsjahr** und nicht für weitere Zeiträume. Dem gegenüber **bleibt** bei Unterzeichnung der Anlage U die gegenüber dem Finanzamt erteilte **Zustimmung** für die Zukunft bis zum jederzeit möglichen Widerruf **wirksam.**[573] Es besteht **kein Zwang,** für die Zustimmung dieses **Formular** zu **verwenden,**[574] insbesondere dort die **Höhe** der erhaltenen **Zahlungen anzugeben,** da diese nur vom Finanzamt verbindlich festgesetzt werden können.

913 Für das Klageverfahren besteht **kein** Anwaltszwang. Der im Wege des Realsplittings zu berücksichtigende Betrag ist begrenzt auf **13.805,00 €** jährlich. Die **Höhe** der Unterhaltszahlungen ist in dem Verfahren auf Zustimmung zum Realsplitting ohne Bedeutung, da nur die Finanzbehörden über die Anerkennungsfähigkeit dieser Leistungen entscheiden.[575]

914 Sofern über den **Umfang des Unterhalts Streit besteht,** berechtigt dies **nicht** zur Verweigerung der Zustimmung.[576]

915 Mit dem begrenzten Realsplitting können nicht nur Geldzahlungen, sondern auch geldwerte **Sachleistungen** oder sonstige Leistungen wie Überlassung einer Wohnung oder Übernahme der damit verbundenen Kosten geltend gemacht werden.[577] Zur Verpflichtung, sämtliche Nachteile aus der Zustimmung zu ersetzen, s. Rn. 478ff.

916 Es handelt sich um einen normalen familiengerichtlichen Zivilprozess. Da Ansprüche erhoben werden, die Unterhaltsleistungen betreffen, gilt eine **Verjährungsfrist** von **3 Jahren,** §§ 195, 197 BGB.[578]

571 Ullrich a.a.O. Rn. 2 zu G. IV. 2.
572 BGH FamRZ 1998, 953.
573 Ullrich a.a.O. Anm. 7.
574 OLG Koblenz FamRZ 2002, 1129.
575 Ullrich a.a.O. Rn. 6.
576 BGH FamRZ 1998, 953.
577 BFH FamRZ 2000, 1360; OLG Köln FamRZ 1999, 113.
578 Ullrich, Münchener Prozessformularbuch S. 716.

## XII. Muster: Klage auf Nachteilsausgleich bei begrenztem Realsplitting[579]

917

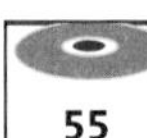

55

■■■

wegen Nachteilsausgleich bei begrenztem Realsplitting

erhebe ich namens und in Auftrag der Klägerin

Klage

mit folgenden

Anträgen:

I. Der Beklagte wird verurteilt, an die Klägerin ■■■ nebst Zinsen in Höhe von 5% über dem Basiszinssatz seit dem ■■■ zu bezahlen.

II. Der Beklagte hat die Kosten des Verfahrens zu tragen.

Begründung

I. Die Parteien sind getrennt lebende Eheleute.

II. Die Klägerin erhält vom Beklagten monatliche Unterhaltszahlungen in Höhe von ■■■

III. Der Beklagte hat den gezahlten Unterhalt mit dem begrenzten Realsplitting gem. § 10 Abs. 1 Nr. 1 EStG steuerlich geltend gemacht.

IV. Mit Schreiben vom ■■■ hatte sich der Beklagte verpflichtet, der Klägerin sämtliche Nachteile, die dieser aus der Zustimmung zum begrenzten Realsplitting entstehen, zu ersetzen.
Beweis: In Kopie anliegendes Schreiben vom ■■■

V. Im Jahr ■■■ hat die Klägerin insgesamt Unterhaltszahlungen in Höhe von ■■■ erhalten. Aufgrund der Zustimmung zum Realsplitting musste sie diesen Betrag versteuern. Die Steuerschuld betrug ■■■
Beweis: Anliegender Steuerbescheid vom ■■■

VI. Ohne die Berücksichtigung der Unterhaltszahlungen als Einkommen hätte die Klägerin keinerlei Steuern zahlen müssen.
Beweis:
1. Anliegende Berechnung des Steuerberaters
2. Sachverständigengutachten

VII. Die Kosten für den Steuerberater betrugen ■■■
Die Klägerin – die noch niemals eine Einkommensteuererklärung gemacht hat – benötigte sachkundige Hilfe.

VIII. Die Klägerin musste für die Zeit von ■■■ bis ■■■ monatlich Krankenversicherungsbeiträge in Höhe von ■■■ und damit insgesamt ■■■ bezahlen, da der gezahlte Unterhalt die Grenze der beitragsfreien Mitversicherung beim Ehegatten überschritt und dadurch Beitragspflicht entstand.

IX. Der Beklagte wurde mit Schreiben vom ■■■ aufgefordert, die genannten Beträge zu bezahlen. Zahlung ist nicht erfolgt. Aus diesem Grunde war Klage geboten und es sind Verzugszinsen geschuldet, §§ 286, 288 BGB in Höhe von 5% über dem Basiszinssatz.

Rechtsanwältin

579 I.a.a. Ullrich a.a.O. G. iv. 3.

918 **Anmerkung:** Zuständig ist das Familiengericht wegen des Sachzusammenhangs mit dem Unterhaltsrecht.[580]

- Es besteht kein Anwaltszwang.
- Es sind sämtliche Nachteile zu ersetzen, also nicht nur die Steuern.[581] Darunter fallen auch – soweit es sich um notwendige Kosten handelt – die Kosten des Steuerberaters oder Nachteile in Form von Krankenversicherungspflicht sowie etwaige weitere Nachteile wie Kindergartengebühren oder Wohngeld.[582]
- Die Höhe des Anspruchs bezüglich der Steuern ergibt sich aus der Differenz zwischen der Steuerlast mit oder ohne Berücksichtigung der Unterhaltszahlungen.
- Der Unterhaltsverpflichtete hat Anspruch darauf, die geltend gemachten Beträge anhand des Steuerbescheides des Unterhaltsberechtigten zu überprüfen.[583]
- Problematisch ist auch die evtl. wegfallende sozialversicherungspflichtige Privilegierung der geringfügig Beschäftigten.[584]
- In der Praxis vielfach übersehen wird die evtl. durch die zu versteuernden Unterhaltsleistungen eintretende Krankenversicherungspflicht. Die beitragsfreie Mitversicherung bei dem anderen Ehepartner entfällt, wenn ein bestimmtes Einkommen überschritten ist. Es entsteht dann die Verpflichtung zur eigenen Krankenversicherung, deren Beiträge über den Nachteilsausgleich übernommen werden müssen. Besteht diese Versicherung bereits aus anderen Gründen, beispielsweise nach rechtskräftiger Scheidung oder bei eigener Berufstätigkeit, verändert sich der zu zahlende Beitrag durch Erhöhung des krankenversicherungspflichtigen Gesamteinkommens um den Unterhalt.

919

## XIII. Muster: Antrag auf einstweilige Anordnung zur Leistung von Ehegattenunterhalt / Wahlmöglichkeit § 620 Nr. 6 und § 644 ZPO

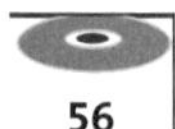

56

■■■

wegen Antrag auf einstweilige Anordnung zur Leistung von Ehegattenunterhalt

namens und in Auftrag der Antragstellerin stelle ich im Rahmen des vorbezeichneten Scheidungsverfahrens folgenden

Antrag:

Der Antragsgegner wird – wegen Dringlichkeit ohne mündliche Verhandlung – verurteilt, an die Antragstellerin einen monatlichen Ehegattenunterhalt in Höhe von ■■■, beginnend ab ■■■, zu zahlen.

Begründung:

I. Die Parteien sind getrennt lebende Eheleute. Zwischen ihnen ist unter dem oben genannten Aktenzeichen das Scheidungsverfahren anhängig.
II. Die Antragstellerin betreut das ehegemeinschaftliche minderjährige Kind ■■■ und verfügt über keinerlei eigene Einkünfte.

580 BGH FamRZ 1989, 603.
581 BGH FamRZ 1985, 1232.
582 Ullrich a.a.O. Rn. 6 zu G. IV. 3 i.A.a. OLG Hamm FamRZ 1993, 205.
583 OLG Karlsruhe FamRZ 2001, 99.
584 Ullrich a.a.O. Rn. 9 i.A.a. OLG Köln FamRZ 2002, 670.

III. Mit dem in Kopie anliegenden Schreiben wurde der Antragsgegner aufgefordert, Ehegattenunterhalt zu zahlen.
Beweis: Anliegendes Schreiben vom ■■■
Zahlung ist nicht erfolgt.
IV. Einkommen des Antragsgegners ■■■
V. Einkommen der Antragstellerin ■■■
VI. Ausweislich der anliegenden Unterhaltsberechnung Ausdruck ■■■ Uhrzeit ■■■ ergibt sich ein Unterhaltsanspruch der Antragstellerin in Höhe von ■■■ Zur Glaubhaftmachung des obigen Sachvortrags wird auf die anliegende eidesstattliche Versicherung verwiesen.

Da die Antragstellerin über keinerlei Einkünfte verfügt, ist sie dringend auf den Unterhalt angewiesen.

Rechtsanwältin

**Anmerkung:** 920

- Der Antrag auf einstweilige Anordnung wegen Ehegattenunterhalts ist gem. § 620 Nr. 6 ZPO statthaft.
- § 620 Nr. 6 ZPO betrifft die einstweilige Anordnung während der Anhängigkeit eines Scheidungsverfahrens.
- Antrag nach § 644 ZPO auf Erlass einer einstweiligen Anordnung wegen Ehegatteunterhalt kann gestellt werden, wenn ein Hauptsacheverfahren bezüglich Ehegattenunterhalt anhängig ist.
- Die einstweilige Anordnung nach § 620 Nr. 6 und § 644 sind gleichwertig, so dass Wahlfreiheit besteht.

**Beratungshinweis:** Bei der Wahl, welche der beiden Möglichkeiten des vorläufigen Rechtsschutz in Anspruch genommen wird, ist insbesondere zu bedenken, dass die einstweilige Anordnung nach § 620 Nr. 6 ZPO gem. § 620f Abs. 1 S. 1 ZPO bis zum Wirksamwerden einer anderweitigen Regelung in kraft bleibt, während die im isolierten Verfahren gem. §§ 1361 a, 1361 b BGB ergangene einstweilige Anordnung mit der rechtskräftigen Scheidung außer kraft tritt.Eine einstweilige Verfügung kann nach Anhängigkeit einer Ehesache nicht mehr begehrt werden, da die Vorschrift des § 620 Nr. 4 und Nr. 6 ZPO Sonderregelungen darstellen. 921

- **Streitwert:** 6facher Monatsbetrag, §§ 23 I 1 RVG, 53 II 1 GKG
- Mit der einstweiligen Anordnung kann Trennungsunterhalt erst **ab Eingang des Antrags bei Gericht** verlangt werden, also **nicht** für die **Vergangenheit.**
- Es kann jedoch uneingeschränkt der **volle Unterhalt geltend gemacht werden**, so dass weder eine Begrenzung auf den Notunterhalt, noch eine zeitliche Befristung erfolgen muss.[585]
- Für ein schutzwürdiges Interesse an der Erlangung eines Titels, welches für die einstweilige Anordnung erforderlich ist, ist **nicht** notwendig, dass eine **Notlage** besteht.
- Die Entscheidung ist gem. § 620c ZPO **unanfechtbar.**

585 Soyka a.a.O. Rn. 7.

922

### XIV. Muster: Antrag auf Aufhebung einer einstweiligen Anordnung nach §§ 620 ff. ZPO

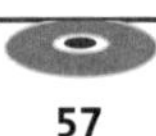

57

■■■

wegen Antrag auf Aufhebung einer einstweiligen Anordnung nach §§ 620 ff. ZPO

beantrage ich, den Beschluss vom ■■■ aufzuheben und den Antrag auf Erlass einer einstweiligen Anordnung zurückzuweisen.

Begründung:

■■■

Rechtsanwältin

923

**Anmerkung:**

- Es besteht kein Anwaltszwang.
- Der Antrag muss begründet werden (§ 620d S. 1 ZPO).
- In den Fällen, in denen eine sofortige Beschwerde statthaft ist, muss außerdem der Antrag innerhalb der Zweiwochenfrist des § 569 Abs. 1 S. 1 ZPO gestellt und begründet werden (§ 620d ZPO). Dies betrifft allerdings nicht die einstweilige Anordnung betreffend Unterhalt, sondern gem. § 620c die Sorgerechtsübertragung, die Entscheidung über die Herausgabe des Kindes, den Antrag nach Gewaltschutzgesetz oder den Antrag auf Wohnungszuweisung.
- Den Antrag auf Aufhebung einer einstweiligen Anordnung kann sinnvoll nur der Antragsgegner stellen, weil nur er beschwert ist. Hat die Antragstellerin durch die einstweilige Anordnung zu wenig Unterhalt erhalten, so bleibt ihr nur der Antrag auf Abänderung, mündliche Verhandlung bzw. letztlich die Entscheidung im Hauptsacheverfahren abzuwarten.

924

### XV. Muster: Antrag auf Abänderung einer einstweiligen Anordnung nach §§ 620 ff. ZPO

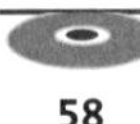

58

■■■

wegen Antrag auf Abänderung einer einstweiligen Anordnung nach §§ 620 ff. ZPO

stelle ich namens und im Auftrag der Antragstellerin folgenden

Antrag:

I. Die einstweilige Anordnung des Amtsgerichts ■■■ – Familiengericht – wird dahingehend abgeändert, dass der Antragsgegner verurteilt wird, an die Antragstellerin ab ■■■ eine monatlich im Voraus zahlbare Unterhaltsrente in Höhe von ■■■ zu bezahlen.
II. Die Kosten folgen der Kostenentscheidung in der Hauptsache.

Begründung:

■■■

Rechtsanwältin

925

**Anmerkung:**

- Der Antrag kann von beiden Parteien gestellt werden, einerseits mit dem Ziel der Erhöhung, andererseits mit dem Ziel der Ermäßigung des titulierten Unterhalts.
- Zuständig ist das Gericht, bei dem die Hauptsache anhängig ist.
- Die Kostenentscheidung ergibt sich aus § 620g ZPO, wonach ein Antrag nicht ausdrücklich gestellt werden muss, weil das Gericht auch hier von Amts wegen über die Kosten entscheiden muss.[586]
- Der Antrag muss begründet werden (§ 620d S. 1 ZPO).
- Der Abänderungsantrag hat nur dann Erfolgsaussicht, wenn sich die tatsächlichen Verhältnisse geändert haben.

## XVI. Muster: Antrag auf mündliche Verhandlung

926

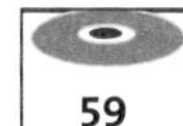

59

■■■

wegen Antrag auf mündliche Verhandlung

stelle ich namens und im Auftrag der Antragstellerin

Antrag

auf mündliche Verhandlung über die einstweilige Anordnung vom ■■■

Begründung:

■■■

Rechtsanwältin

927

**Anmerkung:**

- Die mündliche Verhandlung kann in allen Fällen, in denen die einstweilige Anordnung ohne vorangegangene mündliche Verhandlung erlassen, abgelehnt oder abgeändert wurde, beantragt werden.
- In den Fällen, in denen eine sofortige Beschwerde statthaft ist (§ 620c ZPO) ist die vorherige mündliche Verhandlung Zulässigkeitsvoraussetzung für die sofortige Beschwerde.
- Der Antrag muss begründet werden, § 620d S. 1 ZPO. In den Fällen, in denen eine sofortige Beschwerde statthaft ist, muss außerdem der Antrag innerhalb der Zweiwochenfrist des § 569 Abs. 1 S. 1 ZPO gestellt und begründet werden (§ 620d ZPO), wobei dies wiederum nicht betrifft den Ehegattenunterhalt, sondern Sorgerecht, Herausgabe des Kindes, Gewaltschutzgesetz, Zuweisung der Ehewohnung.

## XVII. Muster: Negative Feststellungsklage gegen einstweilige Anordnung Unterhalt

928

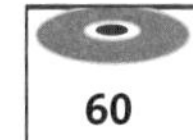

60

■■■

wegen ■■■

erhebe ich namens und in Auftrag des Klägers

586 Bischoff in: Münchener Prozessformularbuch, Anm. 3 zu I. II.

Klage

mit folgendem

Antrag:

I. Es wird festgestellt, dass der Kläger aus der einstweiligen Anordnung des Familiengerichts ■■■ vom ■■■ nicht mehr verpflichtet ist, an die Beklagte Unterhalt zu bezahlen, beginnend ab ■■■

II. Die Zwangsvollstreckung aus der vom Amtsgericht ■■■ – Familiengericht – erlassenen einstweiligen Anordnung vom ■■■ wird – erforderlichenfalls gegen Sicherheitsleistung, die auch in Form einer selbstschuldnerischen Bürgschaft einer Bank oder Sparkasse erbracht werden kann – einstweilen eingestellt.

Begründung:

I. Der Ehegattenunterhalt wurde durch einstweilige Anordnung gem. § 620ff. Nr. 6 ZPO geregelt.

II. Dieser Titel gilt fort, da keine Hauptsacheregelung getroffen ist, § 620f Abs. 1 ZPO.

III. Eine Hauptsacheregelung kann der Kläger nur im Wege der negativen Feststellungsklage herbeiführen.

IV. Das Amtsgericht – Familiengericht – ging bei Erlass der streitgegenständlichen einstweiligen Anordnung von folgenden Verhältnissen aus: ■■■

V. Inzwischen haben sich diese Verhältnisse wie folgt verändert: ■■■

VI. Somit ist der Kläger nicht mehr verpflichtet, für die Beklagte Unterhalt zu zahlen.

VII. Die einstweilige Einstellung der Zwangsvollstreckung ist erforderlich, da der Kläger der Beklagten keinen Unterhalt mehr schuldet. In Anbetracht der insoweit eindeutigen Rechtslage wäre es unangemessen und unzumutbar, den Kläger darauf zu verweisen, überzahlten Unterhalt später von der Beklagten zurückfordern zu müssen, zumal die Durchsetzbarkeit eines solchen Anspruchs äußerst fragwürdig erscheint.

Rechtsanwältin

929 **Anmerkung:** Alternativ kann selbstverständlich der Antrag gestellt werden, wonach „der Kläger nur noch zur Bezahlung von Unterhalt in Höhe von monatlich … verpflichtet“ ist.

930

## XVIII. Muster: Antrag auf Arrest zur Sicherung einer künftigen oder rückständigen Unterhaltsforderung[587]

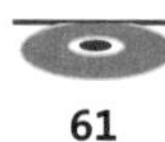

61

■■■

wegen Dringlichkeit ohne mündliche Verhandlung folgenden Arrestbefehl zu erlassen:

Zur Sicherung der Zwangsvollstreckung wegen rückständigen und künftigen Trennungsunterhalts der Antragstellerin in Höhe von ■■■ monatlich ab ■■■ wird der dingliche Arrest in das bewegliche Vermögen des Antragsgegners angeordnet.

Begründung:

I. Die Parteien leben getrennt seit ■■■ Durch Schreiben vom ■■■ wurde der Antragsgegner zur Zahlung monatlichen Trennungsunterhalts in Höhe von ■■■ aufgefordert.

II. Da der Antragsgegner keine Zahlung geleistet hat, wurde Klage auf Trennungsunterhalt erhoben, über die noch nicht entschieden ist.

587 Soyka in: Münchener Prozessformularbuch, Familienrecht F.I. 2.

III. Der Antragsgegner ist 65 Jahre alt und bezieht keine Rente.
IV. Der Antragsgegner erhielt vor 2 Monaten eine Auszahlung aus einer Lebensversicherung in Höhe von insgesamt 240.000 €.
Diesen Betrag hat er zur Bestreitung seines Lebensunterhalts einzusetzen.
V. Aufgrund versicherungsmathematischer Berechnungen, die im Einzelnen im Trennungsunterhaltsverfahren dargestellt sind, stehen dem Antragsgegner monatlich 1.600 € zur Bestreitung seines Lebensunterhalts zur Verfügung.
VI. Die Antragstellerin ist erwerbsunfähig und bezieht keinerlei Einkünfte, so dass sie einen Unterhaltsanspruch hat in Höhe von 800 €.
VII. Der Antragsgegner ist Spieler und besucht regelmäßig zweimal in der Woche das Spielcasino ■■■ Zwischenzeitlich hat er von seinem Vermögen bereits ■■■ verloren, wie er gegenüber ■■■ geäußert hat.
Glaubhaftmachung: Eidesstattliche Versicherung der ■■■
VIII. Aufgrund der Spielleidenschaft des Antragsgegners steht zu befürchten, dass dieser sein gesamtes Vermögen aufs Spiel setzt.

Da er aufgrund seines Alters keine Erwerbstätigkeit mehr finden wird und über weitere Einkommensquellen nicht verfügt, besteht die Besorgnis, dass die Durchsetzung der Unterhaltsansprüche der Antragstellerin vereitelt wird, obwohl diese wegen Erwerbsunfähigkeit dringend auf Unterhaltszahlungen angewiesen ist.

Rechtsanwältin

**Anmerkung:** Ist ein Hauptsacheverfahren auf Unterhaltszahlung anhängig, so ist dieses für den Antrag auf Arrest zuständig, §§ 919, 943 Abs. 1 ZPO. Ist ein solches Verfahren nicht anhängig, ist das Gericht zuständig, das für die Hauptsache erstinstanzlich zuständig wäre, also das Familiengericht gem. §§ 621 Abs. 1 Nr. 4, 6, 11, 642 ZPO. 931

Auch die Arrestsache ist Familiensache.[588] Die örtliche Zuständigkeit bestimmt sich nach dem Wohnsitz des Unterhaltsschuldners, §§ 12, 13 ZPO, der Arrest ist zur Sicherung der Zwangsvollstreckung zulässig.[589] Dabei ist unerheblich, ob ein Titel über die Leistung rückständigen oder künftigen Unterhalts vorliegt.[590] Ein Arrestgrund besteht, wenn bei objektiver Betrachtungsweise zu besorgen ist, dass ohne den Arrest die künftige Durchsetzung des Unterhaltsanspruchs vereitelt oder wesentlich erschwert wird, § 917 Abs. 1 ZPO. Dies ist bei einer nachteiligen Änderung der Vermögensverhältnisse des Unterhaltsschuldners gegeben, wobei unerheblich ist, worauf die Verschlechterung der Vermögensverhältnisse zurückzuführen ist, so dass ein Arrestgrund auch bei rein zufälligen Ereignissen gegeben ist, die nicht auf einer eigenen Handlung des Unterhaltsschuldners beruht.[591] 932

588 Soyka a.a.O. Anm. 1 i.A.a. BGH FamRZ 1980, 46; OLG Karlsruhe FamRZ 1981, 63; OLG Frankfurt FamRZ 1988, 184.
589 OLG Hamm FamRZ 1980, 391; OLG Frankfurt FamRZ 1988, 184.
590 OLG Hamm FamRZ 1980, 391; OLG Frankfurt FamRZ 1988, 184.
591 Soyka a.a.O. Anm. 6.

933

## XIX. Muster: Antrag auf Erlass einer einstweiligen Anordnung auf Zahlung eines Prozesskostenvorschusses gem. § 127a ZPO[592]

62

■■■

wegen Antrag auf Erlass einer einstweiligen Anordnung auf Zahlung eines Prozesskostenvorschusses gem. § 127a ZPO

stelle ich namens und in Auftrag der Antragstellerin den

Antrag,

wegen Dringlichkeit ohne mündliche Verhandlung im Rahmen der einstweiligen Anordnung zu beschließen:

Dem Antragsgegner wird aufgegeben, an die Antragstellerin einen Prozesskostenvorschuss in Höhe von ■■■ zu bezahlen.

Begründung:

I. Mit Schriftsatz heutigen Datums wurde beim Familiengericht Klage auf Trennungsunterhalt in Höhe einer monatlich zu zahlenden Unterhaltsrente von ■■■ eingereicht. Auf die Klageschrift wird Bezug genommen.
II. Aus der Klage ergibt sich, dass das Unterhaltsbegehren hinreichende Erfolgsaussicht hat und nicht mutwillig ist.
III. Die Antragstellerin hat Anspruch auf Prozesskostenvorschuss gem. §§ 1361 Abs. 4 S. 4 i.V.m. 1360a Abs. 4 BGB.
IV. Die Antragstellerin war während der gesamten Ehezeit nicht erwerbstätig, so dass für das Trennungsjahr eine Erwerbsobliegenheit nicht besteht.
V. Die Antragstellerin verfügt über keinerlei Vermögen.
VI. Dem gegenüber ist der Antragsgegner leistungsfähig.
Er verfügt über ein monatliches Nettoeinkommen in Höhe von ■■■
VII. Der Streitwert für das Hauptsacheverfahren Unterhalt beträgt ■■■ Hinzu kommt der Streitwert für das einstweilige Anordnungsverfahren selbst.
VIII. Hieraus errechnen sich die Kosten wie folgt:

Hauptsacheverfahren ■■■

Einstweiliges Anordnungsverfahren ■■■

Zur Glaubhaftmachung bezüglich obigen Sachverhalts verweise ich auf die anliegende eidesstattliche Versicherung der Antragstellerin vom ■■■

Rechtsanwältin

934 **Anmerkung:** Zuständig ist das Gericht, bei dem die Hauptsache Unterhalt anhängig ist. Für den zweitinstanzlichen Prozesskostenvorschuss ist das Oberlandesgericht gem. § 620a Abs. 4 S. 3 ZPO zuständig.

935 Einstweilige Anordnungen auf Prozesskostenvorschuss sind nach § 620 Nr. 9 ZPO in Ehesachen und nach § 621f Abs. 1 ZPO in anderen Familiensachen als Unterhalts-

592 I.A.A. Soyka a.a.O. F.I. 6.

sachen möglich. Gem. § 127a ZPO gilt gleiches auch für alle Unterhaltssachen, soweit sie nicht im Verbund geltend gemacht werden oder von § 641d ZPO erfasst sind.

936 Gem. § 127a Abs. 2 S. 1 ZPO ist eine Beschwerde nicht statthaft, unabhängig davon, ob der Anordnungsantrag zurückgewiesen oder ihm stattgegeben worden ist. Es kann jedoch ein Antrag nach § 620b ZPO auf Aufhebung und Änderung des Beschlusses gestellt werden oder aber das Hauptsacheverfahren durchgeführt werden.

### XX. Muster: Rüge gem. § 321a ZPO[593]

937

63

wegen Rüge gem. § 321a ZPO

erhebe ich für den Antragsgegner die Rüge der Verletzung des rechtlichen Gehörs gem. § 321a ZPO

Ich beantrage, das durch das Endurteil vom ■■■ dem Beklagten am ■■■ zugestellt, ab ■■■ abgeschlossene Verfahren fortzusetzen.

Begründung:

Das Gericht hat bei seinem Urteil vom ■■■ den Sachvortrag des Antragsgegners im Schriftsatz vom ■■■, es sei der gesetzliche Güterstand durch notariellen Vertrag vom ■■■ ausgeschlossen worden, bei der Entscheidung nicht berücksichtigt. Hätte es diesen Sachvortrag berücksichtigt, wäre der Beklagte nicht zur Zahlung von ■■■ Zugewinnausgleich verurteilt worden.

Rechtsanwältin

938 **Anmerkung:** Durch § 321a ZPO soll die Möglichkeit gegeben werden, bei Verletzung des rechtlichen Gehörs durch das erstinstanzliche Gericht eine Korrektur zu erreichen, in den Fällen, in denen eine Berufung nicht zulässig ist, weil die Beschwerdesumme des § 511 Abs. 2 ZPO nicht erreicht wird. Dieser Fall dürfte in Familiensachen kaum vorkommen, da nahezu immer ein Beschwerdegegenstand von mehr als 600 € vorliegt. Bei Unterhaltssachen ist für die Ermittlung der Beschwer vom 3 1/2fachen Wert des einjährigen Bezugs auszugehen (§ 9 ZPO). Das bedeutet, dass der Beschwerdewert von 600 € bereits erreicht wird, wenn die Abweichung vom Antrag erster Instanz 14,29 € beträgt (14,29 € x 42 = 600,18 €).[594] In Betracht kommt die Anwendung dieser Vorschrift jedoch bei Verurteilung zur Erteilung einer Auskunft oder zur Ableistung der Versicherung an Eides statt, da hier die Beschwer anhand der entstehenden Kosten bemessen wird.[595] Die Anwaltspflicht richtet sich nach der Anwaltspflicht des vorausgegangenen Verfahrens. Der Antrag ist an das Amtsgericht zu richten, also an das Familiengericht, wenn dieses die vorangegangene Entscheidung getroffen hat.

593 Bischoff in: Münchener Prozessformularbuch I. IX.

594 Bischoff a.a.O.

595 BGH NJW 1995, 664.

939 Die Rüge ist innerhalb einer Notfrist von 2 Wochen zu erheben (§ 321 Abs. 2 S. 2 ZPO). Die Frist beginnt mit der Zustellung des vollständigen Urteils. Durch die Rüge des § 321a ZPO kann eine Fortsetzung des Verfahrens erreicht werden (§ 321a Abs. 2 Nr. 1 ZPO). Der Antrag muss begründet werden. Dabei sind die Verletzung des rechtlichen Gehörs und deren Entscheidungserheblichkeit darzulegen (§ 321a Abs. 2 S. 1 Nr. 2 ZPO).[596]

940 **XXI. Muster: Antrag auf Androhung bzw. Festsetzung von Zwangsmitteln nach Nichterfüllung von Auskunftsansprüchen**[597]

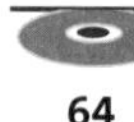

64

■■■

wegen Androhung bzw. Festsetzung von Zwangsmitteln nach Nichterfüllung von Auskunftsansprüchen

beantrage ich namens und in Auftrag der Gläubigerin zu beschließen:

Gegen den Schuldner wird zur Erzwingung der im vollstreckbaren Urteil des Amtsgerichts ■■■ – Familiengericht – vom ■■■ Aktenzeichen ■■■ erfolgten Verurteilung Auskunft zu erteilen über ■■■ ein Zwangsgeld und für den Fall, dass dieses nicht beigetrieben werden kann, Zwangshaft festgesetzt.

Begründung:

I. In dem im Antrag bezeichneten Urteil wurde der Schuldner verurteilt, die dort näher bezeichnete Auskunft zu seinen Einkommensverhältnissen zu erteilen.
Beweis: Beigefügte vollstreckbare Ausfertigung des Urteils

II. Trotz Zustellung des Titels und ergänzender Aufforderung durch Schriftsatz vom ■■■ hat der Schuldner die erforderlichen Angaben nicht gemacht.

III. Es ist daher die Festsetzung eines Zwangsgeldes, ersatzweise von Zwangshaft geboten.

Rechtsanwältin

941 **Anmerkung:** Zuständig ist das Amtsgericht – Familiengericht – als Prozessgericht erster Instanz. Langwierige Auskunftsverfahren können durch Leistungsklage, insbesondere auch durch Teilklagen vermieden werden, die wesentlich schneller zum Ziel führen.

942 Das Gericht entscheidet nach Anhörung des Schuldners, § 891 ZPO, durch Beschluss. Eine vorherige Androhung des Zwangsmittels ist, was § 888 Abs. 2 jetzt ausdrücklich festhält, nicht notwendig. Der vollstreckbare Titel ist im Original dem Antrag beizufügen nebst Zustellungsnachweis.

943 Das Zwangsgeld kann bis zur Höhe von 25.000 € festgesetzt werden. Die konkrete Höhe sollte in das Ermessen des Gerichts gestellt werden, um eine teilweise Zurückweisung des Antrags zu vermeiden. Die Vollstreckung und Beitreibung eines nach § 888 ZPO verhängten Zwangsgeldes erfolgt auf Antrag des Gläubigers nach den all-

596 Bischoff a.a.O. Anm. 8.
597 I.A.A. Ullrich a.a.O. L.I. 4.

gemeinen Regeln der §§ 803ff. ZPO und nicht von Amts wegen nach der Justizbeitreibungsordnung.[598]

944 Die Vollstreckung der ersatzweise angeordneten Haft erfolgt erst aufgrund eines vom Gläubiger bei dem Gericht beantragten Haftbefehls, §§ 888 Abs. 1, 901 ZPO. Die Zwangshaft wird meist erst nach vorangegangenen erfolglosen Vollstreckungsversuchen festgesetzt.

945 Sowohl der Gläubiger als auch der Schuldner können bei Ablehnung der Festsetzung des Zwangsmittels oder bei Festsetzung des Zwangsmittels (je nachdem wer beschwert ist) sofortige Beschwerde nach § 793 ZPO einlegen.

## XXII. Muster: Vollstreckungsabwehrklage gegen Unterhaltstitel[599]

946

65

■■■

wegen Vollstreckungsabwehrklage

erhebe ich namens und im Auftrag des Klägers

Klage

mit folgenden

Anträgen:

I. Die Zwangsvollstreckung aus dem Urteil des Amtsgerichts ■■■ – Familiengericht – vom ■■■, Aktenzeichen ■■■, wird für unzulässig erklärt, soweit Unterhaltsbeträge ab ■■■ tituliert sind.
II. Die Zwangsvollstreckung aus dem Urteil des Amtsgerichts ■■■ vom ■■■, Aktenzeichen ■■■, wird ohne, hilfsweise gegen Sicherheitsleistung einstweilen eingestellt, soweit Unterhaltsbeträge ab ■■■ tituliert sind.
Dem Kläger wird gestattet, eine evtl. angeordnete Sicherheitsleistung durch die in § 108 Abs. 1 S. 2 ZPO genannten Möglichkeiten zu erbringen.
III. Die Beklagte hat die Kosten des Rechtsstreits zu tragen.

Begründung:

I. Durch den im Klageantrag näher bezeichneten Vollstreckungstitel, dem Urteil des Amtsgerichts vom ■■■ wurde der Kläger verpflichtet, der Beklagten Aufstockungsunterhalt von ■■■ zu bezahlen.
II. Da die Beklagte ab ■■■ eigenes Einkommen erzielt, das höher liegt als das Einkommen des Klägers, haben die Parteien vereinbart, dass die Unterhaltszahlungen ab ■■■ eingestellt werden sollten.
Beweis:
1. Zeugnis des ■■■
2. Zeugnis der Beklagten ■■■
III. Die Vollstreckungsabwehrklage ist begründet, da die Parteien das Urteil durch die Vereinbarung vom ■■■ abgeändert haben.

598 Ullrich a.a.O. Anm. 5 zu L.I. 5 i.A.a. OLG Stuttgart FamRZ 1997, 1495; BGH FamRZ 1983, 578.
599 I.A.A. ULLRICH L.I. 8.

Mit Anwaltsschreiben vom ■■■ wurde Zwangsvollstreckung angedroht. Der Vollstreckungstitel befindet sich in Händen der Beklagten.
Die angedrohte Zwangsvollstreckung rechtfertigt den Antrag auf einstweilige Einstellung der Zwangsvollstreckung.

IV. Der Kläger ist zur Leistung einer Sicherheit nicht in der Lage, da ■■■ Die Durchführung der Vollstreckung würde für ihn einen nicht zu ersetzenden Nachteil bringen, da eine Rückforderung der Beträge an der Vermögenslosigkeit der Beklagten scheitern wird.

Rechtsanwältin

947 **Anmerkung:** Gem. § 802 ZPO ist das Gericht ausschließlich zuständig, bei welchem der Vorprozess erster Instanz geführt wurde. Bei Prozessvergleichen ist das Gericht zuständig, bei dem das Verfahren in erster Instanz anhängig war;[600] bei Klagen gegen vollstreckbare notarielle Urkunden oder Anwaltsvergleiche ist das Gericht des allgemeinen Gerichtsstandes des Schuldners zuständig. Bezüglich der Vollstreckungsabwehrklage gibt es keinen Vorrang des Gerichts der Ehesache.[601]

948 Die Vollstreckungsabwehrklage ist gerichtet auf die Beseitigung bzw. Einschränkung der Vollstreckbarkeit des angegriffenen Titels, weil nach Erlass des Titels neue Einwendungen gegen den Anspruch entstanden sind. Zur Abgrenzung gegenüber der Abänderungsklage s.o. Rn. 826ff., ebenso zur Abgrenzung zur negativen Feststellungsklage. Es besteht kein Anwaltszwang.

949 Die Rechtskraftwirkung der Vollstreckungsabwehrklage erstreckt sich nicht auf das Bestehen bzw. Nichtbestehen des materiellrechtlichen Anspruchs.[602] Die Vollstreckungsabwehrklage richtet sich als prozessuale Gestaltungsklage gegen die Vollstreckbarkeit schlechthin,[603] nicht nur gegen die Zulässigkeit einzelner Vollstreckungsmaßnahmen (dann evtl. Vollstreckungserinnerung, § 766 ZPO, Drittwiderspruchsklage, § 771 ZPO oder Klauselerinnerung, § 732 ZPO).[604]

950 Der Klageantrag muss präzise formuliert sein, damit der Umfang der Rechtshängigkeit und der späteren Vollstreckbarkeit präzise bestimmt ist. Maßgeblich für die Formulierung des Antrages ist § 775 Nr. 1 ZPO. Der Antrag darf sich nicht auf Aufhebung des Titels oder auf Feststellung der Erfüllung richten. Gemeinsam mit der Vollstreckungsabwehrklage kann für den Fall, dass der Beklagte aus dem Titel vollstreckt bzw. dies androht, kann gem. § 769 ZPO die einstweilige Einstellung der Zwangsvollstreckung beantragt werden.

951 Die Vollstreckungsabwehrklage führt nicht zur verschärften bereicherungsrechtlichen Haftung nach § 818 Abs. 4 BGB.[605] Diese verschärfte Haftung erreicht nur eine Klage auf Rückzahlung überzahlten Unterhalts. Erfolgt die Einstellung der Zwangsvollstre-

600 BGH FamRZ 1980, 47.
601 BGH FamRZ 1980, 346.
602 Vgl. BGH FamRZ 1984, 878.
603 BGH NJW 1999, 278; BGH NJW-RR 1990, 48, 49.
604 Ullrich a.a.O. Anm. 5.
605 BGH FamRZ 2000, 751; BGH FamRZ 1998, 951.

ckung nicht oder nicht sofort, ist zu erwägen, ob hilfsweise für den Fall der erfolgreichen Vollstreckungsabwehrklage zusätzlich die Rückforderungsklage erhoben wird.[606] Eine Sicherheitsleistung erfolgt nach § 108 Abs. 1 S. 2 ZPO durch die schriftliche, unwiderrufliche, unbedingte und unbefristete Bürgschaft eines Kreditinstituts oder durch Hinterlegung von Geld oder Wertpapieren.[607]

952 Mit der Vollstreckungsabwehrklage können nur materiellrechtliche Einwendungen erhoben werden, eine außergerichtliche Vereinbarung ist eine zulässige Einwendung.[608] Als weitere Einwendungen kommen in Betracht:

- Gläubigerwechsel
- Irrtumsanfechtung nach §§ 119, 123 BGB
- Aufrechnung, § 387, mit einer Unterhaltsforderung, nicht aber gegen eine Unterhaltsforderung (§ 394 BGB) sowie
- Erfüllung.

953 Eine neue Unterhaltsentscheidung oder ein Vergleich ist mit der Vollstreckungsabwehrklage geltend zu machen, wenn der alte Titel nicht ausdrücklich aufgehoben wurde. Die Verwirkung des Unterhaltsanspruchs ist ebenfalls mit der Vollstreckungsabwehrklage geltend zu machen.[609] Dem gegenüber wird der Ausschluss oder die Reduzierung des Unterhaltsanspruchs, die zeitlich begrenzt sind, mit der Abänderungsklage geltend gemacht.[610] Es können nur Gründe, die nach Abschluss des ursprünglichen Verfahrens entstanden sind, geltend gemacht werden.[611] Soweit es um Aufrechnung oder Anfechtung geht, ist der Zeitpunkt maßgebend, zu dem erstmals dieses Recht hätte ausgeübt werden können.[612] Diese Einschränkung gilt ausdrücklich nicht bei Titeln ohne Rechtskraftwirkung wie einem Prozessvergleich,[613] einer notariellen Urkunde gem. § 797 Abs. 4 ZPO.

954 Die Klage ist zulässig, solange die Zwangsvollstreckung droht. Eine konkret drohende Zwangsvollstreckung ist für die Klage – anders bei der einstweiligen Einstellung nach § 769 ZPO – nicht erforderlich.[614] Zur Abgrenzung von Abänderungsklage und Vollstreckungsabwehrklage s.[615] Streitwert ist der Jahresbetrag des titulierten Unterhalts.[616] Betrifft die Vollstreckungsabwehrklage nur einen begrenzten Zeitraum, bestimmen nur diese konkreten Beträge den Streitwert;[617] es handelt sich um einen normalen Zivilprozess.

606 Vgl. Wohlfahrt, FamRZ 2001, 1185, 1187.
607 Ullrich a.a.O. Anm. 8.
608 BGH NJW 1991, 2295; OLG Oldenburg FamRZ 1992, 844.
609 BGH FamRZ 1991, 1175; OLG Frankfurt FamRZ 1991, 1328; vgl. auch OLG Hamm FamRZ 1996, 809.
610 OLG Köln FamRZ 2001, 1717; OLG Bamberg FamRZ 1999, 942.
611 Ullrich a.a.O. Anm. 12.
612 BGH NJW 1994, 2769; OLG Hamburg FamRZ 1992, 328.
613 BGH FamRZ 1987, 804.
614 OLG Celle FamRZ 1992, 842, 843; OLG Oldenburg FamRZ 1992, 844.
615 Born in: Heiß/Heiß, Unterhaltsrecht – Ein Handbuch für die Praxis, Rn. 53ff. zu Kap. 23.
616 BGH NJW-RR 1992, 190f.
617 Ullrich a.a.O. S. 1021.

955 Die Vollstreckungsabwehrklage ist nur gegen Titel, die einen vollstreckungsfähigen Inhalt haben, zulässig,[618] also Urteile und gerichtliche Vergleiche im Sinn von § 794 Abs. 1 Nr. ZPO, sofern deren Vollstreckbarkeit beseitigt werden soll. Einstweilige Anordnungen nach §§ 620ff. und 644 ZPO oder zur Erledigung eines solchen Verfahrens geschlossene Vergleiche können nur dann mit der Vollstreckungsabwehrklage angegriffen werden, wenn rechtsvernichtende Einwendungen geltend gemacht werden.[619] Der Einwand der Rechtskraft des Scheidungsurteils bei einstweiliger Anordnung bezüglich Ehegattenunterhalts ist durch negative Feststellungsklage geltend zu machen. Sonstige Titel nach § 794 Abs. 1 ZPO, wie z.B. notarielle Vergleiche und Anwaltsvergleiche können – wenn sie eine Zwangsvollstreckungsunterwerfungsklausel enthalten[620] – Gegenstand einer Vollstreckungsabwehrklage sein.

956 Nach Auffassung des BGH decken sich die Anwendungsbereiche der Vollstreckungsabwehrklage und der Abänderungsklage nicht, jedoch seien die Klagen in der Praxis nur schwer voneinander abgrenzbar.[621] So kann eine Herabsetzung des Unterhalts gem. § 1579 BGB gegenüber fälligen Ansprüchen mittels der Vollstreckungsabwehrklage und für die Zeit ab Rechtshängigkeit mit der Abänderungsklage gem. § 323 ZPO geltend gemacht werden.[622] Wegen dieser im Einzelfall schwierigen Abgrenzungen ist eine Verbindung beider Klagen empfehlenswert und auch zulässig.[623] Dabei ist jedoch zu beachten, dass gem. § 260 ZPO für beide Klagen das gleiche Gericht zuständig sein muss.[624] Es kann auch neben einem Antrag nach § 767 ZPO hilfsweise eine Abänderungsklage erhoben werden.[625] Ob die Klagen nach § 323 Abs. 1 und § 767 ZPO einander ausschließen oder miteinander konkurrieren können und wenn sich Überschneidungen ergeben, eine Wahlmöglichkeit zwischen beiden Klagearten besteht,[626] hat der BGH zuletzt ausdrücklich offen gelassen.[627]

957

### XXIII. Muster: Antrag auf einstweilige Einstellung der Zwangsvollstreckung[628] gem. § 769 Abs. 2 ZPO

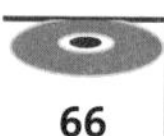

66

■■■

wegen einstweiliger Einstellung der Zwangsvollstreckung

stelle ich namens und im Auftrag des Antragstellers folgenden

Antrag:

618 BGH NJW 1997, 2887.

619 Ullrich a.a.O. Anm. 4 i.A.a. OLG Koblenz FamRZ 2001, 1625; OLG Hamburg FamRZ 1996, 810.

620 BGH NJW 1996, 2165.

621 Ullrich a.a.O. Anm. 14 i.A.a. BGH FamRZ 1978, 177, 179; FamRZ 1982, 470, 471.

622 BGH FamRZ 1990, 1095.

623 BGH FamRZ 1979, 573, 575; OLG Frankfurt FamRZ 1991, 1328, 1329.

624 Ullrich a.a.O.

625 OLG Köln FamRZ 2002, 555; BGH FamRZ 1979, 573.

626 BGH FamRZ 1989, 159, 160.

627 BGH FamRZ 2001, 282; Ullrich a.a.O.

628 Ullrich a.a.O. L.I. 10.

I. Die Zwangsvollstreckung aus dem Urteil des Amtsgerichts ■■■ vom ■■■, Aktenzeichen ■■■ wird ohne, hilfsweise gegen Sicherheitsleistung einstweilen eingestellt, soweit Unterhaltsbeträge ab ■■■ tituliert sind.
Dem Antragsteller wird gestattet, eine evtl. angeordnete Sicherheitsleistung durch die in § 808 Abs. 1 S. 2 ZPO genannten Möglichkeiten zu erbringen.
II. Die erfolgte Pfändung des ■■■ des Schuldners gem. Pfändungsprotokoll des Gerichtsvollziehers ■■■ vom ■■■ wird gegen Sicherheitsleistung von ■■■ aufgehoben.

Begründung:
I. Durch Urteil des Amtsgerichts ■■■ – Familiengericht – wurde der Antragsteller zur Zahlung von Unterhalt an die Antragsgegnerin verurteilt.
II. Die von der früheren Ehefrau betriebene Vollstreckung ist nicht mehr berechtigt.
III. Zur Begründung verweise ich auf die anliegende Vollstreckungsabwehrklage mit Antrag auf einstweilige Einstellung der Zwangsvollstreckung, die ich mit gleicher Post beim Amtsgericht – Familiengericht – in ■■■ erhebe.
IV. Die erfolgte Pfändung wird für den Schuldner unzumutbare Nachteile haben. Im Einzelnen wird hierzu auf die anliegende eidesstattliche Versicherung verwiesen.
V. Die Entscheidung durch das Vollstrexckungsgericht ist dringend notwendig. Der Schuldner kann nicht bis zu einer Entscheidung durch das Prozessgericht abwarten.

Rechtsanwältin

958

**Anmerkung:** Zuständig für Anträge auf einstweilige Einstellung der Zwangsvollstreckung gem. § 769 Abs. 2 ZPO ist das Vollstreckungsgericht. Eine Entscheidung durch das Vollstreckungsgericht ist nur möglich, wenn besondere Eile geboten ist und das Prozessgericht nicht erreichbar ist. Der Sachvortrag zu den Gründen für das umgehende Einschreiten des Vollstreckungsgerichts und die besondere Eilbedürftigkeit sind glaubhaft zu machen. Gegen die Entscheidung des Rechtspflegers, der hier gem. § 20 Nr. 17 RPflG entscheidet, sind keine Rechtsmittel gegeben, § 11 RPflG. Nur bei greifbarer Gesetzeswidrigkeit kann eine sofortige Beschwerde analog § 707 Abs. 2 ZPO zulässig sein.

959

### XXIV. Muster: Antrag auf Feststellung des Außerkrafttretens einer einstweiligen Anordnung[629]

67

■■■

wegen Feststellung des Außerkrafttretens einer einstweiligen Anordnung
stelle ich namens und im Auftrag des Antragstellers folgenden

Antrag:

Es wird festgestellt, dass die einstweilige Anordnung auf Zahlung von Ehegattenunterhalt vom ■■■ am ■■■ außer kraft getreten ist.

Begründung:
I. Im Rahmen des Scheidungsverfahrens wurde der Antragsteller durch einstweilige Anordnung vom ■■■ zu monatlichen Unterhaltszahlungen in Höhe von ■■■ verurteilt.

629 I.A.A. Soyka a.a.O. E. X.

II. Parallel zu dem einstweiligen Anordnungsverfahren hat die Antragsgegnerin ein Hauptsacheverfahren Ehegattenunterhalt eingeleitet, über das durch Urteil vom ■■■ entschieden wurde.
III. Damit liegt eine anderweitige Regelung im Sinne von § 620f ZPO vor.
IV. Das Urteil im Trennungsunterhaltsverfahren ist rechtskräftig seit ■■■

Rechtsanwältin

960 **Anmerkung:** Zuständig ist gem. § 620 Abs. 2 ZPO das Gericht, das die einstweilige Anordnung erlassen hat; es besteht Anwaltszwang, da das Verfahren Teil der Ehesache ist. Der Antrag ist gem. § 620f ZPO statthaft, um zu vermeiden, dass zwei Vollstreckungstitel vorliegen. Die einstweilige Anordnung tritt außer kraft, sobald eine anderweitige Regelung getroffen wurde, sei es durch Urteil oder Vergleich. Die einstweilige Anordnung tritt nur mit Wirkung für die Zukunft außer kraft. Die anderweitige Regelung muss wirksam sein, was den Eintritt der Rechtskraft voraussetzt.[630]

961 Es entstehen keine gesonderten Anwaltsgebühren. Das Verfahren ist Bestandteil des einstweiligen Anordnungsverfahrens. Gegen den Beschluss, wonach die einstweilige Anordnung außer kraft getreten ist, kann der Antragsgegner sofortige Beschwerde gem. § 620f Abs. 1 S. 1 ZPO einlegen. Gegen die Zurückweisung seines Antrags kann der Antragsteller sofortige Beschwerde einlegen.

962 Die Beschwerde wird durch Einreichung einer Beschwerdeschrift beim Familiengericht oder beim Oberlandesgericht als Beschwerdegericht eingelegt, §§ 569 Abs. 1, 577 Abs. 2 S. 2 ZPO. Die Frist beträgt für die Einlegung und Begründung der Beschwerde 2 Wochen und beginnt mit der Zustellung des angefochtenen Beschlusses, §§ 569 Abs. 1, 620d S. 1 ZPO.

963

### XXV. Muster: Antrag auf Aussetzung der Vollziehung einer einstweiligen Anordnung[631]

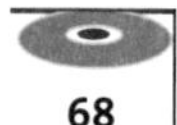

68

■■■

wegen Aussetzung der Vollziehung einer einstweiligen Anordnung

stelle ich namens und im Auftrag des Antragsgegners folgende

Anträge:
I. Es wird aufgrund mündlicher Verhandlung über den Antrag auf Erlass einer einstweiligen Anordnung zur Zahlung von Ehegattenunterhalt erneut beschlossen.
II. Der Antrag auf Erlass einer einstweiligen Anordnung wird zurückgewiesen.
III. Die Vollziehung der einstweiligen Anordnung wird ausgesetzt.

Begründung:
I. Der Antragsgegner wurde durch einstweilige Anordnung, die ohne mündliche Verhandlung erlassen wurde, verurteilt, an die Antragstellerin ■■■ zu bezahlen.
II. Dabei wurde zugrunde gelegt, dass die Antragstellerin über keinerlei Einkünfte verfügt.

630 BGH FamRZ 2000, 751; OLG Hamburg FamRZ 1996, 745.
631 I.A.A. Soyka a.a.O. E. XI.

III. Dies entspricht nicht den Tatsachen. Die Antragstellerin lebt mit ihrem neuen Lebenspartner zusammen und führt diesem vollumfänglich den Haushalt. Aus diesem Grund muss sie sich Einkünfte in Höhe von 550 € anrechnen lassen. Der neue Lebensgefährte verfügt über erhebliches Einkommen und Vermögen und ist daher auch leistungsfähig.
IV. Da dem Antragsgegner aufgrund des durch einstweilige Anordnung ausgeurteilten Betrages nur der Selbstbehalt verbleibt und er aufgrund der mit der Trennung verbundenen Mehrkosten wie Wohnung, Umzug, Anschaffung von notwendigem Hausrat dringend auf sein volles Einkommen angewiesen ist, besteht ein dringendes Bedürfnis, die Vollziehung der einstweiligen Anordnung auszusetzen.

Rechtsanwältin

Anmerkung: Zuständig ist gem. § 620b Abs. 2 ZPO das Gericht, das nach § 620a Abs. 4 ZPO für die erste Entscheidung zuständig wäre. Es besteht Anwaltszwang gem. § 78 Abs. 2 Nr. 1 ZPO. Gem. § 620b Abs. 2 ZPO kann der Antrag auf mündliche Verhandlung und erneute Beschließung gestellt werden, wenn der Beschluss ohne mündliche Verhandlung erlassen wurde. 964

Die Vollziehung der einstweiligen Anordnung kann nach § 620e ZPO ausgesetzt werden, wenn nach mündlicher Verhandlung erneut zu befinden ist; sie kann weiter ausgesetzt werden, wenn ein Antrag auf Aufhebung oder Abänderung der einstweiligen Anordnung gestellt wird. 965

Nach § 620e ZPO kann die Vollstreckung einer einstweiligen Anordnung auch dann eingestellt werden, wenn der Unterhaltspflichtige negative Feststellungsklage erhoben hat oder ein Hauptsacheverfahren gleichen Gegenstandes anhängig ist und der Verpflichtete Klageabweisung verlangt.[632] Die Aussetzung der Vollziehung steht im Ermessen des Gerichts. Dies hat die Erfolgsaussichten des gestellten Antrages und die Auswirkung der getroffenen Regelung für die Parteien zu berücksichtigen.[633] 966

### XXVI. Muster: Berufung sowie Berufung mit Wiedereinsetzungsantrag wegen Antrag auf Bewilligung von Prozesskostenhilfe

Hierzu s. Rn. 1702ff. 967

## D. Anwendung des Gutdeutsch-Computerprogramms

### I. Anwendung des Computerprogramms zur Unterhaltsberechnung (ohne Realsplitting-Berechnung)

1. Nach Eingabe des Namens besteht die Möglichkeit zur Auswahl Textfassung, Staffeldarstellung, Unterhaltsberechnungen im Text ausblenden, Einkommensberechnungen im Text ausblenden. Es empfiehlt sich eine normale Unterhaltsberechnung ohne Textfassung, ohne Staffeldarstellung, so dass die vorbezeichneten Auswahlmöglichkeiten vollumfänglich mit nein zu beantworten sind.

632 BGH FamRZ 1983, 355; OLG Hamburg FamRZ 1985, 1273; OLG Düsseldorf FamRZ 1993, 816; Soyka a.a.O. Anm. 8 zu E. XI.
633 Soyka a.a.O. Anm. 10.

2. Sodann besteht die Auswahl, ob Kindesunterhalt ebenfalls berechnet werden soll, was i.d.R. zu bejahen ist.
3. Die Frage „Mit Unterhaltspflicht des Ehegatten" ist dann mit ja zu beantworten, wenn beide Ehegatten unterhaltspflichtig sind, so z.B. weil das Kind bereits volljährig ist.
4. Die Frage, ob „Zwei Ehegatten zu berücksichtigen" sind, ist nur dann zu bejahen, wenn beide Ehegatten gleichrangig sind (zur Rangfolge s. Rn. 541 ff.).
5. Sodann ist das Einkommen des Pflichtigen einzugeben, wobei die Frage „Davon aus Erwerbstätigkeit" dahingehend zu verstehen ist, ob teilweise z.B. Einkünfte aus Zinsen, Rente u.a. im Einkommen enthalten sind. Diese Frage ist deshalb relevant, weil bei Zinseinkünften oder Renteneinkünften oder Miete kein Erwerbstätigenbonus abgezogen wird. Zu beachten ist hier, dass Einkünfte aus Steuererstattungen zu den Einkünften aus Erwerbstätigkeit gehören. Liegen z.B. Einkünfte aus Erwerbstätigkeit in Höhe von 3.000 € vor und Einkünfte aus Vermietung in Höhe von 500 €, so ist als Einkommen 3.500 € und als Einkommen aus Erwerbstätigkeit 3.000 € einzugeben.
6. Die Frage nach den pauschalen berufsbedingten Aufwendungen ist zu verneinen, wenn der Unterhaltspflichtige z.B. einen Firmen-Pkw hat. Die Frage ist des Weiteren zu verneinen, wenn die tatsächlichen berufsbedingten Aufwendungen höher liegen als die Pauschale von 5%. Nach den Süddeutschen Leitlinien wird pro gefahrener Kilometer 0,27 € angesetzt, wobei i.d.R. von 220 Arbeitstagen im Jahr auszugehen ist. Bei langen Fahrtstrecken (über 30 Kilometer) kann bezüglich des anzusetzenden Betrages von 0,27 € nach unten abgewichen abgewichen werden. Die konkreten Fahrtkosten sind demzufolge wie folgt einzugeben bei einer einfachen Fahrtstrecke von 30 Kilometer: 30x 2x 0,27x 220: 12.
7. Sodann erfolgt die Frage nach Vermögensbildung/Karrieresprung. Diese ist nur dann mit ja zu beantworten, wenn der Unterhaltspflichtige sehr hohe Einkünfte hat und Teile des Einkommens nicht zur Lebensführung zur Verfügung standen, da sie der Vermögensbildung dienten; des Weiteren sind hier Einkünfte einzugeben, die z.B. deshalb die ehelichen Lebensverhältnisse nicht geprägt haben, weil der Unterhaltspflichtige erst nach Trennung oder Scheidung einen unerwarteten, vom Normalverlauf abweichenden Karrieresprung gemacht hat, es sich also insoweit nicht um prägende Einkünfte handelt.
8. Die Frage nach der Wohnwertanrechnung ist dann zu bejahen, wenn der Unterhaltspflichtige in einer ihm oder beiden Eheleuten gehörenden Immobilie wohnt. Wohnt der Unterhaltspflichtige z.B. mietfrei bei seinen Eltern, so kommt eine Wohnwertanrechnung nur im absoluten Mangelfall in Betracht. Zu beachten ist, dass während der Zeit der Trennung der angemessene Wohnwert einzugeben ist, der i.d.R. niedriger liegt als der objektive Mietwert. Beim nachehelichen Ehegattenunterhalt ist der objektive Mietwert anzusetzen.
9. Als Hauslasten können abgezogen werden:
   - während der Trennungszeit Zins- und Tilgungsleistungen für das Anwesen
   - nach Rechtskraft der Scheidung nur noch Zinsen und keine Tilgung mehr, da es sich dann insoweit um Vermögensbildung handelt
   - Grundsteuer – Brandversicherung

968

- Nicht abzuziehen sind verbrauchsabhängige Kosten wie Heizung, Strom u.a. sowie verbrauchsunabhängige Kosten, die üblicherweise auf einen Mieter umgelegt werden.

10. Die Frage nach Belastungen beinhaltet die Berücksichtigung sämtlicher etwaiger weiterer Schulden sowie z.B. Pkw-Schulden, Leasingraten Pkw, Lebensversicherungsbeiträge, Ausbildungsversicherungen für die Kinder, vermögenswirksame Leistungen im angemessenen Rahmen. Zu berücksichtigen ist jedoch, dass Pkw-Schulden üblicherweise vollumfänglich in den berufsbedingten Aufwendungen mit enthalten sind und somit i.d.R. eine zusätzliche Berücksichtigung ausscheidet.
11. Auch bei den Abzugsposten stellt das Programm die Frage, ob es sich um prägende Abzugsposten handelt, die z.B. dann nicht vorliegen, wenn Schulden erst nach der Trennung aufgenommen wurden.
12. Die Frage der Korrektur der Selbstbehalte um Wohnkosten ist dann mit ja zu beantworten, wenn der Unterhaltspflichtige unvermeidbar höhere Mietkosten hat als jene, die im Selbstbehalt enthalten sind. So sind im notwendigen Selbstbehalt nach den Süddeutschen Leitlinien, Ziff. 21.2, Kosten für Unterkunft und Heizung in Höhe von 360 € enthalten. Die Frage ist auch dann mit ja zu beantworten, wenn ein Mangelfall vorliegt und der Unterhaltspflichtige niedrigere Wohnkosten hat als 360 €. Die entsprechenden höheren oder niedrigeren Wohnkosten sind sodann mit plus bzw. minus einzugeben.
13. Sodann sind die Kinder einzugeben. Es ist zu beachten, dass das älteste Kind zuerst einzugeben ist.
14. „Unterhalt vorgegeben“ ist nur dann zu bejahen, wenn bereits ein Unterhaltstitel für das Kind vorliegt.
15. „Bedarf vorgegeben“ ist nur dann zu bejahen, wenn ein fester Regelbetrag vorliegt, so z.B. gem. Ziff. 13.1.2 der Süddeutschen Leitlinien, wonach der angemessene Bedarf eines volljährigen Kindes mit eigenem Hausstand i.d.R. monatlich 600 € beträgt (ohne Beiträge zur Kranken- und Pflegeversicherung).
16. Ein „Mehrbedarf über der Düsseldorfer Tabelle“ ist i.d.R. nur bei konkret nachgewiesenem z.B. krankheitsbedingtem Mehrbedarf zu bejahen.
17. „Prägend für die eheliche Lebensverhältnisse“: Diese Frage ist nur dann zu verneinen, wenn das Kind (z.B. aus einer neuen Beziehung) erst nach der Scheidung geboren wurde.
18. „Das Kind lebt beim Ehegatten“ ist nur dann zu verneinen, wenn z.B. das Kind beim Unterhaltspflichtigen wohnt oder einen eigenen Hausstand hat.
19. „Kindergeld beim Ehegatten“ ist nur dann zu verneinen, wenn z.B. der Unterhaltspflichtige noch das Kindergeld bezieht, obwohl das Kind sich bei der unterhaltsberechtigten Ehefrau aufhält.
20. Die Frage nach dem Einkommen des Kindes ist mit Angabe der Ausbildungsvergütung zu beantworten, wenn das Kind sich in einem Ausbildungsverhältnis befindet. Es können jedoch auch andere Einkünfte des Kindes wie z.B. bei volljährigen Kindern aus Erwerbstätigkeit, Zinsen oder Waisenrenten in Betracht kommen.
21. Sodann erfolgt die Frage nach der Kindergeldanrechnung, die z.B. dann zu verneinen ist, wenn sich die Parteien dahingehend geeinigt haben, dass das Kindergeld

anrechnungsfrei beim Unterhaltsberechtigten verbleiben soll, z.B. weil es zweckgebunden in eine Ausbildungsversicherung einbezahlt wird.

22. „Gattenunterhalt vorgegeben" ist nur dann zu bejahen, wenn der Ehegattenunterhalt bereits tituliert ist.
23. „Bedarf des Gatten" ist nur dann zu bejahen, wenn z.B. bei außerordentlich guten Einkommensverhältnissen wegen der Sättigungsgrenze eine konkrete Bedarfsberechnung zu erfolgen hat und der Unterhalt wegen der Höhe des Einkommens nicht nach Quoten berechnet wird.
24. Sodann erfolgt bezüglich des Ehegatten die gleiche Berechnung des anrechenbaren Einkommens wie beim Unterhaltspflichtigen.
25. Die Frage nach dem Krankheitsvorsorgeunterhalt ist dann zu bejahen, wenn die Ehe bereits geschieden ist und die Unterhaltsberechtigte z.B. wegen Kinderbetreuung keiner Erwerbstätigkeit nachgeht und auch nicht nachgehen muss und demzufolge ab Rechtskraft der Scheidung selbst krankenversichern muss. Der Krankheitsvorsorgeunterhalt ist abhängig von der Höhe des Unterhalts. Der Krankheitsvorsorgeunterhalt beträgt derzeit 13,8% Krankenversicherung + 1,7% Pflegeversicherung und kann mit diesem Ca.-Betrag eingegeben werden, nachdem der voraussichtlich zu zahlende Unterhalt errechnet wurde.
26. Die Frage nach den Zu-/Abschlägen ist nur dann zu bejahen, wenn die Bedarfskontrollbeträge anzuwenden sind, was nach den Süddeutschen Leitlinien nicht der Fall ist und der Bedarfskontrollbetrag unterschritten wird. Im übrigen schlägt das Unterhaltsprogramm ohnehin bereits die richtige Eingruppierung unter Berücksichtigung der Anzahl der Unterhaltsberechtigten bezüglich der anzuwendenden Gruppe der Düsseldorfer Tabelle vor.
27. Die Fragen nach dem Bonus aus bereinigtem Einkommen bzw. aus Einkommen, wenn Nebeneinkommen vorliegen, sind i.d.R. mit nein zu übergehen. Sie betreffen in erster Linie die Frage, wenn zusätzlich zu den Erwerbseinkünften Nebeneinkünfte vorliegen, die nicht auf Erwerbstätigkeit beruhen.
28. Der Erwerbstätigenbonus für den Pflichtigen beträgt nach den Süddeutschen Leitlinien 10%. Hier ist der örtlich geltende Erwerbstätigenbonus einzusetzen.
29. Die Frage nach dem Vorsorgeunterhalt betrifft den Altersvorsorgeunterhalt bzw. Altersvorsorge-Aufstockungsunterhalt. Dieser ist geschuldet ab Einreichung des Scheidungsantrags. Die Frage ist grundsätzlich mit ja zu beantworten, wenn nicht ein Mangelfall vorliegt. Das Programm berechnet sodann den Altersvorsorgeunterhalt und den endgültigen Elementarunterhalt nach Abzug des Altersvorsorgeunterhalts beim Einkommen des Unterhaltspflichtigen.
30. Die Frage nach der Anpassungsberechnung kann i.d.R. mit nein übergangen werden.

### II. Anwendung des Unterhaltsprogramms mit Realsplitting

1. Das Einkommen des Pflichtigen ist mit Null einzugeben.
2. Sodann kommt die Frage „pflichtversichert", die mit ja zu übergehen ist.
3. Bei der Auswahl, ob das Einkommen nach Monat oder nach Jahr zu berechnen ist, ist eine **Jahresberechnung** vorzunehmen, da das begrenzte Realsplitting nach dem **Gesamtjahrsbruttoeinkommen** errechnet wird.
4. Sodann ist das **Bruttoeinkommen** einzugeben.

5. „Eingetragene Freibeträge" können insbesondere **Abschreibungsbeträge** i.V.m. Immobilien sein.
6. Bei der Frage nach dem **Steuerbrutto** ist zu beachten, dass häufig, z.B. bei Leistung von Überstunden, Feiertagszuschlägen und Nachtzuschlägen Teile des Einkommens **steuerfrei** sind, so dass das **Gesamtbruttoeinkommen höher** liegt als das **Steuerbruttoeinkommen.** I.d.R. können die entsprechenden Zahlen aus den Verdienstabrechnungen, vorzugsweise aus der **Verdienstabrechnung für Dezember** des betreffenden Jahres entnommen werden unter der Bezeichnung **„aufgelaufene Jahressummen".** **Gleiches** gilt für das **Sozialversicherungsbruttoeinkommen.**
7. Sodann ist die Lohnsteuerklasse **I** einzugeben, sowie die **Kinderfreibeträge**, die i.d.R. jeweils zu ½ beim Unterhaltspflichtigen und bei der Unterhaltsberechtigten eingetragen sind.
8. Die Frage nach dem steuerlichen Realsplitting ist mit ja zu beantworten. Es ist sodann mit **minus** das **steuerliche Realsplitting** einzugeben, wobei zu diesem Zeitpunkt die endgültige **Höhe** des Unterhalts noch nicht feststeht. Es muss also an dieser Stelle ein **Ca.-Betrag** anhand einer überschlägigen Unterhaltsberechnung eingetragen werden, der sodann im **späteren Verlauf** der Berechnung wie unten ausgeführt, **berichtigt** wird. Steuerfreie monatliche Einkünfte mit Progressionsvorbehalt sind Einkünfte, die zwar einerseits steuerfrei sind, sich aber über den Progressionsvorbehalt gem. § 32b EStG auf die Besteuerung des übrigen Einkommens auswirken, so z.B.: Arbeitslosengeld, Krankengeld, Altersteilzeitzuschlag oder Vorruhestandsgeld. I.d.R. ist diese Frage zu übergehen.
9. Bei der Frage der **Kirchensteuer** ist zu beachten, ob der Unterhaltspflichtige tatsächlich Kirchensteuer und falls ja, in welcher **Höhe** (Bayern, Bremen, Hamburg, Baden-Württemberg: 8%, sonst: 9%).
10. Bei der Frage der **Krankenversicherung** ist zu beachten, ob der Unterhaltspflichtige **krankenversicherungsfrei** ist. In diesem Fall trägt der Pflichtige die Kosten der Krankenversicherung selbst, erhält jedoch vom **Arbeitgeber** den **hälftigen Betrag** für Krankenversicherung und Pflegeversicherung **erstattet.**
11. Die Frage nach dem **Nachteilsausgleich** ist zunächst zu übergehen, da der Nachteilsausgleich **noch nicht feststeht.**
12. Beim Einkommen des Ehegatten ist folgendes zu berücksichtigen:
    - Pflichtversichert ist einzugeben, wenn der Ehegatte über steuer- und abgabenpflichtige Erwerbseinkünfte verfügt.
    - Einkommenseingabe (kein Realsplittingnachteil) ist einzugeben, wenn z.B. nur ganz geringfügige Einkünfte, wie z.B. 200 € monatlich seitens der Unterhaltsberechtigten vorliegen.
13. Sodann ist wieder das **Gesamtjahresbruttoeinkommen** einzugeben.
14. Bei Eingabe der Lohnsteuerklasse ist zu beachten, dass die Unterhaltsberechtigte, wenn sich die Kinder bei ihr aufhalten, die **Lohnsteuerklasse II** hat. Es sind die **Kinderfreibeträge** einzutragen.
15. Sodann errechnet das Programm das Nettoeinkommen der Berechtigten und den **Realsplittingnachteil.** Es folgt der Hinweis **„Nachteilsausgleich empfohlen"** sowie die Frage „Mit aktualisiertem Nachteilsausgleich neu rechnen", die mit **ja zu beantworten** ist. Zu beachten ist, dass sodann mit dem **aktualisierten Nachteilsaus-**

**gleich** eine vollständige **Unterhaltsberechnung** erfolgt, **ohne** dass bei dem Einkommen der Unterhaltsberechtigten irgendwelche **Abzugsposten** usw. berücksichtigt wurden. Es müssen also nach der Einkommensberechnung des Ehegatten die Fragen nach berufsbedingten Aufwendungen, sonstige Abzugsposten wie Betreuungsbonus u.a. noch **ergänzend eingetragen** werden. Es erfolgt sodann die Unterhaltsberechnung.

16. **Zu beachten** ist bei den **Möglichkeiten** zur Anpassungsberechnung folgendes: Das Programm zeigt an, in welcher Höhe Realsplitting berücksichtigt wurde mit dem Monatsbetrag und stellt dem gegenüber den errechneten Ehegattenunterhalt. Es erfolgt sodann der Hinweis „Neuberechnung empfehlenswert" und die Frage **„Mit aktualisiertem Realsplitting neu rechnen"**. Diese Frage ist mit ja zu beantworten und sodann bei dem **steuerlichen Realsplitting** der **Jahresbetrag** des vom Programm errechneten Unterhalts **mit minus** einzugeben. Diese Berechnung ist erforderlich, falls lediglich mit einem **Ca.-Betrag** bezüglich des Unterhalts bei der Eingabe des Realsplittings gerechnet wurde. Sodann ist **erneut** bei den **Möglichkeiten zur Anpassungsberechnung** folgendes zu berücksichtigen:
17. Es folgt die Gegenüberstellung von dem in der Berechnung berücksichtigten **Realsplittingnachteil** zum tatsächlichen Realsplittingnachteil und sodann die Frage **„Mit aktualisiertem Nachteilsausgleich neu rechnen"**. Diese Frage ist wiederum mit **ja** zu beantworten.
18. Sodann stellt das Programm bei den **Möglichkeiten zur Anpassungsberechnung** wieder gegenüber, in welcher Höhe der Anspruch auf Ehegattenunterhalt errechnet wurde und in welcher Höhe Ehegattenunterhalt beim Realsplitting berücksichtigt wurde. Auch hier ist – wenn die Differenz nicht ganz gering ist – der Vorschlag **„Mit aktualisiertem Realsplitting neu rechnen"** mit ja zu beantworten und der entsprechende Betrag wiederum mit minus oben in die Berechnung des Einkommens des Unterhaltspflichtigen einzutragen.

## III. Sonstige Hinweise zur Anwendung des Programms

1. **Beide Ehegatten sind barunterhaltspflichtig. „Mit Unterhaltspflicht** des Ehegatten": **Ja**
2. Sodann kommt beim Kindesunterhalt die Frage, ob das Kind beim **Ehegatten**, also bei der Unterhaltsberechtigten, lebt sowie die Frage, ob auch der Ehegatte **barunterhaltspflichtig** ist, was mit **ja** zu beantworten ist, wenn das Einkommen der Ehefrau unter **Einbeziehung des Unterhalts über dem Selbstbehalt** liegt.
3. Wird das Kind mit Alter **18** eingegeben, so erfolgt die Frage nach der **Ausbildungsvergütung** sowie als nächste Frage, ob das Kind **zuhause in allgemeiner Schulausbildung** ist. Allgemeine Schulausbildung ist die Schulausbildung bis einschl. Abitur. Diese Frage ist deshalb bedeutsam, weil es sich hierbei um sog. „privilegierte Volljährige" (hierzu s. Rn. 1091) handelt.
4. Das Programm errechnet sodann den Anspruch auf **Ehegattenunterhalt** sowie vorläufig bezüglich **Kindesunterhalt.**
5. Bei **„Möglichkeiten zur Anpassungsberechnung"** ist einzugeben **„Kindesunterhalt korrigieren** wegen Erhöhung des Ehegatteneinkommens durch den Ehegattenunterhalt": **Ja.** Sodann erfolgt eine Neuberechnung des Kindesunterhalts unter

Berücksichtigung der eigenen **Einkünfte** der Unterhaltsberechtigten aus Erwerbstätigkeit sowie **zusätzlich** aus **Unterhalt.**

6. Das Kind lebt beim Unterhalts**pflichtigen:** Es ist zunächst einzugeben, „Mit Unterhaltspflicht des Ehegatten“: **Ja.** „Das Kind lebt beim Ehegatten“: **Nein.** **„Lebt beim Pflichtigen“**: Ja. „Nur der Ehegatte ist barunterhaltspflichtig“: Ja. „**Kindergeld** beim Ehegatten: I.d.R. wohl nein, da jeweils derjenige Ehegatte das Kindergeld beziehen muss, bei dem sich das Kind aufhält. Andernfalls ist mit einer Rückforderung durch die Familienkasse zu rechnen. Somit gilt „Kindergeld beim Pflichtigen“: Ja.
7. Bei der Frage „Bemisst sich die Leistungsfähigkeit des Ehegatten allein an seinem Einkommen“ ist „nein“ einzugeben, da die Leistungsfähigkeit des Ehegatten sich nach seinem **Gesamteinkommen,** also Einkommen aus **Erwerbstätigkeit + Unterhalt** bemisst. Sodann ist wiederum bei den **Möglichkeiten** zur Anpassungsberechnung einzugeben **„Kindesunterhalt korrigieren** wegen Erhöhung des Ehegatteneinkommens durch den Ehegattenunterhalt“.

## IV. Fiktive Einkommensberechnung bei Steuerklassenwechsel (ohne Berücksichtigung des Realsplittings)

1. Es ist im Programm zu wählen „Leistungsfähigkeit Einkommen“
2. Sodann besteht die Möglichkeit zur Rückrechnung eines Nettoeinkommens in ein Bruttoeinkommen.
3. Im übrigen ist der Bruttolohn (entweder Monatslohn oder Jahreslohn) einzugeben.
4. Es sind wiederum die Freibeträge zu berücksichtigen, falls solche eingetragen sind.
5. Es ist zu prüfen, ob das Bruttoeinkommen auch das **Steuerbruttoeinkommen** darstellt oder ob nicht im Gesamtbruttoeinkommen **steuerfreie Zuschläge,** z.B. Nacht-, Schicht-, und Feiertagszuschläge enthalten sind.
6. **Gleiches** gilt für die Prüfung des **Sozialversicherungsbruttoeinkommens.**
7. Sodann ist die gewünschte **Steuerklasse** einzugeben (i.d.R. muss Umrechnung erfolgen beim Unterhaltspflichtigen in die Steuerklasse I und bei der Unterhaltsberechtigten in die Steuerklasse II, wenn sich die Kinder bei der Frau befinden.
8. Es sind die **Kinderfreibeträge** einzutragen.
9. Zur Kirchensteuer s.o. Berechnung II. 9
10. Das Programm berechnet sodann das Nettoeinkommen auf der Grundlage der geänderten Steuerklasse.

## V. Zinsberechnung für Unterhaltsrückstände

1. Es bestehen die Auswahlmöglichkeiten „Pauschal oder nur für Frau/Für Frau und Kinder/Nur für Kinder“.
2. Es ist i.d.R. zu wählen sodann „automatisch verteilen“ (auf Kindesunterhalt und auf Ehegattenunterhalt)
3. Zahlung zuerst auf Zinsen verrechnen: Nein.
4. Unterhalt aus Unterhaltseingabedatei: Nein.
5. Unterhalt: Hier ist der konkrete Betrag, der geschuldet ist, einzutragen.
6. Das Programm fragt sodann gesondert für jeden Monat, ob sich für diesen Monat etwas geändert hat, insbesondere ob Zahlungen erfolgt sind.

## E. Unterhaltsberechnungen nach Gutdeutsch-Programm

### I. Berechnung ohne Realsplitting mit Altersvorsorgeunterhalt

Version: 5.2c-W Ausdruck: 16.01.2005, 13:29
**Berechnung des Unterhalts**
in Sachen Unterhalt 1
Name der Variante I: MUEN0307
gültig im Bezirk des OLG München,
erster Gültigkeitstag 01. 07. 2003, wie vom Verlag ausgeliefert

**Grunddaten:**

**Pflichtiger:**

| | |
|---|---|
| Einkommen des Pflichtigen (ohne Kindergeld) | 3.000,00 EUR |
| (30*2*0,27*220/12 EUR = 297,00 EUR) | |
| berufsbedingte Aufwendg. | 297,00 EUR |
| 3000 – 297 = | 2.703,00 EUR |
| dazu Wohnwert: | 450,00 EUR |
| abz. Hauslasten: | 300,00 EUR |
| Nettowohnwert: | 150,00 EUR |
| zusammen: | 2.853,00 EUR |
| Belastungen | |
| LV | 100,00 EUR |
| Ausbildungsvers. Kinder | 200,00 EUR |
| insgesamt: | 300,00 EUR |
| davon prägend | 300,00 EUR |
| verbleibendes Einkommen | 2.553,00 EUR |

**Kinder:**

| | |
|---|---|
| 1. Kind Alter | 14 Jahre |
| Der Bedarf bestimmt sich nach der Kindesunterhaltstabelle. | |
| Hälftiges Kindergeld nach § 1612b I, V BGB anzurechnen | 77,00 EUR |
| 2. Kind Alter | 12 Jahre |
| Der Bedarf bestimmt sich nach der Kindesunterhaltstabelle. | |
| Hälftiges Kindergeld nach § 1612b I, V BGB anzurechnen | 77,00 EUR |

**Ehegatte:**

| | |
|---|---|
| Einkommen des Gatten (ohne Kindergeld) | 800,00 EUR |
| abzüglich pauschaler berufsbedingter Aufwendungen | |
| 800 – 40 = | 760,00 EUR |
| Die Ehe ist geschieden. | |

**Unterhaltsberechnung:**

| | |
|---|---|
| aus Einkommen des Pflichtigen | 2.553,00 EUR |
| Kindesunterhalt nach der Düsseldorfer Tabelle, Stand 03 | |
| Gruppe | 8:2500-2800 |

**Kindesunterhalt:**

| | |
|---|---|
| 1. Kind | 426,00 EUR |
| 2. Kind | 426,00 EUR |
| insgesamt prägend | 852,00 EUR |
| Vorabzug prägenden Kindesunterhalts | |
| 2553 – 852 | 1.701,00 EUR |

**Unterhalt des Ehegatten**

Der Bonus berechnet sich aus dem anteilig bereinigten Erwerbseinkommen.

| | |
|---|---|
| Bedarf aus Summe der Einkommen | |
| Erwerbstätigenbonus für Pflichtigen | |
| aus anteilig gemindertem Erwerbseinkommen: | |
| 2703 – ((300 + 852) * (2703/2853)) = | 1.612,00 EUR |
| Erwerbstätigenbonus: | |
| 1612 * 10% = | 161,00 EUR |
| bedarfsbestimmendes Einkommen: | |
| 1701 – 161 = | 1.540,00 EUR |
| Erwerbstätigenbonus für Ehegatten | |
| 760 * 10% = | 76,00 EUR |
| bedarfsbestimmendes Einkommen: | |
| 760 – 76 = | 684,00 EUR |

**voller Bedarf:**

| | |
|---|---|
| (1540 + 684) *1/2 = | 1.112,00 EUR |

**Unterhaltsanspruch:**

| | |
|---|---|
| 1112 – 684 = | 428,00 EUR |
| bleibt | 1.273,00 EUR |

**Altersvorsorgeunterhalt:**

| | |
|---|---|
| Bremer Tabelle 01. 01. 2004 | |
| fiktives Brutto: | |
| 428 + 15 % = | 492,00 EUR |

**Altersvorsorgeunterhalt:**

| | |
|---|---|
| 492 * 19,5% = | 96,00 EUR |

**Überprüfung des Elementarunterhalts:**

| | |
|---|---|
| Elementarunterhalt, Berechnung des Höchstbetrags | |
| Vorabzug von Schulden, Kindesunt., Vors.-Unterh.: | |
| 300 + 852 + 96 = | 1.248,00 EUR |
| 2853 – 1248 = | 1.605,00 EUR |
| Erwerbstätigenbonus für Pflichtigen | |
| aus anteilig gemindertem Erwerbseinkommen: | |
| 2703 – (1248 * (2703/2853)) = | 1.521,00 EUR |
| Erwerbstätigenbonus: | |
| 1521 * 10% = | 152,00 EUR |

| | |
|---|---:|
| quotenbestimmendes Einkommen: | |
| 1605 – 152 = | 1.453,00 EUR |
| Erwerbstätigenbonus für Ehegatten | |
| 760 * 10% = | 76,00 EUR |
| quotenbestimmendes Einkommen: | |
| 760 – 76 = | 684,00 EUR |
| **Quotenunterhalt** | |
| (1453 – 684) *1/2 = | 385,00 EUR |
| bleibt | 1.220,00 EUR |
| **Kindergeldverrechnung:** | |
| 1. Kind | |
| 426 – 77 = | 349,00 EUR |
| 2. Kind | |
| 426 – 77 = | 349,00 EUR |
| **Verteilungsergebnis:** | |
| Pflichtiger: | 1.374,00 EUR |
| (davon ant. Kindergeld 154) | |
| (davon Nettowohnwert 150) | |
| (Bruttowohnwert 450) | |
| (berücksichtigte Schulden 300) | |
| Ehegatte: | 1.395,00 EUR |
| (davon Vorsorgeaufwand 96) | |
| (davon ant. Kindergeld 154) | |
| Kind(er): | 852,00 EUR |
| insgesamt | 3.621,00 EUR |
| **Zahlungspflichten** | |
| gegenüber den folgenden Berechtigten: | |
| 1. Kind: | 349,00 EUR |
| entsprechend | 150 % |
| des Regelbetrags der Altersstufe | 3 |
| von derzeit | 284,00 EUR |
| abzüglich Kindergeld | 77,00 EUR |
| 2.Kind: | 349,00 EUR |
| entsprechend | 150 % |
| des Regelbetrags der Altersstufe | 3 |
| von derzeit | 284,00 EUR |
| abzüglich Kindergeld | 77,00 EUR |
| Ehegatte: | 481,00 EUR |
| Summe: | 1.179,00 EUR |

## II. Berechnung mit Realsplitting / Altersvorsorgeunterhalt / Unterhaltspflichtiger ist krankenversicherungsfrei und erhält Erstattungen durch den Arbeitgeber

Version: 5.2c-W Ausdruck: 16.01.2005, 14:38

**Berechnung des Unterhalts**
in Sachen Unterhalt 3
Name der Variante I: MUEN0307
gültig im Bezirk des OLG München,
erster Gültigkeitstag 01. 07. 2003, wie vom Verlag ausgeliefert

**Grunddaten:**

**Pflichtiger:**

| | |
|---|---|
| Einkommen des Pflichtigen (ohne Kindergeld) | 0,00 EUR |
| Einkommensberechnung: | |
| allgemeine Lohnsteuer | |
| Jahrestabelle | |
| Steuerjahr 2004 | |
| Bruttolohn: | 60.000,00 EUR |
| LSt-Klasse 1 | |
| Kinderfreibeträge 1 | |
| steuerliches Realsplitting | -6.480,00 EUR |
| steuerfr. mtl. Eink. mit Progressionsvorb. nach § 32b EStG | |
| | 0,00 EUR |
| Lohnsteuer: | -16.824,00 EUR |
| Solidaritätszuschlag | -781,66 EUR |
| Kirchensteuer 8 % | -1.136,96 EUR |
| Rentenversicherung (19,5 %) | -5.850,00 EUR |
| Arbeitslosenversicherung (6,5 %) | -1.950,00 EUR |
| krankenpflichtversicherungsfrei | |
| Krankenversicherung | -8.000,00 EUR |
| Erstattung Arbeitgeber | 4.000,00 EUR |
| Pflegeversicherung | -1.200,00 EUR |
| Erstattung Arbeitgeber | 600,00 EUR |
| Nettolohn: | 28.857,38 EUR |
| 28857,38/12 = | 2.404,78 EUR |
| dazu Realsplittingvorteil | 3.283,22 EUR |
| 3283,22/12 = | 273,60 EUR |
| Nachteilsausgleich | -891,96 EUR |
| 891,96/12 = | -74,33 EUR |

**Berechnetes Einkommen**
**Einkommen des Pflichtigen** 2.604,05 EUR

(30*2*0,27*220/12 EUR = 297,00 EUR)

| | |
|---|---|
| berufsbedingte Aufwendg. | 297,00 EUR |
| 2604,05 – 297 = | 2.307,05 EUR |
| dazu Wohnwert: | 450,00 EUR |
| abz. Hauslasten: | 100,00 EUR |
| Nettowohnwert: | 350,00 EUR |
| zusammen: | 2.657,05 EUR |
| Belastungen | |
| LV | 100,00 EUR |
| davon prägend | 100,00 EUR |
| verbleibendes Einkommen | 2.557,05 EUR |

**Kinder:**

| | |
|---|---|
| 1.Kind Alter | 14 Jahre |
| Der Bedarf bestimmt sich nach der Kindesunterhaltstabelle. | |
| Hälftiges Kindergeld nach § 1612b I, V BGB anzurechnen | 77,00 EUR |
| 2.Kind Alter | 12 Jahre |
| Der Bedarf bestimmt sich nach der Kindesunterhaltstabelle. | |
| Hälftiges Kindergeld nach § 1612b I, V BGB anzurechnen | 77,00 EUR |

**Ehegatte:**

| | |
|---|---|
| Einkommensberechnung: | |
| allgemeine Lohnsteuer | |
| Jahrestabelle | |
| Steuerjahr 2004 | |
| Bruttolohn: | 10.000,00 EUR |
| LSt-Klasse 2 | |
| Kinderfreibeträge 1 | |
| steuerliches Realsplitting | 6.480,00 EUR |
| steuerfr. mtl. Eink. mit Progressionsvorb. nach § 32b EStG | |
| | 0,00 EUR |
| Lohnsteuer: | 0,00 EUR |
| Kirchensteuer 8 % | 0,00 EUR |
| Rentenversicherung (19,5 %) | -975,00 EUR |
| Arbeitslosenversicherung (6,5 %) | -325,00 EUR |
| Krankenversicherung (14,3 %) | -715,00 EUR |
| Pflegeversicherung (AN-Anteil 0,85 %) | -85,00 EUR |
| Nettolohn: | 7.900,00 EUR |
| 7900/12 = | 658,33 EUR |
| davon ab Realsplittingnachteil | 892,00 EUR |
| 892/12 = | 74,33 EUR |
| Nachteilsausgleich | 891,96 EUR |
| 891,96/12 = | 74,33 EUR |

**Berechnetes Einkommen**

| | |
|---|---|
| **Einkommen des Gatten** | 658,33 EUR |

abzüglich pauschaler berufsbedingter Aufwendungen
658,33 – 32,92 = 625,41 EUR
Die Ehe ist geschieden.

**Unterhaltsberechnung:**
aus Einkommen des Pflichtigen 2.557,00 EUR
Kindesunterhalt nach der Düsseldorfer Tabelle, Stand 03
Gruppe 8:2500-2800

**Kindesunterhalt:**
1.Kind 426,00 EUR
2.Kind 426,00 EUR
insgesamt prägend 852,00 EUR
Vorabzug prägenden Kindesunterhalts
2557 – 852 1.705,00 EUR

**Unterhalt des Ehegatten**
Der Bonus berechnet sich aus dem anteilig bereinigten Erwerbseinkommen.
Bedarf aus Summe der Einkommen

**Erwerbstätigenbonus für Pflichtigen**
aus anteilig gemindertem Erwerbseinkommen:
2307 – ((100 + 852) * (2307/2657)) = 1.480,00 EUR
Erwerbstätigenbonus:
1480 * 10% = 148,00 EUR
bedarfsbestimmendes Einkommen:
1705 – 148 = 1.557,00 EUR
Erwerbstätigenbonus für Ehegatten
625 * 10% = 63,00 EUR
bedarfsbestimmendes Einkommen:
625 – 63 = 562,00 EUR
**voller Bedarf:**
(1557 + 562) *1/2 = 1.060,00 EUR
Unterhaltsanspruch:
1060 – 562 = 498,00 EUR
bleibt 1.207,00 EUR

**Altersvorsorgeunterhalt:**
Bremer Tabelle 01. 01. 2004
fiktives Brutto:
498 + 15 % = 573,00 EUR
Altersvorsorgeunterhalt:
573 * 19,5% = 112,00 EUR

**Überprüfung des Elementarunterhalts:**
Elementarunterhalt, Berechnung des Höchstbetrags
Vorabzug von Schulden, Kindesunt., Vors.-Unterh.:
100 + 852 + 112 = 1.064,00 EUR

| | |
|---|---:|
| 2657 – 1064 = | 1.593,00 EUR |
| Erwerbstätigenbonus für Pflichtigen | |
| aus anteilig gemindertem Erwerbseinkommen: | |
| 2307 – (1064 * (2307/2657)) = | 1.383,00 EUR |
| Erwerbstätigenbonus: | |
| 1383 * 10% = | 138,00 EUR |
| quotenbestimmendes Einkommen: | |
| 1593 – 138 = | 1.455,00 EUR |
| Erwerbstätigenbonus für Ehegatten | |
| 625 * 10% = | 63,00 EUR |
| quotenbestimmendes Einkommen: | |
| 625 – 63 = | 562,00 EUR |
| **Quotenunterhalt** | |
| (1455 – 562) *1/2 = | 447,00 EUR |
| bleibt | 1.146,00 EUR |
| **Kindergeldverrechnung:** | |
| 1. Kind | |
| 426 – 77 = | 349,00 EUR |
| 2. Kind | |
| 426 – 77 = | 349,00 EUR |
| **Verteilungsergebnis:** | |
| Pflichtiger: | 1.300,00 EUR |
| (davon ant. Kindergeld 154) | |
| (davon Nettowohnwert 350) | |
| (Bruttowohnwert 450) | |
| (berücksichtigte Schulden 100) | |
| Ehegatte: | 1.338,00 EUR |
| (davon Vorsorgeaufwand 112) | |
| (davon ant. Kindergeld 154) | |
| Kind(er): | 852,00 EUR |
| insgesamt | 3.490,00 EUR |
| **Zahlungspflichten** | |
| gegenüber den folgenden Berechtigten: | |
| 1. Kind: | 349,00 EUR |
| entsprechend | 150 % |
| des Regelbetrags der Altersstufe | 3 |
| von derzeit | 284,00 EUR |
| abzüglich Kindergeld | 77,00 EUR |
| 2. Kind: | 349,00 EUR |
| entsprechend | 150 % |
| des Regelbetrags der Altersstufe | 3 |
| von derzeit | 284,00 EUR |

abzüglich Kindergeld 77,00 EUR
Ehegatte: 559,00 EUR

Summe: 1.257,00 EUR

### III. Beide Ehegatten sind barunterhaltspflichtig

Version: 5.2c-W Ausdruck: 16.01.2005, 15:02
Berechnung des Unterhalts
in Sachen Unterhalt 4
Name der Variante I: MUEN0307
gültig im Bezirk des OLG München,
erster Gültigkeitstag 01. 07. 2003, wie vom Verlag ausgeliefert

**Grunddaten:**

**Pflichtiger:**
Einkommen des Pflichtigen (ohne Kindergeld) 2.500,00 EUR
abzüglich pauschaler berufsbedingter Aufwendungen
2500 – 125 = 2.375,00 EUR

**Kinder:**
1. Kind Alter 18 Jahre
Der Bedarf bestimmt sich nach der Kindesunterhaltstabelle.
Auch der Ehegatte ist barunterhaltspflichtig. Das Kind lebt zu Haus und besucht eine allgemeinbildende Schule.
Hälftiges Kindergeld nach § 1612b I, V BGB anzurechnen 77,00 EUR

**Ehegatte:**
Einkommen des Gatten (ohne Kindergeld) 1.000,00 EUR
Die Ehe ist geschieden.

**Unterhaltsberechnung:**
aus Einkommen des Pflichtigen 2.375,00 EUR
aus beiderseitigem Einkommen 3.375,00 EUR
aus Einkommen des Gatten 1.000,00 EUR
Kindesunterhalt nach der Düsseldorfer Tabelle, Stand 03
Gruppe 7: 2300-2500
Gruppe 10: 3200-3600
Gruppe 1:-1300
Zuschlag zu Gruppe 7 1
Zuschlag zu Gruppe 10 1
Zuschlag zu Gruppe 1 2
Gruppe 8: 2500-2800
Gruppe 11: 3600-4000
Gruppe 3: 1500-1700
wegen Abweichung vom Regelfall der Düsseldorfer Tabelle.

| | |
|---|---|
| **Kindesunterhalt:** | |
| 1. Kind vorläufig nach der Summe beider Einkommen | 589,00 EUR |
| Vorabzug prägenden Kindesunterhalts | |
| 2375 – 589 | 1.786,00 EUR |
| **Unterhalt des Ehegatten** | |
| Bedarf aus Summe der Einkommen | |
| Erwerbstätigenbonus für Pflichtigen | |
| 1786 * 10% = | 179,00 EUR |
| bedarfsbestimmendes Einkommen: | |
| 1786 – 179 = | 1.607,00 EUR |
| Erwerbstätigenbonus für Ehegatten | |
| 1000 * 10% = | 100,00 EUR |
| bedarfsbestimmendes Einkommen: | |
| 1000 – 100 = | 900,00 EUR |
| **voller Bedarf:** | |
| (1607 + 900) * 1/2 = | 1.254,00 EUR |
| **Unterhaltsanspruch:** | |
| 1254 – 900 = | 354,00 EUR |
| bleibt | 1.432,00 EUR |
| **Barunterhaltspflicht des Ehegatten** | |
| barunterhaltspflichtig | |
| für Kindesunterhalt: | 589,00 EUR |
| Verteilungsfähig (angemessener Selbstbehalt): | |
| (1432 + 589 – 1000) + (1000 + 354 – 1000) = | 1.375,00 EUR |
| Auf den Ehegatten | entfällt: |
| (1354 – 1000)/1375 = | 25,75 % |
| oder | 152,00 EUR |
| **Korrigierte Berechnung:** | |
| **Kindesunterhalt:** | |
| 1. Kind anteilig | 437,00 EUR |
| (Ehegatte: 152,00 EUR) | |
| (also nicht mehr als 373) | |
| Vorabzug prägenden Kindesunterhalts | |
| 2375 – 437 | 1.938,00 EUR |
| Ehegatte: 1000 – 152 = | 848,00 EUR |
| **Unterhalt des Ehegatten** | |
| Bedarf aus Summe der Einkommen | |
| Erwerbstätigenbonus für Pflichtigen | |
| 1938 * 10% = | 194,00 EUR |
| bedarfsbestimmendes Einkommen: | |
| 1938 – 194 = | 1.744,00 EUR |

Erwerbstätigenbonus für Ehegatten
848 * 10% = 85,00 EUR
bedarfsbestimmendes Einkommen:
848 – 85 = 763,00 EUR
**voller Bedarf:**
(1744 + 763) *1/2 = 1.254,00 EUR
**Unterhaltsanspruch:**
1254 – 763 = 491,00 EUR
bleibt 1.447,00 EUR

**Kindergeldverrechnung:**
1. Kind
437 – 77 = 360,00 EUR

**Neuberechnung des Kindesunterhalts**

**Grunddaten:**

**Pflichtiger:**
Einkommen des Pflichtigen (ohne Kindergeld) 2.500,00 EUR
abzüglich pauschaler berufsbedingter Aufwendungen
2500 – 125 = 2.375,00 EUR

**Kinder:**
1. Kind Alter 18 Jahre
Der Bedarf bestimmt sich nach der Kindesunterhaltstabelle.
Auch der Ehegatte ist barunterhaltspflichtig. Das Kind lebt zu Haus und besucht eine allgemeinbildende Schule.
Hälftiges Kindergeld nach § 1612b I, V BGB anzurechnen 77,00 EUR

**Ehegatte:**
Einkommen des Gatten (ohne Kindergeld) 1.000,00 EUR
Die Ehe ist geschieden.

**Unterhaltsberechnung:**
aus Einkommen des Pflichtigen 2..375,00 EUR
aus beiderseitigem Einkommen 3.375,00 EUR
aus Einkommen des Gatten 1.000,00 EUR
Kindesunterhalt nach der Düsseldorfer Tabelle, Stand 03
Gruppe 7: 2300-2500
Gruppe 10: 3200-3600
Gruppe 1:-1300
Zuschlag zu Gruppe 7 1
Zuschlag zu Gruppe 10 1
Zuschlag zu Gruppe 1 2
Gruppe 8: 2500-2800
Gruppe 11: 3600-4000
Gruppe 3: 1500-1700

wegen Abweichung vom Regelfall der Düsseldorfer Tabelle.

**Kindesunterhalt:**

| | |
|---|---|
| 1. Kind vorläufig nach der Summe beider Einkommen | 589,00 EUR |
| Vorabzug prägenden Kindesunterhalts | |
| 2375 – 589 | 1.786,00 EUR |

**Unterhalt des Ehegatten**

| | |
|---|---|
| Bedarf aus Summe der Einkommen | |
| Erwerbstätigenbonus für Pflichtigen | |
| 1786 * 10% = | 179,00 EUR |
| bedarfsbestimmendes Einkommen: | |
| 1786 – 179 = | 1.607,00 EUR |
| Erwerbstätigenbonus für Ehegatten | |
| 1000 * 10% = | 100,00 EUR |
| bedarfsbestimmendes Einkommen: | |
| 1000 – 100 = | 900,00 EUR |
| **voller Bedarf:** | |
| (1607 + 900) *1/2 = | 1.254,00 EUR |
| **Unterhaltsanspruch:** | |
| 1254 – 900 = | 354,00 EUR |
| bleibt | 1.432,00 EUR |

**Barunterhaltspflicht des Ehegatten**

| | |
|---|---|
| barunterhaltspflichtig | |
| für Kindesunterhalt: | 589,00 EUR |
| Verteilungsfähig (angemessener Selbstbehalt): | |
| (1432 + 589 – 1000) + (1000 + 354 – 1000) = | 1.375,00 EUR |
| Auf den Ehegatten | entfällt: |
| (1354 – 1000)/1375 = | 25,75 % |
| oder | 152,00 EUR |

**Korrigierte Berechnung:**

**Kindesunterhalt:**

| | |
|---|---|
| 1. Kind anteilig | 437,00 EUR |
| (Ehegatte: 152,00 EUR) | |
| (also nicht mehr als 373) | |
| Vorabzug prägenden Kindesunterhalts | |
| 2375 – 437 | 1.938,00 EUR |
| Ehegatte: 1000 – 152 = | 848,00 EUR |

**Unterhalt des Ehegatten**

| | |
|---|---|
| Bedarf aus Summe der Einkommen | |
| Erwerbstätigenbonus für Pflichtigen | |
| 1938 * 10% = | 194,00 EUR |
| bedarfsbestimmendes Einkommen: | |
| 1938 – 194 = | 1.744,00 EUR |

Erwerbstätigenbonus für Ehegatten
848 * 10% = 85,00 EUR
bedarfsbestimmendes Einkommen:
848 – 85 = 763,00 EUR
**voller Bedarf:**
(1744 + 763) *1/2 = 1.254,00 EUR
**Unterhaltsanspruch:**
1254 – 763 = 491,00 EUR
bleibt 1.447,00 EUR

**Kindergeldverrechnung:**
1.Kind
437 – 77 = 360,00 EUR

**Verteilungsergebnis:**
Pflichtiger: 1.524,00 EUR
(davon ant. Kindergeld 77)
Ehegatte: 1.416,00 EUR
(davon ant. Kindergeld 77)
Kind(er): 589,00 EUR

insgesamt 3.529,00 EUR

**Zahlungspflichten**
gegenüber den folgenden Berechtigten:
1. Kind: 360,00 EUR
Ehegatte: 491,00 EUR

Summe: 851,00 EUR

## IV. Mangelfallberechnung

Version: 5.2c-W Ausdruck: 16.01.2005, 15:09
Berechnung des Unterhalts
in Sachen Unterhalt 5
Name der Variante I: MUEN0307
gültig im Bezirk des OLG München,
erster Gültigkeitstag 01. 07. 2003, wie vom Verlag ausgeliefert

**Grunddaten:**

**Pflichtiger:**
Einkommen des Pflichtigen (ohne Kindergeld) 1.500,00 EUR

**Kinder:**
1. Kind Alter 6 Jahre
Der Bedarf bestimmt sich nach der Kindesunterhaltstabelle.
Hälftiges Kindergeld nach § 1612b I, V BGB anzurechnen 77,00 EUR
2. Kind Alter 4 Jahre

| | |
|---|---|
| Der Bedarf bestimmt sich nach der Kindesunterhaltstabelle. | |
| Hälftiges Kindergeld nach § 1612b I, V BGB anzurechnen | 77,00 EUR |
| 3. Kind Alter | 2 Jahre |
| Der Bedarf bestimmt sich nach der Kindesunterhaltstabelle. | |
| Hälftiges Kindergeld nach § 1612b I, V BGB anzurechnen | 77,00 EUR |
| **Ehegatte:** | |
| Einkommen des Gatten (ohne Kindergeld) | 0,00 EUR |
| Die Ehe ist geschieden. | |
| **Unterhaltsberechnung:** | |
| aus Einkommen des Pflichtigen | 1.500,00 EUR |
| Kindesunterhalt nach der Düsseldorfer Tabelle, Stand 03 | |
| Gruppe | 2: 1300-1500 |
| Abschlag | -1 |
| Gruppe | 1:-1300 |
| wegen Abweichung vom Regelfall der Düsseldorfer Tabelle. | |
| **Kindesunterhalt:** | |
| 1. Kind | 241,00 EUR |
| 2. Kind | 199,00 EUR |
| 3. Kind | 199,00 EUR |
| insgesamt prägend | 639,00 EUR |
| Vorabzug prägenden Kindesunterhalts | |
| 1500 – 639 | 861,00 EUR |
| **Unterhalt des Ehegatten** | |
| aus prägendem Einkommen des Pflichtigen | |
| Erwerbstätigenbonus für Pflichtigen | |
| 861 * 10% = | 86,00 EUR |
| bedarfsbestimmendes Einkommen: | |
| 861 – 86 = | 775,00 EUR |
| **voller Bedarf:** | |
| 775 *1/2 = | 388,00 EUR |
| bleibt | 473,00 EUR |
| **Mangelfall:** | |
| **Einsatzbeträge** | |
| Einsatzbeträge nach BGH FamRZ 03, 363: | |
| 1. Kind | 326,00 EUR |
| 2. Kind | 269,00 EUR |
| 3. Kind | 269,00 EUR |
| Ehegatte | 730,00 EUR |
| Summe | 1.594,00 EUR |

**Verteilungsrechnung**

| | |
|---|---|
| verteilungsfähig | |
| Einkommen | 1.500,00 EUR |
| Selbstbehalt | -840,00 EUR |
| | 660,00 EUR |
| Kürzung auf 660/1594 = | 41,4 % |
| 1. Kind | 135,00 EUR |
| 2. Kind | 111,00 EUR |
| 3. Kind | 111,00 EUR |
| Ehegatte | 302,00 EUR |

**Kindergeldverrechnung:**

| | |
|---|---|
| 1.Kind | |
| Kindergeldausgleich wird vermindert, weil 135% des Regelbetrags unterschritten sind: | |
| 77 – (326 – 135) = | -114,00 EUR |
| kein Kindergeldausgleich | |
| 2. Kind | |
| Kindergeldausgleich wird vermindert, weil 135% des Regelbetrags unterschritten sind: | |
| 77 – (269 – 111) = | -81,00 EUR |
| kein Kindergeldausgleich | |
| 3. Kind | |
| Kindergeldausgleich wird vermindert, weil 135% des Regelbetrags unterschritten sind: | |
| 77 – (269 – 111) = | -81,00 EUR |
| kein Kindergeldausgleich | |

**Verteilungsergebnis:**

| | |
|---|---|
| Pflichtiger: | 841,00 EUR |
| Ehegatte: | 533,00 EUR |
| (davon ant. Kindergeld 231) | |
| Kind(er): | 588,00 EUR |
| (davon Kindergeld 231) | |
| insgesamt | 1.962,00 EUR |

**Zahlungspflichten**

| | |
|---|---|
| gegenüber den folgenden Berechtigten: | |
| 1. Kind: | 135,00 EUR |
| entsprechend | 56 % |
| des Regelbetrags der Altersstufe | 2 |
| von derzeit | 241,00 EUR |
| 2. Kind: | 111,00 EUR |
| entsprechend | 55,8 % |
| des Regelbetrags der Altersstufe | 1 |

| | |
|---|---|
| von derzeit | 199,00 EUR |
| 3. Kind: | 111,00 EUR |
| entsprechend | 55,8 % |
| des Regelbetrags der Altersstufe | 1 |
| von derzeit | 199,00 EUR |
| Ehegatte: | 302,00 EUR |
| Summe: | 659,00 EUR |

**V. Berechnung mit prägenden Einkünften**

Version: 5.2c-W Ausdruck: 16.01.2005, 15:13
Berechnung des Unterhalts
in Sachen Unterhalt 6
Name der Variante I: MUEN0307
gültig im Bezirk des OLG München,
erster Gültigkeitstag 01. 07. 2003, wie vom Verlag ausgeliefert

**Grunddaten:**

**Pflichtiger:**

| | |
|---|---|
| Einkommen des Pflichtigen (ohne Kindergeld) | 1.500,00 EUR |

**Ehegatte:**

| | |
|---|---|
| Einkommen des Gatten (ohne Kindergeld) | 800,00 EUR |

Die Ehe ist geschieden.

**Unterhaltsberechnung:**

**Unterhalt des Ehegatten**
Bedarf aus Summe der Einkommen
Erwerbstätigenbonus für Pflichtigen

| | |
|---|---|
| 1500 * 10% = | 150,00 EUR |
| bedarfsbestimmendes Einkommen: | |
| 1500 – 150 = | 1.350,00 EUR |
| Erwerbstätigenbonus für Ehegatten | |
| 800 * 10% = | 80,00 EUR |
| bedarfsbestimmendes Einkommen: | |
| 800 – 80 = | 720,00 EUR |
| **voller Bedarf:** | |
| (1350 + 720) * 1/2 = | 1.035,00 EUR |
| **Unterhaltsanspruch:** | |
| 1035 – 720 = | 315,00 EUR |
| bleibt | 1.185,00 EUR |

**Verteilungsergebnis:**

| | |
|---|---|
| Pflichtiger: | 1.185,00 EUR |
| Ehegatte: | 1.115,00 EUR |
| insgesamt | 2.300,00 EUR |

**Zahlungspflichten**
gegenüber den folgenden Berechtigten:

| | |
|---|---|
| Ehegatte: | 315,00 EUR |

## VI. Berechnung mit teilweise nicht prägenden Einkünften

Version: 5.2c-W Ausdruck: 16.01.2005, 15:18
**Berechnung des Unterhalts**
in Sachen Unterhalt 7
Name der Variante I: MUEN0307
gültig im Bezirk des OLG München,
erster Gültigkeitstag 01. 07. 2003, wie vom Verlag ausgeliefert

**Grunddaten:**

**Pflichtiger:**

| | |
|---|---|
| Einkommen des Pflichtigen (ohne Kindergeld) | 1.500,00 EUR |

**Ehegatte:**

| | |
|---|---|
| Einkommen des Gatten (ohne Kindergeld) | 800,00 EUR |
| Einkommen prägend | 400,00 EUR |
| Nettoeinkommen aus unzumutbarem Erwerb | 0,00 EUR |

Die Ehe ist geschieden.

**Unterhaltsberechnung:**

**Unterhalt des Ehegatten**
Bedarf aus Summe der Einkommen
Erwerbstätigenbonus für Pflichtigen

| | |
|---|---|
| 1500 * 10% = | 150,00 EUR |
| bedarfsbestimmendes Einkommen: | |
| 1500 – 150 = | 1.350,00 EUR |
| Erwerbstätigenbonus für Ehegatten | |
| 400 * 10% = | 40,00 EUR |
| bedarfsbestimmendes Einkommen: | |
| 400 – 40 = | 360,00 EUR |
| **voller Bedarf:** | |
| (1350 + 360) *1/2 = | 855,00 EUR |
| Erwerbstätigenbonus für Ehegatten | |
| 800 * 10% = | 80,00 EUR |
| anzurechnen: | |
| 800 – 80 = | 720,00 EUR |

**Unterhaltsanspruch:**

| | |
|---|---|
| 855 – 720 = | 135,00 EUR |
| bleibt | 1.365,00 EUR |

**Verteilungsergebnis:**

| | |
|---|---|
| Pflichtiger: | 1.365,00 EUR |
| Ehegatte: | 935,00 EUR |
| insgesamt | 2.300,00 EUR |

**Zahlungspflichten**
gegenüber den folgenden Berechtigten:

| | |
|---|---|
| Ehegatte: | 135,00 EUR |

## VII. Berechnung, wenn das Kind beim Unterhaltspflichtigen lebt und der Unterhaltsberechtigte barunterhaltspflichtig ist

Version: 5.2c-W  Ausdruck: 16.01.2005, 15:40
**Berechnung des Unterhalts**
in Sachen Unterhalt 8
Name der Variante I: MUEN0307
gültig im Bezirk des OLG München,
erster Gültigkeitstag 01. 07. 2003, wie vom Verlag ausgeliefert

**Grunddaten:**

**Pflichtiger:**

| | |
|---|---|
| Einkommen des Pflichtigen (ohne Kindergeld) | 1.800,00 EUR |

**Kinder:**

| | |
|---|---|
| 1. Kind Alter | 10 Jahre |

Der Bedarf bestimmt sich nach der Kindesunterhaltstabelle.
Das Kind lebt nicht beim Ehegatten Es lebt beim Pflichtigen. Nur der Ehegatte ist barunterhaltspflichtig.
Der Pflichtige erhält das Kindergeld.

| | |
|---|---|
| hälftiges Kindergeld nach § 1612b I, V BGB anzurechnen | 77,00 EUR |

**Ehegatte:**

| | |
|---|---|
| Einkommen des Gatten (ohne Kindergeld) | 800,00 EUR |

Die Ehe ist geschieden.

**Unterhaltsberechnung:**

| | |
|---|---|
| aus Einkommen des Pflichtigen | 1.800,00 EUR |
| aus Einkommen des Gatten | 800,00 EUR |
| Kindesunterhalt nach der Düsseldorfer Tabelle, Stand 03 | |
| Gruppe | 4: 1700-1900 |
| Gruppe | 1:-1300 |
| Zuschlag zu Gruppe 4 | 2 |
| Zuschlag zu Gruppe 1 | 2 |
| Gruppe | 6: 2100-2300 |

Gruppe 3: 1500-1700
wegen Abweichung vom Regelfall der Düsseldorfer Tabelle.

**Kindesunterhalt:**
1. Kind (Ehegatte: 275,00 EUR)
Vorabzug prägenden Kindesunterhalts
Ehegatte: 800 – 275 = 525,00 EUR

**Unterhalt des Ehegatten**
Bedarf aus Summe der Einkommen
Erwerbstätigenbonus für Pflichtigen
1800 * 10% = 180,00 EUR
bedarfsbestimmendes Einkommen:
1800 – 180 = 1.620,00 EUR
Erwerbstätigenbonus für Ehegatten
525 * 10% = 53,00 EUR
bedarfsbestimmendes Einkommen:
525 – 53 = 472,00 EUR
**voller Bedarf:**
(1620 + 472) *1/2 = 1.046,00 EUR
**Unterhaltsanspruch:**
1046 – 472 = 574,00 EUR
bleibt 1.226,00 EUR

**Kindergeldverrechnung:**
1. Kind
Kindergeldausgleich vermindert, weil 135% des Regelbetrags unterschritten:
77 – (326 – 275) = 26,00 EUR
Ehegatte 275 – 26 = 249,00 EUR

**Neuberechnung des Kindesunterhalts**

**Grunddaten:**

**Pflichtiger:**
Einkommen des Pflichtigen (ohne Kindergeld) 1.800,00 EUR

**Kinder:**
1. Kind Alter 10 Jahre
Der Bedarf bestimmt sich nach der Kindesunterhaltstabelle.
Das Kind lebt nicht beim Ehegatten Es lebt beim Pflichtigen. Nur der Ehegatte ist barunterhaltspflichtig.
Der Pflichtige erhält das Kindergeld.
hälftiges Kindergeld nach § 1612b I, V BGB anzurechnen 77,00 EUR

**Ehegatte:**
Einkommen des Gatten (ohne Kindergeld) 800,00 EUR
Die Ehe ist geschieden.

| **Unterhaltsberechnung:** | |
|---|---|
| aus Einkommen des Pflichtigen | 1.800,00 EUR |
| aus Einkommen des Gatten | 800,00 EUR |
| Kindesunterhalt nach der Düsseldorfer Tabelle, Stand 03 | |
| Gruppe | 4: 1700-1900 |
| Gruppe | 1:-1300 |
| Zuschlag zu Gruppe 4 | 2 |
| Zuschlag zu Gruppe 1 | 2 |
| Gruppe | 6: 2100-2300 |
| Gruppe | 3: 1500-1700 |
| wegen Abweichung vom Regelfall der Düsseldorfer Tabelle. | |
| **Kindesunterhalt:** | |
| 1. Kind | (Ehegatte: 275,00 EUR) |
| Vorabzug prägenden Kindesunterhalts | |
| Ehegatte: 800 – 275 = | 525,00 EUR |
| **Unterhalt des Ehegatten** | |
| Bedarf aus Summe der Einkommen | |
| Erwerbstätigenbonus für Pflichtigen | |
| 1800 * 10% = | 180,00 EUR |
| bedarfsbestimmendes Einkommen: | |
| 1800 – 180 = | 1.620,00 EUR |
| Erwerbstätigenbonus für Ehegatten | |
| 525 * 10% = | 53,00 EUR |
| bedarfsbestimmendes Einkommen: | |
| 525 – 53 = | 472,00 EUR |
| **voller Bedarf:** | |
| (1620 + 472) *1/2 = | 1.046,00 EUR |
| **Unterhaltsanspruch:** | |
| 1046 – 472 = | 574,00 EUR |
| bleibt | 1.226,00 EUR |
| **Kindergeldverrechnung:** | |
| 1. Kind | |
| Kindergeldausgleich vermindert, weil 135% des Regelbetrags unterschritten: | |
| 77 – (326 – 275) = | 26,00 EUR |
| Ehegatte 275 – 26 = | 249,00 EUR |
| **Verteilungsergebnis:** | |
| Pflichtiger: | 1.303,00 EUR |
| (davon ant. Kindergeld 77) | |
| Ehegatte: | 1.125,00 EUR |
| (davon ant. Kindergeld 26) | |
| Kind(er): | 326,00 EUR |

(davon Kindergeld 51)

insgesamt 2.754,00 EUR

**Zahlungspflichten**
gegenüber den folgenden Berechtigten:
Ehegatte: 574,00 EUR

**Zahlungspflichten des Ehegatten**
gegenüber den folgenden Berechtigten:
1.Kind: 249,00 EUR

## VIII. Fiktive Berechnung bei geänderter Steuerklasse ohne Realsplittingvorteil

Version: 5.2c-W Ausdruck: 16.01.2005, 15:48
**Brutto-Netto-Rechnung**
Name der Variante II WEST0407
gültig in den alten Bundesländern und Berlin (West),
erster Gültigkeitstag 01. 07. 2004
allgemeine Lohnsteuer
Monatstabelle
Steuerjahr 2004
Bruttolohn: 3.000,00 EUR
LSt-Klasse 1
Kinderfreibeträge 1
Lohnsteuer: -582,83 EUR
Solidaritätszuschlag -23,19 EUR
Kirchensteuer 8 % -33,73 EUR
Rentenversicherung (19,5 %) -292,50 EUR
Arbeitslosenversicherung (6,5 %) -97,50 EUR
Krankenversicherung (14,3 %) -214,50 EUR
Pflegeversicherung (AN-Anteil 0,85 %) -25,50 EUR

Nettolohn: 1.730,25 EUR

## IX. Zinsberechnung für Unterhaltsrückstände

Version: 5.2c-W Ausdruck: 16.01.2005, 16:04
**Berechnung der Unterhaltsrückstände**
in Sachen Unterhalt 10
für Frau und Kinder
Beginn: 01. 12. 2003
Kinder:
1. Kind geb. 30. 09. 2000ist 3 Jahre alt (DT 1)

Die Verteilung der Zahlungen erfolgt automatisch gleichrangig.
Zahlungen werden zuerst auf Hauptsache verrechnet

| | |
|---|---|
| Unterhalt Frau ab 1.12.03 | 192,00 EUR |
| Unterhalt Kind ab 1.12.03 | 450,00 EUR |
| Verzugszins 6,22% | |

| | : | bezahlt Unterh. | Rückst. Unterh. | Monat Zins | bezahlt Zins | Rückst. Zins |
|---|---|---|---|---|---|---|
| | : | | | | | |
| 12.03 | | | | | | |
| Frau | : | 0,00 | 192,00 | 0,00 | 0,00 | 0,00 |
| Kind | : | 0,00 | 450,00 | 0,00 | 0,00 | 0,00 |
| neuer Verzugszins 6,14% | | | | | | |
| 01.04 | | | | | | |
| Frau | : | 0,00 | 384,00 | 1,00 | 0,00 | 1,00 |
| Kind | : | 0,00 | 900,00 | 2,33 | 0,00 | 2,33 |
| 02.04 | | | | | | |
| Frau | : | 0,00 | 576,00 | 1,96 | 0,00 | 2,96 |
| Kind | : | 0,00 | 1.350,00 | 4,61 | 0,00 | 6,94 |
| 03.04 | | | | | | |
| Frau | : | 0,00 | 768,00 | 2,95 | 0,00 | 5,91 |
| Kind | : | 0,00 | 1.800,00 | 6,91 | 0,00 | 13,85 |
| 04.04 | | | | | | |
| Frau | : | 0,00 | 960,00 | 3,93 | 0,00 | 9,84 |
| Kind | : | 0,00 | 2.250,00 | 9,21 | 0,00 | 23,06 |
| 05.04 | | | | | | |
| Frau | : | 0,00 | 1.152,00 | 4,91 | 0,00 | 14,75 |
| Kind | : | 0,00 | 2.700,00 | 11,51 | 0,00 | 34,57 |
| 06.04 | | | | | | |
| Frau | : | 0,00 | 1.344,00 | 5,89 | 0,00 | 20,64 |
| Kind | : | 0,00 | 3.150,00 | 13,82 | 0,00 | 48,39 |
| neuer Verzugszins 6,13% | | | | | | |
| 07.04 | | | | | | |
| Frau | : | 0,00 | 1.536,00 | 6,88 | 0,00 | 27,52 |
| Kind | : | 0,00 | 3.600,00 | 16,12 | 0,00 | 64,51 |
| 08.04 | | | | | | |
| Frau | : | 0,00 | 1.728,00 | 7,85 | 0,00 | 35,37 |
| Kind | : | 0,00 | 4.050,00 | 18,39 | 0,00 | 82,90 |
| 09.04 | | | | | | |
| Frau | : | 0,00 | 1.920,00 | 8,83 | 0,00 | 44,20 |
| Kind | : | 0,00 | 4.500,00 | 20,69 | 0,00 | 103,59 |
| 10.04 | | | | | | |
| Frau | : | 0,00 | 2.112,00 | 9,81 | 0,00 | 54,01 |
| Kind | : | 0,00 | 4.950,00 | 22,99 | 0,00 | 126,58 |
| 11.04 | | | | | | |
| Frau | : | 0,00 | 2.304,00 | 10,79 | 0,00 | 64,80 |
| Kind | : | 0,00 | 5.400,00 | 25,29 | 0,00 | 151,87 |
| 12.04 | | | | | | |

| | | | | | | |
|---|---|---|---|---|---|---|
| Frau | : | 0,00 | 2.496,00 | 11,77 | 0,00 | 76,57 |
| Kind | : | 0,00 | 5.850,00 | 27,59 | 0,00 | 179,46 |

aktueller Verzugszins 0%

01.05

| | | | | | | |
|---|---|---|---|---|---|---|
| Frau | : | 0,00 | 2.688,00 | 12,75 | 0,00 | 89,32 |
| Kind | : | 0,00 | 6.300,00 | 29,88 | 0,00 | 209,34 |

***** Zukunft *****

==================================================

Frau

| | gesamt | Unterhalt | Zinsen |
|---|---|---|---|
| Schuld | 2.777,32 | 2.688,00 | 89,32 |
| bezahlt | 0,00 | 0,00 | 0,00 |
| Rückst. | 2.777,32 | 2.688,00 | 89,32 |

==========================================

Kind

| | gesamt | Unterhalt | Zinsen |
|---|---|---|---|
| Schuld | 6.509,34 | 6.300,00 | 209,34 |
| bezahlt | 0,00 | 0,00 | 0,00 |
| Rückst. | 6.509,34 | 6.300,00 | 209,34 |

==========================================

Gesamt:

| | gesamt | Unterhalt | Zinsen |
|---|---|---|---|
| Schuld | 9.286,66 | 8.988,00 | 298,66 |
| bezahlt | 0,00 | 0,00 | 0,00 |
| Rückst. | 9.286,66 | 8.988,00 | 298,66 |

==========================================

Tenor:

Der Beklagte wird verurteilt, an die Klägerin

a) (für die Klägerin) Unterhaltsrückstände in Höhe von 2.688,00 EUR nebst 0 % Zinsen hieraus seit dem 01. 01. 2005 und 89,32 EUR rückständige Zinsen und
b) für das Kind Unterhaltsrückstände in Höhe von 6.300,00 EUR nebst 0 % Zinsen hieraus seit dem 01. 01. 2005 und 209,34 EUR rückständige Zinsen zu zahlen.
(Im übrigen wird die Klage abgewiesen.)

### F. Kosten/Streitwert

969 S. im Einzelnen auch die Anmerkungen zu den einzelnen Formularen

- Bei streitiger Entscheidung durch Urteil erfolgt die Kostenentscheidung nach Obsiegen und Unterliegen.
- Wenn ein **Vergleich keine Kostenregelung** vorsieht, so sind die Kosten des Rechtsstreits und des Vergleichs nach § 98 ZPO **gegeneinander aufzuheben**. War Klageerhebung deshalb erforderlich, weil der Unterhaltspflichtige **keine Auskunft** über sein Einkommen oder Vermögen **erteilt** hat, so können diesem nach § 93d ZPO die Kosten nach billigem Ermessen ganz oder teilweise auferlegt werden.
- Streitwert für Klageverfahren ist der Jahresbetrag zuzüglich geltend gemachter Unterhaltsrückstand.
- Streitwert des einstweilige Anordnungsverfahrens ist der sechsfache Unterhaltsbetrag, der mit dem Antrag geltend gemacht wird.

### G. Rechtsmittel

#### I. Berufung

970 Gegen das Urteil des Familiengerichts ist die **Berufung** an das OLG nach Maßgabe der §§ 511 ZPOff. gegeben. Es besteht **Anwaltszwang** (§ 78 Abs. 1 S. 2 ZPO). Die Berufung muss beim OLG durch einen dort zugelassenen Rechtsanwalt binnen der **Notfrist** von **einem Monat** ab der **Zustellung** des in vollständiger Form abgefassten Urteils schriftlich eingelegt werden (§§ 517, 519 ZPO). Gemäß § 519 ZPO soll mit der Berufungsschrift eine **Ausfertigung** oder beglaubigte Abschrift des angefochtenen Urteils vorgelegt werden. Es muss in der Berufungsschrift das Urteil bezeichnet werden, gegen das die Berufung gerichtet wird.

971 Gemäß § 520 Abs. 2 ZPO beträgt die **Frist** für die Berufungs**begründung** zwei Monate und beginnt mit der Zustellung des in vollständiger Form abgefassten Urteils. Die Frist kann auf Antrag verlängert werden, wenn der Gegner einwilligt.

972 Der Inhalt der Berufungsbegründung ergibt sich ebenfalls aus § 520 ZPO.

973 **Beratungshinweis:** Steht für den Prozessbevollmächtigten bzw. den Mandanten zum Zeitpunkt des Ablaufs der Berufungseinlegungsfrist noch nicht fest, ob die Berufung tatsächlich durchgeführt wird, weil die Prüfung der Erfolgsaussichten noch längere Zeit in Anspruch nimmt, so empfiehlt es sich, Berufung einzulegen mit folgendem Hinweis:
„Die Berufung wird zunächst lediglich aus Fristwahrungsgründen eingelegt. Die Gegenseite wird gebeten, sich vorläufig noch nicht zu bestellen."
Damit kann vermieden werden, dass – falls die Überprüfung der Erfolgsaussichten ergibt, dass die Berufung nicht durchgeführt wird – bei Berufungsrücknahme erhebliche Anwaltskosten für den eigenen Anwalt sowie den Gegenanwalt anfallen.

### II. Berufungseinlegung i.V.m. Prozesskostenhilfe / Wiedereinsetzung:

974 Hierzu s. Rn. 1702 ff.

### III. Unterhaltsregelung durch einstweilige Anordnung

975 Wurde die einstweilige Anordnung **ohne mündliche Verhandlung** erlassen, so besteht die Möglichkeit, gemäß § 620 b Abs. 2 ZPO **Antrag** auf mündliche Verhandlung zu stellen. Es ist sodann seitens des Gerichts aufgrund mündlicher Verhandlung **neu zu beschließen.** Gemäß § 620 d ist der Antrag zu begründen. Es genügt die Angaben von Tatsachen, Rechtsausführungen sind nicht notwendig, aber sicherlich empfehlenswert. **Fehlende Begründung** bewirkt **Unzulässigkeit** des Antrags).[634]

976 Gemäß § 620 g ZPO gelten die im Verfahren der einstweiligen Anordnung entstehenden Kosten für die Kostenentscheidung als **Teil der Kosten der Hauptsache.** Die Kosten eines erfolglosen Antrags gem. § 620 b können nach dem **Ermessen des Gerichts** anders als die Kosten des Hauptsacheverfahrens **einer Partei auferlegt** werden (dies bedeutet die Verweisung in § 620 g auf § 96 ZPO). Sie gilt nicht nur bei unzulässigen, sondern auch bei offensichtlich unbegründeten Anträgen und erfordert einen gesonderten Ausspruch über die Kosten des Anordnungsverfahrens).[635]

977 Wurde eine **einstweilige Anordnung nach mündlicher Verhandlung erlassen,** so ist hiergegen **kein Rechtsmittel** möglich. Der Unterhalts**berechtigte** kann etwaige höhere Ansprüche nur im Wege der Hauptsacheklage geltend machen. Der Unterhalts**pflichtige** kann gegen die einstweilige Anordnung lediglich **negative Feststellungsklage** erheben. Im einzelnen s. oben

978 **Beratungshinweis:**

- Ohne **Verzug** keine Unterhaltsforderung für die **Vergangenheit.** Wird hierauf nicht ausdrücklich hingewiesen bzw. werden nicht durch **Stufenmahnung** die Voraussetzungen geschaffen, so kann Haftung für Unterhaltsrückstände, die nicht mehr geltend gemacht werden können, bestehen.
- Kein Hinweis auf **Erwerbsobliegenheit** bzw. erforderliche Erwerbsbemühungen bei Vorliegen von Erwerbsobliegenheit.
- Unterlassener Hinweis dahingehend, dass im Hinblick auf die Unterschiedlichkeit zwischen Getrenntlebens- und nachehelichem Ehegattenunterhalt im Rahmen der Scheidung der **nacheheliche Ehegattenunterhalt neu geregelt** werden muss durch Klage im Verbund, da andernfalls erheblich höhere Kosten anfallen, falls Ehegattenunterhalt in einem gesonderten Verfahren erst nach der Scheidung geltend gemacht wird.
- Zum Zeitpunkt des Getrenntlebens, also **vor Eintreten der Rechtskraft** der Scheidung, wirkt die **Inverzugsetzung** lediglich bezüglich **Trennungsunterhalt, nicht** aber bezüglich **nachehelichen** Ehegattenunterhalts. Dies bedeutet, dass, falls der nacheheliche Ehegattenunterhalt **nicht** im Scheidungsverfahren geregelt wurde, umge-

634 Thomas / Putzo, Rn. 1 zu § 620 d.
635 Thomas / Putzo, Rn. 6 zu § 620 g ZPO.

hend **nach Eintreten der Rechtskraft der Scheidung** eine **erneute Inverzugsetzung** erfolgen muss hinsichtlich des nachehelichen Ehegattenunterhalts.

- Wird ein Unterhaltsvergleich abgeschlossen, der einen Unterhaltsverzicht bezüglich Trennungsunterhalt beinhaltet, so ist dieser **absolut** unwirksam. Erfolgt eine Verzichtserklärung trotz Bezug von **Sozialgeld/Arbeitslosengeld II**, so ist dieser Verzicht gem. § 138 Abs. 2 BGB **nichtig**, da er gegen die guten Sitten verstößt. Hierzu ist **nicht** erforderlich, dass die Parteien eine **Schädigungsabsicht** gegenüber dem Träger der Sozialleistungen hatten.[636]
- Wird der **Einwand** der **zeitlichen Begrenzung** (im Einzelnen hierzu siehe die Ausführungen bei den Unterhaltstatbeständen) nicht erhoben, obwohl die gesetzlichen Voraussetzungen hierfür vorliegen, so kann dieser Einwand in einem späteren Verfahren nicht mehr bzw. nur eingeschränkt gebracht werden und es können **Haftungsfälle** entstehen bezüglich **dauerhafter** Unterhaltszahlungen.
- Bei **Abänderungsverfahren** muss unbedingt auf die **Zeitschranke** des § 323 Abs. 3 ZPO geachtet werden. Liegen die Voraussetzungen für eine Abänderungsklage vor, so ist **sofort nach Aufforderung** auf Verzicht auf die Rechte aus dem Titel **Abänderungsklage** zu erheben, um zu vermeiden, dass die Unterhaltsansprüche aus dem Titel weiter auflaufen.
- Sollte während der Ehezeit ein Unterhalts**verzicht** hinsichtlich **nachehelichen** Ehegattenunterhalts abgegeben werden, so ist hierbei **unbedingt** die neue Rechtsprechung des Bundesverfassungsgerichts sowie des Bundesgerichtshofs zu berücksichtigen, s. ausführlich oben Rn. 713ff. In jedem Fall ist die eigene Partei, falls ein Verzicht auf **nachehelichen** Ehegattenunterhalt abgegeben wird, durch ein ausführliches **Belehrungsschreiben** auf die Folgen der Endgültigkeit dieser Verzichtserklärung hinzuweisen, also z.B. für Fälle der **Krankheit** oder Fälle der **Krankheit der Kinder** mit der Folge, dass die Ehefrau aufgrund der erforderlichen Kinderbetreuung keiner Erwerbstätigkeit mehr nachgehen kann. Diese Fälle **unvorhergesehener** Ereignisse, wie z.B. Erkrankung der Kinder, sei es durch Unfall u.a., sollten **bei jedem Unterhaltsverzicht ausgenommen** werden. Die Praxis zeigt, dass diese Ausnahmeregelungen ganz häufig auch von der Gegenseite akzeptiert werden, da es letztlich um die Kinder und deren Betreuung geht und nicht um den Unterhalt der Ehefrau.

636 Heiß/Heiß in: Beck´sches Rechtsanwalts-Handbuch, Rn. 154 zu Kap. C 17.

## § 6 Kindesunterhalt

**Literatur:** Büchting/Heussen, Beck'sches Rechtsanwaltshandbuch, 8. Auflage; Gerhardt/Heintschel-Heinegg/Klein, Handbuch des Fachanwalts Familienrecht, 4. Auflage 2004; Gottwald, Münchener Prozessformularbuch, Familienrecht, 2. Auflage 2003; Heiß/Born, Unterhaltsrecht, Stand Juli 2004; Heiß/Heiß, ABC der unterhaltspflichtigen Einkünfte, 2002; Palandt, Bürgerliches Gesetzbuch, 63. Auflage 2004; Thomas/Putzo, Zivilprozessordnung, 26. Auflage 2004; Palandt, Bürgerliches Gesetzbuch, 63. Auflage 2004; Wendl/Staudigl, Das Unterhaltsrecht in der familienrichterlichen Praxis, 6. Auflage 2004

### A. Vorprozessuale Situation

#### I. Kindesunterhalt/Grundlagen

979 Der Unterhaltsanspruch zwischen Eltern und Kindern beruht auf dem Verwandtschaftsverhältnis, so dass es unerheblich ist, ob dem zum Barunterhalt verpflichteten Elternteil die elterliche Sorge zusteht, oder nicht.[1] Es handelt sich um einen **lebenslangen Tatbestand** für Unterhaltsansprüche des Kindes gegen beide Eltern, wobei der Streitgegenstand immer derselbe ist, unabhängig davon, ob das Kind volljährig oder minderjährig ist, die Eltern zusammen leben oder getrennt.[2] Eheliche und nichteheliche Kinder sind ebenfalls gleichgestellt.

980 Haben die Eheleute eine Vereinbarung über die Zustimmung des Ehemannes zur **heterologischen Insemination** getroffen, ist hierin eine vertragliche Unterhaltsvereinbarung des Mannes gegenüber dem Kind zu sehen. Wurde in einem Statusverfahren die Nichtehelichkeit des Kindes festgestellt, endet die vertraglich übernommene Unterhaltsverpflichtung nicht ohne weiteres, anders als die gesetzliche Unterhaltspflicht.[3] Hat das Kind nach Scheidung der Eltern seine Nichtehelichkeit feststellen lassen, kommt eine Anpassung der Unterhaltspflicht an die veränderten Verhältnisse in Betracht. Dies ist jedoch nicht möglich, wenn der Mann die Anfechtungsklage erhoben hat.[4]

981 Unterhaltsansprüche nichtehelicher Kinder sind **vor Anerkennung** der Vaterschaft oder **vor gerichtlicher Feststellung** der Vaterschaft grundsätzlich ausgeschlossen. Die Abstammung ist zunächst in einem Statusverfahren zu klären.

982 Zur Unterhaltsermittlung sind die grundsätzlichen Fragen nach der Anspruchsgrundlage, § 1601 BGB, nach der Bedürftigkeit, § 1602 BGB, nach der Höhe des Unterhalts, § 1610 BGB und schließlich nach der Leistungsfähigkeit, § 1603 BGB abzuhandeln. Darüber hinaus ist zur Berechnung des Kindesunterhalts zwischen den folgenden **Fall-**

1 Palandt, Diederichsen, § 1601 Rn. 1.
2 BGH, FamRZ 1984, 682.
3 Heiß/Born, Unterhaltsrecht, Heiß/Heiß, Kap. 3 Rn. 265; BGH, FamRZ 1995, 861ff.
4 BGH, FamRZ 1995, 861, 865.

**gestaltungen** zu unterscheiden, da die Unterhaltsermittlung jeweils nach unterschiedlichen Regeln erfolgt:[5]

- minderjährige Kinder ohne eigenes Einkommen;
- minderjährige Kinder mit eigenem Einkommen;
- minderjährige Kinder die ausw.ärtig, z.B. in einem Internat untergebracht sind;
- volljährige unverheiratete Schüler, die gem. § 1603 II S. 2 BGB den minderjährigen unverheirateten Kindern gleich stehen, solange sie das 21. Lebensjahr nicht vollendet haben und im Haushalt der Eltern oder eines Elternteils leben;
- Volljährige Kinder, die nicht gem. § 1603 II S. 2 BGB minderjährigen Kindern gleichgestellt sind, und noch im Haushalt der Eltern oder eines Elternteils wohnen, Azubis, Schüler nach Vollendung des 21. Lebensjahres, Studenten, Arbeitslose;
- Alle volljährigen Kinder mit eigenem Hausstand.

## II. Minderjährige Kinder

### 1. Bar- und Naturalunterhalt / Bestimmungsrecht

983 Nach § 1612 II BGB haben die Eltern eines unverheirateten Kindes das **Recht zu bestimmen, in welcher Art** sie den **Unterhalt** erbringen. Lebt die Familie zusammen, wird der Unterhalt regelmäßig in „Natur" erbracht. Leben die Eltern getrennt, kann das Bestimmungsrecht als Teil der Personensorge vom sorgeberechtigten Elternteil ausgeübt werden. Der sorgeberechtigte Elternteil erbringt regelmäßig den Naturalunterhalt, der andere den Barunterhalt.[6] Besteht auch nach Trennung und Scheidung der Eltern gemeinsame elterliche Sorge, hat der Elternteil das Bestimmungsrecht, in dessen Obhut sich das Kind befindet.[7]

984 Der Elternteil, der das Kind betreut, erfüllt seine Unterhaltsverpflichtung dem minderjährigen unverheirateten Kind gegenüber regelmäßig in Form des sog **Naturalunterhaltes**, § 1606 III S. 2 BGB. Das bedeutet, dass der Pflichtige das Kind mit Kleidung, Essen, Unterkunft, Erziehung, Pflege und Betreuung usw. zu versorgen hat.
Die Betreuungspflicht des sorgeberechtigten Elternteils entfallen nicht schon, weil sich das Kind aufgrund eines Schüleraustausches vorübergehend im Ausland aufhält. Es entsteht durch den Auslandsaufenthalt nicht automatisch eine Barunterhaltspflicht des betreuenden Elternteils.[8]

985 Der Elternteil, der das Kind nicht betreut ist zum **Barunterhalt** verpflichtet. Der den Barunterhalt leistende Elternteil hat für den laufenden Bedarf des Kindes an den anderen Elternteil eine monatlichen Geldrente zu bezahlen. Eine **Vereinbarung der Eltern** das Geld auf ein **Sperrkonto** bis zum 18. Lebensjahr des unterhaltsberechtigten Kindes einzubezahlen ist gem. § 134 BGB **nichtig**, da ein Verstoß gegen § 1614 BGB vorliegt.[9] Der zum Barunterhalt verpflichtete Elternteil hat das Geld dem betreuenden Elternteil auszubezahlen, nicht dem minderjährigen Kind. Er kann auch die Bezahlung nicht an

5 Nach Buchting / Heussen, Beck`sches Rechtsanwaltshandbuch, Heiß / Heiß, Kap. C 17, S. 794.
6 BGH, FamRZ 2002, 426f.
7 FA-FamR, Gerhard, Kap. 6 Rn. 137.
8 OLG Hamm, FamRZ 1999,1449.
9 OLG Frankfurt / M, FamRZ 1994, 1131.

eine Bestimmung knüpfen, wie das Geld von dem betreuenden Elternteil zu verwenden ist. Im Grunde steht es frei zur Disposition des betreuenden Elternteils.

986 Bar- und Naturalunterhalt sind grundsätzlich als **gleichwertig** anzusehen, § 1606 III BGB, bei der Unterhaltserbringung für minderjährige unverheiratete Kinder. Ab Eintritt der Volljährigkeit werden jedoch keine Betreuungsleistungen mehr geschuldet.[10]

987 Betreuen die getrennt lebenden Eltern je mindestens ein gemeinsames Kind, ist grundsätzlich jeder von ihnen verpflichtet, für die nicht bei ihm lebenden anspruchsberechtigten Kinder Barunterhalt leisten.[11] Eine Verrechung der gegenseitigen Unterhaltsverpflichtungen ist nicht zulässig. Der jeweils geschuldete Unterhalt ist regelmäßig, aufgrund unterschiedlichen Alters der Kinder und der regelmäßig unterschiedlichen Einkommensverhältnisse der Eltern, unterschiedlich hoch. Haben jedoch beide Eltern etwa gleich hohes Einkommen und fallen die Kinder in dieselbe Altersgruppe der Düsseldorfer Tabelle kann, zur Vermeidung unnötiger Hin- und Herüberweisungen eine gegenseitige Freistellung in Betracht kommen.

988 Führt das minderjährige Kind mit Einverständnis der Eltern einen eigenen Hausstand, wird es von einem Dritten betreut (z.B. Pflegefamilie) oder ist es in einem **Internat** untergebracht, wird von beiden Eltern **anteilig** gem. § 1606 II S1 BGB Barunterhalt geschuldet. Bei einvernehmlicher Internatsunterbringung richtet sich die **Höhe** des geschuldeten Unterhalts nach den tatsächlich anfallenden Kosten unter Berücksichtigung der Restbetreuung des Kindes am Wochenende.[12]

## 2. Unterhaltsbemessung

### a. Bedarf

989 Minderjährige Kinder sind in der Regel **bedürftig**, da sie meist, aufgrund ihres Alters bzw ihres Ausbildungsstandes, nicht in der Lage sind sich selbst zu unterhalten. Soweit ein Kind im Rahmen einer Ausbildung Einkommen erzielt, ist diese **Ausbildungsvergütung** – nach Abzug des ausbildungsbedingten Mehrbedarfs – auf den Unterhaltsanspruch anzurechnen. Auch Einkünfte aus **Vermögen** des Minderjährigen sind einzusetzen.

990 Der **Barunterhalt bemisst sich** nach **der Lebensstellung des Kindes**, § 1610 I BGB, wobei jedoch zu berücksichtigen ist, dass das Kind keine wirtschaftliche Selbständigkeit besitzt. Es leitet diese Lebensstellung von den Eltern, bzw deren Einkommensverhältnissen ab. Somit kommt es auf die Einkommens- und Vermögensverhältnisse der Eltern an. Leben die Eltern getrennt, bemisst sich die Höhe des geschuldeten Unterhalts allein nach den Einkommensverhältnissen des barunterhaltspflichtigen Elternteils.[13]

991 Bar- und Naturalunterhalt gelten grundsätzlich gleichwertig. Eine Ausnahme besteht nur, wenn der betreuende Elternteil über Einkommen und Vermögen verfügt, dass das-

10 BGH, FamRZ 2002, 815, 817.

11 Duderstadt, FamRZ 2003, 70ff, zur Bar- und Naturalunterhaltsverpflichtung abseits der traditionellen Rollenzuweisung zwischen Mann und Frau.

12 FA-FamR, Gerhardt, Kap. 6 Rn. 154.

13 BGH, FamRZ 2002, 536, 539.

jenige des Unterhaltspflichtigen um ein Vielfaches übersteigt oder der Unterhaltspflichtige nicht leistungsfähig ist.[14] Verfügt der die Kinder betreuende Elternteil über wesentlich höheres Einkommen als der an sich zum Barunterhalt verpflichtete Elternteil, und stellt dieser den Barunterhalt der Kinder alleine sicher, bemisst sich der zu berücksichtigende Barunterhalt nach seinem Einkommen und nicht nach dem des an sich barunterhaltspflichtigen anderen Elternteils.[15]

992 Die regelmäßige Ausübung des **Umgangs** berechtigt grundsätzlich nicht zu einer Kürzung des Barunterhaltes; vielmehr hat der Umgangsberechtigte die Kosten des Umgangs regelmäßig selbst zu tragen.[16] Eine Abweichung hiervon ist auf eng begrenzte Ausnahmefälle beschränkt. Der BGH begründet dies damit, dass die Ausübung des Umgangs unmittelbarer Ausfluss der elterlichen Verantwortung dem Kind gegenüber ist. Deshalb sind die anfallenden Kosten regelmäßig im eigenen und im Interesse des Kindes selbst zu übernehmen.[17] Lebt der das Kind betreuende Elternteil jedoch in solcher Entfernung vom umgangsberechtigten Elternteil, dass die Ausübung des Umgangs aufgrund ohnehin schon **beengter wirtschaftlicher Verhältnisse** nur in erheblich **eingeschränktem Umfang** statt finden kann, sind Billigkeitserwägungen anzustellen. Insbesondere in **Überforderungsfällen**, wenn sehr hohe Kosten aufgrund weiter Entfernung entstehen, kann die Leistungsfähigkeit des Verpflichteten beeinflusst sein.[18] Der Umgangsberechtigte ist jedoch auch gehalten die Kosten des Umgangs so niedrig wie möglich zu halten. Gerade bei weiter Entfernung wird eine Reduzierung der Besuche, verbunden mit einer zeitlichen Ausdehnung in Betracht kommen So hat der BGH auch entschieden, dass die Kosten, die während eines längeren Ferienaufenthaltes des Kindes beim Umgangsberechtigten entstehen, Unkosten sind, die vorhersehbar und kein Recht zur Kürzung des Kindesunterhalts geben, wenn sich der Aufenthalt des Kindes im Rahmen der üblichen Dauer hält.[19] Sind die Kosten für den Umgangsberechtigten wegen beengter wirtschaftlicher Verhältnisse nicht tragbar, während sie vom betreuenden Elternteil ohne weiteres aufgebracht werden könnten, kann dessen Mitwirkung am Transport der Kinder geboten sein.[20]

### b. Geltung der Düsseldorfer Tabelle und der entsprechenden Leitlinien

993 Der Regelbedarf eines Kindes wird i.d.R. nach Tabellen und Leitlinien bemessen. Zur Bestimmung der Höhe des Unterhalts wird in der Praxis regelmäßig die **Düsseldorfer Tabelle (vgl Anhang 1)** herangezogen, ergänzt in den neuen Bundesländern durch die **Berliner Vortabelle (vgl Anhang 2)**, sowie die im jeweiligen Bezirk geltenden **Richt-/Leitlinien** des zuständigen Oberlandesgerichtes. Die Tabellen und Leitlinien bemessen den Unterhalt des Kindes nach **dem Einkommen** des unterhaltsverpflichteten Elternteils und **nach Alterstufen.** Dies gilt uneingeschränkt für alle minderjährigen Kinder

14 BGH, FamRZ 199, 182ff.
15 OLG Koblenz, FamRZ 2004, 704.
16 OLG Hamm, FamRZ 2004, 560; BGH FamRZ 1984, 470ff.
17 BGH, FamRZ 1995, 215.
18 BGH, FamRZ 1995, 215.
19 BGH, FamRZ 1984, 470, 472.
20 OLG Nürnberg, FamRZ 1999, 1008.

und, nach der Düsseldorfer Tabelle und den entsprechenden Leitlinien auch für volljährige Kinder, die im Haushalt eines Elternteils leben.[21]

994 Die Düsseldorfer Tabelle ist in 13 Einkommensgruppen untergliedert, und nach § 1612a III BGB in drei Altersstufen für minderjährige Kinder, bis zur Vollendung des 6. Lebensjahres (1. Altersstufe), vom 7. Lebensjahr bis zur Vollendung des 12. Lebensjahres ( 2. Alterstufe) und für die Zeit vom 13. Lebensjahr bis zur Vollendung des 18. Lebensjahres (3. Alterstufe). Die neue Alterstufe wird jeweils zum 1. des Monats erreicht, in welchem das Kind seinen 6. bzw 12. Geburtstag hat.

995 In den Tabellensätzen sind **alle Lebenshaltungskosten**, wie z.B. Kosten für Nahrung, Wohnen, Kleidung, Essen, Schulausbildung, Unterrichtsmaterial, Hobbys und Taschengeld pauschal enthalten.[22] Eine pauschale Anhebung der Tabellensätze für besondere Ausgaben, z.B. Urlaube, Kleidung, Geburtstage oder sonstige Festtage scheidet aus. Der betreuende Elternteil ist grundsätzlich verpflichtet Rücklagen aus dem bezahlten Unterhalt zu bilden, um die entsprechenden Mehrausgaben decken zu können. Anders ist dies bei sog. **Mehr- bzw Sonderbedarf.** So sind **Kindergartenkosten** in den Tabellensätzen der unteren Gruppen der Düsseldorfer Tabelle nicht enthalten, und somit Mehrbedarf. Die Kosten können aber bei Berufstätigkeit des betreuenden Elternteils als berufsbedingte Aufwendungen geltend gemacht werden.[23]

996 Die Regelbeträge werden durch die Regelbetrags-VO entsprechend dem Alter des Kindes für die jeweilige Alterstufe festgesetzt. Die Regelbeträge werden **alle zwei Jahre** durch Rechtsverordnung am Maßstab der allgemeinen Lohnerhöhung in diesem Zeitraum angepasst, das nächste Mal zum 01.07.2005.

### c. Höhergruppierung/Herabgruppierung bei den Bedarfssätzen

997 Die Düsseldorfer Tabelle gibt die Bedarfssätze ausgehend von einer 4köpfigen Familie an; der Verpflichtete schuldet seinem Ehegatten und zwei Kindern Unterhalt.

998 Eine **Höhergruppierung** um drei Einkommensgruppen erscheint angemessen, wenn der Verpflichtete nur einem Kind gegenüber unterhaltsverpflichtet ist.[24] Hat der Verpflichtete einem Kind und einem Ehegatten bzw zwei Kindern Unterhalt zu gewähren, ist eine Höhergruppierung um ein bis zwei Gruppen vorzunehmen. Maßgeblich für den Gruppensprung soll sein, ob sich das Einkommen des Verpflichteten an der oberen bzw unteren Einkommensgrenze bewegt, und in welcher Höhe Ehegattenunterhalt geschuldet ist.[25]

999 Voraussetzung für die Höhergruppierung ist, dass der jeweilige **Bedarfskontrollbetrag** beachtet wird. Zweck des Bedarfskontrollbetrages ist es für eine ausgewogene Verteilung des Einkommens zwischen dem Verpflichteten und den Berechtigten zu sorgen.

21 Wendl/Staudigl, Das Unterhaltsrecht in der familienrichterlichen Praxis, Scholz § 2 Rn. 124.
22 BGH, FamRZ 1983, 473.
23 OLG München, OLGR 1993, 154.
24 OLG Düsseldorf, FamRZ 2000, 1176.
25 Soyka, FamRZ 2003, 1154.

Wird der Bedarfskontrollbetrag unterschritten ist, der Tabellenbetrag der niedrigeren Gruppe anzusetzen, in welcher der Kontrollbetrag nicht unterschritten wird.

1000 Eine **Herabgruppierung** ist angezeigt, wenn der Verpflichtete für mehr als drei Berechtigte Unterhalt schuldet. Auch hier ist der Bedarfskontrollbetrag zu berücksichtigen.

1001 Die Unterhaltsbedarfssätze der Düsseldorfer Tabelle sind an Durchschnittsfällen orientierte Richtsätze, die helfen sollen den unbestimmten Rechtsbegriff „angemessener Unterhalt“ auszufüllen. Zu beachten ist, dass die Einstufung in eine höhere oder niedrigere Gehaltsgruppe bei der Ermittlung des Kindesunterhalts nach Tabellenwerten dem tatrichterlichen Ermessen im Rahmen der **Angemessenheitskontrolle** unterliegt.[26]

#### d. Bedarfsbemessung bei überdurchschnittlichem Einkommen

1002 Die Einkommensgruppen der Tabellen sind nach oben begrenzt, derzeit bis zu einem Einkommen von 4.800,– €. Für ein Einkommen, dass über dem Bereich der 13. Einkommensgruppe mit 4.800,– € liegt, verweist die Düsseldorfer Tabelle auf die „Umstände des Einzelfalles“. Eine schematische Fortschreibung über die als Erfahrungswerte verstandenen Richtsätze hinaus ist nicht sachgerecht.[27] Der Berechtigte hat seinen Bedarf **konkret darzulegen** und zu **beweisen**, wenn er einen Unterhalt geltend macht, der die Unterhaltssätze der höchsten Gruppe der Düsseldorfer Tabelle überschreitet. An die Darlegungslast dürfen keine übertriebenen Anforderungen gestellt werden. Der Bedürftige kann sich darauf beschränken besondere bzw besonders kostenintensive Bedürfnisse zu belegen, und die hierfür erforderlichen Mittel zu benennen.[28] Schließlich sollen die Kinder, auch bei höherem Einkommen der Eltern, ihrem Alter entsprechend an der Lebensführung der Eltern teilhaben, entsprechend der sehr günstigen wirtschaftlichen Situation der Eltern. Es sind die besonderen Verhältnisse zu würdigen, und zu ermitteln, welche Wünsche des Kindes als bloße Teilhabe am Luxus nicht erfüllt werden müssen.[29]

#### e. Kindergeld

1003 Das Kindergeld, welches für je das erste, zweite und dritte Kind i.H.v. 154,– € bezahlt wird, und für jedes weitere Kind i.H.v. 179,– €, steht dem die Kinder betreuenden Elternteil zu, §§ 62, 64 EStG. Da durch die Kindergeldzahlung eine Entlastung der Unterhaltsverpflichteten stattfinden soll, dieses aber nur an einen Elternteil ausbezahlt wird, hat ein Ausgleich stattzufinden, §§ 1612b, c BGB. In der Regel leistet ein Elternteil den Barunterhalt und der andere Elternteil den Betreuungsunterhalt. Da diese Arten der Unterhaltserbringung als gleichwertig anzusehen sind, steht das Kindergeld den Eltern im Innenverhältnis grundsätzlich **je zur Hälfte** zu. Bezieht ein Elternteil also das volle Kindergeld, wird der Ausgleich in der Praxis so durchgeführt, dass die Hälfte des Kindergeldes, (bei einem ersten Kind 77,– €), vom Barunterhaltsanspruch des Kindes, welcher dem Tabellensatz der Düsseldorfer Tabelle entnommen wird, abgezogen wird.[30]

---

26 BGH, FamRZ 2000, 1492.
27 BGH, FamRZ 2000, 358, 359.
28 BGH, FamRZ 2001, 1603.
29 BGH, FamRZ 2000, 358, 359.
30 Heiß/Born, Unterhaltsrecht, Deisenhofer, Kap. 12 Rn. 23.

Wird von einem Elternteil Kindergeld nicht nur für ein Kind aus einer Ehe bezogen, sondern für weitere Kinder aus anderen Ehen oder anderen Beziehungen, und tritt dadurch eine Kindergelderhöhung ein, nennt sich dies **Zählkindervorteil**. Vom BGH wurde in mehreren Entscheidungen festgestellt, dass sich dieser sog Zählkindervorteil unterhaltsrechtlich nicht durchschlägt.[31] 1004

Eine Anrechnung des Kindergeldes unterbleibt, soweit der unterhaltspflichtige außerstande ist **135% des Regelbetrages nach der Regelbetrags-VO** zu leisten, § 1612b V BGB. Dies hat zur Folge, dass der Unterhaltsverpflichtete, dessen Einkommen in die Einkommensgruppen 1-6 fällt, das hälftige Kindergeld nicht voll verrechnen darf. Das Kind soll jeweils möglichst das von Statistikern errechnete Existenzminimum erhalten.[32] Zur Erleichterung der Berechnung enthalten die Düsseldorfer Tabelle, die Berliner Tabelle und die Leitlinien der meisten Oberlandesgerichte **Kindergeldverrechnungstabellen.** 1005

**Beratungshinweis:** Bei Einordnung in die Einkommensgruppen 1-6 ergibt sich, insbesondere in der 1. Alterstufe ein geschuldeter Barunterhalt in nahezu gleicher Höhe, wegen der unterschiedlichen Kindergeldverrechnung. Es ist also in der 1. Alterstufe, Einkommensgruppe 1-6, Kindesunterhalt i.H.v. jeweils 192,– € geschuldet. Innerhalb der Einkommensgruppen 1-6 wirkt sich die Einkommenseingruppierung tatsächlich erst ab der 2. Alterstufe auf den Zahlbetrag aus. In der zweiten Altersstufe unterbleibt in der Einkommensgruppe 1 die Kindergeldverrechnung völlig. Es ergibt sich ein Zahlbetrag von 241,– €. Ab der 2. Einkommensgruppe bis zur 6. Einkommensgruppe ergibt sich ein Zahlbetrag i.H.v. 249,– €. In der dritten Altersstufe errechnet sich für die erste Einkommensgruppe ein geschuldeter Kindesunterhalt i.H.v. 284, €, eine Kindergeldanrechnung findet erst ab der 3. Einkommensgruppe statt, so dass sich ein Zahlbetrag von 307,– € ergibt. 1006

#### f. Kranken- und Pflegeversicherung

Von den Tabellensätzen werden **Kranken- und Pflegeversicherungskosten** nicht umfasst. Grundsätzlich ist das minderjährige Kind von dem Elternteil (mit-) zu versichern, bei dem dies kostengünstiger möglich ist. Besteht ausnahmsweise keine Familienversicherung, sind die Kranken- und Pflegeversicherungskosten neben dem Tabellenunterhalt zu bezahlen, wobei jedoch bei der Ermittlung des unterhaltsrechtlich relevanten Einkommens des barunterhaltspflichtigen Elternteils diese Kosten in Abzug zu bringen sind.[33] 1007

### 3. Leistungsfähigkeit und Selbstbehalt

#### a. anrechenbare Einkünfte

Voraussetzung für die Berechnung des Unterhaltes ist die möglichst genaue Kenntnis über das Vermögen und Einkommen der Beteiligten. Denn hiernach bestimmt sich der 1008

31 BGH, FamRZ 1984, 1000ff; BGH FamRZ 1981, 26ff.

32 Heiß/Born, Unterhaltsrecht, Deisenhofer, Kap12, Rn. 24.

33 FA-FamR, Gerhard, Kap. 6 Rn. 143; DT Anm A. 9.

Bedarf und die Bedürftigkeit des Berechtigten, sowie die Leistungsfähigkeit des Verpflichteten.[34]

1009 Die Einkommensermittlung des Unterhaltsverpflichteten erfolgt wie beim Ehegattenunterhalt.[35] Es kann auf die Ausführungen in dem Teil Ehegattenunterhalt verwiesen werden. Es sind sowohl das anrechenbare Einkommen, als auch die möglichen Abzugsposten ausführlich dargestellt.

1010 Eltern sind gegenüber ihren minderjährigen unverheirateten Kindern verschärft leistungspflichtig, § 1603 II S. 1 BGB, so dass sie eine Pflicht zur Heranziehung aller verfügbaren Mittel trifft, um den Unterhalt der Kinder sicherzustellen. Dies hat zur Folge, dass in der Vereinbarung zur **Altersteilzeit** ein Verstoß gegen die Erwerbsobliegenheit gesehen werden kann.[36] Der **Steuervorteil** aus einer neuen Ehe des Unterhaltspflichtigen (Splittingvorteil) soll auch den Kindern aus der vorangegangenen Beziehung zu Gute kommen, (BGH, FamRZ 1986, 798). **Ersparnisse** aufgrund freiwilliger Leistungen eines Dritten, die dieser ohne Rechtspflicht erbringt, die dem unterhaltsberechtigten Kind nicht zu Gute kommen sollen, werden nicht zum unterhaltsrechtlich relevanten Einkommen hinzugerechnet.[37]

1011 **Unterhaltsleistungen Dritter** sind Einkünfte, und daher grundsätzlich für den Unterhalt von Kindern einzusetzen, soweit diese die Selbstbehaltsätze nach den Tabellen und Leitlinien übersteigen.[38] Praktisch kommt dies nur in Betracht bei Unterhaltsleistungen des getrennt lebenden oder geschiedenen Ehegatten.

1012 **BERATUNGSHINWEIS:** Grundvoraussetzung für die Berechnung des Kindesunterhaltes ist die genaue Kenntnis der Einkommens- und Vermögensverhältnisse der Kinder und der Kindeseltern. Sowohl über die Einkommensverhältnisse des Berechtigten als auch der Kindeseltern hat sich der Anwalt genaueste Kenntnis zu verschaffen. Nur so können der Bedarf, die Bedürftigkeit und die Leistungsfähigkeit ermittelt werden. § 1605 I BGB gibt hierzu einen **Auskunftsanspruch**, um von dem Verpflichteten Kenntnis über dessen Einkommen und Vermögen erlangen zu können.

### b. Selbstbehalt

1013 Zur Ermittlung der Leistungsfähigkeit des Unterhaltsverpflichteten wird dessen gesamtes Einkommen zu Grunde gelegt. Ihm ist, auch gegenüber minderjährigen Kindern, der **notwendige Selbstbehalt** zu belassen. Der notwendige Selbstbehalt beträgt für Erwerbstätige nach der Düsseldorfer Tabelle Stand 01.07.2003 **840,– €** und für Nicht-Erwerbstätige **730,– €**. Eine Abweichung von den notwendigen Selbstbehaltsätzen ist in Einzelfällen möglich. So ist der Selbstbehaltes **um 25% herabzusetzen**, wenn der Unterhaltsverpflichtete mit seinem neuen Lebenspartner einen gemeinsamen Haushalt führt. In einem solchen „Doppelhaushalt" ergeben sich Ersparnisse gegenüber einem

34 Büchting/Heussen, Beck`sches Rechtsanwaltshandbuch, Heiß/Heiß, C 17 Rn. 109.
35 Heiß/Born, Unterhaltsrecht, Deisenhofer, Kap. 12 Rn. 54.
36 OLG Hamm FamRZ 2001, 1476.
37 Wendl/Staudigl, Das Unterhaltsrecht in der familienrichterlichen Praxis, § 2 Rn. 143.
38 Wendl/Staudigl, Das Unterhaltsrecht in der familienrichterlichen Praxis, § 2 Rn. 149.

Einzelhaushalt. Dem wird Rechnung getragen durch Herabsetzung des Selbstbehaltes um 25%.[39]

1014 In dem notwendigen Selbstbehalt von 840,– € ist eine Warmmiete i.H.v. 360,– € enthalten. Insoweit kann eine Heraufsetzung des Selbstbehaltes in Betracht kommen, wenn unvermeidbar hohe Wohnkosten anfallen, z.B. in Großstädten. Eine Reduzierung des Selbstbehaltes aufgrund tatsächlich niedrigerer Wohnkosten, als im notwendigen Selbstbehalt einkalkuliert, soll nicht möglich sein.[40]

### c. Erwerbsobliegenheit

1015 Gegenüber minderjährigen Kindern besteht eine verschärfte Unterhaltsverpflichtung. Der Unterhaltsschuldner darf sich seiner Unterhaltsverpflichtung nicht dadurch entziehen, indem er kein Einkommen erzielt. Es besteht eine **gesteigerte Erwerbsobliegenheit,** § 1603 II BGB, wonach dem Verpflichteten eine gesteigerte Ausnutzung seiner Arbeitskraft obliegt, die es ihm ermöglicht nicht nur den Mindestbedarf, sondern auch den angemessenen Unterhalt der Kinder sicherzustellen. Ist der Verpflichtete arbeitslos, hat er alle zumutbaren Maßnahmen zu ergreifen, eine Anstellung zu finden. Andernfalls wird ihm ein **fiktives Einkommen** angerechnet.[41] Dabei sind **20 bis 30 Bewerbungen pro Monat** zumutbar, wenn es um die Sicherstellung des Unterhalts eines minderjährigen Kindes geht.[42]

1016 **Beratungshinweis:** Der Anwalt sollte den Mandanten darauf hinzuweisen, sämtliche Bewerbungsunterlagen sorgfältig aufzubewahren, sowohl Kopien der Bewerbungsschreiben, Zusagen zu Vorstellungsgesprächen als auch Absageschreiben. Hat sich der Mandant telefonisch oder persönlich auf eine Stelle beworben, sind hierüber Aufzeichnungen in Bezug auf den potenziellen Arbeitgeber, sowie Ort und Datum der Bewerbung anzufertigen. Es empfiehlt sich eine Bestätigung der Firma einzuholen. Mit den Unterlagen kann ggf. im Unterhaltsprozess der Beweis geführt werden, dass der Verpflichtete keine Anstellung findet, trotz intensiver Erwerbsbemühungen.

1017 Neben objektiven Kriterien wird auch die **subjektive Arbeitsbereitschaft** überprüft. Es ist nicht ausreichend lediglich Blindbewerbungen auf evtl nicht einmal geeignete Stellen zu versenden. Jeder Zweifel an der Ernsthaftigkeit der Arbeitssuche geht zu Lasten des Unterhaltsverpflichteten. Dem Verpflichteten ist sowohl ein Ortswechsel, wie auch ein Berufswechsel zumutbar, wie auch die Aufnahme einer Nebenerwerbstätigkeit. So ist selbst ein in Schichtarbeit tätiger Unterhaltsverpflichteter, mit der Möglichkeit auch Samstags zum Dienst herangezogen zu werden, zur Aufnahme einer Nebentätigkeit verpflichtet, um den Unterhalt seiner minderjährigen Kinder sicher stellen zu können.[43] Schließlich soll sich der Verpflichtete auch nicht darauf berufen können, nach Verlust seines Arbeitsplatzes, eine selbstständige Tätigkeit aufgenommen zu haben, woraus er nun wesentlich geringere Einkünfte erziele. Dem Verpflichteten ist die Aufgabe der

39 OLG München, FamRZ 2004, 485; OLG Nürnberg FamRZ 2004 300.
40 OLG Dresden, FamRZ 2000, 47; OLG Düsseldorf, FamRZ 1999, 1020.
41 BGH, FamRZ 1985, 158, 160.
42 OLG Hamm, FamRZ 2004, 298.
43 OLG Hamm, FamRZ 2004, 299.

selbstständigen Tätigkeit zumutbar.[44] Gibt der Unterhaltsverpflichtete seinen Arbeitsplatz freiwillig auf, ohne besondere rechtfertigende Gründe, ist hierin ein **unterhaltsrechtlich leichtfertiges Verhalten** zu sehen, dass eine **fiktive** Anrechnung eines Erwerbseinkommens zulässt.[45] Die Grenzen sind jedoch hoch gesteckt. Die Leichtfertigkeit muss sich nicht nur auf den Verlust des Arbeitsplatzes beziehen, sondern auch auf die Unterhaltsverpflichtung. So reicht die alkoholbedingte Arbeitgeberkündigung an sich nicht aus. Der Verpflichtete muss die Möglichkeit der Leistungsunfähigkeit infolge seines Verhaltens erkannt, in Kauf genommen, und sich hierüber bewusst hinweggesetzt haben.[46] Wird der Verpflichtete gekündigt, und wehrt er sich dagegen nicht, liegt hierin kein unterhaltsrechtlich leichtfertiges Verhalten, außer die Kündigung ist offensichtlich unbegründet.[47]

1018 Im Gegensatz hierzu ist der Unterhaltsschuldner jedoch nicht verpflichtet seine Leistungsfähigkeit durch die Stellung eines Insolvenzantrages mit Restschuldbefreiung zu erhöhen.[48]

1019 Die **Höhe** des ggf. anzusetzenden fiktiven Einkommens orientiert sich an den bisher vom Verpflichteten erzielten Einkünften, soweit nach der Lage am Arbeitsmarkt eine Stelle mit entsprechenden Einkünften erzielt werden kann. Ist das nicht der Fall, ist das Einkommen anzusetzen, welches nach der Lage am Arbeitsmarkt zu erzielen ist. Der Ansatz eines höheren als bisher erzielten Einkommens kommt nicht in Betracht.[49]

### d. Haftstrafe

1020 Grundsätzlich ist anzunehmen, dass die Verbüßung einer längeren **Haftstrafe** von der Unterhaltspflicht befreit. Dies ist aber dann nicht der Fall, wenn die Haft Folge einer Straftat ist, die sich gerade auf die Unterhaltspflicht gegenüber dem Gläubiger bezieht.[50] So kann sich aber der wegen Vergewaltigung rechtskräftig verurteilte Unterhaltsschuldner auf seine Leistungsunfähigkeit auch dann berufen, wenn die Vergewaltigung zum Nachteil der gesetzlichen Vertreterin des Unterhaltsgläubigers erfolgte.[51]

### e. Schulden

1021 Verbindlichkeiten können aufgrund einer umfassenden Interessenabwägung unter Berücksichtigung von **Zweck**, **Art** und **Umfang** der Verbindlichkeit sowie **Zeitpunkt** und **Umstände** ihrer Entstehung, teilweise, oder vollständig bei der Bemessung des Unterhaltsbedarfs zu berücksichtigen sein.[52] Es hat ein angemessener Ausgleich zwischen den Interessen des Unterhaltsbedürftigen, des Schuldners und des Drittgläubigers zu erfolgen, wobei auch zu berücksichtigen ist, dass minderjährige Kinder keine Möglichkeit haben durch eigene Anstrengung zur Deckung ihres Unterhaltes beizutra-

44 OLG Frankfurt/Oder, FamRZ 2004, 298, 299.
45 BGH, FamRZ 2004, 1471, 1473.
46 Wend/Staudigl, Scholz, § 2 Rn. 144.
47 FA-FamR, Gerhard, Kap. 6 Rn. 173.
48 OLG Naumburg, FamRZ 2004, 296.
49 FA-FamR, Gerhard, Kap. 6 Rn. 175a.
50 Heiß/Born, Unterhaltsrecht, Deisenhofer, Kap. 12 Rn. 52.
51 OLG Köln, FamRZ 2003, 1203.
52 BGH, FamRZ 2002, 536, 541.

gen.[53] Dies führt dazu, dass der Verpflichtete dem minderjährigen Kind wenigsten den Unterhalt nach der ersten Einkommensgruppe der Düsseldorfer Tabelle zu bezahlen hat.[54] Wenn die Berücksichtigung der Schulden zu einer Unterschreitung des Regelbetrages führen würde, könnte dies gleichwohl gerechtfertigt sein, wenn vom Verpflichteten nicht verlangt werden kann, ohne Bedienung der anderen Schulden, weiterhin Unterhalt in Höhe des vollen Bedarfs des Kindes zu leisten, wenn er den Unterhalt also auf Kosten durch Verzinsung ständig wachsender Schulden leisten müsste.[55] Wenn der Unterhaltsverpflichtete Aufwendungen für ein während der Ehe errichtetes Haus erbringt, liegt hierin Vermögensbildung zu seinen Gunsten. Gegenüber dem minderjährigen Kind können diese Verpflichtungen nicht leistungsmindernd angeführt werden. Im Gegenzug können Steuervergünstigungen, die auf nicht anrechenbaren Zins- und Tilgungsleistungen beruhen auch keine Berücksichtigung finden.[56]

### f. Vermögenseinsatz

1022 Auch das **minderjährige Kind** hat sein Vermögen einzusetzen bevor ihm ein Unterhaltsanspruch zusteht. Schließlich muss es aber den Stamm seines Vermögens nicht angreifen, außer es besteht verschärfte Unterhaltsverpflichtung nach § 1603 II S. 3 BGB.

1023 Zum anrechenbaren Einkommen des **Verpflichteten** zählen auch die Erträge aus dem Vermögen, Zinsen oder Dividenden. Den Vermögensstamm hat der Verpflichtete zu verwerten, um seine Unterhaltsverpflichtung gegenüber seinen minderjährigen unverheirateten Kindern erfüllen zu können. Die Grenze liegt da, wo der eigene angemessene Unterhalt des Verpflichteten gefährdet ist[57] bzw die Verwertung einen nicht mehr vertretbaren wirtschaftlichen Nachteil mit sich bringt.[58] Schließlich hat der Verpflichtete zur Herstellung seiner Leistungsfähigkeit Forderungen geltend zu machen, auch wenn es sich hierbei um Rückforderungen aus einer Schenkung handelt.[59]

### g. Leistungsfähigkeit des Hausmannes, der Hausfrau

1024 Eltern sind ihren unterhaltsberechtigten minderjährigen Kindern gegenüber **gleichrangig** zum Unterhalt verpflichtete, § 1609 BGB. Dies hat zur Folge, dass sich ein Unterhaltsschuldner seiner Unterhaltsverpflichtung nicht dadurch entziehen kann, dass er eine neue Familie gründet und sich auf die Haushaltsführung und Kindererziehung aus der neuen Beziehung beschränkt. Der Verpflichtete kann zwar die Rolle des Hausmannes/der Hausfrau übernehmen, hat aber dabei auf seine Unterhaltsverpflichtung in ausreichender Weise Rücksicht zu nehmen.[60] So ist eine wiederverheiratete Frau wegen der Betreuung ihres minderjährigen Kindes aus der neuen Ehe nicht von der Unterhaltspflicht gegenüber ihrem minderjährigen Kind aus der früheren Ehe entbunden. Die Verpflichtete muss, unter Einschränkung der Haushaltsführungs- und

53 BGH, FamRZ 2002, 536, 542.
54 Wendl/Staudigl, Das Unterhaltsrecht in der familienrichterlichen Praxis, § 2 Rn. 158.
55 OLG Hamm, FamRZ 2004, 217.
56 OLG Stuttgart, FamRZ 1982, 727; Heiß/Born, Unterhaltsrecht, Deisenhofer, Kap. 12 Rn. 65.
57 Palandt, Diederichsen, § 1603 Rn. 3.
58 BGH, FamRZ 1983, 40.
59 Palandt, Diederichsen, § 1603 Rn. 3.
60 BGH, FamRZ 1980, 43.

Kinderbetreuungstätigkeit, eine Nebenerwerbstätigkeit aufnehmen, um auch zum Unterhalt ihres Kindes aus der früheren Ehe beitragen zu können.[61]

#### h. Beweislast

1025 Wenn sich der Unterhaltsverpflichtete wegen bestehender Kreditverbindlichkeiten auf verminderte Leistungsfähigkeit beruft, muss er zumindest Zeitpunkt, Grund und Höhe der Kreditaufnahme darlegen, damit abgewogen werden kann, ob die Schulden dem minderjährigen Bedürftigen entgegengehalten werden können. Nicht ausreichend ist es, wenn lediglich Angaben in der Erklärung über die persönlichen und wirtschaftlichen Verhältnisse zum Prozesskostenhilfeantrag gemacht werden. Diese werden nicht in das Hauptsacheverfahren eingeführt.[62] Demnach trägt jedenfalls der **Unterhaltsschuldner die Beweislast** für die fehlende bzw geminderte Leistungsfähigkeit.

#### i. Mangelfall

1026 Ein Mangelfall liegt vor, wenn das Einkommen des Verpflichteten, welches über dem Selbstbehalt liegt, nicht ausreicht zur Deckung des Bedarfes aller Berechtigten.

1027 Minderjährige unverheiratete Kinder und volljährige Schüler, sowie der Ehegatte des Verpflichteten sind gem. § 1609 II S. 1 BGB gleichrangig berechtigt. Es gibt keine gesetzliche Bestimmung des Mindestbedarfs minderjähriger Kinder im Unterhaltsrecht.[63] Ob eine Mangelfallberechnung vorzunehmen ist, ist nach einer Gegenüberstellung der gesamten Unterhaltsansprüche und der zur Verfügung stehenden Mittel zu ermitteln. Reicht das Einkommen des Verpflichteten nicht aus, um die gleichrangigen Ansprüche zu befriedigen, ist das über dem notwendigen Selbstbehalt liegende Einkommen auf die Berechtigten zu verteilen.[64] Dies soll selbst dann gelten, wenn die mit dem Verpflichteten in Haushaltsgemeinschaft lebenden Berechtigten der Sozialhilfe anheim fallen würden.[65]

### 4. Auskunftspflicht

1028 Der Unterhaltsverpflichtete, wie auch der Unterhaltsberechtigte haben eine **Auskunftspflicht** über ihre Einkommens- und Vermögensverhältnisse, soweit dies zur Feststellung des Unterhaltsanspruchs bzw der Unterhaltsverpflichtung erforderlich ist, § 1605 I BGB. Der Anspruch besteht wechselseitig. Die Verpflichtung erweitert sich in bestimmten Fällen auf die Verpflichtung zur **unaufgeforderten Information.** Dies ist z.B. der Fall, wenn der Berechtigte eine Ausbildung begonnen hat, und durch die Ausbildungsvergütung seinen Bedarf teilweise selbst decken kann.

1029 Die Auskunft ist so zu erteilen, dass sie dem Berechtigten ohne übermäßigen Aufwand ermöglicht die Berechnung seines Unterhaltsanspruches vorzunehmen.[66] Sie muss grundsätzlich schriftlich erfolgen, und ist vom Verpflichteten selbst zu unterschreiben.

---

61 OLG Köln, FamRZ 1999, 1011, 1012.
62 OLG Brandenburg, FamRZ 2004, 299, 300.
63 BGH, FamRZ, 2002, 536, 538.
64 Wend/Staudigl, Das Unterhaltsrecht in der familienrichterlichen Praxis, § 2 Rn. 161.
65 BGH, FamRZ 1944, 1272.
66 BGH, NJW, 1983, 2243.

Bei angestellt Tätigen werden i.d.R. die Lohnabrechnungen der vergangenen 12 Monate verlangt, sowie der zuletzt erlassene Steuerbescheid. Bei Selbständigen wird das Einkommen, aufgrund der regelmäßig schwankenden Einnahmen, aus den Zahlen der abgeschlossenen drei Geschäftsjahre ermittelt.

1030 Ein erneutes Auskunftsbegehren kann erst nach Ablauf von 2 Jahren verlangt werden, § 1605 II BGB. Die Frist beginnt mit Ablauf des Zeitraumes, in dem die Auskunft erteilt wurde.[67]

### 5. Anrechenbare Einkünfte des Minderjährigen

1031 Grundsätzlich mindert eigenes Einkommen des Kindes seinen Unterhaltsbedarf. Hierbei kann es sich z.B. um eine Ausbildungsvergütung, Zinsen aus Vermögen, BAFÖG - Leistungen oder eine Waisenrente handeln. Da Bar- und Naturalunterhalt als gleichwertig anzusehen sind, ist eigenes Einkommen des Minderjährigen **je zu Hälfte** auf den Bar- und Naturalunterhalt anzurechnen.[68]

1032 Eine Ausnahme besteht bei minderjährigen Kindern nur bei Einkommen aus **überobligatorischer Tätigkeit**, wie z.B. Zeitungsaustragen, um das Taschengeld aufzubessern.

#### a. Ausbildungsvergütung

1033 Das bereinigte Nettoeinkommen des Minderjährigen wird **je zur Hälfte** mit dem Bar- und Naturalunterhalt verrechnet. Die Ausbildungsvergütung ist vor Anrechnung um einen ausbildungsbedingten Mehrbedarf bzw ausbildungsbedingte Aufwendungen zu kürzen.

1034 Von den meisten Oberlandesgerichten werden Pauschalen abgezogen. Die Oberlandesgerichte Düsseldorf, Hamm, Köln, Naumburg, Oldenburg und die süddeutschen Oberlandesgerichte setzen eine Pauschale von 85,– € an, das OLG Brandenburg i.H.v. 80,– € und das OLG Schleswig i.H.v. 82,– €.[69]

1035 Übersteigen die tatsächlichen Aufwendungen die Pauschale, sind sie insgesamt nachzuweisen.

1036 ***Beispiel***: Das 15jährige Kind erhält eine Ausbildungsvergütung i.H.v. 350,– €. Es lebt bei der Kindesmutter, die ohne Einkommen ist, und das Kindergeld i.H.v. 154,– € erhält. Das Einkommen des zum Barunterhalt verpflichteten Kindesvaters beläuft sich auf 1250,– €.
Der Unterhalt beträgt nach der Düsseldorfer Tabelle 4/3 = 344,– €
Anrechenbare Ausbildungsvergütung 350,– € abzüglich 85,– € ausbildungsbedingter Aufwand = 265,– €;
hiervon ½ = 132, 50 €
Restbedarf: 344,– € – 132,50 € = 211,50 €
Der Unterhalt beträgt: 211,50 € abzgl. ½ Kindergeld i.H.v. 77,– € = 134,50 €, aufgerundet 135,– €

67 Palandt, Diederichsen, § 1605 Rn. 15.
68 BGH, FamRZ 1988, 1039ff.
69 Wendl/Staudigl, Das Unterhaltsrecht in der familienrichterlichen Praxis, Scholz, § 2 Rn. 93.

### b. Unterhaltsvorschussleistungen

1037 Bezahlt der Verpflichtete nicht den Regelbetrag, können **Unterhaltsvorschussleistungen** vom Sozialleistungsträger beantragt werden. Diese werden für Kinder bis zur Vollendung des 12. Lebensjahres, höchstens jedoch für die Dauer von 6 Jahren bezahlt, und zwar in Höhe des Regelbetrages abzüglich hälftiges Kindergeld für ein erstes Kind.

1038 Mit Ausbezahlung des Unterhaltsvorschussgeldes geht in Höhe der erbrachten Leistungen der unterhaltsrechtliche Auskunftsanspruch und der Unterhaltsanspruch auf das Land über.

1039 **Beratungshinweis:** Werden vom Verpflichteten keine Unterhaltsleistungen erbracht, ist dem Mandanten unbedingt zu empfehlen Unterhaltsvorschussleistungen zu beantragen. Unterhaltsvorschussgeld kann nicht rückwirkend geltend gemacht werden, sondern erst ab dem Zeitpunkt der Antragstellung. Gerade bei beengten wirtschaftlichen Verhältnissen wird der das Kind betreuende Elternteil zusätzlich auf den **Kindergeldzuschuss** nach Hartz IV zu verweisen sein. Dieser Zuschuss wird nur für Kinder unter 18 Jahre gewährt, und auch nur dann, wenn die Kindeseltern kein Arbeitslosengeld II, Sozialgeld oder Sozialhilfe beziehen. Es sind enge Einkommenshöchstgrenzen festgesetzt, die in jedem Einzelfall ermittelt werden müssen.

### 6. Sonderbedarf, Mehrbedarf

1040 **Sonderbedarf** ist ein Bedarf, der nicht mit Wahrscheinlichkeit vorauszusehen und aus diesem Grund überraschend ist.[70] Es handelt sich um einen Bedarf, der bei vorausschauender Planung nicht durch die Bildung von laufenden Rücklagen einkalkuliert werden konnte.[71] Hiervon zu unterscheiden ist der **Mehrbedarf**, unter dem man regelmäßig anfallende Kosten versteht. Er zählt zu dem laufenden Bedarf, der entsprechend der Lebensstellung und den Lebensverhältnissen besteht.[72]

1041 Der Sonderbedarf entsteht also unregelmäßig und ist außergewöhnlich hoch. Entscheidend ist, ob sich das Kind bzw sein gesetzlicher Vertreter auf den Sonderbedarf einstellen und Rücklagen aus dem laufenden Unterhalt bilden konnte. Dies scheidet bei Unterhaltszahlungen im unteren Bereich der Düsseldorfer Tabelle regelmäßig aus.

1042 Sonderbedarf wurde **bejaht** bei:

- **Krankheitskosten** infolge eines Verkehrsunfalls, (BGH, FamRZ 1982,145)
- **Säuglingserstausstattung**, (OLG Oldenburg, FamRZ 1999, 1685)
- **Kosten eines Computers** bei Lernschwierigkeiten, (OLG Hamm, FamRZ 2004, 830)
- Behinderungsbedingte Anschaffung eines Fahrrad-Ergometers und einer Schreibmaschine, (OLG Köln, FamRZ 1990, 310)
- Bei unverhältnismäßig niedrigem Unterhalt Kosten für **Ski- und Klassenfahrten**, (OLG Hamm, FamRZ 1992, 346)

70 BGH, FamRZ 1984, 480.
71 OLG Celle, NJW 1991, 201.
72 Heiß/Heiß, ABC der unterhaltspflichtigen Einkünfte, S. 371.

- Kosten für **Zahnbehandlung** bei unverhältnismäßig niedrigem Unterhalt (KG, FamRZ 1993, 561)
- **Brille**, (OLG Hamm, FamRZ 1993, 996)
- **Bettersatzbeschaffung** bei Hausstauballergie, (OLG Karlsruhe, FamRZ 1992, 850)

1043 Sonderbedarf wurde **verneint** z.B. bei:

- Kosten für **Kommunion oder Konfirmation** (OLG Düsseldorf, FamRZ 1990, 1144; OLG Hamm, FamRZ 1991, 110; **aA** KG, FamRZ 2003 1584; OLG Karlsruhe, FamRZ 1990, 88 ),
- **Austauschschülerauslandsaufenthalt** ( OLG Karlsruhe, FamRZ 1988, 1091)
- **Auslandsstudium** (OLG Hamm, NJW 1994, 2627)
- Ein für die Berufsausbildung benötigtes teures **Musikinstrument** (Ffm, FamRZ 1995, 631)
- Kosten für **Kindergartenbesuch** (Palandt, Diederichsen, § 1613 Rn. 21)

### 7. Darlegungs- und Beweislast

1044 An die Darlegungslast werden im gerichtlichen Unterhaltsverfahren keine zu hohen Anforderungen gestellt, wenn kein höherer Barbedarf geltend gemacht wird, als der, welcher der **jeweiligen Einkommensgruppe** entspricht. Vom Kind ist das anrechenbare Nettoeinkommen des zum Barunterhalt verpflichteten Elternteils anzugeben und ggf. auch nachzuweisen.[73]

1045 Macht das Kind nur den **Bedarf nach der Gruppe 1** der Düsseldorfer Tabelle geltend, hat der in Anspruch genommene Elternteil darzulegen und zu beweisen, dass er nicht in der Lage ist den Mindestbedarf zu befriedigen.[74] Hierzu ist nicht ausreichend, dass sich der selbstständige Verpflichtete auf die Steuerbescheide der abgelaufenen drei Geschäftsjahre beruft. Die Einnahmen und Aufwendungen sind so darzulegen, dass die allein steuerrechtlich relevanten Aufwendungen von denen, die unterhaltsrechtliche Bedeutung haben, abgegrenzt werden können.

1046 Auch wenn der Verpflichtete auf Unterhalt in Höhe von 135% des Regelbetrages nach der Regelbetrags-VO in Anspruch genommen wird, hat dieser darzulegen und zu beweisen, dass er dieses Existenzminimum nicht decken kann.[75] Der BGH hat hierzu jedoch klar gemacht, dass keine gesetzliche Festlegung des Mindestbedarfs auf 135% des Regebetrages erfolgt ist.[76]

1047 Macht der Berechtigte einen **höheren Unterhalt als nach der Gruppe 13** der Düsseldorfer Tabelle geltend, hat er besondere Bedürfnisse zu belegen, und die hierfür erforderlichen Mittel zu benennen.[77] Schließlich sollen die Kinder, auch bei höherem Einkommen der Eltern, ihrem Alter entsprechend an der Lebensführung der Eltern teilhaben, entsprechend der sehr günstigen wirtschaftlichen Situation der Eltern. Es sind die besonderen Verhältnisse zu würdigen, und zu ermitteln, welche Wünsche des Kindes,

73 Wendl/Staudigl, Das Unterhaltsrecht in der familienrichterlichen Praxis, Scholz, § 2 Rn. 230.
74 BGH, FamRZ 1998, 357, 359.
75 OLG München, FamRZ 2002, 52.
76 BGH, FamRZ 2002, 536.
77 BGH, FamRZ 2001, 1603.

als bloße Teilhabe am Luxus, nicht erfüllt werden müssen.[78] Es muss dem Gericht ermöglicht werden, aufgrund des Vortrages den zur Deckung des erhöhten Bedarfs benötigten Betrag zu berechnen, der sich im Vergleich mit der Düsseldorfer Tabelle ergibt.[79]

### 8. Verzug

1048 Unterhaltsansprüche dienen der Deckung des gegenwärtigen und zukünftigen Lebensbedarfs des Berechtigten.[80] Unterhalt kann gem. §1613 II BGB **erst von dem Zeitpunkt** ab verlangt werden, in welchem der Verpflichtete zum Zweck der Geltendmachung des Unterhaltsanspruches aufgefordert worden ist über seine Einkünfte und sein Vermögen Auskunft zu erteilen, oder der Unterhaltsanspruch rechtshängig geworden ist. Der Verpflichtete soll vor unerwartet hohen Nachforderungen geschützt werden. Der Verpflichtete ist also i.d.R. zunächst mit der sog **Stufenmahnung** aufzufordern sein Einkommen offen zu legen und den sich sodann ergebenden Unterhalt zu bezahlen. Eine Mahnung ist nur wirksam, wenn sie Fälligkeit und Höhe des Anspruchs wirksam bestimmt. Nicht ausreichend ist ein bloßes Auskunftsersuchen, um den Unterhaltsschuldner wirksam in Verzug zu setzen. Auch ist zu beachten, dass eine Stufenmahnung keinen Verzug auslöst, wenn der Auskunftsanspruch nach § 1605 II BGB noch nicht fällig ist.[81]

1049 Da eine Mahnung nicht formgebunden ist, kann sie auch mündlich ergehen. Die Beweiszwecke gebieten jedoch eine schriftliche Aufforderung, per Einschreiben/Rückschein.

1050 **Sonderbedarf** kann ausnahmsweise gem. § 1613 II Nr. 1 BGB bis zu einem Jahr nach Entstehung gefordert werden, ohne dass es hiefür einer Inverzugsetzung oder Rechtshängigkeit einer Klage bedürfte. War der Berechtigte aus rechtlichen oder tatsächlichen Gründen, wie z.B. bei noch laufendem Vaterschaftsprozess, an der Geltendmachung des Unterhaltsanspruches gehindert, kommt ebenfalls eine rückwirkende Geltendmachung in Betracht.

1051 Liegt das Einkommen des Verpflichteten offen, sollte dieser direkt aufgefordert werden, Unterhalt in Höhe des jeweiligen Regelbetrages zu bezahlen und dem gemäß eine **Jugendamtsurkunde** (§§ 59, 60 SGB VIII) zu unterzeichnen. Dies ist **kostenfrei** bei jedem Jugendamt möglich. Die Jugendamtsurkunde stellt einen wirksamen **Titel** dar, aus dem ggf. Vollstreckungsmaßnahmen eingeleitet werden können. Verweigert der Verpflichtete dies, besteht ein **Rechtsschutzbedürfnis zur Klageerhebung**, auch wenn der Verpflichtete regelmäßig den geschuldeten Unterhalt bezahlt. Umgekehrt ist dem eigenen Mandanten, zur Vermeidung unnötiger Anwalts- und Gerichtskosten, anzuraten eine Jugendamtsurkunde zu errichten, wenn er aufgrund seiner Einkommensverhältnisse verpflichtet ist den geforderten Kindesunterhalt zu bezahlen.

78 BGH, FamRZ 2000, 358, 359.

79 Wendl/Staudigl, Das Unterhaltsrecht in der familienrichterlichen Praxis, Scholz, § 2 Rn. 230.

80 Heiß/Born, Unterhaltsrecht, Deisenhofer, Kap. 12 Rn. 92.

81 OLG Düsseldorf, FamRZ 1993, 591.

### 9. Rückforderung zu viel bezahlten Unterhalts

1052 Hat der Verpflichtete in der Vergangenheit überhöhten Barunterhalt geleistet, kann er nicht ohne weiteres Rückzahlung verlangen. Ist in einer einstweiligen Anordnung ein Unterhalt festgesetzt worden, der über den Bestand und die Höhe des materiellrechtlichen Unterhaltsanspruches hinausgeht, hat der Schuldner **ohne Rechtsgrund** geleistet, § 812 I S. 1 BGB. Wenn ein Urteil oder ein Prozessvergleich rückwirkend geändert werden, entfällt der Rechtsgrund nachträglich, § 812 I S. 2 BGB.[82] Der Bedürftige kann jedoch gem. § 818 III BGB einwenden nicht mehr bereichert zu sein, weil das Geld ausgegeben wurde. Dies wird in der Praxis regelmäßig der Fall sein. Lediglich, wenn der Bedürftige von dem Unterhalt Rücklagen gebildet hat, oder Anschaffungen gemacht hat, ist ihm die Berufung auf den **Entreicherungseinwand** verwehrt.
Die **Beweislast** für die rechtsvernichtende Einwendung der Entreicherung trägt der Unterhaltsempfänger. Auch aus der sog verschärften Haftung wird sich regelmäßig kein Rückzahlungsanspruch ableiten lassen.

1053 Dem Mandanten kann nur empfohlen werden den Unterhalt mit dem Vermerk ***„unter Vorbehalt"*** zu leisten, wenn die tatsächliche Höhe des geschuldeten Unterhalt noch nicht feststeht. Dennoch hat das OLG Hamm hat in einer Entscheidung die verschärfte Haftung bei Leistung des Unterhalts unter Vorbehalt eintreten lassen, (OLG Hamm, FamRZ 1997, 1496).

### 10. Vereinbarungsmöglichkeiten

1054 Ein **Unterhaltsverzicht** für die Zukunft ist nach § 1614 BGB nicht möglich, unabhängig davon, ob der Verzicht entgeltlich oder unentgeltlich, vollständig oder teilweise erfolgt ist. Eine solche Vereinbarung wäre nichtig, §§ 134, 397 BGB. Zulässig ist jedoch ein Unterhaltsverzicht für die Vergangenheit.

1055 Grundsätzlich sind **Unterhaltsvereinbarungen** formlos möglich, sie sind jedoch bei Unterschreitung des gesetzlichen Unterhalts nichtig. Zwingendes Recht geht den vertraglichen Vereinbarungen sowieso vor.[83] Soll der Unterhalt für mehrere unterhaltsberechtigte Kinder festgelegt werden, sind die Beträge für jedes Kind einzeln anzugeben und vollstreckbar zu machen, damit der Weg für eine spätere, evtl separate Abänderung bzw Vollstreckung offen ist.[84] Hierzu empfiehlt es sich auch die Bemessungsgrundlagen in der Vereinbarung genau festzuhalten.[85]

1056 Die Eltern können sich, mit Wirkung allerdings nur im Innenverhältnis, verpflichteten den anderen Elternteil von der Zahlungsverpflichtung zum Unterhalt freizustellen. Eine Wirkung gegenüber dem Kind entfaltet diese **Freistellungsvereinbarung** nicht. Wird also der an sich zum Barunterhalt verpflichtete Elternteil in Anspruch genommen, so hat er gegen den anderen Elternteil einen Anspruch auf Erstattung.

82 BGH, FamRZ 1992, 1152ff.
83 Palandt, Diederichsen, vor § 1601 Rn. 21.
84 Büchting/Heussen, Beck`sches Rechtsanwaltshandbuch, Heiß/Heiß, Kap. C 17 Rn. 114.
85 Büchting/Heussen, Beck`sches Rechtsanwaltshandbuch, Heiß/Heiß, Kap. C 17 Rn. 114.

1057 Die in der Praxis zwischen Kindeseltern häufig vorgenommene Verquickung von Freistellungsvereinbarungen und **Sorgerechts- bzw Umgangsrechtsverzicht** ist nichtig.[86]

### III. Volljährige Kinder

1058 Volljährige Kinder haben nach dem Abschluss ihrer Ausbildung eine **eigene Lebensstellung** und sind deshalb grundsätzlich für ihren Unterhalt eigenverantwortlich.[87] Im Folgenden werden nur die Besonderheiten des Volljährigenunterhaltes dargestellt. Auch hier gelten die oben dargestellten Grundsätze, z.B. für die Rückforderung zu viel bezahlten Unterhalts oder Verzug.

#### 1. Bedarf

1059 Volljährige Kinder haben ggf. auch unter ihrem Niveau liegende Tätigkeiten anzunehmen, um ihren Bedarf zu decken.[88] Betreuungsunterhalt wird nicht mehr geschuldet. Absolviert das volljährige Kind eine Ausbildung wird es jedoch i.d.R. auch mit Erreichen des 18. Lebensjahres bedürftig sein. Die Lebensstellung des Kindes orientiert sich in dieser Zeit nach wie vor an den Einkommensverhältnissen der Eltern, die nun beide, nach ihrer Leistungsfähigkeit, zum Barunterhalt verpflichtet sind. Derjenige Elternteil, bei dem das volljährige Kind wohnt erbringt jedoch Naturalunterhalt. Ist die Berufsausbildung abgeschlossen, kommt ein Unterhaltsbedarf regelmäßig nur bei Erkrankung und Behinderung mit Arbeitsunfähigkeit in Betracht.[89] Findet ein volljähriges Kind nach Abschluss der Berufsausbildung keinen angemessenen Arbeitsplatz, gelten für die Erwerbsobliegenheit des gesunden volljährigen Kindes ähnliche Maßstäbe wie für den barunterhaltspflichtigen Elternteil im Verhältnis zum minderjährigen Kind.[90] Der Volljährige muss nötigenfalls berufsfremde Tätigkeiten aufnehmen, bevor eine Inanspruchnahme der Eltern in Betracht kommt.

1060 Der Bedarf des volljährigen Kindes umfasst dessen gesamten Lebensbedarf, einschließlich der Kosten für eine Berufsausbildung, § 1610 II BGB. Hierzu sind zu zählen Kosten für eine Wohnung, Kleidung, Essen, Taschengeld, Freizeitgestaltung und Erholung.[91] Im Regelfall wird der Gesamtbedarf des Volljährigen mit pauschalierten Regelbedarfssätzen bemessen, die sich für den Ausbildungsunterhalt aus **Tabellen und Leitlinien** ergeben.[92]

1061 Bei der Bedarfsbemessung unterscheidet die **Düsseldorfer Tabelle**, ob der Unterhalt für einen Volljährigen zu bezahlen ist, der noch **im Haushalt der Eltern bzw eines Elternteils** lebt, oder ob der Berechtigte einen **eigenen Hausstand** führt. Zu beachten ist, dass in den Unterhaltsbeträgen Beiträge zu **Kranken- und Pflegeversicherung** nicht enthalten sind.

---

86 Heiß/Born, Unterhaltsrecht, Deisenhofer, Kap. 12 Rn. 101.
87 BGH, FamRZ 1987, 932.
88 BGH, FamRZ 1985, 273, 274.
89 FA-FamR, Gerhardt, Kap. 6 Rn. 112.
90 BGH, FamRZ 1985, 1245.
91 Wendl/Staudigl, Das Unterhaltsrecht in der familienrichterlichen Praxis, Scholz, § 2 Rn. 360.
92 Wendl/Staudigl, Das Unterhaltsrecht in der familienrichterlichen Praxis, Scholz, § 2 Rn. 362.

Bei volljährigen Kindern, die noch **im Haushalt der Eltern oder eines Elternteils wohnen,** bemisst sich der Unterhalt nach der **4. Alterstufe der Düsseldorfer Tabelle.** Für die Bedarfsermittlung wird das Einkommen beider Elternteile zusammengerechnet.[93] Dies gilt auch für volljährige Schüler bis zur Vollendung des 21. Lebensjahres, die im Haushalt der Eltern oder eines Elternteils leben. Führt der Berechtigte einen **eigenen Hausstand,** wenden alle Oberlandesgerichte feste Bedarfssätze an.[94] Die Düsseldorfer Tabelle sieht für einen Studierenden einen Unterhaltsbedarf in Höhe von monatlich **600,– €** vor. Dieser Bedarfssatz kann auch für ein Kind mit eigenem Hausstand angesetzt werden. (DT Anm A.7) 1062

Zu beachten ist, dass die Tabellen und Leitlinien der Oberlandesgerichte auf den Durchschnittsfall zugeschnitten sind. Hiervon kann, im Rahmen einer **Angemessenheitsprüfung,** nach oben und unten abgewichen werden, unter Berücksichtigung der Gesichtspunkte Einkommen der Eltern, Kosten der Ausbildung, Wohnkosten, bisheriger Lebensstandard, etc. Macht das volljährige Kind einen erhöhten Bedarf geltend, hat er seinen Bedarf konkret **darzulegen und zu beweisen.** Er hat besondere bzw besonders kostenintensive Bedürfnisse zu belegen und deren Erforderlichkeit nachzuweisen.[95] 1063

Bei **Heimunterbringung** eines volljährigen Kindes richtet sich der Unterhaltsbedarf nach den durch die Heimunterbringung tatsächlich anfallenden Kosten.[96] 1064

## 2. Bedürftigkeit

### a. Wehr- oder Ersatzdienst

Während des **Wehr- oder Zivildienstes** ist der Volljährige regelmäßig nicht bedürftig, da er i.d.R. Unterkunft, Verpflegung und Sozialversicherungsschutz erhält. Wird jedoch beim Zivildienst keine dienstliche Unterkunft gestellt und kein Wohnungszuschuss gewährt, besteht ein ungedeckter Bedarf, der von den Eltern verlangt werden kann.[97] 1065

Hiervon zu unterscheiden ist es, wenn das volljährige Kind ein **freiwilliges soziales Jahr** absolviert. Wird diese Zeit nicht als Voraussetzung für eine Ausbildung gefordert, kann hierin unterhaltsrechtlich keine Ausbildung gesehen werden. Dies hat zur Folge dass während des freiwilligen sozialen Jahres grundsätzlich auch kein Unterhalt verlangt werden kann.[98] Dagegen befindet sich ein volljähriges Kind, welches das schulische **Berufsgrundbildungsjahr** absolviert, jedenfalls dann in der allgemeinen Schulausbildung im Sinn des § 1606 II S. 2 BGB, wenn es den – bisher nicht erzielten – Hauptschulabschluss erwerben kann.[99] 1066

93 Wendl/Staudigl, Das Unterhaltsrecht in der familienrichterlichen Praxis, Scholz, § 2 Rn. 366.

94 Wendl/Staudigl, Das Unterhaltsrecht in der familienrichterlichen Praxis, Scholz, § 2 Rn. 368ff mit weiteren Ausführungen zu den Tabellen und Leitlinien.

95 BGH, FamRZ 2000, 358, 359.

96 OLG Oldenburg, FamRZ 1996, 625.

97 BGH, FamRZ 1994, 303f.

98 Wendl/Staudigl, Das Unterhaltsrecht in der familienrichterlichen Praxis, Scholz, § 2 Rn. 348a.

99 OLG Celle, FamRZ 2004, 301.

b. Ausbildung

1067 *aa. Allgemeine Grundsätze:* Ist ein Kind im Stande sich selbst zu unterhalten, entfällt ein Unterhaltsanspruch. Dies wird grundsätzlich nicht der Fall sein, wenn sich das Kind in einer Ausbildung befindet. Das Kind hat einen Anspruch auf Ausbildung in einem anerkannten Beruf nach dem Schulabschluss, § 1610 II BGB, bevor es auf eine Erwerbstätigkeit verwiesen werden kann. Es muss sich um eine **angemessene** Ausbildung, nach Begabung, Fähigkeiten, Leistungswillen und beachtenswerten Neigungen des Kindes handeln. Nach dem sog **Gegenseitigkeitsprinzip** muss das volljährige Kind das Ausbildungsziel mit Zielstrebigkeit angehen.[100] Ein volljähriges Kind kann für die Zeit des Besuches einer Schulde für Erwachsenenbildung mit dem Ziel der Vorbereitung auf die allgemeine Hochschulreife keinen Unterhalt verlangen, wenn dieser Ausbildungsabschnitt 40 Monate nach dem Realschulabschluss begonnen wird.[101]

1068 *bb. Ausbildungswahl:* Die **Wahl der Ausbildung** trifft das volljährige Kind, im Gegensatz zum minderjährigen Kind selbst. Ausbildungsunterhalt kann insgesamt nur bejaht oder verneint werden.[102]Die Eltern können somit dem Volljährigen nicht die Finanzierung der Ausbildung versagen, mit der Begründung sie hätten sich für das Kind ein anderes Berufsziel vorgestellt.[103] Abwegige Berufswünsche des Kindes, die weder mit den Fähigkeiten und Anlagen des Kindes vereinbar sind, noch voraussehbar zu keinem Berufsabschluss führen, müssen dagegen nicht finanziert werden.[104]

1069 *cc. Dauer:* Das Kind hat seine Ausbildung zielstrebig und **ohne wesentliche Verzögerungen**, die in seinen Verantwortungsbereich fallen zu absolvieren. Bei erheblicher Überschreitung der Regelstudienzeit entfällt der Ausbildungsanspruch. Auch bei Verlust der Studienberechtigung an einer Universität wegen zweimaligen Nichtbestehens einer Zwischenprüfung entfällt ein weiterer Anspruch auf Ausbildungsunterhalt.[105] Ein sog. **Bummelstudium** muss nicht finanziert werden. Dem Kind ist jedoch ein gewisser Spielraum für die selbstständige Ausw.ahl der angebotenen Lehrveranstaltungen zu überlassen. Ein nur auf vorübergehendes Versagen zurückzuführende Verzögerung der Ausbildung lässt den Anspruch nicht entfallen.[106] Entsteht durch ein **Auslandsstudium** des Kindes ein erhöhter Unterhaltsbedarf, so hat der Verpflichtete nur in den Grenzen seiner wirtschaftlichen Leistungsfähigkeit dafür aufzukommen, wenn es nicht unzumutbar ist.[107]

1070 Die Unterhaltsverpflichtung besteht jedenfalls bis zum Regelabschluss. Eine **Promotion** zählt hierzu in der Regel nicht. Dem Auszubildenden ist im Anschluss an das Studium bzw die Lehre noch eine Übergangszeit von 3 Monaten zuzubilligen, als **Bewerbungsfrist**.

100 Heiß/Born, Unterhaltsrecht, Deisenhofer, Kap. 12 Rn. 112.
101 AmtsG Frankfurt/M., FamRZ 2004, 218.
102 BGH, FamRZ 1990, 149.
103 Heiß/Born, Unterhaltsrecht, Deisenhofer, Kap. 12 Rn. 118.
104 BGH, FamRZ 1989, 853, 854.
105 OLG Karlsruhe, FamRZ 1994, 1342.
106 BGH, FamRZ 1993, 1057, 1059.
107 Wendl/Staudigl, Das Unterhaltrecht in der familienrichterlichen Praxis, Scholz, § 2 Rn. 67.

dd. **Kontrollrecht der Eltern:** Die Eltern haben das Recht vom volljährigen Kind die Vorlage von Scheinen, Zeugnissen usw. zu verlangen, um nachprüfen zu können, ob die Ausbildung auch mit der notwendigen Zielstrebigkeit vollzogen wird.[108] 1071

ee. **Parkstudium:** Eine Verpflichtung der Eltern zur Finanzierung eines **Parkstudiums** besteht nicht. Das Kind hat die Wartezeit für den gewünschten Studienplatz mit einer Berufstätigkeit zu überbrücken.[109] 1072

ff. **Weiterbildung:** Aufgrund des geänderten Ausbildungsverhaltens liegt auch bei dem Ausbildungsweg Schule-Lehre-Studium eine einheitliche Ausbildung vor, sofern ein enger fachlicher und zeitlicher Zusammenhang besteht und diese Ausbildung von den Eltern finanziert werden kann.[110] Der zeitliche Zusammenhang ist auch zu bejahen, wenn der Entschluss zum Studium erst nach Abschluss der Lehre getroffen wurde. Er ist jedoch zu verneinen, wenn der Anspruchsteller nach Abschluss der Lehre erst einige Zeit in dem Beruf gearbeitet hat. 1073

Ein fachlicher Zusammenhang wurde z.B. **bejaht** bei: 1074

- Banklehre und Jurastudium,[111]
- Ausbildung als Bauzeichner und Studium der Architektur,[112]
- Ausbildung zur gestaltungstechnischen Assistentin für Grafik-Design und anschließendem Pädagogikstudium mit dem Schwerpunkt Kunst,[113]
- Lehre – Besuch der Fachoberschule – Fachhochschule.[114]

**Verneint** wurde der fachliche Zusammenhang z.B. bei: 1075

- der Lehre als Speditionskaufmann und einem Jurastudium,[115]
- der Lehre als Industriekaufmann und Maschinenbaustudium.[116]

gg. **Zweitausbildung:** Eltern haben ihren volljährigen Kindern eine fachfremde Zweitausbildung grundsätzlich nicht zu finanzieren. Insbesondere nicht, wenn der Wunsch zu einer Zweitausbildung einem plötzlichen Sinneswandel des Kindes entspringt oder erst später erkannter, besonderer Neigungen. Eine Ausnahme besteht, wenn die erste Ausbildung auf einer deutlichen Fehleinschätzung der Eltern beruhte oder sie das Kind gegen seinen Willen in einen seiner Begabung und seinen Fähigkeiten nicht entsprechenden Beruf gedrängt haben,[117] oder die Erstausbildung aus gesundheitlichen Gründen abgebrochen werden musste.[118] Während einer sog **Orientierungsphase** ist es dem Kind zuzubilligen den Studiengang zu wechseln. Dies zählt nicht als Zweitausbildung. 1076

108 OLG Celle, FamRZ 1990, 914,915.
109 OLG Frankfurt, FamRZ 1990, 789.
110 BGH, FamRZ 1989, 853ff.
111 BGH, FamRZ 1992, 170.
112 BGH, FamRZ 1989, 853, 854.
113 OLG Köln, FamRZ 2003, 1409.
114 BGH, FamRZ 1991, 320.
115 BGH, FamRZ 1992, 1407, 1408.
116 BGH, FamRZ 1993, 1057.
117 BGH, FamRZ 2000, 420.
118 OLG Karlsruhe, FamRZ 1990, 555.

### c. Einkommen und Vermögen des Volljährigen

1077 *aa. Grundsätze:* Eigenes Einkommen des Kindes mindert grundsätzlich seine Bedürftigkeit. Jedes Einkommen aus Erwerbstätigkeit ist vorab um berufsbedingte Aufwendungen zu kürzen, und mindert den Bedarf. Für den Restbedarf haften die Eltern anteilig nach ihren Einkommens- und Vermögensverhältnissen.

1078 **Kindergeld** steht den Kindeseltern, und nicht dem Kind zu. Auch bei Volljährigen wird das Kindergeld bei der Unterhaltsberechnung verrechnet.

1079 Ein volljähriger **Gymnasiast**, der in den Ferien oder durch Erbringung von Nachhilfeunterricht regelmäßig Einnahmen erzielt, hat sich diese i.d.R. nicht anrechnen zu lassen. Gleiches gilt für einen **Werksstudenten** der seine gesamte Arbeitskraft in sein Studium zu investieren hat. Es handelt sich regelmäßig um überobligatorische **unzumutbare Tätigkeiten**, insbesondere bei überdurchschnittlichen Einkommensverhältnissen der Eltern.[119]

1080 Verfügt das volljährige Kind über Vermögen, so hat es vorrangig den **Vermögensstamm** zu verwerten, bevor eine Inanspruchnahme der Eltern auf Unterhalt in Betracht kommt. Dies gilt auch für die privilegiert volljährigen Kinder i.S.d. § 1603 II S. 2 BGB.[120] Gleiches gilt für Vermögen, welches das Kind geerbt hat, zumindest, wenn die **Erbschaft** ohne Zweckbindung zugewendet worden ist.[121]

1081 *bb. Einkünfte des Kindes:* Bei Minderjährigen ist, wegen der Gleichwertigkeit von Natural- und Barunterhalt, eigenes Einkommen des Kindes je zur Hälfte auf den Bar- und Naturalunterhalt anzurechnen. Bei Volljährigen **kürzt eigenes Einkommen voll den Bedarf**, so dass die anteilige Elternhaftung nur noch den sog Restbedarf betrifft.[122] Hierzu zählen alle ansetzbaren Einkünfte des Berechtigten, wie z.B. Ausbildungsvergütung oder BAföG Leistungen, mit Ausnahme von Vorausleistungen, §§ 36, 37 BAföG. Auch der Teil der BAföG Leistungen, der darlehensweise gewährt wird, ist bedarfsmindernd zu berücksichtigen.[123]

1082 Die Ausbildungsvergütung eines in der Berufsausbildung stehenden Kindes, das im Haushalt der Eltern oder eines Elternteils lebt, ist vor ihrer Anrechnung i.d.R. um einen **ausbildungsbedingten Mehrbedarf**, nach der Düsseldorfer Tabelle in Höhe von monatlich 85,– € zu kürzen.(DT Anm A. 8.) Darüber hinausgehender Bedarf ist konkret darzulegen und ggf. zu beweisen.

### 3. Kindergeld

1083 Beim volljährigen Kind ist das Kindergeld nach § 1612b I BGB, wenn der Volljährige noch bei einem Elternteil lebt, und nach § 1612b II BGB, wenn beide Elternteile bei eigenem Hausstand des Kindes barunterhaltspflichtig sind, **hälftig** mit dem **jeweiligen Haftungsanteil** zu verrechnen. Bei demjenigen Elternteil der das Kindergeld bezieht,

119 OLG Hamm, FamRZ 1994, 1279.
120 Wendl/Staudigl, Das Unterhaltsrecht in der familienrichterlichen Praxis, Scholz, § 2 Rn. 107.
121 BGH, FamRZ 1998, 367, 368.
122 BGH, FamRZ 1988, 1039ff.
123 BGH, FamRZ 1985, 916.

erhöht sich damit der Haftungsanteil um das hälftige Kindergeld, bei dem anderen Elternteil ermäßigt sich der Haftungsanteil um das halbe Kindergeld.[124]

1084 **Bezugsberechtigt** für das Kindergeld ist der das Kind betreuende Elternteil, wenn das Kind noch bei diesem Elternteil wohnt. Lebt der Volljährige in einem eigenen Hausstand, ist der Elternteil bezugsberechtigt, der den Barunterhalt leistet. Leisten beide Elternteile den Barunterhalt, ist derjenige bezugsberechtigt, der den höheren Betrag leistet.[125]

1085 Lebt das Kind bei einem leistungsfähigen Elternteil, ist dieser trotzdem kindergeldberechtigt. Es bleibt bei der hälftigen Kindergeldverrechnung. Unterhält das Kind einen eigenen Hausstand und ist nur ein Elternteil leistungsfähig, steht diesem das Kindergeld zu. Er hat den vollen Bedarf des Kindes zu decken. Ihm verbleibt aber dann auch das volle Kindergeld. Erhält der Volljährige das Kindergeld mangels Leistungsfähigkeit beider Elternteile, ist das Kindergeld bedarfsdeckend anzusetzen.[126]

### 4. Leistungsfähigkeit

#### a. Selbstbehalt

1086 Nach der **Düsseldorfer Tabelle** beträgt der **notwendige Eigenbedarf** (Existenzminimum) gegenüber minderjährigen unverheirateten Kindern und gegenüber **volljährigen unverheirateten Kinder bis zur Vollendung des 21. Lebensjahres**, die noch **im Haushalt der Eltern oder eines Elternteils leben und sich in der allgemeinen Schulausbildung** befinden, beim nichterwerbstätigen Unterhaltspflichtigen monatlich 730,– €, und beim erwerbstätigen Unterhaltspflichtigen monatlich 840,– €. (DT Anm A. 5.) Hierin sind bis 360,– € Wohnkosten enthalten. Dieser Selbstbehalt kann angemessen erhöht werden, wenn dieser Betrag im Einzelfall erheblich überschritten wird und dies nicht vermeidbar ist.

1087 Der **angemessene Eigenbedarf** gegenüber **volljährigen Kindern** beträgt nach der **Düsseldorfer Tabelle** in der Regel mindestens monatlich **1.000,– €.** (DT Anm A. 5.) Hierin ist eine Warmmiete bis 440,– € enthalten. Dies gilt nach der Düsseldorfer Tabelle und den Leitlinien der meisten Oberlandesgerichte auch für einen Unterhaltsschuldner der nicht erwerbstätig ist, wie z.B. einem Rentner.

1088 Diese Unterscheidung lässt sich mit der verschärften Unterhaltsverpflichtung gegenüber minderjährigen Kindern und volljährigen Schülern bis zur Vollendung des 21. Lebensjahres, die noch im Haushalt de Eltern bzw eines Elternteils leben, begründen, sowie der Rangfolge der Berechtigten.[127] Volljährige gehen den minderjährigen Kindern und volljährigen Schülern bis zur Vollendung des 21. Lebensjahres, die noch im Haushalt der Eltern bzw eines Elternteils leben, grundsätzlich im Rang nach, § 1609 BGB.

124 FA-FamR, 5. Auflage, Gerhardt, Kap. 6 Rn. 157.
125 FA-FamR, 5. Auflage, Gerhardt, Kap. 6 Rn. 157.
126 FA-FamR, 5. Auflage, Gerhardt, Kap. 6 Rn. 157a.
127 Heiß/Born, Unterhaltsrecht, Heiß/Heiß, Kap. 3 Rn. 308.

### b. Leistungfähigkeit

1089 Ein Elternteil hat seinem volljährigen Kind nur dann Unterhalt zu leisten, wenn er unter Berücksichtigung seiner sonstigen Verpflichtungen, im Stande ist ohne Gefährdung seines eigenen angemessenen Unterhalts, diesen zu bezahlen, § 1603 I BGB.

1090 Das staatliche **Kindergeld** wird nicht bedarfsdeckend angesetzt. Bei demjenigen Elternteil, der das Kindergeld bezieht, erfolgt eine Erhöhung des Haftungsanteils um das hälftige Kindergeld, beim anderen Elternteil erfolgt eine Reduzierung des Haftungsanteils um das hälftige Kindergeld. Die gem. § 1612b V BGB gewährte Privilegierung minderjähriger Kinder bei der Kindergeldverrechung zur Sicherung des Existenzminimums gilt für volljährige Kinder nicht.[128]

1091 *aa. Volljährige, nicht verheiratete Schüler bis zur Vollendung des 21. Lebensjahres:* Zu beachten ist, dass die gegenüber minderjährigen Kindern bestehende **verschärfte Unterhaltspflicht** auch gegenüber volljährigen, nicht verheirateten Schülern bis zu Vollendung des 21. Lebensjahres gilt, die noch im Haushalt der Eltern bzw eines Elternteils leben. Dies hat zur Folge, dass sich die Eltern nur auf den sog notwendigen Selbstbehalt berufen können und ihnen eine erhöhte Verpflichtung zur Ausschöpfung ihrer Arbeitskraft obliegt. Im Rang stehen diese Kinder auch den minderjährigen Kindern gleich. Bei einer etwa vorzunehmenden Mangelfallberechnung sind sie gleichberechtigt zu berücksichtigen. Für volljährige Schüler wurde die Haftungsverteilung nach § 1606 III BGB jedoch nicht geändert. Beide Elternteile sind zum Barunterhalt verpflichtet. Ein Betreuungsunterhalt ist nicht mehr geschuldet. Die Haftung der Eltern bestimmt sich **anteilig** nach ihren Erwerbs- und Vermögensverhältnissen. Ist ein Elternteil nicht leistungsfähig, kann der privilegiert Volljährige seinen **vollen Unterhaltsbedarf von einem Elternteil** fordern.

1092 *bb. Volljährige Azubis, Studenten, Schüler nach Vollendung des 21. Lebensjahres und Arbeitslose:* Grundsätzlich sind volljährige Kinder nach Abschluss ihrer Ausbildung für ihre Lebensstellung selbst verantwortlich. Befindet sich das Kind berechtigterweise in einer Ausbildung, sind beide Eltern anteilig zum Barunterhalt verpflichtet. Vor Berechnung ihres jeweiligen Haftungsanteils ist das Nettoeinkommen jedes Elternteils um berufsbedingte Aufwendungen, berücksichtigungsfähige Schulden und Unterhaltszahlungen an vorrangig Berechtigte zu bereinigen. Von diesem Betrag ist sodann der Selbstbehalt in Abzug zu bringen. Eine Verwertung des Vermögens kann beim Volljährigenunterhalt i.d.R. nicht verlangt werden.[129]

### c. Unterhaltsberechnung bei anteiliger Barunterhaltsverpflichtung

1093 Haften die Eltern anteilig nach § 1606 II S. 1 BGB, ist zunächst vom jeweiligen bereinigten Nettoeinkommen der Selbstbehalt abzuziehen und dann dieser Betrag für die Unterhaltsberechnung anzusetzen. Bei der Bildung des bereinigten Nettoeinkommens ist zu berücksichtigen, dass der verheiratete Pflichtige sein Einkommen nicht durch die Wahl der ungünstigeren Steuerklasse reduzieren darf. Sein Einkommen ist durch einen

128 Heiß/Heiß, ABC der unterhaltspflichtigen Einkünfte, S. 212.
129 OLG Hamm, FamRZ 1998, 1609.

Abschlag der tatsächlich geschuldeten Steuer entsprechend Steuerklasse IV zu korrigieren.[130]

1094 Zu berücksichtigen ist des Weiteren, dass bei der Bildung des bereinigten Nettoeinkommens vorab der Barunterhalt für ein minderjähriges Kind bzw einen privilegierten Volljährigen in Abzug zu bringen ist.[131] Nach der Düsseldorfer Tabelle[132] und den meisten Leitlinien beträgt der Selbstbehalt gegenüber Volljährigen 1.000,– €.

1095 Der **Haftungsanteil errechnet** sich wie folgt:[133]
Nettoeinkommen eines Elternteils (N1 oder N2) abzüglich 1000,– € x Restbedarf (R), geteilt durch die Nettoeinkünfte beider Eltern (N1+ N2) abzüglich 2000,– (=1000,– +1000,–) €.
Haftungsanteil 1 = (N1–1000,– €) x R: (N1+N2 – 2000,– €).

1096 Bei vorliegen besonderer Umstände hat eine Angemessenheitsprüfung stattzufinden.

1097 Soweit ein wiederverheirateter berufstätiger Elternteil von einem volljährigen Kind in Anspruch genommen wird, erhöht sich der Selbstbehalt gegenüber dem Volljährigen um den angemessenen Selbstbehalt des bedürftigen Ehegatten des Elternteils.[134]

## IV. Aufrechnung

1098 Abgesehen von Arglistfällen steht § 394 BGB der Aufrechnung auch mit Ansprüchen auf Rückzahlung überbezahlten Unterhalts entgegen.[135] Nur ausnahmsweise soll eine Aufrechnung zulässig sein, wenn der Unterhaltsforderung eine Schadensersatzforderung aus einer vorsätzlich begangenen unerlaubten Handlung im Zusammenhang mit dem Unterhaltsverhältnis gegenübersteht.[136]

1099 Für die Zukunft ist eine Aufrechnung mit Kindesunterhaltsansprüchen für die Dauer von drei Monaten möglich, §§ 1614 II, 760 II BGB.[137]

## V. Verwirkung

1100 Ein **minderjähriges Kind** kann seinen Unterhaltsanspruch nicht verwirken, § 1611 II BGB.

1101 Ein **volljähriges Kind** kann seinen Unterhaltsanspruch verwirken, § 1611 I BGB. Tatbestandsmäßig sind drei Fälle genannt, wenn es

- durch sittliches Verschulden bedürftig geworden ist,
- seine eigene Unterhaltspflicht gegenüber dem Pflichtigen gröblich vernachlässigt hat, oder
- sich vorsätzlich einer schweren Verfehlung gegen den Verpflichteten schuldig gemacht hat.

130 BGH, FamRZ 2004, 443.
131 FA-FamR, Gerhardt, 5. Auflage, Kap. 6 Rn. 158.
132 DT Anm A 5; FA-FamR, Gerhardt, 5. Auflage, Kap. 6 Rn. 158.
133 Nach Heiß/Heiß, ABC der unterhaltspflichtigen Einkünfte, S. 214.
134 OLG Düsseldorf, FamRZ 993, 730.
135 OLG Karlsruhe, FamRZ 2003, 33.
136 BGH, FamRZ 1993, 1186ff.
137 BGH, FamRZ 1993, 1186ff.

1102 Bedürftigkeit durch sittliches Verschulden kann bei Spiel- Trunk- oder Drogensucht vorliegen, wenn das Verschulden für die Bedürftigkeit ursächlich ist.[138] Als schwere Verfehlung kommen z.B. schwere Beleidigungen oder das allgemeine Verschweigen regelmäßiger Einkünfte in Betracht. Geschuldet ist dann der sog Billigkeitsunterhalt. Der Unterhaltsanspruch ist beschränkt. Es hat eine Billigkeitsabwägung stattzufinden. Der Anspruch kann auch zeitlich begrenzt werden. Erst wenn auch dies aus bestimmten Gründen grob unbillig wäre, kann der Unterhaltsanspruch ganz wegfallen.[139] Handlungen als Minderjähriger können dem Volljährigen jedoch nicht entgegengehalten werden.[140]

## VI. Anspruchsgrundlagen / Unterhaltstatbestände

### 1. Unterhaltstatbestand

1103 Verwandte in gerader Linie sind verpflichtet einander Unterhalt zu gewähren, § 1601 BGB. Es handelt sich um ein **familienrechtliches Dauerschuldverhältnis**.

1104 Unterhaltsansprüche nichtehelicher Kinder sind **vor Anerkennung** der Vaterschaft oder **vor gerichtlicher Feststellung** der Vaterschaft grundsätzlich ausgeschlossen. Die Abstammung ist zunächst in einem Statusverfahren zu klären. Eine Ausnahme ist in § 1615 o I BGB geregelt. Auf Antrag kann eine einstweilige Verfügung angeordnet werden, wonach der Mann, der nach §1600d II BGB als Vater vermutet wird, dem Kind für die ersten drei Monate Unterhalt zu gewähren hat. Ausnahmsweise kann Unterhalt kann auch nach Anerkennung bzw rechtskräftiger Feststellung der Vaterschaft für die Zeit davor geltend gemacht werden, ohne dass eine In-Verzugsetzung gegeben ist, § 1613 II Nr. 2a BGB. Schließlich besteht mit § 641d ZPO, während eines laufenden Vaterschaftsfeststellungsverfahrens, die Möglichkeit die Zahlung von Unterhalt im Wege der einstweiligen Anordnung zu regeln oder aber die Leistung einer Sicherheit.

1105 Haben die Eheleute ein Vereinbarung über die Zustimmung des Mannes zur **heterologischen Insemination** getroffen, ist dies eine vertragliche Unterhaltsverpflichtung des Mannes gegenüber dem Kind. Eine Anpassung der vertraglichen Unterhaltspflicht kommt nur nach den Grundsätzen über den Wegfall der Geschäftsgrundlage in Betracht.[141] Eine solche Anpassung kann aber nur das Kind selbst verlangen, wenn es z.B. nach Scheidung der Eltern die Nichtehelichkeit feststellen ließ.[142]

### 2. Bedürftigkeit

#### a. Das minderjährige Kind

1106 Das Maß des zu gewährenden angemessenen Unterhalts bestimmt sich grundsätzlich nach der Lebensstellung des Bedürftigen, § 1610 I BGB. Minderjährige Kinder leiten ihre Lebensstellung von der ihrer unterhaltspflichtigen Eltern ab.[143] Der Unterhaltsbe-

138 OLG Celle, FamRZ 1990, 1142.
139 Palandt, Diederichsen, § 1611, Rn. 7.
140 BGH, FamRZ 1988, 159ff., 163.
141 BGH, FamRZ 1995, 861ff.
142 BGH, FamRZ 995, 865.
143 BGH, FamRZ 2002, 536, 539.

darf umfasst gem. § 1610 II BGB den gesamten Lebensbedarf, einschließlich der Kosten einer angemessenen Berufsausbildung und Erziehung. Das minderjährige Kind hat zu seiner Bedarfsdeckung die Erträge seines Vermögens einzusetzen, jedoch grundsätzlich nicht den Stamm seines Vermögens zu verwerten. Desgleichen hat sich ein minderjähriges Kind eigenes Einkommen bedarfsdeckend anrechnen zu lassen, § 1602 II BGB.

### b. Das volljährige Kind

1107 Das volljährige Kind ist nach Abschluss seiner Ausbildung grundsätzlich für seine Lebensstellung selbst verantwortlich. Damit es seinen Bedarf decken kann, hat es jede, auch unter seinem Ausbildungsniveau liegende Tätigkeit anzunehmen.[144] Schließlich hat der Volljährige, bevor er einen Unterhaltanspruch geltend macht, eigenes Vermögen zu verwerten, ggf. auch den Vermögensstamm, außer dies ist den Umständen nach unzumutbar.

1108 Bedürftig ist der Volljährige daher i.d.R. nur, wenn er sich in einer Ausbildung befindet.[145] Während dieser Zeit hängt die Lebensstellung des Volljährigen, aufgrund der wirtschaftlichen Abhängigkeit, von der der Eltern ab.

1109 Mit Eintritt der Volljährigkeit trifft das Kind die **Darlegungs- und Beweislast** für die Umstände, die für das **Fortbestehen seines Unterhaltsanspruches** maßgeblich sind, insbesondere, dass eine dem titulierten Unterhalt entsprechende Haftungsquote auf den bislang allein barunterhaltspflichtigen Elternteil entfällt.[146]

1110 Der Anspruch des volljährigen Kindes **beginnt** mit dem **Tag der Volljährigkeit**, nicht bereits am ersten des laufenden Monats. Für den vollen Monatsbetrag fehlt es an der gesetzlichen Grundlage. § 1612a III BGB gilt nur für minderjährige Kinder. Zur anteiligen Berechnung wird die monatliche Unterhaltsrente mit dem Kalendertag multipliziert, und durch die Anzahl der Tage im Monat dividiert.[147]

### c. Ausbildung

1111 Jedes Kind hat gem. § 1610 II BGB gegen seine Eltern einen Anspruch auf eine angemessene Ausbildung nach Begabung, Fähigkeiten, Leistungswillen und beachtenswerten Neigungen unter Berücksichtigung der wirtschaftlichen Leistungsfähigkeit der Eltern.[148] Es gilt das sog **Gegenseitigkeitsprinzip**.

1112 Die Eltern schulden dem Kind nicht schlechthin irgendeine Ausbildung. Während der Minderjährigkeit richtet sich der Ausbildungsunterhalt nach den sorgerechtlichen Vorgaben, § 1629 II, 1631a BGB. Die Eltern haben in gemeinsamer Verantwortung mit dem Kind die Entscheidung für eine begabungsangemessene Schul- und Berufsauswahl zu treffen.[149] Der Volljährige trifft die Ausbildungswahl selbst.

144 BGH, FamRZ 1985, 273, 274.
145 FA-FamR, Gerhardt, Kap. 6 Rn. 112.
146 OLG Köln, FamRZ 2000, 1043.
147 Wendl/Staudigl, Das Unterhaltsrecht in der familienrichterlichen Praxis, Scholz, § 2 Rn. 340.
148 BGH FamRZ 1977, 629ff.
149 BGH, FamRZ 2000, 420.

1113 Das Kind hat seine Ausbildung mit der gebotenen **Zielstrebigkeit** zu absolvieren. Den Eltern stehen Kontrollrechte zu Verfügung, so dass sie das Recht haben die Vorlage von Zeugnissen, Scheinen uä zu verlangen. So hat ein Student im Einzelnen **darzulegen** und zu **beweisen**, dass er sein Studium in jedem Semester zielstrebig betreibt.[150]

1114 Bricht das Kind die Ausbildung ab, verliert es seinen Anspruch auf Ausbildungsunterhalt. Die Unterhaltspflicht endet ebenfalls, wenn das Kind sich überhaupt weigert eine Ausbildung zu machen.[151] Bei Verzögerungen und Unterbrechungen der Ausbildung ist entscheidend, in wessen Risikosphäre sie fallen.[152] Den Kindern ist eine Orientierungsphase zuzugestehen, innerhalb welcher ein Studienwechsel zulässig ist; hierbei handelt es sich um keine Zweitausbildung. Ein Anspruch auf Finanzierung einer fachfremden Zweitausbildung besteht grundsätzlich nicht.

### 3. Höhe des Unterhalts

#### a. Art des Unterhalts

1115 Der Unterhaltsbedarf umfasst gem. § 1610 II BGB den gesamten Lebensbedarf des Kindes, einschließlich der Kosten einer angemessenen Berufsausbildung und Erziehung, Ernährung, Reinigung, Bekleidung, Hausrat, Unterkunft, usw. ...[153]

1116 Der Unterhalt wird gem. § 1612 BGB in Form von **Bar- und Naturalunterhalt** gewährt.

1117 **Minderjährigen unverheirateten Kindern** gegenüber bestimmen die Eltern im Rahmen ihrer elterlichen Sorge über die Form der Unterhaltsgewährung.[154] Lebt das Kind mit den unterhaltspflichtigen Eltern in einem Haushalt, wird regelmäßig Betreuungsunterhalt geschuldet. Der Barunterhalt reduziert sich auf einen Taschengeldanspruch. Steht das Sorgerecht einem Elternteil allein zu, so trifft dieser die den Unterhalt betreffenden Entscheidungen allein. IdR schuldet der Elternteil, mit dem das Kind nicht in einem Haushalt lebt den Barunterhalt, § 1606 III S. 2 BGB.

1118 Bei **volljährigen Kindern** ist i.d.R. kein Betreuungsunterhalt mehr geschuldet. Regelmäßig sind beide Elternteile zum Barunterhalt verpflichtet.

#### b. Unterhaltsbemessung und Haftungsverteilung

1119 *aa. Minderjährige Kinder:* Nach § 1606 II S. 2 BGB sind der Bertreuungs- und der Naturalunterhalt als gleichwertig anzusehen. Dies gilt nur dann nicht, wenn der das Kind betreuende Elternteil über Einkommen und Vermögen verfügt, das die Vermögensverhältnisse der anderen Elternteils um ein Vielfaches übersteigen, oder der barunterhaltspflichtige Elternteil nicht leistungsfähig ist.[155]

1120 Die **Kosten** für die Ausübung des **Umgangs** kürzen den Unterhaltsanspruch des Kindes nicht. Der umgangsberechtigte Elternteil hat die Kosten des Umgangs grundsätzlich

150 OLG Zweibrücken, FamRZ 1995, 1006.
151 OLG Hamm, FamRZ 1987, 694.
152 Palandt, Diederichsen, § 1610 Rn. 22.
153 BGH, FamRZ 1984, 769, 727.
154 Palandt, Diederichsen, § 1612 Rn. 8.
155 BGH, FamRZ 1991,182ff.

selbst zu tragen Eine Ausnahme besteht, wenn dem Umgangsberechtigten bei beengten wirtschaftlichen Verhältnissen das Umgangsrecht faktisch unmöglich gemacht würde. So können in Überforderungsfällen die Mehrkosten in Folge des Umgangs, insbesondere, wenn sehr hohe Kosten in Folge unverschuldet weiter Entfernung entstehen, die Leistungsfähigkeit beeinflussen.[156]

1121 Der Regelbedarf eines Kindes wird i.d.R. nach Tabellen und Leitlinien bemessen. Zur Bestimmung der Höhe des Unterhalt wird in der Praxis regelmäßig die **Düsseldorfer Tabelle ( vgl Anhang 1 )** herangezogen, ergänzt in den neuen Bundesländern durch die **Berliner Vortabelle (vgl Anhang 2)**, sowie die im jeweiligen Bezirk geltenden **Richt-/ Leitlinien** des zuständigen Oberlandesgerichtes. Die Tabellen und Leitlinien bemessen den Unterhalt des Kindes nach **dem Einkommen** des unterhaltsverpflichteten Elternteils und **nach Alterstufen.** Dies gilt uneingeschränkt für alle minderjährigen Kinder und, nach der Düsseldorfer Tabelle und den entsprechenden Leitlinien auch für volljährige Kinder, die im Haushalt eines Elternteils leben.[157]

1122 Nach dem BGH gibt es **keine** gesetzliche Bestimmung des **Mindestbedarfes** für minderjährige Kinder im Unterhaltsrecht. Weder die Auffassung ein Mindestbedarf sei in Höhe des 1½fachen des Regelbetrages festzulegen, weil dieser Betrag nach § 654 ZPO im vereinfachten Verfahren ohne weitere Darlegung der wirtschaftlichen Verhältnisse geltend gemacht werden kann, noch die Rechtsprechung des BVerfG zur steuerlichen Freistellung des Existenzminimums und zum Familienleistungsausgleich zwingen zu einer Annahme eines Mindestbedarfs.[158] Das Unterhaltsrecht geht von einem individuell zu bemessenden Unterhaltsanspruch aus. Das Maß des zu gewährenden angemessenen Unterhalts bestimmt sich grundsätzlich nach der Lebensstellung des Bedürftigen, § 1610 I BGB. Minderjährige Kinder leiten diese Lebensstellung von der ihrer unterhaltspflichtigen Eltern ab.[159]

1123 Verlangt das minderjährige Kind nur den **Regelbetrag**, muss es diesen Bedarf **weder darlegen, noch beweisen.**[160] Macht das Kind einen Bedarf nach Gruppe 2 geltend, trifft es die Darlegungs- und Beweislast.

1124 Die Berücksichtigung von **Verbindlichkeiten** ist nur in Ausnahmefällen möglich, wenn der Regelbetrag nicht gesichert ist. Zu beachten ist, dass auch nach Wegfall des Mindestbedarfs eine umfassende Interessenabwägung zu erfolgen hat. Dem Kind fehlt jede Möglichkeit durch eigene Anstrengung zur Deckung seines eigenen Unterhaltsbedarfes beizutragen. Dies gilt auch in Mangelfällen. Liegt ein sog **verschärfter Mangelfall** vor, so ist der Kindesunterhalt mit 135% des Regelbetrages als Einsatzbetrag anzusetzen.[161]

156 BGH, FamRZ 1995, 215.
157 Wendl/Staudigl, Das Unterhaltsrecht in der familienrichterlichen Praxis, Scholz § 2 Rn. 124.
158 BGH, FamRZ 2002, 536, 539.
159 BGH, FamRZ 2002, 536, 539.
160 BGH, FamRZ 2002, 536, 540.
161 BVerfG, FamRZ 2003, 1370.

1125 In den Tabellensätzen sind weder Kosten für die **Kranken- und Pflegeversicherung,** noch **Sonderbedarf** und Mehrbedarf enthalten. Nach § 1606 III S. 1 BGB haften die Eltern, wenn sie leistungsfähig sind, für den Mehrbedarf der Kinder anteilig.

1126 **Gem § 1612a BGB bestehen 3 Möglichkeiten um Kindesunterhalt für minderjährige Kinder geltend zu machen:**

1. Individualunterhalt nach der Düsseldorfer Tabelle, als **statischer Festbetrag** ohne Dynamisierung. Diese Konstellation ist in der Praxis mit vielen Nachteilen verbunden, so dass kaum Fälle denkbar sind, in welchen der Unterhalt in dieser Art verlangt werden sollte. Es findet keine Dynamisierung alle 2 Jahre ab 01. Juli 2005 statt, und auch keine automatische Erhöhung des Unterhaltsanspruches bei Erreichen der nächsten Altersstufe. Soll der Unterhaltsbetrag geändert werden, ist eine Abänderungsklage nach § 323 ZPO oder § 654 ZPO zu erheben.

1127 **BERATUNGSHINWEIS:** Wählt der Anwalt dennoch diesen Weg, ohne den Mandanten im vorhinein ausdrücklich über die damit verbunden Nachteile informiert zu haben, geht er regelmäßig ein großes Haftungsrisiko ein. Dieser Weg ist allenfalls dann von Vorteil, wenn ein erhöhter Festbetrag festgeschrieben werden soll.

2. Der Regelbetrag oder Vomhundertsatz des Regelbetrages für die betreffende Altersstufe, in der sich das Kind derzeit befindet. Der Unterhalt wird dann automatisch alle 2 Jahre ab 01. Juli 2005 **dynamisiert.** (§ 1612a BGB i.V.m. RegelbetragsVO) Dieser Antrag ist zu wählen, wenn sich das Kind bereits in der dritten Alterstufe befindet, oder wenn ein Mangelfall gegeben ist, da die begrenzte Leistungsfähigkeit des Pflichtigen einer Feststellung des Unterhalts für alle drei Stufen entgegensteht;
3. Regelbetrag oder Vomhunderstatz des Regelbetrages für alle drei Altersstufen. Dies ist der Normalfall zur Geltendmachung von Kindesunterhalt. Der Vorteil liegt darin, dass der Unterhalt alle 2 Jahre, ab 01.Juli 2005 automatisch dynamisiert wird, und sich automatisch ab dem 1. des Monats erhöht, in dem die nächsthöhere Altersstufe erreicht wird, § 1612a III BGB.

1128 Vgl. zur Bedarfsbemessung im Übrigen A. II. 2. a) – f)

1129 *bb. Volljährige Kinder:* Das volljährige Kind hat eine eigene Lebensstellung und ist grundsätzlich für seinen Bedarf eigenverantwortlich. Befindet sich das volljährige Kind jedoch in einer Ausbildung, ist es i.d.R. bedürftig und leitet seine Lebensstellung von der der Eltern ab.

1130 Der Bedarf des volljährigen Kindes umfasst dessen gesamten Lebensbedarf, einschließlich der Kosten für eine Berufsausbildung, § 1610 II BGB. Hierzu zählen u.a.Kosten für eine Wohnung, Kleidung, Essen, Taschengeld, Freizeitgestaltung und Erholung.[162] Im Regelfall wird der Gesamtbedarf des Volljährigen mit pauschalierten Regelbedarfssätzen bemessen, die sich für den Ausbildungsunterhalt aus **Tabellen und Leitlinien** ergeben.[163]

162 Wendl/Staudigl, Das Unterhaltsrecht in der familienrichterlichen Praxis, Scholz, § 2 Rn. 360.
163 Wendl/Staudigl, Das Unterhaltsrecht in der familienrichterlichen Praxis, Scholz, § 2 Rn. 362.

1131 Bei der Bedarfsbemessung unterscheidet die **Düsseldorfer Tabelle**, ob der Unterhalt für einen Volljährigen zu bezahlen ist, der noch **im Haushalt der Eltern bzw eines Elternteils** lebt, oder ob der Berechtigte einen **eigenen Hausstand** führt. Zu beachten ist, dass in den Unterhaltsbeträgen Beiträge zu **Kranken- und Pflegeversicherung** nicht enthalten sind. Bei volljährigen Kinder, die noch **im Haushalt der Eltern oder eines Elternteils wohnen** bemisst sich der Unterhalt nach der **4. Alterstufe der Düsseldorfer Tabelle**. Für die Bedarfsermittlung wird das Einkommen beider Elternteile zusammengerechnet.[164] Dies gilt auch für volljährige Schüler bis zur Vollendung des 21. Lebensjahres, die im Haushalt der Eltern oder eines Elternteils leben.

1132 Führt der Berechtigte einen **eigenen Hausstand**, wenden alle Oberlandesgerichte feste Bedarfssätze an.[165] Die Düsseldorfer Tabelle sieht für einen Studierenden einen Unterhaltsbedarf in Höhe von monatlich **600,– €** vor. Dieser Bedarfssatz kann auch für ein Kind mit eigenem Hausstand angesetzt werden.(DT Anm A.7)

1133 Zu beachten ist, dass die Tabellen und Leitlinien der Oberlandesgerichte auf den Durchschnittsfall zugeschnitten sind. Hiervon kann nach oben und unten abgewichen werden, unter Berücksichtigung der Gesichtspunkte, Einkommen der Eltern, Kosten der Ausbildung, Wohnkosten, bisheriger Lebensstandard, im Rahmen einer **Angemessenheitsprüfung**. Macht das volljährige Kind einen erhöhten Bedarf geltend, hat es seinen Bedarf konkret **darzulegen und zu beweisen**. Es hat besondere bzw besonders kostenintensive Bedürfnisse zu belegen und deren Erforderlichkeit nachzuweisen.[166]

1134 Bei anteiliger Barunterhaltspflicht der Kindeseltern nach § 1606 III S. 1 BGB werden vom bereinigten Nettoeinkommen zunächst der Selbstbehalt abgezogen und dann das Resteinkommen für die anteilige Berechnung angesetzt. Bei der Bildung des bereinigten Nettoeinkommens ist lediglich der Barunterhalt für minderjähriger Kinder zu berücksichtigen, nicht dagegen die Gewährung von Naturalunterhalt, oder der Unterhalt für volljährige Kinder.[167]

1135 *cc. Ost-West Fälle:* Zur Bestimmung des Bedarfes des Kindes kommt es zunächst auf dessen Wohnsitz an. Lebt das Kind in den alten, der Verpflichtete in den neuen Bundesländern, richtet sich der Bedarf nach der am Wohnsitz des Kindes geltenden Tabelle.[168] Lebt das Kind aber in den neuen Bundesländern, ist die am Wohnort des Schuldners geltende Unterhaltstabelle maßgebend, wenn der Verpflichtete in den alten Bundesländern lebt.[169] Der Selbstbehalt des Unterhaltsverpflichteten richtet sich immer nach der an seinem Wohnsitz geltenden Tabelle.[170]

164 Wendl/Staudigl, Das Unterhaltsrecht in der familienrichterlichen Praxis, Scholz, § 2 Rn. 366.
165 Wendl/Staudigl, Das Unterhaltsrecht in der familienrichterlichen Praxis, Scholz, § 2 Rn. 368ff mit weiteren Ausführungen zu den Tabellen und Leitlinien.
166 BGH, FamRZ 2000, 358, 359.
167 BGH FamRZ 1988, 1039ff.
168 KG, FamRZ 1994, 394.
169 OLG Koblenz, FamRZ 1992, 215.
170 BGH, FamRZ 372, 375.

#### c. Eigene Einkünfte des Kindes

1136 Eigenes Einkommen des Kindes mindert dessen Bedürftigkeit. Hierbei kommen in Betracht Einkünfte aus einem Ausbildungsverhältnis, endgültige BaföG-Leistungen, Einkünfte aus Vermietung und Verpachtung, Einkünfte aus Erwerbstätigkeit, Waisenrente usw. Als bedarfsminderndes Einkommen sind z.B. nicht anzusehen, Leistungen nach dem Unterhaltsvorschussgesetz, Sozialhilfe, Vorschussleistungen auf BaföG oder Arbeitslosenhilfe. Das Kindergeld ist kein Einkommen des Kindes. Es steht den Eltern zu, und wird verrechnet.

1137 Erhält das Kind eine Ausbildungsvergütung, so ist diese vor Anrechnung um den sog **ausbildungsbedingten Mehrbedarf** zu kürzen. Hiervon sind z.B. Fahrtkosten, Kleidergeld, Lernmittel uä umfasst. Viele Oberlandesgerichte ziehen eine Pauschale von der Ausbildungsvergütung ab. Die Oberlandesgerichte Düsseldorf, Köln, Hamm, Naumburg, Oldenburg und die süddeutschen Oberlandesgerichte setzten eine Pauschale von 85,– € an, das OLG Schleswig 82,– € und das Oberlandesgericht Brandenburg 80,– €. Die Oberlandesgericht Bremen, Dresden, Frankfurt (wenn eine pauschale von 5% überschritten wird), Hamburg, Rostock und das Kammergericht fordern eine **konkrete Darlegung** des ausbildungsbedingten Mehrbedarfs.

1138 In der Regel leistet bei **minderjährigen Kindern** ein Elternteil den Barunterhalt und der andere den Naturalunterhalt. Wegen der Gleichwertigkeit von Bar- und Naturalunterhalt werden nach § 1606 III S. 1 BGB beide Elternteile je **zur Hälfte** durch das Einkommen des Kindes entlastet.[171] Das Einkommen des Kindes ist also zur Hälfte auf den Barunterhalt zu verrechnen.

1139 Bei **Volljährigen** ist das Einkommen in **voller Höhe** vom Bedarf abzuziehen, und dann der Restbetrag anteilig nach § 1606 III S. 1 BGB zu verteilen.

1140 Eine Anrechnung hat jedenfalls zu unterbleiben, wenn der unterhaltsverpflichtete nicht den vollen Unterhalt leistet oder der Verdienst des Kindes nur einen studienbedingten Mehrbedarf deckt.[172]

### 4. Leistungsfähigkeit

#### a. Selbstbehalt gegenüber Minderjährigen

1141 Gegenüber einem **minderjährigen Kind** ist dem Unterhaltsschuldner wegen seiner erhöhten Leistungsverpflichtung nach § 1603 II S. 1 BGB der **notwendige Selbstbehalt** zu belassen. Der notwendige Selbstbehalt beträgt für Erwerbstätige nach der Düsseldorfer Tabelle Stand 01.07.2003 **840,– €** und für Nicht-Erwerbstätige **730,– €**. Eine Abweichung von den notwendigen Selbstbehaltsätzen ist in Einzelfällen möglich. So ist der Selbstbehaltes **um 25% herabzusetzen**, wenn der Unterhaltsverpflichtete mit seinem neuen Lebenspartner einen gemeinsamen Haushalt führt. In einem solchen „Doppelhaushalt" ergeben sich Ersparnisse gegenüber einem Einzelhaushalt. Dem wird

171 Wendl/Staudigl, Das Unterhaltsrecht in der familienrichterlichen Praxis, Scholz, § 2 Rn. 97.
172 BGH, FamRZ 1995, 475 ff., 477.

durch die Herabsetzung des Selbstbehaltes Rechnung getragen.[173] In dem notwendigen Selbstbehalt von 840,– € ist eine Warmmiete i.H.v. 360,– € enthalten. Insoweit kann eine Heraufsetzung des Selbstbehaltes in Betracht kommen, wenn unvermeidbar hohe Wohnkosten anfallen, z.B. in Großstädten. Eine Reduzierung des Selbstbehaltes aufgrund tatsächlich niedrigerer Wohnkosten, als im notwendigen Selbstbehalt einkalkuliert soll nicht möglich sein.[174] Auch kann sich eine unterhaltspflichtige Mutter, deren Bedarf durch den Familienunterhalt ihres zweiten Ehemannes gedeckt ist, gegenüber ihrem beim Kindesvater lebenden minderjährigen Kind aus erster Ehe nicht darauf berufen, dass sie bei vollschichtiger Arbeit nur ihren Selbstbehalt decken könne. Sie ist ihrem minderjährigen Kind aus erster Ehe gegenüber zumindest verpflichtet einer Nebenerwerbstätigkeit nachzugehen, und kann sich nicht auf die Einschränkung ihrer Leistungsfähigkeit durch Haushaltsführung berufen, wenn ihr Selbstbehalt bereits durch den Ehegatten gesichert ist.[175]

### b. Selbstbehalt gegenüber Volljährigen

1142 Nach der **Düsseldorfer Tabelle** beträgt der **notwendige Eigenbedarf** (Existenzminimum) gegenüber minderjährigen unverheirateten Kindern und gegenüber **volljährigen unverheirateten Kinder bis zur Vollendung des 21. Lebensjahres**, die noch **im Haushalt der Eltern oder eines Elternteils leben und sich in der allgemeinen Schulausbildung** befinden, beim nichterwerbstätigen Unterhaltspflichtigen monatlich **730,– €**, und beim erwerbstätigen Unterhaltspflichtigen monatlich **840,– €**. (DT Anm A. 5.) Hierin sind bis 360,– € Wohnkosten enthalten. Dieser Selbstbehalt kann angemessen erhöht werden, wenn dieser Betrag im Einzelfall erheblich überschritten wird und dies nicht vermeidbar ist.

1143 Der **angemessene Eigenbedarf** gegenüber **volljährigen Kindern** beträgt nach der **Düsseldorfer Tabelle** in der Regel mindestens monatlich **1.000,– €**. (DT Anm A. 5.) Hierin ist eine Warmmiete bis 440,– € enthalten. Dies gilt nach der Düsseldorfer Tabelle und den Leitlinien der meisten Oberlandesgerichte auch für einen Unterhaltsschuldner der nicht erwerbstätig ist, wie z.B. einem Rentner.

### c. Gesteigerte Unterhaltsverpflichtung gegenüber minderjährigen Kindern

1144 Nach § 1603 II BGB besteht minderjährigen Kindern gegenüber eine gesteigerte Unterhaltsverpflichtung. Diese beruht auf der besonderen Verantwortung für den angemessenen, nicht bloss notwendigen Unterhalt ihrer minderjährigen Kinder zu sorgen.[176] Kann der Verpflichtete den Unterhalt nicht sicherstellen, obliegt ihm eine gesteigerte Ausnutzung seiner Arbeitskraft. Er hat eine Verpflichtung alle zumutbaren Erwerbsmöglichkeiten auszuschöpfen.[177] Die sog Subsidiaritätsklausel des § 1603 II S. 3 BGB ist auch bei der Hausmann- Rechtsprechung zu beachten, wenn der angemessene Bedarf des nichtbetreuenden Elternteils in der neuen Ehe gesichert ist.[178] Jedoch

173 OLG München, FamRZ 2004, 485; OLG Nürnberg FamRZ 2004 300.
174 OLG Dresden, FamRZ 2000, 47; OLG Düsseldorf, FamRZ 1999, 1020.
175 BGH, FamRZ 2001, 1065.
176 Wendl / Staudigl, Das Unterhaltsrecht in der familienrichterlichen Praxis, Scholz, § 2 Rn. 247.
177 BGH, FamRZ 1994, 372.
178 BGH FamRZ 2002, 742.

kommt eine **Kontrollberechnung** an Hand eines als erzielbar angesetzten Einkommens **nicht** in Betracht, wenn im Verhältnis zur ersten Ehe **kein Rollentausch** stattfand.[179]

### d. Leistungsfähigkeit beim Unterhalt Volljähriger

1145 *aa. Volljährige nicht verheirate Schüler bis zur Vollendung des 21. Lebensjahres:* Die gegenüber minderjährigen Kindern bestehende **verschärfte Unterhaltspflicht** besteht auch gegenüber **volljährigen, nicht verheirateten Schülern bis zu Vollendung des 21. Lebensjahres, die noch im Haushalt der Eltern bzw eines Elternteils leben.** Den verpflichteten Eltern obliegt eine erhöhte Verpflichtung zur Ausschöpfung ihrer Arbeitskraft. Im Rang stehen diese Kinder auch den minderjährigen Kindern gleich. Bei einer etwa vorzunehmenden Mangelfallberechnung sind sie gleichberechtigt zu berücksichtigen.

1146 Für volljährige Schüler wurde die Haftungsverteilung nach § 1606 III BGB jedoch nicht geändert. Beide Elternteile sind zum Barunterhalt verpflichtet. Ein Betreuungsunterhalt ist nicht mehr geschuldet. Die Haftung der Eltern bestimmt sich **anteilig** nach ihren Erwerbs- und Vermögensverhältnissen. Ist ein Elternteil nicht leistungsfähig, kann der privilegiert Volljährige seinen **vollen Unterhaltsbedarf von einem Elternteil** fordern. Das staatliche Kindergeld ist insoweit hälftig auf den Unterhaltsbedarf anzurechnen.[180] Bei anteiliger Unterhaltspflicht nach § 1606 III S. 1 BGB ist zunächst vom bereinigten Nettoeinkommen der Selbstbehalt abzuziehen und dann das Resteinkommen für die anteilige Berechnung anzusetzen;[181] bei der Bildung des bereinigten Nettoeinkommens ist dabei der Barunterhalt minderjähriger Kinder zu berücksichtigen, nicht dagegen der Naturalunterhalt und der Unterhalt für weitere volljährige Kinder.[182]

1147 *bb. Volljährige Azubis, Studenten, Schüler nach Vollendung des 21. Lebensjahres und Arbeitslose:* Grundsätzlich sind volljährige Kinder nach Abschluss ihrer Ausbildung für ihre Lebensstellung selbst verantwortlich. Befindet sich das Kind berechtigterweise in einer Ausbildung, sind beide Eltern anteilig zum Barunterhalt verpflichtet. Vor Berechnung ihres jeweiligen Haftungsanteils ist das Nettoeinkommen jedes Elternteils um berufsbedingte Aufwendungen, berücksichtigungsfähige Schulden und Unterhaltszahlungen an vorrangig Berechtigte zu bereinigen. Von diesem Betrag ist sodann der Selbstbehalt in Abzug zu bringen. Eine Verwertung des Vermögens des Verpflichteten kann beim Volljährigenunterhalt i.d.R. nicht verlangt werden.[183]

## 5. Verzicht und Freistellung

1148 Ein **Unterhaltsverzicht** für die Zukunft ist nach § 1614 BGB nicht möglich. Dies gilt unabhängig davon, ob der Verzicht entgeltlich oder unentgeltlich, vollständig oder teilweise erfolgt ist. Eine solche Vereinbarung wäre nichtig, §§ 134, 397 BGB. Zulässig ist ein Verzicht aber für die Vergangenheit. **Kindeseltern können eine Freistellungsvereinbarung** treffen. Diese hat nur Wirkung zwischen ihnen, nicht gegenüber dem Kind.

179 BGH, FamRZ 2004, 364.
180 Heiß/Heiß, ABC der unterhaltspflichtigen Einkünfte, S. 212.
181 BGH, FamRZ 1988, 1039, 1041.
182 BGH, FamRZ 1988, 1039, 1041.
183 OLG Hamm, FamRZ 1998, 1609.

Wird der an sich zum Barunterhalt verpflichtete Elternteil in Anspruch genommen, so hat er gegen den anderen Elternteil einen Anspruch auf Erstattung.

1149 Grundsätzlich sind **Unterhaltsvereinbarungen** formlos möglich, sie sind jedoch bei Unterschreitung des gesetzlichen Unterhalts nichtig. Zwingendes Recht geht den vertraglichen Vereinbarungen sowieso vor.[184] Soll der Unterhalt für mehrere unterhaltsberechtigte Kinder festgelegt werden, sind die Beträge für jedes Kind einzeln anzugeben und vollstreckbar zu machen, damit der Weg für eine spätere, evtl separate Abänderung bzw Vollstreckung offen ist.[185] Hierzu empfiehlt es sich auch die Bemessungsgrundlagen in der Vereinbarung genau festzuhalten.[186]

### 6. Verwirkung

1150 Ein **minderjähriges Kind** kann seinen Unterhaltsanspruch nicht verwirken, § 1611 II BGB. Ein **volljähriges Kind** kann seinen Unterhaltsanspruch verwirken, § 1611 I BGB. Es sind drei Fälle genannt, und zwar wenn das Kind

- durch sittliches Verschulden bedürftig geworden ist,
- seine eigene Unterhaltspflicht gegenüber dem Pflichtigen gröblich vernachlässigt hat, oder
- sich vorsätzlich einer schweren Verfehlung gegen den Verpflichteten schuldig gemacht hat.

1151 Bedürftigkeit durch sittliches Verschulden kann bei Spiel- Trunk- oder Drogensucht vorliegen, wenn das Verschulden für die Bedürftigkeit ursächlich ist.[187] Als schwere Verfehlung kommen z.B. schwere Beleidigungen oder das allgemeine Verschweigen regelmäßiger Einkünfte in Betracht. Geschuldet ist dann der sog Billigkeitsunterhalt. Der Unterhaltsanspruch ist beschränkt. Es hat eine Billigkeitsabwägung stattzufinden. Der Anspruch kann auch zeitlich begrenzt werden. Erst wenn auch dies aus bestimmten Gründen grob unbillig wäre, kann der Unterhaltsanspruch ganz wegfallen.[188] Handlungen als Minderjähriger können dem Volljährigen jedoch nicht entgegengehalten werden.[189]

### 7. Rangfolge der Berechtigten und Verpflichteten

1152 Minderjährige unverheiratete Kinder, volljährige im Haushalt eines Elternteils lebende Schüler bis 21 Jahre und der Ehegatte sind nach § 1609 I, II BGB **gleichrangig** berechtigt. Dies gilt für alle minderjährigen unverheirateten Kinder, unabhängig davon, ob sie ehelich, nichtehelich, adoptiert sind, oder aus welcher Ehe sie stammen.[190] Volljährige Kinder, außer den im Hauhalt eines Elternteils lebende Schülern bis zur Vollendung des 21. Lebensjahres, sind den minderjährigen Kindern, ihnen gleichgestellten nach § 1603 II S. 2 BGB und den Ehegatten gegenüber **nachrangig.**

184 Palandt, Diederichsen, vor § 1601 Rn. 21.
185 Büchting/Heussen, Beck'sches Rechtsanwaltshandbuch, Heiß/Heiß, Kap. C 17 Rn. 114.
186 Büchting/Heussen, Beck'sches Rechtsanwaltshandbuch, Heiß/Heiß, Kap. C 17 Rn. 114.
187 OLG Celle, FamRZ 1990, 1142.
188 Palandt, Diederichsen, § 1611, Rn. 7.
189 BGH, FamRZ 1988, 159ff, 163.
190 FA-FamR, Gerhardt, Kap. 6 Rn. 488.

1153 Sind mehrere Unterhaltsberechtigte vorhanden, spielt die Rangfrage nur dann eine Rolle, wenn das Einkommen des Verpflichteten nicht ausreicht den Bedarf aller Berechtigten zu decken. Es handelt sich hierbei um den sog **Mangelfall.** Liegt ein sog verschärfter Mangelfall vor, so ist der Kindesunterhalt mit 135% des Regelbetrages nach der Regelbetragserordnung als Einsatzbetrag anzusetzen.[191]

1154 **Im Mangelfall ist der Unterhalt wie folgt zu berechnen gem.** Heiß/Born, Unterhaltsrecht, Heiß/Heiß, Kap. 3 Rn. 358):

1. Bestimmung des vollen Unterhaltsbedarfs aller Unterhaltsberechtigten (Vorwegabzug des Tabellenunterhalts der minderjährigen Kinder; Quotenunterhalt für Ehegatten)
2. Feststellung der Verteilungsmasse nach Einkommenskorrektur
3. Prüfung der Rangfragen und Neuberechnung des Unterhaltsbedarfs der Vorrangigen nach Ausscheiden der Nachrangigen
4. Prüfung, ob sich ein Missverhältnis zwischen den für die minderjährigen Kinder festgestellten Bedarfsätze zum Quotenunterhalt für den Ehegattenunterhalt ergibt. Ist das der Fall, scheidet ein Vorwegabzug des Kindesunterhaltes aus.
5. Liegt das Ergebnis über dem Mindestbedarfssatz von730,– € bzw 840,– € und steht dies mit den ehelichen Lebensverhältnissen nicht in Einklang, ist der maßgebliche Eigenbedarf heranzuziehen.
6. Liegt der Tabellenunterhalt der Kinder unterhalb 135% des Regelbetrages, sind die Einsatzbeträge entsprechend auf 135% des Regelbetrages anzuheben.
7. Die Unterhaltsansprüche aller Berechtigten sind festzustellen und die einzelnen Beträge ins Verhältnis zum Gesamtbedarf zu setzen.
8. Es erfolgt eine anteilige Unterhaltskürzung bei allen Gleichrangigen, indem vom verteilungsfähigen Einkommen der prozentuale Anteil jedes Unterhaltsberechtigten betragsmäßig als geschuldeter Unterhalt bestimmt wird.

1155 Das Kindergeld ist nach Maßgabe des § 1612b V BGB anzurechnen, d h im Regelfall scheidet eine Anrechnung des Kindergeldes aus, weil ein Mangelfall vorliegt.

### 8. Auskunftsanspruch

1156 Um Bedarf, Höhe und Leistungsverpflichtung feststellen zu können bedarf es der genauen Kenntnis des Einkommens und des Vermögens der Beteiligten.[192] Aus diesem Grund besteht aus dem Grundsatz von Treu und Glauben eine gegenseitige Auskunftspflicht. Diese besteht beim Kindesunterhalt nach **§ 1605 I BGB und § 242 BGB.**

1157 Voraussetzung für die Auskunft ist, dass sie tatsächlich verlangt wird. Nur in einigen Ausnahmefällen besteht die Pflicht zur **ungefragten Information.** Das ist z.B. dann der Fall, wenn eine Erwerbstätigkeit aufgenommen wird. Ein Auskunftsanspruch besteht nicht, wenn die Auskunft die Unterhaltsverpflichtung auf keinen Fall beeinflussen kann,[193] wenn z.B. der Anspruch eindeutig in voller Höhe verwirkt ist.[194]

---

191 BGH, FamRZ 2003, 363.
192 FA-FamR, Gerhardt, Kap. 6 Rn. 507.
193 OLG Düsseldorf, FamRZ 1998, 1191.
194 BGH, FamRZ 1994, 558f.

1158 Ein erneutes Auskunftsbegehren kann erst nach Ablauf von **2 Jahren** geltend gemacht werden, § 1605 II BGB. Die Frist beginnt mit Ablauf des Zeitraumes, in dem die Auskunft erteilt wurde.[195]

1159 **BERATUNGSHINWEIS:** Im Fall der gerichtlichen Geltendmachung des Auskunftsanspruches ist darauf zu achten, dass der Inhalt des Antrages vollstreckungsfähigen Charakter hat. Es muss genau dargestellt werden, welche Unterlagen über welchen Zeitraum verlangt werden.
Ist zu besorgen, das der Verpflichtete die Auskunft nicht mit der notwendigen Sorgfalt erstellt hat, hat der Berechtigte einen Anspruch auf Abgabe einer **eidesstattlichen Versicherung,** §§ 259, 260, 261 ZPO.
§ 643 ZPO gibt dem Gericht in Unterhaltsverfahren die Möglichkeit Auskünfte über unterhaltsrelevante Umstände zu verlangen. Hierdurch wird keine Amtsermittlung erschaffen. § 643 ZPO konkretisiert die Möglichkeit des Gerichts nach § 273 ZPO zur Terminsvorbereitung. Kommt eine Partei der Auskunftspflicht nicht nach, bietet § 643 II ZPO dem Gericht die Möglichkeit Auskunft von bestimmten Dritten, wie Arbeitgebern und Sozialleistungsträgern zu verlangen.
Beim **Volljährigenunterhalt** gehört zum **schlüssigen Klagevortrag** bereits die Mitteilung des Einkommens beider Eltern, da die Haftungsquote des in Anspruch genommenen Elternteils sonst nicht berechnet werden kann. Die notwendigen Auskünfte zum Einkommen sind nach § 1605 BGB vorab vom Volljährigen zu erholen. Will dagegen ein Elternteil einen Unterhaltstitel eines volljährigen Kindes abändern, muss dieser Elternteil vorab zur Feststellung seines Haftungsanteils das Einkommen des anderen Elternteils klären; hierfür steht ihm ein Auskunftsanspruch nach § 242 BGB zur Verfügung.[196]

### 9. Familienrechtlicher Ausgleichsanspruch

1160 Kommt ein Elternteil allein für den Unterhalt des Kindes auf, hat dieser einen Ersatzanspruch gegenüber dem anderen Elternteil.[197] Voraussetzung ist, dass der Unterhalt leistende Elternteil im **Innenverhältnis** auch die dem anderen Elternteil obliegende Verpflichtung erfüllt und die Unterhaltsleistung in der **Absicht** erbracht wird vom anderen Elternteil **Ersatz zu verlangen.**[198] Ein Ausgleich kann nicht gefordert werden, wenn der Elternteil den Unterhalt aufgrund einer gerichtlichen Entscheidung zahlt.[199] Die **Höhe** des Anspruchs richtet sich nach den Aufwendungen, die neben der Betreuung des Kindes erbracht werden, orientiert sich, wegen § 1606 III S. 1 BGB, an der Höhe der Barunterhaltspflicht[200] nach der Düsseldorfer Tabelle (Berliner Tabelle).[201] Für die Betreuung des Kindes kann kein Ausgleich gefordert werden. Für die Vergangenheit gelten die Voraussetzungen des § 1613 BGB, so dass der Ausgleichsanspruch i.d.R. erst **ab Verzug** verlangt werden kann.

195 Palandt, Diederichsen, § 1605 Rn. 15.
196 Heiß/Heiß, ABC der unterhaltspflichtigen Einkünfte, S. 215.
197 Heiß/Born, Unterhaltsrecht, Deisenhofer, Kap. 12 Rn. 106.
198 Palandt, Diederichsen, § 1606 Rn. 20.
199 BGH, FamRZ 1981, 761,762.
200 Gießler, FamRZ 1994, 800, 805.
201 OLG Hamm, FamRZ 1994, 457, 459.

1161 Wird das Kind während eines laufenden Unterhaltsverfahrens volljährig, und sind die Voraussetzungen für den familienrechtlichen Ausgleichsanspruch gegeben, stellt sich dass Problem, dass der leistenden Elternteil einen Ausgleichsanspruch hat für noch offene Rückstände, das Kind einen Barunterhaltsanspruch, der Verpflichtete aber nur einmal zur Leistung verpflichtet ist. Im Ergebnis steht das Geld dem Elternteil zu, da er für den Barunterhalt des Kindes aufgekommen ist. Eine Korrektur ist also durch Abtretung des Kindesunterhaltsanspruchs an den Elternteil möglich (das Abtretungsverbot nach § 400 BGB, 850b I Nr. 2 ZPO gilt für diesen Fall nicht), oder durch Leistungsbestimmung nach § 267 BGB.[202]

### 10. Unterhalt für die Vergangenheit

#### a. Allgemeines

1162 Unterhalt kann grundsätzlich erst **ab Rechtshängigkeit** oder **ab Verzug** verlangt werden, § 1613 I BGB. Rechtshängigkeit tritt erst mit förmlicher Klagezustellung ein, §§ 253 I, 261 I ZPO. Die formlose Zusendung des Prozesskostenhilfeantrages ist nicht ausreichend.[203] Verzug tritt ab Zugang der Mahnung mit Fälligkeit ein, § 284 BGB. Die Mahnung erfordert für ihre Wirksamkeit eine der Höhe nach bestimmte und eindeutige Leistungsauforderung.[204] Zur Leistungsbestimmung ausreichend ist eine sog. **Stufenmahnung**, dh ein Auskunftsbegehren verbunden mit einem unbezifferten Auskunftsbegehren.[205]

1163 Der Unterhaltsberechtigte kann gem. § 1613 II BGB für die Vergangenheit ohne die Voraussetzung des § 1613 I BGB, **Sonderbedarf** verlangen und **rückständigen Unterhalt**, wenn er aus rechtlichen Gründen oder aus tatsächlichen Gründen, die in den Verantwortungsbereich des Pflichtigen fallen, an der Geltendmachung des Unterhaltsanspruches gehindert war.

1164 
#### b. Muster: Stufenmahnung beim Nichtselbstständigen Unterhaltsverpflichteten

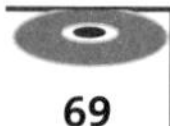

69

Sehr geehrter Herr ■■■

Ausweislich anliegender Vollmacht zeige ich die anwaltliche Vertretung ihrer Ehefrau, als gesetzliche Vertreterin von ihrem Kind ■■■, geboren ■■■, an.

Sie leben von ihrer Ehefrau getrennt seit ■■■. Der gewöhnliche Aufenthalt ihres Kindes befindet sich bei meiner Mandantin.

Im Hinblick auf die Trennung sind sie verpflichtet Auskunft über die Höhe ihres Brutto- und Nettoeinkommens zu erteilen und Kindesunterhalt zu bezahlen.

Ich habe sie zu diesem Zweck im Wege der

Stufenmahnung

aufzufordern,

202 FA-FamR, Gerhardt, Kap. 6 Rn. 556.
203 BGH, FamRZ 1990, 283, 285.
204 BGH, FamRZ 1985, 155, 157.
205 Wendl/Staudigl, Das Unterhaltsrecht in der familienrichterlichen Praxis, Gerhardt, § 6 Rn. 119.

Auskunft zu erteilen, über die Höhe ihres Brutto- und Nettoeinkommens in den abgelaufenen 12 Kalendermonaten, somit für die Zeit von ■■■ bis ■■■ durch Vorlage sämtlicher Gehaltsabrechnungen/Besoldungsabrechnungen für diesen Zeitraum, sowie durch Vorlage des zuletzt erlassenen Steuerbescheides.

Soweit Sie Reisekosten, Spesen oder Aufwandsersatz erhalten, sind auch diese anzugeben und Nachweise hierüber vorzulegen.

Zur Auskunftserteilung setzte ich Frist bis

■■■

Nach fruchtlosem Fristablauf müsste Klage erhoben werden.

Ich habe sie des Weiteren aufzufordern, den sich sodann nach Auskunftserteilung ergebenden Kindesunterhalt zu bezahlen.

Vorläufig gehe ich von einem Einkommen ihrerseits aus in Höhe von ■■■ €.

Dem gemäß ergibt sich ihrerseits eine Zahlungspflicht auf den Kindesunterhalt in Höhe von ■■■ €, entsprechen ■■■ % des Regelbetrages der derzeit gültigen Düsseldorfer Tabelle, abzüglich anrechenbarem Kindergeld in Höhe von ■■■ €, somit ■■■ €

Bis zur endgültigen Unterhaltsberechnung habe ich sie aufzufordern diesen Betrag zu bezahlen.

Frist zur Zahlung wird gesetzt bis zum

■■■

Auch diesbezüglich müsste nach Fristablauf Klage erhoben werden.

Mit vorzüglicher Hochachtung

■■■

Rechtsanwalt

### c. Muster: Schriftsatzmuster, Stufenmahnung beim Selbständigen Unterhaltsverpflichteten

1165

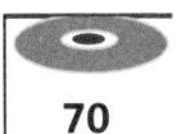

70

Sehr geehrter Herr ■■■

Ausweislich anliegender Vollmacht zeige ich die anwaltliche Vertretung ihrer Ehefrau, als gesetzliche Vertreterin von ihrem Kind ■■■, geboren ■■■, an.

Sie leben von ihrer Ehefrau getrennt seit ■■■. Der gewöhnliche Aufenthalt ihres Kindes befindet sich bei meiner Mandantin.

Im Hinblick darauf sind sie verpflichtet Auskunft über die Höhe ihres Brutto- und Nettoeinkommens in den abgelaufenen drei Kalenderjahren zu erteilen.

Ich habe sie zu diesem Zweck im Wege der

Stufenmahnung

aufzufordern Auskunft zu erteilen durch Vorlage folgender Unterlagen:

Bilanzen, sowie Gewinn- und Verlustrechnungen der letzten drei abgeschlossenen Geschäftsjahre bzw Einnahmen-Überschussrechnungen,

Einkommenssteuererklärungen, sowie Einkommenssteuerbescheide der letzten drei abgeschlossenen Geschäftsjahre,

Kirchensteuerbescheide für die letzten drei abgeschlossenen Geschäftsjahre,

Hierauf bezogene Angaben und Vorlage von Nachweisen bezüglich Krankenversicherungsbeiträgen, Altersversorgung, Lebensversicherung, ggf. Einzahlung in die gesetzliche Rentenversicherung.

Zur Auskunftserteilung setzte ich Frist bis

■■■

Nach fruchtlosem Fristablauf müsste Klage erhoben werden.

Ich habe sie des Weiteren aufzufordern, den sich sodann ergebenden Kindesunterhalt zu bezahlen.

Vorläufig gehe ich von einem Einkommen ihrerseits aus in Höhe von ■■■ €.

Dem gemäß ergibt sich ihrerseits eine Zahlungspflicht auf den Kindesunterhalt in Höhe von ■■■ €, entsprechen ■■■ % des Regelbetrages der derzeit gültigen Düsseldorfer Tabelle, abzüglich anrechenbarem Kindergeld in Höhe von ■■■ €, somit ■■■ €.

Bis zur endgültigen Unterhaltsberechnung habe ich sie aufzufordern diesen Betrag zu bezahlen.

Frist zur Zahlung wird gesetzt bis zum

■■■

Auch diesbezüglich müsste nach Fristablauf Klage erhoben werden.

Mit vorzüglicher Hochachtung

■■■

Rechtsanwalt

1166 **BERATUNGSHINWEIS:** Ist der zum Unterhalt Verpflichtete bereits anwaltlich vertreten, ist das Aufforderungsschreiben an dessen Anwalt zu richten. Ist der Verpflichtete (noch) nicht anwaltlich vertreten, empfiehlt es sich die Stufenmahnung per **Einschreiben/Rückschein** zu versenden. Nur so kann im Bestreitensfall nachgewiesen werden, dass der Verpflichtete tatsächlich zur Bezahlung des Unterhalts aufgefordert wurde, und sich seit dem Zugang des Aufforderungsschreibens in Verzug befindet.

### 11. Rückforderung zu Unrecht bezahlten Unterhalts

1167 Ist in einer einstweiligen Anordnung ein Unterhaltsbetrag festgesetzt worden, der über den Bestand und die Höhe des materiellrechtlichen Unterhaltsanspruches hinausgeht, hat der Schuldner **ohne Rechtsgrund** geleistet, § 812 I S. 1 BGB. Wenn ein Urteil oder ein Prozessvergleich rückwirkend geändert werden, entfällt der Rechtsgrund nachträglich, § 812 I S. 2 BGB.[206] Der Bedürftige kann jedoch gem. § 818 III BGB einwenden nicht mehr bereichert zu sein, z.B. weil das Geld für den täglichen Lebensbedarf verbraucht wurde. Dies wird in der Praxis regelmäßig der Fall sein. Lediglich, wenn der Bedürftige von dem Unterhalt Rücklagen gebildet hat, oder Anschaffungen gemacht hat, ist ihm die Berufung auf den **Entreicherungseinwand** verwehrt. Die **Beweislast** für die rechtsvernichtende Einwendung der Entreicherung trägt der Unterhaltsempfänger.

1168 Ein Rückzahlungsanspruch könnte sich daraus ergeben, wenn verschärfte Haftung nach § 818 IV BGB (Rechtshängigkeit des Rückzahlungsanspruches), § 819 BGB (Bösgläubigkeit) bzw § 820 BGB (Haftung bei ungewissem Erfolgseintritt) gegeben ist. In der Praxis wird der Unterhaltsempfänger i.d.R. keine Kenntnis vom mangelnden Rechtsgrund der Zahlung haben, und auch der Rückzahlungsanspruch wird nicht bereits im Zeitpunkt der Überbezahlung rechtshängig sein. Die analoge Anwendung von § 820 BGB wird in der Rechtsprechung nicht einheitlich durchgehalten.[207]

1169 Somit kann dem Mandanten nur empfohlen werdend den Unterhalt mit dem Vermerk ***„unter Vorbehalt“*** zu leisten, wenn die tatsächliche Höhe des geschuldeten Unterhalts noch nicht feststeht. Das OLG Hamm hat in einer Entscheidung die verschärfte Haftung bei Leistung des Unterhalts unter Vorbehalt eintreten lassen, OLG Hamm, FamRZ 1997, 1496.

### 12. Verjährung

1170 Die regelmäßige Verjährungsfrist für Unterhaltsansprüche beträgt nach § 1975 BGB **3 Jahre**. Dieselbe Frist gilt auch für künftig fällig werdende Unterhaltsleistungen, § 197 II BGB. Die regelmäßige Verjährungsfrist beginnt mit dem Schluss des Jahres zu laufen, in dem der Anspruch entstanden ist und der Gläubiger von den, den Anspruch begründenden Umständen und der Person des Schuldners Kenntnis erlangt hat oder ohne grobe Fahrlässigkeit erlangen müsste, § 199 BGB. Die **30jährige** Verjährungsfrist gilt für rechtskräftig festgestellte Ansprüche, Ansprüche aus vollstreckbaren Vergleichen und vollstreckbaren Urkunden, § 197 I BGB. Die Verjährung ist **gehemmt** bei laufenden Verhandlungen, § 203 BGB, wofür bereits die Einreichung eines Prozesskostenhilfegesuches ausreichend ist, durch Rechtsverfolgung, § 204 BGB, bei höherer Gewalt, § 206 BGB, und aus familiären und ähnlichen Gründen, § 207 BGB.

### 13. Grundsicherung für Arbeitssuchende, Anspruchsüberleitung auf den Sozialleistungsträger

#### a. Allgemeines

1171 Arbeitslosen- und Sozialhilfe wurden mit Wirkung ab dem 01.01.2005 zusammengelegt. Erwerbsfähige Hilfsbedürftige, die zwischen 15 und 64 Jahre alt sind, erhalten nun Arbeitslosengeld II nach dem SGB II.

1172 *aa. Arbeitslosengeld II als Einkommen des Verpflichteten:* Voraussetzung für den Bezug von Arbeitslosengeld II ist, dass der Anspruchsteller erwerbsfähig ist. Es wird stets

206 BGH, FamRZ 1992, 1152ff.

207 Vgl hierzu Heiß/Born, Unterhaltsrecht, Deisenhofer, Kap. 12 Rn. 107 m.w.N.w.

vorab zu prüfen sein, ob der Anspruchsteller seiner Erwerbsobliegenheit nachgekommen ist. Andernfalls ist ihm ein **fiktives Einkommen** anzurechnen. Die vorhandene oder fehlende Leistungsbereitschaft lässt sich aus der zu dokumentierenden Mitwirkung des Arbeitssuchenden bei der Agentur für Arbeit ablesen.[208] Erst, wenn sich die Handhabung der neuen Vorschriften eingespielt hat, und sichergestellt ist, dass die Agenturen für Arbeit die jeweiligen Voraussetzungen ausreichend überprüfen, kann angenommen werden, dass der Unterhaltsverpflichtete den Anforderungen entsprochen hat, wenn er die Voraussetzungen des § 10 II SGB II erfüllt hat.[209] Beim **Minderjährigenunterhalt** gehen die Anforderungen an den Unterhaltspflichtigen gem. § 1603 II BGB über die des § 10 II SBG II hinaus.

1173 Leistungen der Grundsicherung für Arbeitssuchende dienen abgesehen vom Zuschlag nach § 24 SGB II nicht mehr dem Lohnersatz, sondern nur noch der Unterhaltssicherung.[210] Ob das Arbeitslosengeld II unterhaltsrechtlich als Einkommen anzusehen ist, kann dahinstehen, denn ein allein auf Arbeitslosengeld II abgestellter Unterhaltsanspruch scheitert regelmäßig an der Leistungsfähigkeit des Verpflichteten. Das Arbeitslosengeld II und die Unterkunftskosten ergeben zusammengerechnet kein über dem Selbstbehalt der Düsseldorfer Tabelle liegendes Einkommen. Sowohl der Zuschlag nach § 24 SGB II, als auch das Einstiegsgeld nach § 29 SGB II und die Mehraufwandsentschädigung für Arbeitsgelegenheiten (sog Ein-Euro-Jobs) sind unterhaltsrechtlich als Einkommen zu bewerten.[211] Auch anrechnungsfreies Einkommen nach § 30 II SGB II stellt unterhaltsrechtlich relevantes Einkommen dar.[212]

1174 *bb. Arbeitslosengeld II als Einkommen des Berechtigten:* Das Arbeitslosengeld II dient nicht der Lohnersatzfunktion, sondern nur noch der Unterhaltssicherung.[213] Auch der Zuschlag nach § 24 SGB II, als auch das Einstiegsgeld nach § 29 SGB II sind subsidiäre Leistung, und stellen grundsätzlich kein unterhaltsrechtliche relevantes Einkommen des Unterhaltsberechtigten dar.[214]

#### b. Anspruchsübergang

1175 Der Unterhaltsregress ist nach der Überleistungsvorschrift des § 33 SGB II zu beurteilen. Der Anspruchsübergang nach § 33 SGB II wird mit der Überleitungsanzeige in Form eines Verwaltungsaktes bewirkt.[215] Mit wirksamer Bekanntgabe der Überleitungsanzeige an den Unterhaltsberechtigten ist dieser nicht mehr aktivlegitimiert und es kann nur mehr der Sozialleistungsträger im Umfang der Überleitung auf Leistung an sich klagen. Die Überleitungsanzeige wirkt nach § 33 IV SGB II auch für die Zukunft, wenn die Leistung nicht länger als zwei Monate unterbrochen wurde.[216] Der Umfang

208 Klinkhammer, FamRZ 2004 1909, 1913.
209 Knittel, JAmt 2004, 397, 399.
210 Knittel, JAmt 2004, 387, 398.
211 Klinkhammer, FamRZ 2004, 1909, 1914.
212 Knittel, JAmt 2004, 397, 399.
213 Klinkhammer, FamRZ 2004, 1909, 1917.
214 Klinkhammer, FamRZ 2004, 1909, 1917.
215 Klinkhammer, FamRZ 2004, 1009, 1915.
216 Klinkhammer, FamRZ 2004, 1909, 1918.

der Überleitung muss sich aus der Überleitungsanzeige ergeben. Klagen der Unterhaltsberechtigte und der Sozialleistungsträger auf künftige Leistungen, so steht der späteren Klage der Einwand der Rechtshängigkeit entgegen.

1176 Wird während eines laufenden Verfahrens die Überleitungsanzeige bekannt gegeben, lässt dies die Prozessführungsbefugnis gem. § 256 ZPO zunächst unberührt. Der Unterhaltsberechtigte muss aber seinen Antrag entsprechend umstellen und beantragen, dass im Umfang der Überleitung die Leistung an den zuständigen Träger der Grundsicherung zu erfolgen hat.[217]

1177 § 33 SGB II sieht keinen Übergang des Auskunftsanspruches vor. Der Träger der Grundsicherung für Arbeitssuchende hat somit keine Möglichkeit eine Stufenklage auf Auskunft und Unterhalt zu erheben. Die Auskunft kann nur durch ein vorgeschaltetes Verfahren auf Auskunft nach § 60 SGB II erlangt werden.

## B. Prozess

### I. Zuständigkeit

#### 1. Sachliche Zuständigkeit

1178 Sachlich ausschließlich zuständig sind gem. § 23a I Nr. 2 GVG, § 621 I Nr. 4, 5 ZPO die Amtsgerichte, kraft interner Geschäftsverteilung die Familiengerichte.

#### 2. Örtliche Zuständigkeit

1179 Handelt es sich um ein **isoliertes Unterhaltsverfahren minderjähriger** Kinder, dass heißt, keine Ehesache ist anhängig, richtet sich die örtliche Zuständigkeit ausschließlich nach § 642 ZPO. Leben die Kindeseltern im **Inland,** ist das Gericht ausschließlich zuständig, bei dem das minderjährige Kind oder der Elternteil, der es gesetzlich vertritt seinen Gerichtsstand hat. Besteht gemeinsames Sorgerecht, richtet sich die Zuständigkeit bei Trennung der Eltern nach dem Wohnsitz des das Kind betreuenden Elternteils, § 1629 II BGB. Dies gilt für das vereinfachte Verfahren und alle sonstigen Klagen. Hat das Kind einen **doppelten Wohnsitz**, kann die Klage/der Antrag wahlweise eingereicht werden. Lebt das Kind in einer **Pflegefamilie**, und steht dem Pfleger die Personensorge zu, ist die Klage am allgemeinen Gerichtsstand des Kindes einzureichen.

1180 Wohnt das **Kind im Ausland, und der Beklagte im Inland**, richtet sich die örtliche Zuständigkeit nach §§ 12, 13 ZPO, das Wohnsitzgericht des Beklagten ist zuständig. Lebt das **Kind im Inland, der Beklagte aber im Ausland**, richtet sich die Zuständigkeit nach § 23a ZPO bzw nach dem vorrangig anwendbaren europäischen Verfahrensrecht, Art 2, 5 Nr. 2 EuGVÜ/EuGVVO.[218]

1181 **Wird** während eines anhängigen Unterhaltsverfahrens eine **Ehesache rechtshängig**, so ist die Unterhaltssache von Amts wegen gem. § 621 III ZPO an das Gericht der Ehesache zu verweisen oder abzugeben.

217 Klinkhammer, FamRZ 2004, 1909, 1918.
218 Gottwald, Münchner Prozessformularbuch, Familienrecht, Vossenkämper, D. III. 1a Anm 2.

1182 Ist eine **Ehesache anhängig**, ist das Gericht ausschließlich zuständig, bei dem die Ehesache im ersten Rechtszug anhängig ist bzw war, soweit es sich um Unterhalt gemeinsamer Kinder mit Ausnahme des Vereinfachten Verfahrens zur Abänderung von Unterhaltstiteln handelt, § 621 II S. 1 HS 2 Nr. 4 ZPO.

1183 Für **volljährige Kinder** richtet sich die örtliche Zuständigkeit nach den allgemeinen Vorschriften. Der Volljährige kann nicht in den Verbund einbezogen werden. Er führt seinen Prozess selbst. Die Gerichtszuständigkeit kann durch Prorogation und rügelose Einlassung gem. §§ 38 II, III, 39, 40 ZPO begründet werden.[219]

1184 Für **Vollstreckungsgegenklagen** ist das Prozessgericht des ersten Rechtszuges **ausschließlich** zuständig, §§ 767, 795, 802 ZPO; diese Zuständigkeitsregelung bleibt unberührt.

### II. Anwaltszwang

1185 **Anwaltszwang** besteht grundsätzlich **nicht**, § 78 II i.V.m. § 621 I Nr. 4 ZPO, nur wenn, Unterhalt im Scheidungsverbund als Folgesache geltend gemacht wird, § 78 II Nr. 1 ZPO, oder in einem selbstständigen Verfahren vor dem Gericht eines höheren Rechtszuges, § 78 II Nr. 2 ZPO.

### III. Prozesskostenhilfe

1186 Ein Antrag auf Bewilligung von Prozesskostenhilfe kann nicht mit der Begründung abgewiesen werden das Kind könne den kostengünstigeren und einfacheren Weg des vereinfachten Verfahrens wählen. Dem Kind steht eben die Wahlmöglichkeit zwischen dem streitigen und dem vereinfachten Verfahren offen, zumal in einer Großzahl der Fälle das vereinfachte Verfahren in das streitige Verfahren übergeleitet werden wird, da es sich um Mangelfälle handelt, für die das vereinfachte Verfahren nicht geeignet ist.

1187 Der Antrag auf Gewährung von Prozesskostenhilfe ist mit einem bestimmten Antrag per Vordruck bzw zu Protokoll der Geschäftsstelle zu stellen, §§ 117 I S. 1, 129 ZPO. Maßgeblicher Zeitpunkt für die Beurteilung der Voraussetzungen ist der der Beschlussfassung.[220] Zum einen müssen die persönlichen und wirtschaftlichen Voraussetzungen gegeben sein, zum andern darf der Antrag bzw die Klage nicht mutwillig und ohne jede Aussicht auf erfolg sein. **Mutwilligkeit** ist z.B. anzunehmen, wenn eine Folgesache isoliert, und nicht im Verbund eingeklagt wird.[221]

1188 Soweit ein Anspruch auf Prozesskostenvorschuss besteht, entfällt die Bedürftigkeit. So sollte ein Kind, dessen betreuende Mutter vermögend ist, keinen Prozesskostenhilfeantrag stellen, wenn es von dieser einen Prozesskostenvorschuss verlangen könnte. Der Grundsatz der Gleichwertigkeit von Bar- und Betreuungsleistungen gilt nicht bei einem Zusatzbedarf, wie Sonderbedarf, Mehrbedarf oder auch Prozesskostenvorschuss. Jedenfalls haftet der betreuende Elternteil subsidiär auf den erforderlichen Prozesskostenvorschuss. Auf die Geltendmachung eines Prozesskostenvorschusses kann das Kind

219 Büchting, Heussen Beck`sches Rechtsanwaltshandbuch, Heiß/Heiß, C 17 Rn. 143.
220 Thomas/Putzo, ZPO, Reichold, § 119 Rn. 4.
221 OLG Hamm, FamRZ 1992, 452; aA OLG Düsseldorf, FamRZ 1994, 312.

aber nur verwiesen werden, wenn der Anspruch rechtlich unzweifelhaft besteht, und darüber hinaus einigermaßen sicher durchsetzbar ist.[222]

1189 Wird ein Prozesskostenhilfeantrag mit einer Klage verbunden, ist deutlich zu machen, ob die Klage nur für den Fall der Bewilligung von Prozesskostenhilfe als eingereicht gilt, oder ob die Klage bereits erhoben ist. Im ersteren Fall liegt eine unzulässige, bedingte Klageerhebung vor; das hat zur Folge, dass die Klage nach der Bewilligung von Prozesskostenhilfe erneut einzureichen ist, und gesonderte Zustellung zu beantragen ist.[223]

### IV. Prozesskostenvorschuss

1190 **Minderjährige** unverheiratete Kinder haben ihren Eltern gegenüber einen Anspruch auf Prozesskostenvorschuss.[224] Haben die **volljährigen** Kinder noch keine eigene Lebensstellung erlangt, sind auch diese berechtigt einen Prozesskostenvorschuss von ihren Eltern zu verlangen. Dies gilt bei volljährigen Kindern bis sie ihre Ausbildung abgeschlossen haben.[225]

1191 Der Grundsatz der Gleichwertigkeit von Bar- und Betreuungsleistungen gilt nicht bei einem Zusatzbedarf, wie Sonderbedarf, Mehrbedarf oder auch Prozesskostenvorschuss. Das bedeutet, dass beide Elternteile in Anspruch genommen werden können, auch von minderjährigen Kindern, wenn ein Elternteil Betreuungsunterhalt leistet.

1192 Eltern schulden ihren minderjährigen Kindern einen Prozesskostenvorschuss auch dann, wenn sie diesen zwar nicht in einer Summe zahlen können, aber nach § 115 I und II ZPO, der regelmäßig auch ihren notwendigen Selbstbehalt wahrt, für eine eigene Prozessführung zu Ratenzahlungen in der Lage wäre. Dann kann dem vorschussberechtigten Kind Prozesskostenhilfe auch nur gegen entsprechende Ratenzahlung bewilligt werden.[226] Somit ist also, wenn das Kind Antragssteller ist, von diesem Prozesskostenhilfe zu beantragen, und gleichzeitig eine einstweilige Anordnung auf Zahlung des Prozesskostenvorschusses.

### V. Prozessführungsbefugnis

1193 **Im Scheidungsverbund** kann das minderjährige ehegegemeinsame Kind nicht selbst im eigenen Namen den Unterhalt einfordern, sondern nur durch den betreuenden Elternteil als **Prozessstandschafter,** § 1629 III S. 1 BGB, §§ 623 I S. 1, 621 II S. 1 Nr. 4 ZPO. Im Verbundverfahren kann der Kindesunterhalt erst **ab der Rechtskraft der Scheidung** begehrt werden, § 623 I S. 1 ZPO. In der Regel wird der Unterhalt aber bereits ab der Trennung der Eltern verlangt werden. Diese Klage ist gesondert zu erheben. Es empfiehlt sich grundsätzlich Kindesunterhalt in einem **selbstständigen Verfahren** geltend zu machen, und nicht im Verbund. Es ist dem das Kind betreuenden Elternteil nicht zuzumuten, eine Klage für die Zeit ab Rechtskraft der Scheidung und gleichzeitig eine Klage

222 OLG München, FamRZ 1994, 1126.
223 Thomas/Putzo, ZPO, Reichold, § 117 Rn. 4.
224 BGH, FamRZ 1984, 148.
225 Wendl/Satudigl, Das Unterhaltsrecht in der familienrichterlichen Praxis, Scholz, § 6 Rn. 24.
226 BGH, FamRZ 2004, 1633.

für die Zeit bereits ab Trennung einzureichen. Im übrigen gilt die klageweise Verfolgung von Kindesunterhalt in zwei getrennten Verfahren für die Zeit vor und nach der Scheidung als mutwillig, so dass für das später eingeleitete Verfahren keine Prozesskostenhilfe beansprucht werden kann.[227] Wird Kindesunterhalt fehlerhaft im Verbund geltend gemacht, ist das Verfahren insgesamt, nicht nur wegen des bis zur Rechtskraft der Scheidung zu zahlenden Unterhalts abzutrennen.[228]

1194 Wird das Kind während des Unterhaltsrechtsstreits volljährig, endet die gesetzliche Vertretung und die bestehende Prozessstandschaft. Es tritt automatisch ein gesetzlicher **Parteiwechsel** auf das Kind ein.[229]

1195 Nach Rechtskraft der Scheidung der Eltern hat das Kind im eigenen Namen, gesetzlich vertreten durch den betreuenden, bzw. sorgeberechtigten Elternteil die Klage zu erheben.

1196 Sind **Unterhaltsvorschussleistungen** erbracht worden, und geht der Unterhaltsanspruch in eben dieser Höhe von Gesetzes wegen auf das Bundesland über, hat dies auf einen laufenden Prozess keinen Einfluss, da die **Aktivlegitimation** für künftige Unterhaltsforderungen unberührt bleibt.[230] Sind Unterhaltsansprüche bereits auf den Sozialleistungsträger übergegangen, können sie im Wege der gewillkürten Prozessstandschaft bzw nach Rückübertragung, § 94 V S. 1 SGB X II, geltend gemacht werden.

1197 Besteht die **Beistandschaft** des Jugendamtes für die Geltendmachung von Unterhaltsansprüchen des Kindes, so ist das Jugendamt insoweit der **gesetzliche Vertreter** des Kindes.[231] In dieser Position ist es berechtigt zwischen den Kindeseltern bestehende Unterhaltsvereinbarungen abzuändern, ohne die Mitwirkung des sorgeberechtigten Elternteils.[232]

1198 **Beratungshinweis:** Liegt eine Rückabtretung vor, und soll zum Kindesunterhalt ein Vergleich geschlossen, indem der vereinbarte Kindesunterhalt niedriger ist, als die Leistungen der UVG Stelle, da ein Mangelfall vorliegt, ist dem das Kind vertretenden Anwalt anzuraten den Vergleich nur widerruflich zu schließen, bzw vor Vergleichsschluss Rücksprache mit der UVG-Stelle zu treffen.

### VI. Rechtsschutzbedürfnis

1199 Auch dann, wenn der Unterhaltsschuldner freiwillig und pünktlich den Unterhalt bezahlt, besteht ein Rechtschutzbedürfnis zur Klageerhebung.[233] Der Schuldner sollte aber zuvor aufgefordert werden einen entsprechenden Titel, wie z.B. Jugendamtsurkunde zu errichten. Wurde er hierzu nicht aufgefordert gibt er zur Klageerhebung keine Veranlassung, § 93 ZPO.

227 OLG Oldenburg, FamRZ 1999, 240.
228 OLG München, EZ FamR 1994, 122.
229 BGH, FamRZ 1985, 471, 473.
230 BGH, FamRZ 1995, 1131.
231 Heiß/Born, Unterhaltsrecht, Heiß/Heiß, Kap. 3 Rn. 272.
232 OLG Köln, FamRZ 2002, 50.
233 Wendl/Staudigl, das Unterhaltsrecht in der familienrichterlichen Praxis, Thalmann, § 8 Rn. 135.

## VII. Vereinfachtes Verfahren

### 1. Allgemeines

1200 Das vereinfachte Verfahren soll dem minderjährigen Kind getrennt lebender Eltern, alternativ zum Klageverfahren, die Möglichkeit geben, gegen den Elternteil, der nicht mit ihm zusammenlebt, rasch und kostengünstig einen Vollstreckungstitel zu erwirken. Das vereinfachte Verfahren scheidet aus, wenn bereits ein Titel besteht. Auch wenn vor Titulierung im vereinfachten Verfahren ein Unterhaltstitel, z.B. in Form einer Jugendamtsurkunde, geschaffen wird, ist eine Festsetzung im vereinfachten Verfahren nicht mehr zulässig. Auf die Richtigkeit der Unterhaltshöhe kommt es nicht an.[234] Wird der Titel erst während des vereinfachten Verfahrens errichtet, ändert dies nichts an der Zulässigkeit.[235]

1201 Der Antragsgegner ist **vor** Antragseinreichung im Hinblick auf § 93d ZPO und § 1613 BGB **aufzufordern**, schriftlich per Einschreiben/Rückschein, sein Einkommen offen zu legen und **Auskunft** über sein Vermögen zu erteilen, und den sich sodann hieraus ergebenen Unterhalt zu bezahlen.

1202 Im Verfahren setzt das Gericht auf Antrag des Kindes oder des Elternteils den Unterhalt, den das Kind geltend macht, in einem Beschluss fest. Zahlt der Verpflichtete nicht oder nur unregelmäßig den festgesetzten Unterhalt, kann aus dem Beschluss die **Zwangsvollstreckung** betrieben werden.

1203 Im vereinfachten Verfahren kann der Unterhalt nur für die Zeit der Minderjährigkeit des Kindes festgesetzt werden. Der Festsetzungsbeschluss nach § 649 ZPO verliert seine Wirksamkeit mit Volljährigkeit des Kindes, und kann danach auch nicht wieder abgeändert werden.[236]

1204 Es besteht eine **freie Wahlmöglichkeit** zwischen dem vereinfachten Verfahren und einer Unterhaltsklage. Durch die Festsetzung des Unterhalts im vereinfachten Verfahren ist das Kind später nicht gehindert, bei Veränderung der für die Bemessung des Unterhalts maßgeblichen Umstände, im Klageweg einen höheren Unterhalt geltend zu machen. Es ist je nach dem Einzelfall zu entscheiden, ob das vereinfachte Verfahren oder Weg der Klage, mit der Möglichkeit der einstweiligen Anordnung der zweckmäßigere Weg ist. Jedenfalls ist die Einleitung des vereinfachten Verfahrens sinnvoll, wenn in der **Praxis** des zuständigen Familiengerichts tatsächlich rasch Vollstreckungstitel gegen auskunfts- und zahlungsunwillige Schuldner erwirkt werden können. Dies ist leider nicht immer der Fall, da die für das Verfahren zuständigen Rechtspfleger, § 20 Nr. 10 RPflG, aufgrund der Anzahl der Fälle häufig überlastet sind, und sie aufgrund der Verpflichtung des § 647 ZPO, dem Schuldner eine Einwendungsfrist von einem Monat zu gewähren, an einer schnellen Entscheidung gehindert sind.[237]

234 OLG Naumburg, FamRZ 2002, 1045.
235 OLG München, FamRZ 2001, 1076.
236 AmstG Landshut, FamRZ 2001, 766.
237 Münchner Prozessformularbuch, Familienrecht, Vossenkämper, H VI. 2 Anm 1.

### 2. Zuständigkeit

1205 **Örtlich zuständig** ist auch für den Antrag im Vereinfachten Verfahren das Familiengericht, in dessen Bezirk das minderjährige Kind wohnt oder seinen gewöhnlichen Aufenthaltsort hat, § 642 ZPO. Dies wird regelmäßig der Wohnsitz des betreuenden Elternteils sein, § 11 ZPO. Das Familiengericht ist **sachlich zuständig** gem. § 621 I Nr. 4 ZPO, §§ 23a Nr. 2, 23b I S. 2 Nr. 5 GVG.

1206 Bei Fällen mit **Auslandsberührung** ist zu beachten, dass sich die Zuständigkeit aus § 23a ZPO bzw dem vorrangig anzuwendenden europäischen Verfahrensrecht ergibt, wenn sich das Kind im Inland, und der Schuldner im Ausland befindet. In diesem Fall sollte von der Durchsetzung des Unterhaltsanspruches im vereinfachten Verfahren abgeraten werden. Es ist mit kaum überwindbaren Schwierigkeiten zu rechnen, die schon mit der Übersetzung beginnen. Die Schnelligkeit wird dem Verfahren genommen. Lebt jedoch das Kind im Ausland, und der Schuldner im Inland, kann die Durchführung des vereinfachten Verfahrens durchaus empfohlen werden.[238]

### 3. Antrag

1207 Voraussetzung für die Antragstellung ist, dass der in Anspruch genommene Elternteil und das Kind **nicht in einem Haushalt leben.** Steht dem in Anspruch genommene Elternteil die elterliche Sorge allein zu, schließt dies das vereinfachte Verfahren aus.[239] Schließlich ist es unbedingt erforderlich, dass das Kind auch im Zeitpunkt der Festsetzung des Unterhalts im Vereinfachten Verfahren noch **minderjährig** ist. Mit Eintritt der Volljährigkeit des Kindes entfällt die Statthaftigkeit des Antrages.[240] Sind vereinfachte Verfahren anderer Kinder des Antragsgegners bei dem selben Gericht anhängig, sind diese zum Zweck der gemeinsamen Entscheidung zu verbinden, § 646 III ZPO.

1208 Der Antrag ist vom minderjährigen Kind, gesetzlich vertreten durch den betreuenden Elternteil zu stellen. Der Antrag muss die in § 646 ZPO genannten Formalien enthalten:

- Bezeichnung der Partei, ihrer gesetzlichen Vertreter und ihrer Prozessbevollmächtigten;
- Bezeichnung des Gerichts, bei dem der Antrag gestellt wird;
- Geburtsdatum des Kindes;
- Die Angabe des Zeitpunkt, ab dem Unterhalt verlangt wird;
- Für den Fall, dass Unterhalt für die Vergangenheit verlangt wird: Angabe, wann die Voraussetzungen des § 1613 I oder II Nr. 2 BGB eingetreten sind;
- Die Angabe der Höhe des verlangten Unterhalts;
- Kindergeld und anzurechnende Leistungen, §§ 1612b, 1612c BGB;
- Die Erklärung, dass zwischen dem Kind und dem Antragsgegner ein Eltern-Kind-Verhältnis nach §§ 1591-1593 BGB besteht;
- Die Erklärung, dass das Kind nicht mit dem Antragsgegner in einem Haushalt lebt;
- Die Angabe zur Höhe des Kindeseinkommens;

238 Münchner Prozessformularbuch, Familienrecht, Vossenkämper, H.VI.2 Anm 4.
239 OLG Karlsruhe, FamRZ 2001, 767.
240 OLG Naumburg, FamRZ 2002, 1045, 1048; OLG Schleswig, MDR 2002, 279.

- Die Erklärung, dass der Anspruch aus eigenem, aus übergegangenem oder rückabgetretenem Recht geltend gemacht wird;
- Die Erklärung, dass Unterhalt nicht für Zeiträume verlangt wird, für die das Kind Hilfe nach dem BSHG, Hilfe zur Erziehung oder Eingliederungshilfe nach dem SGB VIII, Leistungen nach dem UVG oder Unterhalt nach § 1607 II oder III BGB erhalten hat oder, soweit Unterhalt aus übergegangenem Recht oder nach § 91 III S. 2 BSHG (ab 1.1.05:§ 94 IV S. 2 des Zwölften Sozialgesetzbuches), (ab 1.1.05: § 33 II S. 4 des Zweiten Sozialgesetzbuches) oder § 7 IV S. 1 UVG verlangt wird, die Erklärung, dass der beantragte Unterhalt die Leistung an oder für das Kind nicht übersteigt;
- Die Erklärung, dass die Festsetzung im Vereinfachten Verfahren nicht nach § 645 II ZPO ausgeschlossen ist.

1209 Im Internet steht unter *www.berlin.de/SenJust/Gerichte/AG/famr_formulare.html* der amtliche Vordruck zum Download bereit. Nach § 659 II ZPO besteht **Benutzungszwang** für den Vordruck. Desgleichen existiert für die Einwendungen des Antragsgegners ein Formular. Nur unter Verwendung des Vordrucks kann der Schuldner seine Einwendungen vorbringen.

1210 Auch das Jugendamt, falls es Unterhaltsvorschuss geleistet hat, ist im vereinfachten Verfahren antragsberechtigt, wie auch Sozialämter und die in § 1607 II, III BGB genannten Verwandten, § 646 I Nr. 1, 11 ZPO. Die Vordrucke stehen diesen jedoch nicht zur Verfügung.

### 4. Prozesskostenhilfe

1211 Dem Antragsteller ist, wenn die entsprechenden Voraussetzungen vorliegen, Prozesskostenhilfe zu bewilligen, § 114 ZPO, und ein Rechtsanwalt beizuordnen, § 121 II ZPO, da das so genannte vereinfachte Verfahren alles andere als einfach ist.[241] Zumindest setzt eine sachgerechte Antragstellung voraus, dass vorab geprüft wird, ob und in welchem Umfang ein Anspruch gegen den Unterhaltsverpflichteten geltend gemacht werden kann, da im Fall der vollständigen oder auch nur teilweisen Zurückweisung des Antrages ein Kostenrisiko entsteht.[242]

### 5. Höhe des Unterhalts

1212 Auch im vereinfachten Verfahren bemisst sich der Bedarf des minderjährigen Kindes nach der Lebensstellung der Eltern. Die Höhe des Unterhalts, den das Kind verlangen kann, hängt also von den Einkommens- und Vermögensverhältnissen des barunterhaltspflichtigen Elternteils ab.

1213 Der Unterhalt kann im vereinfachten Verfahren bis zum 1½fachen des Regelbetrages verlangt werden, § 645 I ZPO. Die Höchstbeträge von 150% betragen für die Zeit vom 1.7.2003 bis 1.7.2005, vor Anrechnung des Kindergeldes:

- In den alten Bundesländern in der ersten Altersstufe 299,– €, in der zweiten Alterstufe 362,– € und in der dritten Alterstufe 426,– €.

241 Heiß/Born, Unterhaltsrecht, Born Kap. 22 Rn. 433.
242 OLG Hamm, FamRZ 2001, 1155.

- In den neuen Bundesländern in der ersten Altersstufe 275,– €, in der zweiten Alterstufe 333,– € und in der dritten Alterstufe 393,– €.

### 6. Darlegungs- und Beweislast

1214 Im vereinfachten Verfahren kann das Kind ohne nähere Begründung den 1½fachen Regelbetrag verlangen. Das vereinfachte Verfahren kann jedenfalls wegen der **Umkehr der Darlegungs- und Beweislast** zu Lasten des Schuldners, bei Ansprüchen bis zu 150 % des Regelbetrages, für den Gläubiger zweckmäßig sein. Bei einer Unterhaltsklage wäre das Kind, wenn es eine 100% des Regelbetrages übersteigenden Unterhalt verlangt, für die Höhe seines Bedarfs darlegungs- und beweispflichtig.[243]

1215 **BERATUNGSHINWEIS:** Befindet sich das minderjährige Kind in der ersten oder zweiten Alterstufe ist es zu empfehlen auch im vereinfachten Verfahren einen **dynamisierten Unterhalt** zu beantragen. Nur so kommt das Kind in den Genuss der regelmäßigen Unterhaltserhöhung. Verzugszinsen können im vereinfachten Verfahren nicht geltend gemacht werden.[244] Wird ein Unterhaltsrückstand geltend gemacht, so sollte dem Antrag zur Verfahrensbeschleunigung eine **Unterhaltsrückstandsberechnung** beigefügt werden, aus welcher deutlich hervorgeht, ab welchem Zeitpunkt rückständiger Unterhalt verlangt wird, und ggf. in welcher Höhe seitens des Schuldners hierauf bereits Zahlungen getätigt wurden.

### 7. Einwendungen des Schuldners

1216 Der Pflichtige wird darüber belehrt, dass der vom Bedürftigen beantragte Beschluss ergeht, wenn er nicht binnen **Monatsfrist** ab Zustellung Einwendungen in der dafür vorgeschriebenen Form, § 647 ZPO, erhebt. Bringt der Verpflichtete die Einwendungen nicht in der ersten Instanz vor, ist er hiermit in der zweiten Instanz zunächst ausgeschlossen.[245]

1217 Der Schuldner kann **formelle Einwendungen** erheben, gegen die Zulässigkeit des Verfahrens, gegen die Fälligkeit des Unterhalts, gegen die Berechnung der Prozentsätze, gegen die Kindergeldverrechnung und gegen die Kostentragungspflicht.[246]

1218 Desgleichen kann der Pflichtige **sachliche Einwendungen** erheben. Der wichtigste Einwand ist, dass er zur Zahlung des beantragten Unterhalts nicht verpflichtet ist, da er den Unterhalt ohne Gefährdung seines eigenen Unterhalts nicht oder nicht in der beantragten Höhe aufbringen kann. Dieser Einwand wird vom Gericht nur dann zugelassen, wenn der Unterhaltsschuldner in dem entsprechenden Formular, (erhältlich unter: www.berlin.de/SenJust/Gerichte/AG/famr_formulare.html), ordnungsgemäß Auskunft über seine persönlichen und wirtschaftlichen Verhältnisse erteilt, die für die Bemessung des Unterhalts von Bedeutung sind, entsprechende Belege über seine Einkünfte vorlegt, und eine Erklärung darüber abgibt, in welcher Höhe er bereit ist Unterhalt zu leisten. Auch hier gilt, dass der Verpflichtete nur den amtlichen Vordruck verwenden darf.

---

243 Münchner Prozessformularbuch, Familienrecht, Vossenkämper, H.VI. 1 Anm1.
244 Münchner Prozessformularbuch, Familienrecht, Vossenkämper, H.VI. 2 Anm11.
245 OLG Koblenz, FamRZ 2001, 1079.
246 Heiß/Born, Unterhaltsrecht, Born, Kap. 22 Rn. 439.

Werden vom Verpflichteten die entsprechenden Auskünfte nicht erteilt, und hält er das vorgegebene Procedere nicht ein, wird der Unterhalt in der vom Kind beantragten Höhe festgesetzt. 1219

Das Fehlen einer im Formblatt zu § 648 ZPO bereits gar nicht vorgesehenen Erklärung des Unterhaltsschuldners, keinen Unterhalt zahlen zu wollen, kann nicht zu Lasten des Verpflichteten gewertet werden.[247] Es ist daher als ausreichend anzusehen, wenn der Schuldner erklärt, dass er bei gleichmäßiger Verwendung der ihm zur Verfügung stehenden Mittel – ohne Gefährdung seines eigenen Unterhalts – nicht in der Lage ist den vollen Unterhalt zu bezahlen, und hierzu nicht verpflichtet ist. 1220

Kommt der Verpflichtete dagegen allen Auflagen nach, teilt das Gericht dies, einschließlich der vorgelegten Belege über die Einkommens- und Vermögensverhältnisse, dem gesetzlichen Vertreter des Kindes mit. Auf Antrag wird der Unterhalt, gerichtskostenfrei, in der Höhe festgesetzt, in welcher sich der Verpflichtete zur Bezahlung bereit erklärt hat. Beide Parteien haben aber auch die Möglichkeit nach § 652 ZPO die Durchführung des **streitigen Verfahrens** zu beantragen. Dieser Antrag ist innerhalb einer Frist von 6 Monaten zu stellen. Die Frist beginnt zu laufen, sobald der Antragsteller vom Gericht die Mitteilung vom Gericht erhalten hat, dass Einwendungen des Verpflichteten nicht zurückzuweisen oder zulässig sind, §§ 651 VI, 650 S. 1 ZPO. 1221

### 8. Rechtsmittel

Hat der Verpflichtete nicht innerhalb der Monatsfrist mögliche Einwendungen erhoben oder nicht in der entsprechenden Form, so wird der Unterhalt antragsgemäß festgesetzt. Hiergegen hat er Verpflichtete die Möglichkeit mit der **sofortigen Beschwerde** vorzugehen, § 652 ZPO, welche innerhalb einer zweiwöchigen Frist einzulegen ist. Der Verpflichtete kann nur vorbringen die Einwendungen seien zu Unrecht zurückgewiesen worden, oder zu Unrecht als unzulässig angesehen worden, sowie die Unrichtigkeit der Kostenentscheidung, bzw Festsetzung. 1222

Ist im Fall der zulässigen Einwendung des Verpflichteten der Unterhalt festgesetzt worden, steht beiden Parteien die Möglichkeit offen nach § 652 ZPO die Durchführung des **streitigen Verfahrens** zu beantragen. Dieser Antrag ist innerhalb einer Frist von 6 Monaten zu stellen. Die Frist beginnt zu laufen, sobald der Antragsteller vom Gericht die Mitteilung vom Gericht erhalten hat, dass Einwendungen des Verpflichteten nicht zurückzuweisen oder zulässig sind, §§ 651 VI, 650 S. 1 ZPO. Die Kosten des vereinfachten Verfahrens sind dann Teil der Kosten des streitigen Verfahrens, § 651 V ZPO. Ist die Durchführung des streitigen Verfahrens beantragt, verfährt das Gericht wie nach Eingang einer Klage. Es ist weder eine besondere Klagebegründungschrift einzureichen, noch eine besondere Klageerwiderungsschrift.[248] Der Antragsteller kann im streitigen Verfahren im Wege der Klageerweiterung auch einen höheren, als im Festsetzungsantrag zunächst beantragten Unterhalt verlangen. 1223

247 OLG Düsseldorf, FamRZ 2001, 765.

248 Schumacher/Grün, FamRZ 1998, 778, 793.

1224 Ist die Unterhaltsfestsetzung rechtskräftig, können die Parteien im Wege der **Abänderungsklage nach § 654 ZPO** eine Änderung der Entscheidung verlangen. Wird die Klage nach § 654 ZPO innerhalb eines Monats nach Rechtskraft der Unterhaltsfestsetzung erhoben, kann diese auch rückwirkend abgeändert werden. Der Verpflichtete ist dann **nicht auf bestimmte Einwendungen beschränkt.** Er kann also auch solche Tatsachen vorbringen, die er im vereinfachten Verfahren nicht vorgebracht hat.[249] Für den Unterhaltsberechtigten ist interessant, dass es im Rahmen von § 654 ZPO nicht auf eine wesentliche Veränderung der Verhältnisse ankommt und es keine Präklusion für Erhöhungsanträge gibt.[250]

### VIII. Vorläufiger Rechtsschutz

1225 Ab **Anhängigkeit einer Ehesache**, oder eines entsprechenden Prozesskostenhilfegesuches kann eine **einstweilige Anordnung** zum Unterhalt **nach §§ 620 Nr. 4, 620a II ZPO** beantragt werden. **Örtlich zuständig** ist das Gericht der Ehesache. **Sachlich zuständig** ist das Amtsgericht, Familiengericht, wenn die Ehesache in erster Instanz anhängig ist, ist die Ehesache in zweiter Instanz anhängig, ist das Oberlandesgericht zuständig, § 620a IV S. 1 ZPO. Im übrigen vgl § 620a IV S. 2, 3 ZPO.

1226 Der **Antrag** ist schriftlich oder zu Protokoll der Geschäftsstelle zu erklären, § 620a II S. 2 ZPO. Anwaltszwang besteht nicht. Erforderlich ist ein **Regelungsbedürfnis.** Es entspricht dem Rechtsschutzbedürfnis, und wird im Einzelfall daran gemessen, ob sofort einzuschreiten ist, oder ob ein Abwarten bis zur Entscheidung der Hauptsache zumutbar ist.[251] Die Voraussetzungen für die Anordnung sind Glaubhaft zu machen. Die einstweilige Anordnung tritt nicht automatisch mit Rechtskraft der Scheidung außer Kraft, § 620f ZPO, sondern erst, bei einer anderweitigen Regelung, oder wenn der Scheidungsantrag zurückgenommen wird.

1227 Schließlich kann in **isolierten Verfahren**, sobald eine Hauptsacheklage, oder ein hierauf gerichteter Prozesskostenhilfeantrag eingereicht sind, eine **einstweilige Anordnung gem. § 644 ZPO** beantragt werden. gem. § 644 S. 2 ZPO gelten die §§ 620a – 620g ZPO entsprechend für einstweilige Anordnungen in isolierten Unterhaltsverfahrenentsprechend, somit auch die Unanfechtbarkeit des § 620c ZPO, oder auch die Abänderungsmöglichkeit gem. § 620b ZPO.

1228 Sowohl in isolierten Verfahren, als auch in Verbundverfahren kann das Gericht auf Antrag durch einstweilige Anordnung die Verpflichtung zur Leistung eines **Prozesskostenvorschusses** regeln, § 127a ZPO, §§ 620 Nr. 10, 620a II S. 1 ZPO.

### IX. Stufenklage

1229 Mit der Stufenklage, die in der letzten Stufe einen zunächst noch unbezifferten Antrag enthält, wird die Prozessökonomie gefördert. Die Stufenklage enthält eine **Dreiteilung**, Auskunft mit Einkommensnachweisen, Eidesstattliche Versicherung und unbezifferter

249 BGH, FamRZ 2003, 304 BGH, FamRZ 1995, 348.
250 Heiß/Born, Unterhaltsrecht, Born, Kap. 22 Rn. 448.
251 Thomas/Putzo, ZPO, Hüßtege, § 630 Rn. 9.

Zahlungsantrag.[252] Erst nach Abschluss einer Stufe wird das Verfahren, auch auf Antrag des Gegners, fortgesetzt.[253] Über jede Stufe wird sukzessive verhandelt. Mit Zustellung der Stufenklage tritt **Rechtshängigkeit** für das gesamte Verfahren ein.[254] Dies hat insbesondere Ausw.irkungen auf Unterhaltsrückstände. Der Klageantrag, insbesondere hinsichtlich der Auskunftsklage, hat **hinreichend bestimmt** zu sein, so dass die Vollstreckung möglich ist. Es müssen also die Belege, welche gefordert werden genau bezeichnet sein, und der Auskunftszeitraum genau zu bestimmten ist. Andernfalls wird die Klage als unzulässig abgewiesen.

1230 Ergibt sich nach Auskunftserteilung, dass kein Unterhaltsanspruch besteht, ist die Hauptsache nicht erledigt.[255] Es besteht aber die Möglichkeit die Klage zurückzunehmen und zu beantragen dem Beklagten die **Kosten** des gesamten Verfahrens aufzuerlegen, da er zur Klage Veranlassung gegeben hat, in dem er trotz vorprozessualer Aufforderung keine Auskunft erteilt hat, §§ 269 III S. 2, 93d ZPO. Wird der Antrag einseitig für erledigt erklärt, als beantragt die Erledigung festzustellen, ist der Antrag auf Feststellung der Ersatzpflicht des Beklagten für die nutzlos entstandenen Kosten auszulegen.[256] Erklären die Parteien auf der Leistungsstufe übereinstimmend die Erledigung, so gilt die Kostenfolge des § 91a ZPO.

1231 **Vor** Einreichung der Stufenklage ist der Verpflichtete außergerichtlich und vorprozessual aufzufordern sein Einkommen und ggf. auch das Vermögen offen zu legen. Dies ist vor allem wegen der Kostenfolge der §§ 93, 93 ZPO dringend zu empfehlen. Dies gilt auch im Hinblick auf die für Unterhaltsrückstände geltend zu machenden Verzugszinsen. Die **Stufenmahnung** sollte aus Beweiszwecken unbedingt per Einschreiben Rückschein versandt werden. Der ab Fälligkeit einer Unterhaltsrate entstandene Verzug des Unterhaltsschuldners erstreckt sich grundsätzlich auch auf die künftig fällig werdenden Unterhaltsraten, ohne dass es hierzu einer monatlich wiederholten Mahnung bedürfte.[257]

## X. Abänderungsklage, § 323 ZPO

1232 Die Abänderungsklage gem. § 323 ZPO ermöglicht es dem Unterhaltsgläubiger, und dem Unterhaltsschuldner bei wesentlicher Veränderung der für die Verurteilung maßgeblichen Verhältnisse eine **Abänderung des Urteils** zu verlangen, ab dem Zeitpunkt der Klagezustellung. Es geht um eine Anpassung an die geänderten Gesamtumstände. Für im einstweiligen Rechtsschutz ergangene Entscheidungen ist sie nicht einschlägig. Als mit der Abänderungsklage angreifbare Schuldtitel kommen im wesentlichen in Betracht, Unterhaltsurteile, Prozessvergleiche und vollstreckbare Urkunden.[258]

1233 Während des Getrenntlebens der Eltern, und während der Anhängigkeit einer Ehesache kann die Abänderungsklage nur im eigenen Namen des betreuenden Elternteils für

252 FA-FamR, Gerhardt, Kap. 6 Rn. 524.
253 Thomas/Putzo, ZPO, Reichold, § 254 Rn. 8.
254 BGH, FamRZ 1995, 1515.
255 Thomas/Putzo, ZPO, Reichold, § 254 Rn. 6; aA OLG Karlsruhe, FamRZ 1989, 1100.
256 BGH, FamRZ 1995, 348.
257 Büchting/Heussen, Münchner Prozessformularbuch, Familienrecht, Vossenkämper, D. II 1a Anm 4.
258 Heiß/Born, Unterhaltsrecht, Born Kap. 23 Rn. 81.

das Kind geltend gemacht und in Prozessstandschaft erhoben werden. Sind die Kindeseltern rechtskräftig geschieden fällt die Prozessstandschaft auf das Kind zurück.[259]

1234 Zwingende Voraussetzung für die Zulässigkeit der Abänderungsklage ist das schlüssige Behaupten einer **wesentlichen Änderung der Verhältnisse**, nach Schluss der mündlichen Verhandlung.[260] Die Änderung muss eingetreten sein. Eine Prognose ist nicht ausreichend. Klar muss sein, dass die Grundlagen, die zum Titel geführt haben sich wesentlich geändert haben, und heute sich die Verhältnisse anders darstellen. Es kommt immer auf die Gesamtumstände an. Von der Praxis wurde die **10% Schwelle** entwickelt, die jedoch allenfalls als grober Anhaltspunkt dienen kann. Bei beengten wirtschaftlichen Verhältnissen kann diese Schwelle unterschritten werden.[261]

1235 Die **Darlegungs- und Beweislast** für die wesentliche Änderung der Umstände, die ursprünglich maßgeblich waren, trägt grundsätzlich der Abänderungskläger.[262] Ist jedoch der Unterhaltstatbestand weggefallen, trägt die Darlegungs- und Beweislast der Unterhaltsgläubiger für das Fortbestehen des Titels.

1236 Die Anpassung kann erst **ab dem Tag der Klagezustellung** verlangt werden. Eine Ausnahme besteht für Klagen auf Erhöhung des Unterhalts, wenn gem. § 1613 I BGB, für die Vergangenheit erhöhter Unterhalt bereits vom Zeitpunkt einer Aufforderung zur Auskunftserteilung oder Mahnung an den Verpflichteten verlangt werden kann. Die **Zeitschranke** des § 323 III ZPO gilt aber bei einem Abänderungsbegehren auf Reduzierung des Unterhaltsanspruches.

### XI. Die negative Feststellungsklage

1237 Die negative Feststellungsklage des § 256 ZPO richtet sich gegen **einstweilige Anordnungen**, die im Scheidungsverfahren ergangen sind, § 620 Nr. 4 ZPO, die nach § 620f ZPO noch fortgelten, da gegen diese nicht mit der Abänderungsklage nach § 323 ZPO vorgegangen werden kann und gegen einstweilige Anordnungen nach § 641d ZPO.[263] Für eine negative Feststellungsklage gegen eine einstweilige Anordnung nach § 644 ZPO im Unterhaltsprozess fehlt das Rechtsschutzinteresse, da die Hauptsache bereits im ordentlichen Verfahren (eben des Unterhaltsrechtsstreits) anhängig ist.[264]

1238 Wird ein Antrag auf Erlass einer einstweiligen Anordnung abgelehnt, und bemüht sich der Bedürftige nicht weiter um einen Unterhaltstitel, entfällt für die negative Feststellungsklage das **Feststellungsinteresse**.[265] Da die einstweilige Anordnung keinen Bestandsschutz entfaltet, kann auch **rückwirkend** die Feststellung beantragt werden, dass kein Unterhalt geschuldet ist.[266]

---

259 BGH, FamRZ 1986, 245.
260 Heiß/Born, Unterhaltsrecht, Born Kap. 23 Rn. 141.
261 BGH, FamRZ 1992, 539; KG 1983, 291, 293.
262 BGH, FamRZ 1987, 259, 262.
263 FA-FamR, Gerhardt, Kap. 6 Rn. 614.
264 OLG Köln, FamRZ 2001, 106.
265 BGH, FamRZ 1995, 725.
266 BGH, FamRZ 1989, 850.

### XII. Die Nachforderungsklage

1239 Nur wenn eine Leistungsklage ausdrücklich als Teilklage bezeichnet worden ist, kommt eine Nachforderungsklage, als Leistungsklage in Betracht.[267] Dies kann gegeben sein, wenn der Mindestkindesunterhalt geltend gemacht wird, und dann die Auskunft des Verpflichteten abgewartet werden soll zur Geltendmachung der Nachforderung. Wenn es sich bei dem Teiltitel allerdings um kein Urteil handelt, kann auch eine Abänderungsklage eingereicht werden. Liegt allerdings ein Urteil vor, und war nicht erkennbar, dass es sich nur um eine Teilforderung handelt, ist die Abänderungsklage einschlägig.

### XIII. Kosten

1240 Hat ein Unterhaltsverpflichteter Veranlassung zur Klage gegeben, weil er seiner Verpflichtung Auskunft über sein Vermögen bzw Einkommen zu erteilen nicht oder nicht vollständig nachgekommen ist, können ihm nach § 93 ZPO die Kosten des Verfahrens nach billigem Ermessen ganz oder teilweise auferlegt werden. Dies gilt auch, wenn die Klage zurückgenommen wird.[268]

1241 Auch wenn der Unterhaltsschuldner freiwillig und pünktlich bezahlt, besteht ein Rechtsschutzbedürfnis, da eine Titulierung schutzbedürftig ist. Gibt aber der Unterhaltsgläubiger dem Schuldner keine Gelegenheit den einfacheren und billigeren Weg zur Schaffung eines Titels z.B. im Wege der Erstellung einer Jugendamtsurkunde, können auch die Folgen des § 93 ZPO eintreten.[269]

1242 Der **Streitwert** richtet sich für den laufenden Unterhalt nach dem Jahresbetrag ab Einreichung der Klage. Spätere Erhöhungen können keine Berücksichtigung finden.

### XIV. Rechtsmittel

1243 Gegen **Urteile** des Familiengerichts ist die **Berufung** zum Oberlandesgericht gem. § 119 I Nr. 1 GVG das statthafte Rechtsmittel. Die Vorschriften der §§ 511ff. ZPO finden Anwendung. Die Berufung ist durch einen zugelassenen Rechtsanwalt beim Oberlandesgericht binnen der Notfrist von einem Monat ab Zustellung des Urteils schriftlich einzulegen. Die Berufungsbegründung ist innerhalb einer weiteren Frist von 4 Wochen beim Oberlandesgericht nachzureichen. Der Beschwerdewert wird bei Unterhaltsangelegenheiten i.d.R. erreicht sein. gem. § 2 i.V.m. § 9 ZPO ist der dreieinhalbfache Wert des einjährigen Bezuges maßgeblich.

1244 Gegen **einstweilige Anordnungen**, die wegen Dringlichkeit ohne mündliche Verhandlung ergangen sind, besteht nur die Möglichkeit einen Antrag auf mündliche Verhandlung zu stellen, § 620b II ZPO. Die sodann nach mündlicher Verhandlung ergangene Entscheidung ist unanfechtbar. Allenfalls bei offenkundigem Fehlen einer Gesetzesgrundlage werden Ausnahmen von der Unanfechtbarkeit zugelassen.[270] Die sofortige Beschwerde wird dann möglich sein.

267 BGH, FamRZ 1993, 945, 946.
268 Büchting/Heussen, Beck`sches Rechtsanwaltshandbuch, Heiß/Heiß, C 17 Rn. 143.
269 Büchting/Heussen, Beck`sches Rechtsanwaltshandbuch, Heiß/Heiß, C 17 Rn. 143.
270 Thomas/Putzo, ZPO, Hüßtege, § 620d Rn. 9.

## XV. Muster

## XVI. Kindesunterhalt im Scheidungsverbund

1245

### 1. Muster: Klage der Ehefrau auf Zahlung von Kindesunterhalt

71

■■■

wegen Ehescheidung

hier: Kindesunterhalt

Namens und im Auftrag der Antragstellerin wird die Folgesache Kindesunterhalt zum Scheidungsverfahren Aktenzeichen ■■■ anhängig gemacht und beantragt:

Der Antragstellerin wird auch für dieses Verfahren Prozesskostenhilfe unter Beiordnung ihres Prozessbevollmächtigten bewilligt.

Der Antragsgegner wird verurteilt an die Antragstellerin ab Rechtskraft des Scheidungsurteils einen monatlichen Kindesunterhalt für das ehegemeinschaftliche Kind ■■■, geboren am ■■■, in Höhe von ■■■% des jeweiligen Regelbetrages der Gruppe ■■■ der Düsseldorfer Tabelle Alterstufe ■■■ abzüglich ■■■ € anrechenbares Kindergeld gem. § 1612b V BGB, somit derzeit ■■■ €, fällig zum 1. eines Monats zu bezahlen.

Des weiteren wird beantragt

Gemäß § 307 II ZPO gegen den Beklagten ohne mündliche Verhandlung das Anerkenntnisurteil zu erlassen, sofern dieser auf Aufforderung nach § 276 I ZPO den Anspruch ganz oder zum Teil anerkennt;

Gemäß § 331 III ZPO gegen den Beklagten ohne mündliche Verhandlung das Versäumnisurteil zu erlassen, falls dieser nicht rechtzeitig anzeigt, dass er sich gegen die Klage verteidigen will.

Begründung:

I. Die Parteien sind getrennt lebende Eheleute. Zwischen ihnen ist das Scheidungsverfahren unter dem Aktenzeichen ■■■ anhängig.

II. Aus der Ehe der Parteien ist das gemeinsame Kind ■■■, geboren am ■■■ hervorgegangen. Das Kind hat seinen gewöhnlichen Aufenthalt bei der Kindesmutter. Die Antragstellerin macht als Prozessstandschafterin im laufenden Scheidungsverfahren den Unterhaltsanspruch des gemeinsamen Kindes geltend.

III. Der Antragsgegner ist angestellt tätig bei der Firma ■■■. Er erzielt, unter Berücksichtigung von 5% pauschalen berufsbedingten Aufwendungen, ein monatsdurchschnittliches Einkommen i.H.v. ■■■ €.
Beweis: Gehaltsabrechnungen des Antragsgegners von ■■■ bis ■■■
Dieses Einkommen unterfällt an sich der Gruppe ■■■ der Düsseldorfer Tabelle. Da der Antragsgegner aber nur für ein Kind unterhaltspflichtig ist, ist eine Höherstufung um ■■■ Gruppen angemessen. Dies führt zu einem Tabellenbetrag i.H.v. ■■■ € abzüglich anrechenbares Kindergeld i.H.v. ■■■ €, somit zu einem Zahlbetrag i.H.v. ■■■ €.

IV. Der Antragsgegner wurde außergerichtlich bereits mit Schriftsatz vom ■■■ aufgefordert diesen Unterhalt zu bezahlen und eine Jugendamtsurkunde zu erstellen.

Der Antragsgegner bezahlt zwar derzeit einen Teil des geforderten Unterhaltsbetrages, jedoch nicht pünktlich und nicht regelmäßig. Eine vom Antragsgegner angekündigte Jugendamtsurkunde wurde bis dato nicht vorgelegt.

■■■

Rechtsanwalt

## 2. Muster: Antrag auf Erlass einer einstweiligen Anordnung auf Zahlung von Kindesunterhalt

1246

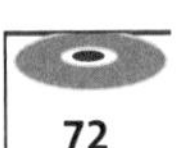

72

■■■

wegen Ehescheidung

hier: Antrag auf Erlass einer einstweiligen Anordnung wegen Kindesunterhalt

Unter Bezugnahme auf die bereits im Scheidungsverfahren vorgelegte Prozessvollmacht bitte ich der Antragstellerin auch für dieses Verfahren Prozesskostenhilfe zu bewilligen und ihr zur Wahrnehmung ihrer Rechte die unterfertigte als Rechtsanwältin beizuordnen.

In der Sache selbst beantrage ich namens und im Auftrag der Antragstellerin im Wege der einstweiligen Anordnung, wegen Dringlichkeit ohne mündliche Verhandlung, wie folgt zu erkennen:

Dem Antragsgegner wird aufgegeben für das ehegemeinschaftliche Kind ■■■, geboren am ■■■, beginnend ab dem ■■■ eine monatlich im Voraus fälligen Unterhalt in Höhe von ■■■ €, abzüglich gem. § 1612 V BGB anrechenbares Kindergeld i.H.v. ■■■, somit ■■■ € zu bezahlen.

Begründung:

I. Die Parteien sind getrennt lebende Eheleute. Zwischen ihnen ist unter dem obigen Aktenzeichen das Scheidungsverfahren anhängig.

II. Aus der Ehe der Parteien ist das gemeinsame Kind ■■■, geboren am ■■■, hervorgegangen, das von der Kindesmutter betreut wird. Das Kind selbst ist einkommens- und vermögenslos.

III. Der Antragsgegner erbringt keine Unterhaltszahlungen.
Der Antragsgegner verweist darauf arbeitslos zu sein. Er bezieht nach eigenen Angaben seit ■■■ Arbeitslosengeld in Höhe von ■■■ €. Dem Antragsgegner obliegt jedoch aufgrund seiner Unterhaltsverpflichtung dem minderjährigen Kind gegenüber eine gesteigerte Erwerbsobliegenheit. Ausreichende Erwerbsbemühungen wurden vom Antragsgegner nicht dargetan. Auch unterbricht eine vorübergehende Arbeitslosigkeit nicht die Unterhaltsverpflichtung.
Der Antragsgegner hat bis zum ■■■ über ein monatliches Einkommen in Höhe von ■■■ verfügt.
Glaubhaftmachung: Gehaltsabrechnungen ■■■ bis ■■■
Dieses Einkommen ist für den Antragsgegner nach wie vor erzielbar. Mit diesem Einkommen unterfällt der Antragsgegner in die Einkommensgruppe ■■■ der Düsseldorfer Tabelle (Berliner Tabelle). Da der Antragsgegner ■■■ Personen gegenüber unterhaltsverpflichtet ist, findet keine Höhergruppierung statt.
Dem gemäß ist der Antragsgegner verpflichtet Kindesunterhalt gemäß der Einkommensgruppe ■■■/Alterstufe ■■■ nach der derzeit gültigen Düsseldorfer Tabelle (Berliner Tabelle) in Höhe von ■■■ €, abzüglich anrechenbares Kindergeld in Höhe von ■■■ €, somit ■■■ € zu bezahlen.

IV. Aufgrund der Betreuung des gemeinsamen minderjährigen Kindes ist die Antragstellerin nicht erwerbstätig. Sie ist dringend auf den Kindesunterhalt angewiesen.

Zur Glaubhaftmachung des gesamten obigen Vortrages wird anliegende eidesstattliche Versicherung der Antragsstellerin übergeben.

■■■

Rechtsanwalt

### XVII. Kindesunterhalt im isolierten Verfahren

#### 1. Antrag des minderjährigen Kindes auf Festsetzung des Unterhalts im Vereinfachten Verfahren nach § 645 ZPO

1247 Der amtliche Vordruck steht im Internet unter *www.berlin.de/SenJust/Gerichte/AG/famr_formulare.html* zum Download bereit. Nach § 659 II ZPO besteht **Benutzungszwang** für den Vordruck. Unter der selben Internetadresse ist ein ausführliches **Merkblatt** zum Antrag auf Festsetzung von Unterhalt für ein minderjähriges Kind im Vereinfachten Verfahren zu finden. Ebenso ist unter der oben genannten Internetadresse der für die **Einwendungen des Antragsgegners** vorgesehene **Pflichtvordruck** zu finden, §§ 648, 659 II ZPO i.V.m. § 1 I Nr. 2 KindUVV.

1248

#### 2. Muster: Antrag des minderjährigen Kindes auf Festsetzung des Unterhalts im streitigen Verfahren, § 651 ZPO

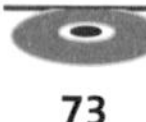

73

■■■

wegen Kindesunterhalt

Ausweislich anliegender Prozessvollmacht zeige ich die anwaltliche Vertretung des Antragstellers des bisher durchgeführten vereinfachten Verfahrens ■■■ FH ■■■ an, und beantrage:

Es wird das streitige Verfahren nach § 651 ZPO durchgeführt und der Unterhalt entsprechend dem im vereinfachten Verfahren gestellten Festsetzungsantrag des Klägers vom ■■■ festgesetzt.

Der Beklagte trägt die Kosten des Verfahrens

Begründung:

I. Der Kläger hat, gesetzlich vertreten durch seine Mutter, als minderjährige Kind des Beklagten, im vereinfachten Verfahren unter dem Aktenzeichen ■■■ gem. § 654 I ZPO die erstmalige Festsetzung seines Unterhalts beantragt.

Gemäß der Mitteilung des Rechtspflegers hat der Beklagte nicht zurückzuweisende bzw zulässige Einwendungen gegen die Festsetzung in beantragter Höhe erhoben.

Der vorliegende Antrag auf Durchführung des streitigen Verfahrens wird innerhalb der Frist von 6 Monaten ab Zugang der Mitteilung am ■■■ gestellt.

Der bereits im vereinfachten Verfahren zugestellte Festsetzungsantrag gilt als Klageschrift.[271] Eine Vorschusspflicht besteht demnach nicht.

Die Einwendungen des Beklagten gelten als Klageerwiderung, § 651 II S. 2 ZPO, so dass um baldige Anberaumung eines Termins zur mündlichen Verhandlung gebeten wird.

Soweit der Beklagte vorträgt nicht leistungsfähig zu sein, ist er darauf hinzuweisen, dass ihn gegenüber seinem minderjährigen Kind eine gesteigerte Erwerbsobliegenheit trifft. Vom Beklagten wurden keine ausreichenden Erwerbsbemühungen dargetan.

■■■ (weitere Stellungnahme zu den Einwendungen des Beklagten)

■■■

Rechtsanwalt

1249 **Hinweise: Zuständig** für das streitige Verfahren ist das Amtsgericht, Familiengericht, dass bereits für das vereinfachte Verfahren zuständig war.

1250 Bei diesem Gericht wird eine neue Akte angelegt, mit dem Regeisterzeichen F, mit dem analog § 13 III AktO die bisherige FH – Akte vereinigt und fortgeführt wird.[272]

1251 Ergibt sich aus der Auskunft des Verpflichteten, dass er nicht in der Höhe leistungsfähig ist, wie im vereinfachten Verfahren beantragt, sollte der Antrag nicht in voller Höhe aufrechterhalten bleiben, gerade unter Berücksichtigung des Kostenrisikos. Stellt sich jedoch heraus, dass der Verpflichtete zu einem höheren Unterhalt, als im Festsetzungsantrag geltend gemacht verpflichtet ist, kann dies im Wege der **Klageerweiterung** geltend gemacht werden.

1252 Ein Gerichtskostenvorschuss ist nicht zu bezahlen, der Antrag bereits im vereinfachten vorschussfreien Verfahren zugestellt wurde.

### 3. Muster: Antrag des Kindesvaters auf Abänderung des im dynamisierten Titels enthaltenen Kindergeldfestbetrages, § 655 ZPO[273]

1253

74

■■■

wegen Abänderung des Unterhaltstitels

namens und in Vollmacht des Antragstellers wird unter Beifügung einer Ausfertigung des nachstehenden Titels beantragt wie folgt zu beschließen:

Das Urteil ■■■ wird im vereinfachten Verfahren gem. § 655 ZPO dahin geändert, dass sich die beim dynamisierten Unterhalt mit ■■■ € monatlich berücksichtigten Kindergeldbeträge im Hinblick auf die Neufestsetzung des Kindergeldes zum ■■■ ab dem Eingang dieses Abänderungsantrages bei Gericht auf ■■■ € erhöhen.

Die Kosten des Verfahrens trägt der Antragsgegner, § 91 ZPO.

271 Schumacher/Grün, FamRZ 1998, 778, 793.

272 Münchner Prozessformularbuch, Familienrecht, Vossenkämper, H. VII. Anm 1.

273 Antrag nach Büchting/Heussen, Münchener Prozessformularbuch, Familienrecht, Vossenkämper, H. VIII. 1.

Begründung:

Der Unterhaltstitel auf wiederkehrende Leistungen zum Kindesunterhalt, Urteil ■■■, Az. ■■■, in welchem das anzurechnende Kindergeld festgelegt ist, liegt diesem Antrag an. Der Antragsgegner begehrt im vereinfachten Verfahren Abänderung dieses Titels im Hinblick auf die zwischenzeitlich erfolgten Kindergeldänderungen, die in dem Titel noch keine Berücksichtigung gefunden haben.

Zwischen den Parteien kann keine Einigung hinsichtlich des zu bezahlenden Kindesunterhalts erzielt werden. Der Antragsgegner ist nicht bereit, trotz Aufforderung, der Kindergeldänderung Rechnung zu tragen, durch einen teilweisen Unterhaltsverzicht.

Die Höhe des anzurechnenden Kindergeldes errechnet sich gem. § 1615 I und V BGB wie folgt:

■■■ € hälftige jetziges Kindergeld + ■■■ € umgerechneter dynamisierter jetziger Bedarfsbetrag laut Titel – ■■■ € 135%iger jetziger Regelbetrag West/Ost (entsprechend der Herkunft des Unterhaltstitels) = ■■■ € anzurechnendes Kindergeld.

Eine Abänderungsklage ist nicht anhängig.

■■■

Rechtsanwalt

1254 **Hinweise:** Dieses vereinfachte Verfahren zur Abänderung hat wegen § 323 V ZPO Vorrang vor dem Abänderungsverfahren nach § 323 ZPO, wenn keine weiteren Abänderungsgründe vorliegen. Es soll insbesondere bei **Kindergeldänderungen** dem Antragsteller ermöglicht werden den Beschluss durch das vereinfachte Verfahren anpassen zu lassen. Das Verfahren findet Anwendung auf Unterhaltstitel minderjähriger Kinder über wiederkehrende Leistungen, in denen insbesondere das anzurechnende Kindergeld festgelegt ist. **Zuständig** ist das Gericht, in dessen Bezirk das minderjährige Kind wohnt bzw seinen gewöhnlichen Aufenthalt hat, §§ 23a Nr. 2, 23b I S. 2 Nr. 5 GVG. Zuständig ist der Rechtspfleger gem. § 20 Nr. 10b FGG. Es besteht kein Anwaltszwang. Eine rückwirkende Abänderung ist nicht möglich.

1255 Tatsächlich wird ein solcher Antrag nur vom Unterhaltsverpflichteten gestellt werden, da durch eine Kindergelderhöhung der Zahlbetrag verringert wird. Vor Antragseinreichung sollte jedoch genauestens überprüft werden, ob sich dieser tatsächlich lohnt. Denn der tatsächlich vom Pflichtigen zu zahlende Unterhalt ändert sich unabhängig von dessen Einkommen bei der derzeitigen Kindergeldhöhe zwischen Gruppe 1 und Gruppe 6 der DT in den meisten Fällen nicht. Der Gesetzgeber hat im Ergebnis die Höhe des Bedarfs der minderjährigen Kinder, bis Einkommensgruppe 6, einheitlich geregelt, da den Kindern, unabhängig vom Einkommen des Pflichtigen der Bedarf in gleicher Höhe zustehen soll.[274] Erst ab der Einkommensgruppe 6 ändert sich hieran merklich etwas. Statt einer Bezifferung der Kindergeldhöhe würde es ausreichen dynamisch zu formulieren: „… abzüglich hälftiges Kindergeld für ein erstes Kind, soweit dieses zusammen mit dem Unterhalt 135% des Regelbetrages übersteigt.“[275]

274 Gerhardt, FamRZ 2001, 73.
275 Thomas/Putzo, ZPO, Hüßtege, § 655 Rn. 2.

### 4. Muster: Abänderungsklage des Kindesvaters nach § 654 ZPO, Antrag auf Erlass, Stundung oder Ratenzahlungsvereinbarung betreffend rückständigen Unterhalts

1256

75

■■■

wegen Abänderung

ausweislich anliegender Vollmacht wird die anwaltliche Vertretung des Klägers angezeigt.

Namens und im Auftrag des Klägers wird folgende Klage erhoben mit folgendem Anträgen:
1. Die Unterhaltsverpflichtung des Klägers gemäß dem ■■■ des Amtsgerichtes ■■■, Az. ■■■, vom ■■■ wird dahingehend abgeändert, dass der Kläger mit Wirkung ab ■■■ nur noch zu folgenden Unterhaltszahlungen verpflichtet ist:
   a. Ab ■■■ bis einschließlich ■■■ in Höhe von ■■■ % des jeweiligen Regelbetrages der Gruppe ■■■ der Düsseldorfer Tabelle Altersstufe 1 abzüglich gem. § 1612b V BGB anrechenbares Kindergeld, damit derzeit ■■■ €, abzüglich ■■■ €, somit ■■■ €.
   b. Für die Zeit ab ■■■ in Höhe von ■■■ % des jeweiligen Regelbetrages der Gruppe ■■■ der Düsseldorfer Tabelle, Alterstufe 2, abzüglich gem. § 1612b V BGB anrechenbares Kindergeld.
   c. Für die Zeit ab ■■■ in Höhe von ■■■ % des jeweiligen Regelbetrages der Gruppe ■■■ der Düsseldorfer Tabelle, Alterstufe 3, abzüglich gem. § 1612b V BGB anrechenbares Kindergeld.
2. Der rückständige Unterhalt für die Zeit von ■■■ bis ■■■ wird dem Kläger erlassen.
3. Hilfsweise wird beantragt, dass dem Kläger der rückständige Unterhalt für die Zeit von ■■■ bis ■■■ gestundet wird bis ■■■
4. Hilfsweise wird beantragt, dass der Kläger den rückständige Unterhalt für die Zeit von ■■■ bis ■■■ in monatlichen Raten in Höhe von ■■■ € ab ■■■ bezahlen kann.

Begründung:

I. Der Kläger ist Vater des Beklagten minderjährigen Kindes ■■■, geboren am ■■■, gesetzlich vertreten durch die Kindesmuter.

II. Der Kläger ist gemäß der Entscheidung des Amtsgerichtes ■■■ vom ■■■ Aktenzeichen ■■■, welche seit dem ■■■ rechtskräftig ist, verpflichtet zur Bezahlung eines Kindesunterhaltes in Höhe von ■■■.
Mit der innerhalb eines Monats seit Rechtskraft der Unterhaltsfestsetzung erhobenen Abänderungsklage nach § 654 ZPO begehrt der Kläger die Korrektur und Herabsetzung des Unterhaltes.
Der Kläger ist über den im obigen Antrag genannten Beträgen nicht leistungsfähig.
Der Kläger verfügt ausw.eislich seiner Einkommensunterlagen aus den vergangenen 12 Monaten über ein monatsdurchschnittliches Einkommen i.H.v. ■■■ €.
Beweis: Lohnabrechnungen von ■■■ bis ■■■
Nach Abzug berufsbedingter Aufwendungen i.H.v. 5%, somit ■■■ €, sowie der Zahlung auf einen Kredit i.H.v. ■■■ € monatlich, ergibt sich ein anzusetzendes monatsdurchschnittliches Einkommen i.H.v. ■■■ €. Den Kredit hat der Kläger keineswegs für luxuriöse Zwecke aufgenommen, sondern für ■■■ aufgenommen, und schon am ■■■, also lange vor der Kenntnis seiner Vaterschaft.
Dieses Einkommen unterfällt der Gruppe ■■■ der derzeit gültigen Düsseldorfer Tabelle (Berliner Tabelle). Der Kläger ist ■■■ weiteren Personen gegenüber unterhaltsverpflichtet, so dass eine Höhergruppierung nicht angemessen ist.
Der Beklagte ist ■■■ Jahre alt. Nach der ■■■ Altersstufe ergibt sich somit ein Bedarfsbetrag in Höhe von ■■■ € abzüglich gemäß § 1612b V BGB anrechenbares Kindergeld. Es

ergibt sich ein Zahlbetrag in Höhe von ■■■ € abzüglich ■■■ € Kindergeld, somit i.H.v. derzeit ■■■ €.

III. Die Vaterschaft des Klägers ist erst am ■■■ rechtskräftig festgestellt worden, sowie auch die Unterhaltsfestsetzung betreffend dem rückständigen Unterhalt für die Zeit von ■■■ bis ■■■.

Rückständiger Unterhalt steht dem Beklagten jedoch nicht zu. Der Kläger erhebt den Einwand der unbilligen Härte gem. § 1613 III BGB.

Bis zur Zustellung der Vaterschaftsklage hatte der Kläger keine Kenntnis davon, dass er Vater des Beklagten sein könne. Er konnte bis zu diesem Zeitpunkt seine Lebensführung gar nicht darauf einstellen zu Unterhaltszahlungen verpflichtete zu sein. Rücklagen wurden vom Kläger nicht gebildet.

Aufgrund seines oben dargestellten Einkommens ist der Kläger nicht, selbst nicht ratenweise, in der Lage den festgesetzten rückständigen Unterhalt zu bezahlen, ohne Gefährdung seines eigenen Unterhalts.

Dem Kläger ist auch nicht zuzumuten eine Nebenerwerbstätigkeit aufzunehmen.

Er arbeitet derzeit in Schichtarbeit ■■■, er hat seine schwer kranke Ehefrau zu versorgen ■■■ usw. ■■■

Ohne Erlass des rückständigen Unterhalts ist der Beklagte auch nicht in der Lage den laufenden Unterhalt für den Beklagten, sowie seine Ehefrau und das Kind ■■■, geboren am ■■■ sicherzustellen.

Es ist ein Fall der unbilligen Härte gegeben.

Nur hilfsweise beantragt der Kläger die Stundung bzw ratenweise Zahlung, bis zu dem Zeitpunkt, in welchem voraussichtlich die Kreditraten wegfallen. Dennoch würde auch bei Stundung bzw Ratenzahlung die Verpflichtung für den Kläger eine unbillige Härte bedeuten.

■■■

Rechtsanwalt

1257 **Hinweise:** Zweck des vereinfachten Verfahrens ist es allen minderjährigen Kindern schnell gegenüber dem Elternteil, in dessen Haushalt sie nicht leben einen ersten Vollstreckungstitel zu erhalten. Dabei sind, um die Schnelligkeit des Verfahrens zu gewährleisten, die Einwendungsmöglichkeiten des Verpflichteten limitiert, § 648 ZPO. Im Verfahren nach **§ 653 I ZPO, Unterhalt bei Vaterschaftsfeststellung** kann das Kind Unterhalt bis zur Höhe des Regelbetrages geltend machen. Der Vater ist mit dem **Einwand mangelnder oder eingeschränkter Leistungsfähigkeit ausgeschlossen.**[276] Mit der **Korrekturklage des § 654 ZPO** kann der Unterhaltsschuldner, sofern die Unterhaltsfestsetzung im vereinfachten Verfahren nach § 649 I ZPO oder § 653 I ZPO rechtskräftig erfolgt ist, die Herabsetzung des Unterhalts verlangen, ohne auf bestimmte Einwendungen beschränkt zu sein.[277] Wird die Klage nach § 654 ZPO innerhalb eines

276 Thomas/Putzo, ZPO, Hüßtege, § 653 Rn. 6.

277 Büttner, FamRZ 2002, 361, 364.

Monats eingelegt, kann die Festsetzung auch rückwirkend abgeändert werden. Eine wesentliche Veränderung der Verhältnisse ist keine Voraussetzung.[278] Schließlich kann der Schuldner betreffend des **rückständigen Unterhalts** einen **Erlass**, eine **Stundung** oder **Ratenzahlung** wegen unbilliger Härte beantragen, § 1613 III ZPO.[279]

### 5. Muster: Klage des minderjährigen Kindes gegen den Vater auf Zahlung eines dynamisierten Unterhalts

1258

76

■■■

wegen Kindesunterhalt

Ausweislich anliegender Vollmacht zeige ich die anwaltliche Vertretung des Klägers an.

Namens und im Auftrag des Klägers bitte ich diesem Prozesskostenhilfe zu bewilligen und ihm zur Wahrnehmung seiner Rechte den Unterfertigten als Rechtsanwalt beizuordnen. Zur Begründung beziehe ich auf die anliegende Erklärung über die persönlichen und wirtschaftlichen Verhältnisse, sowie die zur Glaubhaftmachung beigefügten Belege.

In der Sache selbst stelle ich folgende Anträge:

1. Der Beklagte wird verurteilt, an den Kläger, geboren am ■■■, ab ■■■ eine monatlich im Voraus zahlbare Unterhaltsrente wie folgt zu bezahlen:
   a. bis einschließlich ■■■, ■■■ % des jeweiligen Regelbetrages der Gruppe ■■■ der Düsseldorfer Tabelle Altersstufe 1 abzüglich gem. § 1612b V BGB anrechenbares Kindergeld,
      damit derzeit ■■■ €
      abzüglich ■■■ €
      somit ■■■ €
   b. Für die Zeit ab ■■■, ■■■ % des jeweiligen Regelbetrages der Gruppe ■■■ der Düsseldorfer Tabelle, Alterstufe 2, abzüglich gem. § 1612b V BGB anrechenbares Kindergeld.
   c. Für die Zeit ab ■■■, ■■■ % des jeweiligen Regelbetrages der Gruppe ■■■ der Düsseldorfer Tabelle, Alterstufe 3, abzüglich gem. § 1612b V BGB anrechenbares Kindergeld.
2. Der Beklagte trägt die Kosten des Verfahrens.
   Des weiteren werden folgende Verfahrensanträge gestellt:
   Es wird beantragt:
   a. Gemäß § 307 II ZPO gegen den Beklagten ohne mündliche Verhandlung das Anerkenntnisurteil zu erlassen, sofern dieser auf Aufforderung nach § 276 I ZPO den Anspruch ganz oder zum Teil anerkennt;
   b. Gemäß § 331 III ZPO gegen den Beklagten ohne mündliche Verhandlung das Versäumnisurteil zu erlassen, falls dieser nicht rechtzeitig anzeigt, dass er sich gegen die Klage verteidigen will;
   c. Von dem ergehenden Urteil eine vollstreckbare Ausfertigung zu erteilen.

Begründung:

I. Der Kläger ist der am ■■■ geborene Sohn des Beklagten. Er hat seinen gewöhnlichen Aufenthalt bei der Kindesmutter, die das monatliche Kindergeld i.H.v. ■■■ € bezieht.
II. Der Kläger erzielt kein eigenes Einkommen. Ein Unterhaltstitel existiert nicht.

278 BHG, FamRZ 2003, 304f.
279 Büttner, FamRZ 2002, 361, 364.

III. Nach Kenntnisstand des Kläger ist der Beklagte angestellt tätig bei der Firma ■■■. Er erzielt, unter Berücksichtigung von ■■■ (z.B. 5% pauschalen berufsbedingten Aufwendungen), ein monatsdurchschnittliches Einkommen i.H.v. ■■■ €.
Beweis: Gehaltsabrechnungen des Antragsgegners von ■■■ bis ■■■
Dieses Einkommen unterfällt an sich der Gruppe ■■■ der Düsseldorfer Tabelle (Berliner Tabelle). Da der Beklagte aber nur für ein weiteres minderjähriges Kind unterhaltspflichtig ist, ist eine Höherstufung um ■■■ Gruppen angemessen. Dies führt zu einem Tabellenbetrag i.H.v. ■■■ € abzüglich anrechenbares Kindergeld i.H.v. ■■■ €, somit zu einem Zahlbetrag i.H.v. ■■■ €.

IV. Der Beklagte wurde außergerichtlich bereits mit Schriftsatz vom ■■■ aufgefordert diesen Unterhalt zu bezahlen und eine Jugendamtsurkunde zu unterzeichnen.
Beweis: Schriftsatz vom ■■■
Eine Reaktion des Beklagten erfolgte hierauf nicht. Er leistet zwar Unterhalt zu Händen der Kindesmutter, jedoch nicht in der beantragten Höhe, und auch nur unregelmäßig.
■■■ (Ausführungen)

Es besteht ein Anspruch auf Titulierung.

■■■

Rechtsanwalt

1259 **Hinweise:** Der obige Antrag enthält die Formulierung für den Antrag auf dynamisierten Unterhalt. Dieser hat den Vorteil der automatischen Anpassung nach § 1612b VI BGB. Der Antrag auf statischen Unterhalt könnte wie folgt lauten:

1260 „Der Beklagte wird verurteilt an den Kläger einen jeweils monatlich im Voraus fälligen Unterhalt in Höhe von ■■■. € zu bezahlen, das entspricht ■■■ € Bedarfsbetrag abzüglich ■■■ € anrechenbares Kindergeld."

1261 Zur Formulierung der Kindergeldanrechnung kann auch statt bei den einzelnen Stufen abschließend die Formulierung gewählt werden: Nicht anrechenbar ist nach § 1612b V BGB der Kindergeldanteil in der Höhe, in welcher der geschuldete Unterhalt 135% des jeweiligen Regelbetrages unterschreitet.

1262 Wurde **Unterhaltsvorschuss** bezahlt, kann das Land im Einvernehmen mit dem Leistungsempfänger den übergegangenen Anspruch zur gerichtlichen Geltendmachung rück abtreten, § 7 IV S. 2 und 3 UVG. Diese **Rückabtretungserklärung** ist dem Gericht ggf. mit der Klage vorzulegen. Andenfalls hat der Kläger die Klage, vor allem hinsichtlich der Geltendmachung von Unterhaltsrückständen so zu formulieren, dass diese abzüglich geleisteter UVG-Zahlungen gefordert wird. Die Höhe ist genau zu beziffern. Sinn macht es nur sich die übergegangenen Ansprüche rück abtreten zu lassen, wenn zu erwarten ist, dass in dem Verfahren Ansprüche durchgesetzt werden können, die über den Sozialhilfe- bzw Unterhaltsvorschussleistungen liegen. Andernfalls würde der Antragsteller dem Sozialamt bzw dem Land Arbeit abnehmen.

## 6. Muster: Klage der Kindesmutter in Prozessstandschaft für das minderjährige Kind auf Zahlung eines statischen Unterhalts

1263

77

■■■

wegen Kindesunterhalt

vorläufiger Gegenstandswert: ■■■ €

Ausweislich anliegender Vollmacht zeige ich die anwaltliche Vertretung der Klägerin an.

Namens und im Auftrag des Klägers stelle ich in der Sache folgende Anträge:

1. Der Beklagte wird verurteilt zu Händen der Klägerin einen jeweils monatlich im Voraus zahlbaren Kindesunterhalt für das ehegemeinschaftliche Kind ■■■, geboren am ■■■, in Höhe von ■■■ € zu bezahlen (Bedarfsbetrag ■■■ € abzüglich anrechenbares Kindergeld ■■■ €).
2. Der Beklagte trägt die Kosten des Verfahrens.

Des weiteren werden folgende Verfahrensanträge gestellt:

Es wird beantragt:

a. Gemäß § 307 II ZPO gegen den Beklagten ohne mündliche Verhandlung das Anerkenntnisurteil zu erlassen, sofern dieser auf Aufforderung nach § 276 I ZPO den Anspruch ganz oder zum Teil anerkennt;
b. Gemäß § 331 III ZPO gegen den Beklagten ohne mündliche Verhandlung das Versäumnisurteil zu erlassen, falls dieser nicht rechtzeitig anzeigt, dass er sich gegen die Klage verteidigen will;
c. Von dem ergehenden Urteil eine vollstreckbare Ausfertigung zu erteilen.

Begründung

I. Die Parteien sind getrennt lebende Eheleute. Aus ihrer Ehe ist das gemeinsame minderjährige Kind ■■■, geboren am ■■■ hervorgegangen. Das Kind lebt bei der Klägerin.

II. Die Klägerin macht als Prozessstandschafterin für das Kind Unterhaltsansprüche gegen den Beklagten geltend. Der Beklagte ist zum Barunterhalt verpflichtet. Ein Unterhaltstitel besteht nicht. Das Kind ist einkommens- und vermögenslos. Die Kindesmutter bezieht das Kindergeld in Höhe von ■■■ € monatlich.

III. Der Beklagte wurde mit Stufenmahnung vom ■■■ aufgefordert sein Einkommen offen zu legen und den sich sodann ergebenden Unterhalt zu bezahlen. gem. § 1613 I BGB wird der Unterhalt ab dem ersten des Monats geltend gemacht, in welchem der Beklagte zur Bezahlung des Unterhalts aufgefordert worden ist.
Beweis: Stufenmahnung
Der Beklagte legte sein Einkommen offen. Dem gemäß erzielt er, unter Berücksichtigung von 5% pauschalen berufsbedingten Aufwendungen, ein monatsdurchschnittliches Einkommen i.H.v. ■■■ €.
Beweis: Gehaltsabrechnungen des Antragsgegners von ■■■ bis ■■■
Dieses Einkommen unterfällt an sich der Gruppe ■■■ der Düsseldorfer Tabelle (Berliner Tabelle). Da der Beklagte aber nur für ein weiteres minderjähriges Kind unterhaltspflichtig ist, ist eine Höherstufung um 2 Gruppen angemessen. Dies führt zu einem Tabellenbetrag i.H.v. ■■■ € abzüglich anrechenbares Kindergeld i.H.v ■■■.€, somit zu einem Zahlbetrag i.H.v. ■■■ €.

IV. Der Beklagte erbringt keinerlei Unterhaltsleistungen, obwohl er hierzu mit Schriftsatz vom ■■■ unter Fristsetzung bis zum ■■■ aufgefordert wurde.

Beweis: Schriftsatz vom ■■■

■■■

Rechtsanwalt

1264

### 7. Muster: Abweisungsantrag des Kindesvaters

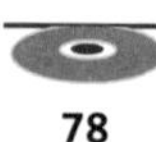

78

■■■

wegen Kindesunterhalt

Ausweislich anliegender Vollmacht zeige ich die anwaltliche Vertretung des Beklagten an.

Namens und im Auftrag des Beklagten bitte ich diesem Prozesskostenhilfe zu bewilligen und ihm zur Wahrnehmung seiner Rechte den Unterfertigten als Rechtsanwalt beizuordnen. Zur Begründung beziehe ich mich auf die anliegende Erklärung über die persönlichen und wirtschaftlichen Verhältnisse, sowie die zur Glaubhaftmachung beigefügten Belege.

In der Sache selbst wird beantragt:

Die Klage ist kostenpflichtig abzuweisen.

Begründung:

I. Der Beklagte ist Vater des am ■■■ geborenen Kindes ■■■, welches im Haushalt der Kindesmutter lebt. Zutreffend ist, dass die Parteien getrennt leben und auch, dass die Kindesmutter das Kindergeld i.H.v. ■■■ € bezieht.

II. Der Beklagte ist nicht leistungsfähig.
Der Beklagte ist seit dem ■■■ arbeitslos. Er erhält lediglich Arbeitslosengeld i.H.v. ■■■ € monatlich.
Beweis: Arbeitslosengeldbescheid des Arbeitsamtes ■■■ vom ■■■
Dieser Betrag liegt bereits unter dem Selbstbehalt i.H.v. ■■■, der dem Beklagten mindestens zu verbleiben hat.
Über weiteres Einkommen oder Vermögen verfügt der Beklagte nicht.

III. Der Beklagte bemüht sich ernsthaft und intensiv um eine Arbeitsstelle, nicht nur in seinem bisher ausgeübten Beruf, sondern auch in ähnlichen Berufsfeldern, bis hin zu Aushilfstätigkeiten. Dennoch konnte er bislang keine Anstellung finden. Diesem Schriftsatz liegen ■■■ Bewebungsschreiben aus dem vergangenen Monat an, nebst den hierauf bereits ergangenen Absageschreiben.
Beweis: ■■■ Bewerbungsschreiben, nebst den hierauf bezogenen Absageschreiben
Der Beklagte ist desgleichen beim Arbeitsamt als arbeitssuchend gemeldet. Er gilt jedoch als schwer vermittelbar, weil ■■■ (Ausführungen).
Beweis: Bestätigung des Arbeitsamtes vom ■■■

IV. Die Arbeitssuche ist für den Beklagten zusätzlich erschwert, da er unter ■■■ leidet, was ihm, aufgrund der gesundheitlichen Beschwerden nur ■■■ Tätigkeiten erlaubt.
Beweis: Attest Dr. ■■■, vom ■■■

V. Der Beklagte ist zwei weiteren Kindern gegenüber zum Unterhalt verpflichtet. Diese sind ■■■, geboren am ■■■ und ■■■ geboren am ■■■. Sie leben in seinem Haushalt.

Aufgrund des gesamten obigen Vortrages ist die Klage abzuweisen.

■■■

Rechtsanwalt

1265

**Hinweis:** Der Verpflichtete hat in seinem Vortrag ausführlich darzulegen, warum er aufgrund seiner Krankheit an einer Erwerbstätigkeit gehindert ist, oder diese ihm nur eingeschränkt möglich ist. Die genauen Ausw.irkungen der Erkrankung sind zu schildern, damit sich das Gericht und die Gegenseite hiervon ein Bild machen kann. Häufig wird ein vom Verpflichteten vorgelegtes Attest nicht ausreichen. Es ist zusätzlich zu erläutern.

1266

## 8. Muster: Auskunftsstufenklage des minderjährigen Kindes gegen den Vater, § 254 ZPO[280]

79

■■■

wegen Auskunft und Kindesunterhalt

Namens und im Auftrag des Klägers wird Klage erhoben mit folgenden Anträgen:

I. Der Beklagte wird verurteilt dem Kläger Auskunft zu erteilen:
   1. über sein Vermögen zu ■■■ durch Vorlage eines spezifizierten Vermögensverzeichnisses über alle aktiven und passiven Vermögenswerte im In- und Ausland,
   2. über seine sämtlichen Brutto- und Nettoeinkünfte aus nichtselbstständiger Tätigkeit und aus allen andern Einkunftsarten für den Zeitraum von ■■■ bis ■■■, und die erteilte Auskunft zu belegen, durch die Vorlage der Lohnsteuerbescheinigung und die Lohnsteuerkarte für das Jahr ■■■, der Lohn- und Gehaltsabrechnungen für die Zeit von ■■■ bis ■■■, Abrechnungen über Spesen und andere Nebenleistungen und Bescheinigungen etwa in diesem Zeitraum bezogenen Krankengeldes und/oder Arbeitslosengeldes.
   3. über seine sämtlichen Einnahmen und Ausgaben aus selbstständiger Tätigkeit, Vermietung und Verpachtung, Kapitalvermögen, sowie aus anderen Einkunftsarten unter Angabe der Privateinnahmen in der Zeit von ■■■ bis ■■■, und die erteilte Auskunft zu belegen durch Vorlage der Einkommenssteuererklärungen und der Einkommenssteuerbescheide, Bilanzen einschließlich der Gewinn- und Verlustrechnungen bzw etwaiger Einnahmen- Überschussrechnungen für die Jahre ■■■, ■■■ und ■■■.

II. Der Beklagte wird gegebenenfalls verurteilt die Vollständigkeit und Richtigkeit seiner Angaben an Eides statt zu versichern.

III. Der Beklagte wird verurteilt,
   1. an den Kläger den sich nach Auskunftserteilung noch zu beziffernden monatlichen Unterhalt beginnend ab ■■■ zu bezahlen,
   2. den sich nach Auskunftserteilung noch zu beziffernden Unterhaltsrückstand für die Zeit von ■■■ bis ■■■ zu bezahlen.

IV. Der Beklagte trägt die Kosten des Verfahrens.

Begründung:

Der Kläger ist der minderjährige am ■■■ geborene Sohn des Beklagten. Er lebt bei der Kindesmutter und verfügt über kein eigenes Einkommen oder Vermögen. Ein Unterhaltstitel besteht nicht.

Im Hinblick auf die Trennung der Kindeseltern und der Barunterhaltsverpflichtung des Klägers wurde dieser mit Anwaltschriftsatz vom ■■■ im Wege der Stufenmahnung aufgefordert sein Einkommen und Vermögen offen zu legen und den sich hieraus ergebenden Kindesunterhalt zu bezahlen.

280 Mit Modifizierungen aus Heiß/Born, Unterhaltsrecht, Fuchs, Kap. 29 II 2.

Beweis: Schriftsatz vom ■■■, Rückschein vom ■■■
Der Beklagte hat bisher keine Auskunft über seine Einkommens- und Vermögensverhältnisse erteilt, und auch keinen Kindesunterhalt bezahlt. Aus diesem Grund ist die Stufenklage geboten.

Der Kläger wird den Klageantrag hinsichtlich Ziffer 2. stellen, wenn Grund zur Annahme besteht, dass der Beklagte seine Auskunft nicht mit der nötigen Sorgfakt erteilt.

Der Kläger wird sodann, nach Auskunftserteilung, den Klageantrag hinsichtlich der Höhe des geschuldeten Unterhalts beziffern.

■■■

Rechtsanwalt

1267

**9. Muster: Abänderungsklage des Vaters gegen das minderjährige Kind mit dem Ziel der Unterhaltsreduzierung, § 323 ZPO**

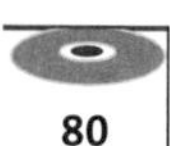

80

■■■

wegen Kindesunterhalt

Ausweislich anliegender Vollmacht wird die anwaltliche Vertretung des Klägers angezeigt.

Namens und im Auftrag des Klägers wird Klage erhoben, mit folgendem Antrag:

Das Urteil des Amtsgerichts ■■■ vom ■■■ Aktenzeichen ■■■ wird dahingehend abgeändert, dass der Kläger ab dem ■■■ nur noch zur Bezahlung eines Kindesunterhaltes an den Beklagten in Höhe von monatlich ■■■ € (■■■ € Bedarf abzüglich ■■■ € anrechenbares Kindergeld) verpflichtet ist.

Der Beklagte trägt die Kosten des Verfahrens.

Begründung:

I. Der Kläger ist Vater des Beklagten. Der Beklagte lebt bei der Kindesmutter, die das gesetzliche Kindergeld in Höhe von ■■■ € bezieht.
Der Beklagte wurde mit Urteil des Amtsgerichts ■■■ vom ■■■, Aktenzeichen ■■■ dazu verurteilt einen monatlichen Kindesunterhalt in Höhe von ■■■ € zu bezahlen.
Beweis: Urteil des Amtsgerichts ■■■ vom ■■■, Aktenzeichen ■■■
Grundlage für die Unterhaltsberechnung war ein monatliches Nettoeinkommen des Klägers in Höhe von ■■■ €. Dies ist auch in der Urteilsbegründung so wiedergegeben.

II. Die tatsächlichen Verhältnisse haben sich jedoch wesentlich geändert.
■■■
(Ausführungen zum Fall, wie z.B. Arbeitslosigkeit, Erwerbsunfähigkeit, Unterhalt für weitere Berechtigte, usw.)
Beweis: ■■■
Das Nettoeinkommen des Klägers liegt bei ■■■ €. Es fällt daher in die Einkommensgruppe ■■■ der Düsseldorfer Tabelle (Berliner Tabelle). Dies führt in der Alterstufe ■■■ zu einem Bedarf des Beklagten in Höhe von ■■■ €. Kindergeld ist gem. § 1612b V BGB anrechenbar in Höhe von ■■■ €, so dass sich eine Unterhaltsverpflichtung des Klägers in Höhe von ■■■ € ergibt.
Es liegt eine wesentliche Veränderung der Verhältnisse vor, da der geschuldete Unterhaltsbetrag um mehr als 10% von dem titulierten Unterhaltsbetrag abweicht.

III. Der Kläger hat die gesetzliche Vertreterin des Beklagten mit außergerichtlichem Schriftsatz aufgefordert auf die Rechte aus dem Unterhaltstitel zu verzichten, soweit dieser den Betrag von ■■■ € übersteigt.

Beweis: Schriftsatz vom ■■■

Die gesetzliche Vertreterin erklärte diesen Verzicht jedoch nicht. Aus diesem Grund ist Klage geboten.

■■■

Rechtsanwalt

1268 **Hinweis:** Diese Klage kann auch mit einer **einstweiligen Anordnung** kombiniert werden, mit welcher ein Antrag auf **einstweilige Einstellung der Zwangsvollstreckung** aus dem Urteil bis zur Entscheidung in der Sache begehrt wird. Der Antrag lautet wie folgt

1269 Muster: Antrag auf einstweilige Anordnung

81

Es wird folgende einstweilige Anordnung beantragt:

Die Zwangsvollstreckung aus dem Urteil des Amtsgerichtes ■■■ vom ■■■ Aktenzeichen ■■■ wird vorläufig, bis zur Entscheidung in dieser Sache ohne Sicherheitsleistung eingestellt, als der Betrag von monatlich ■■■ € überschritten wird.

1270 Zur Begründung ist auf das Vorbringen in der Klagebegründung zu verweisen, und vorzutragen, dass der Kläger ein schutzwürdiges Interesse an der sofortigen Einstellung der Zwangsvollstreckung hat. Hierzu gehören z.B. die Erfolgsaussichten der Abänderungsklage, beengte wirtschaftliche Verhältnisse des Klägers, oder der bei Weiterzahlung zu erwartende Entreicherungseinwand des Beklagten.

### 10. Muster: Abänderungsstufenklage des minderjährigen Kindes mit dem Ziel der Unterhaltserhöhung, § 323 ZPO

1271

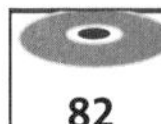

82

■■■

wegen Kindesunterhalt

Ausweislich anliegender Vollmacht zeige ich die anwaltliche Vertretung des Klägers an.

Namens und im Auftrag des Klägers wird Klage erhoben, mit folgendem Anträgen:

I. Der Beklagte wird verurteilt dem Kläger Auskunft zu erteilen:
   1. über sein Vermögen zu ■■■ durch Vorlage eines spezifizierten Vermögensverzeichnisses über alle aktiven und passiven Vermögenswerte im In- und Ausland,
   2. über seine sämtlichen Brutto- und Nettoeinkünfte aus nichtselbstständiger Tätigkeit und aus allen andern Einkunftsarten für den Zeitraum von ■■■ bis ■■■, und die erteilte Auskunft zu belegen, durch die Vorlage der Lohnsteuerbescheinigung und die Lohnsteuerkarte für das Jahr ■■■, der Lohn- und Gehaltsabrechnungen für die Zeit von ■■■ bis ■■■, Abrechnungen über Spesen und andere Nebenleistungen und Bescheinigungen etwa in diesem Zeitraum bezogenen Krankengeldes und/oder Arbeitslosengeldes.

3. über seine sämtlichen Einnahmen und Ausgaben aus selbstständiger Tätigkeit, Vermietung und Verpachtung, Kapitalvermögen, sowie aus anderen Einkunftsarten unter Angabe der Privateinnahmen in der Zeit von ■■■ bis ■■■, und die erteilte Auskunft zu belegen durch Vorlage der Einkommenssteuererklärungen und der Einkommenssteuerbescheide, Bilanzen einschließlich der Gewinn- und Verlustrechnungen bzw. etwaiger Einnahmen- Überschussrechnungen für die Jahre ■■■, ■■■ und ■■■.

I. Der Beklagte wird gegebenenfalls verurteilt die Vollständigkeit und Richtigkeit seiner Angaben an Eides statt zu versichern.

II. Der Beklagte wird verurteilt in Abänderung des Urteils des Amtsgerichts ■■■ vom ■■■ Aktenzeichen ■■■, den sich nach Auskunftserteilung noch zu beziffernden Unterhalt, ab dem ■■■ zu bezahlen.

III. Der Beklagte trägt die Kosten des Verfahrens.

Des weiteren werden folgende Verfahrensanträge gestellt:

Es wird beantragt, gemäß § 307 II ZPO gegen den Beklagten ohne mündliche Verhandlung das Anerkenntnisurteil zu erlassen, sofern dieser auf Aufforderung nach § 276 I ZPO den Anspruch ganz oder zum Teil anerkennt; gemäß § 331 III ZPO gegen den Beklagten ohne mündliche Verhandlung das Versäumnisurteil zu erlassen, falls dieser nicht rechtzeitig anzeigt, dass er sich gegen die Klage verteidigen will.

Begründung:

Der Kläger ist der minderjährige am ■■■ geborene Sohn des Beklagten. Er lebt bei der Kindesmutter und verfügt über kein eigenes Einkommen oder Vermögen.

Der Beklagte wurde mit Urteil des Amtsgerichts ■■■ vom ■■■, Aktenzeichen ■■■ dazu verurteilt einen monatlichen Kindesunterhalt in Höhe von ■■■ € zu bezahlen.

Beweis: Urteil des Amtsgerichts ■■■ vom ■■■, Aktenzeichen ■■■

Der Beklagte hat dem Kläger zuletzt vor 2 Jahren Auskunft über sein Einkommen und Vermögen erteilt. Somit ist die 2-Jahresfrist des § 1605 II BGB abgelaufen.

Der Beklagte wurde mit Anwaltschriftsatz vom ■■■ vorprozessual aufgefordert sein Einkommen und Vermögen offen zu legen, zur Geltendmachung eines eventuell sich ergebenden höheren Unterhaltsanspruches

Beweis: Schriftsatz vom ■■■

Der Beklagte erteilte keine Auskunft zu seinen Einkommens- und Vermögensverhältnissen. Aus diesem Grund ist Klage geboten.

Der Kläger wird den Klageantrag hinsichtlich Ziffer 2 stellen, wenn die begründete Besorgnis besteht, dass der Beklagte die Auskunft nicht mit der gebotenen Sorgfalt erteilt.

Der Kläger wird den Klageantrag hinsichtlich Ziffer 3 nach Auskunftserteilung konkretisieren.

■■■

Rechtsanwalt

## 11. Muster: Unterhaltsklage des volljährigen Kindes gegen den Kindesvater

1272

83

■■■

wegen Kindesunterhalt

Ausweislich anliegender Vollmacht zeige ich die anwaltliche Vertretung des Klägers an.

Namens und im Auftrag des Klägers wird Klage erhoben und folgendes beantragt:

Der Beklagte wird verurteilt an den Kläger jeweils monatlich im Voraus Unterhalt in Höhe von ■■■ €, beginnend ab dem ■■■ zu bezahlen.

Der Beklagte wird verurteilt an den Kläger Zinsen in Höhe von 5 Prozentpunkten über dem jeweiligen Basiszinssatz von folgenden monatlichen Unterhaltsrückständen zu bezahlen:

von ■■■ € seit dem ■■■,

von ■■■ € seit dem ■■■,

von ■■■ € seit dem ■■■.

Des weiteren werden folgende Verfahrensanträge gestellt:

Es wird beantragt:
1. Gemäß § 307 II ZPO gegen den Beklagten ohne mündliche Verhandlung das Anerkenntnisurteil zu erlassen, sofern dieser auf Aufforderung nach § 276 I ZPO den Anspruch ganz oder zum Teil anerkennt;
2. Gemäß § 331 III ZPO gegen den Beklagten ohne mündliche Verhandlung das Versäumnisurteil zu erlassen, falls dieser nicht rechtzeitig anzeigt, dass er sich gegen die Klage verteidigen will;
3. Von dem ergehenden Urteil eine vollstreckbare Ausfertigung zu erteilen.

Begründung:

I. Der Kläger ist das volljährige Kind des Beklagten.
Der Kläger ist Schüler/Student/Auszubildender ■■■.
Der Kläger lebt noch bei seiner Mutter/hat einen eigenen Hausstand ■■■.
Der vermögenslose Kläger hat kein eigenes Einkommen/erhält eine Ausbildungsvergütung i.H.v. ■■■ €/■■■.
Das Kindergeld bezieht ■■■.
Ein Unterhaltstitel existiert nicht.

II. Der Beklagte wurde mit außergerichtlichem Schriftsatz aufgefordert sein Einkommen offen zu legen und den sich sodann ergebenden Unterhalt zu bezahlen. Der Beklagte befindet sich seit dem ■■■ in Verzug.
Beweis: Schriftsatz vom ■■■, Rückschein vom ■■■
Der Beklagte legte sein Einkommen offen. Hiernach verfügt er über monatsdurchschnittliche Nettoeinkünfte, unter Berücksichtigung berufsbedingter Aufwendungen in Höhe von 5%, in Höhe von ■■■ €.
Das Einkommen der Mutter des Klägers beläuft sich auf monatlich durchschnittlich netto ■■■ €.
Beweis: Gehaltsabrechnungen vom ■■■ bis ■■■
Dem gemäß unterfällt das addierte Einkommen der Kindeseltern der Gruppe ■■■ der derzeit gültigen Düsseldorfer Tabelle (Berliner Tabelle). Gemäß der Alterstufe ■■■ ergibt

sich somit ein Bedarf des Klägers in Höhe von ■■■ €, der anteilig vom Beklagten zu tragen ist. ■■■
Unterhaltsleistungen wurden vom Beklagten bislang keine erbracht, so dass Klage geboten ist.

III. Der Beklagte befindet sich seit dem Zugang des Aufforderungsschreibens vom ■■■ in Verzug. Die Verzugszinsen auf die Unterhaltsrückstände werden gem. §§ 288 I, 286 I S. 1 ZPO geltend gemacht.

■■■

Rechtsanwalt

1273 **Hinweis:** Verzugszinsen für erst künftig fällig werdende, wiederkehrende Leistungen können nur unter den Voraussetzungen des § 259 ZPO, dies wird in der Praxis kaum jemals der Fall sein. Sind bis zum Verhandlungstermin weitere Rückstände angelaufen, so können noch in der mündlichen Verhandlung für diese Rückstände Verzugszinsen bis einschließlich des Monats der mündlichen Verhandlung geltend gemacht werden.

### 12. Einstweiliger Rechtschutz im isolierten Verfahren

1274 a. Muster: Einstweilige Anordnung auf Kindesunterhalt im isolierten Verfahren, § 644 ZPO

84

■■■

wegen Kindesunterhalt

hier: einstweilige Anordnung

vorläufiger Gegenstandswert: ■■■ €

Unter Bezugnahme auf die bereits im Hauptsacheverfahren vorgelegte Vollmacht wird namens und im Auftrag der Antragstellerin beantragt – wegen Dringlichkeit ohne mündliche Verhandlung – folgende einstweilige Anordnung zu erlassen:

Dem Antragsgegner wird aufgegeben, an die Antragstellerin, für das ehegemeinschaftliche Kind ■■■, geboren am ■■■, monatlich im Voraus Unterhalt in Höhe von ■■■ € abzüglich gem. § 1612b V BGB anrechenbares Kindergeld in Höhe von ■■■ €, somit ■■■ €, beginnend ab ■■■, zu bezahlen.

Begründung:

I. Die Parteien sind getrennt lebende Eheleute. Aus ihrer Ehe ist das gemeinsame minderjährige Kind ■■■, geboren am ■■■ hervorgegangen. Das Kind lebt bei der Antragstellerin.

II. Der Antragsgegner ist zum Barunterhalt verpflichtet. Ein Unterhaltstitel besteht nicht. Das Kind ist einkommens- und vermögenslos. Die Kindesmutter bezieht das Kindergeld in Höhe von ■■■ € monatlich.

III. Der Antragsgegner erzielt ein monatsdurchschnittliches Einkommen in Höhe von ■■■ €.
Glaubhaftmachung: Gehaltsabrechnungen von ■■■ bis ■■■.
Der Antragsgegner wurde mit Schriftsatz vom ■■■ aufgefordert Unterhalt in Höhe von monatlich ■■■ € zu bezahlen. Dieser Unterhalt entspricht der Einkommensgruppe ■■■, der derzeit gültigen Düsseldorfer Tabelle (Berliner Tabelle) und der Alterstufe ■■■, unter Berücksichtigung des anrechenbaren Kindergeldes in Höhe von ■■■.

Glaubhaftmachung: Schriftsatz vom ■■■.
Der Antragsgegner lehnt jegliche Bezahlung von Unterhalt für sein Kind ab.
Aus diesem Grund hat die Antragstellerin bereits eine Unterhaltsklage beim hiesigen Gericht, Aktenzeichen ■■■ eingereicht.

IV. Die Antragstellerin ist auf die Bezahlung des Unterhaltes für das gemeinsame minderjährige Kind dringend angewiesen, da ■■■

Sie selbst erzielt nur Einkommen aus ■■■, Vermögen besitzt sie nicht.

Zur Glaubhaftmachung des gesamten obigen Vortrages wird anliegende Eidesstattliche Versicherung der Antragstellerin übergeben.

Glaubhaftmachung: Eidesstattliche Versicherung der Antragstellerin vom ■■■

■■■

Rechtsanwalt

### b. Muster: Einstweilige Anordnung auf Kindesunterhalt gem. § 641d ZPO

1275

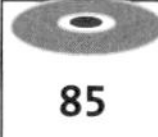

85

■■■

wegen Unterhalt

hier: einstweilige Anordnung

namens und mit Vollmacht der Antragstellerin wird beantragt – wegen Dringlichkeit ohne mündliche Verhandlung – folgende einstweilige Anordnung zu erlassen:

Dem Antragsgegner wird aufgegeben, für das Kind ■■■, geboren am ■■■, zu Händen der Kindesmutter, monatlich im Voraus Unterhalt in Höhe von ■■■ € abzüglich gem. § 1612b V BGB anrechenbares Kindergeld in Höhe von ■■■ €, somit ■■■ €, beginnend ab ■■■, zu bezahlen.

Begründung:

I. Die Antragstellerin ist Tochter des Antragsgegners. Der Antragsgegner hat die Vaterschaft jedoch nicht anerkannt. Die Kindesmutter ist sich jedoch sicher, dass nur der Antragsgegner als Vater des Kindes in Betracht kommt. Er hat der Kindesmutter in der entsprechenden Zeit beigewohnt. Aus diesem Grund hat die Kindesmutter ein Vaterschaftsfeststellungsverfahren beim hiesigen Gericht, Az. ■■■ eingereicht. Zur Glaubhaftmachung des Bestehens der Vaterschaft wird auf die im Vaterschaftsfeststellungsverfahren angebotenen Beweismittel bezug genommen.

II. Das Kind ist dringend auf die Unterhaltsleistungen angewiesen. Die Kindesmutter geht derzeit, aufgrund der Betreuung des Kindes keiner Erwerbstätigkeit nach. Sie verfügt über kein Vermögen, und ist nicht in der Lage den vollen Unterhaltsbedarf des Kindes alleine sicher zu stellen.

Der Antragsgegner wurde bereits mit Schriftsatz vom ■■■ aufgefordert Unterhalt in Höhe von ■■■ € monatlich im Voraus für das Kind zu bezahlen.

Glaubhaftmachung: Schriftsatz ■■■

Der Antragsgegner verweigert jedoch jegliche Unterhaltszahlungen. ■■■

Glaubhaftmachung: ■■■

Der Antragsgegner ist leistungsfähig. Er erzielt ein monatliches Einkommen in Höhe von ■■■ €. Die Antragstellerin macht jedoch lediglich den Mindestunterhalt geltend.

Zur Glaubhaftmachung des gesamten obigen Vortrages wird anliegen eidesstattliche Versicherung der gesetzlichen Vertreterein der Antragstellerin übergeben.

Glaubhaftmachung: Eidesstattliche Versicherung vom ■■■

■■■

Rechtsanwalt

1276 **Hinweis:** Ist die Erfüllung von Unterhaltsrückständen gefährdet kann auch ein Antrag auf Sicherheitsleistung, § 641d I S. 2 ZPO gestellt werden.

1. Dem Antragsgegner wird aufgegeben Sicherheit für den Unterhalt der Antragstellerin in Höhe von ■■■ € zu leisten.
2. Der Antragsgegner trägt die Kosten des Verfahrens.

1277 **Zuständig** ist das Gericht der Hauptsache (des Verfahrens betreffend der Feststellung der Vaterschaft). Das Gericht setzt nach seinem **Ermessen** den zu zahlenden Unterhalt, auch Sonderbedarf oder die zu leistende Sicherheit in bestimmter Höhe fest.[281]

### XVIII. Vollstreckung

1278 Voraussetzung für die Einleitung von Vollstreckungsmaßnahmen ist das Vorhandensein eines formell rechtskräftigen **Titels**, § 705 ZPO, mit vollstreckungsfähigem Inhalt. Liegt ein **dynamisierter Titel** zum Kindesunterhalt vor, ist es nicht erforderlich dass der jeweils monatlich zu vollstreckende Unterhalt im Pfändungs- und Überweisungsbeschluss genau beziffert wird. Ausreichend ist die Angabe des Prozentsatzes des Regelbedarfes der jeweiligen Altersstufe abzüglich anrechenbares Kindergeld. Dem Drittschuldner kann es zugemutet werden den jeweiligen Unterhalt zu berechnen.[282]

1279 Titel aus denen die Vollstreckung betrieben werden kann sind u.a.:[283]

- Urteile, rechtskräftig oder vorläufig vollstreckbar, § 704 I ZPO
- Vergleiche, § 794 I Nr. 1 ZPO
- Einstweilige Verfügungen, §§ 935, 940 ZPO
- Beschlüsse über die Festsetzung des Regelunterhaltes, §§ 642a, 794 I Nr. 2a ZPO
- Abänderungsbeschlüsse im vereinfachten Verfahren, §§ 611l, 794 I Nr. 2b ZPO
- Einstweilige Anordnungen, §§ 127a, 620, 620b, 621f, 794 I Nr. 3a ZPO
- Vollstreckbare Urkunden, § 794 I Nr. 5 ZPO

1280 Neben dem Titel ist in der Regel die **Vollstreckungsklausel** erforderlich, die von der Geschäftsstelle des Gerichtes des ersten Rechtszuges erteilt wird. Die Klausel ist entbehrlich bei einstweiligen Verfügungen, Arrestbefehlen oder Vollstreckungsbescheiden. Weitere Voraussetzung für die Vollstreckung ist die **Zustellung** des Titels im Parteibetrieb, § 750 ZPO.

---

281 Thomas/Putzo, ZPO, Hüßtege, § 641d Rn. 11.

282 Heiß/Born, Unterhaltsrecht, Born, Kap. 27 Rn. 4; OLG Jena, NJWE-FER 2000, 244.

283 Nach Heiß/Born, Unterhaltsrecht, Born, Kap. 27 Rn. 5.

## XIX. Titelumschreibung

### 1. Minderjähriges Kind

1281 Ein **minderjähriges Kind** dessen Mutter nach § 1629 III BGB einen Unterhaltstitel erwirkt hat, **kann nach Beendigung der Prozessstandschaft**, durch Rechtskraft der Scheidung der Ehe der Eltern, **Umschreibung des Titels** auf seinen Namen verlangen.[284] Der gesetzliche Vertreter ist grundsätzlich auch nach Beendigung der Prozessstandschaft gem. § 1620 III BGB durch die Rechtskraft der Scheidung noch berechtigt eine Klauselerteilung auf sich zu beantragen, solange das Kind nicht volljährig ist. Dieses Recht schließt ein Recht des Kindes auf Klauselerteilung gem. § 727 ZPO nicht aus. Zur Vermeidung der in diesem Fall großen Gefahr der Doppelvollstreckung ist grundsätzlich die Anhörung des Schuldners gem. § 730 ZPO notwendig. Es kann jedoch die Frage gestellt werden, ob und inwieweit das antragstellende Kind ein besonders dargelegtes Rechtsschutzbedürfnis hat.[285]

1282 Jedenfalls ist eine **Titelumschreibung nicht zwingend erforderlich**, so dass die Kindesmutter in diesem Fall, auch nach Beendigung der Prozessstandschaft aus dem Titel die Vollstreckung betreiben kann.[286] Ihr ist die Klausel zu erteilen. Eine **Ausnahme** besteht, wenn z.B. durch eine abändernde Sorgerechtsentscheidung die gesetzliche Vertretung der Mutter für das Kind wegfällt. Dann ist eine Titelumschreibung erforderlich.[287] Solange dies jedoch noch nicht geschehen ist, kann der ursprüngliche Prozessstandschafter noch aus dem Titel vollstrecken.[288]

### 2. Volljähriges Kind

1283 Ein volljähriges Kind kann nach Eintritt seiner Volljährigkeit nur aus einem **dynamisierten, unbefristeten Unterhaltstitel** weiter vollstrecken, § 798a ZPO. Aus dem zeitlich auf den Eintritt der Volljährigkeit befristeten Unterhaltstitel können mit Eintritt der Volljährigkeit keine Recht mehr abgeleitet werden.[289]

1284 Vor Einleitung von Zwangsvollstreckungsmaßnahmen hat ein **Kind**, dessen Mutter nach § 1629 III BGB einen Unterhaltstitel erwirkt hat, nach Eintritt seiner Volljährigkeit eine **Umschreibung des Titels** auf seinen Namen zu veranlassen, § 727 ZPO.[290] Der gesetzliche Vertreter ist grundsätzlich jedoch noch berechtigt aus dem Titel zu vollstrecken, solange keine Titelumschreibung erfolgt ist.[291] Der Titelschuldner kann in diesem Fall gegen den vollstreckenden Gläubiger mit der Vollstreckungsabwehrklage vorgehen, um die Beendigung der gesetzlichen Prozessstandschaft einzuwenden.[292]

284 OLG Hamm, FamRZ 2000, 1590.
285 OLG Hamm, FamRZ 2000, 1590.
286 OLG Celle, FamRZ 1992, 842; OLG Oldenburg, FamRZ 1992, 844.
287 Heiß/Born, Unterhaltsrecht, Born, Kap. 27 Rn. 14; OLG Schleswig, FamRZ 1990, 189.
288 BGH, FamRZ 1991, 295.
289 OLG Brandenburg, FamRZ 2004, 1888.
290 Heiß/Born, Unterhaltsrecht, Born, Kap. 27 Rn. 14; OLG Oldenburg, FamRZ 1992, 844.
291 BGH FamRZ 1991, 295.
292 OLG Hamm, FamRZ 2000, 365.

1285 **XX. Muster: Vollstreckungsabwehrklage**

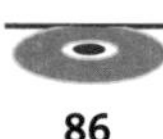

86

■■■

Ausweislich anliegender Vollmacht zeig ich die anwaltliche Vertretung des Klägers an.

Ich bitte dem Kläger Prozesskostenhilfe zu bewilligen und ihm zur Wahrnehmung seiner Rechte den unterfertigten als Rechtsanwalt beizuordnen. Zur Begründung beziehe ich mich auf die anliegende Erklärung über die persönlichen und wirtschaftlichen Verhältnisse, sowie die zur Glaubhaftmachung beigefügten Belege.

Namens und im Auftrag des Klägers erhebe ich

Klage

mit folgenden Anträgen:

I. Die Zwangsvollstreckung aus dem ■■■ des Amtsgerichts ■■■, Az. ■■■, vom ■■■ wird mit Wirkung ab ■■■ für unzulässig erklärt.
II. Der Beklagte trägt die Kosten des Verfahrens.
III. Es wird zugleich im Wege der einstweiligen Anordnung – wegen Dringlichkeit ohne mündliche Verhandlung – die vorläufige Einstellung der Zwangsvollstreckung aus dem ■■■ es Amtsgerichts ■■■, vom ■■■, Az. ■■■ angeordnet.

Begründung:

Der Kläger ist Vater des am ■■■ geborenen Beklagten. Der Kläger wurde mit ■■■ des Amtsgerichts ■■■ vom ■■■, Az. ■■■ verurteilt einen monatlichen Unterhalt in Höhe von ■■■ € an den Beklagten zu bezahlen.

Zwischenzeitlich ■■■

(Ausführungen dazu, weshalb dem Beklagten keine Ansprüche mehr aus dem Titel zustehen)

Unterhaltsansprüche aus dem oben genannten Titel stehen ihm nicht mehr zu. Dennoch betreibt er die Zwangsvollstreckung.

Der Beklagte wurde mit Schriftsatz vom ■■■ aufgefordert auf seine Rechte aus dem Titel des Amtsgerichts ■■■ vom ■■■ Az. ■■■ zu verzichten, und diesem dem Kläger auszuhändigen.

Beweis: Schriftsatz vom ■■■

Hierauf erklärte der Beklagte, dass er keinen Verzicht erklären werde.

Die bereits laufende Zwangsvollstreckung rechtfertigt den einstweiligen Anordnungsantrag. Die Vollstreckung ist für den Kläger mit nicht zu ersetzenden Nachteilen verbunden ist. Es ist zu erwarten, dass der Beklagte gegen den Rückforderungsanspruch des Klägers den Entreicherungseinwand erheben wird.

■■■

Rechtsanwalt

1286

**Hinweis:** Das Prozessgericht der ersten Instanz ist bei Urteilen und Vergleichen ausschließlich sachlich und örtlich zuständig, §§ 767 I, 795, 802 ZPO. Da die Vollstreckungsabwehrklage nicht die Rechtskraft beseitigt, sondern nur die Vollstreckbarkeit des Urteils, kann sie nur vom Verpflichteten erhoben werden. Das Rechtsschutzbedürfnis besteht solange, wie der Beklagte den Titel in Händen hält, so dass an sich die Erklärung nicht mehr zu vollstrecken nicht ausreichend ist.[293] Voraussetzung für die Beseitigung der Vollstreckbarkeit ist das Bestehen einer rechtsvernichtenden oder rechtshemmenden Einrede, andernfalls kann nur die Abänderungsklage als Rechtsbehelf infrage kommen.

293 Thomas/Putzo, ZPO, Putzo, § 767 Rn. 16.

## § 7 Vermögensauseinandersetzung unter Ehegatten

**Literatur:** Büchting/Heussen, Beck'sches Rechtsanwaltshandbuch, 8. Aufl 2004; Haußleiter/Schulz, Vermögensauseinandersetzung bei Trennung und Scheidung, 4. Aufl. 2004; Heiß/Born, Unterhaltsrecht – Ein Handbuch für die Praxis, Stand Juli 2004; Johannsen/Henrich, Eherecht, 4. Aufl. 2003; Schnitzler, Münchener Anwaltshandbuch Familienrecht, 2002; Gottwald, Münchener Prozessformularbuch Familienrecht, 2. Aufl; Palandt, Bürgerliches Gesetzbuch, 64. Aufl. 2004; Schwab, Handbuch des Scheidungsrechts, 5. Aufl. 2004

1287 Ausdrücklich hingewiesen wird auf Haußleiter/Schulz Vermögensauseinandersetzung bei Trennung und Scheidung und die dortigen praxisorientierten und detaillierten Ausführungen zu den gesamten Rechtsproblemen des Zugewinnausgleichs, auf die im Rahmen der nachfolgenden Ausführungen nicht eingegangen werden kann.

1288 **Beratungshinweis:** Zu Ansprüchen von und gegen Schwiegereltern, zur Gütergemeinschaft sowie zu unbenannten Zuwendungen s. Heiß, Das Mandat im Familienrecht § 10.

### A. Vorprozessuale Situation

#### I. Beratung

##### 1. Güterstände

1289 **Vor** Beginn der Beratung ist abzuklären, ob die Parteien einen **notariellen Ehevertrag** abgeschlossen haben.

- Der gesetzliche Güterstand (ohne Ehevertrag) ist der Güterstand der **Zugewinngemeinschaft.**
- Durch notariellen Ehevertrag kann **Gütertrennung** vereinbart worden sein.
- Durch notariellen Ehevertrag kann **Gütergemeinschaft** vereinbart worden sein.
- Häufig wird auch die sog. **modifizierte Zugewinngemeinschaft** notariell vereinbart dahingehend, dass **bestimmte Vermögenswerte** (z.B. ein Unternehmen oder Schenkungen und Erbschaften) bei der Zugewinnausgleichsauseinandersetzung **außer Betracht** bleiben sollen.

1290 **Beratungshinweis:** Häufig erklären die Parteien, sie würden im Güterstand der Gütergemeinschaft leben; vielfach wird von den Parteien davon ausgegangen, dass dies der gesetzliche Güterstand ist. Sind die Parteien nicht mehr im Besitz der entsprechenden notariellen Urkunde, so kann diese bei Angabe des Jahres, in dem der Vertrag abgeschlossen wurde, beim Notariat unter Vollmachtsvorlage angefordert werden. In der Regel ist eine der ersten Fragen der Parteien, ob sie für Schulden, die der andere Ehepartner während der Trennungszeit aufnimmt, mithaften.
Klare Antwort hierauf: In der Regel nein;

- anders bei Gütergemeinschaft, bei der das Gesamtgut für alle Schulden haftet.
- anders bei Mitunterzeichnung von Darlehensverträgen oder Übernahme von Bürgschaften.

- anders, wenn dingliche Haftung vorliegt, also die Schulden auf einem gemeinsamen Haus durch Eintragung einer Grundschuld u.a. abgesichert sind.

Von der Schuldenmithaftung zu unterscheiden ist jedoch die Tatsache, dass Schulden, die während der Trennung aufgenommen wurden, bei der Zugewinnausgleichsberechnung vermögensmindernd zu berücksichtigen sind, wenn nicht der Nachweis geführt werden kann, dass die Schulden in Benachteiligungsabsicht aufgenommen wurden.

## 2. Vorlage von Unterlagen

1291 Bereits beim ersten Beratungsgespräch – also zu einem Zeitpunkt, zu welchem häufig die Parteien noch gar nicht getrennt leben – muss der Mandant darauf hingewiesen werden, dass es die Arbeitstätigkeit des Anwalts erheblich erleichtert, wenn sowohl auf sein eigenes Vermögen bezogen als auch auf das Vermögen des Ehegatten bezogen **sämtliche Unterlagen** vorliegen, also z.B.

- notarielle Verträge
- Nachweise über Lebensversicherungen
- Nachweis über Sparguthaben
- Jahreskontoauszug Bausparvertrag
- Kaufverträge betreffend Immobilien
- Darlehensverträge sowie Kontoauszüge bezüglich des aktuellen Darlehensstandes
- Bürgschaftserklärungen
- Kaufvertrag Pkw
- Depot-Wertbestätigungen
- bei Erbschaften ggf. Nachlassverzeichnis
- bei Schenkungen: Vorlage schriftlicher Schenkungsverträge bzw. Kontoauszüge, aus denen die Überweisung ersichtlich ist.

1292 Sämtliche vorgenannten Unterlagen sind bezüglich **beider** Parteien soweit möglich vorzulegen zu folgenden **Stichtagen**:

- Datum Eheschließung
- Jetzt-Zeitpunkt (oder Datum der Zustellung des Scheidungsantrages, falls dieser bereits eingereicht wurde)
- Zeitpunkt der Vereinbarung der Gütergemeinschaft
- Zeitpunkt des Erbfalles oder Zeitpunkt der Schenkung bezüglich geerbter oder geschenkter Vermögenswerte

1293 **Beratungshinweis:** Bereits anlässlich des ersten Beratungsgesprächs sind die Parteien auf Möglichkeiten einer einvernehmlichen notariellen Vereinbarung oder gerichtlich protokollierten Vereinbarung zum Zugewinn und zur Vermögensauseinandersetzung hinzuweisen.

Die Praxis zeigt, dass häufig die Parteien davon ausgehen, dass das Gericht von sich aus mit der Regelung der Vermögensauseinandersetzung befasst ist. Der Hinweis hat dahingehend zu erfolgen, dass das Gericht lediglich über die Scheidung und den Versorgungsausgleich von Amts wegen entscheidet.

Häufig tritt die Frage auf, ob die Vermögensauseinandersetzung nicht dadurch einvernehmlich geregelt werden kann, dass eine Immobilie ganz oder teilweise auf die Kinder

übertragen wird und die Eltern sich ein Nutzungsrecht des gesamten Hauses oder eines Teiles davon eintragen lassen.
Bei solchen Lösungsmöglichkeiten sind die Parteien jedoch darauf hinzuweisen, dass sie dann in einem erheblichen Abhängigkeitsverhältnis von den Kindern stehen, die Entwicklung der Kinder im Hinblick auf deren Alter noch völlig unklar ist, es zur Übertragung einer Immobilie auf die Kinder eventuell einer vormundschaftsgerichtlichen Genehmigung bedarf und letztlich die Kinder jederzeit die Möglichkeit haben, als Eigentümer (z.B. wenn sie Miteigentümer zu ½ u.a. sind) die Teilungsversteigerung des Anwesens zu beantragen.
Wohnen Kind und Eltern in einem Haus, so kommt es – nahezu – i.d.R. jedenfalls dann zu persönlichen Auseinandersetzungen oder Unfrieden, wenn die Kinder eigene Familie haben.
In der Praxis ist daher i.d.R. eine Lösung vorzuziehen, bei der die Vermögensverhältnisse tatsächlich getrennt sind und jeder Ehegatte über seinen Vermögensanteil, sei es zu Lebzeiten, sei es durch Verfügung von Todes wegen, selbst und unabhängig verfügen kann.

1294 Muster: Aufforderung zur Beibringung der erforderlichen Unterlagen durch die eigene Partei

87

Sehr geehrte(r)

Ich benötige folgende Unterlagen, und zwar jeweils mit Stand bzw. Wert per Stichtag, also per ■■■:

1. Werte der Bausparverträge durch Vorlage der Jahreskontoauszüge der Bausparkassen.
2. Werte der Lebensversicherungen durch Wertbestätigung der Versicherungsgesellschaft über Rückkaufswert, Überschußbeteiligung, Schlußgewinnanteile abzüglich KaWertpitalertragssteuer per Stichtag.
3. Girokonto durch Vorlage des Kontoauszugs per Stichtag.
4. Sparguthaben durch Vorlage einer Kopie des Sparbuchs.
5. Wert Pkw durch Vorlage Kaufvertrag, Angabe km-Stand, Angabe des Baujahres.
6. Immobilienbesitz durch Vorlage von Kaufverträgen.
7. Verbindlichkeiten durch Vorlage einer Bankbestätigung mit exaktem Schuldenstand per Stichtag.
8. Etwaige offene Forderungen, wie z.B. Steuerschulden, offene Rechnungen u.a.
9. Aktien und Fondsanteile durch Depot-Wertbestätigungen.
10. Des Weiteren bitte ich um Mitteilung, welche der vorbezeichneten Vermögenswerte bei Eheschließung vorhanden waren und mit welchen Werten sowie um Mitteilung, ob Schenkungen oder Erbschaften während der Ehezeit vorlagen. Falls ja, wann und in welcher Höhe?
11. Anfangsvermögen bei Eheschließung sowie Schenkungen und Erbschaften müssen grundsätzlich von Ihnen bewiesen werden.

Ich ersuche um Überlassung der Unterlagen.

Rechtsanwältin

1295 **BERATUNGSHINWEIS:** Bei Lebensversicherungen befindet sich häufig bereits in der Versicherungsurkunde bzw. in den Anlagen hierzu eine Aufstellung über den voraus-

sichtlichen Rückkaufswert gestaffelt nach den entsprechenden Jahren nach Abschluss der Versicherung. In der Regel erfolgen auch jährlich Mitteilungen über den aktuellen Wert der Versicherung, sodass bereits aus diesen Unterlagen Anhaltspunkte für die etwaige Höhe des Wertes der Versicherung zu entnehmen sind.
Unbedingt muss der Mandant darauf hingewiesen werden, dass Lebensversicherungen nicht mit der Versicherungssumme in die Zugewinnausgleichsberechnung eingestellt werden, sondern mit Rückkaufswert nebst Überschussbeteiligung u.a. (hierzu siehe unten Rn. 1306ff.).
Bei Bausparverträgen ist zu beachten, dass hier jeweils nur Jahreskontoauszüge vorliegen, sodass unter Hinzurechnung oder In-Abzugbringung der monatlichen Einzahlungen auf den Stichtag zurückgerechnet werden muss.
Zur Wertermittlung bei Pkws kann die „Schwacke-Liste" herangezogen werden.
Bei der zunächst völlig überschlägigen Bewertung von Immobilienvermögen empfiehlt sich häufig eine Anfrage bei derjenigen Bank – Immobilienabteilung –, die die Schulden auf dem Anwesen finanziert, wobei Banken üblicherweise die Immobilienwerte relativ niedrig ansetzen und zwar eher in Höhe des Beleihungswertes. Eine weitere Möglichkeit ist die Anfragen bei einem Immobilienmakler, wobei Makler-Auskünfte allerdings mit Vorsicht zu genießen sind. Letztlich kann ein Sachverständigengutachten mit den damit verbundenen nicht unerheblichen Kosten eingeholt werden. Die Partei ist jedoch ausdrücklich darauf hinzuweisen, dass ein solches Gutachten nur der eigenen groben Einschätzung des Verkehrswertes der Immobilie dient und im Streitfall – da es sich um ein Parteigutachten handelt – von der Gegenseite nicht anerkannt werden muss. Sachverständigengutachten gelangen in der Praxis nahezu ausschließlich zu wesentlich höheren Werten als sie tatsächlich auf dem Markt zu erzielen sind!
Unbedingt ist zu beachten, ob Vermögenswerte auf den Namen einer Partei oder auf den Namen beider Parteien laufen. Insbesondere dürfen diese Vermögenswerte bei einer vergleichsweisen Einigung nicht übersehen werden, sondern müssen bei Abschluss der Vermögensauseinandersetzung durch Vergleich einer der Parteien unter Anrechnung auf den Zugewinnausgleich zugeteilt werden.
Die Partei ist des Weiteren darauf hinzuweisen, dass die Stellung einer Kostenvorschussrechnung durch den Anwalt vor dem Stichtag möglicherweise zu einer Verminderung seines Endvermögens und damit einer Verminderung seines Zugewinns führen kann.
Zwar besteht gegen den anderen Ehegatten nach dem Stichtag ein Auskunftsanspruch bezüglich dessen Vermögens. Häufig wird jedoch Vermögen nicht vollständig angegeben; in diesem Fall kann durch die vorliegenden Unterlagen glaubhaft gemacht werden, dass die Vermögensauskunft unvollständig ist und es kann die Abgabe einer eidesstattlichen Versicherung verlangt werden. Des Weiteren können anhand der vorliegenden Unterlagen bewusste Vermögensminderungen zwischen Trennung und Scheidung nachgewiesen werden.

### 3. Vermögensveräußerung während der Trennung

1296

Gemäß § 1365 BGB darf ein Ehegatte ohne Zustimmung des anderen nicht über sein **Gesamtvermögen** verfügen. Verweigert der zustimmungsberechtigte Ehegatten die Genehmigung, wird der Vertrag endgültig unwirksam. Diese Zustimmungsbedürftigkeit gilt grundsätzlich bis zur **Rechtskraft** des Scheidungsurteils.[1] Dies gilt jedoch **nicht**, wenn der Zugewinnausgleich als abgetrennte Folgesache noch rechtshängig ist.[2] Die Vorschrift dient der **Sicherung** des Zugewinnausgleichsanspruchs.[3]

1297 Die Anwendung des § 1365 BGB ist **ausgeschlossen**, wenn noch **Restvermögen** verbleibt. Bei **kleineren Vermögen** mit einem Bruttowert **unter 100.000 €** liegt die Grenze beim Verbleib von mindestens **15 %** des Vermögens außerhalb des Geschäftsgegenstandes. Bei **größeren** Vermögen ist der Tatbestand des § 1365 BGB nicht erfüllt, wenn dem verfügenden Ehegatten Werte von **10 %** und mehr seines ursprünglichen Gesamtvermögens verbleiben. Bei der Ermittlung des **verbleibenden Wertes** sind **Schulden nicht abzuziehen, außer** wenn es sich um **dingliche** Belastungen auf einem Gegenstand (Grundstück) handelt.[4]

1298 **Beratungshinweis:** In der Praxis hat diese Vorschrift kaum Bedeutung und zwar deshalb, weil zum einen bei dem Restvermögen außer bei dinglichen Belastungen nicht einmal die Schulden abgezogen werden, zum anderen deshalb, weil es ausreichend ist, dass 10 – 15 % Restvermögen vorhanden sind und bei Vorhandensein dieses Vermögens ein Zustimmungsbedürfnis gar nicht besteht.
Ist z.B. einer der Ehegatten Alleineigentümer eines Hauses und sind zusätzlich noch Lebensversicherungen oder Bausparverträge u.a. vorhanden, so wird i.d.R. § 1365 BGB wegen des noch vorhandenen Restvermögens nicht zur Anwendung kommen. Andererseits zeigt die Praxis, dass i.d.R. – nicht immer – ein Notar bei Veräußerung eines im Alleineigentum eines Ehegatten stehenden Anwesens die Unterschrift des anderen Ehegatten fordert und zwar schon allein aus Haftungsgründen, da dem Notar die Gesamtvermögenssituation des veräußerenden Ehegatten nicht bekannt ist.

1299 **Beratungshinweis:** In der Praxis häufig übersehen wird die Vorschrift des § 1378 Abs. 2 BGB, wonach die Höhe des Zugewinnausgleichsanspruchs auf den Wert des Nettovermögens des Ausgleichspflichtigen, das bei Rechtskraft der Scheidung noch vorhanden ist, begrenzt wird.
Der Zeitpunkt der Beendigung des Güterstandes ist der Zeitpunkt der Rechtskraft der Scheidung.
Wird somit während des Laufs des Scheidungsverfahrens Vermögen veräußert und dadurch der Zugewinn infrage gestellt, so muss entweder versucht werden, durch einen Abtrennungsantrag den Zeitpunkt der Rechtskraft der Scheidung herbeizuführen oder aber Arrestantrag (hierzu siehe unten Rn. 1589ff.) gestellt werden nach §§ 1389, 1390 BGB.
In der Praxis bedeutet dies, dass zwar einerseits bei Vermögensminderungen vor der Scheidung diese bei Benachteiligungsabsicht fiktiv dem Endvermögen zugerechnet werden, jedoch unter Umständen die tatsächlich vorhandenen Vermögenswerte nicht mehr ausreichen, um den Ausgleichsanspruch zu befriedigen. Der Ausgleichspflichtige beruft sich sodann auf § 1378 Abs. 2 BGB und muss nicht zahlen trotz fiktiver Zurechnung.

1 OLG Hamm FamRZ 1987, 591; OLG Köln FamRZ 2001, 176.
2 OLG Köln FamRZ 2001, 176.
3 V. Heintschel-Heinegg in: FA-FamR Rn. 8 zu Kap. 9 I.A.A. BGH FamRZ 2000, 744.
4 V. Heintschel-Heinegg A.A.O. Rn. 20 zu Kap. 9.

### II. Anspruchsgrundlagen

#### 1. Zugewinngemeinschaft, §§ 1363 – 1390 BGB

1300

**Beratungshinweis:** Häufig gehen die Parteien davon aus, dass bei Zugewinngemeinschaft das vorhandene Vermögen beiden in gleicher Weise gehört. Dies ist falsch. Bei der Zugewinngemeinschaft erwirbt jeder der Ehegatten Vermögen, das er auf seinen Namen anschafft alleine. Er bleibt Alleineigentümer dieser Gegenstände. Ein Ausgleich findet lediglich in der Weise statt, dass derjenige Ehegatte, der unter Berücksichtigung von Schulden sowie Anfangsvermögen und Schenkungen den höheren Zugewinn erzielt hat, in Höhe von ½ der Differenz zum Zugewinn des anderen Ehegatten ausgleichspflichtig ist.
Auch für Schulden haftet lediglich der Ehegatte, der den Darlehensvertrag unterzeichnet hat mit Ausnahme des Falles, dass über die dingliche Haftung, also Eintragung einer Grundschuld auf eine Immobilie Mithaftung besteht oder wenn von dem Ehegatten eine Bürgschaft übernommen wurde.

##### a. Grundsätze zur Ermittlung des Zugewinnausgleichsanspruchs

- Zugewinngemeinschaft ist der gesetzliche Güterstand, also der Güterstand, der gilt, wenn **kein Ehevertrag abgeschlossen** wurde.
- Stichtag für die Wertermittlung für das **Endvermögen** ist die **Zustellung des Scheidungsantrags.**
- Stichtag für die Ermittlung des **Anfangsvermögens** ist das **Datum der Eheschließung.**
- Stichtage für das sog. privilegierte Vermögen in Form von Schenkungen oder Erbschaften ist der **Zeitpunkt** der **Schenkung** bzw. der **Erbschaft.**

1301

Zugewinn ist jenes Vermögen, das während der Ehe **erwirtschaftet** wurde. Vom **bereinigten Endvermögen** ist das jeweilige **Anfangsvermögen** und das privilegierte Vermögen (**Erbschaften** und **Schenkungen**) **in Abzug zu bringen**. Die **Differenz** bildet den **Zugewinn.**

1302

**Beratungshinweis:**

- Das Endvermögen ist nie weniger als Null.
- Es gibt kein negatives Anfangsvermögen.
- Ist das Endvermögen höher als das Anfangsvermögen, so bildet die Differenz den Zugewinn.
- Ist das Endvermögen niedriger als das Anfangsvermögen, so ist der Zugewinn Null. Es wurde als kein Zugewinn erwirtschaftet. Ein Ausgleich des Verlustes erfolgt nicht.

Die regelmäßig auftretende Frage der Parteien, ob sie das Vermögen, das sie in die Ehe eingebracht haben, wieder zurück erhalten, muss also mit nein beantwortet werden und es muss eine konkrete Zugewinnausgleichsberechnung erstellt werden, um die Frage zu beantworten, in welcher Höhe sich das eingebrachte Vermögen bei der Zugewinnausgleichsauseinandersetzung auswirkt.
Häufig wird der Anwalt auch mit der Frage konfrontiert, wie sich verschiedene Vermögensdispositionen während der Ehe (Schenkungen untereinander, Verkauf vorhande-

nen Immobilienvermögens, Neukauf von anderen Immobilien u.a.) auswirkt. Die entsprechende Frage ist dahingehend zu beantworten, dass eine Ehe grundsätzlich nicht rückabgewickelt wird, sondern dass bei der Zugewinnausgleichsauseinandersetzung das strenge Stichtagsprinzip gilt.

#### b. Auskunftsanspruch

1303 Die Auskunft ist eine Wissenserklärung, die vom Auskunftspflichtigen persönlich zu unterzeichnen ist (§ 126 Abs. 1 BGB).[5]

1304 **Beratungshinweis:** Sinn dieser Rechtsprechung ist zu vermeiden, dass sich der Auskunftsschuldner später, wenn er z.B. die eidesstattliche Versicherung abgeben muss, nicht darauf berufen kann, der Anwalt habe seine Auskunft falsch wiedergegeben.

1305 *aa. Endvermögen:* Bezüglich **Endvermögen** ergibt sich die Auskunftsverpflichtung aus § 1379 Abs. 1 BGB. Es muss ein **schriftliches Bestandsverzeichnis** (§ 260 Abs. 1 BGB) vorgelegt werden und das Vermögen muss geordnet und übersichtlich zusammengestellt sein, wozu insbesondere **nicht** genügt, wenn in mehreren Schriftsätzen verstreut Einzelangaben gemacht werden. Die Gegenstände müssen nach Anzahl, Art und Wertbildungsmerkmal einzeln aufgeführt werden.[6] Solche **wertbildenden** Faktoren sind z.B. bei Grundstücken Lage, Größe, Nutzung oder bei Kraftfahrzeugen Hersteller, Typ, Baujahr, km-Stand u.a.

1306 Bei **Lebensversicherungen** ist in der Auskunft nach der Rechtsprechung des BGH grundsätzlich der **Fortführungswert** anzugeben und nicht lediglich der **Rückkaufswert.** Letzterer ist nur dann zugrunde zu legen, wenn die Lebensversicherung gekündigt werden muss, um den Zugewinnausgleichsanspruch befriedigen zu können.

1307 Als Wert der Versicherung ist anzugeben der **Rückkaufswert ohne Stornoabschläge,** d.h. **Deckungskapital** inklusive gutgeschriebener **Gewinnanteile** einschließlich **Anwartschaftsbarwert** auf Schlussgewinnanteile.[7]

1308 Muster: Anschreiben an die Versicherungsgesellschaft zur Ermittlung des Wertes der Lebensversicherung des eigenen Mandanten

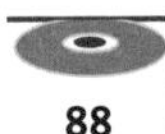

88

Lebensversicherung Nr.: ■■■

Versicherungsnehmer: ■■■

Sehr geehrte Damen, sehr geehrte Herren!

Ausweislich in beglaubigter Kopie anliegender Vollmacht zeige ich die anwaltliche Vertretung des ■■■ an.

---

5 Haußleiter/Schulz, Vermögensauseinandersetzung bei Trennung und Scheidung Rn. 473 zu Kap. 1 mit zahlreichen Hinweisen zur widersprüchlichen Rechtsprechung hierzu.

6 BGH FamRZ 1982, 682 f.

7 BGH FamRZ 1995, 1270.

Im Rahmen einer vermögensrechtlichen Auseinandersetzung bitte ich um folgende Werte zu folgenden Stichtagen (Datum Eheschließung sowie Datum Zustellung des Scheidungsantrags):

Wert bei Auflösung:
- Rückkaufswert
- Überschussanteile
- Kapitalertragssteuer

Wert bei Fortführung
- Deckungskapital
- Überschussanteile
- Anwartschaftsbarwert auf einen Schlussüberschussanteil.

Rechtsanwältin

1309

**Beratungshinweis:** Häufig wird bei Lebensversicherungen übersehen, dass diese bereits bei Eheschließung bestanden haben und damit auch im Anfangsvermögen zu berücksichtigen sind. Die sog. Arbeitgeber-Direktversicherungen zur betrieblichen Altersversorgung sind als Kapitallebensversicherungen beim Zugewinnausgleich zu berücksichtigen und nicht beim Versorgungsausgleich. Lebensversicherungen, die als Leibrentenversicherungen abgeschlossen wurden, gehören dagegen zum Versorgungsausgleich.
Häufig gehen die Parteien davon aus, die Lebensversicherung „gehöre" ihnen beiden und dies deshalb, weil die betroffene Partei versicherte Person ist. Hier ist klarzustellen, dass es ausschließlich darauf ankommt, wer Versicherungsnehmer der betreffenden Versicherung ist. Weder die Tatsache, dass der andere Ehepartner im Todesfall bezugsberechtigt ist noch die Tatsache, dass er versicherte Person ist, ändert etwas an der Tatsache, dass die Lebensversicherung ausschließlich im Endvermögen des Versicherungsnehmers zu berücksichtigen ist.
Darüber hinaus ist die Partei darauf hinzuweisen, dass ein widerrufliches Bezugsrecht, also ein Recht, wonach der Ehepartner im Todesfall die Lebensversicherungssumme ausbezahlt erhalten soll, jederzeit ohne Grund widerrufen werden kann und z.B. die Kinder als Bezugsberechtigte eingetragen werden können.

1310

Muster: Auskunftsaufforderung bezüglich des Gegners

89

Sehr geehrter Herr Kollege!

Sehr geehrte Frau Kollegin!

In obiger Angelegenheit

wurde der Scheidungsantrag zugestellt am ■■■

Ich habe Ihren Mandanten aufzufordern, Auskunft zu erteilen durch Vorlage eines geordneten systematischen Bestandsverzeichnisses per Stichtag ■■■

Anzugeben und vorzulegen sind insbesondere die nachfolgenden Unterlagen:

1. Bausparguthaben durch Vorlage der Jahreskontoauszüge der Bausparkassen.
2. Werte der Lebensversicherungen durch Wertbestätigung der Versicherungsgesellschaft über Rückkaufswert, Überschußbeteiligung, Schlußgewinnanteile abzüglich Kapitalertragssteuer per Stichtag.
3. Girokonto durch Vorlage des Kontoauszugs per Stichtag.
4. Sparguthaben durch Vorlage einer Kopie des Sparbuchs.
5. Wert Pkw durch Vorlage Kaufvertrag, Angabe km-Stand, Angabe des Baujahres.
6. Immobilienbesitz durch Vorlage von Kaufverträgen.
7. Verbindlichkeiten durch Vorlage einer Bankbestätigung mit exaktem Schuldenstand per Stichtag.
8. Etwaige offene Forderungen, wie z.B. Steuerschulden, offene Rechnungen u.a.
9. Aktien und Fondsanteile durch Depot-Wertbestätigungen.
10. Des Weiteren bitte ich um Mitteilung, welche der vorbezeichneten Vermögenswerte bei Eheschließung vorhanden waren und mit welchen Werten sowie um Mitteilung, ob Schenkungen oder Erbschaften während der Ehezeit vorlagen. Falls ja, wann und in welcher Höhe?

Ich stelle anheim, das Anfangsvermögen bei Eheschließung sowie etwaige Erbschaften und Schenkungen, falls vorhanden, bekannt zu geben und in geeigneter Form zu belegen.

Frist zur Auskunftserteilung:

■■■

Mit freundlichen kollegialen Grüßen

Rechtsanwältin

1311 *bb. Anspruch auf Vorlage von Belegen:* Ein solcher besteht grundsätzlich **nicht** mit **Ausnahme** des Falles, dass eine **Wertfeststellung ohne Belege nicht möglich ist,** so z.B. bei **Unternehmen** die Vorlage der Bilanzen sowie Gewinn- und Verlust-Rechnungen der letzten 5 Kalenderjahre vor dem Stichtag.[8]

1312 Allerdings besteht gem. § 1379 Abs. 1 BGB ein **Anspruch** auf **Wertermittlung** bezüglich der Vermögensgegenstände. Im Rahmen dieses Wertermittlungsanspruchs muss der Auskunftspflichtige die erforderlichen **Unterlagen vorlegen,** damit der Auskunftsberechtigte die Vermögensgegenstände und die Verbindlichkeiten selbst bewerten kann.[9]

1313 Die **Kosten** der Wertermittlung hat der Auskunfts**pflichtige** zu tragen.[10] Die Erstellung eines **Sachverständigengutachtens** zur Wertermittlung kann **nicht** verlangt werden, jedoch kann der **Berechtigte** eine **Begutachtung** durch Sachverständige **auf eigene Kosten** vornehmen lassen und hat Anspruch auf Vorlage der dafür erforderlichen Unterlagen. Der Verpflichtete hat die Begutachtung zur dulden.[11]

8 Haußleiter/Schulz a.a.O. Rn. 476 zu Kap. 1 i.A.a. OLG Zweibrücken FamRZ 2001, 763; OLG Düsseldorf FamRZ 1999, 1070.

9 BGH FamRZ 1982, 682.

10 Haußleiter/Schulz a.a.O. Rn. 482 zu Kap. 1.

11 Haußleiter/Schulz a.a.O. Rn. 484 zu Kap. 1 i.A.a. BGH FamRZ 1982 682, 684; OLG Zweibrücken FamRZ 2001, 763, 764.

**Beratungshinweis:** Die Auskunftserteilung darf nicht deshalb verweigert werden, weil die Gegenseite noch keine Auskunft erteilt hat. Es besteht kein Zurückbehaltungsrecht gem. § 273 BGB. 1314
Weigert sich der Verpflichtete trotz Verurteilung zur Auskunftserteilung seiner Auskunftspflicht nachzukommen, kann bei der Berechnung des Zugewinns von der substantiierten Darlegung des Berechtigten über die Vermögenswerte des Verpflichteten ausgegangen werden! Dies führt zu einer Beweiserleichterung für den Ausgleichsberechtigten.

*cc. Auskunftsanspruch bezüglich des Anfangsvermögens:* Ein solcher besteht **nicht.** Ein solcher Auskunftsanspruch ist an sich auch nicht erforderlich, da **jeder** Ehegatte den Bestand und Wert seines **Anfangsvermögens darlegen und beweisen** muss und im Übrigen es im Interesse des jeweiligen Ehepartners liegt, das eigene Anfangsvermögen bekannt zu geben, weil dadurch sein **Zugewinn geringer** wird. Liegt **kein Verzeichnis** über **Anfangsvermögen** vor, so wird gemäß Gesetz **vermutet**, dass **kein** Anfangsvermögen vorhanden war.[12] 1315

**Beratungshinweis:** Wird deshalb eine überhöhte Klage erhoben, weil das Anfangsvermögen von der Gegenseite nicht bekannt gegeben wurde, so sind der Partei, die keine Auskunft über Anfangsvermögen erteilt hat, insoweit die Kosten aufzuerlegen. 1316

*dd. Auskunftsanspruch bei Vermögensminderungen:* § 1379 BGB gibt diesbezüglich keinen Auskunftsanspruch. Es besteht jedoch die Möglichkeit, über **§ 242 BGB** Auskunft zu verlangen, wobei diese nicht auf Gegenstände gerichtet ist, sondern nur auf eine **bestimmte** Handlung i.S.d. § 1375 Abs. 2 BGB, für die der Berechtigte **konkrete Anhaltspunkte** vortragen muss, wobei an diesen Vortrag keine übertriebenen Anforderungen gestellt werden.[13] 1317

*ee. Eidesstattliche Versicherung:* Bestehen konkrete Anhaltspunkte dafür, dass die Auskunft nicht vollständig oder richtig erteilt wurde, muss möglicherweise durch Unterlagen, die bereits vor der Trennung beschafft wurden, belegt werden, so hat der Verpflichtete auf Antrag gem. **§ 260 Abs. 2 BGB** an Eides Statt zu versichern, dass er seine Auskunft so vollständig und richtig erteilt hat, wie er dazu im Stande ist. Der Schuldner kann die Versicherung im Verfahren nach dem FGG abgeben. Zuständig ist der Rechtspfleger (RPflG Ziff. 3 Nr. 1 b). Das FGG-Verfahren ist auch noch **nach Erlass** eines **Urteils** möglich. 1318

**Beratungshinweis:** In der Praxis wird die eidesstattliche Versicherung häufig im Rahmen des gerichtlichen Verfahrens vor dem Familienrichter abgegeben. 1319

Bezüglich **Wertangaben** gem. § 1379 Abs. 1 S. 2 BGB besteht kein Anspruch auf eidesstattliche Versicherung.[14] 1320

12 § 1377 Abs. 3 BGB.
13 Heiß/Heiß Rechtsanwalts-Handbuch, Rn. 335 zu Kap. C 17 i.A. an BGH FamRZ 1982, 27 f.
14 OLG Zweibrücken FamRZ 1996, 749.

### c. Anfangsvermögen, § 1374 Abs. 1 BGB

1321 *aa. Begriff:* Anfangsvermögen ist jenes Vermögen, das die Ehegatten bei Eheschließung hatten. Das Anfangsvermögen umfasst – wie das Endvermögen – alle **rechtlich geschützten Positionen** mit **wirtschaftlichem Wert.** Hierzu gehören auch **Rechte** und **Anwartschaften.**

1322 *bb. Schuldenabzug:* Im **Anfangsvermögen** vorhandene **Schulden** sind vom Aktiv-Anfangsvermögen in Abzug zu bringen. Wurde z.B. **vor** dem Datum der **Eheschließung** ein **Überlassungsvertrag** bezüglich einer Immobilie notariell beurkundet, ist jedoch zum Zeitpunkt der Eheschließung die **Eigentumsumschreibung** noch **nicht** erfolgt, so ist die Immobilie dennoch im Anfangsvermögen zu berücksichtigen, da ein **Anspruch** auf **Übertragung** aus dem unterzeichneten Überlassungsvertrag bestand.

1323 Wurde in dem Überlassungsvertrag vereinbart, dass der Übernehmer **Auszahlungsverpflichtungen** an Geschwister vorzunehmen hat, so mindern diese den Verkehrswert der Immobilie und sind vollumfänglich vom Wert der Immobilie abzuziehen.

1324 *cc. Wohnungsausbau vor Eheschließung:* Hat z.B. ein Ehegatte vor der Eheschließung das elterliche Anwesen ausgebaut, um dort auf Dauer zu wohnen, so hat er eine **vermögenswerte Position** erlangt in Form entweder der dauernden **Nutzungsmöglichkeit** der Wohnung oder als **Bereicherungsanspruch**, den er hätte, wenn der Leihvertrag hinsichtlich der Wohnung am Tag der Eheschließung geendet hätte.

1325 Die **Höhe** des Anspruchs richtet sich nach den **Vorteilen,** die die Eltern durch die Nutzungsmöglichkeit der ausgebauten Räume z.B. durch Vermietung erzielen könnten. Dieser Ertragswert stellt Anfangsvermögen dar.[15, 16]

1326 *dd. Kein negatives Anfangsvermögen:* Ein **negatives** Anfangsvermögen gibt es **nicht.** Das Anfangsvermögen ist also niemals kleiner als **Null.**

1327 *ee. Indexierung:* Um den **Kaufkraftschwund** des Geldes, also den unechten Zugewinn auszuscheiden, muss eine **Umrechnung** des Anfangsvermögens vorgenommen werden, die nach der Formel des BGH wie folgt zu erfolgen hat:

1328 **Ermitteltes Anfangsvermögen x Index bei Güterstandsbeendigung**

1329 Index bei Güterstandsbeginn

1330 Es wird regelmäßig der Preisindex der Lebenshaltung eines 4-Personen-Arbeitnehmer-Haushaltes mit mittlerem Einkommen zugrunde gelegt. Die **aktuellen** Preisindexzahlen werden regelmäßig in der FamRZ und in der NJW veröffentlicht bzw. sind aus dem Gutdeutsch-Programm zu entnehmen.

1331 **Beratungshinweis:** Um Fehler bei der Umrechnung zu vermeiden und auch aus Zeitgründen ist auch hier – ebenso wie bei der Unterhaltsberechnung – die Anwendung des Gutdeutsch-Programms dringend zu empfehlen. Das Programm rechnet entweder monats- oder jahresbezogen die Beträge indexiert um. Auch ist es möglich, außerhalb

15 Haußleiter/Schulz a.a.O. Rn. 17a zu Kap. 1 i.A. an BGH FamRZ 2002, 88, 89.
16 Zu Ansprüchen der Schwiegereltern s. Heiß, Das Mandat im Familienrecht § 10.

der mit dem Programm vorzunehmenden gesamten Zugewinnausgleichsberechnung (hierzu siehe unten Rn. 1731) eine Einzel-Index-Umrechnung, also eine Umrechnung von einzelnen Beträgen vorzunehmen.
In der Praxis wird häufig diese Indexumrechnung übersehen, was zu völlig falschen Ergebnissen zu Lasten des eigenen Mandanten führt, wenn dieser Anfangsvermögen hatte. Je länger der Zeitpunkt der Eheschließung zurückliegt desto höher wirkt sich die Umrechnung durch die Indexierung zu Gunsten des Mandanten aus. Aufgrund der derzeitigen Immobiliensituation ist es sogar häufig so, dass unter Berücksichtigung der Hochrechnung überhaupt kein Zugewinn erzielt wurde, obwohl die Grundstückspreise gestiegen sind und während der Ehe Schulden auf dem Haus abbezahlt wurden, weil das Datum der Eheschließung lange zurückliegt und die Hochrechnung in vollem Umfang die Wertsteigerung aufzehrt.

1332 Zur **Verdeutlichung:** Haben die Eheleute im Jahr **1975 geheiratet** und wurde die Ehe im Jahr **2002 geschieden** und hatte ein Ehepartner im Anfangsvermögen ein Anwesen mit einem Wert von 200.000 €, so ergibt sich unter Berücksichtigung der **Hochrechnung** ein Wert in Höhe von 403.906 € (hierzu siehe unten: Einzel-Indexumrechnung Rn. 1731 ff.).

1333 *ff. Über den Zugewinnausgleich hinausgehender Ausgleichsanspruch/Investitionen in das Anwesen des anderen Ehegatten:* Hat einer der Ehegatten **vor** Eheschließung oder nach Übereignung einer Immobilie auf den **anderen Ehegatten** in das Anwesen **eigenes Vermögen investiert,** so besteht ein sog. **„über den Zugewinnausgleich hinausgehender Ausgleichsanspruch“.**[17] Der BGH hat hierzu ausgeführt, dass kein Grund vorliege, die Ehefrau im vorliegenden Fall schlechter zu stellen, als wenn sie die finanziellen Leistungen erst **nach** der Eheschließung/nach der Eigentumsumschreibung erbracht hätte.

1334 **Folge:** Das Hausgrundstück des Ehemannes wird in dessen **Anfangsvermögen/privilegierten Vermögen** nur mit dem **geringeren** Wert angesetzt, den es im Zeitpunkt der Eheschließung/Übergabe **ohne** die **vorehelichen** Leistungen von der Ehefrau gehabt hätte.[18]

1335 **Ergebnis:** Die Ehefrau erhält über den Zugewinnausgleich **die Hälfte** des von ihr insgesamt investierten Geldes.

1336 Die Praxis zeigt, dass häufig übersehen wird, dass Aufwendungen eines Ehepartners in das Anwesen des anderen vor Eheschließung oder vor Übergabe der Immobilie an den anderen Ehegatten aus dem Anfangsvermögen/privilegierten Vermögen herauszurechnen sind.Die Beweislast für die getätigten Investitionen trägt voll umfänglich der Ehepartner, der diese getätigt hat. Demzufolge ist bereits beim Erstberatungsgespräch die Partei darauf hinzuweisen, sämtliche Belege zusammenzustellen über den Nachweis der Investitionen. Ergänzend hierzu ist nachzufragen, welche Zeugen ggf. die Investitionen bestätigen können. Zur weiteren Absicherung empfiehlt es sich auch, durch die Zeugen

17 BGH FamRZ 1992, 160, 162.
18 So auch OLG München FamRZ 2003, 312, 313.

entsprechende eidesstattliche Versicherungen zu erholen, aus denen sich Höhe, Umfang und Zeitpunkt der getätigten Investitionen ergibt.

1337 Muster: Eidesstattliche Versicherung zur Bestätigung von Investitionen

90

Hiermit gebe ich, (Name)■■■, nachdem ich eindringlich und ausführlich über die Strafbarkeit einer falschen eidesstattlichen Versicherung belehrt worden bin, folgende eigene Darstellung des Sachverhalts:

Zur Person: ■■■

Zur Sache: ■■■

Zum Beispiel: ■■■

Ich habe am ■■■ einen Betrag in Höhe von ■■■ in das Anwesen meines Schwiegersohnes investiert. Die Investition erfolgte durch Überweisung des Betrages in Höhe von ■■■ von meinem Konto ■■■ auf das Gemeinschaftskonto meiner Tochter und meines Schwiegersohnes. Die Überweisung erfolgte mit dem Vermerk: Für Rückzahlung Hausschulden.

Ich versichere die Richtigkeit und Vollständigkeit meiner hier gemachten Angaben an Eides Statt.

■■■, den ■■■

■■■

### d. Privilegiertes Vermögen (Schenkungen/Erbschaften), § 1374 Abs. 2 BGB

1338 Erbschaften und Schenkungen sind **wie Anfangsvermögen** zu behandeln, also vom Endvermögen in Abzug zu bringen und unterliegen dem Zugewinnausgleich nur insofern, als ein **Wertzuwachs** entstanden ist.

1339 **Beispiel:** Wurde ein Sparbuch **geerbt** mit 20.000 € und dieser Betrag verzinslich angelegt, sodass letztlich im Endvermögen 30.000 € vorhanden sind, so stellen jene 10.000 € Differenz **Zugewinn** dar (wobei jedoch Indexierung wie beim Anfangsvermögen vorzunehmen ist).

1340 **Beratungshinweis:** Es muss unbedingt darauf geachtet werden, ob dem ererbten oder geschenkten Vermögen Verbindlichkeiten gegenüber stehen, wie z.B. bei Überlassungsverträgen Auszahlungsverpflichtungen an Geschwister oder bei Erbschaften Nachlassverbindlichkeiten, Erbschaftssteuer u.a.

1341 Die Anwartschaft auf eine **Nacherbschaft**, die ebenfalls zum privilegierten Erwerb von Todes wegen zählt, ist mit dem **gleichen** Wert wie im Endvermögen anzusetzen.[19] Privilegiertes Vermögen ist Vermögen, das ein Ehegatte von Todes wegen oder mit **Rücksicht** auf ein **künftiges Erbrecht**, durch **Schenkung** oder als **Ausstattung** erwirbt.

1342 Ein Erwerb mit Rücksicht auf ein künftiges Erbrecht liegt i.d.R. bei Grundstücks- oder Hofübertragungen seitens der Eltern auf die Kinder vor. Werden hier – wie dies in den

19 Haußleiter/Schulz a.a.O. Rn. 25 zu Kap. 1.

überwiegenden Fällen gehandhabt wird – **Gegenleistungen** in Form von Leibgeding, Nießbrauch, Wohnrecht oder Ausgleichszahlungen an Geschwister vereinbart, so ändert dies nichts daran, dass es sich um **privilegierten Erwerb** handelt.[20]

1343 *aa. Schenkung/Ausstattung:* Bei Schenkungen i.S.v. § 516 Abs. 1 BGB sowie bei Ausstattungen (Aussteuer und Mitgift) i.S.v. § 1624 BGB liegt privilegiertes Vermögen vor. Liegen sog. „**gemischte**" Schenkungen vor, so handelt es sich nur bei dem **unentgeltlichen Teil** der Zuwendung um privilegiertes Vermögen.

1344 **Beratungshinweis:** Wenn Zuwendungen „den Umständen nach zu den Einkünften zu rechnen" sind, werden diese dem Anfangsvermögen nicht zugerechnet. Einkünfte sind Zuwendungen, die nicht zur Vermögensbildung, sondern zum laufenden Verbrauch bestimmt sind, so z.B. Zuwendungen für Haushalt, laufende Lebenshaltungskosten, Urlaub, Wohnungsumzug, Führerschein u.a.
Die Finanzierung für eine Wohnungseinrichtung oder Schenkung einer Wohnungseinrichtung stellt Vermögensbildung dar und gehört somit zum privilegierten Anfangsvermögen.
Auch größere Geldzuwendungen, z.B. für den Kauf eines Pkws, können zu den Einkünften gerechnet werden, wobei jedoch ab einer gewissen Höhe der Zuwendung sicherlich eine Schenkung und keine laufende Unterhaltsleistung vorliegt.

*bb. Arbeitsleistungen*

1345 **Beratungshinweis:** Arbeitsleistungen, z.B. beim Bau eines gemeinsamen Hauses, die häufig von Familienmitgliedern oder Freunden erbracht werden, sind keine Schenkungen, da ihnen keine entsprechende Vermögenseinbuße gegenübersteht.
Anders verhält es sich dann, wenn z.B. deshalb eine tatsächliche Vermögenseinbuße vorliegt, weil das mitarbeitende Familiemitglied zum einen die Arbeiten nicht in der Freizeit tätigt und zum anderen einen handwerklichen Betrieb führt, der jene Leistungen erbringt, die unentgeltlicherweise für den Hausbau erbracht werden.
Gegenstand der Schenkung ist dann der Wert der Vergütung, der bei Fremdarbeiten angefallen wäre.

1346 Arbeitsleistungen der **Schwiegereltern** können den **ehebezogenen Zuwendungen** gleichgestellt werden mit der Folge, dass die Voraussetzungen für den **Wegfall der Geschäftsgrundlage** – Ausgestaltung, Erhaltung und Sicherung der ehelichen Lebensgemeinschaft – zur Anwendung kommen. Der Ausgleich besteht jedoch nicht darin, dass die Schwiegereltern einen eigenen Anspruch gegen das Schwiegerkind haben, sondern der Ausgleich erfolgt **über den Zugewinnausgleich** und zwar wie folgt:

1347 Das **Schwiegerkind** kann die Zuwendung **nicht** gem. § 1374 Abs. 2 seinem **Anfangsvermögen** hinzurechnen. Das **eigene Kind** darf den durch die Arbeit seiner Eltern geschaffenen Vermögenszuwachs „wie eine Schenkung" von dritter Seite als **privilegierten Erwerb** in seinem Anfangsvermögen ansetzen.[21]

20 BGH FamRZ 1990, 1083, 1084; Haußleiter/Schulz Rn. 28 zu Kap. 1.
21 Haußleiter/Schulz a.a.O. Rn. 24 zu Kap. 7.

1348 Im **Ergebnis** bedeutet dies: Der durch die Mitarbeit der Eltern/Schwiegereltern geschaffene **Mehrwert** wird beim **leiblichen Kind** im **Anfangs- und Endvermögen**, beim Schwiegerkind jedoch nur im **Endvermögen** berücksichtigt.[22]

1349 **BERATUNGSHINWEIS:** Die Berücksichtigung im privilegierten Vermögen des eigenen Kindes betrifft jedoch nur die Hälfte des Mehrwerts, wenn die Schenkung – wie dies die Regel ist – an beide Eheleute erfolgte.
**Beispiel:**
- Die Arbeitsleistungen der Eltern/Schwiegereltern für das gemeinsame Haus betragen 20.000,00 €.
- Die eigene Tochter kann den halben Wert der Mitarbeit, somit 10.000,00 € sowohl im Anfangsvermögen als auch im Endvermögen ansetzen.
- Beim Schwiegersohn M werden 10.000,00 € nur seinem Endvermögen zugerechnet.
- M muss über den Zugewinnausgleich 5.000 € an F zahlen.

1350 *cc. Finanzielle Zuwendungen der Schwiegereltern:* F war bei Eheschließung **Alleineigentümerin** eines hoch verschuldeten Hauses. Die Eltern von **M** überwiesen auf ein **Gemeinschaftskonto** der Ehegatten zur Schuldenrückzahlung einen Betrag in Höhe von 300.000 €. Wie ist die Überweisung der 300.000 € im Zugewinnausgleich zu bewerten?

1351 Die Zuwendung an das **eigene Kind** wird als **Schenkung** angesehen, sodass dieses 150.000,00 € als privilegierten Erwerb in seinem Anfangsvermögen ansetzen kann.[23]

1352 Die Zuwendung wird beim **leiblichen Kind** im **Anfangs**- und **Endvermögen**, beim **Schwiegerkind** nur in dessen **Endvermögen** berücksichtigt.

1353 Ergebnis: Über den Zugewinnausgleich fließt die **Hälfte** des dem **Schwiegerkind** zugewendeten Betrags (hier: 75.000 €) an das **eigene** Kind zurück.

1354 *dd. Eigener Anspruch der Schwiegereltern:* Ein **eigener Anspruch** der **Schwiegereltern** kann sich ausnahmsweise dann ergeben, wenn sie auch eigene in die Zukunft gerichtete Interessen verfolgten, so z.B. wenn sie sich durch die Mithilfe einen unentgeltlichen Altersruhesitz sichern wollten.[24, 25]

1355 *ee. Zuwendungen der Ehegatten untereinander:* Auf Zuwendungen zwischen Eheleuten ist § 1374 Abs. 2 BGB nicht anzuwenden.

1356 *ff. Schmerzensgeld/Lottogewinn:* **Schmerzensgeld** und **Lottogewinn** sind **Zugewinn**, wobei bezüglich Schmerzensgeld hierzu – zu Recht – zahlreiche Kritik angebracht wird mit dem Hinweis darauf, dass es eine grobe Ungerechtigkeit ist, die Hälfte des Schmerzensgeldes an den Ehegatten abgeben zu müssen.[26] Nunmehr werden **erstmalig** in der Rechtsprechung des BGH[27] im Zusammenhang mit der Beurteilung einer arbeitsrecht-

---

22 Haußleiter/Schulz a.a.O.
23 BGH FamRZ 1995, 1060; Haußleiter/Schulz a.a.O. Rn. 5 zu Kap. 7.
24 Haußleiter/Schulz a.a.O. Rn. 25.
25 Im Einzelnen s. Heiß, Das Mandat im Familienrecht § 10.
26 Haußleiter/Schulz a.a.O.; Schwab/Schwab Rn. 56 zu VII; FA-FamR/v. Heintschel-Heinegg, Rn. 64 zu Kap. 9.
27 FamRZ 2004, 1352.

lichen Abfindung die rechnerischen Ergebnisse eines Zugewinnausgleichsanspruchs noch anhand der **Grundsätze von Treu und Glauben** auf ihre **Billigkeit** überprüft und damit das bisher als unantastbar geltende **Stichtagsprinzip** aufgeweicht. Angedeutet hat sich eine grundlegende Änderung in der Rechtsprechung bereits durch die Entscheidung zur **Wirksamkeit von Eheverträgen.**[28] In diesem Urteil wurde zwar grundsätzlich die Vertragsfreiheit, insbesondere beim Zugewinnausgleich **anerkannt**, jedoch hat der BGH darauf hingewiesen, dass jeweils die Frage zu stellen ist, ob sich aus dem vereinbarten Ausschluss der Scheidungsfolge eine **evident einseitige Lastenverteilung** ergibt, die hinzunehmen für den belasteten Ehegatten auch bei angemessener Berücksichtigung der Belange des anderen Ehegatten und seines Vertrauens in die Geltung der getroffenen Abrede sowie bei verständiger Würdigung des Wesens der Ehe **unzumutbar** ist.

1357 Es wird nunmehr den Instanzgerichten die Möglichkeit eröffnet, auf **ungerechte** Berechnungen **flexibler** zu reagieren, wobei der **Ausschluss** oder die **Reduzierung** des Zugewinnausgleichsanspruchs sich nur auf **Ausnahmefälle** beschränken darf.[29]

1358 *gg. Beweislast:* Jeder Ehegatte muss **sein Anfangsvermögen** darlegen und beweisen.[30] Gleiches gilt für den **privilegierten Erwerb** und damit auch für den Nachweis, dass Zuwendungen **keine Einkünfte** sind.[31] Des Weiteren muss jeder Ehegatte bezüglich seines Anfangsvermögens auch das **Fehlen** von **Verbindlichkeiten** nachweisen.[32] Dies gilt aber nur, wenn der Gegner das Vorhandensein von Verbindlichkeiten im Einzelnen dargelegt hat.[33]

1359 *hh. Keine „Über-Kreuz-Rechnung“:* Hat ein Ehegatte **bei Eheschließung Schulden**, so können diese **nicht** mit **späterem privilegierten Erwerb** (Erbschaft/Schenkung) verrechnet werden.[34]

e. Endvermögen

1360 *aa. Stichtag:* **Zustellung Scheidungsantrag:** Ein **anderer** Stichtag kann durch Ehevertrag oder gerichtliche Protokollierung einer entsprechenden Vereinbarung zugrundegelegt werden.

1361 **Beratungshinweis:** Wie oben ausgeführt, sollte in jedem Fall eigener Scheidungsantrag gestellt werden, statt lediglich Zustimmung zum Scheidungsantrag erklärt werden und zwar aus folgendem Grund:

1362 Nimmt der Antragsteller seinen Scheidungsantrag zurück, was ohne Zustimmung möglich ist, wenn noch nicht mündlich verhandelt worden ist und wurde kein eigener Scheidungsantrag gestellt, so muss die Gegenpartei neuen Scheidungsantrag einreichen

28 BGH FamRZ 2004, 601.
29 Anm. Kogel FamRZ 2004, 1866, 1867.
30 § 1377 Abs. 3 BGB.
31 Haußleiter/Schulz a.a.O. Rn. 32g zu Kap. 1.
32 OLG Karlsruhe FamRZ 1986, 1105, 1106.
33 Haußleiter/Schulz a.a.O. Rn. 53 zu Kap. 1.
34 BGH FamRZ 1995, 990.

mit der Folge, dass ein neuer Stichtag gilt, zu welchem dieVermögensverhältnisse unter Umständen wesentlich schlechter sind als bei Einreichung des ersten Scheidungsantrags.

1363 Wenn die Antragsgegnerseite eigenen Scheidungsantrag gestellt hatte, so verbleibt es trotz Scheidungsantragsrücknahme bei dem ursprünglichen Stichtag.

1364 *bb. Fiktive Zurechnung von Vermögen, § 1375 Abs. 2 BGB:* Diese kann in folgenden Fällen erfolgen:

- Unentgeltliche **Zuwendungen**,
- **Verschwendung**,
- absichtliche Vermögens**benachteiligung**,

1365 Pflicht- und Anstandszuwendungen sind nicht zuzurechnen, so z.B. Ausstattungen der Kinder, Unterstützung bedürftiger Verwandter u.a. Liegt jedoch eine **gravierende Verschlechterung** der Position des anderen Ehegatten aufgrund Zuwendung vor, wird allgemein eine illoyale Vermögensverfügung anzunehmen sein. Dies gilt auch bei Schenkungen an die Kinder.[35]

1366 **Verschwendungen** sind Ausgaben, „bei denen ein Ehegatte weder Maß noch Ziel zu halten versteht", die unnütz und übermäßig sind, weil sie zu seinem Vermögen in keinem Verhältnis stehen;[36] **absichtliche Vermögensbenachteiligung** liegt vor, wenn der Wille des Ehegatten, den anderen zu benachteiligen, das leitende, **wenn auch nicht notwendig einzige Motiv** seines Handelns gewesen ist.[37]

1367 **Beratungshinweis:** Gemäß den obigen Ausführungen, siehe Rn. 1299 kann trotz fiktiver Zurechnung die Situation eintreten, dass kein Zugewinnausgleichsanspruch gegeben ist aufgrund der Vorschrift des § 1378 Abs. 2 BGB, wonach die Ausgleichsforderung auf die Höhe des Vermögens, das bei Beendigung des Güterstandes noch vorhanden ist, begrenzt ist.

1368 *cc. Beweislast:* Der Kläger hat im Zugewinnausgleichsverfahren die Darlegungs- und Beweislast für die Höhe der Ausgleichsforderung, also

- für sein eigenes Endvermögen
- für das Endvermögen des anderen Ehegatten
- für Endvermögen in Form von Aktiva als auch Passiva.[38]

1369 Der Anspruchsteller muss also auch das Fehlen von Verbindlichkeiten darlegen und beweisen. Der Anspruchsgegner muss diese „negativen Tatsachen" substantiiert vortragen, der Anspruchsteller muss diesen Vortrag dann widerlegen, wobei an die Substantiierung des Bestreitens keine allzu hohen Anforderungen gestellt werden.[39]

---

35 Haußleiter/Schulz a.a.O. Rn. 72 zu Kap. 1 m.w.Nachw.
36 OLG Rostock FamRZ 2000, 228; OLG Karlsruhe FamRZ 1986, 167.
37 BGH FamRZ 2000, 948, 950.
38 OLG Hamm FamRZ 1997, 87; BGH FamRZ 1989, 954, 956.
39 OLG Köln FamRZ 1999, 657.

### f. Übersicht zur Bewertung einzelner Vermögensgegenstände[40]

1370 **Abfindungszahlung:** Wird für den Verlust einer Arbeitsstelle eine Abfindungszahlung bezahlt, so wird diese üblicherweise im Rahmen der **Unterhaltsregelung** anhand des bisher erzielten Einkommens umgelegt und als **Einkommen** zugrundegelegt. In diesem Fall **scheidet** eine Berücksichtigung der Abfindung beim Zugewinnausgleich **aus.** Die Abfindung kann **nicht doppelt** berücksichtigt werden.[41] War die Abfindung **vereinbart,** aber noch **nicht ausbezahlt,** ist sie dennoch als **Anwartschaftsrecht** voll umfänglich im Endvermögen zu berücksichtigen.[42]

1371 **Altenteil:** Entsprechend den obigen Ausführungen Rn. 1342 ändert die Vereinbarung eines sog. Altenteils bei Übergabe einer Immobilie nichts daran, dass es sich bei dem Übergabevertrag um eine **Schenkung,** also um privilegiertes Vermögen handelt. Das Altenteil bleibt sowohl beim **Anfangsvermögen** als auch beim **Endvermögen** bei der Ermittlung des Verkehrswertes des Anwesens **außer Betracht.**[43] Dies deshalb, weil der andere Ehegatte nicht an dem **Wertzuwachs** teilhaben soll, den die Immobilie dadurch erreicht, dass sich die **Lebenserwartung** der Eltern **verringert** und damit der Wert der Immobilie steigt.

1372 **Antiquitäten:**

- Zugewinn **nur,** wenn sie **im Alleineigentum** eines Ehegatten stehen.
- Wenn sie **beiden** Eheleuten gemeinsam gehören, sind sie **Hausrat.**
- Wenn sie **sichtbar** in den **Wohnräumen** sind: **Hausrat.**[44]

1373 **Anwaltskosten:** Ohne Rücksicht auf ihre Fälligkeit: **Passiva** im Zugewinn.[45]

1374 **Anwartschaftsrecht:** Voll umfänglich im Endvermögen zu berücksichtigen, wenn **sicher** ist, dass die Anwartschaft zum **Vollrecht** erstarkt.[46]

1375 **Apotheke (siehe Arztpraxis)**

1376 **Arbeitgeber-Direktversicherung:** Es handelt sich um Versicherungen, bei denen der **Arbeitgeber** Versicherungsnehmer und der **Arbeitnehmer** nur Bezugsberechtigter ist. Die Versicherung ist beim **Zugewinn** des **Arbeitnehmers** zu berücksichtigen, wenn das Bezugsrecht zwar noch nicht unwiderruflich, aber bereits **unverfallbar** ist.[47] Ab Eintritt der Unverfallbarkeit kann der Arbeitgeber aus arbeitsrechtlichen Gründen den Widerruf nicht mehr ausüben, da er sich sonst schadenersatzpflichtig machen würde. (Im Einzelnen siehe unten „Lebensversicherungen" Rn. 1449).

---

40 In Anlehnung an Haußleiter/Schulz a.a.O. Rn. 127ff. zu Kap. 1.

41 BGH FamRZ 2001, 278f.; BGH FamRZ 2003, 432, 433; BGH FamRZ 2004, 1352 m. Anm. Bergschneider, sowie Anm. Kogler in FamRZ 2004, 1866.

42 Haußleiter/Schulz a.a.O. Rn. 127 zu Kap. 1.

43 BGH FamRZ 1990, 603, 604.

44 Haußleiter/Schulz a.a.O. Rn. 135.

45 Haußleiter/Schulz a.a.O. Rn. 136.

46 Haußleiter/Schulz a.a.O. Rn. 137.

47 BGH FamRZ 1993, 1303; OLG Köln FamRZ 2001, 158, 159.

1377 **Arbeitseinkommen:** Das am Stichtag **fällige** Arbeitseinkommen ist **Zugewinn**, auch wenn es als Unterhalt für den Zeitraum nach Stichtag benötigt wird.[48]

1378 **Arbeitsgeräte:** Z.B. Praxiseinrichtung eines Arztes, Fotoausrüstung eines Reporters u.a.: Ansatz mit dem **Wiederbeschaffungswert, nicht** mit dem sehr viel niedrigeren **Verkehrswert.**[49]

1379 **Architekturbüro:** In der Regel nur Ansatz des reinen **Sachwerts**, also **Wiederbeschaffungswerts** und **kein good will**, da die Tätigkeit **personenabhängig** ist und von den Fähigkeiten des ausübenden Architekten abhängt. Dieser steht einem Künstler nahe.[50] **Anders** wäre es dann, wenn ein Architekt eine Vielzahl **gleichartiger Objekte** für bestimmte Bauträger bearbeitet.[51]

1380 **Arztpraxis:** Der Wert setzt sich aus der **Summe** von **Substanzwert** (materieller Praxiswert) und **ideellem Wert** (immaterieller Praxiswert) zusammen. Zum **Sachwert** gehören auch am Stichtag fällige **Forderungen** gegen Privatpatienten und ärztliche Verrechnungsstellen. Der **ideelle Wert** richtet sich nach dem **Umsatz**, nicht nach dem **Gewinn** und zwar bezogen auf die letzten **3 – 5 Jahre.** Von diesem Wert ist der **kalkulatorische Arztlohn** (Bruttobetrag) **abzuziehen.** Der ideelle Wert kann mit einem **Drittel** des verbleibenden Restes angenommen werden.[52] Dies gilt auch trotz der aufgrund des Gesundheitsstrukturgesetzes veränderten Bedingungen.[53] Von diesem Betrag sind noch die sog. **latenten Ertragssteuern** (hierzu siehe unten Rn. 1498ff.) abzuziehen, also die **Steuern**, die bei einem **Verkauf** anfallen würden.

1381 **Beratungshinweis:** Trotz der diesbezüglich eindeutigen Rechtsprechung des BGH zeigt sich in der Praxis vielfach, dass im Rahmen von Sachverständigengutachten die latenten Ertragssteuern nicht berücksichtigt wurden. Dies geschieht dann häufig mit dem Hinweis, dass die Höhe der Steuerbelastung des Unternehmers nicht bekannt sei u.a.
Hierzu empfiehlt es sich, im Prozess durch den Steuerberater der Partei eine schriftliche Bestätigung beizubringen über die Höhe der Steuerlast und das Gericht ausdrücklich dahingehend zu bitten, dass die Bestätigung betreffend der Steuerlast, die bei einem Verkauf anfallen würde, dem Sachverständigen zur Verfügung gestellt wird.
Aus Haftungsgründen sollte in jedem Fall als Beweis die Erholung eines Sachverständigengutachtens durch das Gericht beantragt werden.

1382 **Auflassung:** War zum Stichtag durch notariellen Vertrag bezüglich der Eigentumsumschreibung an einem Grundstück bereits die Auflassung beantragt, jedoch das Eigentum noch nicht umgeschrieben, ist maßgeblich das Datum der notariellen Einigung, da hier durch die Auflassung bereits ein dingliches Anwartschaftsrecht begründet wurde.[54]

---

48 BGH FamRZ 2003, 1544, 1546.
49 Haußleiter/Schulz a.a.O. Rn. 141.
50 OLG München FamRZ 1984, 1086.
51 OLG München a.a.O.
52 BGH FamRZ 1991, 43, 47.
53 Haußleiter/Schulz a.a.O. Rn. 145 i.A. an Klapp, Abgabe und Übernahme einer Arztpraxis, S. 92.
54 Haußleiter/Schulz a.a.O. Rn. 152 zu Kap. 1.

**Ausgleichszahlungen:** Ausgleichszahlungen aus dem **Hausratsverfahren** bleiben unberücksichtigt.[55] Ausgleichszahlungen nach § 38 **Soldatengesetz** bleiben **unberücksichtigt,** falls der **Eintritt** in den Ruhestand erst **nach** dem **Stichtag** erfolgt ist.[56] 1383

**Außenstände:** Außenstände eines Unternehmens gehören zum **Sachwert.**[57] (Hierzu siehe: Arztpraxis) 1384

**Aussteuer:** Aussteuer ist dem **Anfangsvermögen** zuzurechnen, wobei i.d.R. davon ausgegangen wird, dass die Ausstattung dem **eigenen** Kind zugute kommen sollte.[58] 1385

**Auto:** Siehe unten „Kraftfahrzeuge". 1386

**Bankguthaben:** Diese sind **ohne** Berücksichtigung der **Zweckbestimmung** anzusetzen. So sind sogar **Gehalts-**, **Unterhalts**- oder **ALG II/Sozialgeld** für den **laufenden Monat** zu berücksichtigen.[59] Es gilt das strenge **Stichtagsprinzip.** 1387

**Beratungshinweis:** Häufig wird in der Praxis übersehen, dass diesem Bankguthaben Verbindlichkeiten gegenüber stehen, wie z.B. Mietzahlung für den laufenden Monat, Unterhaltsverpflichtung, offene Rechnungen, Reparaturkostenrechnungen, Beitragszahlungen für Versicherungen (Lebensversicherung, Krankenzusatzversicherung, Unfallversicherung u.a.).
Diese bereits am Stichtag bestehenden Verbindlichkeiten sind von dem zunächst anzusetzenden Bankguthaben in Abzug zu bringen. 1388

Bausparverträge: Diese sind in Höhe der angesparten Beiträge anzusetzen. 1389

**Beratungshinweis:** Bezüglich Bausparverträgen liegen überlicherweise nur sog. Jahreskontoauszüge vor, sodass auf den Stichtag hochgerechnet bzw. zurückgerechnet werden muss unter Berücksichtigung der laufenden monatlichen Einzahlungen. 1390

Stehen den Bausparverträgen **Bausparschulden** gegenüber (**Vorfinanzierung**), so sind diese Schulden im Passiv-Vermögen anzusetzen.[60] 1391

**Beratungshinweis:** Häufig laufen parallel zwei Bausparverträge, wobei der eine Bausparvertrag sich im Ansparstadium befindet und der andere Bausparvertrag das Bauspardarlehen beinhaltet. Ziel dieser Führung von zwei Bausparverträgen ist es, dass mit dem Guthaben des einen Bausparvertrages die Schulden des anderen Bausparvertrages bei Auszahlungsfälligkeit zu tilgen. 1392

Hat ein Ehegatte Leistungen zu Gunsten des Bausparvertrages des **anderen** erbracht, bestehen weder gellschaftsrechtliche noch bereicherungsrechtliche Ansprüche.[61] Auf die **Herkunft** des einbezahlten Geldes kommt es (ebenso wie bei Sparbüchern) **nicht** 1393

55 OLG Düsseldorf FamRZ 1992, 60.
56 BGH FamRZ 1982, 684.
57 BGH FamRZ 1991, 43, 45.
58 AG Stuttgart FamRZ 1999, 655.
59 Haußleiter/Schulz a.a.O. Rn. 156 zu Kap. 1.
60 Haußleiter/Schulz Rn. 158 zu Kap. 1.
61 BGH FamRZ 1989, 147.

an.[62] Es liegt dann eine ehebezogene Zuwendung vor, die bei Wegfall der Geschäftsgrundlage ausgeglichen werden kann, jedoch nur in strengen Ausnahmefällen.[63, 64]

1394 **Berlin-Darlehen:**

- Der **Rückzahlungsanspruch** gehört zu den **Aktiva.** Wurde das **Darlehen** wiederum durch ein **Darlehen finanziert**, gehört dieses zu den **Passiva.**
- Wird der Kredit durch eine **Lebensversicherung** getilgt, vermindert der Wert der Lebensversicherung den Betrag der Schulden.[65]

1395 **Betrieb:** Siehe unten „Unternehmen“.

1396 **Briefmarkensammlung:** Siehe unten Rn. 1479 „Sammlungen“

1397 **Bürgschaften:** Diese gehören zu den **unsicheren Rechten.** Befindet sich derjenige, für den die Bürgschaft übernommen wurde, in **gesicherten Verhältnissen**, kann die Bürgschaft mit **Null** angesetzt werden. Steht dessen **wirtschaftlicher Zusammenbruch** bevor, kann die Verbindlichkeit voll umfänglich zu den **Passiva** gerechnet werden.[66]

1398 **Darlehen:** Ansprüche aus anderen Personen gewährten Darlehen gehören zu den **Aktiva**, Darlehensschulden gehören zu den **Passiva.** Noch nicht fällige **unverzinsliche Darlehen** können abgezinst werden (siehe unten „Verbindlichkeiten).[67] Besteht **Mithaftung** beider Eheleute im Innenverhältnis zu je ½, sind die Schulden grundsätzlich hälftig auf der Passivseite anzusetzen.[68] Wird ein Ehegatte von dem Gläubiger voraussichtlich in **größerem Umfang** in Anspruch genommen und erscheinen seine Ausgleichsansprüche gegen den anderen Ehegatten als nicht realisierbar, ist die Verbindlichkeit **insoweit bei ihm anzusetzen.**[69]

1399 **Eigentumsvorbehalt:** Bei Ratenkauf erwirbt der Käufer zunächst eine Anwartschaft, die in der Höhe des Vollrechts bewertet werden kann.[70]

1400 **Eigentumswohnungen:** Die Bewertung erfolgt nach den Regeln der **Grundstücksbewertung** (siehe unten Rn. 1413). Ebenso wie bei anderen Immobilien ist zu berücksichtigen, ob die Immobilie im Zusammenhang mit der Vermögensauseinandersetzung veräußert wird oder weiterhin im Eigentum der Parteien/der Partei verbleibt. Ist eine **Veräußerung nicht geplant**, so ist der **volle wirkliche Wert** einzustellen, der i.d.R. **höher** liegt als der **Verkehrswert.**[71] Bei Eigentumswohnungen wird vielfach der **Mittelwert** zwischen **Sach- und Ertragswert** zugrundegelegt.[72] Eine **vorübergehende ungünstige Marktlage** hat **keine** Auswirkung auf die **Wertermittlung.**[73]

---

62 BGH NJW 1996, 840, 841.
63 BGH FamRZ 1994, 228.
64 Hierzu siehe unbenannte Zuwendungen in Heiß, Das Mandat im Familienrecht § 10.
65 BGH FamRZ 1992, 1155, 1160.
66 Haußleiter/Schulz a.a.O. Rn. 162 zu Kap. 1.
67 Haußleiter/Schulz a.a.O. Rn. 163.
68 BGH FamRZ 1991, 1162; OLG Koblenz FamRZ 1998, 238.
69 FA-FamR v. Heintschel-Heinegg, Rn. 100 zu Kap. 9.
70 Haußleiter/Schulz a.a.O. Rn. 166 zu Kap. 1.
71 BGH FamRZ 1992, 411.
72 BGH FamRZ 1986, 37, 39.
73 BGH FamRZ 1992, 411; BGH FamRZ 1986, 37, 40; 1992, 918.

**Erbbaurechte:** Der Wert von Erbbaurechten sollte in jedem Fall durch einen **Sachverständigen** ermittelt werden. Es kann eine Kombination von Boden- und Gebäudewert zugrundegelegt werden. Zu beachten ist der **Erbbauzins** und die **Restlaufzeit.**[74]

1401

**Erbschaft:** Diese sind mit dem Wert zum Zeitpunkt des Erbfalles zu berücksichtigen. Zu **beachten** sind etwaige **Nachlassverbindlichkeiten,** die sich aus dem **Nachlassverzeichnis** oder den **Steuerunterlagen** hinsichtlich der Erbschaftssteuer ergeben.

1402

**Freiberufliche Praxis:** Es ist zu prüfen, ob und in welcher Höhe **zusätzlich** zum **Sachwert** noch ein **Ertragswert** anzusetzen ist. Ertragswert ist nicht anzusetzen, wenn die Gewinnerwartung an die Person des Praxisinhabers gebunden und nicht „unternehmensbezogen" ist[75] (im Übrigen siehe: Rn. 1380 Arztpraxis).

1403

**Gärtnerei:** Gärtnereien sind **gewerbliche** Unternehmen. Die Bewertung erfolgt nach dem **Sach-** oder dem **Ertragswert.** In der Regel stellen Gärtnereien **typische Sachwertobjekte** dar, also Zusammensetzung des Wertes von Gebäuden, Gewächshäusern, Fahrzeugen, Maschinen, Geräten sowie Bodenwert. Der **Sachwert** von Gärtnereien ist **meist höher** als der (nach dem Gewinn ermittelte) **Ertragswert.**[76]

1404

**Gegenseitige Ansprüche:** Diese sind auf Seiten des **Gläubigers** im **Aktiv**-Vermögen und auf Seiten des **Schuldners** im **Passiv**-Vermögen zu berücksichtigen.[77] Hat ein Ehegatte **Zugewinn erzielt,** der seine **Ausgleichsschuld übersteigt,** wirkt sich der Anspruch (z.B. nach § 426 BGB bei Schuldenrückzahlung für ein Haus) im Endergebnis **nicht aus.** Liegt seitens eines Ehegatten **kein positives** Endvermögen vor, so wirkt sich die Schuld beim Ausgleichsberechtigten **nicht aus,** da das Endvermögen nie weniger als Null ist. Dem gegenüber **erhöht** sich das Endvermögen des anderen Ehegatten um den ihm zustehenden **Anspruch,** was zu einer **Erhöhung** des Zugewinnausgleichsanspruchs führt.[78] Fraglich ist, ob es im Hinblick auf die Entscheidung des BGH,[79] wonach eine **doppelte Berücksichtigung** einer Abfindung im Rahmen der **Unterhaltsberechnung** und im Rahmen der **Zugewinnausgleichsberechnung** ausscheidet, bei dieser Rechtsprechung verbleibt. Auch in den Fällen von **Schuldverbindlichkeiten** wird einerseits beim **Unterhalt** die Ratenverpflichtung beim Einkommen abgezogen und **andererseits** die zum **Stichtag** noch bestehende **Verbindlichkeit** als **Passiv-Posten** seitens des Unterhalts- und Zugewinnausgleichspflichtigen in vollem Umfang berücksichtigt mit der Folge, dass der Unterhalts**berechtigte** letztendlich die Forderung **alleine** bezahlt, nämlich einmal über den **Abzug beim Unterhalt** und zum anderen über den **Passiv-Posten** in der **Zugewinnausgleichsbilanz.**[80]

1405

74 Haußleiter/Schulz a.a.O. Rn. 169 zu Kap. 1.
75 Haußleiter/Schulz a.a.O. Rn. 175 zu Kap. 1.
76 Haußleiter/Schulz a.a.O. Rn. 177 zu Kap. 1.
77 BGH FamRZ 1989, 835, 837.
78 Haußleiter/Schulz a.a.O. Rn. 178 – 183.
79 FamRZ 2004, 1352.
80 Kogel FamRZ 2004, 1866.

1406 **Beratungshinweis:** Um zu vermeiden, dass nach einer Zugewinnausgleichsregelung z.B. Ausgleichsansprüche nach § 426 BGB noch im gesonderten Verfahren beim Zivilgericht geltend gemacht werden (gleiches gilt für sonstige zivilrechtliche wechselseitige Forderungen), empfiehlt es sich, eine Generalabgeltungsklausel dahingehend zu vereinbaren, dass mit der vorstehenden Regelung sämtliche vermögensrechtliche Ansprüche „gleich welcher Art und aus welchem Rechtsgrund auch immer" abgegolten sind und keine diesbezüglichen Ansprüche mehr bestehen.

1407 Muster: Generalabgeltungsklausel

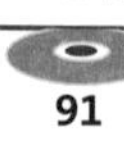

91

Die Parteien sind sich darüber einig, dass mit den Vereinbarungen in dieser Urkunde ihre vermögens- und güterrechtliche Auseinandersetzung abschließend geregelt ist. Rein vorsorglich verzichten die Parteien gegenseitig auf jegliche weitergehenden diesbezüglichen Ansprüche, insbesondere Zugewinnausgleichsansprüche, Ansprüche auf Rückforderung und Ausgleichs von Schenkungen und Zuwendungen jeglicher Art (ob ehebedingt oder nicht), Ansprüche wegen Wegfalls der Geschäftsgrundlage, Gesamtgläubiger- und Gesamtschuldnerausgleichsansprüche sowie jegliche sonstigen Ausgleichs- und Schadenersatzansprüche.

1408 **Gesamtschuldnerische Haftung:** Ausgleichsansprüche nach **§ 426 BGB** z.B. wegen Schuldenrückzahlung von Hausschulden nach der Trennung sind beim **Gläubiger** auf der **Aktiv**-Seite und beim **Schuldner** auf der **Passiv**-Seite zu berücksichtigen. Steht die Immobilie im **Alleineigentum** eines Ehegatten, **haftet** er für die Verbindlichkeiten **alleine.** Sie sind beim ihm als Passiva zu berücksichtigen. Verfügt einer der Ehegatten über **keinerlei Einkommen** und ist absolut nicht in der Lage, Schulden zurückzuführen, so kann die **gesamte Schuld** im **Endvermögen des anderen Ehegatten** angesetzt werden.[81] Berücksichtigt ein Ehegatte die Verbindlichkeit aus einer gesamtschuldnerischen Haftung **voll** in seinem **Passiv-Endvermögen,** so liegt hierin eine **stillschweigend getroffene Vereinbarung** dahingehend, dass die Schulden von ihm im **Innenverhältnis allein** übernommen werden.[82]

1409 **Beratungshinweis:** Bei jeglicher Geltendmachung von Ansprüchen aus Gesamtschuldenausgleich ist zu prüfen, ob diese Schulden nicht bereits einkommensmindernd bei der Unterhaltsberechnung berücksichtigt wurden. Ist dies der Fall, so besteht kein Anspruch auf Gesamtschuldenaus- gleich.

1410 **Gesellschaftsanteile:** Siehe „Unternehmensbeteiligung"

1411 **Gewinnbeteiligung:** Siehe „Unternehmensbeteiligung"

1412 **GmbH-Anteile:** Siehe „Unternehmen, Unternehmensbeteiligung"

1413 **Grundstücke:** Es kommt grundsätzlich auf den Verkehrswert an, wobei bei der Verkehrswertermittlung durch Sachverständige i.d.R. Immobilienabschläge vorgenommen werden im Hinblick auf die am Stichtag herrschende Immobiliensituation. Wenn jedoch

81 BGH FamRZ 1983, 795; OLG Hamm FamRZ 2002, 1032.

82 OLG Hamm FamRZ 1997, 393; OLG Karlsruhe FamRZ 1991, 1195.

(siehe oben bei „Eigentumswohnungen“ Rn. 1400) ein Verkauf weder geplant noch erforderlich ist, um den Zugewinnausgleichsanspruch zu erfüllen, so ist jedenfalls dann der Sachwert zugrunde zu legen, wenn es sich nur um eine temporäre, also vorübergehende ungünstige Lage auf dem Immobilienmarkt handelt.[83] **Rechtsprechung zu Sachwert:** Das OLG München hat im Verfahren 12 UF 1442/99 (unveröffentlicht) darauf hingewiesen, dass nach der Rechtsprechung des BGH in FamRZ 1992, 918ff. es bei der Bewertung eines Hausgrundstücks im Rahmen der Bewertung beim Endvermögen bei Vorliegen einer ungünstigen Marktlage entscheidend ist, ob diese als vorübergehend einzuschätzen ist. Im Letzteren Fall ist grundsätzlich vom wahren Wert und nicht vom Verkehrswert auszugehen, es sei denn, dass der Eigentümer aufgrund des durchzuführenden Zugewinnausgleichs zur Veräußerung des Grundstücks gezwungen wäre.

1414 Der BGH hat bekräftigt (FamRZ 1992, 411), dass nur dann, wenn der Ausgleichspflichtige gezwungen ist, Gegenstände seines Endvermögens unwirtschaftlich zu liquidieren, dieser Umstand im Rahmen einer sachverhaltspezifischen Wertermittlung zu berücksichtigen ist.

1415 Nach der Rechtsprechung des BGH soll der Zugewinnausgleich beide Ehegatten gleichermaßen an den während der Ehe geschaffenen Werten beteiligen. Würde insbesondere ein Familienheim, bei dem es sich vielfach um das Hauptvermögen handelt, nur mit einem Wert angesetzt, der durch eine vorübergehende ungünstige Marktlage beeinflusst ist, erlangt der ausgleichsberechtigte Ehegatte keinen angemessenen Anteil an dessen wirklichem, bleibenden Wert, während der andere Ehegatte, der in Besitz des Objekts bleiben will und auch bleiben kann, aus eher zufälligen Umständen Nutzen zöge. Es kommt ausschließlich darauf an, ob eine ungünstige Marktlage auf örtlich begrenzte Umstände zurückzuführen ist oder auf eine gesamtwirtschaftliche Entwicklung. Entscheidend ist, ob sie aus der Sicht eines nüchternen Betrachters am Bewertungsstichtag als temporär einzuschätzen war und deswegen einen wirtschaftlich Denkenden veranlasst hätte, eine Veräußerung zurückzustellen, soweit nicht besondere Umstände dazu zwangen.[84] Diesen Grundsätzen wird im Schrifttum weitgehend zugestimmt. So hält Jaeger in Johannsen/Henrich Rn. 5 zu § 1376; Rn. 13 zu § 1376 den Verkaufswert von Immobilien, die der Eigentümer-Ehegatte nicht veräußert, sondern selbst nutzen will, nur für den Mindestbetrag dessen, was als wirklicher Wert in die Ausgleichsbilanz aufzunehmen ist. Dieser wirkliche Wert sei dem Sachwert anzunähern. Schwab/Schwab Rn. 98 zu VII erwägt in Handbuch des Scheidungsrechts, dass Einfamilienhäuser vielfacher Verbesserung und Verschönerung fähig seien, ohne dass der Markt den damit verbundenen Aufwand stets honoriere. Es sei unangemessen, diesen Aufwand als verlorenen Wert aus dem Zugewinnausgleich auszuscheiden, wenn keine Verkaufsabsicht bestehe.

1416 **Beratungshinweis:** Häufig werden dem Anwalt von der Partei im Zusammenhang mit der Wertermittlung von Immobilien die Herstellungskosten anhand eines „Bauordners“ mitgeteilt. Die Partei ist darauf hinzuweisen, dass es auf die tatsächlichen Her-

83 BGH FamRZ 1992, 411.

84 BGH FamRZ 1992, 411.

stellungskosten nicht ankommt. Vielmehr wird der Gebäudewert mit den durchschnittlichen Baukosten pro Kubikmeter umbauten Raumes berechnet. Wesentlich ist daher, bei Vorliegen eines Sachverständigengutachtens die richtige Vermessung des Gebäudes zu überprüfen.
Die den Parteien häufig so bedeutsamen Bestandteile einer Immobilie, wie z.B. Einbauküchen oder Swimmingpools werden in der Praxis i.d.R. völlig außeracht gelassen, da der Sachverständige unterstellt, dass ein potenzieller Käufer eine Einbauküche ohnehin nach seinen eigenen Wünschen erneuert oder gar einen Swimmingpool überhaupt nicht nutzen will, weil ihm die dafür anfallenden Unterhaltungskosten zu hoch sind.
Gleiches gilt selbstverständlich auch für Bodenbeläge, wie Teppichböden u.a., bei denen in jedem Fall davon auszugehen ist, dass diese durch einen potenziellen Käufer durch neue Ware ersetzt werden.
Bei Fertighäusern legt der Sachverständige i.d.R. den tatsächlich bezahlten Preis des Fertighauses zugrunde. Es ist unabdingbare Aufgabe des Anwalts, sämtliche Zusatzleistungen, die von den Parteien entweder selbst erbracht wurden oder durch Handwerksbetriebe vorgenommen wurden, durch Einzelbelege nachzuweisen, denn diese Positionen sind zum Kaufpreis des Fertighauses hinzuzurechnen.
Bezüglich des Bodenwertes empfiehlt sich eine Nachfrage bei Gemeinde oder Landratsamt. Dort werden sog. Richtwertsammlungen geführt, also Aufzeichnungen über alle Verkäufe und die dabei erzielten Verkaufserlöse. Hieraus wird für die einzelnen Gebiete jahresbezogen ein Mittelwert gebildet. Auch der Sachverständige orientiert sich grundsätzlich an diesen Richtwertsammlungen.

1417 Der **Sachwert** besteht aus

- Wert des Gebäudes,
- Wert der Außenanlage,
- Bodenwert.

1418 **Beratungshinweis:** Nahezu ausnahmslos befindet sich in Sachverständigengutachten eine Position „Wertminderung durch Baumängel“. Diese Wertminderungen müssen genau überprüft werden insbesondere dahingehend, ob die Mängelbeseitigung tatsächlich die angegebenen Kosten verursacht.
Wurde zum Beispiel ein Gebäude, das während der Ehezeit durch Überlassungsvertrag übertragen wurde, unmittelbar nach der Überlassung völlig entkernt, sodass also nur noch die Außenmauern standen, werden – zu Unrecht – häufig solche Häuser von den Sachverständigen mit Wert = Null im privilegierten Vermögen berücksichtigt. Der Wert kann aber nicht mit Null angesetzt werden, da gerade die Erstellung der Außenmauern erhebliche Kosten verursachen würde.

1419 Befand sich auf dem Grundstück per Stichtag ein **Rohbau**, so ist dessen Wert einzusetzen. Etwaige offene Handwerkerrechnungen sind bei den Schulden zu berücksichtigen.[85]

85 Haußleiter/Schulz a.a.O. Rn. 196 zu Kap. 1.

Bei Familienheimen ist regelmäßig der **Sachwert,**[86] bei **Renditeobjekten** der **Ertragswert**[87] zugrunde zu legen. zu legen. Es kann auch ein Mittelwert zwischen Sach- und Ertragswert herangezogen werden.[88] Dies gilt vor allem bei **Eigentumswohnungen.**[89] 1420

**Zeitpunkt** des Erwerbs eines Grundstücks ist der Abschluss des **notariellen Kaufvertrages,** da damit das Anwartschaftsrecht entstanden ist und nicht erst die Grundbucheintragung.[90] 1421

**BERATUNGSHINWEIS:** Wird für die Partei eine Zugewinnausgleichsberechnung erstellt, so ist ausdrücklich bei Miteigentum beider Parteien an einem gemeinsamen Haus oder sonstigen gemeinsamen Vermögenswerten, wie gemeinsame Konten u.a. darauf hinzuweisen, dass dieser Zugewinnausgleichsanspruch zusätzlich zu dem Anspruch auf hälftige Auszahlung des Hauses nach Abzug der Schulden bzw. hälftige Aufteilung von Sparguthaben besteht. 1422

Die Praxis zeigt, dass häufig die Partei der Meinung ist, dass der errechnete Zugewinnausgleichsanspruch der Gesamtanspruch ist. Wenn also seitens des Mandanten die Frage gestellt wird, was dieser bei Hausübertragung auf den anderen Ehepartner zu erhalten hat, so ist wie folgt zu rechnen:

Hälftiger Wert des Anwesens

- abzüglich hälftige Schulden
- positive oder negative Verrechnung wechselseitiger Zugewinnausgleichsansprüche

Erst der sich sodann ergebende Betrag ist der Gesamtbetrag, den die Partei aus der Vermögensauseinandersetzung zu erhalten hat.

Muss eine Immobilie im Anfangsvermögen bewertet werden, also zum Zeitpunkt der Eheschließung oder als privilegiertes Vermögen zum Zeitpunkt der Überlassung, so empfiehlt es sich dringend, dem Sachverständigen sämtliche Baupläne bezüglich späterer Umbauten sowie ursprüngliche Baupläne vorzulegen sowie Fotos über den Bestand der Immobilie zum Zeitpunkt Eheschließung/Übergabe, da andernfalls der bereits Jahre zurückliegende Zustand des Gebäudes nicht mehr exakt ermittelt werden kann.

**Rückfallklausel:** Häufig findet sich in Überlassungsverträgen eine Rückfallklausel, wonach die Immobilie an den Übergeber zurückfällt, wenn das Grundstück verkauft oder belastet wird. Dies ist insbesondere dann der Fall, wenn eine **Schenkung** von den **Eltern** an das eigene **Kind** vorliegt. Da es sich damit um eine **unsichere Rechtsposition** handelt, hat das OLG München[91] für diesen Fall den Wert der Immobilie nur mit einem **Bruchteil** in das Anfangs- und Endvermögen eingestellt. Zu berücksichtigen ist jedoch, dass der Eigentümer das Grundstück uneingeschränkt **nutzen** kann.[92] Der Wert des Grundstücks ist **nach billigem Ermessen** herabzusetzen. Muss der Eigentümer das 1423

86 OLG Celle FamRZ 1981, 1066, 1068.
87 OLG Frankfurt FamRZ 1980, 576.
88 BGH FamRZ 1986, 37, 39.
89 BGH a.a.O.
90 BGH FamRZ 1992, 1160, 1162.
91 OLG München FamRZ 2000, 1152.
92 Haußleiter/Schulz a.a.O. Rn. 201b zu Kap. 1.

Grundstück **nicht verkaufen** oder **belasten**, so kann allenfalls als Wertabschlag **ein Zehntel bis ein Viertel** angemessen erscheinen.[93]

1424 **Beratungshinweis:** In der Praxis spielt für die Bewertung durchaus – abgesehen von der Geltungsdauer der Rückfallklausel – auch eine Rolle, mit welcher Wahrscheinlichkeit mit einer Rückforderung zu rechnen ist. Im Rahmen der Ermessensprüfung bewerten Sachverständige insbesondere die Tatsache, ob bereits eine konkrete Rückforderung seitens des Übergebers vorliegt.
Die Vorlage eines entsprechenden Rückforderungsschreibens durch den Übergeber hat somit im Rahmen der Verkehrswertermittlung Auswirkungen auf die Höhe des Verkehrswerts.

1425 Anders ist der Fall, wenn eine **Rückgabeverpflichtung für den Fall der Scheidung** vereinbart wurde. Im **Endvermögen** ist die Immobilie mit dieser Rückgabeverpflichtung belastet. Ob die Eltern später auf **Rückübertragung bestehen oder nicht**, ist wegen des starren Stichtagsprinzips nicht von Bedeutung.[94] Im privilegierten **Anfangsvermögen** war die Immobilie ebenfalls mit der Rückgewährspflicht belastet. Folge: Privilegiertes Anfangsvermögen = Null, da dem Wert der Immobilie die Rückgabeverpflichtung mit gleichem Wert gegenüber stand.

1426 Haben die Eheleute Investitionen in das Haus geleistet, so besteht der Anspruch der **Eltern** bei Rückgabe nur in der Höhe des Wertes bei Übergabe. Die Eltern können Rückgabe nur **Zug um Zug** gegen **Zahlung** eines Ausgleichs in Höhe der Investitionen verlangen.[95] Der **Zugewinn** besteht damit in Höhe der **Investitionen** und des diesbezüglichen **Zahlungsanspruchs.**

1427 **Wiederkaufsrecht:** Ist das von einem Ehegatten angekaufte Grundstück mit einem **Wiederkaufsrecht** zu niedrigerem Preis belastet und steht am Stichtag noch nicht fest, ob es zur Ausübung des Wiederkaufsrechts kommen wird, so kann **nicht** einfach der **Verkehrswert** angesetzt werden. Dieser ist vielmehr zu mindern.[96]

1428 Das OLG München kürzt den Verkehrswert im **Verhältnis** der **Gesamtdauer** der Bindungsfrist zur noch **verbleibenden Dauer** dieser Frist[97] mit der Begründung, je näher das Ende das Ende der Bindungsfrist rücke, desto unwahrscheinlicher werde der Eintritt des Wiederkaufs.

1429 Schwab (a.a.O. Rn. 101 zu VII) weist zu Recht darauf hin, dass dieses Ergebnis **grob ungerecht** sein **kann.** Gibt der ursprüngliche Verkäufer die Erklärung, er übe sein Wiederkaufsrecht aus, später kurz vor Ende der Bindungsfrist ab, dann bleibt dem Käufer (= Ehegatten) nur der vereinbarte niedrigere Preis, obwohl seinem Endvermögen zuvor im Zugewinnausgleich ein weit höherer Wert zugerechnet worden war (Schwab a.a.O.).

93 Haußleiter/Schulz a.a.O.
94 Haußleiter/Schulz a.a.O. Rn. 201e zu Kap. 1.
95 Haußleiter/Schulz a.a.O. Rn. 201g zu Kap. 1.
96 BGH FamRZ 1993, 1183, 1185.
97 OLG München FamRZ 1992, 819.

**Beratungshinweis:** Die Praxis zeigt, dass bei Erholung von Sachverständigengutachten die ermittelten Verkehrswerte i.d.R. weit über dem tatsächlich erzielbaren Verkaufserlös liegen.
Die Partei muss darauf hingewiesen werden, dass eine Wertermittlung durch die Bank i.d.R. dem tatsächlichen Verkehrswert mehr entspricht. Sie führt daher zu gerechteren Ergebnissen.
Stellt sich im Nachhinein heraus, dass ein später erzielter Erlös wesentlich niedriger ist als vom Sachverständigen angenommen, so muss in jedem Fall der Nachweis erbracht werden, dass weder bezüglich der Immobilie noch bezüglich des Grundstücksmarktes eine Veränderung seit dem Stichtag eingetreten ist. 1430

**Handelsvertreter:** Es ist nur der **Substanzwert** zugrunde zu legen. Ein good will besteht i.d.R. nicht.[98] Das Gewerbe beruht ausschließlich auf den **eigenen Fähigkeiten** des Handeslvertreters. 1431

**Handwerksbetrieb:** Bei kleineren Handwerksbetrieben ist i.d.R. nur der **Sachwert** anzusetzen, also der **Wiederbeschaffungswert** der Arbeitsgeräte, der Einrichtung, Pkws, Warenvorräte und bereits fertige Produkte.[99] 1432

**Hausrat:** Hausrat, der **beiden** Eheleuten gehört, wird nach der Hausratsverordnung verteilt[100] und unterliegt daher **nicht** dem **Zugewinnausgleich.**[101] Gehört ein Hausratsgegenstand – z.B. ein **Pkw** – **einem Ehegatten** alleine[102] und zwar **unstreitig,** so fällt er in den **Zugewinnausgleich.** 1433

**Beratungshinweis:** In einem solchen Fall lässt sich also der Streit dahingehend, ob der Pkw nun überwiegend beruflich (dann Zugewinn) genutzt wurde oder überwiegend privat genutzt wurde, (dann Hausrat) vermeiden. 1434

Es ist auf den **Anschaffungs-** oder **Wiederbeschaffungspreis** abzustellen, von welchem **angemessene Abschläge** zu machen sind,[103] z.B. bei Nutzungsdauer von 20 Jahren **pro Jahr 5 %** vom **Anschaffungspreis.** 1435

**Hobbygeräte:** Fotoausrüstung, Sportartikel, Werkzeuge, Musikinstrumente u.a. unterliegen dem **Zugewinnausgleich,** da es sich um persönliche Bedarfsgegenstände handelt und damit nicht um Hausrat. Bewertung: wie Hausrat.[104] 1436

**Hochzeitsgeschenke:** Ansatz i.d.R. bei jedem Ehegatten ½, bei größeren Geschenken: Ausstattung nach § 1624 BGB und Zurechnung nur beim eigenen Kind.[105] Es gibt eine **Lebenserfahrung,** nach der **Eltern** in erster Linie ihre **leiblichen** Kinder bedenken wollen.[106] 1437

98 BGH FamRZ 1977, 386.
99 Haußleiter/Schulz a.a.O. Rn. 206 zu Kap. 1.
100 § 8 Abs. 1 HausratsVO.
101 BGH FamRZ 1984, 144.
102 § 8 Abs. 2 HausratsVO.
103 Haußleiter/Schulz a.a.O. Rn. 209 zu Kap. 1.
104 Haußleiter/Schulz a.a.O. Rn. 212 zu Kap. 1.
105 OLG Köln FamRZ 1986, 703.
106 BGH FamRZ 1987, 791.

1438 **Ingenieurbüro:** Zugrunde zu legen ist der **Sachwert.** Zu prüfen ist, ob ein darüber hinausgehender **Geschäftswert** (good will) gegeben ist, was i.d.R. nicht der Fall ist.[107]

1439 **Kaution:** Es handelt sich um **unsichere** Rechte, die mit einem **Schätzwert** in den Zugewinn einzubeziehen sind. Maßgeblich ist die Wahrscheinlichkeit, mit welcher die Forderung realisiert werden kann.[108] Gleiches gilt für **Mietkautionen.**

1440 **Beratungshinweis:** Der aus dem Mietvertrag ausscheidende Ehegatte hat keinen Anspruch auf Auszahlung der hälftigen Kaution; diese verbleibt vielmehr dem Vermieter und wird erst bei Vertragsende fällig.

1441 **KG-Anteile:** Siehe „Unternehmensbeteiligung" **Grundsätzlich: voller Firmenwert.**

1442 **Kraftfahrzeuge:** Gibt es in der Familie nur einen Kraftwagen, so gehört er i.d.R. zum Hausrat.[109] Hat jeder der Ehegatten einen eigenen Pkw, den er selbst fährt, zählen beide Pkws nicht zum Hausrat.[110] Nach **herrschender Meinung** allerdings sei ein Pkw **kein** Hausrat.[111] Hausrat sei er nur dann, wenn er überwiegend privat genutzt wird. Zu ermitteln sind die **Wiederbeschaffungskosten** eines **gleichwertigen** gebrauchten Fahrzeuges.[112]

1443 **Beratungshinweis:** In der Praxis wird i.d.R. die Schwacke Liste zur Wertermittlung herangezogen.

1444 In der Schwacke Liste ist sowohl der **Anschaffungs-** als auch der **Verkaufspreis** enthalten. Der **Veräußerungswert** liegt wegen der **Händlerspanne** meist **20 – 25 % unter** dem **Wiederbeschaffungswert.**

1445 **Kunstgegenstände:** Zunächst ist zu klären, ob Antiquitäten und sonstige Kunstgegenstände zum **gemeinsamen** Hausrat gehören. Befinden sich die Gegenstände **sichtbar** in gemeinsam genutzten Räumen, so gehören sie i.d.R. zur **Wohnungseinrichtung.**[113] Handelt es sich um Kapitalanlage oder z.B. Objektsammlung, zählen sie nicht als Hausrat. Es wird auf den **Veräußerungswert** abgestellt, sofern ein Markt existiert.[114] Kann **kein Veräußerungserlös** ermittelt werden, kann die **Hälfte** des früheren Anschaffungspreises (indexiert) angenommen werden.[115]

1446 **Landwirtschaftlicher Betrieb:** Bei der **Zugewinngemeinschaft** (**nicht** bei Auseinandersetzung der **Gütergemeinschaft**) gilt gem. § 1376 Abs. 4 BGB für land- und forstwirtschaftliche Betriebe die Bewertung nach dem **Ertragswert**, nicht nach dem **Verkehrswert. Voraussetzungen** für diese Bewertung:

- Der Betrieb muss zum (privilegierten) **Anfangs-** und **Endvermögen** gehören.

---

107 BGH FamRZ 1977, 38.
108 OLG Karlsruhe FamRZ 2003, 682.
109 Haußleiter/Schulz a.a.O. Rn. 117 zu Kap. 3.
110 Haußleiter/Schulz a.a.O.
111 BGH FamRZ 1991, 43, 49; OLG Köln FamRZ 2002, 322.
112 Haußleiter/Schulz a.a.O. Rn. 219.
113 Haußleiter/Schulz a.a.O. Rn. 115 zu Kap. 4.
114 OLG Oldenburg FamRZ 1999, 1099.
115 Haußleiter/Schulz a.a.O. Rn. 231 zu Kap. 1.

- Der Zugewinnausgleichsanspruch muss sich gegen den **Eigentümer** richten und
- die **Weiterführung** des Betriebes durch den Eigentümer oder einen Abkömmling muss **zu erwarten** sein.

1447 **Beratungshinweis:** Macht der Eigentümer eines land- und forstwirtschaftlichen Betriebes Ausgleichsansprüche gegen den anderen Ehegatten geltend, so gilt im Rahmen der Berechnung dieses Ausgleichsanspruchs die Bewertungsvorschrift des § 1376 Abs. 4 BGB nicht, sodass in diesem Fall der Verkehrswert zugrunde zu legen ist.

- Wird ein Grundstück dazu gekauft: Verkehrswert.
- Wird ein Grundstück verkauft: Verkehrswert auch im Anfangsvermögen.
- Wird auf dem Hofgelände ein Wohnhaus errichtet: Verkehrswert.
- Sind die Grundstücke verpachtet: Verkehrswert.

1448 Für die Bewertung kommt es darauf an, ob der Betrieb vom Inhaber oder einem Abkömmling übernommen wird. Bei Übernahme durch einen entfernteren Verwandten: Verkehrswert.

- Bei Nebenerwerbslandwirtschaft: Verkehrswert.

1449 Ertragswert ist gem. § 2049 Abs. 2 BGB der Reinertrag, der nachhaltig erzielt werden kann. Häufig ist der 25fache Jahresertrag zugrunde zu legen.

1449a **Leasing-Vertrag:** Anspruch auf Gebrauchsüberlassung und Zahlung sind gleichwertig, somit **neutral.** Die **Kaufoption** ist wegen der Unsicherheit dieses Rechts, das nur dann besteht, wenn die noch ausstehenden Leasing-Raten bezahlt werden,[116] nicht anzusetzen. Anders verhält es sich, wenn **vorweg** eine größere **Leasing-Sonderzahlung** entrichtet wurde.[117]

1449b **Lebensversicherungen:** Ist die Lebensversicherung auf Zahlung eines **Kapitalbetrages** abgeschlossen: Zugewinnausgleich.

- Lebensversicherung auf **Rentenbasis: Versorgungsausgleich.**
- Das **widerrufliche** Bezugsrecht als unsicheres Recht ist mit dem Wert Null anzusetzen.
- Lebensversicherung mit **Wahlrecht**, ob Kapitalauszahlung oder Rentenauszahlung: **Zugewinn,** wenn von dem Rentenwahlrecht noch **kein Gebrauch** gemacht wurde.
- Liegt ein Rentenlebensversicherungsvertrag vor und übt ein Ehegatte das **Kapitalwahlrecht** erst nach der Rechtshängigkeit des Scheidungsantrags aus, **unterliegt** das ursprünglich auf **Rentenleistung** gerichtete **Versicherungsanrecht nicht** mehr dem **Versorgungsausgleich.**[118]
- **Unwiderrufliches Bezugsrecht** bei gemischter Kapitalversicherung (Todes- und Erlebensfallversicherung): Ist die Wahrscheinlichkeit des vorzeitigen Todes des Versicherungsnehmers sehr gering erfolgt die Bewertung des Bezugsrechts mit **Null.**[119]
- Im Übrigen kann die **allgemeine Sterbetafel** zur Bewertung herangezogen werden.[120]

116 Brauckmann FamRZ 1991, 1271.
117 OLG Bamberg FamRZ 1996, 549.
118 BGH FamRZ 2003, 664, 665; 2003, 923 (kritisch hierzu: Haußleiter/Schulz a.a.O. Rn. 241d m.w.N.).
119 Haußleiter/Schulz a.a.O. Rn. 242 zu Kap. 1.
120 BGH FamRZ 1982, 1155, 1158, 1159.

- Bewertung, wenn die Versicherung **aufgelöst** werden muss, um den Zugewinnausgleichsanspruch zu befriedigen: Rückkaufswert abzüglich Stornoabzüge, abzüglich Kapitalertragssteuer.
- Bewertung bei **Fortführung:** Rückkaufswert der individuell gutgeschriebenen Versicherungsleistungen ohne Stornoabschläge = **Deckungskapital** + gutgeschriebene Gewinnanteile + Anwartschaftsbarwert auf Schlussgewinnanteile.[121]

1450 **BERATUNGSHINWEIS:** Zur Wertermittlung empfiehlt sich das Formularschreiben (siehe oben Rn. 1308).

1451 Dienen Lebensversicherungen der sog. **Zwischenfinanzierung,** also Schuldenrückzahlungen und ist die Lebensversicherung an die Bank **abgetreten,** so ist diese **nicht** im **Aktiv-Vermögen** zu berücksichtigen. Der Wert **mindert** jedoch die **Schulden.**[122]

1452 **Lottogewinne:** Diese gehören zum Endvermögen.

1453 **Massagepraxis:** Diese ist nach dem Ertragswert zu bewerten.[123]

1454 **Mietzahlung:** Ist die Miete für den laufenden Monat bereits bezahlt, so steht dieser Zahlung die Nutzungsmöglichkeit der Wohnung gegenüber, die mit ihrem anteiligen Wert als Aktiv-Vermögen zu berücksichtigen ist.[124]

1455 **Miteigentum:** Miteigentum ist bei jedem Ehegatten in Höhe des Miteigentumsanteils in Ansatz zu bringen. Haben beide Ehegatten Zugewinn erzielt, verhält sich der Miteigentumsanteil neutral; hat nur ein Ehegatte Zugewinn erwirtschaftet, ist der Wert des Eigentumsanteils zu ermitteln.

1456 **BERATUNGSHINWEIS:** Im Rahmen eines Prozesses sollte – auch wenn die Bewertung des Miteigentumsanteils, da beiderseits Zugewinn erwirtschaftet wurde, nicht erforderlich ist – darauf gedrängt werden, dass eine Bewertung durch einen Sachverständigen erfolgt, da letztendlich der Zugewinnausgleichsprozess i.d.R. nicht nur der Ermittlung der Zugewinnausgleichsforderung dient, sondern zu einer endgültigen Regelung der vermögensrechtlichen Auseinandersetzung unter Berücksichtigung von Hausübernahme und Verrechnung mit Zugewinnausgleichsansprüchen führen soll.

1457 **Musikinstrumente:** Nutzt diese nur ein Ehegatte: Zugewinn. Wird das Musikinstrument von mehreren Familiemitgliedern genutzt: Hausrat.

1458 **Nacherbschaft:** Der Nacherbe hat ein **Anwartschaftsrecht,** das einen **Vermögenswert** darstellt und deshalb beim Zugewinn zu berücksichtigen ist.[125]

- Das Nacherbenrecht ist im Anfangs- und Endvermögen vorhanden: Der Wert ist gestiegen, da der Nacherbfall näher gerückt ist. An dieser Werterhöhung ist der andere Ehegatte nicht beteiligt.[126] Das Nacherbenrecht verhält sich neutral.

---

121 BGH FamRZ 1995, 1270.
122 BGH FamRZ 1992, 1155, 1160, entschieden für Berlin-Darlehen.
123 Haußleiter/Schulz a.a.O. Rn. 246 a.
124 BGH FamRZ 1991, 43/46.
125 BGH FamRZ 1983, 882, 884.
126 BGH FamRZ 1983, 882, 884.

- Bei Eheschließung bestand Nacherbschaft; Nacherbfall tritt während der Ehe ein: Das Nacherbenrecht bleibt unberücksichtigt, da der volle Wert dem Anfangsvermögen hinzugerechnet wird.[127]
- Ein Ehegatte wird Nacherbe während der Ehe: Gleicher Wert von Endvermögen und Anfangsvermögen. Wertsteigerungen sind nicht zu berücksichtigen bzw. vom Anfangsvermögen abzuziehen.[128]

**Nießbrauch**: Das Nießbrauchsrecht ist im Endvermögen zu berücksichtigen.[129] 1459

**Bewertung**: Fiktiver Nettomietwert wird unter Berücksichtigung der statistischen Lebenserwartung des Berechtigten und der Restnutzungsdauer des Gebäudes kapitalisiert.[130] 1460

**Besteht** das Nießbrauchsrecht im Anfangs- und Endvermögen, heben sich die Werte auf. Die Wertsteigerung wird im Zugewinn nicht berücksichtigt.[131] 1461

**Erlischt** das Nießbrauchsrecht während der Ehe: Keine Wertsteigerung gemäß obiger BGH-Rechtsprechung. 1462

Ein Ehegatte wird Eigentümer einer Immobilie, die mit einem Nießbrauch belastet ist: Das Nießbrauchsrecht bleibt sowohl beim Anfangs- als auch beim Endvermögen unberücksichtigt.[132] 1463

**Notarpraxis:** Kein Praxiswert; der Notar ist Träger eines öffentlichen Amtes.[133] 1464

**OHG-Anteile:** Siehe „Unternehmensbewertung“ 1465

**Pflichtteilsansprüche:** Diese sind mit dem **vollen Wert** im Zugewinn zu berücksichtigen, unabhängig davon, ob der Berechtigte vom seinem Recht Gebrauch macht.[134] 1466

**Pkw:** Siehe „Kraftfahrzeuge“ 1467

**Prozesskostenhilferaten:** Werden vor dem Stichtag bereits Prozesse, z.B. über Trennungsunterhalt u.a. geführt und wurde hierfür Prozesskostenhilfe **mit Ratenzahlung** gewährt, so ist zur überprüfen, in welcher Höhe eine noch offene Forderung besteht. Diese Forderung ist **auf der Passiv-Seite** zu berücksichtigen. 1468

**Beratungshinweis:** Üblicherweise werden von den Gerichten nach Abschluss des Prozesses sog. Schlusskostenrechnungen erstellt, aus denen sich das Ratenzahlungsende ergibt, sodass die offene Forderung der Landesjustizkasse anhand der Schlusskostenrechnung errechnet werden kann. 1469

127 BGH FamRZ 1983, 882, 885.
128 OLG Hamm FamRZ 1984, 481.
129 BGH FamRZ 1986, 1186.
130 BGH FamRZ 1988, 593, 595.
131 BGH FamRZ 1990, 603; 1083, 1084.
132 Haußleiter/Schulz a.a.O. Rn. 259 zu Kap. 1.
133 BGH FamRZ 1999, 361, 363.
134 Haußleiter/Schulz a.a.O. Rn. 266 zu Kap. 1.

1470 **Prozesskostenvorschuss:** Wurde Prozesskostenvorschuss an den anderen Ehegatten bezahlt und erhält dieser später Vermögen, z.B. durch Zugewinnausgleichszahlung, so besteht Anspruch auf Rückzahlung.[135] Die Forderung ist beim Empfänger als Schuld und beim Leistenden als Forderung zu berücksichtigen.

1471 **Rechtsanwaltskanzlei:** Es ist der Sachwert zu ermitteln, der sich zusammensetzt aus Büroeinrichtung, Bürogeräte, Bibliothek sowie Außenstände und noch nicht abgerechnete Gebühren.[136] Sodann ist der Fortführungswert zu ermitteln anhand der Durchschnittsumsätze der letzten 3 Jahre, wobei der Durchschnittsumsatz je nach den Umständen mit einem „Bewertungsfaktor" zwischen 0,5 und 1,0 multipliziert wird.[137]

1472 Der zusätzliche Umsatz aus einer Notarpraxis ist nicht zu bewerten, da diese kein veräußerliches Wirtschaftsgut darstellt (siehe oben „Notarpraxis").[138]

- **Werterhöhung:** Praxis länger als **10 Jahre**, niedrige Unkosten, breit gestreuter Klientenkreis.
- **Wertsenkende Merkmale:** Bestehen der Praxis weniger als 10 Jahre, Alter des Praxisinhabers über 60 Jahre, schlechte Gesundheit des Praxisinhabers, wenig Großklienten, überdurchschnittliche praxisbedingte Kosten sowie Kosten für angestellte Anwälte.[139]

1473 Von dem **zusammengerechneten Substanz**- und **Fortführungswert** wird ein **kalkulatorischer Anwaltslohn** abgezogen.[140]

1474 **Höhe:** Bei Umsätzen unter 125.000 € und Anwalt unter 45 Jahren: Richtergehalt nach R 1,

- bei älteren Anwälten: R 2,
- bei höheren Umsätzen ohne Altersunterschied: R 3,

sowie zusätzlich zum Ausgleich der **Vorsorgeleistungen** des Staates: **Erhöhung** der Richtergehälter um **40 %**.[141]

1475 **Beispiel** (nach Haußleiter a.a.O. Rn. 275):
Substanzwert: 50.000 €
Umsatz: 200.000 €
Fortführungswert bei Faktor 0,75 („normale" Kanzlei):
200.000x 0,75 = 150.000 € zuzüglich Substanzwert 50.000 € = 200.000 €
abzüglich Anwaltslohn100.000 €
**abzüglich** latente **Ertragssteuern** (hierzu siehe unten Rn. 1498ff.).

1476 Bei einer Anwalts**sozietät** richtet sich die Höhe des Verkehrswerts nach der Beteiligung gemäß dem **Sozietätsvertrag.**

135 BGH FamRZ 1990, 491.
136 Römermann/Schröder NJW 2003, 2709, 2710.
137 Haußleiter/Schulz a.a.O. Rn. 272 zu Kap. 1.
138 Haußleiter/Schulz a.a.O.
139 Haußleiter/Schulz a.a.O. Rn. 273 zu Kap. 1.
140 Römermann/Schröder a.a.O.
141 Haußleiter/Schulz a.a.O. Rn. 274 zu Kap. 1.

**Beratungshinweis:** Selbst wenn nach dem Sozietätsvertrag einem Anwalt bei Ausscheiden aus der Sozietät keine Ausgleichsansprüche zustehen, kann dennoch ein Geschäftswert angesetzt werden (siehe unten „Unternehmensbeteiligung" Rn. 1500). 1477

**Riester-Rente:** Ausnahmslos: **Versorgungsausgleich.**[142] 1478

**Sammlungen (z.B Briefmarken- und Münzsammlungen):** Können nach Katalogen mit Preisangaben bewertet werden, jedoch liegt der tatsächliche Wert weit unter dem Katalogwert. Realistisch könnte **1/3 bis 1/2** sein.[143] 1479

**Schadensersatzansprüche:** Diese sind mit dem **geschätzten Wert** anzusetzen. 1480

**Schmerzensgeld:** Schmerzensgeld ist grundsätzlich Aktiv-Vermögen.[144] In Ausnahmefällen kann ein **Leistungsverweigerungsrecht** nach § 1381 Abs. 1 BGB bestehen (siehe hierzu unten Rn. 1533ff.). Nunmehr werden **erstmalig** in der Rechtsprechung des BGH[145] im Zusammenhang mit der Beurteilung einer arbeitsrechtlichen Abfindung die rechnerischen Ergebnisse eines Zugewinnausgleichsanspruchs noch anhand der **Grundsätze von Treu und Glauben** auf ihre **Billigkeit** überprüft und damit das bisher als unantastbar geltende **Stichtagsprinzip** aufgeweicht. Angedeutet hat sich eine grundlegende Änderung in der Rechtsprechung bereits durch die Entscheidung zur **Wirksamkeit von Eheverträgen.**[146] In diesem Urteil wurde zwar grundsätzlich die Vertragsfreiheit, insbesondere beim Zugewinnausgleich **anerkannt**, jedoch hat der BGH darauf hingewiesen, dass jeweils die Frage zu stellen ist, ob sich aus dem vereinbarten Ausschluss der Scheidungsfolge eine **evident einseitige Lastenverteilung** ergibt, die hinzunehmen für den belasteten Ehegatten auch bei angemessener Berücksichtigung der Belange des anderen Ehegatten und seines Vertrauens in die Geltung der getroffenen Abrede sowie bei verständiger Würdigung des Wesens der Ehe **unzumutbar** ist. Es wird nunmehr den Instanzgerichten die Möglichkeit eröffnet, auf **ungerechte** Berechnungen **flexibler** zu reagieren, wobei der **Ausschluss** oder die **Reduzierung** des Zugewinnausgleichsanspruchs sich nur auf **Ausnahmefälle** beschränken darf.[147] Bislang hat der BGH angenommen, dass Schmerzensgeld, welches am Stichtag noch vorhanden war, in die Bilanz eingestellt werden müsse.[148] Nur der Weg über **§ 1381 BGB** konnte weiter helfen. Zunächst hilft dieser Weg aber dann nicht, wenn das Schmerzensgeld dem ansonsten zugewinnausgleichs**berechtigten** Ehegatten zusteht. Fraglich ist auch, ob die engen Voraussetzungen des § 1381 BGB gegeben sind. Überprüft man das Ergebnis gem. § 242 BGB, wird sich viel eher die Möglichkeit eröffnen, das Schmerzensgeld **ganz** oder **teilweise** dem Zugewinnausgleichszugriff zu entziehen.[149] Hat der Verletzte dem Ehegatten Schmerzensgeld **zugewendet**, kommt **Rückforderung** wegen **Wegfalls** 1481

142 Bergschneider FamRZ 2003, 1609, 1611.
143 Haußleiter/Schulz a.a.O. Rn. 278 zu Kap. 1.
144 BGH FamRZ 1981, 755.
145 FamRZ 2004, 1352.
146 BGH FamRZ 2004, 601.
147 Anm. Kogel FamRZ 2004, 1866, 1867.
148 BGH FamRZ 1981, 755.
149 Kogel FamRZ 2004, 1866.

**der Geschäftsgrundlage** in Betracht.[150] Dies gilt jedenfalls dann, wenn ein Ausgleich über den Zugewinn nicht erfolgt.

1482 **Schmuck:** Schmuck ist im Endvermögen zu berücksichtigen, wobei vom **Veräußerungswert** auszugehen ist.[151] Unterste Wertgrenze: Materialwert.[152]

1483 **Schulden:** Siehe „Verbindlichkeiten"/„Gesamtschuldnerische Haftung"

1484 **Segelyacht:** Diese ist **Hausrat**, wenn sie den Eheleuten **gemeinsam** gehört und gemeinsam genutzt wird, **nicht Zugewinn**, gleiches gilt für Motoryacht.[153]

1485 **Sparguthaben:** Bei Sparbüchern, die für die **Kinder** angelegt sind und auf deren Namen lauten, ist es häufig so, dass das Guthaben entweder einem Elternteil **allein** oder **beiden** zusteht.[154]

1486 **Beratungshinweis:** Bei Vermögenspositionen, die auf die Kinder angelegt sind, empfiehlt es sich, eine Vereinbarung dahingehend zu treffen, dass diese Vermögenswerte einerseits aus der Zugewinnausgleichsbilanz gestrichen werden und andererseits eine Vereinbarung dahingehend getroffen wird, dass diese Werte so auf die Kinder angelegt werden, dass diese ausschließlich bezugsberechtigt sind (z.B. im Alter von 18 Jahren) und zwar unwiderruflich.
Bei minderjährigen Kindern kann auch eine Regelung dahingehend getroffen werden, dass beide Elternteile nur gemeinsam über das Sparguthaben zu Gunsten des Kindes, z.B. für besondere Anschaffungen/Schulausflüge u.a., verfügungsberechtigt sind.

1487 **Sportgeräte:** Gemeinsame Nutzung: Hausrat; alleinige Nutzung: Zugewinnausgleich.

1488 **Steuerberaterpraxis:** Siehe „Freiberufliche Praxis"/„Unternehmensbeteiligung". Auch hier gilt, dass ein **Geschäftswert** anzusetzen ist, auch wenn bei einer **Sozietät** ein Mitglied bei seinem Ausscheiden **keinen Ausgleichsanspruch** hat.

1489 **Steuern:** Steuerschulden gehören zu den **Passiva.** Maßgeblich ist **nicht** die **Fälligkeit,** sondern der **Zeitpunkt der Entstehung.** Einkommen- und Kirchensteuerschulden entstehen mit **Ablauf** des Jahres, in dem die Einkünfte bezogen wurden. Fälligkeit tritt erst mit **Bekanntgabe** des Steuerbescheides ein. Demzufolge sind **Nachforderungen** für die **abgeschlossenen Jahre** vor dem Stichtag zu berücksichtigen. **Steuern und Nachforderungen** für das Jahr, in dem der Stichtag liegt, sind **nicht zu berücksichtigen.**[155] Steuerschulden wegen **Steuerhinterziehung** sind zu berücksichtigen, auch wenn die Hinterziehung erst durch Selbstanzeige nach dem Stichtag bekannt wurde.[156] Bei Steuerschulden aus **Zusammenveranlagung** ist allein das **Innenverhältnis** bezüglich der Haftung für die Steuern maßgeblich. Die Steuern sind so zu berücksichtigen, wie sie bei getrennter Ver-

150 OLG Stuttgart FamRZ 1994, 1326.
151 Haußleiter/Schulz a.a.O. Rn. 281 zu Kap. 1.
152 Haußleiter/Schulz a.a.O. Rn. 281 zu Kap. 1.
153 Haußleiter/Schulz a.a.O. Rn. 282 i.A.a. LG Ravensburg FamRZ 1995, 1585; OLG Dresden FuR 2003, 596.
154 Haußleiter/Schulz a.a.O. Rn. 285 zu Kap. 1.
155 Haußleiter/Schulz a.a.O. Rn. 288 zu Kap. 1 i.A.a. BGH FamRZ 1991, 43.
156 OLG München FamRZ 1984, 1096, 1097.

anlagung festgesetzt worden wären.[157] Für Steuerguthaben gilt exakt das gleiche wie für Steuerschulden.

1490 **Beratungshinweis:** Nahezu regelmäßig wird übersehen, dass der Mandant darauf hinzuweisen ist, für die abgeschlossenen 3 Jahre vor dem Stichtag dafür Sorge zu tragen, dass endgültige Steuerbescheide vorliegen, aus denen sich die tatsächliche Höhe der geschuldeten Steuern ergibt. Häufig sind Steuererklärungen für abgelaufene Jahre noch gar nicht abgegeben bzw. wurden vom Steuerberater noch nicht bearbeitet. Stellt sich dann nach Abschluss der Zugewinnausgleichsregelung heraus, dass für die genannten Jahre höhere Steuern zu bezahlen sind, so kann dies nicht mehr berücksichtigt werden.

- **Latente Ertragssteuern:** Bei dem Verkauf eines Unternehmens fallen wegen der damit verbundenen Auflösung von stillen Reserven erhebliche Ertragssteuern an. Diese Steuern sind wertmindernd zu berücksichtigen;[158] es ist völlig unerheblich, dass diese Steuer nicht anfällt, weil der Inhaber den Betrieb behält. Es wird die fiktive Steuer berücksichtigt.[159]
- **Fiktive Spekulationssteuer:** Bei Veräußerung einer **Immobilie** innerhalb der **10-Jahresfrist** fällt Spekulationssteuer an, wenn **keine** Nutzung zu **eigenen Wohnzwecken** vorlag. Ob diese Steuer wertmindernd zu berücksichtigen ist, hängt davon ab, ob das Grundstück innerhalb dieser Frist voraussichtlich veräußert werden muss. **Muss** die Immobilie zur Finanzierung des Zugewinnausgleichs **veräußert** werden, so ist die fiktive Spekulationssteuer zu berücksichtigen.[160]

1491 **Tiere:** Gehören die Tiere **beiden Eheleuten**, so sind sie bei der **Hausratsverteilung** zu berücksichtigen. Bei Nutzung nur durch **einen Partner** (z.B. Reitpferd) oder wenn die Tiere zum **landwirtschaftlichen Inventar** gehören: **Zugewinnausgleich.**[161]

1492 **Übergangsbeihilfen:** Übergangsbeihilfen nach SoldatenVersG sind **Einkommen** aus einem früheren Dienstverhältnis und damit **nicht Zugewinn.**[162]

1493 **Unsichere Rechte und Verpflichtungen:** Diese sind mit einem **Schätzwert** anzusetzen, so ist z.B. eine Forderung, bezüglich deren mehrmals erfolglos versucht wurde, diese zu vollstrecken, nur mit einem **Bruchteil** des Nominalwerts anzusetzen.[163] Ist ein Ehegatte am Stichtag in einen **Rechtsstreit** verwickelt, muss das voraussichtliche Prozessergebnis mit einem festen Betrag entweder auf der Aktiv- oder auf der Passiv-Seite angesetzt werden.[164]

1494 **Beratungshinweis:**[165] Handelt es sich um einen Rechtsstreit, der im Zusammenhang mit der Ehe steht, so z.B. Darlehensforderungen der Schwiegereltern, Forderun-

157 OLG Düsseldorf FamRZ 1998, 1236.
158 BGH FamRZ 1999, 361, 364 f; 1991, 43, 48; 1989, 1276.
159 BGH FamRZ 1991, 43, 49; siehe auch Fischer-Winkelmann FuR 1993, 1.
160 Haußleiter/Schulz a.a.O. Rn. 296 a.
161 Haußleiter/Schulz a.a.O. Rn. 297 zu Kap. 1.
162 BGH FamRZ 1980, 39; 1983, 881.
163 OLG Hamm FamRZ 1998, 1603.
164 Haußleiter/Schulz a.a.O. Rn. 300 zu Kap. 1.
165 Zu Forderungen der Schwiegereltern s. Heiß, Das Mandat im Familienrecht § 10.

gen gegen die Schwiegereltern u.a., so kann wegen Vorgreiflichkeit des Verfahrensergebnisses in dem betreffenden Verfahren Aussetzung des familiengerichtlichen Verfahrens beantragt werden.

1495 **Unterhaltsansprüche:** Wird eingewandt, dass das Guthaben per Stichtag auf dem Girokonto benötigt wird, um den Unterhalt für den folgenden Monat zu bezahlen, so ist dies **unbehelflich**. Die Unterhaltsforderung **entsteht** erst im kommenden Monat und ist daher nicht zu berücksichtigen.[166] Wird der Scheidungsantrag Mitte des Monats zugestellt und ist zu diesem Zeitpunkt der Unterhalt für diesen Monat noch nicht bezahlt, so ist die Unterhaltsschuld für diesen Monat als **Schuld** auf der **Passiv-Seite** zu berücksichtigen, obwohl der Monat noch nicht abgelaufen ist.[167] Hat der Unterhaltsschuldner am Stichtag **Unterhaltsrückstände**, z.B. für mehrere Monate vor dem Stichtag, so sind diese bei ihm auf der **Passiv-Seite** zu berücksichtigen. Beim Unterhaltsberechtigten ist der Anspruch auf Rückstand im **Aktiv-Vermögen** zu berücksichtigen.[168]

1496 **Unternehmen:** Maßgeblich für die Bewertung sind die Bilanzen der letzten **3 – 5** Kalenderjahre vor dem Stichtag.[169] Die unterste Grenze bei der Wertermittlung liegt beim **Liquidationswert**, von dem jedoch nur ausgegangen werden kann, wenn der Betrieb aufgelöst werden muss. Im Übrigen ist vom **Ertragswert** auszugehen. Es lässt sich nur der **Preis** erzielen, der dem Käufer eine **angemessene Verzinsung** des eingesetzten Kapitals garantiert.[170] Bei einem **unrentablen** Unternehmen kann der Wert auch **unter** dem **Liquidationswert** liegen.[171]

1497 **Beratungshinweis:** Die vorhandenen Wertgegenstände, z.B. auch Immobilien, werden im Rahmen von Sachverständigengutachten üblicherweise mit dem bilanzierten Wert berücksichtigt.
Ist der tatsächliche Substanzwert (im entschiedenen Fall: Werkhalle) deutlich höher, so ist zusätzlich zum Ertragswert der Substanzwert dieser Immobilie zu berücksichtigen und zwar nach Abzug des Wertes, mit dem er in die Bilanz eingestellt ist.

1498 In der Regel wird der **Mittelwert** aus dem **Sach- und Ertragswert** gebildet, von dem sodann der **fiktive Unternehmerlohn** sowie die **latenten Ertragssteuern** in Abzug zu bringen sind.

1499 **Beratungshinweis:** Keinesfalls kann sich der Anwalt ohne weiteres mit dem Ergebnis eines Sachverständigengutachtens abfinden. Er muss u.a. die Höhe des fiktiven Unternehmerlohnes sowie die Berechnung der latenten Ertragssteuern sowie die Frage der richtigen Wertermittlung (Ertragswert/Sachwert/Liquidationswert) überprüfen.
Bestehen erhebliche Zweifel an der Richtigkeit des Gutachtens, bei dessen Beurteilung der Anwalt zwangsläufig an die Grenzen seines Wissens stößt, so empfiehlt es sich,

166 BGH FamRZ 2003, 1544, 1545.
167 BGH FamRZ 2003, 1544, 1546; Haußleiter/Schulz a.a.O. Rn. 301a zu Kap. 1.
168 BGH FamRZ 2003, 1544, 1545.
169 Haußleiter/Schulz a.a.O. Rn. 302 zu Kap. 1.
170 Borth FamRB 2002, 371, 372.
171 BGH FamRZ 1986, 766; OLG Koblenz FamRZ 1983, 166.

ergänzend die Stellungnahme eines Wirtschaftsprüfers zur Überprüfung des Gutachtens einzuholen.
Bezüglich der latenten Ertragssteuern ist in jedem Fall eine Berechnung des Steuerberaters des Mandanten anzufordern zum Zwecke der Überprüfung, ob die latente Ertragssteuerlast in der tatsächlich entstehenden Höhe berücksichtigt wurde.

1500 **Unternehmensbeteiligung:** Es gelten die Grundsätze zur Unternehmensbewertung. Wenn Beteiligungen **unveräußerlich** sind oder wenn laut Gesellschaftsvertrag bei Ausscheiden eines Gesellschafters ein Abfindungsanspruch **ausgeschlossen** ist oder z.B. auf den „Buchwert" beschränkt ist, ist gleichwohl auf den **„wirklichen Wert des lebenden Unternehmens einschließlich der stillen Reserven und des good will"** abzustellen.[172] Der Wert der Beteiligung wird durch die **Nutzungsmöglichkeit** bestimmt. Der Firmenanteil kann frei genutzt werden.[173]Auf den im Vertrag festgelegten **Abfindungswert** kommt es in folgenden Fällen an:[174]

- Wenn die Beteiligung am Stichtag **gekündigt** war,[175]
- wenn die Kündigung **erforderlich** wird, um den Zugewinnausgleich bezahlen zu können,
- wenn die **laufenden** Einkünfte aus der **Gewinnbeteiligung** als **unterhaltsrechtliches** relevantes **Einkommen** zu berücksichtigen sind.[176]

1501 **Verbindlichkeiten:** Schulden sind mit dem **Nennbetrag** auf der Passiv-Seite zu berücksichtigen. Auf die Fälligkeit kommt es **nicht** an, sondern auf die **Entstehung.**[177] Auch **noch nicht fällige** (betagte) Schulden sind als Belastung zu berücksichtigen.[178] Muss z.B. ein Arzt **nach** Stichtag Kassenleistungen zurückzahlen für einen Zeitraum **vor Rechtshängigkeit** der Scheidung, so ist dies als **Passiv**-Posten in der Vermögensbilanz zu berücksichtigen.[179] **Betriebliche Schulden** sind regelmäßig bereits in Form der Zinsbelastungen wertmindernd bei der **Unternehmensbewertung** berücksichtigt und können dann beim **Privatvermögen nicht** nochmals abgesetzt werden. Bei Ärzten, Rechtsanwälten u.a. ist daher zu **klären**, ob die **Verbindlichkeiten** nicht schon beim **Sachwert** abgezogen wurden. Bei **Handwerkern** und anderen Unternehmern werden die Verbindlichkeiten i.d.R. im Rahmen der Ertragswertmethode berücksichtigt.[180] Sind Schulden **noch nicht fällig**, so müssen diese **abgezinst** in die Vermögensbilanz eingestellt werden. Zur **Abzinsung** siehe die Beispiele in Haußleiter a.a.O. Rn. 310, 311 zu Kap. 1.

1502 **Versicherungsagentur:** Die Bewertung erfolgt nach dem **Sachwertverfahren.** Hinzuzurechnen ist jedoch der Ausgleichsanspruch nach § 89b HGB begrenzt auf 3 Jahresprovisionen.[181]

172 BGH FamRZ 1980, 37, 38; FamRZ 1999, 361.
173 BGH FamRZ 1986, 1196.
174 I.a.a. Haußleiter/Schulz a.a.O. Rn. 306 zu Kap. 1.
175 BGH FamRZ 1980, 37, 38.
176 BGH FamRZ 2003, 432, 433.
177 Haußleiter/Schulz a.a.O. Rn. 308 zu Kap. 1.
178 BGH FamRZ 1986, 37, 38.
179 Haußleiter/Schulz a.a.O. Rn. 308 zu Kap. 1 i.A.a. BGH FamRZ 1991, 43, 46.
180 Haußleiter/Schulz a.a.O. Rn. 309 zu Kap. 1.
181 Haußleiter/Schulz a.a.O. Rn. 313 zu Kap. 1.

1503 **Vorerbschaft:** Der Vorerbe ist verfügungsbefugter **Eigentümer** des Nachlasses und voll umfänglich nutzungsberechtigt.[182] Das Nutzungsrecht ist im Wege einer Kapitalisierung **zu schätzen** und sowohl im **Anfangs**- als auch im **Endvermögen** zu berücksichtigen. Für die Bewertung gelten die obigen Ausführungen zum Nießbrauch.[183] (Zur Bewertung siehe oben Rn. 1459ff.).

1504 **Werkzeuge:**
- Entweder Hausrat (siehe Rn. 1433ff.).
- oder Arbeitsgeräte (siehe Rn. 1378).
- oder Hobbygeräte (siehe Rn. 1436).

1505 **Wertpapiere:** Diese sind zum **amtlichen Tageskurs** zu berücksichtigen.[184] Sollte nach dem Stichtag ein erheblicher **Kursverfall** eintreten, so kann auch nicht über § 1381 BGB (Leistungsverweigerung) eine Korrektur erfolgen. **Anderer Ansicht** ist allerdings: Schwab[185] für Aktien, die nach dem Stichtag bis zur letzten mündlichen Verhandlung **wertlos** geworden sind. Zurecht weist Schwab darauf hin, dass das Familiengericht nicht sehenden Auges grob ungerechte Entscheidungen fällen könne.

1506 **Wiederkaufsrecht:** Ist ein Grundstück mit einem Wiederkaufsrecht belastet, das unter Berücksichtigung des Preises zu einem Wert führt, der **unter** dem Verkehrswert liegt, ist der Verkehrswert im **Verhältnis** der **Gesamtdauer** der **Bindungsfrist** zu der noch nicht abgelaufenen Dauer zu kürzen[186] (siehe auch oben Rn. 1427ff.).

1507 **Witwenabfindung:** Der Anspruch einer Witwe auf Rentenabfindung entsteht erst **durch die Eheschließung** und gehört daher **nicht mehr** zum **Anfangsvermögen.**[187]

1508 **Wohnrecht:** Die Bewertung erfolgt wie beim **Nießbrauch** (siehe oben Rn. 1459ff.) nach dem **kapitalisierten Mietwert.** Wird das Wohnrecht nicht mehr genutzt, z.B. weil der Berechtigte sich in einem Pflegeheim befindet, kann eine Geldrente verlangt werden.[188] Diese ist dann ebenfalls zu kapitalisieren.

1509 **Wohnwagen:** Regelmäßig handelt es sich um Hausrat.

1510 **Zahnarztpraxis:** Siehe „Freiberufliche Praxis", also **Sachwert** zuzüglich **Geschäftswert.** Gehören zum Umsatz eines Zahnarztes auch die Leistungen der **Zahntechniker,** so ist dies wertmindernd zu berücksichtigen.[189]

1511 **Zuwendungen:** Diese sind i.d.R. privilegiertes Anfangsvermögen. Ehebezogene Zuwendungen können als Vorausempfang nach § 1380 BGB ausgeglichen werden. Führt der

182 BGH FamRZ 1988, 280.
183 Haußleiter/Schulz a.a.O. Rn. 316 zu Kap. 1.
184 Haußleiter/Schulz a.a.O. Rn. 318 zu Kap. 1.
185 Schwab/Schwab VII Rn. 259.
186 OLG München FamRZ 1992, 819.
187 Haußleiter/Schulz a.a.O. Rn. 321 zu Kap. 1 i.A.a. BGH FamRZ 1982, 147.
188 Haußleiter/Schulz a.a.O. Rn. 322 zu Kap. 1 i.A.a. LG Köln FamRZ 1997, 937.
189 Haußleiter/Schulz a.a.O. Rn. 324 zu Kap. 1.

Zugewinnausgleich zu einem **grob unbilligen Ergebnis**, so kommt eine **Rückforderung** wegen **Wegfalls** der Geschäftsgrundlage in Betracht.[190]

### g. Zinsen

1512 Der Güterstand ist **erst** mit Rechtskraft der Scheidung beendigt. Der **Zugewinnausgleichsanspruch** ist ebenfalls erst mit Rechtskraft der Scheidung **fällig**. Da der Ausgleichsanspruch erst fällig ist mit **Rechtskraft der Scheidung**, sind **Zinsen** erst ab diesem Zeitpunkt geschuldet. Die **Höhe** der Zinsen beträgt nach § 288 Abs. 1 S. 2, § 291 Abs. 1 S. 2 BGB 5 **Prozentpunkte über** dem **Basiszinssatz.** Der Basiszins, der an die Stelle des Diskontsatzes der DBB getreten ist, beträgt derzeit 2,57 %, der Verzugszins daher 7,57 %.

1513 Gemäß § 247 BGB verändert sich der Basiszinssatz zum 01. Januar und 01. Juli eines jeden Jahres um die Prozentpunkte, um welche die Bezugsgröße seit der letzten Veränderung des Basiszinssatzes gestiegen oder gefallen ist. Bezugsgröße ist der Zinssatz für die jüngste Hauptrefinanzierungsoperation der Europäischen Zentralbank vor dem ersten Kalendertag des betreffenden Halbjahres (§ 247 Abs. 1 BGB). (Hinweis: Über den Basiszins informieren fortlaufend auch die Wirtschaftsteile der überörtlichen Zeitungen.)

1514 Die Zinshöhe ist nach dem Zweck der Neuregelung **variabel**. Sie passt sich an jede Änderung des Basiszinses an.

1515 Muster: Klageantrag auf Zahlung künftiger Zinsen

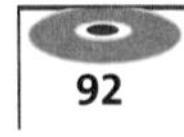


Nebst Zinsen in Höhe von 5%Punkten über dem jeweiligen Basiszinssatz seit dem ■■■[191]

1516 **Beratungshinweis:** Wird zunächst der Ausgleichsanspruch vor der Rechtskraft der Scheidung außergerichtlich geltend gemacht, ist der Zahlungsanspruch noch nicht fällig und es sind auch keine Zinsen geschuldet. Nach Rechtskraft des Scheidungsurteils muss die Zahlungsaufforderung wiederholt werden. Vor Eintritt der Fälligkeit ergangene Mahnungen und Zahlungsaufforderungen sind wirkungslos.

### h. Einwendungen gegen die Ausgleichsforderung

1517 *aa. Begrenzung auf noch vorhandenes Vermögen:* Wie oben Rn. 1299 ausgeführt, wird gem. § 1378 Abs. 2 BGB die **Höhe** der Ausgleichsforderung durch den Wert des Vermögens **begrenzt**, das nach Abzug der Verbindlichkeiten bei **Beendigung** des Güterstandes noch vorhanden ist, § 1378 Abs. 2 BGB. Wenn also kein Vermögen mehr vorhanden ist, bedarf es auch keines Streites um die Frage der Zurechnung von illoyalen Vermögensminderungen.[192]

1518 **Beratungshinweis:** Zuerst muss geprüft werden, ob überhaupt Vermögen vorhanden ist und sodann erst kann die Entscheidung getroffen werden, ob um fiktive Zurechnung illoyaler Vermögensminderungen gestritten wird.

190 Hierzu im Einzelnen s. Heiß, Das Mandat im Familienrecht § 10.
191 Reichenbach MDR 2001, 13.
192 § 1375 Abs. 2 BGB.

Ist noch Vermögen vorhanden, steht jedoch zu befürchten, dass der Ausgleichspflichtige während des Scheidungsverfahrens weiteres Vermögen veräußert, sodass der Ausgleichsanspruch wegen § 1378 Abs. 2 BGB gefährdet ist, so muss auf Abtrennung der Folgesachen gedrängt werden, um den Endzeitpunkt zu bestimmen für die Beurteilung des Vermögensstandes bei Beendigung des Güterstandes der Zugewinngemeinschaft.

1519 Wird der Zugewinnausgleich im **Scheidungsverbund** geltend gemacht und sodann der Scheidungsantrag **zurückgenommen**, so kann nach § 626 Abs. 2 S. 1 ZPO einer Partei auf **Antrag** vorbehalten werden, die **Folgesache** Zugewinn als **selbstständige Familiensache fortzuführen** und zwar als **Klage** auf **vorzeitigen Zugewinnausgleich.**[193] Als **Stichtag bleibt** der **Zeitpunkt** der **Rechtshängigkeit** des Scheidungsantrags maßgebend.[194]

1520 **Beratungshinweis:** Der Antrag nach § 626 Abs. 2 S. 1 kann nur bis zu dem Zeitpunkt der Rechtskraft eines Beschlusses nach § 626 Abs. 1 S. 3 ZPO gestellt werden, durch den auf Antrag eines Ehegatten die Wirkungen der Rücknahme des Scheidungsantrags ausgesprochen werden

1521 *bb. Verjährung:* Gemäß § 1378 Abs. 4 BGB **verjährt** die Zugewinnausgleichsforderung in **3 Jahren.** Die Verjährungsfrist beginnt mit dem Zeitpunkt, in welchem der Ausgleichsberechtigte **von der Beendigung** des Güterstandes **Kenntnis** hat.

1522 **Beratungshinweis:** Wird im Termin auf Rechtsmittel verzichtet und tritt damit an sich Rechtskraft des Scheidungsurteils ein, so ist dies nach der Rechtsprechung des BGH nicht der maßgebliche Zeitpunkt für den Lauf der Verjährungsfrist, sondern es kommt vielmehr darauf an, wann der Ausgleichsberechtigte entweder seitens seines Anwalts oder vom Gericht Kenntnis erlangt, dass die Scheidung rechtskräftig ist (also z.B. Erhalt des Urteils mit Rechtskraftvermerk).
Begründet wird dies durch den BGH mit der rechtlich nicht einfachen Sachlage bezüglich Anschlussrechtsmittel, wenn z.B. Beschwerde gegen eine Versorgungsausgleichsentscheidung oder Beschwerde durch das Jugendamt eingelegt wird.
Handelt es sich um ein isoliertes Scheidungsverfahren, so kann der maßgebliche Zeitpunkt der Zeitpunkt der Abgabe des Rechtsmittelverzichts sein.
Die Hemmung der Verjährung richtet sich nach den allgemeinen Vorschriften der §§ 203ff. BGB.

1523 Die Klage muss grundsätzlich innerhalb der Verjährungsfrist **zugestellt** werden,[195] allerdings genügt es, wenn die Klage „demnächst" zugestellt wird.[196] Wird die Klage bei einem **unzuständigen** Gericht eingereicht, wird die Verjährung gehemmt, wenn die **Verweisung** an das zuständige Gericht erfolgt.[197]

193 OLG Bamberg FamRZ 1997, 91, 92.
194 OLG Bamberg FamRZ 1997, 91, 92; Palandt/Brudermüller, § 1384 BGB Rn. 9 und 1387 BGB Rn. 5.
195 §§ 253 Abs. 1, 261 Abs. 1 ZPO.
196 §167 ZPO.
197 Haußleiter/Schulz a.a.O. Rn. 357 zu Kap. 1 i.A.a.BGH NJW 1978, 1058, 1059; OLG Naumburg FamRZ 2001, 831, 832.

1524 Die Erhebung einer **Auskunftsklage hemmt** die Verjährung **nicht.**[198] **Nur** die Erhebung einer **Stufenklage hemmt** die **Verjährung**[199] (zum entsprechenden Klageformular siehe unten Rn. 1636). Ebenso wird die Verjährung gehemmt durch Antrag auf **Prozesskostenhilfe.** Dieser Antrag muss den Erfordernissen des § 117 Abs. 1 ZPO entsprechen, wobei der amtliche Vordruck (§ 117 Abs. 2, Abs. 4 ZPO) nachgereicht werden kann.[200] Gemäß § **203 BGB** wird die Verjährung gehemmt, wenn zwischen den Eheleuten **Verhandlungen** über den **Zugewinnausgleich** schweben (z.B. wenn ein Sachverständiger mit der Vermögensbewertung beauftragt wird).[201] Gemäß § **202 BGB** ist ein **wechselseitiger Verzicht** auf die Einrede Verjährung **zulässig.** Im Übrigen kommt es auf die Zustellung des **rechtskräftigen Urteils** an.

1525 **Beratungshinweis:** Es ist somit dringend anzuraten, nach Abschluss des Verfahrens ein Urteil mit Rechtskraftvermerk zu beantragen.
Dies kann in der Praxis auch durch entsprechenden Antrag zu Protokoll im Rahmen der letzten mündlichen Verhandlung geschehen. Die Gerichte übersenden sodann üblicherweise Urteil mit Rechtskraftvermerk unmittelbar nach Eintreten der Rechtskraft.

1526 Muster: Belehrungsschreiben an die eigene Partei

93

Sehr geehrte(r) ■■■

Lediglich der guten Ordnung halber weise ich auf folgendes hin:

Gemäß § 1378 Abs.4 BGB verjährt die Zugewinnausgleichsforderung in 3 Jahren.

Die Frist beginnt mit dem Zeitpunkt, in dem der Ehegatte erfährt, dass der Güterstand beendet ist.

Bei Beendigung durch Scheidung, also zu dem Zeitpunkt, in dem Sie von dem rechtskräftigen Urteil Kenntnis erlangt haben.

Im Hinblick auf die Abgabe des Rechtsmittelverzichts im Termin beginnt die Frist am ■■■

1527 oder:

94

Das Scheidungsurteil wurde rechtskräftig am ■■■ und Ihnen übersandt am ■■■, sodass von Fristbeginn (Zustellung des Urteils mit Rechtskraftvermerk) ■■■ auszugehen ist.

1528 *cc. Anrechnung von Vorausempfängen, § 1380 BGB:* 1380 BGB gilt nur, wenn der **Zuwendende ausgleichspflichtig** ist, ist er **ausgleichsberechtigt,** so gilt § 1380 BGB **nicht.** Auf die Zugewinnausgleichsforderung können nach § 1380 BGB **Zuwendungen angerechnet** werden, die ein Ehegatte während der Ehe vom anderen erhalten hat. Ob

198 OLG Karlsruhe FamRZ 2001, 832.
199 BGH FamRZ 1996, 1271.
200 Haußleiter/Schulz a.a.O. Rn. 362 zu Kap. 1 i.A.a. BGH FamRZ 1999, 571, 574; OLG Celle FamRZ 2002, 1030, 1031; OLG Hamm FamRZ 2000, 230.
201 Palandt/Brudermüller, § 1378 Rn. 12.

es sich um eine Schenkung oder eine sog. ehebezogene Zuwendung handelt,(hierzu siehe unten) spielt keine Rolle.[202]

1529 Der **klassische Fall** der Zuwendungen liegt z.B. in **Übertragung** von **Miteigentum** an einer während der Ehezeit erworbenen **Immobilie** oder Geldleistungen, soweit diese **Gelegenheitsgeschenke** übersteigen. Zwar muss der Zuwender bei der Zuwendung **ausdrücklich die Anrechnung bestimmen,** jedoch ist nach § 1380 Abs. 1 S. 2 BGB **„im Zweifel"** anzunehmen, dass Zuwendungen angerechnet werden, wenn der **Wert** von **Gelegenheitsgeschenken überstiegen** wird.[203]

1530 Auf die (ohne Anwendung des Computerprogramms höchst komplizierte) Berechnung nach § 1380 BGB kann **verzichtet** werden, wenn der **Wert** der Zuwendung im **Endvermögen** des Empfängers **noch vorhanden** ist. Die Anrechnung erfolgt in **4 Rechenschritten** (hierzu und zu Berechnungsbeispielen siehe Haußleiter a.a.O, Rn. 384ff. zu Kap. 1).

1. Der Wert der indexierten Zuwendung wird dem Zugewinn des Zuwenders hinzugerechnet, § 1380 Abs. 2 BGB).
2. Die indexierte Zuwendung wird vom Zugewinn des Empfängers abgezogen.
3. Es wird die fiktive Ausgleichsforderung errechnet.
4. Von der errechneten Ausgleichsforderung wird der indexierte Wert der Zuwendung abgezogen.

1531 **BERATUNGSHINWEIS:** Hat der Ausgleichspflichtige dem anderen Ehegatten etwas zugewendet, was in dessen Vermögen nicht mehr vorhanden ist, so muss die Vorschrift des § 1380 BGB berücksichtigt werden!
Statt der komplizierten Berechnung in den vorgenannten 4 Rechenschritten, empfiehlt sich die Anwendung des Gutdeutsch-Programms (siehe hierzu Berechnung unten S. 439ff.).

1532 Die Zuwendung muss wie das privilegierte Anfangsvermögen **hochgerechnet** werden.

1533 *dd. Leistungsverweigerung wegen grober Unbilligkeit, § 1381 BGB:* Gemäß § 1381 Abs. 1 BGB kann die Erfüllung einer Ausgleichsforderung verweigert werden, soweit der Ausgleich des Zugewinns nach den Umständen des Falles **grob unbillig** wäre.

1534 **BERATUNGSHINWEIS:** In der Praxis spielt die Vorschrift des § 1381 BGB i.d.R. kaum eine Rolle aufgrund der strengen Anforderungen bezüglich des Tatbestandes der groben Unbilligkeit.

1535 § 1381 BGB wirkt sich nur zu Gunsten des Ausgleichs**schuldners** aus. Grob unbillig ist nur, was **„dem Gerechtigkeitsempfinden unerträglicherweise widerspricht"**.[204] § 1381 BGB stellt ein **Korrektiv** gegenüber dem schematischen Berechnungssystem des Zugewinnausgleichs dar. Die **schematische** Art der Berechnung kann der Einzelfallgerechtigkeit nicht immer genügen. Sie kann sogar zu **harten Unbilligkeiten** führen. § 1381 BGB gibt daher Billigkeitsgesichtspunkten Raum, um der **Einzelfallgerechtigkeit** zu die-

202 BGH FamRZ 2001, 413, 414.
203 BGH FamRZ 2001, 413, 414.
204 OLG Düsseldorf FamRZ 1981, 262, 263; BGH FamRZ 2002, 606, 608; BGH FamRZ 1980, 768, 769.

nen.[205] Der Grundsatz, dass das **Leistungsverweigerungsrecht** des § 1381 BGB eine Korrektur in besonders gelagerten Fällen ermöglicht, in denen das rechnerische Ausgleichsergebnis dem Gerechtigkeitsempfinden in unerträglicher Weise widerspricht und grob unbillig ist, wurde von der Rechtsprechung bekräftigt.[206] Der BGH hat zudem darauf hingewiesen, dass dieser Fall auch **ohne** Verschulden des ausgleichs**berechtigten** Ehegatten gegeben sein kann.[207]

1536 Zusammenfassend kann nach der Rechtsprechung des BGH der Ausgleich nach § 1381 BGB **verweigert** werden, wenn das Wertungsergebnis **unerträglich ungerecht** ist.[208] Darüber hinaus kann der Einwand des **§ 242 BGB** erhoben werden, der in der Rechtsprechung zunehmend bejaht wird.[209] (Zu der aktuellen Rechtsprechung des BGH siehe oben „Schmerzensgeld" Rn. 1481).

1537 So muss § 1381 BGB anwendbar sein bei **langer Trennungszeit** und zwar dann, wenn der Schuldner seinen Zugewinn einem **überogligationsmäßigen** Verhalten verdankt, dem **kein** Parallelverhalten des anderen Ehegatten gegenübersteht.

1538 **Gleiches** muss gelten für jene Fälle, in denen sich bereits während des Laufs des Scheidungsverfahrens bzw. Zugewinnausgleichsverfahrens abzeichnet, dass eine erhebliche **Wertminderung** im Vergleich zu dem Wert am Stichtag eingetreten ist, so z.B. der extreme Verfall von **Aktien**werten. Unbilligkeiten, die sich **alleine** aus dem **System** des **Zugewinnausgleichs** ergeben, genügen allein **nicht**, die „starre schematische" Regelung des Zugewinnausgleichs über § 1381 BGB zu korrigieren.[210]

1539 **Ehewidrige Beziehungen** reichen grundsätzlich **nicht**.

1540 Ausnahmen:[211]

- Ehefrau hatte 3jährige **außereheliche Beziehung**, aus der eine **Tochter** hervorging. Der Mehrverkehr wurde im Ehelichkeitsanfechtungsverfahren **geleugnet**. Der wirkliche Kindesvater hat einen Meineid geleistet: Grobe Unbilligkeit ist gegeben.[212]
- Ehefrau hatte **mehrere** während der Ehe geborene **nicht** vom **Ehemann** abstammende **Kinder** (4 Kinder): Ehemann kam für den Unterhalt der Kinder alleine auf. Ehefrau verheimlichte dem Ehemann, dass die Kinder nicht von ihm abstammen: Grobe Unbilligkeit gegeben.[213]
- Ehefrau hatte in den letzten 3 Jahren der Ehe intime Beziehungen zu 4 Männern gehabt: Nach OLG Hamm[214] **Kürzung** der Ausgleichsforderung um ein **Drittel**. Diese Entscheidung ist jedoch **umstritten**.

---

205 BGH FamRZ 1973, 254, 256; 1974, 83, 84.
206 BGH FamRZ 2002, 606, 608; OLG Koblenz FamRZ 2002, 1190.
207 BGH FamRZ 2002, 606, 608.
208 BGH FamRZ 1966, 560, 563; OLG Karlsruhe FamRZ 1986, 167, 168.
209 OLG Frankfurt FamRZ 2001, 158; BGH FamRZ 2004, 1352.
210 Haußleiter/Schulz a.a.O. Rn. 407 zu Kap. 1 i.A.a. BGH FamRZ 1966, 560, 563; Palandt/Brudermüller, § 1381 Rn. 2, 4.
211 I.A.A. Haußleiter/Schulz a.a.O. Rn. 411ff. zu Kap. 1.
212 OLG Hamm FamRZ 1976, 633, 634.
213 OLG Celle FamRZ 1979, 431, 432.
214 FamRZ 1989, 1188, 1190.

1541 Ist die **Existenz** des **Ausgleichspflichtigen** z.B wenn dieser nach einem Unfall unheilbar gelähmt und pflegebedürftig ist, **gefährdet** und nur ein geringes Vermögen vorhanden, auf das der Ausgleichspflichtige angewiesen ist, um nicht unterhaltsbedürftig zu werden, so ist dies zu berücksichtigen.[215]

1542 Auf die Dauer der Ehe kommt es nicht an.[216] Eine **lange Trennungszeit** kann im **Einzelfall** dann zu grober Unbilligkeit führen, wenn bezüglich des erst nach der Trennung erwirtschafteten Vermögens jegliche **innere** Beziehung dieses Vermögens zur ehelichen Lebensgemeinschaft fehlt.[217]

1543 Schmerzensgeld ist zwar grundsätzlich in die Zugewinnbilanz einzubeziehen, jedoch können im **Einzelfall** auftretende **Härten** durch die Billigkeitsregelung des § 1381 BGB korrigiert werden. Grobe Unbilligkeit wurde bejaht bei Unfall **nach** der Trennung.[218] (Im Einzelnen siehe oben Rn. 1481 „Schmerzensgeld".)

1544 Wurde über längere Zeit zu **Unrecht erheblich überhöhter Unterhalt bezahlt** und steht dem Ausgleichspflichtigen kein Rückforderungsanspruch zu, kann § 1381 Abs. 1 BGB zu einer **Kürzung** der Ausgleichsforderung führen.[219] Im Einzelfall kann die Zugewinnausgleichsforderung um den zu viel bezahlten Unterhalt gekürzt werden.[220]

1545 Wird Vermögen **nach** dem Stichtag praktisch wertlos (z.B. Verfall von Aktienwerten), besteht **grundsätzlich kein** Leistungsverweigerungsrecht. Es ist jedoch die Vorschrift des § **1378 Abs. 2 BGB** zu beachten, wonach der Zugewinnausgleich auf die Höhe des noch vorhandenen Vermögens beschränkt ist (siehe oben Rn. 1299).

1546 *ee. Stundung der Ausgleichsforderung, § 1382 BGB:* Die Vorschrift ist anwendbar, wenn die sofortige Zahlung „**auch** unter Berücksichtigung der Interessen des **Gläubigers** zur **Unzeit** erfolgen würde". Nach Satz 2 der Vorschrift ist dies dann der Fall, wenn sich durch die sofortige Zahlung die **Wohnverhältnisse** oder sonstigen Lebensverhältnisse **gemeinsamer Kinder nachhaltig verschlechtern** würden.

1547 Da einerseits die Interessen des Schuldners und andererseits die Interessen des Gläubigers nach Billigkeit abzuwägen sind, kommt dieser Vorschrift in der Praxis keine erhebliche Bedeutung zu. Zwar ist einerseits zu berücksichtigen, dass der Schuldner ausreichend Gelegenheit haben muss, einen Gegenstand (z.B. Haus) zu veräußern, um die Zugewinnausgleichszahlung aufbringen zu können.[221]

1548 Andererseits ist aber i.d.R. der Ausgleichsberechtigte ebenfalls dringend auf die Ausgleichszahlung angewiesen. Liegt ein solcher Fall vor, ist eine **Stundung regelmäßig unzumutbar.**[222] Etwas anderes kann nur z.B. dann gelten, wenn der Ausgleichs**schuldner** mit gemeinsamen **Kindern** im **Anwesen wohnt**, das **veräußert** werden muss, um die

215 BGH FamRZ 1973, 254.
216 Haußleiter/Schulz a.a.O. Rn. 426 zu Kap. 1 i.A.a. Palandt/Brudermüller, § 1381 Rn. 18.
217 BGH FamRZ 2002, 606, 608 zur Trennungszeit von 17 Jahre und 3jährigem Zusammenleben.
218 AG Hersbruck FamRZ 2002, 1476, 1477.
219 OLG Brandenburg FamRZ 2004, 106, 107.
220 OLG Köln FamRZ 1998, 1370, 1372.
221 BGH FamRZ 1992, 918, 919.
222 Haußleiter/Schulz a.a.O. Rn. 439 zu Kap. 1.

güterrechtlichen Ansprüche zu befriedigen.[223] Der Stundungs**antrag** muss im Prozess gestellt werden. Die Entscheidung erfolgt durch **Urteil.**[224]

1549 (Zur Formulierung des Stundungsantrags siehe unten Rn. 1658ff.).

1550 **Beratungshinweis:** In der Regel wird statt eines Stundungsantrags im Wege eines Vergleichs die Fälligkeit der Zugewinnausgleichszahlung unter Berücksichtigung der beiderseitigen Interessen geregelt.

1551 *ff. Übertragung von Vermögensgegenständen, § 1383 BGB:* Der Zugewinnausgleichsanspruch besteht grundsätzlich in Form einer Geldforderung. In der **Praxis** spielt die Vorschrift des § 1383 BGB nahezu **keine Rolle.** Ein Anspruch auf Übertragung von Vermögensgegenständen kann ausschließlich zu Gunsten des **Berechtigten** bestehen. Der **Schuldner** hat seinerseits keine Möglichkeit, zu wählen, ob er dem Gläubiger den **Anspruch** in Geld befriedigt oder durch Übertragung von Vermögensgegenständen.

1552 Die Übertragung von Vermögensgegenständen kann nur verlangt werden, wenn dies **erforderlich** ist, um eine **grobe Unbilligkeit** für den **Gläubiger** zu vermeiden und wenn diese Vermögensübertragung dem Schuldner **zugemutet** werden kann. Eine grobe Unbilligkeit für den Gläubiger liegt z.B. vor, wenn das bisherige **Familienwohnheim** dringend benötigt wird, um die eheangemessene Lebensweise aufrecht zu erhalten[225] oder wenn eine besonders **enge Sachbeziehung** zu dem Gegenstand besteht, z.B. weil er aus der **Familie** des Gläubigers stammt.[226]

1553 Des Weiteren dann, wenn eine Realisierung der Ausgleichsforderung deshalb mit erheblichen Schwierigkeiten verbunden ist, weil der **Schuldner nicht zahlungsfähig** oder nicht zahlungswillig ist.[227]

1554 (Zu den entsprechenden gerichtlichen Anträgen siehe unten Rn. 1666ff.).

1555 *gg. Ersatzansprüche gegen Dritte, § 1390 BGB:* Werden vom Ausgleichsschuldner Vermögenswerte veräußert, so kann gem. § 1390 Abs. 1 S. 2 BGB ein Ersatzanspruch gegen den Inhaber der Vermögenswerte bestehen, „weil der andere Ehegatte in der Absicht, ihn zu benachteiligen, unentgeltliche Zuwendungen an einen Dritten gemacht hat". Die Haftung richtet sich nach den Vorschriften über die Herausgabe einer **ungerechtfertigten** Bereicherung und entfällt demnach, wenn der Dritte nicht mehr bereichert ist.[228]

### i. Vorzeitiger Zugewinnausgleich, §§ 1385, 1386 BGB[229]

1556 Klage auf vorzeitigen Zugewinnausgleich, also **vor Einreichung des Scheidungsantrags** kann erhoben werden,

223 § 1382 Abs. 1 S. 2 BGB; Haußleiter/Schulz a.a.O.
224 § 621a Abs. 2 S. 1 ZPO.
225 Johannsen/Henrich/Jäger, § 1383 Rn. 5.
226 Johannsen/Henrich/Jäger, § 1383 Rn. 5.
227 Johannsen/Henrich a.a.O.
228 § 818 Abs. 3 BGB.
229 Im Einzelnen hierzu s. Rn. 1575ff.

- wenn die Ehegatten seit mindestens **3 Jahren getrennt** leben[230]
- wenn ein Ehegatte seine **wirtschaftlichen Verpflichtungen** aus dem ehelichen Verhältnis schuldhaft **nicht erfüllt**[231]
- wenn ein Ehegatte **ohne** Zustimmung des anderen über sein Vermögen im **Ganzen** verfügt hat[232]
- wenn ein Ehegatte sein Vermögen durch **illoyale** Handlungen i.S.v. § 1375 Abs. 2 BGB **vermindert** hat und eine **erhebliche Gefährdung** der künftigen Ausgleichsforderung zu besorgen ist[233]
- wenn ein Ehegatte sich **ohne ausreichenden Grund** beharrlich weigert, den Bestand seines Vermögens **mitzuteilen.**[234]

1557 **Beratungshinweis:** In der Praxis wird nahezu nie Klage auf vorzeitigen Zugewinnausgleich erhoben. Dies mag daran liegen, dass es sich bei dieser Klage nicht um eine Auskunftsklage oder Zahlungsklage, sondern zunächst um eine Gestaltungsklage handelt mit dem Antrag der vorzeitigen Beendigung der Zugewinngemeinschaft, wobei der Klageantrag darauf gerichtet ist, „der Zugewinn der Parteien wird vorzeitig ausgeglichen“. Erst nach Rechtskraft der Entscheidung über die Gestaltungsklage kann der weitere Antrag auf Auskunftserteilung und Zahlung erfolgen (zum Klageantrag hierzu siehe unten Rn. 1636f.).
Aufgrund dieses langwierigen gerichtlichen Verfahrens empfiehlt es sich, in der Praxis in jedem Fall den Mandanten dahingehend zu beraten, Scheidungsantrag einzureichen, da mit Scheidungsantragseinreichung Anspruch auf Auskunft und Anspruch auf Zugewinnausgleichsregelung im Verbund besteht. Auch im Fall einer vorzeitigen Zugewinnausgleichsklage ist zu bedenken, dass § 1378 Abs. 2 BGB gilt.
Die Ausgleichsforderung entsteht mit Beendigung des Güterstandes, der mit Rechtskraft des Gestaltungsurteils eintritt.

## B. Prozess

### I. Zugewinngemeinschaft

#### 1. Stufenklage Auskunft/Zahlung/eidesstattliche Versicherung

1558 Wird außergerichtlich keine ordnungsgemäße Auskunft erteilt, so ist **Stufenklage** auf Auskunft/eidesstattliche Versicherung der Richtigkeit der Auskunft/Zahlung zu erheben.

1559 Eine **reine Auskunftsklage** kann **nicht im Verbund** als Folgesache geltend gemacht werden.[235] Der Ausgleichsschuldner kann jedoch im Wege der **Widerklage** Auskunft von der Ausgleichsberechtigten verlangen.[236]

230 § 1385 BGB.
231 § 1386 Abs. 1 BGB.
232 § 1365 BGB, § 1386 Abs. 2 Nr. 1 BGB.
233 § 1386 Abs. 2 Nr. 2 BGB.
234 § 1386 Abs. 3 BGB.
235 BGH FamRZ 1997, 811, 812.
236 OLG Zweibrücken FamRZ 1996, 749.

1560 **Achtung:** Nur die **Stufenklage unterbricht die Verjährung,** nicht die reine Auskunftsklage!

1561 **Beratungshinweis:** Liegen hinreichende Unterlagen vor, z.B. aufgrund außergerichtlich erteilter Auskunft, und sind nur noch einzelne Positionen streitig, so empfiehlt es sich in jedem Fall, statt der Stufenklage Leistungsklage zu erheben.

a. Klageantrag: siehe unten Muster Rn. 1636f.

b. Beleganspruch/Anspruch auf Wertermittlung

1562 Ein **Anspruch** auf **Vorlage** von Belegen besteht grundsätzlich **nicht,** mit Ausnahme des Falles, dass eine **Wertfeststellung ohne Belege nicht möglich ist.** So z.B. bei Unternehmen die Vorlage der Bilanzen sowie Gewinn- und Verlust-Rechnungen der letzten 5 Kalenderjahre vor dem Stichtag.[237]

1563 Allerdings besteht gem. § 1379 Abs. 1 BGB ein **Anspruch auf Wertermittlung** bezüglich der Vermögensgegenstände. Im Rahmen dieses Wertermittlungsanspruchs muss der Ausgleichspflichtige die erforderlichen **Unterlagen vorlegen,** damit der Auskunftsberechtigte die Vermögensgegenstände und die Verbindlichkeiten selbst bewerten kann.[238] (Im Einzelnen siehe oben Rn. 1312.)

1564 Die **Stufenklage** kann als **Folgesache** im **Verbund** oder nach **rechtskräftiger** Scheidung als **selbstständige** Familiensache geltend gemacht werden, wobei sich immer empfiehlt, Scheidungsfolgesachen im Verbund geltend zu machen, da de facto im Rahmen der Scheidung **Kostenaufhebung** erfolgt und im Rahmen **gesonderter** Verfahren streng entschieden wird nach **Obsiegen** und **Unterliegen.**

1565 **Beratungshinweis:** Erfahrungsgemäß ist dem Ausgleichsschuldner, der zunächst lediglich geschieden werden will, auch nicht unbedingt an einer zügigen Durchführung des Zugewinnausgleichsverfahrens gelegen. In der Praxis bietet häufig das noch anhängige Scheidungsverfahren ein Druckmittel dahingehend, dass Auskünfte erteilt werden und damit das Verfahren zu Ende gebracht werden kann.

1566 Da der Klageantrag einen **vollstreckungsfähigen Inhalt** haben muss, müssen die Unterlagen und Belege, deren Herausgabe verlangt wird, **genau bezeichnet** werden. Jede Stufe (Auskunft/Vorlage von Belegen/**eidesstattliche Versicherung**/unbezifferter Klageantrag) bildet einen eigenen Anspruch, über den **gesondert** zu verhandeln und zu entscheiden ist.[239]

1567 Gemäß § 260 Abs. 2 BGB besteht **Anspruch auf Abgabe** einer **eidesstattlichen Versicherung** dann, wenn **Grund** zu der **Annahme** besteht, dass das Verzeichnis **nicht** mit der **erforderlichen Sorgfalt** aufgestellt worden ist. Sind die **Voraussetzungen** für eine eidesstattliche Versicherung **nicht** gegeben, so ist **Stufe 2** zu **überspringen.** Die beiden

237 Haußleiter/Schulz, Vermögensauseinandersetzung bei Trennung und Scheidung, Rn. 476 zu Kap. 1.
238 BGH FamRZ 1982, 682.
239 Haußleiter/Schulz a.a.O. Rn. 505 zu Kap. 1.

ersten Stufen werden durch **Teilurteil** (§ 301 ZPO), die **3. Stufe** durch **Schlussurteil**, entschieden. Dies gilt auch im Scheidungsverbund.[240]

1568 Wird nach Auskunftserteilung **kein weiterer Antrag** gestellt und in einem anzuberaumenden Termin zur mündlichen Verhandlung der Anspruch **nicht beziffert**, so ist die Klage auf Antrag durch **Versäumnisurteil** gem. §§ 333, 330 ZPO abzuweisen.[241]

### c. Vollstreckung

1569 Die **Auskunftserteilung** ist eine **unvertretbare** Handlung. Vollstreckung nach § 888 ZPO durch **Zwangsgeld/Zwangshaft.** Bei der **Wertermittlung** erfolgt Vollstreckung nach **§ 887 ZPO**, da die Handlung i.d.R. durch einen **Sachverständigen** vorgenommen werden kann.[242] Zur **Herausgabe von** Belegen erfolgt Vollstreckung nach **§ 883 ZPO**; der **Gerichtsvollzieher** ist mit der **Wegnahme** zu beauftragen.[243]

### d. Eidesstattliche Versicherung bei Verurteilung

1570 Die Versicherung ist gem. § 889 ZPO beim **Amtsgericht -Vollstreckungsgericht-** am Wohnsitz des Schuldners abzulegen. Die Abnahme erfolgt durch den **Rechtspfleger** (§ 20 Nr. 17 RPflG). Erklärt sich der Verpflichtete – **auch bei Verurteilung – freiwillig** bereit zur Abgabe der eidesstattlichen Versicherung, ist nach §§ 163, 79 FGG das **Amtsgericht** als Gericht der freiwilligen Gerichtsbarkeit sachlich zuständig. Dies kann entsprechend der Geschäftsverteilung auch das **Familiengericht** sein.[244]

1571 **Beratungshinweis:** In der Praxis wird die eidesstattliche Versicherung i.d.R. unmittelbar vor dem Familienrichter abgegeben.

### e. Streitwert / Beschwer

- Streitwert **Auskunftsklage:** 1/10 bis 1/5 des Leistungsanspruchs.[245]
- Die **Beschwer** für Zulässigkeit der Berufung (§ 511 Abs. 2 Nr. 1 ZPO: 600 €) wird nach dem Aufwand bestimmt, der die Auskunftserteilung verursacht. Die **Berufungssumme** wird in der Praxis regelmäßig **nicht** erreicht.
- Streitwert und Beschwer bei **eidesstattlicher** Versicherung: Auch hier wird der Beschwerdewert i.d.R. **nicht** erreicht:[246] maximal 800 DM, entsprechend 409,03 €.
- Bei der Stufenklage richtet sich der Streitwert regelmäßig nach dem **höchsten Wert**, also nach dem Leistungsantrag. Dies gilt auch, wenn der Leistungsantrag **nicht mehr beziffert** und der Rechtsstreit übereinstimmend für erledigt erklärt wird.[247]
- Bewertung des **unbezifferten Zahlungsanspruchs:** Die Vorstellungen der Klagepartei sind maßgeblich. Anhaltspunkt kann die Angabe des **vorläufigen Streitwerts** im Klageschriftsatz sein.[248]

---

240 BGH FamRZ 1979, 690.
241 OLG Frankfurt FamRZ 2002, 31.
242 Haußleiter/Schulz a.a.O. Rn. 506 zu Kap. 1.
243 Haußleiter/Schulz a.a.O. Rn. 507 zu Kap. 1.
244 Haußleiter/Schulz a.a.O. Rn. 508 zu Kap. 1.
245 BGH FamRZ 2000, 948, 949.
246 OLG Köln FamRZ 1998, 1308.
247 OLG Brandenburg FamRZ 2003, 240; OLG Celle FamRZ 1997, 99.
248 Haußleiter/Schulz a.a.O. Rn. 508c zu Kap. 1.

### f. Kosten und Gebühren

1572 Für die Wertberechnung ist nur **einer** der verbundenen Ansprüche und zwar der **höhere** maßgebend (§ 18 GKG).

1573 Soweit eine Stufe durch **Teilurteil** erledigt wird, ist die jeweilige Entscheidung für einen Teil des Streitgegenstandes ein **Endurteil** und damit **gerichtsgebührenpflichtig.** Berechnet wird damit für jedes Teilurteil eine **Urteilsgebühr** (§ 21 Abs. 1 GKG). Bezüglich der Rechtsanwaltskosten fallen die jeweiligen Gebühren für alle Stufen zusammen nur einmal an und errechnen sich aus dem **höchsten Wert**, der der Tätigkeit zugrunde liegt.[249] Die Bewilligung von **Prozesskostenhilfe** für eine Stufenklage umfasst i.d.R. auch die **spätere** Bezifferung der **Leistungsstufe.**[250]

1574 Wird reine **Zahlungsklage** auf Zugewinn **im Rahmen** des **Scheidungsverfahrens** erhoben, so errechnet sich der Streitwert aus den zusammengerechneten Werten für Scheidung und Zugewinnausgleichsklage (§ 19a GKG).

## 2. Klage auf vorzeitigen Zugewinn

1575 Es kann in **5 Fällen** Klage auf vorzeitigen Ausgleich des Zugewinns erhoben werden:

- **3jähriges Getrenntleben**
- schuldhafte **Nichterfüllung wirtschaftlicher Verpflichtungen**
- bei die Ausgleichsforderung **gefährdenden** Gesamtvermögensgeschäften (§§ 1586 Abs. 2 Nr. 1, 1365 BGB)
- bei die Ausgleichsforderung **gefährdenden Vermögensminderungen** (§§ 1586 Abs. 2 Nr. 2, 1375 BGB)
- bei beharrlicher und grundloser **Verweigerung der Unterrichtung** (§ 1586 Abs. 3 BGB)

1576 Die Darlegungs- und **Beweislast** für die 3jährige Trennung trifft den **Kläger,** ebenso für die **Voraussetzungen** von § 1386 BGB. Dass ein **ausreichender Grund** für die Verweigerung der Unterrichtung vorliegt, hat der **Beklagte** darzulegen und zu beweisen.

1577 Wird auf vorzeitigen Zugewinn geklagt, so handelt es sich **nicht** um eine **Zahlungsklage**, sondern eine auf **Beendigung** der **Zugewinngemeinschaft** gerichtete Klage, also um eine Gestaltungsklage, zum **Klageantrag:** siehe unten Formular Rn. 1649ff. Durch ein entsprechendes Urteil wird der Güterstand der Zugewinngemeinschaft **beendet** und es tritt Gütertrennung ein (§ 1388 BGB). Gleichzeitig **entsteht** auch die **Ausgleichsforderung** (§ 1378 Abs. 3 S. 1 BGB), wobei **Stichtag** für die Berechnung des **Endvermögens** der Tag ist, an dem die Gestaltungsklage **zugestellt** wurde (§ 1387 BGB).[251]

1578 Die Klage auf vorzeitigen Zugewinnausgleich kann **nur** mit **selbstständiger** Klage, **nie** als **Folgesache** im Scheidungsverbund geltend gemacht werden.[252] Auch während eines rechtshängigen **Scheidungsverfahrens** kann **außerhalb** des Scheidungs**verbundes** (iso-

249 Bergschneider a.a.O. Anm. zu C VI 3.
250 OLG Nürnberg FamRZ 2002, 1193.
251 Haußleiter/Schulz a.a.O. Rn. 517 zu Kap. 1.
252 KG FamRZ 2001, 166.

liert) auf vorzeitigen Zugewinnausgleich geklagt werden. Stichtag ist in diesem Fall die frühere **Rechtshängigkeit** des **Scheidungsantrags** gem. § 1384 BGB.[253]

1579 Bei einer zeitlichen Konkurrenz zwischen einer Klage auf **vorzeitigen Zugewinnausgleich** und einem Ehescheidungsantrag ist auf die **Rechtshängigkeit** des ersten **Antrags** bzw. der ersten **Klage** bezüglich des **Stichtags** abzustellen, selbst wenn das spätere Begehren zur Beendigung des Güterstandes geführt hat.[254] Im Hinblick auf den Normzweck, wonach schon der Eintritt der ersten Rechtshängigkeit die Gefahr heraufbeschwört oder erhöht, der die §§ 1384, 1387 BGB entgegenwirken sollen, erscheint es nicht erforderlich zu prüfen, ob das **erste** Begehren **begründet** war, also zur Beendigung des Güterstandes geführt hätte, wenn ihm nicht das zweite Verfahren zuvorgekommen wäre.[255]

1580 Wurde auf vorzeitigen Zugewinnausgleich **geklagt und danach die Scheidung eingereicht,** gilt als **Stichtag** die Rechtshängigkeit der Klage auf vorzeitigen Ausgleich (§ 1387 BGB). Ergibt sich zum Zeitpunkt der **Zustellung** des **Scheidungsantrags** ein **höheres Endvermögen** des anderen Ehegatten, sollte die **Klage** auf vorzeitigen Ausgleich, falls dies rechtlich noch möglich ist, **zurückgenommen** werden. Um eine solche Rücknahme zu vermeiden, empfiehlt es sich, dass auch der andere Ehegatte Scheidungsantrag stellt. Damit wird erreicht, dass selbst bei **Klagerücknahme** der ursprüngliche **Stichtag** für die Berechnung des Zugewinnausgleichs bestehen bleibt (§ 1384 BGB). Vor der mündlichen Verhandlung kann der Scheidungsantrag **ohne Einwilligung** des Antragsgegners **zurückgenommen** werden, wenn von der Gegenseite nicht **eigener Antrag** gestellt wurde, § 269 Abs. 1 ZPO.

1581 Die Klage kann auch in Form einer **Stufenklage** mit Antrag Ausgleich Zugewinn/ Auskunft/Zahlung der Ausgleichsforderung **verbunden** werden. Über die Anträge betreffend Auskunft und Zahlung darf **erst entschieden** werden, wenn zuvor **rechtskräftig** durch **Teilurteil** auf **vorzeitigen Zugewinnausgleich** erkannt wurde.[256] Um das Risiko zu vermeiden, dass in vollem Umfang Klageabweisung und Auferlegung der gesamten Kosten der Stufenklage erfolgt, sollten die Stufen Auskunft und Zahlung als **eventuelle Klageerweiterung** geltend gemacht werden.[257]

1582 Die Klage auf **vorzeitigen Zugewinnausgleich** nach §§ 1386 Abs. 2 Nr. 2 BGB oder 1386 Abs. 3 BGB **schützt** den Ausgleichsberechtigten **besser** als eine spätere fiktive Hinzurechnung zum Endvermögen bezüglich Verschwendungen oder illoyalen Vermögensminderungen. Dies insbesondere unter Berücksichtigung der Frage der **Beweislast.** Allerdings gilt auch hier § 1378 Abs. 3, Ziff. 1 BGB, wonach die Ausgleichsforderung der Höhe nach auf das Vermögen **begrenzt** ist, das **bei Beendigung** des Güterstandes noch vorhanden ist.

1583 Die Zugewinngemeinschaft endet mit **Rechtskraft** des **Gestaltungsurteils.** Zu diesem Zeitpunkt tritt **Gütertrennung** ein (§ 1388 BGB). Ab **Rechtshängigkeit** der Klage auf

253 Haußleiter/Schulz a.a.O. Rn. 518 zu Kap. 1.
254 OLG Hamm FamRZ 1982, 609; OLG Bamberg FamRZ 1997, 91, 92.
255 Johannsen/Henrich, Eherecht, 4. Aufl. Rn. 6 zu § 1384 BGB.
256 Haußleiter/Schulz a.a.O. Rn. 519 zu Kap. 1 i.A.a. OLG Nürnberg FamRZ 1998, 985; OLG Celle FamRZ 1983, 171.
257 Haußleiter/Schulz a.a.O. Rn. 519 zu Kap. 1; Scherer FamRZ 2001, 1112, 1114.

vorzeitigen Zugewinnausgleich ist jedoch Sicherung der Ausgleichsforderung durch **Arrest** möglich, ebenso wie im Scheidungsverfahren, obwohl es sich um eine **künftige** Ausgleichsforderung handelt (hierzu siehe unten Rn. 1670).[258]

1584

Muster: Klageantrag auf vorzeitigen Zugewinnausgleich(im Einzelnen s.u. Muster Rn. 1649ff.).

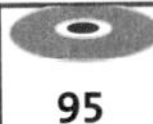

95

■■■

1. Vorab wird beantragt, durch Teilurteil zu erkennen: Der Zugewinn der Parteien wird vorzeitig ausgeglichen.
2. Für den Fall des Obsiegens wird weiter beantragt, den Beklagten zu verurteilen, der Klägerin Auskunft zu erteilen ■■■
3. Der Beklagte wird verurteilt, die Vollständigkeit und Richtigkeit seines Vermögensverzeichnisses an Eides Statt zu versichern.
4. Der Beklagte wird verurteilt, an die Klägerin Zugewinnausgleich in nach Auskunftserteilung noch zu beziffernder Höhe nebst Zinsen in Höhe von 5 Prozentpunkten über den Basiszinssatz ab Rechtskraft des Teilurteils in Ziffer 1. zu bezahlen.

### 3. Teilklage/Nachforderungsklage

1585

Sind – wie dies im Regelfall häufig der Fall ist – die Werte von **Immobilien** nicht bekannt und soll teilweises Unterliegen wegen einer **überhöhten Klageforderung** vermieden werden, so kann **Teilklage** erhoben werden, wobei es sich dringend empfiehlt, die Klage als **Teilklage** zu bezeichnen. Es kann dann nach Vorliegen sämtlicher Gutachten zu Immobilien, Pkws u.a. sowie nach Vorliegen etwaiger Zeugenaussagen bezüglich Anfangsvermögen und Vorliegen entsprechender Nachweise die Klageforderung endgültig beziffert werden.

1586

Wird im Rahmen eines Prozesses erklärt, dass zunächst nur ein **unstreitiger Teilbetrag** verlangt wird und bezüglich des **streitigen Verfahrens** nach rechtskräftiger Scheidung eine **gesonderte Klage** erfolgen wird, so stellt sich die Frage, ob einer neuen Klage die **Rechtskraft des Ersturteils** (§ 322 Abs. 1 ZPO) **entgegensteht.**

1587

Es handelt sich nach BGH (FamRZ 1996, 853; 1994, 1095; sowie OLG Düsseldorf FamRZ 1999, 384) um eine **offene Teilklage**, die **zulässig** ist, da absolut deutlich gemacht wurde, dass noch ein weiterer Betrag durch Klage geltend gemacht werden wird. Eine **Nachforderungsklage** ist in diesem Fall möglich. Von der **Rechtskraft** umfasst ist gem. § 308 ZPO nur der **Klageantrag.** Die Rechtskraft erstreckt sich **nicht** auf den **nicht eingeklagten** Teil des Anspruchs.[259]

1588

Wurde im Scheidungsverbund Zahlungsklage erhoben und der beantragte Betrag **rechtskräftig zugesprochen**, so ist streitig, ob hier noch eine **Nachforderungsklage** zulässig ist. Es liegt eine sog. **verdeckte Teilklage** vor, da der Eindruck erweckt wurde, dass der gesamte Zugewinnausgleich gefordert wird. Nachforderung ist **nur** möglich, wenn im Erstprozess **deutlich** gemacht wurde, dass nur eine **Teilforderung** geltend gemacht wird.[260]

258 Haußleiter/Schulz a.a.O. Rn. 522 zu Kap. 1; Ditzen NJW 1987, 1806.
259 OLG Düsseldorf FamRZ 1998, 916.

#### 4. Arrest/Sicherung der Zugewinnausgleichsforderung

1589 **Beratungshinweis:** Der Anwalt hat die unabdingbare Pflicht, auf sämtliche Möglichkeiten zur Sicherung eines Zugewinnausgleichsanspruchs hinzuweisen. Kommt er diesen Verpflichtungen nicht nach, so besteht ein Haftungsanspruch der Partei. Dies jedenfalls dann, wenn konkrete Anhaltspunkte dafür vorliegen, dass der andere Ehegatte versucht, den Zugewinnausgleichsanspruch zu vereiteln.

##### a. Sicherung vor Rechtshängigkeit eines Scheidungsantrags

1590 Vor Anhängigkeit eines Scheidungsverfahrens gibt es **keine** Sicherungsmöglichkeiten. Es verbleibt nur die Möglichkeit der späteren **fiktiven Hinzurechnung** bei illoyalen Vermögensminderungen und bei der Vorschrift des § 1365 BGB, wonach ein Ehegatte nicht über sein **Vermögen** im **Ganzen** verfügen kann. Im Hinblick auf die diesbezügliche Wesentlichkeitsgrenze (hierzu siehe oben Rn. 1297f.) spielt diese Vorschrift in der Praxis jedoch kaum eine Rolle.

##### b. Sicherung nach Rechtskraft der Scheidung

1591 **Nach** rechtskräftiger Scheidung (§ 1378 Abs. 3 S. 1 BGB) kann der Zugewinnausgleich durch **Arrest** (§§ 916ff. ZPO) gesichert werden. Es handelt sich – nach Rechtskraft der Scheidung – **nicht** mehr um einen **künftigen**, sondern um einen bestehenden Anspruch. (Im Einzelnen zu Arrest siehe unten Rn. 1670ff.).

##### c. Sicherung während des Scheidungsverfahrens

1592 *aa. Sicherheitsleistung gem. § 1389 BGB:* Ist das Scheidungsverfahren oder ein Verfahren auf vorzeitigen Ausgleich des Zugewinns anhängig, so kann ein Ehegatte **Sicherheitsleistung** verlangen, wenn wegen des **Verhaltens** des anderen Ehegatten zu besorgen ist, dass seine Rechte auf den künftigen Ausgleich des Zugewinns **erheblich** gefährdet werden (§ 1389 BGB).

1593 Lebt z.B. ein Ehegatte mit einem **neuen Partner** zusammen und macht er diesem in **größerem Umfang Geschenke,** so ist die erforderliche erhebliche Gefährdung des Zugewinnausgleichs immer zu befürchten.[261] Gleiches gilt, wenn ein Ehegatte **Vorbereitungen** zur **Veräußerung** eines Grundstücks trifft[262] oder eine grob **falsche Auskunft** über sein Endvermögen erteilt.[263]

1594 Zur **Glaubhaftmachung** reicht es aus, **Bestand** und **Höhe** des Ausgleichsanspruchs „wahrscheinlich" zu machen.[264] Es muss jedoch zumindest eine **vollständige Zugewinnausgleichsberechnung** bezüglich beiderseitigen Anfangs- und Endvermögens zur Glaubhaftmachung vorgelegt werden. Der Anspruch kann nur durch **selbstständige Klage** geltend gemacht werden und **nicht** als **Folgesache** im Scheidungsverbund.

260 Haußleiter/Schulz a.a.O. Rn. 370 zu Kap. 1.
261 Haußleiter/Schulz a.a.O. Rn. 528 zu Kap. 1.
262 OLG Köln FamRZ 1983, 708, 710.
263 OLG Frankfurt/M. FamRZ 1996, 747.
264 OLG Düsseldorf FamRZ 1991, 351; OLG Köln FamRZ 1983, 709, 711.

1595 Die **Höhe** der Sicherheitsleistung bestimmt sich nach dem **Umfang** der **Gefährdung,**[265] ihre Art richtet sich nach § 232 BGB. Dem Beklagten muss schon im Klageantrag die Wahl der zu leistenden Sicherheit vorbehalten bleiben.

1596 Muster: Antrag auf Sicherheitsleistung während des Scheidungsverfahrens

96

Der Beklagte wird verurteilt, an die Klägerin Sicherheit in Höhe von € ■■■ zu leisten. Die Art der Sicherheitsleistung kann der Beklagte gem. § 232 Abs. 1 BGB bestimmen.

1597 **Vollstreckung** erfolgt nach § 887 ZPO, da die Sicherheitsleistung eine **vertretbare** Handlung ist. Hat der Verurteilte sein **Wahlrecht** bis zum Beginn der Zwangsvollstreckung **nicht ausgeübt,** kann der Gläubiger in analoger Anwendung von § 264 BGB die Art der Sicherheit wählen.[266] Entscheidet sich der Gläubiger für **Hinterlegung** von Geld, kann er vom Prozessgericht nach § 887 Abs. 1 ZPO ermächtigt werden, diese Handlung auf Kosten des Schuldners **selbst vorzunehmen.** Das dazu erforderliche Geld muss der Schuldner als Vorschuss gem. § 887 Abs. 2 ZPO leisten.

1598 Vor der **Minderung** der **Ausgleichsforderung** gem. § 1378 Abs. 2 BGB (Begrenzung der Ausgleichsforderung auf das vorhandene Vermögen) schützt eine Sicherheitsleistung **nicht.** Umstritten ist, ob es einen **einstweiligen Rechtsschutz** für den Anspruch nach § 1389 BGB gibt: Teilweise wird **Arrest** zugelassen,[267] teilweise wird eine **einstweilige Verfügung** für zulässig erachtet,[268] teilweise werden auch beide Verfahren als wahlweise zulässig betrachtet.[269] Da die Rechtslage absolut **ungeklärt** ist, empfiehlt es sich, **Hilfsanträge** zu stellen. Im Übrigen besteht seitens des Gerichts eine Aufklärungspflicht nach § 139 ZPO. Die daraufhin erfolgte Umstellung (statt einstweiliger Verfügung Arrest oder umgekehrt) stellt eine **sachdienliche Klageänderung** dar.[270]

1599 *bb. Sicherung durch Arrest:* Nachdem lange Zeit umstritten war, ob der Arrestantrag zulässig ist, obwohl der Anspruch erst mit Rechtskraft der Scheidung entsteht, wird die **Zulässigkeit** des Arrests zur Sicherung der künftigen Zugewinnausgleichsforderung in der Literatur **überwiegend bejaht** (siehe hierzu die Übersicht bei Haußleiter a.a.O. Rn. 538 zu Kap. 1).

1600 Gleiches gilt für die **Rechtsprechung,** so z.B. OLG München (Beschlüsse vom 20.05.99, 16 UF 1671/98 und vom 24.03.03, 26 UF 902/04), beide unveröffentlicht, sowie OLG Düsseldorf (FamRZ 1994, 114, 115), OLG Karlsruhe (FamRZ 1997, 622; 1995, 822, 823), OLG Celle (FamRZ 1996, 1429), OLG Hamm (FamRZ 1997, 181) und OLG Hamburg (FamRZ 2003, 238).

1601 Eine Sicherung im Eilverfahren auch für **künftig** erst entstehende Ansprüche wird zugelassen, wenn diese Ansprüche **bereits mit Klage anhängig gemacht werden können.**

265 Haußleiter/Schulz a.a.O. Rn. 530 zu Kap. 1.
266 OLG Düsseldorf FamRZ 1984, 704.
267 OLG Köln FamRZ 1983, 709; OLG Hamm FamRZ 1985, 71.
268 OLG Koblenz FamRZ 1999, 97; OLG Hamburg FamRZ 1988, 964; OLG Düsseldorf FamRZ 1991, 351.
269 Haußleiter/Schulz a.a.O. Rn. 534 zu Kap. 1.
270 OLG Düsseldorf FamRZ 1991, 351.

Auch bei einer Klage auf **vorzeitigen Zugewinnausgleich** (§§ 1385, 1386 BGB) kann die künftige Ausgleichsforderung durch Arrest gesichert werden.[271]

1602 Ein **Arrestgrund** (§ 917 ZPO) besteht schon dann, wenn ein Ausgleichsschuldner **beabsichtigt**, vorhandene Vermögenswerte zu **veräußern**. Mit der Realisierung seines Vorhabens muss er noch nicht begonnen haben.[272] Ein Arrestgrund liegt auch vor, wenn der Antragsgegner einen erheblichen Teil seines Vermögens **verspielt** hat und weitere Verluste wegen seiner Spielleidenschaft zu befürchten sind.[273]

1603 An die **Glaubhaftmachung** der **Höhe** des Zugewinns dürfen keine übertriebenen Ansprüche gestellt werden, sonst würde der Sicherungszweck verfehlt, da es bei Einleitung eines Arrestverfahrens praktisch unmöglich ist, die **Werte** im Einzelnen glaubhaft zu machen, sondern diese können nur **ungefähr angegeben** werden.[274] Es genügt, wenn Tatsachen vorgetragen werden, die den geltend gemachten Arrestanspruch **schlüssig** erscheinen lassen.[275]

1604 Der Arrest kann **nicht** im Scheidungsverfahren geltend gemacht werden. Er muss **selbstständig** geltend gemacht werden. Eine **einstweilige** Anordnung kommt **nicht** in Betracht. Der Antrag auf Anordnung eines **dinglichen** Arrestes ist beim **Familiengericht** zu stellen.

1605 Muster: Arrestantrag zur Sicherung der Zwangsvollstreckung wegen zukünftiger Zugewinnausgleichforderung[276]

97

Zur Sicherung der Zwangsvollstreckung wegen einer zukünftigen Zugewinnausgleichsforderung der Gläubigerin in Höhe von € ■■■ wird der dingliche Arrest in das bewegliche und unbewegliche Vermögen des Schuldners angeordnet.

1606 Es genügt, wenn zur **Glaubhaftmachung** auf die im Scheidungsverbund anhängige **Zugewinnausgleichsklage** verwiesen wird.

1607 **Vollzug des Arrests:** Der Arrest kann durch **Pfändung** einer dem Schuldner zustehenden **Forderung** oder aber auch beim Amtsgericht – **Grundbuchamt** – durch Eintragung einer **Arresthypothek** (§ 932 ZPO) beantragt werden. Der Höchstbetrag entspricht in diesem Fall der zu sichernden Hauptforderung.

271 Haußleiter/Schulz a.a.O. Rn. 540 zu Kap. 1; Dietzen NJW 1987, 1806.
272 Haußleiter/Schulz a.a.O. Rn. 541 zu Kap. 1.
273 AG Warendorf FamRZ 2000, 965.
274 Haußleiter/Schulz a.a.O. Rn. 542 zu Kap. 1.
275 OLG Karlsruhe FamRZ 1997, 622; AG Warendorf FamRZ 2000, 965.
276 Im Einzelnen zum Arrestantrag siehe unten Rn. 1670.

Muster: Antrag auf Vollzug des Arrests

1608

98

Unter Vorlage des Arrestbeschlusses des Amtsgerichts -Familiengericht- ■■■ vom ■■■ wird beantragt, in Höhe des Höchstbetrages von € ■■■ eine Arresthypothek auf dem Grundstück des Schuldners in ■■■ Flurstück-Nr. ■■■ eingetragen im Grundbuch des Amtsgerichts ■■■ Band ■■■ Blatt ■■■ einzutragen.

1609 Auch die Eintragung einer Arresthypothek und die Anordnung eines Arrests schützen wiederum **nicht** vor den **Auswirkungen** des § 1378 Abs. 2 BGB. Entsteht die **Zugewinnausgleichsforderung** wegen nachträglichen **Vermögensverfalls** nicht, ist der Arrest **aufzuheben**. Die Arresthypothek wird zur Eigentümergrundschuld.[277]

1610 **Beratungshinweis:** Zusammenfassend verbleibt nur: Bei Vorliegen der gesetzlichen Voraussetzungen möglichst rasche Einreichung des Scheidungsantrags, damit der Endstichtag feststeht.
Andererseits dann wiederum ebenso rasche Beendigung des Scheidungsverfahrens (hier sind die Einflussmöglichkeiten jedoch relativ gering), damit der Endstichtag gem. § 1378 Abs. 2 BGB (Beendigung des Güterstandes durch rechtskräftige Scheidung) ebenso baldmöglichst feststeht.

1611 *cc. Stundungsantrag, § 1382 BGB:* Die Zugewinnausgleichsforderung kann auf **Antrag** nach § 1382 Abs. 1 Ziff. 1 BGB gestundet werden, wenn die sofortige Zahlung „auch unter Berücksichtigung der Interessen des Gläubigers zur **Unzeit** erfolgen würde".

1612 Grund für die Stundung nach § 1382 Abs. 1 S. 2: Wenn durch die sofortige Zahlung die **Wohnverhältnisse** oder sonstigen Lebensverhältnisse **gemeinsamer Kinder** nachhaltig verschlechtert würden (zu den materiellrechtlichen Voraussetzungen des Stundungsantrags siehe oben 1546ff.).

1613 Die Stundung einer **unstreitigen** Ausgleichsforderung kann entweder als **Folgesache** im Scheidungsverbund beantragt werden (§§ 621 Abs. 1 Nr. 9, 623 Abs. 1 ZPO) oder gem. § 53a FGG Entscheidung durch den Rechtspfleger herbeigeführt werden.

1614 Gemäß § 53a FGG kann die **Entscheidung** über den Stundungsantrag einer **unstreitigen** Ausgleichsforderung auch durch den Rechtspfleger am Familiengericht erfolgen (§ 23b Abs. 1 Nr. 10 GVG, §§ 3 Nr. 2 a, 14, Nr. 2 RPflG).

1615 *dd. Muster: Antrag auf Stundung bei unstreitiger Ausgleichsforderung*[278]

99

Die Zugewinnausgleichsforderung der ■■■ gegen den ■■■ in Höhe von ■■■ € wird bis ■■■ gestundet.

Hilfsweise wird beantragt, dem Antragsgegner zu gestatten, den Ausgleichsbetrag von ■■■ in monatlichen Raten in Höhe von ■■■ beginnend ab ■■■ zu bezahlen.

277 Haußleiter/Schulz a.a.O. Rn. 547 zu Kap. 1.
278 Haußleiter/Schulz a.a.O Rn. 441 zu Kap. 1.

1616 Im Einzelnen zum Stundungsantrag siehe unten Rn 1658 ff. Die gestundete Ausgleichsforderung muss gem. § 1382 Abs. 2 BGB **verzinst** werden. Die Höhe der Zinsen wird dabei durch das Familiengericht nach **billigem Ermessen** bestimmt.

1617 *ee. Muster: Antrag auf Stundung bei streitiger Ausgleichsforderung*[279]

100

Der Antrag vom ■■■ auf Zahlung eines Zugewinnausgleichs von ■■■ € wird zurückgewiesen.

Hilfsweise wird beantragt, die Forderung bis ■■■ zu stunden oder Ratenzahlung von monatlich ■■■ € zu bewilligen.

1618 Im Einzelnen zum Stundungsantrag siehe unten Rn. 1658 ff. Bei einer **bestrittenen** Ausgleichsforderung kann die Stundung nach § 1382 Abs. 5 BGB **nur im Prozess** gewährt werden. Die Entscheidung über die Ausgleichsforderung und dem Stundungsantrag ergeht dann einheitlich durch Urteil (§ 621 a Abs. 2 S. 1 ZPO) auch im Scheidungsverbund (§ 629 Abs. 1 ZPO).[280]

1619 Grundsätzlich kann **nach Abschluss** des Verfahrens über den Zugewinnausgleich **keine** Stundung mehr beantragt werden. Anders ist es dann, wenn sich die Voraussetzungen für den Stundungsantrag erst nach Erlass des Urteils ergeben haben.[281]

### 5. Antrag auf Übertragung von Vermögensgegenständen, § 1383 BGB

1620 Eine Vermögensübertragung kann nur verlangt werden, wenn dies **erforderlich** ist, um eine **grobe Unbilligkeit** für den Ausgleichsberechtigten zu vermeiden und wenn dies dem Schuldner **zugemutet** werden kann. Dies ist z.B. zu bejahen, wenn der Gläubiger und erst recht die mit ihm **zusammenlebenden gemeinschaftlichen Kinder** das **bisherige Familienwohnheim** zur Aufrechterhaltung einer angemessenen Lebensweise **dringend benötigen.**[282] Im Einzelnen zu den materiell rechtlichen Voraussetzungen siehe oben Rn 1551 ff.).

1621 Muster: Antrag auf Übertragung von Vermögensgegenständen

101

Der Antragsgegner wird verurteilt, seinen Hälfteanteil am Grundstück in ■■■ Flurstück-Nr. ■■■ eingetragen im Grundbuch des Amtsgerichts ■■■ Band ■■■ Blatt ■■■ zu Alleineigentum der Antragstellerin aufzulassen und die Eintragung im Grundbuch des Amtsgerichts ■■■ zu bewilligen.

Für die Übertragung wird ein Betrag von ■■■ € festgesetzt, der auf die Ausgleichsforderung angerechnet wird.

Im Übrigen wird der Antragsgegner verurteilt, an die Antragstellerin noch einen Zugewinnausgleich in Höhe von ■■■ € nebst Zinsen in Höhe von 5 Prozent über dem Basiszinssatz ab ■■■ zu bezahlen[283]

279 Haußleiter/Schulz a.a.O Rn. 443 zu Kap. 1.
280 Haußleiter/Schulz a.a.O. Rn. 442 zu Kap. 1.
281 OLG Naumburg FamRZ 2003, 375.
282 Haußleiter/Schulz a.a.O. Rn. 445 c zu Kap. 1.
283 I.a.a. Haußleiter/Schulz a.a.O Rn. 446 zu Kap. 1.

### a. Zuständigkeit

Bei **unstreitiger** Forderung und **ohne Anhängigkeit** eines **Zugewinnausgleichsverfahrens** entscheidet der Rechtspfleger durch Beschluss (§ 3 Nr. 2a RPflG). Wird der Zugewinn im Rahmen eines **Klageverfahrens** geltend gemacht oder im Verbundverfahren kann der Antrag nur in diesem **Verfahren** gestellt werden (§§ 1383 Abs. 3, 1382 Abs. V BGB). 1622

Die Entscheidung über die Anträge auf Zugewinnausgleich und Vermögensübertragung erfolgt einheitlich durch Urteil. 1623

### b. Entscheidung

Das Gericht setzt den **Betrag** fest, der auf die **Zugewinnausgleichsforderung angerechnet** wird, wobei maßgeblich der **Wert** zurzeit der **Entscheidung** ist und nicht der Wert zum Zeitpunkt der Rechtshängigkeit des Zugewinnausgleichs (§§ 1384, 1387 BGB).[284] 1624

Hat das Familiengericht den Schuldner zur Abgabe der für die Eigentumsübertragung erforderlichen Willenserklärungen **verurteilt**, so **gelten** diese mit Rechtskraft der Entscheidung als **abgegeben** (§ 53a Abs. 4 FGG, § 894 Abs. 1 Ziff. 1 ZPO). Folge: Der Gläubiger legt dem Notar das rechtskräftige Urteil vor und muss nur noch die **Auflassungserklärung** abgeben. 1625

### c. Einstweilige Anordnung

Gemäß § 53a Abs. 3 FGG kann das Gericht eine einstweilige Anordnung erlassen, z.B. mit dem Inhalt eines **Veräußerungs-** oder **Verfügungsverbots** mit der Folge, dass bei Eintragung des Verbots im Grundbuch ein gutgläubiger Erwerb nicht mehr möglich ist.[285] 1626

**Anfechtung** einer einstweiligen Anordnung kann **nur** mit Anfechtung der Ententscheidung erfolgen (§ 53a Abs. 3 S. 2 FGG). Streitig ist, ob die **Zurückweisung** einer einstweiligen Anordnung anfechtbar ist. Nach Haußleiter a.a.O. Rn. 447b zu Kap. 1 verbleibt es bei der allgemeinen **Beschwerdemöglichkeit** nach § 19 FGG. 1627

Einstweilige Anordnungen können nur in einem **selbstständigen Zugewinnausgleichsverfahren** ergehen, nicht im Verbund. Im Verbund können nur die einstweiligen Anordnungen, die in § 620 Abs. 1 Nr. 1 – 10 ZPO genannt sind, erlassen werden.[286] 1628

Die Zulässigkeit einer **einstweiligen Verfügung** ist **streitig**, nach Haußleiter a.a.O. Rn. 447d zu Kap. 1. allerdings zulässig. 1629

Wird während des Verfahrens betreffend den Antrag nach § 1383 BGB **Zwangsversteigerungsantrag** bezüglich der streitgegenständlichen Immobilie gestellt, so kann gegen die Teilungsversteigerung der **Einwand** der **unzulässigen Rechtsausübung** nach § 242 1630

284 Haußleiter/Schulz a.a.O. Rn. 446b zu Kap. 1.
285 Haußleiter/Schulz a.a.O. Rn. 447a zu Kap. 1.
286 Haußleiter/Schulz a.a.O. Rn. 447c zu Kap. 1.

BGB erhoben werden.[287] Zugleich könnte im Wege der **einstweiligen Anordnung** beantragt werden, dass dem anderen Ehepartner **verboten** wird, die Teilungsversteigerung **weiter zu betreiben.** Mit dem entsprechenden Beschluss könnte Antrag gestellt werden, die Teilungsversteigerung für **unzulässig** zu erklären (§ 771 ZPO).[288]

#### d. Spekulationssteuer

1631 Überträgt ein Ehegatte – auch zur Erfüllung des Zugewinnausgleichs – sein Grundstück auf den anderen, so handelt es sich um ein **privates Veräußerungsgeschäft** i.S.v. § 23 Abs. 1 Nr. 1 EStG und unterliegt damit der Spekulationssteuer, wenn zwischen Erwerb und Veräußerung **noch keine 10 Jahre** verstrichen sind (§ 23 Abs. 1 Nr. 1 i.V.m. § 2 Abs. 1 S. 1 Nr. 7, § 22 Nr. 2 EStG). Die Übertragung eines Grundstücks in Vollzug einer **gerichtlichen Anordnung** ist kein **privates** Veräußerungsgeschäft, sodass auch **keine Spekulationssteuer** anfällt.[289]

### 6. Ersatzansprüche gegen Dritte, § 1390 BGB

1632 Wurden Vermögenswerte **veräußert** in Benachteiligungsabsicht und beruft sich der Ausgleichsschuldner auf § **1378 Abs. 2 BGB**, wonach die Höhe der Ausgleichsforderung begrenzt ist auf das bei Rechtskraft der Scheidung vorhandene Vermögen, so besteht die Möglichkeit des **Ersatzanspruches** nach § 1390 Abs. 1 S. 1 BGB, wobei sich die Haftung des **Dritten** nach §§ 818, 819 BGB (**ungerechtfertigte Bereicherung**) richtet. Der Anspruch ist jedoch nicht auf Aushändigung des zugewendeten Gegenstandes gerichtet, sondern **auf Duldung der Zwangsvollstreckung** wegen der ausgefallenen Ausgleichsforderung in die erlangten Gegenstände.[290]

1633 Muster: Antrag auf Duldung der Zwangsvollstreckung[291]

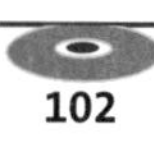

102

Der Beklagte wird verurteilt, zu Gunsten der Klägerin bis zur Höhe von ■■■ € die Zwangsvollstreckung in folgende Gegenstände ■■■ zu dulden.

1634 Der Dritte kann die Zwangsvollstreckung durch Zahlung des fehlenden Betrages abwenden (§ 1390 Abs. 1 S. 2 BGB). Gegen den Dritten besteht ein Anspruch auf **Auskunft,** § 242 BGB.

1635 Der Anspruch besteht mit der **Beendigung** des Güterstandes, jedoch kann schon vorher gem. § 1390 Abs. 4 BGB Sicherheitsleistung verlangt werden, wobei dieser Anspruch durch **Arrest** oder **einstweilige Verfügung** geschützt werden kann. Auch der künftige Ersatzanspruch kann unmittelbar durch Arrest gesichert werden.[292]

---

287 Haußleiter/Schulz a.a.O. Rn. 447e zu Kap. 1.
288 Haußleiter/Schulz a.a.O. Rn. 447f zu Kap. 1.
289 Haußleiter/Schulz a.a.O. Rn. 447g zu Kap. 1.
290 Haußleiter/Schulz a.a.O. Rn. 449 zu Kap. 1.
291 Haußleiter/Schulz a.a.O. Rn. 450 zu Kap. 1.
292 Haußleiter/Schulz a.a.O. Rn. 454 zu Kap. 1.

## C. Muster

### I. Muster Zugewinn

#### 1. Muster: Stufenklage

1636

103

■■■

stelle ich im Rahmen des vorbezeichneten Scheidungsverfahrens für die Antragstellerin folgende

Anträge:

I. Der Antragsgegner wird verurteilt, Auskunft zu erteilen über die Höhe seines Endvermögens zum ■■■ durch Vorlage eines systematischen geordneten Bestandsverzeichnisses und die Auskünfte, wie nachfolgend beschrieben, zu belegen:
   1. Grundvermögen durch:
      a. Beschreibung der Lage, Größe, Beschaffenheit und sonstiger Wert bildender Faktoren des Grundstücks.
      b. Vorlage der vorhandenen Urkunden hierzu in Ablichtung, nämlich:

   Lageplan
   Grundrisspläne
   Baubeschreibung
   Schätzgutachten.
   2. Gewerbebetrieb durch:
      a. Beschreibung des Unternehmens nach Betriebsart, Tätigkeitsbereich und örtliche Lage.
      b. Vorlage der Überschussrechnungen für die Zeit ■■■ sowie Vorlage der Steuererklärungen und Steuerbescheide für die Zeit ■■■ (5 Jahre)
   3. Forderungen an Kreditinstitute durch:
      a. Angabe des Bankinstituts und der Kontonummer.
      b. Vorlage der Kontoauszüge per ■■■
      c. Bei Sparguthaben: Vorlage des Sparbuches in Kopie.
   4. Forderungen an Lebensversicherungen durch:
      a. Angabe der Versicherungsgesellschaft und der Versicherungsscheinnummer derjenigen Lebensversicherungen, die der Antragsgegner im eigenen Namen und/oder im fremden Namen abgeschlossen hat, durch Vorlage der Versicherungsscheine in beglaubigter Fotokopie.
      b. Vorlage von Bestätigungen der Versicherungsgesellschaften über die Höhe des jeweiligen Wertes unter Berücksichtigung der BGH-Rechtsprechung, also Rückkaufswert, Gewinnanteile/Schlussgewinnanteile.
   5. Forderungen aus Darlehensverträgen (einschließlich Bausparverträgen) durch:
      a. Angabe des Darlehensnehmers.
      b. Vorlage der Darlehensverträge in Kopie.
   6. Wertpapiere, Aktien durch: Angabe der Art des Wertpapiers, des Kurswertes, des Nominalwertes sowie des Zinssatzes.
   7. Angaben über den Wert des Pkws durch Vorlage des Kaufvertrages, Angabe des Kilometerstandes, Angabe des Baujahres sowie sonstiger wertbildender Faktoren.

II. Der Antragsgegner wird verurteilt, den Wert aller Vermögensgegenstände und Verbindlichkeiten mitzuteilen und folgende Unterlagen herauszugeben: ■■■

III. Der Antragsgegner wird verurteilt, die eidesstattliche Versicherung abzugeben, dass er das Endvermögen vollständig und richtig angegeben hat.
IV. Der Antragsgegner wird verurteilt, den sich nach Auskunftserteilung ergebenden Zugewinnausgleich nebst Zinsen in Höhe von 5 % über dem Basiszinssatz ab Rechtskraft der Scheidung an die Antragstellerin zu bezahlen.

Begründung:

Die Parteien sind getrennt lebende Eheleute. Zwischen ihnen ist unter dem oben bezeichneten Aktenzeichen das Scheidungsverfahren anhängig.

Der Scheidungsantrag wurde zugestellt am ■■■

Der Antragsgegner wurde durch Schreiben der Unterfertigten vom ■■■ unter Fristsetzung zum ■■■ zur Auskunftserteilung aufgefordert.

Auskunft wurde nicht erteilt.

Die Parteien leben im Güterstand der Zugewinngemeinschaft.

Dem Antragsgegner wird unter Hinweis auf § 242 BGB und die daraus entstehenden Kostenfolge anheim gestellt, Auskunft zu erteilen auch bezüglich der Höhe des Anfangsvermögens.

Der Auskunfts- und Wertermittlungsanspruch wird auf §§ 1379, 1384 BGB, der Anspruch auf Abgabe der eidesstattlichen Versicherung auf §§ 1379, 260 Abs. 2 BGB und der Zahlungsanspruch auf § 1378 BGB gestützt.

Rechtsanwältin

1637 **Beratungshinweis:** Der Zugewinnausgleichsanspruch ist zum Zeitpunkt der Rechtskraft der Scheidung fällig. Der gesetzliche Zinssatz beträgt 5 % über dem Basiszinssatz.
Werden vom Ausgleichsberechtigten Darlehen in Höhe der Klageforderung mit einem höheren Zinssatz in Anspruch genommen, so können die höheren Zinsen bei entsprechendem Nachweis im Klageantrag verlangt werden.
Es empfiehlt sich, einen umfassenden Klageantrag zu stellen, da umfassende Auskunft einerseits Voraussetzung für die Bezifferung der Klage ist und zum anderen bei Antrag auf Abgabe einer eidesstattlichen Versicherung die Auskunft so vollständig wie möglich erteilt worden sein muss. Ein allgemeiner Beleganspruch bzw. Anspruch auf Vorlage von Unterlagen besteht nicht.
Zu bloßen Kontrollzwecken kann ein Vorlageanspruch nicht geltend gemacht werden.Ein Vorlageanspruch besteht jedoch, soweit die erforderlichen Informationen nur dann in verständlicher Weise mitgeteilt werden können, wenn Unterlagen vorgelegt werden und dem Auskunftsberechtigten eine Bewertung der Endvermögensgegenstände ohne diese Unterlagen nicht möglich wäre.
Die vorzulegenden Unterlagen sind exakt zu bezeichnen, dies schon deshalb, um einen geeigneten Vollstreckungstitel zu erlangen.

## 2. Muster: Zahlungsklage Zugewinn

1638

104

■■■

erhebe ich namens und im Auftrag des Antragstellers im Rahmen des vorbezeichneten Scheidungsverfahrens

Klage

mit folgendem Antrag:

Die Antragsgegnerin wird verurteilt, an den Antragsteller 50.000 € nebst 5 % Zinsen über dem Basiszinssatz hieraus ab Rechtskraft der Scheidung zu bezahlen.

Begründung:

I. Die Parteien leben im Güterstand der Zugewinngemeinschaft.

II. Stichtage:
Eheschließung: ■■■
Zustellung Scheidungsantrag: ■■■
Die Stichtage für privilegiertes Anfangsvermögen (Schenkungen/Erbschaften) ergeben sich aus den nachfolgenden Ausführungen sowie aus der beigefügten Computerberechnung).

III. Endvermögen des Antragstellers aktiv:
1. Lebensversicherung mit Zeitwert ■■■
Beweis: Bestätigungsschreiben der Lebensversicherung vom ■■■ in Kopie, Anlage 1.
2. Pkw Marke ■■■, Verkehrswert ■■■
Beweis: Sachverständigengutachten.
Baujahr ■■■
km-Stand ■■■
Sonderausstattung ■■■
Beweis: Kaufvertrag vom ■■■, Anlage 2; Kfz-Schein in Kopie, Anlage 3.

IV. Endvermögen Antragsteller passiv:
Darlehen bei der ■■■ Bank ■■■
Damit bereinigtes Endvermögen des Antragstellers ■■■

V. Anfangsvermögen des Antragstellers aktiv:
Pkw ■■■ mit Wert ■■■
km-Stand ■■■
Baujahr ■■■
Beweis:
1. Kaufvertrag, Anlage 4.
2. Sachverständigengutachten.

VI. Endvermögen Antragsteller passiv:
Darlehen bei der ■■■ Bank ■■■
Beweis: Kontoauszug, Anlage 5.

VII. Privilegiertes Anfangsvermögen des Antragstellers:
Erbe nach dem Tod der Mutter am ■■■ ■■■
Beweis:
1. Kontoauszug, Anlage 6.
2. Nachlassverzeichnis, Anlage 7.

VIII. Anfangsvermögen des Antragstellers gesamt: ■■■

IX. Zugewinn Antragsteller:
Endvermögen ■■■
abzüglich Anfangsvermögen ■■■
abzüglich Schenkungen / Erbschaften■■■
■■■
X. Endvermögen der Antragsgegnerin aktiv:
Alleineigentum am Hausgrundstück■■■
Wert ■■■
Beweis: Sachverständigengutachten.
Es handelt sich um das Grundstück ■■■, eingetragen im Grundbuch des Amtsgerichts ■■■ Flurstück-Nr. ■■■ mit einer Größe von ■■■, das bebaut ist mit einem 1-Familienhaus, bestehend aus 3 Zimmern, Küche, Bad, Keller mit einer Gesamtnutzfläche von ■■■ m∞.
XI. Endvermögen der Antragsgegnerin passiv:
Darlehensverbindlichkeiten für Hausschulden in Höhe von ■■■
Beweis:
1. Kontoauszug, Anlage 8.
2. Darlehensvertrag, Anlage 9.
XII. Bereinigtes Endvermögen der Antragsgegnerin: ■■■
XIII. Die Antragsgegnerin verfügte über keinerlei Anfangsvermögen bei Eheschließung und auch über keinerlei Erbschaften und Schenkungen, sodass der Zugewinn das bereinigte Endvermögen der Antragsgegnerin darstellt.
XIV. Berechnung des Zugewinnausgleichsanspruchs:

| | |
|---|---|
| Zugewinn Antragsgegnerin | ■■■ |
| abzüglich Zugewinn Antragsteller | ■■■ |
| Differenz: | ■■■ |
| fh hiervon = | 50.000 € |

XV. Anliegend übergebe ich Zugewinnausgleichsberechnung, Ausdruck (Datum / Uhrzeit) ■■■, mit Ergebnis 50.000 €.

Rechtsanwältin

1639 **Beratungshinweis:** Jeder Zugewinnausgleichsklage sollte eine Computerberechnung beigefügt werden, aus der sich völlig übersichtlich Anfangs- und Endvermögen sowie Schenkungen und insbesondere deren Hochrechnung nach dem Lebenshaltungskostenindex (Indexierung) ergibt.
Besonders wichtig ist dies, wenn Vorausempfänge gem. § 1380 BGB anzurechnen sind (zu der komplizierten Berechnung ohne Anwendung des Computerprogramms siehe oben Rn 1528ff.; zur Computerberechnung bzw. Anwendung des Computerprogramms für Zugewinnausgleichsberechnungen siehe unten S. 439ff.).

1640 Anmerkung: Zu den prozessrechtlichen Ausführungen siehe obenRn. 1558ff.

1641 Bezüglich der **Parteibezeichnung** verbleibt es bei der Parteibezeichnung im Scheidungsverfahren, selbst wenn dann, wenn der Antragsteller an sich der „Beklagte“ wäre.

1642 Es besteht **Anwaltszwang** (§ 78 Abs. 2 Nr. 1 ZPO). **Kostenvorschuss** für **Gerichtskosten** sind nur für das Scheidungsverfahren zu leisten, nicht für die Folgesachen (§ 6 Abs. 2 GKG n.F.). Bezüglich der Kosten gilt – wie bei der Scheidung – der Grundsatz der Kostenaufhebung nach § 93a ZPO, allerdings mit der Maßgabe, dass nach § 93a

Abs. 1 Ziff. 2 eine Kostenverteilung nach Satz 1 **unbillig erscheinen kann** im Hinblick darauf, dass ein Ehegatte in Folgesachen der in § 621 Abs. 1 Nr. 4, 5 u. 8 bezeichneten Art (also auch Zugewinnausgleich) ganz oder teilweise unterlegen ist.

1643 Ein **Versäumnisurteil** gegen den Beklagten ist **zulässig**, da § 612 Abs. 4 ZPO nur für Ehesachen, nicht für Folgesachen im Verbundverfahren gilt.[293]

1644 Zu **beachten** ist, dass Zinsen ab Rechtskraft der Scheidung anfallen. Dies ist insbesondere dann zu bedenken, wenn **Antrag** auf Abtrennung der Folgesachen und Vorabentscheidung über die Scheidung gestellt wird.

1645 Für das Verfahren gelten die Vorschriften betreffend das Verfahren vor den **Landgerichten** entsprechend (§§ 624 Abs. 3, 252ff. ZPO).[294]

1646 Die Zugewinnausgleichsklage kann bis zur letzten mündlichen Verhandlung anhängig gemacht werden (§ 623 Abs. 4 S. 1 ZPO). Wird eine Folgesache erst in der letzten mündlichen Verhandlung rechtshängig gemacht, obwohl die Anträge bereits früher hätten gestellt werden können, so kann dieser Antrag **nicht** § 296 ZPO als **verspätet** zurückgewiesen werden.[295]

1647 Der Anspruchsteller trägt die **Darlegungs**- und **Beweislast nicht** nur für sein **eigenes** Endvermögen (Aktiva und Passiva), sondern auch für das **Endvermögen** des Anspruchsgegners[296] (Im Einzelnen hierzu siehe oben Rn. 1368ff.). Die **Darlegungs**- und **Beweislast** für die Zurechnung zum Endvermögen gem. § 1375 Abs. 2 BGB (z.B. Verschwendung/Benachteiligungsabsicht) liegt bei derjenigen Partei, die sich auf diese Vorschrift **beruft.**[297] Sofern die Parteien nicht gem. § 1377 BGB ein Verzeichnis über ihr **Anfangsvermögen** gemacht haben, so trifft die **Darlegungs**- und **Beweislast** zum **Anfangsvermögen** denjenigen Ehegatten, der Anfangsvermögen und seine wertbildenden Faktoren geltend macht.[298]

1648 Für den **Gebührenstreitwert** geltend die Scheidungssache und die Folgesachen als **ein Verfahren,** dessen Gebühren nach dem zusammengerechneten Wert der Gegenstände berechnet wird.

### 3. Muster: Klage auf vorzeitigen Zugewinnausgleich, §§ 1385ff. BGB

1649

■■■

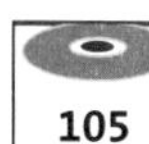

105

Anträge:

I. Der Zugewinn der Parteien ist vorzeitig auszugleichen (Hinweis: Gestaltungsklage).
II. Der Beklagte wird für den Fall des Obsiegens verurteilt, Auskunft zu erteilen über die Höhe seines Endvermögens zum ■■■ durch Vorlage eines systematischen geordneten Bestandsverzeichnisses und die Auskünfte, wie nachfolgend beschrieben, zu belegen:

293 Bergschneider in: Münchener Prozessformularbuch Familienrecht, Rn. 3 zu C VI 1.
294 Bergschneider a.a.O.
295 OLG Düsseldorf FamRZ 1987, 1280; OLG Schleswig FamRZ 1992, 1199.
296 BGH FamRZ 1986, 1196; OLG Hamm FamRZ 1998, 237.
297 Bergschneider a.a.O. Rn. 7 zu C VI 1.
298 BGH FamRZ 1991, 1166.

(Hinweis: Erst mit Eintritt der Rechtskraft des Gestaltungsurteils entsteht der Auskunftsanspruch, weil erst jetzt die Zugewinngemeinschaft beendet ist!)

1. Grundvermögen durch:
   a) Beschreibung der Lage, Größe, Beschaffenheit und sonstiger Wert bildender Faktoren des Grundstücks.
   b) Vorlage der vorhandenen Urkunden hierzu in Ablichtung, nämlich:
      - Lageplan
      - Grundrisspläne
      - Baubeschreibung
      - Schätzgutachten.
2. Gewerbebetrieb durch:
   a. Beschreibung des Unternehmens nach Betriebsart, Tätigkeitsbereich und örtliche Lage.
   b. Vorlage der Überschussrechnungen für die Zeit ■■■ sowie Vorlage der Steuererklärungen und Steuerbescheide für die Zeit ■■■
3. Forderungen an Kreditinstitute durch:
   a. Angabe des Bankinstituts und der Kontonummer.
   b. Vorlage der Kontoauszüge per ■■■
   c. Bei Sparguthaben: Vorlage des Sparbuches in Kopie.
4. Forderungen an Lebensversicherungen durch:
   a. Angabe der Versicherungsgesellschaft und der Versicherungsscheinnummer derjenige Lebensversicherungen, die der Beklagte im eigenen Namen und/oder im fremden Namen abgeschlossen hat, durch Vorlage der Versicherungsscheine in beglaubigter Fotokopie.
   b. Vorlage von Bestätigungen der Versicherungsgesellschaften über die Höhe des jeweiligen Wertes unter Berücksichtigung der BGH-Rechtsprechung, also Rückkaufswert, Gewinnanteile/Schlussgewinnanteile.
5. Forderungen aus Darlehensverträgen (einschließlich Bausparverträgen) durch:
   a. Angabe des Darlehensnehmers.
   b. Vorlage der Darlehensverträge in Kopie.
6. Wertpapiere, Aktien durch: Angabe der Art des Wertpapiers, des Kurswertes, des Nominalwertes sowie des Zinssatzes.
7. Angaben über den Wert des Pkws durch Vorlage des Kaufvertrages, Angabe des Kilometerstandes, Angabe des Baujahres sowie sonstiger Wert bildender Faktoren.

III. Der Beklagte wird verurteilt, den sich nach Auskunftserteilung ergebenden Zugewinnausgleich nebst ZinseninHöhe von 5 Prozentpunkten über den Basiszinssatz nach § 1 des Diskont-Überleitungs-Gesetzes hieraus ab Rechtskraft der Scheidung an die Klägerin zu bezahlen.

IV. Der Beklagte wird verurteilt, die eidesstattliche Versicherung dahingehend abzugeben, dass er das Endvermögen vollständig und richtig angegeben hat.

V. Der Beklagte wird verurteilt, an die Klägerin den sich nach Auskunftserteilung ergebenden und noch zu beziffernden Zugewinnausgleich nebst 5 % Zinsen (Hinweis: Eventuell höhere Zinsen, falls Darlehen mit höherem Zinssatz in Anspruch genommen werden) über dem Basiszinssatz hieraus seit Rechtskraft des Teil-Urteils gem. Ziffer I) des Klageantrags zu bezahlen (Hinweis: Zinsen ab Rechtskraft des Teil-Urteils, weil zu diesem Zeitpunkt der Güterstand beendet ist).

VI. Der Beklagte hat die Kosten des Rechtsstreits zu tragen.

Begründung:

I. Die Parteien sind getrennt lebende Eheleute. Sie leben getrennt seit ■■■

II. Wie die Klägerin am ■■■ erfahren hat, beabsichtigt der Beklagte – ohne Kenntnis der Klägerin und ohne deren Einverständnis –, das in seinem Alleineigentum stehende Anwesen ■■■ an seine neue Lebensgefährtin zu veräußern.
Ein diesbezüglicher notarieller Überlassungsvertrag wurde bei dem Notariat ■■■ nach Kenntnis der Klägerin bereits in Auftrag gegeben.

III. Das Anwesen stellt das gesamte Vermögen des Beklagten dar, sodass ein Anspruch auf vorzeitigen Ausgleich des Zugewinns aus folgenden Gründen gegeben ist:
- Aufgrund eines die Ausgleichsforderung gefährdenden Gesamtvermögensgeschäfts (§§ 1586 Abs. 2 Nr. 1, 1365 BGB).
- Aufgrund von Vermögensminderungen, die die Ausgleichsforderung gefährden (§ 1586 Abs. 2 Nr. 2, § 1375 BGB).

Rechtsanwältin

**Anmerkung:** Zu den prozessrechtlichen Ausführungen siehe oben Rn. 1575 ff. 1650

1651 Die Klage auf vorzeitigen Zugewinnausgleich ist **keine Zahlungsklage**, sondern eine auf Beendigung der Zugewinngemeinschaft gerichtete **Gestaltungsklage**. Mit Eintritt der Rechtskraft des Gestaltungsurteils ist die Zugewinngemeinschaft beendet und erst mit diesem Zeitpunkt entsteht der Anspruch auf Auskunft, eidesstattliche Versicherung und Zahlung. Dennoch können diese Ansprüche gemeinsam eingeklagt werden.[299]

1652 Es liegt jedoch nicht insgesamt eine Stufenklage vor, sondern nur bezüglich der Ansprüche auf Auskunft, eidesstattliche Versicherung und Zahlung.[300] Deshalb muss zunächst der Klage auf vorzeitigen Zugewinnausgleich durch Teilurteil stattgegeben und dieses Teilurteil rechtskräftig werden, bevor über die weiteren Ansprüche entschieden wird.[301]

1653 Die Klage auf vorzeitigen Zugewinnausgleich ist **Familiensache**, jedoch weder Folgesache noch Ehesache i.S.v. § 606 Abs. 1 S. 1 ZPO.[302]

1654 Für das Verfahren gelten die Vorschriften von § 621-621f ZPO, im Übrigen wird das Verfahren im Wesentlichen wie ein normaler Zivilprozess geführt. Nach § 621b ZPO gelten die Vorschriften über das Verfahren vor den Landgerichten entsprechend.[303] Das Familiengericht ist ausschließlich zuständig (§ 621 Abs. 1 Nr. 8 ZPO).

1655 Da § 622 Abs. 1 u. 3 ZPO nur für Scheidungs- und Folgesachen gelten, verbleibt es bei der allgemeinen Bezeichnung Klage sowie Kläger und Beklagter. Es besteht Anwaltszwang (§§ 78 Abs. 2, 621 Abs. 2 Nr. 8 ZPO). Da es sich um ein normales zivilprozessuales Verfahren handelt, sind Gerichtskosten gem. Kostenverzeichnis (Anlage 1 zum Gerichtskostengesetz Nr. 1210) in Höhe von 3,0 nach § 34 GKG einzuzahlen.

299 OLG Celle FamRZ 1983, 171.
300 OLG Nürnberg FamRZ 1998, 685.
301 Bergschneider a.a.O. Rn. 7 zu D V.3.
302 KG FamRZ 2001, 166.
303 Bergschneider a.a.O. Rn. 1 zu D V.3.

1656

### 4. Muster: Teilklage

106

■■■

wegen Zugewinnausgleich

hier: Teilklage

erhebe ich Teilklage mit folgendem Antrag:

Der Antragsgegner wird verurteilt, an die Antragstellerin einen Betrag in Höhe von ■■■ zu bezahlen. Ich bezeichne die Klage ausdrücklich als Teilklage.

Begründung:

I. Zwischen den Parteien ist unter dem oben bezeichneten Az. das Scheidungsverfahren anhängig.
II. Mit der nachfolgenden Klage wird lediglich ein Teilbetrag eingeklagt. Die endgültige Bezifferung erfolgt nach Vorliegen der Sachverständigengutachten zu den zahlreichen Immobilien des Antragsgegners.
III. Es soll vermieden werden, dass aufgrund des Ansatzes überhöhter Werte für diese Immobilien eine überhöhte Klage erhoben wird.

Rechtsanwältin

1657 **Beratungshinweis:** Die Erhebung einer Teilklage empfiehlt sich jeweils dann, wenn z.B. mehrere Immobilien vorhanden sind, bezüglich deren die Werte nicht feststehen und auch keinerlei entsprechende Anhaltspunkte vorliegen.
Im Hinblick auf § 93a Abs. 1 Ziff. 2, wonach eine Kostenverteilung auch bei Geltendmachung des Zugewinnausgleichsanspruchs im Rahmen der Scheidung abweichend von der Kostenaufhebung anderweitig getroffen werden kann, wenn ein Ehegatte in einer Folgesache ganz oder teilweise unterlegen ist, besteht bei erheblich überhöhter Geltendmachung von Zugewinnausgleichsansprüchen die Gefahr, dass die eigene Partei mit mehr als der Hälfte der Kosten belastet wird.
Erst recht gilt dies dann, wenn Zugewinnausgleich in einem isolierten Verfahren, in welchem die Kostenentscheidung nach Obsiegen und Unterliegen erfolgt, geltend gemacht wird!

1658

### 5. Muster: Antrag auf Stundung, § 1382 BGB[304]

107

■■■

Antrag:

Die Zugewinnausgleichsforderung der Antragsgegnerin gegen den Antragsteller in Höhe von ■■■ wird gestundet bis ■■■

Hilfsantrag:

Dem Antragsteller wird gestattet, diesen Betrag in monatlichen Raten von ■■■ beginnend ab, zu bezahlen.

304 I.a.a. Bergschneider a.a.O. C VI. 4.

Begründung:

I. Der Antrag wird gestützt auf § 1382 BGB.

II. Zunächst wird auf die Ausführungen im Zugewinnausgleichsverfahren verwiesen.

III. Die sofortige Zahlung der Ausgleichsforderung durch den Antragsteller würde auch unter Berücksichtigung der Interessen der Antragsgegnerin zur Unzeit erfolgen.

IV. Der Antragsteller ist nicht in der Lage, den Ausgleichsbetrag in Höhe von ■■■ zum Zeitpunkt der Rechtskraft der Scheidung zu zahlen.
Nach einem schweren Verkehrsunfall bezieht der Antragsteller lediglich noch Erwerbsunfähigkeitsrente.

V. Die Zugewinnausgleichsforderung resultiert aus einer Direkt-Lebensversicherung, die erst in ■■■ Jahren zur Auszahlung fällig wird und die die notwendige Altersvorsorge des Antragstellers darstellt.

VI. Demgegenüber verfügt die Antragsgegnerin über ein monatliches Nettoeinkommen, das dreimal so hoch ist wie das Einkommen des Antragstellers. Im Übrigen lebt sie mit einem neuen Partner zusammen, der sowohl über erhebliche Vermögenswerte als auch über erhebliches Einkommen verfügt.

VII. Daraus ergibt sich, dass die Antragsgegnerin auf die sofortige Zahlung des Zugewinnausgleichs nicht unbedingt angewiesen ist.

VIII. Der Antragsteller ist bereit, für die Dauer der Stundung Zinsen zu zahlen, wobei gebeten wird, im Hinblick auf die Einkommens- und Vermögensverhältnisse des Antragstellers keine höheren Zinsen als 2,5 % p.a. festzusetzen.

Sollte das Gericht bezüglich der Stundung zu einem anderen Ergebnis kommen, wird hilfsweise Ratenzahlungsantrag gestellt. Für diesen Fall wird gebeten, keine höheren Monatsraten festzulegen als im Antrag angegeben im Hinblick auf das geringe Einkommen des Antragstellers.

Rechtsanwältin

1659 **Anmerkung:** Zu den materiellrechtlichen Voraussetzungen siehe oben Rn. 1546ff. **Zuständig** ist ausschließlich das Familiengericht. Wird der Stundungsantrag **während der Anhängigkeit des Scheidungsverfahrens** im Verbund gestellt, so ist er damit Folgesache.

1660 Für einen Stundungsantrag bezüglich einer **unstreitigen** Ausgleichsforderung im isolierten Verfahren, der erst **nach rechtskräftiger Scheidung** zulässig ist, gelten die Vorschriften von §§ 53a FGG; 3 Nr. 2 a, 11, RPflG; § 621e ZPO.[305] Stundung erfolgt nur auf **Antrag.** Ein **Urteil,** das den Stundungsantrag verweigert oder ihm stattgibt, kann mit der **befristeten Beschwerde** angefochten werden (§§ 621a Abs. 2 S. 2; 629a Abs. 2; 621e Abs. 1 ZPO).

1661 Die gestundete Forderung muss stets **verzinst** werden (§ 1382 Abs. 2 BGB). Über **Höhe** und **Fälligkeit** der Zinsen entscheidet das Familiengericht nach **billigem Ermessen,** § 1382 Abs. 4 BGB.

1662 **Rechtsmittel**: Wenn Antrag i.S.v. § 621 Abs. 1 Nr. 9 ZPO gestellt ist: **befristete Beschwerde**, wobei Beschwerdegericht das Oberlandesgericht ist und die **Beschwerde-**

305 Bergschneider a.a.O. Anm. 2 zu C VI. 4.

**frist** einen **Monat** beträgt (§§ 621e Abs. 3 S. 2; 517 ZPO). Die Beschwerde ist zu begründen. Die **Begründungsfrist** beträgt **2 Monate** und beginnt mit der Zustellung des in vollständiger Form abgefassten Urteils (§§ 621e Abs. 3 S. 2; 620 Abs. 2 ZPO).

1663

### 6. Muster: Antrag auf Abweisung wegen grober Unbilligkeit, § 1381 BGB

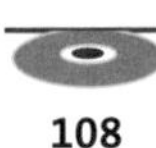

108

■■■

Antrag:

Die Klage wird abgewiesen.

Begründung:

I. Es liegen die Voraussetzungen des § 1381 BGB vor.

II. Richtig ist zwar, dass der Antragsteller keinen Zugewinn erwirtschaftet hat und so an den geringfügigen Ersparnissen der Antragstellerin über den Zugewinnausgleich zu beteiligen wäre.
Im vorliegenden Fall ist jedoch der Antrag auf Zugewinnausgleich wegen grober Unbilligkeit abzuweisen aus den nachfolgenden Gründen:

III. Der Antragsgegner ist Alkoholiker. Er war während der gesamten Ehedauer von 4 Jahren lediglich etwa 5 Monate rentenversicherungspflichtig erwerbstätig. Im Übrigen hat er keinerlei Beitrag zum Familienunterhalt geleistet, sondern vielmehr von dem Einkommen der Antragstellerin gelebt, das diese, trotz der Betreuung zweier minderjähriger Kinder, erworben hat.

IV. Während die Antragsgegnerin den gesamten Haushalt trotz Kinderbetreuung und Berufstätigkeit alleine geführt hat, hat sich der Antragsteller in keinster Weise um die Familie gekümmert, sondern es vielmehr vorgezogen, sich tagelang in Wirtshäusern aufzuhalten. Finanziert wurde der Alkohol vom Einkommen der Antragsgegnerin.

V. Die Antragsgegnerin hat sich mühsam als „Notgroschen" einen Betrag in Höhe von ■■■ erspart. Sie benötigt diese Ersparnisse dringend, da beide Kinder seit der Geburt an Entwicklungsverzögerungen leiden, weshalb die Antragsgegnerin mit den Kindern ständig in ärztlicher Behandlung ist und die Krankheitskosten nicht in vollem Umfang durch die Krankenversicherung bezahlt werden.

VI. Es liegen die Voraussetzungen des § 1381 BGB vor, da der Antragsteller längere Zeit hindurch seine wirtschaftlichen Verpflichtungen, die sich aus dem ehelichen Verhältnis ergeben, schuldhaft nicht erfüllt hat.

Rechtsanwältin

1664 **Anmerkung:** Der Unbilligkeitsantrag ist Familiensache. Die grobe Unbilligkeit ist als **Einwendung** geltend zu machen und zwar spätestens bis zum Schluss der **letzten** mündlichen Verhandlung.[306]

1665 Die Einwendung der groben Unbilligkeit kann **hilfsweise** mit einem Stundungsantrag oder Ratenzahlungsantrag (§ 1382 BGB) verbunden werden. Auch kann die **Ausgleichsforderung** statt in vollem Umfang in Wegfall zu geraten, auch **herabgesetzt** werden. Die Rechtsprechung zur Abweisung wegen grober Unbilligkeit ist **restriktiv**. Die

306 Bergschneider a.a.O. Rn. 3 zu C. VI. 5.

**Darlegungs-** und **Beweislast** für das Vorliegen der Verweigerungsgründe trifft den Ausgleichsschuldner.[307]

## 7. Muster: Antrag auf Übertragung von Gegenständen, § 1383 BGB[308]

1666

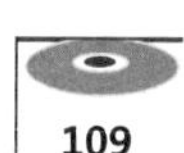

109

■■■

wegen Ehescheidung

hier: Folgesache Zugewinnausgleich

Antrag:

Der Antragsgegner ist verpflichtet, seinen Hälfteanteil am Grundstück in ■■■ Flurstück-Nr. ■■■vorgetragen im Grundbuch des Amtsgerichts ■■■ für ■■■ Band ■■■ Blatt ■■■ zum Alleineigentum der Antragstellerin aufzulassen und deren Eintragung im Grundbuch zu bewilligen.

Für die Übertragung wird ein Betrag in Höhe von ■■■ festgesetzt, der auf die Ausgleichsforderung der Antragstellerin angerechnet wird.

Begründung:

I. Die Voraussetzungen des § 1383 BGB liegen vor. Die Übertragung des Miteigentumsanteils des Antragsgegners an dem im Antrag bezeichneten Anwesen auf die Antragstellerin ist erforderlich, um eine grobe Unbilligkeit für die Antragstellerin zu vermeiden. Die Übertragung kann dem Antragsgegner zugemutet werden.

II. Die Parteien leben im Güterstand der Zugewinngemeinschaft. Es wird auf die im Hauptsacheverfahren betreffend Zugewinnausgleich gewechselten Schriftsätze Bezug genommen.
Die Parteien sind sich dahingehend einig, dass der Antragstellerin ein Zugewinnausgleichsanspruch gegen den Antragsgegner zusteht in Höhe von ■■■
Dies deshalb, weil die Antragstellerin dem Antragsgegner zum einen den hälftigen Miteigentumsanteil an dem im Antrag bezeichneten Anwesen und zum anderen noch den Miteigentumsanteil an zahlreichen weiteren Immobilien übertragen hat.

III. Bei dem im Antrag bezeichneten Anwesen handelt es sich um das Elternhaus der Antragstellerin, in dem die Antragstellerin nach wie vor mit den beiden minderjährigen Kindern im Alter von ■■■ wohnt.
Sowohl Kindergarten als auch Schule sind in Kürze von dem Haus erreichbar. Das Anwesen befindet sich unmittelbar neben dem landwirtschaftlichen Anwesen der Eltern der Antragstellerin. Es stellt die Heimat für die Kinder dar.

IV. Dem Antragsgegner ist die beantragte Übertragung zuzumuten. Seine finanziellen Interessen sind durch die Anrechnung des Werts des Miteigentumsanteils gewahrt. Darüber hinaus ist er weiterhin Miteigentümer der ihm ebenfalls von der Antragstellerin übertragenen Anwesen ■■■

V. Würde das Gericht dem Antrag nicht stattgeben, so wäre damit zu rechnen, dass der Antragsgegner seine Drohungen verwirklicht und die Zwangsversteigerung beantragt,

307 Bergschneider a.a.O. Rn. 3 zu C. VI. 5.
308 Bergschneider a.a.O. C. VI. 6.

was zu einer massiven Störung der Familieninteressen und insbesondere des Kindeswohls führen würde.

VI. Unstreitig beträgt der Wert des Miteigentumsanteils des Antragsgegners ■■■ €.

Rechtsanwältin

1667 **Anmerkung:** Ausschließlich zuständig ist das Familiengericht.

1668 Während der **Anhängigkeit** der **Ehescheidung** ist der Übertragungsantrag im **Verbund** geltend zu machen und damit Folgesache (§ 623 Abs. 1 S. 1 ZPO). Es gelten grundsätzlich die FGG-Vorschriften (§§ 621a Abs. 1; 621 Abs. 1 Nr. 9 ZPO). Für das **Verfahren** gelten im Wesentlichen die gleichen Vorschriften wie beim **Stundungsantrag** nach § 1382 BGB (siehe oben Rn 1611ff.).

1669 Ist der Schuldner zur Abgabe einer Willenserklärung verpflichtet, **gilt** die **Erklärung** mit **Rechtskraft** des Urteils als **abgegeben** (§ 894 ZPO). Für die Verpflichtung zur Herausgabe gelten §§ 883, 897 ZPO.[309] Es besteht nur ein **Verpflichtungsanspruch** auf Übertragung. Die Übertragungsentscheidung hat deshalb **keine dingliche Wirkung**, weshalb auch **kein** Antrag auf **Eintragung** eines Rechtshängigkeitsvermerks im Grundbuch gestellt werden kann.[310]

### 8. Muster: Antrag auf dinglichen Arrest

1670 Der Antrag ist gerichtet an das Familiengericht.

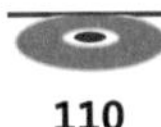

110

■■■

Zur Sicherung der Zwangsvollstreckung wegen einer künftigen Zugewinnausgleichsforderung der Antragstellerin in Höhe von ■■■ € sowie einer Kostenpauschale in Höhe von ■■■ € wird der dingliche Arrest in das bewegliche Vermögen des Antragsgegners angeordnet.

Alternative:

Im Wege des Arrestbeschlusses wird hinsichtlich eines Betrages in Höhe von ■■■ € der dingliche Arrest in das Immobilienvermögen des Antragsgegners angeordnet.

Begründung:

I. Die Antragstellerin hat Anspruch auf Eintragung einer Arresthypothek (§ 923 ZPO), die aufgrund des zu erlassenden Arrestbeschlusses am gesamten Immobilienvermögen des Antragsgegners einzutragen ist.

II. Der Antragsgegner ist Eigentümer an dem nachfolgend bezeichneten Grundbesitz.
Objekt ■■■
Flurstück-Nr. ■■■
eingetragen im Grundbuch von ■■■
Band ■■■
Blatt ■■■
Objekt ■■■
Flurstück-Nr. ■■■

309 Bergschneider a.a.O. Rn. 2 zu C. VI. 6.

310 OLG Schleswig FamRZ 1996, 175.

eingetragen im Grundbuch von ■■■
Band ■■■
Blatt ■■■
Glaubhaftmachung:
Im Rahmen des Zugewinnausgleichsverfahrens vorgelegte Gutachten sowie im Rahmen der Auskunftsstufe vom Antragsgegner erteilte Auskünfte und Angaben zu seinem Vermögen.

III. Ich beantrage Entscheidung gem. § 921 ZPO ohne mündliche Verhandlung sowie gem. § 922 ZPO den Erlass eines Beschlusses ohne schriftliche Anhörung des Antragsgegners (Thomas / Putzo Rn. 2 zu § 922 ZPO).

IV. Ich bitte, den anordnenden Beschluss der Antragstellerin zuzustellen, §§ 329 Abs. 2 S. 2, 929 Abs. 2 ZPO.
Der Beschluss wird sodann von der Unterfertigten gem. § 922 Abs. 2 ZPO dem Antragsgegner im Parteibetrieb zugestellt.

V. Das angerufene Familiengericht ist zuständig, da das Hauptsacheverfahren betreffend Zugewinnausgleich beim angerufenen Familiengericht anhängig ist, § 919 ZPO.

VI. Der Anspruch auf Zugewinnausgleich kann durch dinglichen Arrest gesichert werden (Thomas / Putzo Rn. 6 zu § 916 ZPO). Dies insbesondere, nachdem der Zugewinnausgleich fällig ist im Hinblick auf die zwischenzeitlich eingetretene Rechtskraft der Scheidung.

VII. Die Tatsache, dass die Rechte der Antragstellerin auf den Ausgleich des Zugewinns erheblich gefährdet sind und damit ohne Verhängung des Arrests die Vollstreckung des Urteils vereitelt oder wesentlich erschwert werden würde (§ 917 ZPO) mache ich wie folgt glaubhaft:
Der Antragstellerin wurde versehentlich durch das Notariat ■■■ ein Entwurf einer notariellen Vereinbarung zugeleitet, aus welchem sich ergibt, dass der Antragsgegner sämtliche Immobilien seiner neuen Lebenspartnerin unentgeltlich überlassen will.
Darüber hinaus hat der Antragsgegner gegenüber der Antragstellerin erklärt, er werde sämtliche Lebensversicherungen kündigen und auf diese Weise vermeiden, dass die Antragstellerin auch nur irgendeinen Zugewinnausgleich erhält.

VIII. Damit steht fest, dass der Antragsgegner Vermögen veräußert, um die Durchsetzung der berechtigten Zugewinnausgleichsansprüche der Antragstellerin unmöglich zu machen.

IX. Zur Glaubhaftmachung bezüglich der Höhe des Zugewinnausgleichsanspruchs wird auf die im Zugewinnausgleichsverfahren erholten Gutachten sowie die zahlreichen Schriftsätze im Zugewinnausgleichsverfahren und die vorgelegten Berechnungen verwiesen.

X. Zur Sicherung des Anspruchs der Antragstellerin auf Zugewinnausgleich ist die Eintragung einer Arresthypothek an dem Immobilienvermögen des Antragsgegners erforderlich.

Rechtsanwältin

1671 **Anmerkung:** Gemäß § 919 ZPO ist für das Verfahren auf Erlass eines Arrestes das Gericht der **Hauptsache** oder alternativ das Amtsgericht zuständig, in dessen Bezirk sich ein mit dem Arrest belegener **Gegenstand** oder – beim **persönlichen** Arrest – der **Schuldner** selbst befindet. Dies gilt auch bei Anhängigkeit einer Ehesache vor einem anderen Gericht, da § 621 Abs. 2 ZPO den Gerichtsstand der Belegenheit unberührt lässt.[311]

1672 Ist eine Ehesache bereits **anhängig**, so ist das für die Ehesache zuständige **Familiengericht** auch für die **anderen** Familiensachen, die in einem **Sachzusammenhang** mit der Ehesache stehen, gem. § 621 Abs. 2 S. 1 ZPO zuständig.[312] In dem im Formular bezeichneten Fall ist die Ehe bereits rechtskräftig geschieden, sodass die Beendigung des Güterstandes bereits eingetreten ist.

1673 Nach nunmehr in Literatur und Rechtsprechung **überwiegend** vertretener Auffassung ist ein Arrest auch **bereits zulässig**, obwohl das Scheidungsverfahren noch **nicht rechtskräftig beendet** ist (im Einzelnen siehe oben Rn 1599ff.).

1674 Das Gericht kann gem. § 921 Abs. 1 ZPO **ohne mündliche Verhandlung** über das Arrestgesuch **entscheiden**. Dies steht im Ermessen des Gerichts, wobei § 937 Abs. 2 ZPO dahingehend auszulegen ist, dass nur im Falle **besonderer Dringlichkeit** eine mündliche Verhandlung nicht durchzuführen ist, also bei besonderer Eilbedürftigkeit oder wenn der Zweck des Arrestes die Überraschung des Antragsgegners erfordert.[313]

1675 Der dingliche Arrest wird in das **gesamte** Vermögen des Schuldners beantragt; die **Auswahl** unter den Zugriffsobjekten wird erst bei der **Arrestvollziehung** getroffen. **Grund** und **Betrag** des zu sichernden Anspruchs sind anzugeben.[314] Ein Arrestgrund ist im Regelfall gegeben bei

- Auswanderungsabsicht
- Veräußerungsabsicht von Vermögenswerten
- Verspielen des Vermögens.[315]

1676 **Nicht erforderlich** ist, dass der andere Ehegatte Vermögenswerte **bereits veräußert hat,**[316] **nicht ausreichend** ist aber die **Nichterteilung** der verlangten Auskunft.[317]

1677 Über die Kosten des Arrestverfahrens ist auch ohne Antrag zu entscheiden. Der **Streitwert** beträgt i.d.R. **1/3 – 1/2** des Wertes der zu sichernden Forderung. Bei dem auf die Sicherung einer Forderung gerichteten Arrest richtet sich der Wert wegen der Verweisung in § 53 Abs. 1 Nr. 2 GKG ebenfalls nach § 3 ZPO.

1678 **Beratungshinweis:** Gemäß § 929 Abs. 2 ZPO die Vollziehung des Arrestbefehls unstatthaft, wenn seit dem Tage, an dem der Befehl verkündet oder der Partei auf deren Gesuch er erging, zugestellt ist, ein Monat verstrichen ist.
Gemäß § 929 Abs. 3 ZPO ist die Vollziehung vor der Zustellung des Arrestbefehls an den Schuldner zulässig. Sie ist jedoch ohne Wirkung, wenn die Zustellung nicht inner-

311 OLG Frankfurt FamRZ 1988, 184; Soyka Münchener Prozessformularbuch Familienrecht, Rn. 1 zu F.I. 1a.
312 OLG Frankfurt FamRZ 1988, 184.
313 OLG Koblenz NJW-RR 1987, 511.
314 Soyka a.a.O. Rn. 4 zu F.I. 1 a.
315 AG Warendorf FamRZ 2000, 965.
316 OLG Karlsruhe NJW 1997, 1017.
317 OLG München FamRZ 2000, 965.

halb einer Woche nach der Vollziehung und vor Ablauf der für diese im vorhergehenden Absatz bestimmten Frist erfolgt.
Die Vollziehung in bewegliches Vermögen wird durch Pfändung bewirkt, § 930 ZPO. Die Vollziehung des Arrests in ein Grundstück erfolgt durch Eintragung einer Sicherungshypothek für die Forderung. Der nach § 923 festgestellte Geldbetrag ist als der Höchstbetrag zu bezeichnen, für den das Grundstück haftet. Der Antrag auf Eintragung der Hypothek gilt i.S.d. § 929 Abs. 2, 3 als Vollziehung des Arrestbefehls, § 932 ZPO.

1679 **Rechtsanwaltsgebühren:** Es fallen in vollem Umfang die Verfahrens- und ggf. Terminsgebühr an. Das Verfahren über die Anordnung eines Arrests gilt als besondere Angelegenheit.

### 9. Muster: Widerspruch gegen Arrest

1680

111

■■■

wegen Zugewinnausgleichs

hier: Arrestbefehl des Amtsgerichts – Familiengericht – ■■■ vom ■■■

lege ich namens des Antragsgegners

Widerspruch

ein. Ich werde beantragen:

I. Der Arrestbefehl des Amtsgerichts Familiengericht ■■■ vom ■■■ wird aufgehoben.
II. Der Antrag der Antragstellerin auf Erlass eines dinglichen Arrests vom ■■■ wird zurückgewiesen.
III. Die Antragstellerin trägt die Kosten des Verfahrens.

Begründung:

■■■

Rechtsanwältin

1681 **Anmerkung:** Eine Vertretung durch **Rechtsanwälte** ist für den Antrag auf Erlass eines Arrests (§ 920 Abs. 3 ZPO) und für den **Widerspruch** (§ 924 Abs. 2 S. 3 ZPO) **nicht vorgeschrieben**. In der wegen des Widerspruchs durchzuführenden **mündlichen Verhandlung** (§ 924 Abs. 2 S. 2 ZPO) müssen die Parteien durch **Rechtsanwälte vertreten** werden (§ 78 Abs. 2 Nr. 2 ZPO), **soweit** für das Verfahren eine Vertretung durch Rechtsanwälte vorgeschrieben ist (§ 78 Abs. 1, 2 ZPO). Der Widerspruch ist zu **begründen**, § 924 Abs. 2 S. 1 ZPO.

1682 Wird Widerspruch erhoben, so ist über die Rechtmäßigkeit des Arrests durch **Endurteil** zu entscheiden. Das Gericht kann den Arrest ganz oder teilweise bestätigen, abändern oder aufheben, auch die Bestätigung, Abänderung oder Aufhebung von einer Sicherheitsleistung abhängig machen, § 925 ZPO.

1683 **10. Muster: Einspruch gegen Versäumnisurteil:**

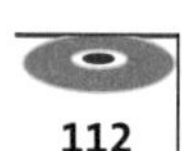

112

■■■

wegen Zugewinn

■■■ lege ich namens des Antragsgegners/Beklagten gegen das am ■■■ verkündete Versäumnisurteil, dem Beklagten zugestellt am ■■■

Einspruch

ein.

Ich beantrage des Weiteren, die Zwangsvollstreckung aus dem Versäumnisurteil ohne Sicherheitsleistung einstweilen einzustellen.

Hilfsweise wird beantragt, die Zwangsvollstreckung gegen Sicherheitsleistung einzustellen.

In der Sache wird beantragt:

I. Das Versäumnisurteil vom ■■■ wird aufgehoben und die Klage abgewiesen.
II. Die Kosten des Rechtsstreits – einschließlich der Säumniskosten – hat der Kläger zu tragen.
III. Das Urteil ist – notfalls gegen Sicherheitleistung – vorläufig vollstreckbar.

Begründung:

I. Die Zwangsvollstreckung aus dem Versäumnisurteil ist gem. § 719 Abs. 1 S. 2 ZPO ohne Sicherheitsleistung einzustellen.
   Das Versäumnisurteil ist gesetzwidrig ergangen.
   Obwohl durch Vollmachtsvorlage im Scheidungsverfahren angezeigt wurde, dass der Beklagte von der Unterfertigten anwaltlich vertreten wird, ist die Zustellung der Klage unmittelbar an den Beklagten erfolgt.
   Dieser Verstoß macht die Zustellung unwirksam.
II. Zur Sache wird in Erwiderung auf die Klageschrift wie folgt vorgetragen ■■■

Rechtsanwältin

1684 **Anmerkung:** Versäumnisurteile können in allen selbstständigen ZPO-Sachen und in den ZPO-Folgesachen gegen **beide Parteien** erlassen werden. Außerdem können sie auch in **Ehesachen** gegen die **antragstellende** Partei ergehen. Im Berufungsverfahren kann gegen den säumigen Berufungskläger ein Versäumnisurteil ergehen, auch wenn dadurch der in 1. Instanz erfolgte Scheidungsausspruch bestätigt wird. § 539 ZPO verdrängt insoweit § 612 Abs. 4 ZPO.[318]

1685 Der Einspruch muss bei dem **Gericht** eingelegt werden, das das Versäumnisurteil **erlassen** hat (§ 340 Abs. 1 ZPO). Das **Urteil**, gegen das Einspruch eingelegt wird, ist zu **bezeichnen** (§ 340 Abs. 2 S. 1 Nr. 1 ZPO). Der Einspruch muss innerhalb einer **Not-**

318 Bischoff in: Münchener Prozessformularbuch Familienrecht, Rn. 1 zu I. VII.

**frist** von **2 Wochen** eingelegt werden (§ 339 Abs. 1 ZPO). Im Einspruch müssen **alle Angriffs- und Verteidigungsmittel** vorgetragen werden. Der Einspruch ist zu **begründen** (§ 340 Abs. 3 ZPO).

1686 Besteht für das Verfahren **Anwaltszwang**, so muss der Einspruch vom Anwalt eingelegt werden (§ 78 Abs. 1, 2 ZPO). Durch den Einspruch wird der Rechtsstreit in die Lage vor dem **Einspruch**, nicht vor dem Ablauf einer **Äußerungsfrist** zurückversetzt, was bedeutet, dass eine „Flucht" in das Versäumnisurteil nach **Verstreichenlassen** einer vom Gericht gesetzten **Klageerwiderungsfrist** nicht dazu führen kann, den versäumten Sachvortrag **ohne Verspätungswirkung** in den Rechtsstreit einzuführen.[319]

1687 Das Versäumnisurteil ist für den **Kläger** gem. § 708 Nr. 2 ZPO **ohne Sicherheitsleistung** und ohne Abwendungsmöglichkeit für den Beklagten **vorläufig vollstreckbar**. Diese Folgen kann der Beklagte nicht bereits durch den Einspruch beseitigen, sondern nur über einen **Einstellungsantrag** gem. §§ 719, 707 ZPO, den er zweckmäßigerweise mit dem Einspruch verbindet. In aller Regel wird es nur zu einer Einstellung **gegen Sicherheitsleistung** kommen.[320]

1688 Eine Einstellung **ohne Sicherheitsleistung** kommt **nur** in den beiden in § 719 Abs. 1 S. 2 2. Hs ZPO genannten Ausnahmefällen (gesetzwidriges Versäumnisurteil, unverschuldete Säumnis) oder im Fall des § 707 Abs. 1 S. 2 ZPO in Betracht.[321] Auch wenn der Beschluss nicht ausspricht, in welcher Form die Sicherheit zu leisten ist, kann der Schuldner sie durch die schriftliche, unwiderrufliche, unbedingte und unbefristete **Bürgschaft** eines inländischen Kreditinstituts erbringen, § 108 Abs. 1 S. 2 ZPO.

1689 Der Einspruch gegen das Versäumnisurteil hat vom Inhalt her vollumfänglich den Sachvortrag einer **Klageerwiderung** zu enthalten.

1690 **Rechtsmittel:** Wird der Einspruch durch Urteil als **unzulässig** verworfen, steht der säumigen Partei die **Berufung** zu. Gegen ein Urteil, das Einspruch für zulässig hält und das Versäumnisurteil **aufhebt** oder aufrecht erhält, sind die allgemeinen Rechtsmittel gegeben.

1691 **Beschlüsse** über **Anträge** auf **Einstellung der Zwangsvollstreckung** sind gem. § 707 Abs. 2 ZPO **unanfechtbar**, wovon die Rechtsprechung lediglich dann eine Ausnahme macht, wenn **greifbare Gesetzeswidrigkeit** oder grober Ermessensfehler vorliegt.[322] Im Übrigen kann das **Gericht** seinen Einstellungsbeschluss auf **Gegenvorstellung** jederzeit **abändern**.

319 Bischoff a.a.O. Anm. 6.

320 Büchel in: Beck´sches Prozessformularbuch, Anm. 3 zu I.G. 5.

321 Büchel a.a.O. Anm. 9.

322 OLG Frankfurt NJW 1988, 79.

1692

**11. Muster: Antrag auf Ablehnung des Sachverständigen und Antrag auf Erholung eines weiteren Gutachtens**

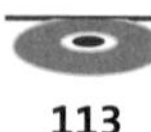

113

■■■

Ablehnungsgesuch:

■■■ wird der Sachverständige ■■■ wegen Besorgnis der Befangenheit abgelehnt.

Weiter wird beantragt,

das Gutachten eines weiteren Sachverständigen einzuholen.

Das Gericht wird außerdem gebeten, den bisherigen Sachverständigen nicht zu entschädigen, da sein Gutachten durch die selbst verschuldete Ablehnung nicht verwertbar ist.

Begründung:

I. Der Antragsteller hat soeben erfahren, dass die Antragsgegnerin in einer engen – bereits seit Jahren andauernden – freundschaftlichen Beziehung zu dem Sachverständigen steht.
Aus diesem Grund ist davon auszugehen, dass das Gutachten des Sachverständigen nicht unparteiisch ist. Der Sachverständige hat nicht die Stellung eines neutralen Gutachters.

II. Der Sachverständige hat den vorgetragenen Sachverhalt gegenüber der Unterzeichneten im Übrigen telefonisch zugegeben.

Glaubhaftmachung: Eidesstattliche Versicherung des ■■■, der – nach Erlaubnis durch den Sachverständigen – das Gespräch mit angehört hat.

Rechtsanwältin

1693 **Anmerkung:** Sachverständige können gem. § 406 ZPO aus den **gleichen** Gründen wie **Richter** (Ausnahme: § 406 Abs. 1 S. 2 ZPO) abgelehnt werden.

1694 Wie bei der Richterablehnung kommt es **nicht** darauf an, ob der Sachverständige **tatsächlich befangen** ist, sondern nur darauf, ob eine Partei bei vernünftiger Würdigung aller Umstände Anlass hat, an seiner Unvoreingenommenheit zu zweifeln.

1695 Beispiele, die eine Ablehnung begründen:

- Besondere **Beziehungen** des Sachverständigen zu einer Partei,
- Tätigkeit als **Privatgutachter** in derselben Sache,[323]
- mangelnde Neutralität z.B. wenn bei der Besichtigung **nur eine Partei** hinzugezogen wird,[324]
- **unangemessene** und heftige **Reaktion** des Sachverständigen auf die Kritik einer Partei an seinem Gutachten.

1696 Ob das Gericht ein **weiteres Gutachten** einholt, liegt gem. § 412 ZPO im Ermessen des Gerichts. Es **muss** jedoch ein weiteres Gutachten erholt werden, wenn die Ablehnung

323 OLG Düsseldorf NJW 1997, 1428; OLG Celle NJW-RR 1995, 1404.

324 OLG München NJW-RR 1998, 1687.

des Sachverständigen **vor Beendigung** seines **Gutachtensauftrags** – hierzu gehört auch die Erläuterung des Gutachtens im Termin – erfolgt.

1697 Ein **weiteres** Sachverständigengutachten **hat** das Gericht in folgenden Fällen einzuholen,[325]

- wenn das Gutachten – auch nach Ergänzung oder Erläuterung[326] – von **unzutreffenden** tatsächlichen Voraussetzungen ausgeht,
- wenn das Gutachten in sich oder mehrere Gutachten untereinander erhebliche **Widersprüche** enthalten,[327]
- wenn das Gutachten **unvollständig** ist und vom beauftragten Sachverständigen nicht vervollständigt werden kann,[328]
- wenn die **Sachkunde** des ersten Gutachters zweifelhaft ist,[329]
- wenn das urkundenbeweislich verwertete Gutachten aus einem **Vorprozess** zur Beantwortung der Beweisfrage nicht ausreicht,[330]
- wenn der neue Gutachter über **überlegene Forschungsmittel** verfügt,[331]
- **Einwendungen** der Partei gegen ein Gutachten, zumal wenn sie durch ein **Privatgutachten** unterstützt werden, können das Gericht zu weiterer Aufklärung verpflichten.[332]

1698 Der Ablehnungsgrund ist darzulegen und gem. § 294 ZPO **glaubhaft** zu machen. Hierzu kann die **Partei keine** eigene **eidesstattliche Versicherung** abgeben (§ 406 Abs. 3 ZPO).

1699 Ist das Gutachten in Folge einer begründeten Ablehnung des Sachverständigen **nicht verwertbar**, kann insbesondere bei grob fahrlässiger Herbeiführung des Ablehnungsgrundes der Anspruch auf Entschädigung nach § 3 ZuSEG durch den Sachverständigen **verloren werden**.[333]

1700 **Fristen/Rechtsmittel:** Der Anwalt muss das Gutachten **sofort nach Erhalt** auf etwaige Ablehnungsgründe durchsehen. Es genügt nicht, wenn der Ablehnungsgrund innerhalb der Frist zur Stellungnahme zum Gutachten abgegeben wird. So ist z.B. mehr als **1 Monat** zu **spät**.[334]

1701 Gegen den Beschluss, der die **Ablehnung** für **unbegründet** hält, hat der Antragsteller die **sofortige Beschwerde** (§ 406 Abs. 5 ZPO (**Frist: 2 Wochen**), § 577 Abs. 2 ZPO). Hält das Gericht die Ablehnung für **begründet**, ist nach § 406 Abs. 5 ZPO **kein** Rechtsmittel gegeben. Will eine Partei sich dagegen wenden, dass sie von der Gerichtskasse mit den **Kosten** des **abgelehnten Sachverständigen** belastet wurde, hat sie nur die **Kostenerinnerung** nach § 66 GKG.

---

325 BGH NJW 1970, 946, 949; Büchel a.a.O. Rn. 2.
326 BGH NJW 1981, 2009; NJW 1997, 1446.
327 BGH NJW 1994, 1596, 1597.
328 BGH NJW 1996, 730.
329 BayObLG NJW 1986, 2893.
330 BGH NJW 2000, 3072; 1997, 3381.
331 BGH VersR 1980, 533.
332 BGH NJW-RR 2000, 44; BGH NJW 1993, 2382.
333 BGH NJW 1976, 1154; OLG München NJW-RR 1998, 1687; OLG Celle NJW-RR 1996, 1086.
334 OLG Düsseldorf NJW-RR 1998, 933; Büchel a.a.O. Anm. zu I.H. 6.

## 12. Muster zur Berufung (Folgesache Zugewinn)

1702

### a. Muster bei vollständiger Klageabweisung in 1. Instanz

114

■■■ Oberlandesgericht ■■■

Antrag:

■■■ lege ich im Auftrag des Antragstellers gegen das Urteil des AG –Familiengericht- ■■■ Az ■■■ zugestellt am ■■■

Berufung:

ein, wobei als Anlage eine Ausfertigung des angefochtenen Urteils beigefügt ist.

Ich werde folgende Anträge stellen:

I. Das Endurteil des AG –Familiengericht- ■■■ vom ■■■ wird in Ziff. ■■■ aufgehoben.
II. Die Antragsgegnerin wird verurteilt, an den Antragsteller ■■■ € Zugewinnausgleich nebst Zinsen in Höhe von 5 % über dem Basiszinssatz seit Rechtskraft des Scheidungsausspruchs zu bezahlen.

■■■

1703

**Anmerkung:** Zu Voraussetzungen, Form, Frist u.a., die bei der Berufungseinlegung zu beachten sind (siehe oben Rn. 1745 ff. Prozessrecht).

1704

### b. Muster bei teilweiser Klageabweisung in 1. Instanz

■■■ Oberlandesgericht ■■■

115

I. Das Endurteil des AG –Familiengericht- ■■■ vom ■■■ wird in Ziffer. ■■■wie folgt abgeändert:
Die Antragsgegnerin wird verurteilt, an den Antragsteller über den im angefochtenen Urteil zugesprochenen Zugewinnausgleich in Höhe von ■■■ hinaus einen weiteren Zugewinnausgleich in Höhe von ■■■ nebst Zinsen in Höhe von 5 % über dem Basiszinssatz ab Rechtskraft der Scheidung zubezahlen.
II. Der Antragsgegner trägt die Kosten des Rechtsstreits.

■■■

1705

## 13. Muster: Anschlussberufung (Berufungseinlegung und Begründung)

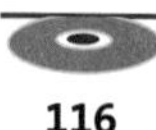

116

■■■ Oberlandesgericht ■■■

■■■ lege ich gegen das Endurteil des AG –Familiengericht- ■■■ vom ■■■

Anschlussberufung

ein und begründe diese wie folgt:

Ich werde folgende Anträge stellen:

I. Die Berufung des Beklagten gegen das Urteil des AG –Familiengericht- ■■■ vom ■■■ wird zurückgewiesen.

II. Das Endurteil des AG –Familiengericht- ■■■ vom ■■■ wird wie folgt abgeändert:

Der Beklagte wird verurteilt, an den Kläger über den durch Ersturteil zugesprochenen Zugewinn in Höhe von ■■■ hinaus einen weiteren Zugewinnausgleich inHöhe von ■■■ nebst Zinsen in Höhe von 5 % über dem Basiszinssatz ab Rechtskraft der Scheidung zu bezahlen.

■■■

1706

## 14. Muster: Antrag auf Bewilligung von Prozesskostenhilfe für eine beabsichtigte Berufung[335]

Der Antrag ist gerichtet an das OLG.

117

■■■

Antrag:

Ich beantrage, der Beklagten für das beabsichtigte Berufungsverfahren Prozesskostenhilfe zu bewilligen und der Beklagten die Unterfertigte als Rechtsanwältin beizuordnen.

Begründung:

Die Beklagte beabsichtigt, gegen das Urteil des AG–Familiengericht- ■■■ vom ■■■ zugestellt am ■■■ Berufung einzulegen, soweit ihr Antrag auf Zahlung eines Zugewinnausgleichs abgewiesen wurde.

Die Beklagte ist nicht in der Lage, die Kosten des Berufungsverfahrens aus eigenen Mitteln zu bestreiten, wie sich aus der als Anlage diesem Schriftsatz beigefügten Erklärung über die persönlichen und wirtschaftlichen Verhältnisse ergibt.

Die Berufung ist nicht mutwillig.

Die Erfolgsaussichten der beabsichtigten Berufung ergeben sich aus dem als Anlage beigefügten Entwurf der Berufungsbegründung.

■■■

1707

**Beratungshinweis:** Nach Bewilligung der Prozesskostenhilfe (oder nach deren Ablehnung, wenn der Antragsteller mit einer Bewilligung rechnen konnte), muss innerhalb von 2 Wochen nach Zustellung des Beschlusses ein Antrag auf Wiedereinsetzung in den vorigen Stand gestellt werden. Gleichzeitig ist erneut Berufung einzulegen und es ist erneut die Berufungsbegründung mit einzureichen, da es keine ab Einlegung der Berufung laufende Begründungsfrist mehr gibt.
In der Praxis spielt diese Art der Berufungseinlegung eine besondere Rolle deshalb, weil über eine Berufungseinlegung mit Prozesskostenhilfe ohne Kostenrisiko festgestellt werden kann, ob die Berufung Erfolgsaussicht hat.
Hat die eingelegte Berufung keine Erfolgsaussicht, so wird das OLG in einem Beschluss mit entsprechender Begründung den Prozesskostenhilfeantrag abweisen. Wohl in den seltensten Fällen macht es dann Sinn, die Berufung dennoch durchzuführen und zwar ohne Prozesskostenhilfe mit dem damit verbundenen Kostenrisiko.

335 Nach Bischoff a.a.O. S. 933.

1708 Der **Antrag** auf Bewilligung der Prozesskostenhilfe muss innerhalb der **Berufungsfrist** gestellt werden. Zusammen mit dem Antrag ist ein **aktuelles Formular** über die persönlichen und wirtschaftlichen Verhältnisse vorzulegen oder im Notfall **Bezug** zu nehmen auf das in 1. Instanz vorgelegte Formular, verbunden mit der **Versicherung**, dass sich an den persönlichen und wirtschaftlichen Verhältnissen gegenüber dem in 1. Instanz vorgelegten Formular **nichts** geändert hat.[336]

1709 Die Erklärung über die persönlichen und wirtschaftlichen Verhältnisse muss **vor Ablauf der Berufungsfrist** (der Einlegungsfrist!) eingereicht werden. Ein **Nachreichen** ist **nicht zulässig!**[337] **Gleichzeitig** ist die **Berufungsbegründung** zum Zwecke der Überprüfung der Erfolgsaussichten durch das Berufungsgericht einzureichen.

1710 Die vorstehende, durchaus komplizierte Konstellation ergibt sich daraus, dass das Rechtsmittel der Berufung **bedingungsfeindlich** ist, also nicht eingereicht werden kann unter der **Bedingung** der Bewilligung der Prozesskostenhilfe.

1711

## 15. Muster: Antrag auf Wiedereinsetzung in den vorigen Stand

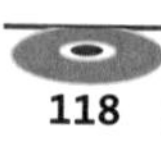

118

Der Antrag ist gerichtet an das OLG.

■■■

Antrag:

■■■ lege ich für den Antragsgegner (Beklagten) gegen das Urteil des AG –Familiengericht- ■■■ vom ■■■ zugestellt am ■■■

Berufung

ein.

Gleichzeitig beantrage ich, dem Antragsgegner (Beklagten) gegen die Versäumung der Berufungsfrist

Wiedereinsetzung in den vorigen Stand zu gewähren.

Begründung:

Der Beklagte war unverschuldet verhindert, innerhalb der Berufungsfrist das Rechtsmittel der Berufung einzulegen.

Dies deshalb, weil zunächst über den Antrag auf Prozesskostenhilfe entschieden werden musste.

Mit Beschluss des Senats vom ■■■ zugestellt am ■■■ wurde Prozesskostenhilfe bewilligt.

Berufungsbegründung:

■■■

336 Bischoff a.a.O. S. 934.

337 BGH FamRZ 1993, 688; FamRZ 2003, 89 und 668.

1712

## 16. Muster: Antrag auf Verlängerung der Berufungsbegründungsfrist

119

Der Antrag ist zu richten an das OLG:

■■■

Antrag:

Ich beantrage die am ■■■ ablaufende Frist zur Begründung der Berufung um ■■■ zu verlängern.

Zur Begründung weise ich darauf hin, dass ich aufgrund meiner urlaubsbedingten Abwesenheit vom ■■■ bis mit dem Mandanten erst Besprechungstermin vereinbaren konnte auf ■■■ (Hinweis: Falls eine Verlängerung über einen Monat beantragt wird, muss die Gegenseite zustimmen, § 520 Abs. 2 S. 2, 3 ZPO. Es empfiehlt sich, hier vorab die Zustimmung der Gegenseite einzuholen und im Fristverlängerungsantrag darauf hinzuweisen, dass die Gegenseite mit weiterer Fristverlängerung einverstanden ist).

■■■

1713 Die Berufungsbegründungsfrist kann **einmal** oder auch **mehrmals** verlängert werden, § 520 Abs. 2 ZPO. Grundsätzlich ist eine Verlängerung nur zulässig, wenn der Gegner **zustimmt,** § 520 Abs. 2 S. 2 ZPO. Soll die Frist **über** einen **Monat** verlängert werden, so darf die Verlängerung nur bewilligt werden, wenn der Gegner **zustimmt,** § 520 Abs. 2 S. 3 ZPO. Der Antrag muss **vor Fristablauf** bei Gericht eingegangen sein; die **Entscheidung** über den Fristverlängerungsantrag kann **nach** Fristablauf erfolgen.[338]

1714 **Beratungshinweis:** Es muss eine Verhinderung des beim OLG zugelassenen Rechtsanwalts vorliegen.
Eine Verhinderung des OLGbestellten Vertreters reicht nicht aus, selbst wenn dieser Sachbearbeiter ist!

1715 Der Verlängerungsantrag muss **begründet** werden, § 520 Abs. 2 S. 3 ZPO; wird **wiederholt** Verlängerung **beantragt,** so **ist** der Gegner zu hören (§ 225 Abs. 2 ZPO). Zustimmung ist **nicht zwingend** erforderlich, wenn Frist insgesamt **nicht mehr** als **einen Monat** verlängert wird, bei Fristverlängerung von **über einen Monat** ist die Zustimmung des Gegners allerdings **vorgeschrieben** (§ 520 Abs. 2 S. 2, 3 ZPO).

1716 Es besteht grundsätzlich ein Anspruch auf Fristverlängerung, jedoch darf der Anwalt darauf vertrauen, dass einem **ersten,** mit **Gründen** versehenen Verlängerungsantrag stattgegeben wird.[339] Ein **zweiter** Verlängerungsantrag darf **nicht** allein deswegen abgelehnt werden, weil der Gegner **nicht** zustimmt, wenn die Verlängerung insgesamt noch **innerhalb der Monatsfrist** liegt.[340]

338 Bischoff a.a.O. S. 863.
339 Bischoff a.a.O. i.A.a. BVerfG NJW 1998, 3703.
340 BVerfG NJW 2000, 944.

1717

### 17. Muster: Klage auf Gesamtschuldnerausgleich / Haftungsfreistellung[341]

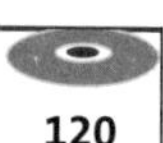

120

■■■

An das Amts- / Landgericht ■■■

wegen Gesamtschuldnerausgleich

Antrag:

I. Die Beklagte wird verurteilt, an den Kläger ■■■ € nebst Zinsen in Höhe von 5 % über dem Basiszinssatz seit dem ■■■ zu zahlen.
II. Die Beklagte hat die Kosten des Rechtsstreits zu tragen.
III. Sofern das Gericht das schriftliche Vorverfahren anordnet, wird für den Fall der Fristversäumnis oder des Anerkenntnisses beantragt, die Beklagte durch Versäumnisurteil oder Anerkenntnisurteil ohne mündliche Verhandlung zu verurteilen.

Begründung:

I. Die Parteien sind getrennt lebende Eheleute. Sie leben getrennt seit.
II. Beide Ehepartner sind berufstätig und erzielen eigene Einkünfte.
III. Die Parteien haben am ■■■ ein gemeinsames Darlehen aufgenommen, um den Schuldenstand auf dem gemeinsamen Girokonto auszugleichen.
IV. Der Schuldenbetrag wurde von den Parteien wie folgt verwendet:
Urlaub ■■■ €
Anschaffung von Hausrat ■■■ €
V. Seit der Trennung hat der Kläger den Darlehensrest in Höhe von ■■■ € alleine zurückbezahlt.
Beweis:
1. Vorlage der Kontoauszüge mit den jeweiligen Abbuchungen.
2. Bankbestätigung, aus der sich ergibt, dass das Darlehen zwischenzeitlich vollumfänglich zurück bezahlt wurde.
VI. Durch Schreiben vom ■■■ wurde die Beklagte unter Fristsetzung zum ■■■ aufgefordert, den hälftigen Anteil dieser Schulden an den Kläger zu bezahlen.
Zahlung ist bis heute nicht erfolgt. Aus diesem Grund war Klage geboten.
VII. Der Anspruch des Klägers ergibt sich aus § 426 Abs. 2 BGB, da beide Parteien als Gesamtschuldner Kreditnehmer waren und der Kläger den restlichen Betrag in Höhe von ■■■ alleine zurück bezahlt hat.
VIII. Eine andere Aufteilung ist zwischen den Parteien nicht vereinbart und ergibt sich auch nicht konkludent.
IX. Aufgrund des Verzugs sind Verzugszinsen in Höhe von 5 % über dem Basiszinssatz geschuldet, §§ 286, 288 BGB.

Rechtsanwältin

1718

**Anmerkung:** Zuständig ist das Zivilgericht. Ist die Frage des Gesamtschuldnerausgleichs **Vorfrage** eines **Zugewinnverfahrens,** ist eine **Aussetzung** des Zugewinnverfahrens nach § 148 ZPO geboten.

341 I.a.a. Ullrich in: Münchener Prozessformularbuch Familienrecht G.I. 1.

Der Gesamtschuldnerausgleich ist ausgeschlossen, wenn die Schulden **insgesamt** im Endvermögen eines Ehegatten bei der Zugewinnausgleichsberechnung berücksichtigt wurden und dadurch bereits eine „Mitbeteiligung" des anderen Ehegatten gegeben ist.[342] Eine solche Auswirkung liegt insbesondere dann vor, wenn z.B. einer der Parteien **negatives** Endvermögen hat bzw. der Haftungsanteil den Zugewinn übersteigt.[343] 1719

Die Erfüllung einer Gesamtschuld durch einen der Gesamtschuldner gibt dem Zahlenden Rückgriffsansprüche gegen den anderen Schuldner, § 426 Abs. 2 BGB. Für den Zeitraum **bis zur Trennung** der Eheleute ist i.d.R. **kein Ausgleich möglich.** Bis zu diesem Zeitpunkt ist auf die **einverständliche** Praxis abzustellen.[344] 1720

Wenn **ein Ehegatte allein** über ein **Einkommen** verfügt, während der andere den Haushalt versorgt, ist es üblich, dass die Schulden vom verdienenden Ehegatten bezahlt werden. Ein Ausgleichsanspruch kommt dann grundsätzlich nicht in Betracht.[345] Auch wenn **beide** Ehepartner Einkommen erzielen, ist wohl keine Beteiligung an den Schulden gemäß dem Verhältnis der beiderseitigen Einkünfte gegeben.[346] Der Ausgleichsanspruch kann erst **ab der endgültigen** Trennung der Eheleute geltend gemacht werden. Der Gesamtschuldnerausgleich hat immer Einfluss auf die **Unterhaltsberechnung**, da die von ihm gezahlten Beträge seine **Leistungsfähigkeit mindern**. Wenn die Schuldenrückzahlung beim **Unterhalt** berücksichtigt wurde, besteht **keine weitere** Ausgleichspflicht des unterhaltsberechtigten Ehegatten.[347] 1721

Die Anrechnung der Darlehensraten stellt eine **konkludente** Vereinbarung der Parteien dar, wonach diese Verpflichtung allein von einem Partner zu tragen ist.[348] Alleine aus der **tatsächlichen** Handhabung, dass der allein verdienende Ehemann auch nach der Trennung die Kreditraten **weiter zahlt** und die **Ehefrau deshalb keinen Trennungsunterhalt** geltend gemacht hat, ergibt sich **nicht**, dass **Ausgleichsansprüche** aus der Gesamtschuld ausgeschlossen sind.[349] 1722

Für die Gesamtschuld haften die Parteien im Verhältnis zueinander i.d.R. **zu gleichen Teilen**, „soweit nicht ein anderes bestimmt ist". Beweispflichtig für eine anderweitige Vereinbarung ist derjenige, der sich auf die Vereinbarung beruft.[350] 1723

Ein Ausgleich findet **nicht** statt, wenn die Verpflichtung **ausschließlich im Interesse eines Ehepartners** eingegangen wurde, z.B. bei Mithaftung für ein Darlehen zum Erwerb eines **Grundstücks**, dass **allein im Eigentum eines Partners** steht und **nicht** als 1724

342 OLG Karlsruhe FamRZ 1991, 1195.
343 Ullrich a.a.O.
344 Vgl. BGH FamRZ 2001, 1442; OLG Bamberg FamRZ 2001, 1074; OLG Bremen NJW 2000, 82 = FamRZ 1999, 1503.
345 BGH FamRZ 1983, 795; OLG Düsseldorf FamRZ 1998, 168.
346 Vgl. BGH FamRZ 2002, 739; Anders: BGH FamRZ 2001, 1442.
347 OLG Zweibrücken FamRZ 2002, 1341; OLG Celle FamRZ 2001, 1071; OLG Köln FamRZ 1994, 961; OLG München FamRZ 1996, 291;
348 OLG Zweibrücken FamRZ 2002, 1341.
349 OLG Köln FamRZ 1999, 1501.
350 BGH FamRZ 2001, 1442.

Familienheim dient.[351] Hier kommt sogar ein **Freistellungsanspruch** nach Auftragsrecht in Betracht.[352]

1725 **Sehr streitig** ist die Frage der Behandlung von **Konsumkrediten** dahingehend, ob sie **ohne unterhaltsrechtliche** Berücksichtigung von dem allein verdienenden Teil zurück zu zahlen sind[353] oder nicht.[354] Die **fehlende Leistungsfähigkeit** des anderen Ehepartners ist **kein** Hinderungsgrund für seine **anteilige Verpflichtung.**[355]

1726 Es gilt die **Verjährungsfrist** von **3 Jahren,** § 195 BGB, wobei die Verjährung gehemmt ist, solange die Ehe besteht, § 207 BGB.[356]

1727 Ist ein Ehegatte **Alleineigentümer** einer Immobilie, hat er die Hauslasten in Form der Schulden grundsätzlich **allein** zu tragen, auch wenn der andere im Außenverhältnis als Gesamtschuldner mithaftet.[357] Auch wenn eine Ehepartner für den anderen etwa für dessen Geschäftskredite Mithaftung übernommen hat, steht ihm aus Auftragsrecht der Anspruch auf **Freistellung** von der Verbindlichkeit zu.[358]Wie der andere Ehegatte dies bewerkstelligt, so durch Zahlung, Stellung von Sicherheiten oder dadurch, dass er den Gläubiger veranlasst, seinen Ehepartner aus der Schuld zu entlassen, ist seine Sache.[359]

1728 Sind die Eheleute eine gemeinsame Verbindlichkeit eingegangen, die lediglich **einem der Ehegatten** zugute gekommen ist, spricht dies für eine **anderweitige** Bestimmung dahingehend, dass er die bei Scheitern der Ehe bestehende Restverbindlichkeit im Innenverhältnis allein zu tragen hat.[360] Diente der gemeinsame Kredit der Anschaffung von oder der Investition in **Alleineigentum** eines der Ehegatten, etwa einer Immobilie, ist dieser verpflichtet, im Innenverhältnis die Verbindlichkeit alleine zu tragen.[361]

1729 Schwieriger zu beurteilen sind Fälle, in denen die Immobilie zu einem Alleineigentum eines Ehegatten stand, diese Immobilie jedoch den Eheleuten als **Familienwohnung** gedient hat. Auch in diesem Fall ist davon auszugehen, dass die Verbindlichkeit im **Alleineigentum** eines der Ehegatte zugute gekommen ist. Dafür spricht, dass dieser die zum Zeitpunkt des Scheiterns der Ehe bestehenden Verbindlichkeiten alleine zu tragen hat.[362]

1730 Ist der Nutzen des gemeinsamen Kredits zum Zeitpunkt des Scheiterns der Ehe jedoch bereits – im Wesentlichen – „**verbraucht**“, kann anderes gelten, also hälftige Mithaf-

351 BGH FamRZ1988, 596, 597.
352 BGH FamRZ 1989, 835; ausführlich: Koch FamRZ 1994, 537.
353 OLG Hamm NJW-RR 1993, 197 und FamRZ 1990, 1359.
354 BGH FamRZ 1988, 920.
355 BGH FamRZ1983, 795.
356 S. Heiß, Das Mandat im Familienrecht § 10. Zum Haftungsfreistellungsanspruch und den diesbezüglichen Anträgen.
357 BGH FamRZ 1997, 487; OLG Köln NJW-RR 92, 1286.
358 BGH NJW 1989, 1920.
359 Maurer-Wildermann in: Münchener Anwaltshandbuch Familienrecht, Rn. 54 zu § 21.
360 BGH FamRZ 1986, 881.
361 BGH FamRZ 1997, 487.
362 BGH FamRZ 1997, 487; OLG Hamm FamRZ 1988, 620; OLG Köln NJW-RR 1992, 1286; OLG Bamberg FamRZ 2001, 1074.

tung.[363] Die Entscheidung betraf den Fall, dass geringe wertsteigernde Investitionen erfolgt sind, die jedenfalls angesichts der langen Dauer der **gemeinsamen Nutzung** des Wohnhauses keine abweichende Bestimmung i.S.d. § 426 Abs. 1 S. 1 rechtfertigen konnten.

## D. Anwendung des Computerprogramms

### I. Indexliste

1. Es wird zunächst gewählt „Zugewinn“
2. sodann: Indextabelle
3. Tabellenanfang: hier ist einzugeben, ab welchem Jahr die Lebenshaltungskostenindexliste gewünscht wird
4. Bei der Wahl nach der Art des Indexes ist der **allgemeine Verbraucherindex** vorzuziehen.
5. Bei der Wahl, ob Jahresindex oder Monatsindex ist zu berücksichtigen, dass ausdrücklich nach der Rechtsprechung des BGH die Wahl des Jahrexindexes zulässig ist, andererseits aber exakter ist, den Monatsindex zu wählen.
6. Bei der Wahl des Tabellenendes ist zu berücksichtigen, dass das **laufende Jahr** noch nicht im Gutdeutsch-Programm vorhanden sein kann.

### II. Einzelindexumrechnung

1. Es wird gewählt: Zugewinn
2. sodann: Indexumrechnung
3. Der Anfangswert ist einzutragen, wobei zu berücksichtigen ist, dass das Programm für die Jahre vor der Euro-Umstellung mit „DM“ rechnet. Sollen € eingegeben werden, muss der Anfangswert ausdrücklich mit € bezeichnet werden.
4. Eingabe des Anfangsdatums, also Datum Eheschließung oder Datum Schenkung oder Erbschaft.
5. Allgemeiner Verbraucherindex.
6. Enddatum (Datum Zustellung Scheidungsantrag).
7. Soweit die aktuellen Indexzahlen im Programm noch nicht enthalten sind, rechnet das Programm mit **Schätzwerten.**

### III. Zugewinnberechnung

1. Es wird gewählt: Zugewinn
2. Sodann besteht die Möglichkeit, die Anzahl der Spalten mit den jeweiligen Werten einzugeben, wobei die Maximalzahl der Möglichkeiten 4 beträgt.
   Soll eine Gegenüberstellung des Sachvortrags der eigenen Partei und des Vortrags der Gegenseite erfolgen, um die Höhe der Differenz bei den einzelnen Positionen deutlich zu machen, empfiehlt sich die Wahl von 2 Spalten.
3. Einzelposten mit Benennung: ja
4. Anfangsdatum: eingegeben wird das exakte **Datum der Eheschließung.**
5. Enddatum: Zustellung **Scheidungsantrag.**

363 BGH FamRZ 1987, 1239, 1241.

6. Sodann wird unter der Überschrift Endvermögen Ehemann dessen Vermögensstatus zum Endzeitpunkt eingegeben. Es werden zunächst alle **Aktiv-Posten** und sodann die **Schulden** aufgeführt.
7. Zu **beachten** ist lediglich, dass es sich bei den **Zurechnungen nach § 1375 Abs. 2 BGB** nicht etwa um privilegiertes Anfangsvermögen (Schenkungen, Erbschaften) handelt, sondern um **Vermögensminderungen**, die dem **Endvermögen fiktiv zugerechnet** werden, wie z.B. Schenkungen, die nicht einer sittlichen Pflicht entsprochen haben, Vermögensverschwendungen oder Handlungen, die in Benachteiligungsabsicht vorgenommen wurden.
8. Sodann erfolgt die Eingabe des **Anfangsvermögens**, wobei es sich hier ausschließlich um das Anfangsvermögen bei Eheschließung handelt. Dieses Anfangsvermögen **wird indexiert** auf den Zeitpunkt der Eheschließung.
9. Sodann erfolgen die Zurechnungen nach § 1374 Abs. 2, wobei es sich hierbei um das **privilegierte Anfangsvermögen**, also um **Schenkungen** oder **Erbschaften** handelt, die wiederum indexiert werden.
10. Die jeweiligen zugewendeten Vermögenswerte sind zu benennen, so z.B. Schenkung/Erbschaft.
11. Es ist der Zeitpunkt der Schenkung einzugeben, der maßgeblich ist für die **Indexumrechnung.**
12. Sodann berechnet das Programm die **indexierten Werte.**
13. Die gleiche Berechnung ist dann für die Ehefrau einzugeben.
14. Sodann erfolgt die Frage nach **Vorausempfängen** gem. § 1380 BGB, also Vorauszahlungen auf Zugewinnausgleich oder z.B. größere Zuwendungen an die Ehefrau s. Rn. 1528.

1731 Auch hier ist der Zeitpunkt einzugeben, da sodann **Indexierung** durch das Programm erfolgt.

## E. Berechnungen mit Computergrogramm

### I. Indexierung (Einzelumrechnung)

| | |
|---|---|
| Anfangswert | 200.000,00 EUR |
| Anfangsdatum | 1975 |
| Enddatum | 2002 |
| allg- Verbraucherpreis-Jahresindex(2000) | |
| * 103,4/51,2 | 403.906,00 EUR |

### II. Zugewinnausgleichsberechnung mit Vorausempfang

| | |
|---|---|
| Version: 5.2c-W | Ausdruck: 26.12.2004, 17:21 |
| **Berechnung des Zugewinnausgleichs** | |
| in Sachen Zugewinn | |
| Anfangsdatum | 01. 07. 1977 |
| Enddatum | 05. 11. 2004 |

**Zugewinn des Mannes:**
**Endvermögen**

| | |
|---|---|
| Vermögenswerte: | |
| 1/2 Haus | 300.000,00 EUR |
| LV | 70.000,00 EUR |
| PKW | 35.000,00 EUR |
| | 405.000,00 EUR |
| Schulden: | |
| 1/2 Hausschulden | 100.000,00 EUR |
| § 1375 Abs.1 BGB | 305.000,00 EUR |
| Zurechnungen nach Abs.2: | |
| Schenkung an Freundin | 20.000,00 EUR |
| Zeitpunkt: | 2003 |
| allg- Verbraucherpreis-Monatsindex(2000) | |
| * 106,2/104 | 20.423,00 EUR |
| | 325.423,00 EUR |

**Anfangsvermögen**

| | |
|---|---|
| Vermögenswerte: | |
| PKW | 10.000,00 EUR |
| Bausparvertrag | 30.000,00 EUR |
| | 40.000,00 EUR |
| Schulden: | |
| PKW-Schulden | 9.000,00 EUR |
| § 1374 Abs.1 BGB | 31.000,00 EUR |
| allg- Verbraucherpreis-Monatsindex(2000) | |
| * 106,2/55,45 | 59.372,00 EUR |
| Zurechnungen nach Abs.2: | |
| Nachlass Oma nach Abzug Beerdigungskosten | |
| | 1.278,23 EUR |
| Zeitpunkt: | 1980 |
| allg- Verbraucherpreis-Monatsindex(2000) | |
| * 106,2/60,235 | 2.254,00 EUR |
| Schenkung Vater | 5.000,00 EUR |
| Zeitpunkt: | 1985 |
| allg- Verbraucherpreis-Monatsindex(2000) | |
| * 106,2/74,309 | 7.146,00 EUR |
| | 68.772,00 EUR |

| | |
|---|---|
| **Zugewinn:** | **256.651,00 EUR** |
| **Zugewinn der Frau:** | |
| **Endvermögen** | |
| Vermögenswerte: | |
| 1/2 Haus | 300.000,00 EUR |
| Schulden: | |
| 1/2 Hausschulden | 100.000,00 EUR |
| § 1375 Abs.1 BGB | 200.000,00 EUR |
| **Anfangsvermögen** | |
| § 1374 Abs.1 BGB | 0,00 EUR |
| **Zugewinn:** | **200.000,00 EUR** |
| **Ausgleichsanspruch:** | |
| Zugewinn des Mannes: | 256.651,00 EUR |
| abz. Zugewinn der Frau: | -200.000,00 EUR |
| Differenz: | 56.651,00 EUR |
| **Ausgleichspflichtig Mann:** | **28.325,50 EUR** |
| Zuwendg § 1380 BGB an die Frau | |
| Vorauszahlung auf Zugewinn | 15.000,00 EUR |
| Zeitpunkt: | 2001 |
| allg- Verbraucherpreis-Monatsindex(2000) | |
| * 106,2/101,2 | 15.741,00 EUR |
| **Korrigierte Berechnung** | |
| Zugewinn des Mannes: | 272.392,00 EUR |
| abz. Zugewinn der Frau: | -184.259,00 EUR |
| Differenz: | 88.133,00 EUR |
| **Halber Betrag:** | **44.066,50 EUR** |
| **abz. anzurechnen:** | **-15.741,00 EUR** |
| **Ausgleichspflichtig Mann:** | **28.325,50 EUR** |

### F. Kosten/Streitwert

#### I. Zugewinnausgleichsklage

1732 Die Kostentragung bestimmt sich nach §§ 91 ff. ZPO, nicht nach § 93a ZPO, wenn die Zugewinnausgleichsklage im **gesonderten** Verfahren erhoben wird und nicht im Verbund. Es gilt also dann **nicht Kostenaufhebung,** wie in § 93a bestimmt für die Kosten Scheidungssache und der **Folgesachen,** über die **gleichzeitig** entschieden wird.

1733 Die Kosten einer **Folgesache** (also bei Zugewinnausgleichsklage im Verbund) sind auch dann gegeneinander aufzuheben, wenn über die Folgesache in Folge einer **Abtrennung** nach § 628 Abs. 1 S. 1 gesondert zu entscheiden ist). **Allerdings** kann das Gericht nach § 93a nach billigem Ermessen die Kosten **anderweitig** verteilen, wenn z.B. Kostenaufhebung **grob unbillig** erscheint im Hinblick darauf, dass ein Ehegatte in Folgesachen **ganz** oder **teilweise unterlegen** ist, § 93a Abs. 1 Ziff. 2 ZPO.

1734 **Folge:** Bei Zugewinnausgleichsklage im **gesonderten** Verfahren erfolgt Kostenverteilung nach Obsiegen und Unterliegen; bei Klagerhebung im **Verbund** erfolgt im Zweifel Kostenaufhebung.

### II. Stufenklage

1735 **Kosten:** Für die Rechtsanwaltskosten fallen die jeweiligen Gebühren für **alle Stufen** zusammen **nur einmal** an. Sie errechnen sich aus dem **höchsten** Wert, der der Tätigkeit zugrunde liegt, die den Gebührentatbestand erfüllt. Wird für eine Stufenklage **Prozesskostenhilfe** bewilligt, umfasst diese i.d.R. auch die spätere **Bezifferung** der Leistungsstufe.[364]

1736 **Streitwert:** Für die Wertberechnung ist also nur einer der verbundenen Ansprüche, und zwar der **höhere**, maßgebend (§ 44 GKG). Soweit eine Stufe durch **Teilurteil** erledigt wird, ist die jeweilige Entscheidung **gerichtsgebührenpflichtig.** Berechnet wird damit für jedes Teilurteil eine Urteilsgebühr.

### III. Stundungsantrag

1737 Der Streitwert richtet sich nach dem Wert der **Ausgleichsforderung**; bei Geltendmachung im Verbund werden die Streitwerte für Scheidung und Folgesachen **zusammengerechnet** (§ 46 GKG).

## G. Rechtsmittel/Fristen

### I. Stufenklage/Zugewinn

1738 Für die **Berufung** gegen ein **Verbundurteil** mit der Folgesache Güterrecht gelten die allgemeinen Vorschriften der §§ 511ff. ZPO. Gegen das **Verbundurteil** kann **insgesamt** oder **beschränkt** auf die Folgesache Zugewinnausgleich **Berufung** (§ 511 ZPO) zum OLG (§ 119 Abs. 1 Nr. 1 AGVG), gegen das Berufungsurteil **Revision** zum BGH (§ 133 Nr. 1 GVG) eingelegt werden, soweit das OLG oder – ab 01.01.2007 (§ 26 Nr. 9 EGZPO) – der BGH sie zugelassen hat (§§ 543, 629a ZPO). Wurde die Berufung als **unzulässig** verworfen, findet die **Rechtsbeschwerde** statt (§§ 629 a, 522 Abs. 1 S. 4 ZPO).

1739 Die **Berufungsfrist** beträgt **einen Monat** (§ 517 ZPO), die **Berufungsbegründungsfrist, zwei Monate**, gerechnet ab der **Zustellung** des in vollständiger Form abgefassten Urteils (§ 520 Abs. 2 S. 1 ZPO); sie kann auf Antrag verlängert werden (§ 520 Abs. 2 S. 2 ZPO).[365]

---

364 OLG Nürnberg FamRZ 2002, 1193.

365 Bergschneider in: Münchener Prozessformularbuch Familienrecht S. 211.

### II. Antrag auf Stundung des Zugewinnausgleichs

1740 Für Rechtsmittel und Fristen sind die §§ 629a Abs. 2 S. 1, 621e ZPO anzuwenden.

1741 Ist ein Antrag i.S.v. § 621 Abs. 1 Nr. 9 ZPO gestellt, findet unabhängig, ob es sich um eine Folgesache handelt oder nicht, die **befristete** Beschwerde statt (§ 621e Abs. 1 ZPO). Die Beschwerde ist beim **OLG** einzulegen durch Einreichung einer Beschwerdeschrift (§ 621e Abs. 3 S. 1 ZPO).

- **Beschwerdefrist: 1 Monat** (§§ 621e Abs. 3 S. 2, 517 ZPO).
- **Begründung:** Die Beschwerde ist zu **begründen** (§§ 621e Abs. 3 S. 2, 520 ZPO).
- **Begründungsfrist: 2 Monate** ab **Zustellung** des Urteils (§§ 621e Abs. 3 S. 2; 620 Abs. 2 ZPO). Sie kann auf Antrag um einen Monat verlängert werden (§§ 621e Abs. 3 S. 2, 520 Abs. 2 und 3 ZPO).[366]

### III. Antrag auf Übertragung von Gegenständen, § 1383 BGB

1742 Hier gilt gleiches wie oben zu dem Stundungsantrag ausgeführt.

### IV. Leistungsklage Zugewinn

1743 Es gelten die allgemeinen ZPO-Vorschriften, insbesondere für Berufung §§ 511ff. ZPO und nach Maßgabe von § 621d ZPO für die Revision (§ 545ff. ZPO).

### V. Klage auf vorzeitigen Zugewinnausgleich

1744 Es gilt gleiches wie für die Leistungsklage Zugewinnausgleich.

### VI. Berufung

1745 **BERATUNGSHINWEIS:** Konnten – z.B. wegen neuer Mandatsübernahme im Berufungsverfahren – die Erfolgsaussichten der Berufung noch nicht überprüft werden, so empfiehlt es sich, folgende Formulierung zu wählen:
„Die Berufung wird vorläufig lediglich aus Fristwahrungsgründen eingelegt. Die Gegenseite wird gebeten, sich im Berufungsverfahren noch nicht zu bestellen bis zur endgültigen Klärung, ob die Berufung durchgeführt wird."
In diesen Fällen kann die Berufung dann ohne Kostenfolge in Form von Übernahme der Kosten der Gegenseite zurückgenommen werden, wenn die Erfolgsaussichten nicht bejaht werden können.

1746 Die Berufung ist beim **OLG** einzulegen (§§ 519 Abs. 1 ZPO, 119 Abs. 1 Nr. 1 GVG). Hat ein OLG **auswärtige Senate**, so kann die Berufung entweder beim Hauptgericht oder bei dem zuständigen auswärtigen Senat eingelegt werden.[367] Die Parteien bleiben in Ehesachen **Antragsteller** und **Antragsgegner**.

1747 Die Berechnung der **Berufungsfrist** erfolgt nach §§ 187, 188 BGB. Die Berufungsfrist beträgt **1 Monat**, sie ist eine **Notfrist** und beginnt mit der **Zustellung** des in vollständiger Form abgefassten Urteils, § 1517 ZPO. Die **Berufungsgründungsfrist** beträgt

---

366 Bergschneider a.a.O. S. 223.
367 Bischoff Münchener Prozessformularbuch Familienrecht, S. 859.

**2 Monate** und beginnt mit der **Zustellung** des in vollständiger Form abgefassten Urteils. Die Frist kann auf Antrag von dem Vorsitzenden verlängert werden, wenn der **Gegner einwilligt. Ohne Einwilligung** kann die Frist um bis zu einem **Monat** verlängert werden, § 520 ZPO.

1748 Der Wert des Beschwerdegegenstandes beträgt 600 € (§ 511 Abs. 2 Nr. 1 ZPO).

1749 Bei der **Beifügung** des angefochtenen **Urteils** handelt es sich eine „Soll"-Vorschrift (§ 519 Abs. 3 ZPO). Fehlt die Abschrift, führt dies **nicht** zu **Unzulässigkeit** der Berufung. Die Beifügung der Abschrift **empfiehlt** sich jedoch deshalb, weil aus der Urteilsabschrift für das Gericht erkennbar ist, **für wen** Berufung eingelegt werden soll, selbst wenn sich insoweit im Rubrum bei der Berufungseinlegungsschrift eine falsche Parteibezeichnung befinden sollte.

### 1. Postulationsfähiger Rechtsanwalt

1750 Alle bei einem **deutschen OLG** zugelassenen Rechtsanwälte sind an **allen** deutschen Oberlandesgerichten und am Bayerischen Obersten Landesgericht postulationsfähig.

1751 Eine **spezielle Zulassung** an dem OLG, bei dem Berufung eingelegt werden soll, ist seit 01.08.2002 **nicht** mehr **erforderlich.**

### 2. Form der Unterschrift

1752 Die Unterschrift muss zwar **nicht lesbar** sein, jedoch muss die **Identität** des Unterschreibenden ausreichend kennzeichnender Schriftzug vorliegen, der individuelle Merkmale aufweist und sich als **Wiedergabe** eines **Namens** darstellt. Es reicht nicht aus, wenn die Unterschrift aus dem vollen Vornamen und dem ersten Buchstaben des (mehrsilbigen) Nachnamens mit einem Punkt dahinter besteht.[368]

1753 Berufungseinlegung durch **Telefax** ist zulässig, wenn sie von einem postulationsfähigen Rechtsanwalt unterschrieben wurde. In jedem Falls ist aber das **Original** noch umgehend **nachzureichen.**

### 3. Berufungsbegründung

#### a. Frist

1754 Innerhalb von **2 Monaten** nach **Zustellung** des Urteils muss die Berufungsbegründung bei Gericht eingehen (§ 520 Abs. 2 S. 1 ZPO). Bei der **Berechnung** der Begründungsfrist ist zu beachten, dass sich diese Frist **nicht verlängert**, wenn die Berufungs**einlegungsfrist** an einem **Samstag** oder Sonntag endet![369]

1755 **Beratungshinweis:** Bei Zustellung des Urteils ist sowohl die Berufungsfrist als auch die Berufungsbegründungsfrist im Terminkalender einzutragen.

#### b. Inhalt der Berufungsbegründung

1756 Es muss im Einzelnen dargelegt werden (§ 520 Abs. 3 ZPO), in welchen Punkten **tatsächlicher** oder **rechtlicher** Art das angefochtene Urteil unrichtig ist und aus welchen

368 Bischoff a.a.O. S. 861 i.A.a. BGH FamRZ 2003, 685.
369 Bischoff a.a.O. S. 865.

Gründen die tatsächliche und rechtliche Würdigung des erstinstanzlichen Urteils in den angegebenen Punkten für unrichtig erachtet wird. Es reicht **nicht** aus, lediglich auf das **Vorbringen 1. Instanz** zu **verweisen.**[370] Gemäß § 611 Abs. 1 ZPO ist ein **neues** Vorbringen in **2. Instanz** in **Ehesachen** immer zulässig.

1757 **BERATUNGSHINWEIS:** Ehesachen sind ausschließlich Scheidungsverfahren, nicht aber Folgesachen.

1758 Das Berufungsverfahren ist seit der ZPO-Reform 2002 nicht mehr „nur" zweite Tatsacheninstanz, sondern es soll in erster Linie eine **Fehlerkorrektur** ermöglichen.

1759 **BERATUNGSHINWEIS:** Es genügt nicht, wenn „zur Vermeidung von Wiederholungen" auf die Ausführungen in 1. Instanz verwiesen wird!

1760 Die Stellung eines Kostenantrags ist zwar **nicht erforderlich, wenn** jedoch ein **Kostenantrag** gestellt wird, so sollte hier die Formulierung „Kosten des **Rechtsstreits**" gewählt werden und **nicht nur** die **„Kosten des Berufungsverfahrens"** genannt werden, weil mit der beantragten Änderung der Hauptsache auch eine Änderung der Kostenentscheidung 1. Instanz begehrt wird.[371]

### 4. Berufung in isolierten Familiensachen

1761 Isolierte Familiensachen sind jene Rechtsstreitigkeiten, die nicht im Verbund entschieden wurden, sondern im **gesonderten** Verfahren. Die Berufung richtet sich nach allgemeinen Vorschriften.

### 5. Anschlussberufung

1762 Frist: **1 Monat** nach **Zustellung** der Berufungsbegründung (§ 524 Abs. 2 S. 2 ZPO).

1763 Begründung: Die Anschlussberufung muss **mit der Einlegung** begründet werden, § 524 Abs. 3 S. 1 ZPO.

1764 Eine **Verlängerung** der Frist zur Einlegung und Begründung der Anschlussberufung ist **nicht möglich.**[372] Es ist auch keine Wiedereinsetzung in den vorigen Stand zulässig, da es sich **nicht** um eine **Notfrist** handelt und die Frist auch nicht zu den in § 233 ZPO genannten Fristen gehört.[373]
Die Einlegung erfolgt durch Einreichung einer **Berufungsanschlussschrift** bei dem Berufungsgericht (§ 524 Abs. 1 ZPO).

1765 **BERATUNGSHINWEIS:** Die Anschlussberufung ist eine Berufung, die erst nach Einlegung der Berufung durch die Gegenseite eingelegt wird. Zur Einlegung einer Anschlussberufung kann und sollte bei entsprechender Erfolgsaussicht geraten werden, um möglicherweise die Gegenseite zu veranlassen, die eigene Berufung zurückzunehmen, da zu befürchten steht, dass möglicherweise auf die Anschlussberufung hin

---

370 Bischoff a.a.O. S. 866 i.A.a. BGH NJW 2000, 1576.
371 Bischoff a.a.O. S. 887.
372 Bischoff a.a.O. S. 889 i.A.a. OLG Celle MDR 2002, 1142.
373 Bischoff a.a.O.; a.O. OLG Celle NJW 2002, 2651.

ein für den Berufungsführer/die Berufungsführerin ungünstigeres Ergebnis erreicht wird.
Mit der Anschlussberufung kann in der Berufungsinstanz die Klage erhöht werden, so z.B. wenn aus den Urteilsgründen des Urteils 1. Instanz sich ergibt, dass an sich ein höherer Anspruch zuerkannt hätte werden müssen als von der Partei in 1. Instanz geltend gemacht! In einem solchen Fall wäre eine selbstständige Berufung nicht zulässig, da es an der Beschwer fehlt (es wurde zu niedrig eingeklagt).
Über die Anschlussberufung kann dagegen ein höherer Antrag gestellt werden.

1766 Die Anschlussberufung kann nach Ablauf der Berufungsfrist, aber spätestens **1 Monat** nach **Zustellung** der **Berufungsbegründung** eingelegt werden selbst dann, wenn der Anschlussberufungskläger auf die Einlegung einer Berufung **verzichtet** hat (§ 524 Abs. 2 S. 1 ZPO).

1767 **Beratungshinweis:** Wenn bei einer rechtzeitig eingelegten Berufung die Berufungsbegründungsfrist versäumt wird, kann das Rechtsmittel, falls der Gegner in zulässiger Weise Berufung eingelegt hat, als Anschlussberufung weitergeführt werden.
Achtung: Wenn die Frist zur Erwiderung auf die Berufung auf einen Zeitpunkt festgelegt wurde, der nach Ablauf der Monatsfrist liegt, wird hierdurch die Frist zur Einlegung und Begründung der Anschlussberufung nicht verlängert! Es muss also im Terminkalender, sobald die Berufungsbegründung eingegangen ist, außer der Erwiderungsfrist, zusätzlich die Frist für eine eventuell einzulegende Anschlussberufung eingetragen werden.
Zu Recht weist Bischoff a.a.O. S. 891 darauf hin, dass bei aus diesem Grund verspäteter Einlegung der Anschlussberufung empfohlen wird, schnellstmöglich die Haftpflichtversicherung zu verständigen!

### 6. Revision

1768 Ausführungen zur Revisionseinlegung erscheinen nicht erforderlich, da es lediglich wenige, beim BGH zugelassene Rechtsanwälte gibt und davon auszugehen ist, dass diese über ausreichend Sachkunde verfügen. Revisionsgericht in Familiensachen ist **immer** der **BGH.**

### 7. Nichtzulassungsbeschwerde

1769 Es gibt die Möglichkeit, Beschwerde einzulegen, weil die Revision nicht zugelassen wurde (§ 544 ZPO).

1770 **Notfrist: 1 Monat** nach Zustellung des Urteils. Die Einlegung muss beim **BGH** erfolgen durch einen **dort zugelassenen** Rechtsanwalt, weshalb ebenfalls auf eine Darstellung der Voraussetzungen verzichtet wird.

1771 **Beratungshinweis:** Es ist die Verjährungsfrist von 3 Jahren zu beachten und der Mandant ist durch das nachfolgende Abschlussschreiben schriftlich über die Verjährungsfrist zu belehren. Auch dieses Schreiben ist in einem gesonderten Ordner betreffend Belehrungsschreiben aufzubewahren, um ggf. später den Nachweis über die Belehrung führen zu können.

1772 **Muster: Belehrungsschreiben betreffend Verjährung**

121

Sehr geehrte(r)

Lediglich der guten Ordnung halber weise ich auf folgendes hin:

Gemäß § 1378 Abs.4 BGB verjährt die Zugewinnausgleichsforderung in

3 Jahren.

Die Frist beginnt mit dem Zeitpunkt, in dem der Ehegatte erfährt, dass der Güterstand beendet ist.

Bei Beendigung durch Scheidung, also zu dem Zeitpunkt, in dem Sie von dem rechtskräftigen Urteil Kenntnis erlangt haben.

Im Hinblick auf die Abgabe des Rechtsmittelverzichts im Termin beginnt die Frist am ■■■

Das Scheidungsurteil wurde rechtskräftig am ■■■ und Ihnen übersandt am ■■■, sodass von Fristbeginn ■■■ auszugehen ist.

Rechtsanwältin

1773 Auswirkung einer Zugewinnausgleichszahlung auf Prozesskostenhilfe und Prozesskostenvorschuss: Der Mandant ist darauf hinzuweisen, dass bei **Erhalt einer Zugewinnausgleichszahlung** über dem Schonvermögen von 2.250,00 € die **Prozesskostenhilfe aufgehoben** werden kann und i.d.R. aufgehoben wird, sodass die Partei die anteiligen Kosten des Verfahrens zu tragen hat. Dies ist insbesondere dann von erheblicher Bedeutung, wenn mehrere **Sachverständigengutachten** erholt wurden. Des Weiteren hat der Hinweis zu erfolgen, dass eine geleistete Prozesskostenvorschusszahlung (siehe oben Rn. 340ff.) auf Verlangen zurück zu zahlen ist, wenn sich die Vermögensverhältnisse erheblich bessern, eben aufgrund der erhaltenen Zugewinnausgleichszahlung.

1774 Bei Klagen betreffend Rückforderung von unbenannten Zuwendungen ist die Partei darauf hinzuweisen, dass es sich hierbei um eine **absolute Ermessensentscheidung** des Gerichts handelt. Solche kostenintensiven Verfahren mit völlig ungewissem Ausgang sollten in jedem Fall **vermieden werden.**[374]

1775 Wird der sog. **„über den Zugewinnausgleichsanspruch hinausgehende Ausgleichsanspruch“** nicht berücksichtigt, so stellt dies den nahezu klassischen Haftungsfall dar.

1776 Werden von einem Ehegatten erhebliche finanzielle Leistungen oder Arbeitsleistungen (auch seitens seiner Familie) erbracht zu einem Zeitpunkt, in welchem das Anwesen dem anderen Ehegatten noch nicht überlassen wurde, so sind diese Leistungen aus dem **Anfangsvermögen** des anderen Ehegatten bzw. privilegierten Vermögen **heraus zu rechnen.**

374 Zu Ansprüchen und Klageformulierungen s. Heiß, Das Mandat im Familienrecht § 10.

1777 Wird die Vorschrift des § 1378 Abs. 2 BGB nicht beachtet, wonach die Höhe der Zugewinnausgleichsforderung begrenzt ist, auf das zum Zeitpunkt der Rechtskraft der Scheidung vorhandene Vermögen und wird demzufolge nicht rechtzeitig **Abtrennungsantrag** gestellt (falls die Voraussetzungen vorliegen), können ebenfalls Haftungsansprüche drohen.

1778 Ebenfalls klassischer Haftungsfall ist, wenn trotz Vorliegens der Voraussetzungen **kein Arrestantrag gestellt** wird oder der Arrest nicht **fristgemäß** (siehe oben Rn. 1589ff.) vollzogen wird.

1779 In der Praxis häufig übersehen wird auch, dass bei Auseinandersetzung der **Gütergemeinschaft vorab** die Gesamtgutsverbindlichkeiten zu berichtigen sind. Gleiches gilt für den Anspruch auf Übernahme von Gegenständen, die in die Gütergemeinschaft eingebracht wurden.[375]

375 Zur Auseinandersetzung der Gütergemeinschaft s. Heiß, Das Mandat im Familienrecht § 10.

# § 8 TEILUNGSVERSTEIGERUNG

**Literatur:** Haußleiter/Schulz, Vermögensauseinandersetzung bei Trennung und Scheidung, 4. Auflage 2004; Mayer/Kroiß, Rechtsanwaltsvergütungsgesetz, Handkommentar, 2004; Münchener Prozessformularbuch Familienrecht, 2. Auflage 2003

## A. Vorprozessuale Situation

### I. Beratung

1780 Die Zwangsversteigerung ist die **wirtschaftlich ungünstigste** Lösung für die Aufteilung von im gemeinsamen Eigentum stehenden Immobilien, und zwar im Interesse **beider Ehegatten**. In der Regel liegt der bei einer Versteigerung zu erzielende **Erlös** weit unter dem tatsächlichen Verkehrswert, der zu erzielen wäre bei einem freihändigen Verkauf.

1781 Teilungsversteigerungen sind in der Praxis die **Ausnahme.** Die Auseinandersetzung erfolgt i.d.R. dahingehend, dass einer der Ehegatten das **Anwesen übernimmt** und nach **Verrechnung** mit etwaigen **Zugewinnausgleichsansprüchen** oder aber in Verbindung mit der Vereinbarung eines Unterhaltsverzichts nach Abzug der Schulden unter Berücksichtigung des geschätzten Verkehrswerts, den anderen Ehegatten ausbezahlt.

1782 Zwar kann durch das **Mitsteigern** der Anteil des anderen erworben werden, es besteht jedoch auch die **Gefahr**, dass im Versteigerungstermin mangels entsprechender Bieter der Zuschlag **weit unter** dem **Wert** erfolgt. Zuschlagsversagungen nach §§ 74a, 85a ZVG bieten nur einen geringen Schutz.[1]

1783 In jedem Fall sollte sich der andere Ehegatte am Verfahren beteiligen, um durch eigene Gebote entweder die Immobilie selbst zu erwerben oder ebenfalls den Preis in eine angemessene Höhe zu treiben. Der Partei muss geraten werden, dem Versteigerungsverfahren **beizutreten**, auch wenn die Versteigerung nicht erwünscht wird, um so die Möglichkeit zu schaffen, Verfahrensanträge zu stellen.[2]

1784 **BERATUNGSHINWEIS:** Häufig werden Teilungsversteigerungsanträge lediglich als Druckmittel zum Zwecke der Herbeiführung einer einvernehmlichen Regelung gestellt und zwar insbesondere dann, wenn einer der Ehegatten einen besonderen Bezug zu der gemeinsamen Immobilie hat.
Häufig wird der entsprechende Druck auf die Gegenseite dadurch erzeugt, dass kein eigener Teilungsversteigerungsantrag gestellt wird, sondern dass die monatlichen **Schuldenraten** bei der **Bank** nicht mehr bezahlt werden mit der Folge, dass die Zwangsversteigerung seitens der Bank erfolgt.

1785 Teilungsversteigerung kommt immer dann in Betracht, wenn **beide** Ehegatten **Miteigentümer** bezüglich einer Immobilie sind.

1 Haußleiter/Schulz Vermögensauseinandersetzung bei Trennung und Scheidung, Rn. 35 zu Kap. 5.
2 Haußleiter/Schulz a.a.O. Rn. 35 zu Kap. 5.

## II. Anspruchsgrundlagen

1786 Die Aufhebung einer Miteigentümergemeinschaft kann gem. § 749 Abs. 1 BGB jederzeit verlangt werden, soweit diese nicht durch Vertrag ausgeschlossen wurde. Der im Haus wohnende Ehegatte ist verpflichtet, Bietinteressenten die Besichtigung des Objektes zu ermöglichen.[3]

### 1. Grundstücke und Wohnungseigentum

1787 Bei **Grundstücken** erfolgt die Aufhebung der Gemeinschaft durch Teilungsversteigerung gem. § 753 BGB i.V.m. § 180 ZVG.

1788 Bei **Wohnungseigentum** kann zwar nicht die Aufhebung der Gemeinschaft der Wohnungseigentümer verlangt werden (§ 11 Abs. 1 WEG), jedoch gilt dieses Verbot nicht für die an der Eigentumswohnung bestehende **Bruchteilsgemeinschaft** von zwei Eheleuten.[4] Diese Bruchteilsgemeinschaft kann im Wege der Zwangsversteigerung aufgehoben werden.[5]

### 2. Nießbrauchsrechte

1789 Ist der Anteil des **Antragstellers** mit einem **Nießbrauch** belastet, muss auch der Nießbrauchsberechtigte Versteigerungsantrag stellen (§ 1066 BGB). Der Nießbrauch **setzt** sich dann am Erlös **fort** (§ 1066 Abs. 3 BGB). Besteht der Nießbrauch am **ganzen** Grundstück, wird er nach § 182 Abs. 1 ZVG zum geringsten Gebot gerechnet und bleibt bestehen.[6]

### 3. Erlösverteilung

1790 Mit der Versteigerung tritt der **Erlös** an die Stelle des gemeinschaftlichen Grundstücks, steht zunächst im **Miteigentum** und ist sodann jedoch nach § 753 Abs. 1 S. 1 BGB entsprechend den Miteigentumsanteilen zu **verteilen.**

### 4. Eigentumsübergang

1791 Durch den **Zuschlag** wird der **Ersteher Eigentümer** des Grundstücks (§ 90 ZVG). Die im geringsten Gebot enthaltenen **Rechte bleiben bestehen,** soweit sie nicht ausnahmsweise gem. § 49 Abs. 1 ZVG bar abzudecken sind (§ 52 Abs. 1 S. 1 ZVG). Die mit den Belastungen verbundenen persönlichen **Schulden** gehen auf den **Ersteher** über (§ 53 Abs. 1 ZVG).

1792 Vom Zuschlag ab haftet daher dieser für künftig fällig werdende Zins- und Tilgungsleistungen.[7]

3 AG Aachen FamRZ 1999, 848.

4 Haußleiter/Schulz a.a.O. Rn. 32 zu Kap. 5.

5 Haußleiter/Schulz a.a.O.

6 Haußleiter/Schulz a.a.O. Rn. 32 zu Kap. 5.

7 Haußleiter/Schulz a.a.O. Rn. 34 zu Kap. 5.

### 5. Einwendungen/Antrag auf einstweilige Einstellung des Teilungsversteigerungsverfahrens

#### a. Antrag auf einstweilige Einstellung

1793 Das Versteigerungsverfahren kann durch Anordnungen nach §§ 180 Abs. 2 – Abs. 4 ZVG für einen Zeitraum von bis zu **5 Jahren** hinausgezögert werden. Der **Antrag** auf **einstweilige Einstellung** ist allerdings **fristgebunden.** Die Einstellung muss innerhalb einer **Notfrist** von **2 Wochen** ab Zustellung einer Belehrung über die Einstellungsmöglichkeit beantragt werden (§ 30b Abs. 1 S. 2 ZVG), wobei die Belehrung i.d.R. zugleich mit dem Anordnungsbeschluss erteilt wird (§ 30b Abs. 1 S. 3 ZVG).[8]

#### b. Schutz der Interessen des Antragsgegners

1794 Einstellungsmöglichkeit nach § 180 Abs. 2 ZVG für die Dauer von **längstens 6 Monaten** mit **einmaliger Wiederholungsmöglichkeit**, wenn dies bei „Abwägung der widerstreitenden Interessen der Miteigentümer angemessen erscheint". Eine Einstellung kommt nach § 180 Abs. 3 ZVG nur ausnahmsweise in Betracht, wobei **für eine Einstellung spricht:**[9]

- wenn durch unmittelbar bevorstehende Reparaturen eine Werterhöhung zu erwarten ist,[10]
- wenn der Gegner alsbald Kredite erhält, um den Anteil des Antragstellers zu erwerben,
- wenn der Antragsteller einen Grundstückanteil ohnehin dem Antragsgegner zurückgeben muss.

1795 **Gegen** eine Einstellung des Verfahrens spricht:

- Wenn der Antragsteller **dringend** auf den Erlös aus der Versteigerung angewiesen ist,
- wenn beide Parteien nicht in der Lage sind, die laufenden Belastungen zu tragen.

#### c. Schutz der Interessen gemeinsamer Kinder

1796 Gemäß § 180 Abs. 3 S. 1 ZVG kann die Einstellung beantragt werden „zur Abwendung einer ernsthaften **Gefährdung** des **Wohls** eines **gemeinschaftlichen Kindes**". Es muss dargelegt werden, dass sich die Lebensverhältnisse eines gemeinschaftlichen Kindes nachhaltig verschlechtern bei Durchführung der Zwangsversteigerung, wobei nur **besondere** Umstände bezüglich einer begründeten gegenwärtigen Besorgnis der **Gefährdung** des körperlichen, geistigen oder seelischen Wohls eines Kindes bejaht werden.[11]

1797 **BERATUNGSHINWEIS:** In der Praxis wird von dieser Einstellungsmöglichkeit nur sehr zurückhaltend Gebrauch gemacht.

1798 Zugestimmt wurde einer solchen Einstellung bei einem **behinderten Kind,**[12] wobei über diesen Antrag der **Rechtspfleger** entscheidet.

8 Haußleiter/Schulz a.a.O. Rn. 41 zu Kap. 5.
9 Haußleiter/Schulz a.a.O. Rn. 42/43.
10 BGHZ 1979, 249, 256.
11 Haußleiter/Schulz a.a.O. Rn. 44 zu Kap. 5.
12 LG Berlin FamRZ 1987, 1066.

**Allgemeine**, nicht wesentliche **Beeinträchtigungen** der Kindesinteressen **genügen nicht**, also insbesondere nicht Beeinträchtigungen wie sie mit der Trennung der Eltern und einem damit verbundenen Verlust des Familienheimes notwendig verbunden sind. 1799

Der bloße Wunsch nach Beibehaltung des bisherigen Lebensstandards, insbesondere des Behaltens jeweils eines Zimmers für jedes Kind, begründet keine Einstellung des Verfahrens.[13] 1800

## B. Prozess

### I. Verfahren

#### 1. Zuständigkeit

**Zuständig** ist das Vollstreckungsgericht beim Amtsgericht (§§ 1, 35 ZVG). Jedem Miteigentümer ist dringend zu raten, sich am Versteigerungverfahren zu beteiligen. 1801

#### 2. Antragserfordernis

Die Teilungsversteigerung wird auf **Antrag** durchgeführt (§ 15 ZVG). Der Antrag kann **schriftlich** oder zu **Protokoll** der Geschäftsstelle gestellt werden, wobei genügt, dass beide Parteien im Grundbuch eingetragen oder Erbe des eingetragenen Eigentumes sind (§§ 17 Abs. 1, 181 Abs. 2 S. 1 ZVG).[14] 1802

Zu beachten ist die **Verfügungsbeschränkung** nach § 1365 BGB, wonach die Zustimmung des anderen Ehegatten erforderlich ist, wenn der Miteigentumsanteil nahezu das gesamte Vermögen der antragstellenden Partei darstellt (siehe Rn. 1296ff.). 1803

Im Antrag müssen Namen und Anschriften der Miteigentümer sowie Grundstücksbezeichnung mit vollständiger Angabe der Grundbuchstelle enthalten sein. 1804

#### 3. Wirkungen des Anordnungsbeschlusses

Üblicherweise erfolgt sodann der Erlass eines **Anordnungsbeschlusses** und zwar ohne Anhörung des Antragsgegners.[15] Der Antragsteller hat die Rolle des **„Gläubigers“**, der Antragsgegner die Rolle des **„Schuldners“**. Der Anordnungsbeschluss gilt als **Beschlagnahme** des Grundstücks (§ 20 Abs. 1 ZVG), was jedoch kaum Auswirkungen hat, da ein betreibender Gläubiger fehlt. 1805

#### 4. Veräußerung des Miteigentums

Die **Veräußerung** des Miteigentums eines Beteiligten hat keinen Einfluss auf das Verfahren (§ 26 ZVG). Eine etwaiger Erwerber rückt an die Stelle des bisherigen Eigentümers.[16] 1806

13 LG Essen FamRZ 1988, 1191.
14 Haußleiter/Schulz a.a.O. Rn. 34 zu Kap. 5.
15 Haußleiter/Schulz a.a.O. Rn. 38.
16 Haußleiter/Schulz a.a.O.

### 5. Einwendungen

1807 **Einwendungen** gegen den Versteigerungsantrag braucht das Vollstreckungsgericht nur dann zu beachten, wenn sie sich aus dem **Grundbuch** ergeben (§ 28 ZVG). Diese sind:

- Der Aufhebungsbeschluss gem. § 749 Abs. 2 BGB,
- Verfügungsbeschränkungen nach § 1365 BGB,
- oder Verstöße, die sich aus § 1353 BGB ergeben, (im Einzelnen zu den Einwendungen siehe unten Rn. 1850ff.). Diese können nur im Wege einer **Drittwiderspruchsklage** geltend gemacht werden, weil hierzu **keine Einträge** im **Grundbuch** enthalten sind.

### 6. Wertfestsetzungsverfahren

1808 Das Gericht ermittelt den **objektiven Grundstückswert,** und zwar i.d.R. durch Einholung eines **Sachverständigengutachtens.** Sodann wird der Wert nach § 74a Abs. 5 Ziff. 1 ZVG mit einem **förmlichen** Beschluss festgestellt, gegen welchen gem. § 74a Abs. 5 S. 3 ZVG **sofortige Beschwerde** eingelegt werden kann. Nach Abschluss des Wertfestsetzungsverfahrens ist die Wertfestsetzung verbindlich und kann nicht mehr angefochten werden.[17]

### 7. Zuschlagsversagung nach § 74a ZVG

1809 Werden durch das Meistgebot nicht **7/10 des Grundstückswertes** erreicht, so kann ein **Gläubiger** nach § 74a S. 1 ZVG die Versagung des Zuschlags beantragen. Bei dieser Vorschrift handelt es sich jedoch nur um eine Vorschrift zum **Schutz der Gläubiger.** Die **Parteien** haben durch diese Zuschlagsversagung **keinerlei Vorteile**, im Gegenteil: Wird der Zuschlag versagt, ist von Amts wegen ein **neuer** Versteigerungstermins zu bestimmen, in welchem nach § 74a Abs. 4 ZVG die Versteigerung **ohne Rücksicht auf die 7/10-Grenze betrieben wird.**[18]

### 8. Zuschlagsversagung nach § 85a ZVG

1810 Wird durch das Meistgebot nicht **5/10 des Grundstückswertes** erreicht, ist der Zuschlag nach § 85a Abs. 1 ZVG **von Amts wegen zu versagen**. Es ist sodann nach § 85a Abs. 2 i.V.m. § 74a Abs. 3 ZVG von Amts wegen ein **neuer** Versteigerungstermin zu bestimmen, in welchem ebenfalls nach § 85a Abs. 2 S. 2 ZVG die Versteigerung **ohne Rücksicht auf eine Wertgrenze** betrieben wird.

### 9. Sicherheitsleistungen

1811 Gemäß § 67f ZVG können die Miteigentümer von den **Bietern** Sicherheitsleistungen verlangen, gleiches gilt für **mitsteigernde Miteigentümer.** Die Sicherheit muss **sofort** nach Abgabe des **Gebots** verlangt werden. Ist der Bieter nicht in der Lage, Sicherheit zu leisten, **kann** er **kein wirksames Gebot** abgeben. Der Miteigentümer braucht nach § 184 ZVG nur dann **keine** Sicherheit zu leisten, wenn ihm eine durch das Gebot gedeckte Hypothek oder Grundschuld zusteht.[19]

---

17 Haußleiter/Schulz a.a.O. Rn. 57 zu Kap. 5.
18 Haußleiter/Schulz a.a.O. Rn. 58 zu Kap. 5.
19 Haußleiter/Schulz a.a.O. Rn. 60 zu Kap. 5.

Die **Höhe** der Sicherheitsleistung beträgt gem. § 68 Abs. 1 ZVG **10 %** des festgesetzten Verkehrswerts und kann nach § 69 ZVG erfolgen durch:[20] 1812

- bestätigte Bundesbankschecks,
- im Inland bezahlbare Verrechnungsschecks, die von einem zugelassenen Kreditinstitut ausgestellt wurden,
- unbefristete, unbedingte und selbstschuldnerische Bürgschaft eines zugelassenen Kreditinstituts oder
- Übergabe von Bargeld an das Vollstreckungsgericht.

### 10. Gebote

#### a. Geringstes Gebot

Im Teilungssteigerungsverfahren gilt der **Deckungsgrundsatz.**[21] Es müssen die **Verfahrenskosten** gedeckt und die **Rechte gesichert** sein, die dem Auseinandersetzungsanspruch der antragstellenden Partei vorgehen. Das **geringste** Gebot wird im Versteigerungstermin **förmlich** festgestellt (§ 66 Abs. 1 ZVG), **niedrigere** Gebote sind nach § 44 Abs. 1 ZVG **unzulässig.** Dies hat die Folge, dass z.B. **überschuldete** Grundstücke **nicht zu versteigern** sind. 1813

Das geringste Gebot besteht aus 1814

- dem nach § 49 Abs. 1 ZVG bar zu zahlenden Teil, dem **Bargebot** (siehe unten Rn. 1818ff. und
- den nach § 52 ZVG bestehen bleibenden Rechten.

Ist ein Grundstück unbelastet und betragen die Verfahrenskosten ca. 10.000,00 €, so beträgt das geringste Gebot 10.000,00 €. Ist das Grundstück belastet mit 600.000 € und betragen die Verfahrenskosten 10.000,00 €, so liegt das geringste Gebot bei 610.000,00 €. Liegt der Grundstückswert **unter** dem **geringsten** Gebot, wird die **Versteigerung** i.d.R. **scheitern**, weil normalerweise keine Gebote abgegeben werden, die den Grundstückswert übersteigen. Gemäß § 182 Abs. 1 ZVG sind beim geringsten Gebot „die den Anteil des Antragstellers belastenden oder mitbelastenden Rechte" an dem Grundstück zu berücksichtigen. Dies sind i.d.R. Grundschulden oder Hypotheken.[22] 1815

Sind die Anteile der Parteien **nicht gleich hoch**, so erhöht sich nach § 182 Abs. 2 ZVG das geringste Gebot um den zum Ausgleich unter den Miteigentümern erforderlichen Betrag, der bei der Versteigerung in bar zu bezahlen ist. Wurde dieser Betrag nicht berücksichtigt, so kann die unterschiedliche Belastung noch im Rechtsstreit um die Verteilung des Erlöses ausgeglichen werden.[23] 1816

**Beratungshinweis:** Wenn der Antragsgegner zur **Verhinderung** der Teilungsversteigerung **seinen Anteil** hoch belastet und dann dem Verfahren als Antragsteller nach § 27 ZVG beitritt, wäre unter Umständen eine Versteigerung nicht mehr möglich, weil 1817

20 Haußleiter/Schulz a.a.O Rn. 61.
21 Haußleiter/Schulz a.a.O. Rn. 62.
22 Haußleiter/Schulz a.a.O. Rn. 64/65 zu Kap. 5.
23 Haußleiter/Schulz a.a.O. Rn. 66 i.A.a. BGH FamRZ 1983, 797.

damit der Marktwert erreicht oder sogar übertroffen wird, weil die entsprechende Ausgleichszahlung in das geringste Gebot mit aufzunehmen ist. Um solche Vorgehensweisen zu vermeiden, soll es bei zwei oder mehr Antragstellern nur noch auf den Miteigentumsanteil ankommen, der am **wenigsten** belastet ist.[24]

#### b. Bargebot

1818 Nach § 49 Abs. 1 ZVG besteht des Bargebot aus 3 Teilen (i.A.a. Haußleiter a.a.O. Rn. 68 zu Kap. 5):

- den Verfahrenskosten,
- den Ansprüchen nach § 10 Abs. 1 Nr. 1 – 3 ZVG,
- § 12 Nr. 1, 2 ZVG (insbesondere: **Rückstände** an **Grundsteuer, Zins und Tilgung**) und
- dem **Mehrgebot**, also um den Teil des Gebots, der das geringste Gebot übersteigt.

1819 Im Bargebot ist der anschließend zu verteilende **Erlösanteil** enthalten.

1820 **Beratungshinweis:** Im Versteigerungstermin wird immer nur das Bargebot genannt. Wer sich an der Versteigerung beteiligen will, darf nie vergessen, dass er neben dem durch Zahlung zu berichtigenden Bargebot auch für die **bestehen bleibenden Rechte** haftet, wenn er den Zuschlag erhält (§§ 44, 52 ZVG), da sich der „Erlös" nicht nur aus dem berichtigten Bargebot errechnet, sondern auch aus den bestehen bleibenden Rechten.[25]

1821 Das Bargebot ist ab dem Zeitpunkt des **Zuschlags** nach § 49 Abs. 2 ZVG i.V.m. § 246 BGB mit 4 % zu **verzinsen.** Fälligkeit tritt jedoch erst in dem gesondert durchzuführenden späteren **Verteilungstermin** ein.

1822 **Beratungshinweis:** Ein potenzieller Bieter braucht also zum **Versteigerungstermin** (nicht: Verteilungstermin) nur soviel Geld bzw. andere zur Sicherheitsleistung dienende Geldmittel mitzunehmen wie er für die Sicherheitsleistung nach §§ 67ff. ZVG benötigt.[26]

### 11. Aufteilung des Erlöses

1823 Die Aufteilung des Erlöses erfolgt in 3 Schritten.[27] Im **Verteilungstermin** ist das Bargebot sowie die nach § 49 Abs. 2 ZVG angefallenen Zinsen (Zinsen ab Zuschlag) einzuzahlen und zwar auch dann, wenn einer der Miteigentümer das Grundstück ersteigert hat.

1824 Sodann ist die **„Teilungsmasse"** festzustellen (§ 107 Abs. 1 ZVG). Davon werden vorweg die Kosten entnommen (§ 109 Abs. 1 ZVG). Anschließend wird der **Teilungsplan** (§ 113 ZVG) aufgestellt, aus dem sich der **Überschuss** ergibt.

24 Haußleiter/Schulz a.a.O Rn. 67.
25 Haußleiter/Schulz a.a.O. Rn. 69.
26 Haußleiter/Schulz a.a.O. Rn. 70.
27 I.a.a. Haußleiter/Schulz a.a.O. Rn. 71.

1825 Dieser Überschuss tritt im Wege einer dinglichen Surrogation an die Stelle des versteigerten Grundstücks[28] mit der Folge, dass sich die **Miteigentumsgemeinschaft am Erlös fortsetzt.** Für die Verteilung gilt daher § 742 BGB als Auslegungsregel, wonach grundsätzlich von gleichen Anteilen auszugehen ist. Es kann sich demnach bei unterschiedlichen Anteilen auch ein **anderer Verteilungsschlüssel** ergeben.

### a. Verteilung des Überschusses

1826 Die Überschussverteilung ist nicht Sache des Vollstreckungsgerichts.[29] Vielmehr ist dies ausschließlich Sache der Teilhaber, wobei das Gericht jedoch vermitteln kann. Können sich die Teilhaber nicht einigen, so ist der Überschuss nach § 117 Abs. 2 S. 3 ZVG zu hinterlegen.

1827 **Beratungshinweis:** Aufgrund der niedrigen Verzinsung von 1,2 % (§ 8 Nr. 2 HintO) sollten die Parteien sich zumindest darauf einigen, das Geld bei einer Bank als Festgeld zu hinterlegen mit der Maßgabe, dass sie hierüber nur gemeinsam verfügungsberechtigt sind.

### b. Hinterlegung des Überschusses

1828 Wurde der Überschuss bei einer **Hinterlegungsstelle** hinterlegt, so kann ein Teilhaber den anderen auf Einwilligung zur Auszahlung verklagen. Die Einwilligung ist gem. § 13 Abs. 2 HintO erforderlich; Anspruchsgrundlage ist § 812 Abs. 1 BGB.[30]

1829 Die Einwilligung kann nur dann versagt werden, wenn sich der Beklagte auf Ansprüche nach §§ 755, 756 BGB berufen kann.

- Lasten auf der Immobilie Verbindlichkeiten, kann jeder Ehegatte gem. § 755 BGB verlangen, dass diese **Verbindlichkeit aus dem Erlös vorweg getilgt** wird.
- Ist das Darlehen (wie i.d.R. der Fall) noch nicht zur Rückzahlung fällig, kann analog § 733 Abs. 1 S. 2 BGB verlangt werden, dass der entsprechende Betrag zurückgehalten wird.[31]
- § 756 BGB betrifft Ansprüche der Ehegatten untereinander bezogen auf die Immobilie.
- Hat z.B. einer der Ehegatten ein Darlehen zweckbestimmt für die Immobilie aufgenommen und haftet er hierfür alleine, so hat er insoweit einen Anspruch auf **Befreiung,** wobei dieser Anspruch nicht auf Zahlung gerichtet ist, sondern auf **Zustimmung** zur **Auszahlung** an den **Darlehensgeber.**[32]
- Gleiches gilt für **gemeinsam aufgenommene Darlehen,** wenn ein Ehegatte Anspruch auf Haftungsfreistellung hat und im **Innenverhältnis** also nur noch der andere Ehegatte haftet.[33]

---

28 VGL. BGH FAMRZ 1990, 254, 255; 1990, 975, 976.
29 Haußleiter/Schulz a.a.O. Rn. 72 zu Kap. 5.
30 BGH FamRZ 1992, 43: Der Beklagte ist um die formelle Mitberechtigung am Erlös ungerechtfertigt bereichert.
31 Haußleiter/Schulz a.a.O. Rndr 73.
32 BGH FamRZ 1992, 43.
33 OLG Köln FamRZ 1991, 1334.

1830 **Solange** also das Versteigerungsverfahren **noch nicht beendet** ist, können keine Gegenansprüche geltend gemacht werden, so z.B. Ansprüche auf Zugewinnausgleich, und es besteht auch **kein** Zurückbehaltungsrecht. Es kann nicht eingewandt werden, dass der Kläger aus einem anderen Rechtsgrund ebenfalls eine Gegenleistung schuldet.[34]

1831 **Sobald jedoch das Versteigerungsverfahren beendet** ist und die Parteien z.B. den Betrag bei einer Bank hinterlegt haben, können dem Zustimmungsverlangen auf hälftige Auszahlung auch Gegenansprüche aus anderen Rechtsverhältnissen entgegen gehalten werden, so z.B. **Zurückbehaltungsrechte** wegen Anspruch auf **Zugewinnausgleich** sowie Ansprüche aus Gesamtschuldenausgleich nach § 426 BGB.[35]

1832 Diese Streitigkeiten betreffend die Aufteilung des Erlöses sind **zivilrechtliche** Streitigkeiten mit der Folge, dass nicht das Familiengericht, sondern das **allgemeine Zivilgericht** zuständig ist. Es handelt sich um einen Anspruch aus § 752 BGB.

### 12. Versteckte Eigentümergrundschuld

1833 In der Regel sind Teile der Darlehen, die durch Grundschulden auf der Immobilie abgesichert sind, bereits zurückbezahlt. Dadurch entstehen nach § 1177 Abs. 1 BGB Eigentümergrundschulden, die den Teilhabern gemeinschaftlich zustehen.

1834 Wird die Belastung in der **ursprünglichen** Höhe, also nicht in der tatsächlich bestehenden Höhe in das geringste Gebot aufgenommen, so erstreckt sich diese **Aufnahme mit auf die Eigentümergrundschuld.** Sie bleibt daher bei der Versteigerung nach § 52 Abs. 1 ZVG bestehen.[36]

1835 Wenn nun ein Miteigentümer das Grundstück ersteigert, so hat der andere hinsichtlich seines **Anteils** an der **Eigentümergrundschuld keinen Zahlungsanspruch.**[37] Es ist vielmehr Teilung in natur durch **Bildung von Teilgrundschulden** vorzunehmen.[38]

1836 Hat ein Miteigentümer ein dinglich gesichertes Darlehen zurückgezahlt, ohne dass er einen Ausgleichsanspruch nach § 426 Abs. 1 BGB hat, so erwirbt er gem. § 1173 Abs. 1 BGB eine Eigentümergrundschuld in voller Höhe an **seinem Miteigentumsanteil.** Die dingliche Belastung am Miteigentumsanteil des anderen Miteigentümers erlischt. Somit entstehen **ungleiche Belastungen** an den einzelnen Miteigentumsanteilen, die bei der Teilungsversteigerung nach § 182 Abs. 2 ZVG durch **Erhöhung** des **geringsten Gebots auszugleichen** sind.

1837 **Beratungshinweis:** In der Praxis wird dies häufig übersehen, jedoch kann der Ausgleichsanspruch noch **nachträglich** beim **Streit um den Erlös** geltend gemacht werden.[39] Spätestens bei der Erlösverteilung muss nochmals genau überprüft werden, ob im geringsten Gebot **die durch Darlehensrückzahlungen entstandenen Eigentümergrundschulden enthalten waren.**

34 BGH FamRZ 1990, 254, 255.
35 Hierzu s. Heiß, Das Mandat im Familienrecht § 10.
36 Haußleiter/Schulz a.a.O. Rn. 77 zu Kap. 5.
37 OLG Bamberg FamRZ 1996, 1477.
38 Haußleiter/Schulz a.a.O. Rn. 77.
39 BGH FamRZ 1983, 797.

## II. Muster zur Teilungsversteigerung

### 1. Muster: Antrag auf Zwangsversteigerung

1838

122

Der Antrag ist gerichtet an das Amtsgericht Vollstreckungsgericht.

■■■

stelle ich folgenden Antrag:

Das dem Antragsteller und der Antragsgegnerin in Miteigentum zu je ½ gehörende Grundstück, Flurstück-Nr. ■■■ der Gemarkung ■■■ vorgetragen im Grundbuch des Amtsgerichts ■■■ Band ■■■ Blatt ■■■ wird zum Zweck der Aufhebung der Miteigentumsgemeinschaft versteigert.

1839 Bezüglich des Formulars Drittwiderspruchsklage wird auf die Ausführungen unten Rn. 1872 verwiesen.

### 2. Muster: Antrag auf Zwangsversteigerungsbeitritt

1840

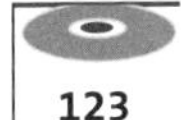
123

Der Antrag ist gerichtet an das Amtsgericht – Vollstreckungsgericht.

■■■

beantrage ich namens und mit Vollmacht des Gläubigers,

den Beitritt zu der mit Beschluss vom ■■■ Az ■■■ des Amtsgerichts Vollstreckungsgerichts ■■■ für dieses Grundstück bereits angeordneten Zwangsversteigerung zuzulassen.

■■■

## III. Kosten/Streitwert

### 1. Streitwert

1841 Streitwert ist der zu verteilende Erlös im Verteilungsverfahren und entspricht der zu verteilenden Masse i.S.d. § 107 Abs. 1 ZVG (Teilungsmasse). Er besteht aus dem Bargebot (als geringstes Gebot + Mehrgebot) sowie Zinsen hieraus (§ 49 Abs. 2 ZVG). Die Kosten des Verfahrens, die an sich nach § 109 Abs. 1 ZVG vorweg zu entnehmen sind, werden bei der Wertbestimmung des Erlöses nicht abgezogen; bestehen bleibende Rechte werden nicht hinzu gerechnet.[40] Bei der Bestimmung des Erlöswertes ist auf den so ermittelten (Gesamt-)Betrag abzustellen und nicht auf den Erlösanteil, der auf den einzelnen Gläubiger oder Beteiligten entfällt.[41]

1842 Der Gegenstandswert wird grundsätzlich nach dem Wert des Gegenstandes der Zwangsversteigerung, im Verteilungsverfahren nach dem zur Verteilung kommenden Erlös bestimmt. Insoweit wird der Gegenstandswert entsprechend den Grundsätzen in § 26 Nr. 1 HS 4 RVG ermittelt. Der Gegenstandswert i.S.d. Nr. 2 entspricht daher stets

40 Mayer/Kroiß Handkommentar Rechtsanwaltsvergütungsgesetz, Rn. 21 zu § 26.
41 Mayer/Kroiß a.a.O. Rn. 22 zu § 26.

dem Höchstbetrag i.S.d. Nr. 1.[42] Gemäß Nr. 2 Hs 2 ist jedoch bei Miteigentümern oder sonstigen Mitberechtigten nicht der Gesamtwert bzw. der Gesamterlös für die Bestimmung des Gegenstandswerts anzusetzen, sondern deren Anteil am Wert des Gegenstandes oder am Versteigerungserlös.

1843 Diese Regelung ist insbesondere für die Teilungsversteigerung bedeutsam (vgl. §§ 180ff. ZVG). Dabei ist es unerheblich, ob die Vertretung für einen Miteigentümer im Rahmen einer Auseinandersetzung oder für einen Gläubiger erfolgt, der den Anspruch auf Aufhebung der Gemeinschaft samt Teilung und Auszahlung des Erlöses gepfändet hat. In beiden Fällen ist der Gegenstandswert entsprechend dem Anteil des Miteigentümers zu bestimmen.[43]

### 2. Gebühren

1844 Die **Gebührenhöhe** beträgt einheitlich **0,4** gem. VV Nr. 3311. Durch diese Gebühr sind **sämtliche** Tätigkeiten abgegolten, unabhängig davon, ob der Anwalt einzelne oder mehrere Tätigkeiten ausübt. **Gesonderte** Gebühren bedingt lediglich die **Wahrnehmung** des Versteigerungstermins nach Nr. 3312 VV und die Durchführung eines Vollstreckungsschutzverfahrens nach § 765a ZPO oder eines Vollstreckungsschutzverfahrens nach § 30aff., § 180 Abs. 2 ZVG bzw. Verhandlungen zwischen dem Gläubiger und Schuldner mit dem Ziel der Aufhebung des Verfahrens.[44] Die Vorschrift kommt **auch** bei der Vertretung eines **Bieters** zur Anwendung, sodass der **Bieter** gebührenrechtlich den Verfahrensbeteiligten **gleichgestellt** ist.

1845 Besteht die Tätigkeit in einer **außergerichtlichen Einigung**, wird i.d.R. auch die **Einigungsgebühr** i.S.d. Nr. 1000 VV anfallen, die jedoch in der Höhe auf **1,0** reduziert ist, da das Zwangsversteigerungsverfahren ein gerichtliches Verfahren i.S.d. Nr. 1003 VV darstellt. Ein „Nachgeben" i.S.d. § 779 BGB ist zur Entstehung gerade nicht mehr Voraussetzung.[45]

1846 Sofern der Anwalt für das **ganze** Verfahren bestellt wird, kann er sowohl die Gebühr gem. Nr. 3311 VV Ziff. 1 als auch Ziff. 2 geltend machen, nämlich einerseits für die Tätigkeit bis zur Einleitung des Verteilungsverfahrens und andererseits für die Tätigkeit im Verteilungsverfahren. Die Gebühren entstehen entsprechend den enumerativ aufgeführten Ziffern entsprechend **gesondert.**[46] Es fallen sodann nach Nr. 3311 und 3312 VV eine **Verfahrens-** und **Terminsgebühr** mit jeweils 0,4 an.

## IV. Rechtsmittel/Muster

### 1. Erinnerung/sofortige Beschwerde

1847 Gegen die Ablehnung eines Antrags auf Teilungsversteigerung ist die sofortige Beschwerde gem. § 793 ZPO gegeben. Ist die Anordnung ohne vorherige Anhörung

42 Mayer/Kroiß a.a.O. Rn. 24 zu § 26.
43 Mayer/Kroiß a.a.O. Rn. 25 zu § 26 RVG.
44 Gierl in: Mayer/Kroiß Rn. 5 zu Nr. 3311 VV.
45 Gierl in: Mayer/Kroiß Rn. 9 zu Nr. 3311 VV.
46 Gierl a.a.O. Rn. 10 zu Nr. 3311 VV.

des Gegners ergangen, ist Vollstreckungserinnerung nach § 766 ZPO einzulegen. Wurde über diese Vollstreckungserinnerung entschieden – wobei die Entscheidung durch das Gericht zu treffen ist (§ 20 Nr. 17 RPflG), so ist wiederum sofortige Beschwerde nach § 793 ZPO zulässig.[47]

1848 Wurde die Teilungsversteigerung ausnahmsweise nach Anhörung des Gegners angeordnet, ist sofortige Beschwerde wie bei der Ablehnung gegeben, also gem. § 793 ZPO.

1849 **Beratungshinweis:** In der Praxis spielen Erinnerung und sofortige Beschwerde praktisch keine Rolle, weil im Rahmen dieser Rechtsbehelfe nur die formellen Voraussetzungen überprüft werden können.[48]
Sämtliche **materiellrechtlichen** Einwendungen können **nur** im Rahmen der **Drittwiderspruchsklage** geltend gemacht werden.

### 2. Drittwiderspruchsklage

1850 In der Regel werden mit der Drittwiderspruchsklage folgende Einwendungen erhoben:[49]

- Verfügungsbeschränkungen nach § 1365 BGB,
- Verstöße gegen die sich aus § 1353 BGB ergebende Pflicht zur Rücksichtnahme,
- unzulässige Rechtsausübung gem. § 242 BGB oder
- ein Aufhebungsausschluss nach § 749 Abs. 2 BGB,
- bei **Gütergemeinschaft** zur Sicherung des **Übernahmerechts** nach § 1477 Abs. 2 BGB[50]

#### a. Verfügungsbeschränkungen nach § 1365 BGB

1851 Die Teilungsversteigerung kann dann für unzulässig erklärt werden, wenn es sich bei dem Miteigentumsanteil des Antragstellers um dessen gesamtes Vermögen handelt und der andere Ehegatte – wie dies i.d.R. der Fall ist – mit der Teilungsversteigerung nicht einverstanden ist.

1852 Gemäß § 1365 Abs. 1 BGB sind Verfügungen zustimmungsbedürftig, wenn die Parteien im gesetzlichen Güterstand leben und die Verfügung das Vermögen im Ganzen betrifft. Hierzu gehört auch der Antrag eines Ehegatten auf Teilungsversteigerung, wenn sein Miteigentumsanteil an der zu versteigernden Immobilie sein Vermögen im Ganzen darstellt.

1853 aa) Grundsätzlich bleiben Schulden unberücksichtigt, sodass § 1365 BGB auch für Rechtsgeschäfte eines überschuldeten Ehegatten gilt.[51] Hat z.B. ein Ehegatte ein Gesamtvermögen von 300.000 € und 100.000 € Schulden, so beträgt das zustimmungsbedürftige Aktiv-Vermögen 300.000 €.

---

47 Haußleiter/Schulz a.a.O. Rndr 40 zu Kap. 5.

48 OLG Frankfurt FamRZ 1997, 1490.

49 Haußleiter/Schulz a.a.O. Rn. 47 zu Kap. 5.

50 Hierzu s. Heiß, Das Mandat im Familienrecht § 10.

51 BGH FamRZ 1978, 765, 766; 1996, 792, 794.

1854 bb) Etwas **anderes** gilt bei **Immobilien.** Bei einer Veräußerung ist der Wert des Grundstücks um die tatsächlich valutierten Belastungen, die auf dem Grundstück eingetragen sind, zu vermindern.[52]

1855 cc) Keine Vermögensverfügung im Ganzen liegt vor, wenn bei einem **kleineren Vermögen** ein **Restvermögen** von **15 %** und bei einem **größeren Vermögen** ein **Restvermögen** von **10 %** verbleibt.[53]

1856 Eine Festlegung der Grenze zwischen kleinem und großen Vermögen wurde vom BGH nicht vorgenommen. In der zitierten Entscheidung handelt es sich bei dem kleinen Vermögen um 22.000 und bei dem größeren Vermögen um 250.000 .

1857 dd) Wird die Zustimmung – die bereits beim **Antrag** auf Teilungsversteigerung vorliegen muss – **verweigert**, so kann sie durch das **Vormundschaftsgericht** gem. § 1365 Abs. 2 BGB ersetzt werden.[54] Bei der dabei vorzunehmenden Interessenabwägung sind die Interessen aller Familiengehörigen zu berücksichtigen. Eine Zustimmungsverweigerung ohne ausreichenden Grund liegt **nicht** vor, wenn mit der Veräußerung eine wesentliche **Sicherheit** für den Zugewinnausgleichanspruch verloren geht.[55]

1858 § 1365 BGB soll sowohl den künftigen Zugewinnausgleich des anderen Ehegatten als auch die wirtschaftliche Grundlage der Familie sichern.[56] § 1365 BGB gilt nur bis zur Rechtskraft der Scheidung. Lediglich in besonderen Ausnahmefällen kann die Teilungsversteigerung nach der Scheidung noch rechtsmissbräuchlich sein.[57]

1859 Wenn die Zustimmungsbedürftigkeit eindeutig gegeben ist, kann auch im Wege der **Erinnerung** nach § 766 ZPO gegen die Durchführung der Teilungsversteigerung vorgegangen werden.[58] Im Regelfall ist jedoch die Drittwiderspruchsklage das richtige Rechtsmittel.[59]

### b. Pflicht zur Rücksichtnahme, § 1353 BGB

1860 Ein Ehegatte, für den der Aufhebungsantrag „zur Unzeit" kommt, kann nach § 771 ZPO vorgehen. Dies gilt sogar auch noch nach rechtskräftiger Scheidung.[60] Allerdings wird eine Drittwiderspruchsklage bei Eheleuten, die schon lange getrennt leben oder bereits geschieden sind, in diesen Fällen nur ausnahmsweise Erfolg haben.[61]

### c. Unzulässige Rechtsausübung, § 242 BGB

1861 Dies betrifft nur ganz besondere Ausnahmefälle, in denen die Teilungsversteigerung auch nach rechtskräftiger Ehescheidung noch verhindert werden kann, nämlich dann,

52 BGH FamRZ 1996, 792, 794.
53 BGH FamRZ 1980, 765, 767; 1991, 669, 670.
54 BGH FamRZ 1982, 785.
55 OLG Köln FamRZ 1997, 677; LG Koblenz FamRZ 1998, 163.
56 BGH FamRZ 2000, 744; 1980, 765, 766; 1978, 396, 397.
57 BGH FamRZ 1977, 458, 459; OLG Frankfurt FamRZ 1998, 641 (querschnittsgelähmte Ehefrau.).
58 Haußleiter/Schulz a.a.O. Rn. 51 zu Kap. 5 i.A.a. AG Hannover FamRZ 2003, 938.
59 Haußleiter/Schulz a.a.O.
60 Brudermüller FamRZ1996, 1516, 1522.
61 Haußleiter/Schulz a.a.O. Rn. 52 zu Kap. 5.

wenn die Aufhebung der Gemeinschaft für einen Ehegatten „ein unzumutbar unbilliges Ergebnis zur Folge haben würde".[62] Dies wäre z.B. dann der Fall, wenn der andere Ehegatte ausnahmsweise (kommt in der Praxis nahezu nicht vor) einen Anspruch auf dingliche Rückgewähr einer ehebezogenen Zuwendung hätte.[63] Abzustellen ist insbesondere auch auf das Wohl der gemeinsamen Kinder.[64]

1862 Gleiches gilt, wenn z.B. ein Ehegatte gem. § 1383 BGB beantragt hat, ihm den Miteigentumsanteil des anderen Ehegatten am Familienheim zu übertragen (hierzu siehe oben Rn. 1551).

1863 Zwar kann eine Teilungsversteigerung nicht verhindert werden durch einen Antrag auf Zuweisung der Ehewohnung an einen Ehegatten nach § 1361b BGB, jedoch kann das Familiengericht gem. § 1361b Abs. 3 S. 1 BGB, § 15 HausrVO anordnen, dass dem aus der Wohnung gewiesenen Ehegatten verboten wird, die Teilungsversteigerung zu betreiben.[65] S.a. Rn. 1914.

### d. Verstöße gegen den Ausschluss des Auseinandersetzungsrechts, § 749 Abs. 2 BGB

1864 Die Parteien können beim gemeinsamen Erwerb einer Immobilie den Aufhebungsanspruch nach § 749 Abs. 2 BGB ausschließen, was in der Praxis jedoch nahezu nie vorkommt. Das Scheitern der Ehe stellt jedoch dann einen wichtigen Grund im Sinne dieser Vorschrift dar, sodass die Aufhebung der Miteigentumsgemeinschaft beantragt werden kann.[66]

1865 Mit der Drittwiderspruchsklage kann allerdings geltend gemacht werden, dass die Teilungsversteigerung unzulässig ist, weil die Parteien anlässlich der Scheidung in einem gerichtlichen Vergleich oder einer notariellen Urkunde vereinbart haben, dass das gemeinsame Grundstück auf die Kinder übertragen wird.[67] Ähnlich ist es, wenn sich die Eheleute dahingehend geeinigt haben, dass ein Ehegatte die Familienwohnung in Zukunft allein nutzen darf.[68]

1866 Eine Zulassung der Teilungsversteigerung ist aber möglich, wenn z.B. der begünstigte Ehegatte in einem Pflegeheim untergebracht werden muss oder wenn der andere Ehegatte in Not gerät und auf den Erlös aus der Versteigerung angewiesen ist.[69]

### e. Zuständigkeit

1867 Die gerichtliche Zuständigkeit hängt davon ab, ob **das der Versteigerung entgegen stehende Recht** Familiensache i.S.v. § 23b Abs. 1 S. 2 GVG ist. In diesen Fällen ist für die Einwendung des § 1365 BGB das **Familiengericht** zuständig. Für Einwendungen gem. §§ 749 Abs. 2, 1353 Abs. 1 S. 2 oder 242 BGB ist das **allgemeine** Zivilgericht zuständig.

62 BGH FamRZ 1977, 458, 459.
63 Hierzu s. Heiß, Das Mandat im Familienrecht § 10.
64 OLG München FamRZ 1989, 980.
65 Haußleiter/Schulz a.a.O. Rn. 53 b.
66 Haußleiter/Schulz a.a.O. Rn. 54 zu Kap. 5.
67 OLG München FamRZ 1989, 1980.
68 Haußleiter/Schulz a.a.O. Rn. 55 zu Kap. 5.
69 Haußleiter/Schulz a.a.O. Rn. 55.

### f. Streitwert

1868 Der Streitwert einer Drittwiderspruchsklage gegen die Zulässigkeit der Teilungsversteigerung richtet sich nach einem Bruchteil des Grundstückswerts, wobei 1/10 angemessen sein kann.[70] Der Streitwert kann auch mit 20 % des Verkehrswertes des Klägeranteils angesetzt werden.[71]

### g. Gebühren

1869 Es handelt sich um ein zivilgerichtliches Verfahren, das beim Prozessgericht oder vor dem Familiengericht zu führen ist, somit

- Verfahrensgebühr: 1,3 gem. Nr. 3100 VV
- Terminsgebühr: 1,2 gem. Nr. 3104 VV
- gerichtliche Einigung: 1,0 gem. Nr. 1003 VV

1870 Die **Gebühr** für den Antrag auf Einstellung der Zwangsvollstreckung ergibt sich aus Nr. 3328 VV und beträgt **0,5**. Der Anwendungsbereich umfasst

- einstweilige Einstellungen i.S.d. § 707, 719 ZPO bei
- Wiedereinsetzungsantrag (§ 707 ZPO)
- Rechtsmittel und Einspruch (§ 719, § 707 ZPO)[72]

1871 War der Anwalt zunächst nur für die **Einstellung der Zwangsvollstreckung** beauftragt worden, so erhält er die Gebühr nach Nr. 3328 VV auch dann, wenn es zu keiner abgesonderten mündlichen Verhandlung gekommen war.[73]

## 1872 3. Muster: Drittwiderspruchsklage gegen Teilungsversteigerung mit Antrag auf einstweiliger Einstellung der Versteigerung

124

■■■

Ich beantrage namens und im Auftrag der Klägerin:

1. folgenden Beschluss zu erlassen:
   Das Teilungsversteigerungsverfahren des AG ■■■ Az ■■■ wird bis zum Erlass des Urteils einstweilen eingestellt.
2. folgendes Endurteil zu erlassen:
   Die im Verfahren des AG ■■■ Az ■■■ betriebene Teilungsversteigerung ist unzulässig.

Begründung:

I Die Parteien sind getrennt lebende Eheleute. Die Ehe ist nicht geschieden. Sie leben im Güterstand der Gütergemeinschaft.

II. Der Beklagte betreibt die Teilungsversteigerung eines von der Klägerin in das Gesamtgut eingebrachten Anwesens, bezüglich dessen diese von ihrem Übernahmerecht gem. § 1477 Abs. 2 BGB Gebrauch gemacht hat.

Aus diesem Grund ist die Teilungsversteigerung einzustellen.

70 BGH FamRZ 1991, 547.
71 Klüber in: Münchener Prozessformularbuch Familienrecht, S. 555.
72 Gierl in: Mayer/Kroiß Rn. 1 zu VV 3328.
73 Gierl a.a.O. Rn. 13 zu Nr. 3328 VV.

**4. Alternative:**

Begründung:

I. Die Parteien leben im Güterstand der Zugewinngemeinschaft.
II. Die Einreichung eines Antrags auf Teilungsversteigerung ist zustimmungsbedürftig gem. § 1365 BGB.
III. Bei dem Miteigentumsanteil des Antragstellers handelt es sich um dessen Vermögen im Ganzen. Der Antragsteller verfügt über keinerlei Vermögenswerte, mit Ausnahme dieses Miteigentumsanteils.
IV. Begründung des Antrags auf einstweilige Einstellung der Zwangsvollstreckung: Dieser rechtfertigt sich nach §§ 771 Abs. 3, 769 ZPO sowie daraus, dass Versteigerungstermin bereits auf den ■■■ anberaumt ist.
V. Der Streitwert ist mit 20 % des Verkehrswerts des derzeitigen Anteils der Klägerin am Grundbesitz zu bemessen. Im Versteigerungsverfahren wurde der Verkehrswert durch Sachverständigengutachten festgestellt auf ■■■ €.

Gerichtskostenvorschuss in Höhe von ■■■ ist beigefügt in Form von ■■■

■■■

1873

**Beratungshinweis:** Es wird zunächst auf die Ausführungen oben unter Rn. 1780ff. zur Beratung verwiesen.
Haftungsgefahr droht, wenn die Partei nicht darauf hingewiesen wird, dass sie unmittelbar nach Zuschlag Sicherheit in Höhe von 10 % des festgesetzten Verkehrswert des Grundstücks leisten muss und dass kein wirksames Gebot abgegeben werden kann, wenn keine Sicherheitsleistung erfolgt.
Die Partei muss in jedem Fall darüber belehrt werden, dass nicht etwa im Versteigerungsverfahren Einwendungen, wie entgegenstehende Zugewinnausgleichsansprüche erhoben werden können, sondern erst bei Überschussverteilung.
Spätestens (!) bei Aufteilung des Erlöses ist erforderlich, noch einmal genau zu prüfen, ob im geringsten Gebot durch Darlehensrückzahlungen entstandene Eigentümergrundschulden enthalten waren (siehe Rn. 1833ff.).

# § 9 EHEWOHNUNG

**Literatur:** Büchting/Heussen, Beck'sches Rechtsanwaltshandbuch, 8. Auflage 2004; Gerhard/Heintschel-Heinegg/Klein, Handbuch des Fachanwalts Familienrecht, 4. Auflage 2004; Gottwald, Münchener Prozessformularbuch, Familienrecht, 2. Auflage 2003; Haußleiter/Schulz, Vermögensauseinandersetzung bei Trennung und Scheidung, 4. Auflage 2004; Palandt, BGB, 64. Auflage 2004

## A. Vorprozessuale Situation

### I. Beratung

1874 Können sich Eheleute im Verlauf ihrer Trennung nicht darauf einigen, wer von ihnen die Ehewohnung übernimmt, erlässt das Familiengericht auf Antrag für die Dauer der Trennungszeit eine vorläufige Benutzungsregelung, und für die Zeit „anlässlich der Scheidung" eine endgültige Benutzungsregelung. Der Familienrichter wird praktisch ermächtigt ohne starre gesetzliche Fesseln ein Machtwort zu sprechen.[1]

#### 1. Definition Ehewohnung

1875 Als **Ehewohnung** ist die Räumlichkeit anzusehen, die während der Ehe beiden Ehegatten als Unterkunft gedient hat, oder nach den Umständen dafür bestimmt war.[2] Der Begriff ist großzügig auszulegen. Zur Ehewohnung gehören, Keller, Garage, Garten, Speicher usw. Zu Wohnzwecken dient unter Umständen auch eine Gartenlaube, die Kajüte eines Binnenschiffes oder ein Wohnanhänger.[3] Unerheblich der Umfang der tatsächlichen zeitlichen Nutzung, da eben nicht erforderlich ist, dass die Wohnung den Mittelpunkt des ehelichen Zusammenlebens gebildet hat. Eine regelmäßige Nutzung ist auch gegeben bei zeitweiser Nutzung in den Ferien oder an den Wochenenden.[4] Die Eigenschaft als Ehewohnung geht nicht dadurch verloren, dass ein Ehegatte aufgrund unerträglich gewordener ehelicher Spannungen auszieht, zumindest solange nicht, wie die Ehegatten keine endgültige Benutzungsregelung getroffen haben.[5]

#### 2. Vorbereitung des Wohnungszuweisungsverfahrens

##### a. Vorläufige Benutzungsregelung während der Trennungszeit

1876 *aa. Verfahrensbeteiligte:* Während der **Trennungszeit** kann lediglich eine **vorläufige Benutzungsregelung** verlangt werden. Das Gericht hat keine Möglichkeit das Mietverhältnis umzugestalten. Das vorläufige Wohnungszuweisungsverfahren findet ohne Drittbeteiligung statt. Auch ohne Vermieter, da eben keine oder nur unwesentliche Eingriffe in deren Rechte die Folge sind. Leben Kinder in der Ehewohnung ist das **Jugendamt** vor einer ablehnenden Entscheidung zu hören, § 49a II FGG. Aus diesem Grund sollte möglichst frühzeitig seitens des die Wohnung begehrenden Ehegatten in Kontakt

1 Haußleiter/Schulz, Vermögensauseinandersetzung bei Trennung und Scheidung, Kap. 4 Rn. 1.
2 BGH, FamRZ 1990, 987, 988.
3 Büchting/Heussen, Beck'sches Rechtsanwaltshandbuch, Heiß/Heiß, Kap. C 17 Rn. 308.
4 Palandt, Brudermüller, § 1361b Rn. 6.
5 OLG Karlsruhe, FamRZ 1999, 1087.

mit dem Jugendamt getreten werden. Denn nicht nur für das vorläufige Verfahren, sondern auch für das Wohnungszuweisungsverfahren anlässlich der Scheidung kann eine Stellungnahme des Jugendamtes hilfreich sein, in welcher festgehalten ist, dass es aus Jugendamtssicht zwingend erforderlich ist, dass die Wohnung dem Elternteil zur alleinigen Benutzung zugewiesen wird, bei dem die gemeinsamen Kinder ihren gewöhnlichen Aufenthalt haben.

1877

*bb. Unbillige Härte:* Voraussetzung für die Wohnungsüberlassung ist, dass diese, auch unter Berücksichtigung der Belange des anderen Ehegatten, notwendig ist, um eine **unbillige Härte** zu vermeiden. Das Gesetz selbst nennt die wichtigsten und häufigsten Gründe für die Ingangsetzung eines Wohnungszuweisungsverfahrens, die Anwendung von **Gewalt,** § 1361b II BGB und die **Beeinträchtigung** des **Wohles** im Haushalt lebender **Kinder,** § 1361b I S. 2 BGB. Jede Gewaltform kommt als tatbestandlich in Betracht. Der Anwendungsbereich ist nicht auf **Gewalt** und **Drohung mit Gewalt** beschränkt. Bei einer vorzunehmenden **Gesamtabwägung** sind alle Einzelfallumstände zu berücksichtigen. Hierzu zählen:

- Das Kindeswohl
- Alter der Ehegatten
- Gesundheitszustand der Ehegatten, Hilfsbedürftigkeit
- Einkommens- und Vermögensverhältnisse
- Eigentumsverhältnisse

1878

Müssen Kinder Gewalt zwischen Erwachsenen miterleben, führt dies regelmäßig auch zu seelischen Schäden bei den Kindern. Daher können auch andauernden Streitereien und Spannungen zwischen den Eltern, denen die Kinder ausgesetzt sind, und die zu erheblichen Belastungen der Kinder führen, eine Wohnungszuweisung rechtfertigen.[6] Kinder haben ein entscheidendes Interesse am Verbleib in ihrer vertrauten Umgebung, so dass i.d.R. der Ehegatte, der besser für die Kinder sorgen kann, in der Ehewohnung bleibt.[7] Der Vorwurf des **Alkoholmissbrauches** gegenüber einem Ehegatten ist für eine Wohnungszuweisung allein nicht ausreichend. Hinzukommen müssen hierauf beruhende Störungen des familiären Zusammenlebens, wie z.B. aggressives Verhalten, mangelnde Hygiene, Entwendung von Geld oder Wertsachen.[8]

1879

*cc. Darlegungs- und Beweislast:* Derjenige Ehegatte, der die Wohnungszuweisung für sich begehrt hat i.d.R. bereits in der Antragsschrift die einzelnen Vorfälle nach **Ort, Zeit, näheren Umständen und konkreten Folgen** möglichst detailgenau zu schildern. Die Folgen sind zu dokumentieren, wie z.B. mittels der Vorlage von Attesten bei Gewalttätigkeiten oder z.B. Fotos im Fall mangelnder Hygiene. Dem Mandanten ist zu raten möglichst genau alle Geschehnisse, versehen mit Uhrzeit und genauer Ortsangabe, aufzuschreiben. Eventuelle Zeugen, wie z.B. Nachbarn oder Bekannte, sollten gebeten werden das Geschehene aufzuzeichnen. Schließlich ist dem Mandanten im Fall der Anwendung von Gewalt das sofortige Aufsuchen eines Arztes anzuraten, um ent-

6 AG Tempelhof-Kreuzberg, FamRZ 2003, 532, 533.
7 Palandt, Brudermüller, § 1361b Rn. 11.
8 Haußleiter/Schulz, Vermögensauseinandersetzung bei Trennung und Scheidung, Kap. 4 Rn. 23.

sprechende Atteste zu erhalten, sowie das Aufsuchen der nächstgelegenen Polizeidienststelle, um Anzeige zu erstatten.

### b. endgültige Benutzungsregelung für die Zeit nach Rechtskraft der Scheidung

1880 *aa. Beteiligte:* Für die Zeit **nach Rechtskraft der Scheidung** wird nach der HausratsVO eine **endgültige Benutzungsregelung** getroffen. **Beteiligte** des gerichtlichen Verfahrens sind neben den Ehegatten der **Vermieter** der Wohnung, der **Grundstückseigentümer**, der Dienstherr und Personen, mit denen die Ehegatten oder einer von ihnen hinsichtlich der Wohnung in Rechtsgemeinschaft stehen. Als Beteiligte kommen somit in Betracht der Untervermieter, wenn die Ehegatten zur Untermiete wohnen, was häufig bei **Bauherrenmodellen** der Fall ist, der Nießbrauchnehmer, die Genossenschaft oder der Bauverein, im Fall entsprechender Wohnungen. Schließlich gehören zum Beteiligtenkreis der Untermieter sowie Verwandte und der neue Lebensgefährte eines Ehegatten bzw neue Ehegatte eines geschiedenen Ehegatten, der mit in die Wohnung gezogen ist, sowie nahe Angehörige eines der Ehegatten, die mit in der Wohnung leben, nicht jedoch minderjährige Kinder. All diese Personen haben **Anspruch auf rechtliches Gehör.** Der Richter soll nach § 13 II HauratsVO grundsätzlich mit den Beteiligten mündlich verhandeln. Eine Einigung zwischen den Eheleuten erlangt nur dann Wirksamkeit, wenn der zu beteiligende Dritte ihr zustimmt. Der Dritte hat ein **eigenständiges Beschwerderecht,** falls er beschwert ist. Im übrigen wird eine gerichtliche Entscheidung erst wirksam, wenn sie allen Beteiligten gegenüber rechtskräftig geworden ist. So dass es für den Anwalt enorm wichtig den Kreis der möglichen Beteiligten des Verfahrens frühzeitig zu erfahren.

1881 Am Verfahren selbst ist das **Jugendamt** nicht beteiligt.[9] Allerdings hat das Gericht dem zuständigen Jugendamt die Entscheidung über die Wohnungszuweisung mitzuteilen. Nichtsdestotrotz sollte der die Wohnung begehrende Ehegatte frühzeitig Kontakt mit dem Jugendamt aufnehmen. Eine **Stellungnahme** des Jugendamtes dahingehend, dass die Zuweisung der Wohnung an den die Kinder betreuenden Ehegatten aus Sicht des Jugendamtes dringend notwendig ist, kann hilfreich sein.

1882 *bb. Ermessensentscheidung des Gerichtes:* Der Richter entscheidet nach billigem Ermessen. Er hat alle **Umstände des Einzelfalles**, insbesondere aber das **Wohl der Kinder** und die **Erfordernisse des Gemeinschaftslebens** zu berücksichtigen. Das Wohl der Kinder ist zunächst oberstes Entscheidungskriterium. Meist wird der Elternteil, bei dem die Kinder zukünftig ihren gewöhnlichen Aufenthalt haben sollen, die Wohnung zugesprochen bekommen, da den Kindern ihre gewohnte Umgebung zu belassen ist. Dem andere Elternteil wird als Alleinstehendem eher ein Umzug zuzumuten sein. Des weiteren kommt es an auf die:

- Eigentumsverhältnisse an der Wohnung
- Einkommens- und Vermögensverhältnisse beider Ehegatten
- Notwendigkeit der Wohnung für den Lebensunterhalt, Nähe zu den Geschäftsräumen
- Entfernung der Wohnung zur Arbeitsstätte

9 Palandt, Brudermüller, Anhang zu §§ 1361a, 1361b, § 7 HausratsVO Rn. 2.

- Die Tatsache, dass ein Ehegatte schon vor der Ehe die Wohnung allein bewohnt hatte
- Persönliche Verhältnisse, wie Alter und Gesundheit
- Aufwendungen, die ein Ehegatte für die Wohnung allein erbracht hat
- Die Ursachen der Eheauflösung sollen keine Berücksichtigung finden, außer in engen Ausnahmefällen, wenn z.B. schweres, einseitiges Fehlverhalten eines Ehegatten gegenüber dem anderen vorliegt.[10]

1883 *cc. Verfahrensvorbereitende Maßnahmen:* Das Wohnungszuweisungsverfahren ist nicht grundsätzlich auf die Zuweisung der gesamten Wohnung zur alleinigen Nutzung zu richten. Gemäß dem Grundsatz der Verhältnismäßigkeit ist vorab zu prüfen, ob nicht die **Aufteilung der Ehewohnung** als milderes Mittel in Betracht kommt. Diese Variante kann jedoch nur in Erwägung gezogen werden, wenn die Aufteilung zweckmäßig ist, und ein friedliches, dauerhaftes Zusammenleben zu erwarten ist. In der Praxis sind dies die Ausnahmefälle, da schon die Räumlichkeiten nach ihrem baulichen Zuschnitt i.d.R. keine Teilung zulassen. Jedenfalls sollte sich der Anwalt **einen maßstabsgetreuen Plan der Ehewohnung** vorlegen lassen, damit im Laufe des gerichtlichen Verfahrens sachgerecht argumentiert werden kann, wenn es um die Teilung der Wohnung mit baulichen Maßnahmen, um die Zuweisung von Bereichen der Wohnung zur alleinigen Nutzung oder um die Zuweisung der gesamten Wohnung zur alleinigen Nutzung geht.[11] Die Kosten der Teilung sind von den Eheleuten zu tragen. Vom **Vermieter bzw Eigentümer** der Wohnung sollte frühzeitig eine schriftliche **Einverständniserklärung** eingeholt werden. Eine Teilung der Wohnung gegen den Willen des Vermieters würde eine verfassungsrechtlich nicht mehr vertretbare Eigentumsbeschränkung darstellen.[12]

1884 Das Gericht ist gehalten zugleich mit der Entscheidung ergänzende Anordnungen zu treffen, die zur praktischen Durchführung notwendig sind. Da die Zuweisung der Wohnung an sich keinen Räumungstitel darstellt, ist dem anderen Ehegatten unter Setzung einer bestimmten Frist aufzugeben die Wohnung zu räumen und herauszugeben. Die Einräumung längerer **Räumungsfristen** kann vermieden werden, wenn dem Antragsgegner eine bezugsfertige, angemessene und preislich zumutbare **Ersatzwohnung** angeboten werden kann.[13]

1885 *dd. Darlegungs- und Beweislast:* Zwar gilt der Amtsermittlungsgrundsatz, dennoch ist der Ehegatte, der die Ehewohnung für sich begehrt, **darlegungs- und beweispflichtig** für das Vorliegen der Anspruchsvoraussetzungen. So hat der Ehegatte die im Rahmen der Gesamtabwägung zu berücksichtigenden Umstände darzulegen und ggf. zu beweisen, der sie für sich in Anspruch nimmt, wie z.B. die **Gefährdung von Kindesinteressen**, welche eine **unbillige Härte** darstellen.[14] Auch hier gilt, dass der die Wohnung bean-

10 Haußleiter/Schulz, Vermögensauseinandersetzung bei Trennung und Scheidung, Kap. 4 Rn. 65.
11 Büchting/Heussen, Beck'sches Rechtsanwaltshandbuch, Heiß/Heiß, Kap. C 17 Rn. 311.
12 FA-FamR, Klein, Kap. 8 Rn. 110.
13 Büchting/Heussen, Beck`sches Rechtsanwaltshandbuch, Heiß/Heiß, Kap. C 17 Rn. 312.
14 Büchting/Heussen, Beck`sches Rechtsanwaltshandbuch, Heiß/Heiß Kap. C 17 Rn. 321.

sprechende Ehegatte sinnvoller Weise sämtliche Geschehnisse und deren Folgen dokumentiert und ggf. zur Glaubhaftmachung Atteste einholt, Fotos macht, Zeugen um schriftliche Aufzeichnungen bittet und bei der Polizei umgehend Anzeige erstattet.

### 3. Einstweiliger Rechtsschutz

1886 In dringenden Fällen kann das Gericht auf Antrag vorläufige Maßnahmen im Wege der Eilentscheidung sowohl im vorläufigen Wohnungszuweisungsverfahren, als auch im Verfahren zur endgültigen Wohnungszuweisung treffen. Voraussetzung ist jeweils die Anhängigkeit eines Hauptsacheverfahrens bzw eines kongruenten PKH – Verfahrens. Wird ein Eilverfahren eingeleitet, liegen regelmäßig so tiefgreifende Gründe vor, dass als Folge nur die Zuweisung der gesamten Wohnung an einen Ehegatten in Betracht kommt, und keine Aufteilung einzelner Räume zwischen den Eheleuten.

## II. Anspruchsgrundlagen und materielle Voraussetzungen

### 1. Regelung der Rechtsverhältnisse an der Ehewohnung für die Zeit des Getrenntlebens

#### a. Anwendungsbereich § 1361b BGB

1887 **Leben Ehegatten** voneinander **getrennt**, oder will einer von ihnen getrennt leben, so kann ein Ehegatte verlangen, dass ihm der andere die Ehewohnung oder einen Teil der Ehewohnung zur alleinigen Benutzung überlässt, soweit dies unter Berücksichtigung der Belange des anderen Ehegatten notwendig ist, um eine **unbillige Härte** zu vermeiden, § 1361b I BGB. Noch weiter geht die Gewaltschutzregelung des 2. Absatzes. Hat ein Ehegatte, gegen den sich der Antrag richtet, den anderen **widerrechtlich** am Körper, der Gesundheit oder Freiheit **verletzt**, oder mit einer solchen Verletzung oder sogar der Verletzung des Lebens **widerrechtlich gedroht**, ist i.d.R. die **gesamte Wohnung** dem anderen Ehegatten zur alleinigen Benutzung zu überlassen, § 1361b II BGB. Der Anspruch auf Wohnungsüberlassung ist nur dann ausgeschlossen, wenn keine weiteren Verletzungen des Opfers und Drohungen zu besorgen sind.

1888 Dem Täter obliegt die **Darlegungs- und Beweislast**, dass keine weiteren Taten zu befürchten sind, denn eine **tatsächliche Vermutung** spricht dafür, dass nach der Begehung einer Gewalttat mit weiteren Gewalttaten zu rechnen ist.[15] Selbst wenn der Täter diesen Beweis führen kann, ist dem Opfer die Wohnung zur alleinigen Benutzung zu überlassen, wenn das **weitere Zusammenleben** mit dem Täter wegen der Schwere der Tat **unzumutbar** ist. Die Regelung gilt jedoch **nur für die Dauer der Trennung** der Eheleute. Nach § 1361b BGB kann keine endgültige Entscheidung für die Zeit nach Rechtskraft der Scheidung getroffen werden, außer der Ehegatte, der die Zuweisung der Wohnung beantragt ist alleiniger Eigentümer. Dann kann auch eine endgültige Benutzungsregelung getroffen werden.

1889 Zum Verhältnis von § 1361b BGB und dem GewaltSchG ist auszuführen, dass die Vorschriften des Familienrechts für die Regelung von Streitigkeiten zwischen Eheleu-

15 Palandt, Brudermüller, § 1361b Rn. 16.

ten *leges speziales* sind.[16] Ein Anspruch nach § 2 GewSchG ist nur gegeben, wenn die Eheleute weder getrennt leben, noch Trennungsabsicht haben.

### b. Antrag

1890 Unabhängig vom Scheidungsverfahren kann ein Ehegatte beantragen, dass ihm der andere Ehegatte für die Dauer des Getrenntlebens die gesamte Ehewohnung oder einen Teil davon zur alleinigen Benutzung überlässt. Dieses selbstständige Verfahren setzt einen **eigenständigen Antrag** voraus. In diesem Verfahren kann zugleich der Erlass einer einstweiligen Anordnung beantragt werden. Zumindest **Trennungsabsicht** eines der Ehegatten ist Antragsvoraussetzung, wobei die Wohnungszuweisung auch von dem anderen Ehegatten begehrt werden kann, der selbst die Trennung nicht begehrt. Die Absicht sich tatsächlich scheiden lassen zu wollen ist nicht erforderlich.

### c. Unbillige Härte

1891 Voraussetzung für den Antrag nach § 1361b I S. 1 BGB, mit dem Ziel der Zuweisung zumindest eines Teils der Wohnung zur alleinigen Benutzung, ist, dass dies zur Vermeidung einer unbilligen Härte notwendig ist. Die Belange des anderen Ehegatten sind aber zu berücksichtigen. **Härtefälle** sind regelmäßig durch häusliche Gewalt indiziert. Tatbestand ist **jede Form von Gewalt**. Häufig geht Gewalt einher mit Alkoholkonsum, oder Drogeneinfluss. Die Gewalt manifestiert sich dann in aggressivem, unzumutbaren und unkontrolliertem Verhalten, welche sich in

- Beleidigungen,
- Tätlichkeiten,
- Randalieren,
- mangelnder Hygiene,
- Lärmen
- Suizidversuchen bzw deren ständige Ankündigung

1892 äußern kann. Auf die Ernsthaftigkeit der Bedrohung selbst kommt es nicht an, sondern auf die subjektive Sichtweise des Ehegatten, so dass diesem die Fortführung der häuslichen Gemeinschaft nicht länger zumutbar ist. Das Vorliegen von Verschulden ist nicht erforderlich.

1893 Leben **Kinder** in der häuslichen Gemeinschaft wird durch § 1361b I S. 2 BGB klar gestellt, dass **deren Wohl** das vorrangig zu berücksichtigende Kriterium ist. Nicht nur die Verletzung von Kindesinteressen, sondern auch bereits deren Gefährdung kann für den Elternteil, der die Wohnungszuweisung an sich beantragt eine unbillige Härte darstellen. Die Anforderungen an die Kindeswohlgefährdung dürfen nicht zu hoch gestellt werden. Ausreichend ist es bereits, wenn die Kinder aufgrund anhaltender Streitigkeiten zwischen den Eltern in höherrangigen Rechtsgütern gefährdet sind.[17]

1894 Das Gesetz selbst nennt in **§ 1361b II BGB** den Härtefall bei schweren Gewalttaten und Drohungen, angelehnt an das GewaltSchG. Liegt ein solcher Fall vor, ist dem

16 AA Haußleiter/Schulz, Vermögensauseinandersetzung bei Trennung und Scheidung, Kap. 10 Rn. 46.
17 FA-FamR, Klein, Kap. 8 Rn. 71.

antragstellenden Ehegatten grundsätzlich die **gesamte Wohnung zu alleinigen Nutzung** zuzuweisen.

#### d. Gesamtabwägung

1895 Nach den verfassungsrechtlichen Geboten der Erforderlichkeit und Verhältnismäßigkeit sind in die vom Gericht durchzuführende Gesamtabwägung alle wesentlichen Umstände mit einzubeziehen, welche die Lebensumstände, die persönlichen und wirtschaftlichen Verhältnisse und das Zusammenleben der Eheleute bestimmen. Hierzu gehören insbesondere:

- Alter, Gesundheitszustand, Hilfsbedürftigkeit
- Nähe der Wohnung zum Arbeitsplatz
- Einkommens- und Vermögensverhältnisse
- Wurden Eigenleistungen zum Um- Anbau der Wohnung erbracht
- Wer hat die Wohnung vor Eheschließung bereits allein bewohnt
- Wem fällt es leichter eine Ersatzwohnung zu finden
- Eigentumsverhältnisse an der Wohnung

1896 Die Wohnung kann auch dann einem Ehegatten zugesprochen werden, wenn die Gründe hierfür nicht überwiegend auf das Verhalten des anderen Ehegatten zurückzuführen sind.[18] Die Entscheidung ist unter Würdigung aller Begleitumstände insbesondere danach zu treffen, welchen der Ehegatten der Verlust der Wohnung aus beruflichen, persönlichen oder finanziellen Gründen härter trifft, denn die Ausweisung eines Ehegatten aus der Wohnung stellt einen besonders schweren Eingriff in dessen Lebensbereich da.

#### e. Beweislast

1897 Umstände die das Zusammenleben mit dem Ehegatten unerträglich machen, und damit zu einer unbilligen Härte führen, müssen substantiiert, **bestimmt nach Ort, Zeit, Art und Dauer**, vorgetragen werden. Da davon auszugehen ist, dass vom anderen Partner das Vorbringen bestritten wird, sind mögliche Zeugen zu benennen und ärztliche Atteste sowie Protokolle der Polizei mit dem gerichtlichen Antrag vorzulegen.

1898 Hat der Ehegatte, der zur Durchführung der Trennung aus der ehegemeinsamen Wohnung ausgezogen ist, dem anderen gegenüber nicht wenigstens mündlich binnen 6 Monaten ab Auszug seine Rückkehrabsicht kundgetan, wird **unwiderleglich vermutet**, dass der verbleibende Ehegatte das alleinige Nutzungsrecht hat, § 1361b IV BGB. Diese Regelung soll der Rechtssicherheit dienen.

#### f. Schutz- und Unterlassungsanordnungen, § 1361b III S. 1 BGB

1899 Wurde einem Ehegatten die Wohnung oder ein Teil hiervon zu alleinigen Nutzung zugewiesen, so hat der andere alles zu unterlassen, was geeignet ist die Ausübung des Nutzungsrechtes zu erschweren oder zu vereiteln. Entsprechend können gerichtliche Anordnungen nach §§ 15, 18a HausratsVO ergehen. Hierzu zählen etwa **Benutzungsregelungen** für gemeinsam benutzte Räume oder Einzelne Hausratsgegenstände, **Betre-**

18 OLG Jena, FamRZ 1997, 559, 560.

tungs- **Näherungs- und Belästigungsverbote**, sowie das **Kündigungsverbot**. Ein Veräußerungsverbot für den aus der Wohnung gewiesenen Alleineigentümer, wird zu verneinen sein, da ein Eingriff in die Eigentumsverhältnisse an der Wohnung nicht zulässig ist.[19] Für den Fall, dass der verwiesene Ehegatte Alleinmieter der Wohnung ist, kann ihm untersagt werden die Wohnung zu kündigen. Zuständig für diese Zusatzanträge ist das Familiengericht, wenn sie als ***Annex*** zum Hauptsacheantrag „Wohnungszuweisung", § 1361b BGB gestellt werden, §§ 18a, 15, 11 HausratsVO.

### g. Nutzungsvergütung, § 1361b III S. 2 BGB

1900 Soweit es der Billigkeit, entspricht kann der aus der Wohnung weichende Ehegatte von dem in der Wohnung verbleibenden Ehegatten eine Nutzungsvergütung verlangen, § 1361b III S. 2 BGB. Der Vergütungsanspruch wird i.d.R. nur bei dinglicher Berechtigung an der Wohnung geltend gemacht, kann aber grundsätzlich auch bei einem Mietverhältnis in Betracht kommen.[20] Liegt ein Mietverhältnis vor, kann die Freistellung von Mietzinsansprüchen verlangt werden, soweit dies der Billigkeit entspricht. Unbeachtlich ist, ob die Wohnung vom weichenden Ehegatten freiwillig verlassen wurde, oder erst aufgrund gerichtlicher Anordnung.

1901 Verlangt der in der Wohnung verbliebende Ehegatte **Trennungsunterhalt**, wird grundsätzlich die Überlassung der Wohnung bei der vorzunehmenden Unterhaltsberechnung Berücksichtigung finden. Eine darüber hinaus gehende Nutzungsvergütung scheidet aus, da der Wohnwert bereits bei der Unterhaltsberechnung in Ansatz gebracht wurde. Steht die Wohnung im **Miteigentum** beider Ehegatten besteht Konkurrenz zwischen § 1361b III S. 2 BGB und § 745 II BGB. Die Vorschrift nach § 1361b BGB hat jedoch regelmäßig Vorrang bei familiengerichtlich angeordneter Wohnungszuweisung.

1902 Eine Nutzungsvergütung kann erst ab dem Zeitpunkt einer **ausdrücklichen Zahlungsaufforderung** verlangt werden. Die **Höhe** der Nutzungsvergütung ist am **Billigkeitsmaßstab** zu messen. Maßgeblich ist nicht die Verkehrsmiete, sondern die Miete, die der Betreffende angesichts seiner persönlichen und wirtschaftlichen Verhältnisse ausgeben würde. Als Obergrenze ist regelmäßig die ortsübliche Miete anzusetzen, bei Miteigentum der halbe Mietwert. Die Nutzungsvergütung ist um die verbrauchsunabhängigen Nebenkosten zu kürzen, wenn diese von dem in der Wohnung verbliebenen Ehegatten getragen werden. Nicht unberücksichtigt bleiben kann die Rechtsprechung zur **aufgedrängten Bereicherung**. Wurde dem in der Wohnung verbleibenden Ehegatten die Alleinnutzung quasi aufgedrängt, und übersteigt der Wohnwert den Wohnbedarf des verbleibenden Ehegatten, ist die Vergütung im Rahmen der Billigkeit herabzusetzen. Ist der in Wohnung verbliebene Ehegatte nicht leistungsfähig zur Bezahlung einer Nutzungsentschädigung, so kann diese gänzlich versagt werden.[21]

### h. Ergänzende Anträge

1903 Gem § 1361b III S. 1 BGB i.V.m. §§ 15, 18a HausratsVO können im Rahmen eines Wohnungszuweisungsverfahrens auch Zusatzanträge gestellt werden, die zu praktischen

19 Palandt, Brudermüller, § 1361b BGB Rn. 17.

20 Haußleiter/Schulz, Vermögensauseinandersetzung bei Trennung und Scheidung, Kap. 4 Rn. 51.

21 BGH, FamRZ 1986, 436, 437.

Durchführung notwendig sind. Ein Großteil dieser Anträge kann auch nach de GewSchutzG beantragt werden, wobei hierzu Voraussetzung ist, dass die Eheleute weder getrennt leben, noch dauerhafte Trennungsabsicht haben. Die Anträge im Wohnungszuweisungsverfahren können z.B. wie folgt lauten: (vgl ausführlich hierzu Haußleiter/ Schulz, Vermögensauseinandersetzung bei Trennung und Scheidung, Kap. 4 Rn. 43)

1904 Muster: Anträge im Wohnungszuweisungsverfahren

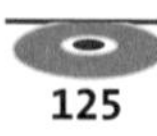

125

- Dem Antragsgegner wird verboten das Mietverhältnis an der Ehewohnung zu kündigen.[22]
- Dem Antragsgegner wird verboten nach der Räumung die Wohnung wieder zu betreten.[23]
- Dem Antragsgegner wird verboten sich der Wohnung der Antragstellerin bis auf einen Umkreis von ■■■ (z.B. 250 Metern) zu nähern.
- Dem Antragsgegner wird aufgegeben der Antragstellerin sämtliche Wohnungs- und Kellerschlüssel auszuhändigen.[24]
- Der Antragsgegner ist verpflichtet bei seinem Auszug seine sämtlichen persönlichen Sachen mitzunehmen. Hausratsgegenstände sind hiervon nicht umfasst.[25]
- Dem Antragsgegner wird verboten mit der Antragstellerin in irgendeiner Form in Kontakt zu treten, auch unter Verwendung von Fernkommunikationsmitteln. Im einzelnen wird dem Antragsgegner untersagt:
  - die Antragstellerin anzurufen
  - die Antragstellerin anzusprechen
  - der Antragstellerin SMS zu senden

  ■■■
- Für jeden Fall der Zuwiderhandlung wird dem Antragsgegner ein Zwangsgeld angedroht, dessen Höhe in das Ermessen des Gerichtes gestellt wird.

### 2. Regelung der Rechtsverhältnisse für die Zeit nach der Scheidung

#### a. Antrag

1905 Können sich Ehegatten **im** Verlauf eines **Scheidungsverfahrens** nicht darauf einigen, wer von ihnen zukünftig die Ehewohnung übernimmt, trifft das Gericht auf Antrag eine abschließende Entscheidung nach den Vorschriften der HausratsVO im Verfahren der freiwilligen Gerichtsbarkeit, für die Zeit ab Rechtskraft der Scheidung. Über die endgültige Wohnungszuweisung ohne dingliche Wirkung, entscheidet das Gericht nach §§ 1, 3 HausratsVO. Für die Wahl der Anspruchsgrundlage ist danach zu unterscheiden, ob es sich um eine gemietete Wohnung handelt, um eine Wohnung ohne Mietverhältnis, um eine Dienst- oder Werkswohnung, oder ob eine dingliche Berechtigung eines oder beider Ehegatten hieran besteht.

22 Haußleiter/Schulz, Vermögensauseinandersetzung bei Trennung und Scheidung, Kap. 4 Rn. 43.

23 OLG Köln, FamRZ 2003, 319.

24 KG, FamRZ 1992, 467, 468.

25 Brudermüller, FamRZ 1981, 109, 114.

In § 7 HausratsVO sind die am gerichtlichen Verfahren zu beteiligenden Dritten aufgeführt, wie der Vermieter, der Grundstückseigentümer, oder der Dienstherr. Wird der Antrag auf Wohnungszuweisung **später als ein Jahr nach Rechtskraft der Scheidung** gestellt, so darf das Gericht in die Rechte des Vermieters oder eines anderen Drittbeteiligten nur eingreifen, wenn dieser einverstanden ist, § 12 HausratsVO. Auch kann **nach der Scheidung** der Ehe der aus der vormaligen Ehewohnung ausgezogene Ehegatte die **Zustimmung zur Kündigung** von dem in der Ehewohnung verbliebenen Ehegatten **weder** über die Vorschriften der BGB- Gesellschaft **noch** aus dem während der Ehe begründeten Treue- und Fürsorgeverhältnis verlangen.[26] 1906

### b. Grundsätze für die rechtsgestaltende Entscheidung, § 2 HausratsVO

Der Richter hat seine Entscheidung nach **billigem Ermessen** zu treffen und hierbei die Umstände des Einzelfalles zu würden, insbesondere das Wohl der Kinder und die Interessen des Gemeinschaftslebens, § 2 HausratsVO. Das Wohl der Kinder ist wie bei § 1361b BGB das oberste Entscheidungskriterium. Die Bedürfnisse der gemeinsamen und auch der Stiefkinder an einer spannungsfreien und geordneten Familien- und Wohnsituation haben stets Vorrang. Weitere für die Ermessensentscheidung zu berücksichtigenden Belange sind: 1907

- Nähe der Wohnung zu Arbeitsstelle
- Alter, Gesundheitszustand der Eheleute
- Aufwendungen, die ein Ehegatte für die Wohnung allein erbracht hat[27]
- Notwendigkeit der Wohnung für den Lebensunterhalt[28]
- Umstand, dass ein Ehegatte die Wohnung schon vor Eheschließung bewohnt hat[29]
- Nahe Angehörige eines Ehegatten leben im selben Haus bzw unmittelbarer Umgebung
- Welchem Ehegatten fällt die Wohnungsneusuche leichter,[30]
- Wirtschaftlichen und finanzielle Verhältnisse[31]

### c. Teilung der Wohnung, § 6 HausratsVO

Bevor einem Ehegatten die gesamte Wohnung zur alleinigen Benutzung zugewiesen wird, ist gemäß dem **Grundsatz der Verhältnismäßigkeit**, der den geringstmöglichen Eingriff verlangt, zu überprüfen, ob nicht die Aufteilung der Wohnung zwischen den Eheleuten infrage kommt, **§ 6 HausratsVO**. Voraussetzung ist, dass die Wohnungsaufteilung beantragt wird und zu erwarten ist, dass auf lange Sicht mit einem friedlichen und vernünftigen Zusammenleben zu rechnen ist. In der Praxis ist die Anwendung dieser Vorschrift die Ausnahme, da in den seltensten Fällen ausreichend großzügige Wohnverhältnisse gegeben sind. 1908

26 OLG München, FamRZ 2004, 1875.
27 Haußleiter/Schulz, Vermögensauseinandersetzung bei Trennung und Scheidung, Kap. 4 Rn. 65.
28 FA-FamR, klein, Kap. 8 Rn. 142.
29 KG, FamRZ 1988, 182.
30 OLG Karlsruhe, FamRZ 1981, 1087.
31 Palandt, Brudermüller, § 2 HausratsVO Rn. 10, mit weiteren Beispielen.

### d. Alleineigentum eines Ehegatten an der Wohnung, § 3 HausratsVO

1909 Ist ein Ehegatte Alleineigentümer der Ehewohnung, so ist die Wohnung dem anderen Ehegatten nur dann zuzuweisen, wenn dies notwendig ist, um eine unbillige Härte zu vermeiden, **§ 3 HausratsVO.** Bloße Unbequemlichkeiten oder schlechte Unterbringung in der neuen Wohnung sind nicht ausreichend.[32] Es muss sich schon um eine außergewöhnliche Beeinträchtigung handeln. Diese liegt z.B. dann vor, wenn ein Ehegatte für sich und die von ihm betreuten Kinder keine Wohnung finden kann.[33]

1910 Eine Änderung der Eigentumsverhältnisse kann das Gericht nicht bewirken. Es wird regelmäßig entweder ein Nutzungsverhältnis oder zum Schutz des in der Wohnung verbleibenden Ehegatten ein befristetes Mietverhältnis begründet werden. Für die Benutzung ist sodann eine Vergütung festzusetzen. Grundsätzlich wird die marktübliche Miete geschuldet.[34] Steht zugleich eine Entscheidung über den nachehelichen Unterhalt im Raum, so ist dem in der Wohnung verbleibenden Ehegatten die ortsübliche Marktmiete als Wohnwert anzurechnen.

### e. Miteigentum der Ehegatten an der Wohnung

1911 Obwohl es in der Praxis ein häufig vorkommender Fall ist, hat die Wohnungszuweisung bei Miteigentum der Ehegatten keine eigenständige gesetzliche Grundlage. Es ist der Maßstab des **§ 2 HausratsVO analog** anzuwenden, so dass nach **billigem Ermessen** entschieden wird.

1912 Als Folge ist eine Benutzungsregelung möglich, aber keine dingliche Rechtsänderung. Wird die Ehewohnung einem Ehegatten zur alleinigen Nutzung zugewiesen, kann gem § 5 II HausratsVO ein **Mietverhältnis** oder ein bloßes **Nutzungsverhältnis** begründet werden. Vertragspartner sind dann die Eheleute – Eigentümer als Vermieter und ein Ehegatte als Mieter.[35] Im Hinblick darauf, dass die Zuweisung der Wohnung für einen Ehegatten einen starken Eingriff in das Eigentumsrecht des anderen Ehegatten bedeutet, ist das Miet- bzw Nutzungsverhältnis zeitlich zu befristen.

1913 Dem aus der Wohnung verwiesenen Ehegatten stehen die Rechte aus der Gemeinschaft, §§ 741ff BGB, zu. Lediglich das Recht nach § 745 II BGB, eine Neuregelung der Nutzung und Verwaltung verlangen zu können, ist solange ausgeschlossen, bis die gerichtliche Entscheidung die Nutzungsverhältnisse regelt.[36]

1914 Dem weichenden Ehegatten ist es jedoch unbenommen jederzeit die Teilungsversteigerung zu beantragen. Bei der Teilungsversteigerung nach §§ 180, 183 ZVG ist aber das Sonderkündigungsrecht des Erstehers nach § 57a ZVG ausgeschlossen, wenn aufgrund gerichtlicher Entscheidung ein Mietverhältnis zwischen den Eheleuten begründet wurde.

32 OLG München, FamRZ 1995, 1205.
33 Palandt, Brudermüller, § 3 HausratsVO, Rn. 2.
34 Haußleiter/Schulz, Vermögensauseinandersetzung bei Trennung und Scheidung, Kap. 4 Rn. 67.
35 BayObLG, FamRZ 1974, 17, 18.
36 Gottwald, Münchener Prozessformularbuch, Familienrecht, Müller, C. VIII. 6., S. 272.

Die Höhe der dem weichenden Ehegatten zustehenden **Nutzungsvergütung** entspricht bei Mieteigentum der Ehegatten dem halben Mietwert.[37] Ist eine Regelung zum nachehelichen Unterhalt notwendig, so wird die Nutungsvergütung regelmäßig bereits bei der Bemessung des Unterhaltsanspruches als Wohnwert zu berücksichtigen sein. 1915

### f. Dienst- und Werkswohnung, § 4 HausratsVO

Leben die Ehegatten in einer Dienst- bzw Werkswohnung aufgrund eines Dienst- oder Arbeitsverhältnisses eines der Ehegatten, so ist die Wohnung dem anderen Ehegatten nur dann zuzuweisen, wenn der Dritte (Vermieter) einverstanden ist, § 4 HausratsVO. Voraussetzung ist, dass das Dienst- oder Arbeitsverhältnis im Zeitpunkt des gerichtlichen Verfahrens tatsächlich besteht. Wiegen die Belange des anderen Ehegatten, oder die der Kinder schwerer, kann die Wohnung auch dem anderen Ehegatten zugewiesen werden, trotz verweigerter Zustimmung des Vermieters.[38] Die Überlassung ist regelmäßig zeitlich zu begrenzen. Besteht ein Dienst- oder Arbeitsverhältnis mit beiden Ehegatten, z.B. Hausmeisterehepaar, wird die Wohnung demjenigen zugewiesen werden, der das Dienst- oder Arbeitsverhältnis fortsetzt.[39] 1916

### g. Mietwohnung, § 5 HausratsVO

Besteht ein Mietverhältnis, eröffnet § 5 HausratsVO dem Richter die Möglichkeit aufgrund richterlichem Hoheitsakt das Mietverhältnis umzugestalten, wenn eine endgültige Regelung beabsichtigt ist. Er kann einen Mieter aus dem Mietverhältnis entlassen oder ein neues Mietverhältnis begründen. Das Gericht kann sich über die verweigerte Zustimmung des Vermieters hinwegsetzen, wenn der Wohnungszuweisungsantrag binnen Jahresfrist ab Rechtskraft der Scheidung gestellt wurde, § 12 HausratsVO. Der Vermieter ist jedenfalls immer Verfahrensbeteiligter, § 7 HausratsVO. Zusatzanträge z.B. in Bezug auf eine Räumung können gem § 15 HausratsVO gestellt werden. 1917

Der neue Vertrag oder die alleinige Fortsetzung des Mietvertrages durch den eintretenden Ehegatten wird mit Rechtskraft der richterlichen Entscheidung wirksam. Eine zusätzliche öffentlich oder privatrechtliche Genehmigung ist nicht erforderlich. 1918

*aa. Beide Ehegatten sind Mieter:* Haben beide Ehegatten den Mietvertrag unterzeichnet, bietet § 5 HausratsVO dem Richter die Möglichkeit unter Berücksichtigung der Gesichtspunkte des § 2 HausratsVO nach billigem Ermessen das Mietverhältnis derart umzugestalten, dass dieses nach Rechtskraft der Scheidung lediglich von einem Ehegatten fortgeführt wird. Der andere Ehegatte scheidet aus dem Mietsverhältnis aus. Die fehlende Zustimmung des Vermieters, der die Entlassung des weichenden Ehegatten aus dem Mietverhältnis verweigert, ist zu ersetzen,[40] so dass ein Wohnungszuweisungsverfahren auch nur mit diesem Ziel eingeleitet werden kann, wenn die Ehegatten an sich einig darüber sind, wer von ihnen in der Wohnung verbleiben soll. 1919

37 OLG Celle, FamRZ 1992, 465, 466.
38 AG Ludwigshafen, FamRZ 1995, 1207.
39 Palandt, Brudermüller, § 4 HausratsVO, Rn. 2.
40 Palandt, Brudermüller, § 5 HausratsVO, Rn. 3.

1920 *bb. Wohnungszuweisung gegen den Willen des verbleibenden Ehegatten:* Die zunächst von beiden Ehegatten gemeinsam gemietete Ehewohnung kann nach § 5 HausratsVO auch gegen den geäußerten Willen des in der Wohnung verbleibenden Ehegatten diesem zur alleinige Nutzung zugewiesen werden, wenn das tatsächliche Verhalten auf einen entgegenstehenden Willen schließen lässt und Gründe der Billigkeit eine solche Wohnungszuweisung rechtfertigen.[41] Dies ist anzunehmen, wenn ein Ehegatte aus der Wohnung ausziehen will und der andere grundsätzlich in der Wohnung verbleiben will, Letzterer sich aber der Umgestaltung des Mietvertrages widersetzt. Will der Antragsgegner tatsächlich nicht in der Wohnung verbleiben, fehlt für eine Zuweisung grundsätzlich das Rechtsschutzbedürfnis.

1921 Da Anträge der Parteien im Verfahren der HausratsVO nur die Funktion von Anregungen und Vorschlägen haben ist der Antrag so zu formulieren, dass beantragt wird die Wohnung mit Rechtskraft der Scheidung einem Ehegatten zur alleinigen Nutzung zuzuweisen, und das Mietverhältnis dem gemäß umzugestalten.

1922 **cc. Ein Ehegatte ist Alleinmieter:** Ist nur ein Ehegatte Mieter der Ehewohnung, kann das Familiengericht unter Berücksichtigung der Gesichtspunkte des § 2 HausratsVO nach billigem Ermessen bestimmen, dass dieser aus dem Mietverhältnis ausscheidet, und dieses sodann mit dem anderen Ehegatten allein fortgeführt wird.

### h. Begründung eines Mietverhältnisses, § 5 II S. 1 HausratsVO

1923 Besteht kein Miet- oder mietähnliches Rechtsverhältnis an der Ehewohung, eröffnet § 5 II HausratsVO dem Gericht die Möglichkeit ein solches zu begründen. Dies ist der Fall, wenn Alleineigentum eines Ehegatten an der Ehewohnung besteht oder die Ehegatten Miteigentümer der Wohnung sind. Im Rahmen des § 2 HausratsVO ist zu prüfen, ob ein Mietverhältnis zu begründen ist, oder die bloße Begründung eines Nutzungsverhältnisses ausreichend ist.

1924 Hat der Ehegatte, der bislang alleiniger Mieter der Wohnung war, den Mietvertrag gekündigt, und lebt der andere Ehegatte noch in der Wohnung, so ist auch dann die Neubegründung eines Mietverhältnisses zulässig. Sonst könnte der ausziehende Alleinmieter – Ehegatte die Wohnungszuweisung vereiteln.[42]

1925 Das Gericht hat bei Begründung des Mietverhältnisses die Vertragsbedingungen von Amts wegen zu regeln. Hierbei wird in der Praxis entweder der bisherige Mietvertrag zu Grunde gelegt, oder ein allgemeiner Mustermietvertrag verwendet. Andernfalls gelten die gesetzlichen Mietvorschriften. In § 5 II HausratsVO ist festgehalten, dass der Richter den Mietzins festzusetzen hat. Diese wird regelmäßig auf die ortsübliche Vergleichsmiete festgesetzt.

### i. Sicherung des Vermieters, § 5 I S. 2 HausratsVO

1926 Bestehen Bedenken, dass die Ansprüche des Vermieters durch den Wechsel in der Person des Mieters gefährdet sind, ist die Sicherung der Ansprüche des Vermieters anzu-

41 KG, FamRZ 2002, 1355.

42 Haußleiter/Schulz, Vermögensauseinandersetzung bei Trennung und Scheidung, Kap. 4 Rn. 90.

ordnen, § 5 I S. 2 HausratsVO. Ist zu befürchten, dass der „neue“ Mieter nicht in der Lage ist den Mietzins zu bezahlen oder aus dem Mietverhältnis entstehende Forderungen zu erfüllen, so kann von dem ausscheidenden Mieter eine Sicherheitsleistung (Kaution) verlangt werden, oder gesamtschuldnerische Mithaftung für Ansprüche des Vermieters aus dem Mietvertrag. Diese Mithaftung ist sowohl der Höhe nach als auch zeitlich zu begrenzen. Die Anordnung wird Teil des Mietvertrages.[43]

#### j. Ausgleichszahlung an den ausziehenden Ehegatten

1927 Der Gesetzgeber hat Ausgleichszahlungen nur bei der Verteilung des Hausrates vorgesehen. Bei der Wohnungszuweisung kommt eine Ausgleichszahlung nicht in Betracht, da die Gestaltung von Rechtsverhältnissen mit dinglicher Wirkung insoweit unzulässig ist. Tatbestandlich geregelt werden allein die Begründung von Nutzungsverhältnissen und die entsprechenden Gegenleistungen. Sonstiger finanzieller Ausgleich ist im Übrigen Familienrecht und Zivilrecht zu suchen, wie z.B. bei der Bemessung des Unterhalts, Ausgleichsansprüche für Kapitaleinsatz oder Arbeitsleistungen im ehelichen Güterrecht bzw im sonstigen Vermögensrecht.[44]

#### k. Genossenschaftswohnung

1928 Für die Regelung der Nutzungsverhältnisse an einer Genossenschaftswohnung besteht keine gesetzliche Grundlage. Regelmäßig wird § 5 HausratsVO entsprechend angewendet. Sie werden wie Mietwohnungen behandelt, so dass eine Genossenschaftswohnung auch dem Ehegatten zugewiesen werden kann, der nicht Genosse bzw Vereinsmitglied ist. Dies gilt vor allem bei Genossenschaftswohnungen, die für Familien mit Kindern vorgesehen sind. Der Richter hat lediglich die Möglichkeit das Mietverhältnis oder ein Benutzungsverhältnis entsprechend umzugestalten. Regelmäßig ist eine zeitliche Befristung vorzunehmen. In die Genossenschaftszugehörigkeit kann das Gericht nicht eingreifen.

1929 Die Genossenschaft ist am gerichtlichen Verfahren gem § 7 HausratsVO zu beteiligen. Ihr steht ein eigenständiges Beschwerderecht zu. Auch kann sie das neu begründete Miet- bzw Nutzungsverhältnis kündigen, da der neue Mieter die entsprechenden Voraussetzungen nicht erfüllt.[45]

### 3. Besitzschutz

#### a. Schutz vor Kündigung durch den Alleinmieter

1930 Gem § 15 HausratsVO soll der Richter in seiner Entscheidung die Anordnungen treffen, die zu ihrer Durchführung notwendig sind. § 1361 b III BGB legt fest, dass der aus der Wohnung weichende Ehegatte alles zu unterlassen hat, was geeignet ist die Ausübung des Nutzungsrechtes des anderen Ehegatten zu erschweren oder zu vereiteln. Aus diesem Grund kann der Richter gegen den weichenden Ehegatten, der aber Alleinmieter der Ehewohnung ist, ein Kündigungsverbot aussprechen. Kündigt der ausziehenden

43 Palandt, Brudermüller, § 5 HausratsVO Rn. 2.

44 Brudermüller, FamRZ 1999, 129, 136; FA-FamR, Klein, Kap. 8 Rn. 135; aA Haußleiter/Schulz, Vermögensauseinandersetzung bei Trennung und Scheidung, Kap. 4 Rn. 103.

45 Haußleiter/Schulz, Vermögensauseinandersetzung bei Trennung und Scheidung, Kap. 4 Rn. 76.

Ehegatte dennoch den Mietvertrag, ist ein Verstoß gegen ein gerichtliches Verfügungsverbot gegeben, §§ 135, 136 BGB. Dies hat zur Folge, dass das Mietverhältnis zwischen Vermieter und Mieter beendet ist. Gegenüber dem in der Wohnung verbleibenden Ehegatten ist die Kündigung unwirksam.[46] Sinnvoll ist es das Kündigungsverbot bereits im Wege der **einstweiligen Anordnung** gem § 621 g ZPO zu beantragen.

1931 Auch bei der Wohnungszuweisung nach § 5 HausratsVO soll der Richter Gem § 15 HausratsVO in seiner Entscheidung die Anordnungen treffen, die zu ihrer Durchführung nötig sind. Der in der Wohnung verbleibende Ehegatte hat ein schutzwürdiges Interesse daran, dass der Alleinmieter – Ehegatte die Wohnung nicht kündigt. Am sinnvollsten ist es, wenn das Kündigungsverbot bereits im Wege einer **einstweiligen Anordnung** ausgesprochen wird, § 620 Nr. 7 ZPO.

#### b. Schutz vor Veräußerung

1932 § 1361 b III BGB legt fest, dass der aus der Wohnung weichende Ehegatte alles zu unterlassen hat, was geeignet ist die Ausübung des Nutzungsrechtes des anderen Ehegatten zu erschweren oder zu vereiteln. Eine Möglichkeit zum Eingriff in die dinglichen Rechtsverhältnisse hat das Gericht nicht. Hierfür fehlt eine materielle Rechtsgrundlage. Somit kann das Gericht auch kein Veräußerungsverbot, gestützt auf § 1361 b BGB, gegen den weichenden Alleineigentümer verhängen.

1933 Zum Schutz des in der Wohnung verbliebenden Ehegatten kann ein Mietverhältnis begründet werden. Darüber hinaus ist zu prüfen, ob ein Verkauf der Ehewohnung durch den Ehegatten, der Alleineigentümer ist, eine Vermögensverfügung über sein Vermögen im Ganzen ist. Diese ist gem § 1365 BGB zustimmungsbedürftig.

## B. Prozess

### I. Das Verfahren betreffend Ehewohnung

1934 Das Verfahren für die endgültige Regelung der Rechtsverhältnisse an der Ehewohnung ist in §§ 11ff HausratsVO geregelt. Diese Vorschriften finden über § 18a HausratsVO auch auf das Verfahren zur vorläufigen Zuweisung der Ehewohnung nach § 1361 b BGB Anwendung. Es ist ein Verfahren der freiwilligen Gerichtsbarkeit mit einigen Sonderregelungen.

#### 1. Zuständigkeit

##### a. sachliche Zuständigkeit

1935 Das Amtsgericht – Familiengericht – ist **sachlich ausschließlich** zuständig für die vorläufige (§ 1361 b BGB) und die endgültige (§§ 11ff HausratsVO) Regelung an den Rechtsverhältnissen an der Ehewohnung, § 11 HausratsVO, § 621 I Nr. 7 ZPO, § 23 b I S. 2 Nr. 8 GVG.

1936 Ein Verfahren nach der HausratsVO vor dem Familiengericht ist nur zulässig, wenn die Ehegatten **keine Einigung** erzielen können, § 1 I HausratsVO. Nach vorherrschen-

46 Haußleiter/Schulz, Vermögensauseinandersetzung bei Trennung und Scheidung, Kap. 4 Rn. 107.

der Ansicht ist dem gemäß ein Streit auf Erfüllung aus einer Vereinbarung über die Ehewohnung keine Familiensache.[47] Dieser Ansicht kann nicht gefolgt werden. Zwar ist die Vorschrift dahingehend auslegbar, dass das Rechtsschutzbedürfnis fehlt, wenn sich die Eheleute bereits geeinigt haben. Das Regelungsbedürfnis ist aber nach wie vor gegeben, wenn die Einigung nicht bereits vollzogen ist, oder zu einem vollstreckbaren Titel geführt hat.[48] Jedenfalls ist die Zuständigkeit des Familiengerichtes anzunehmen, wenn sich die Ehegatten geeinigt haben, aber der Vermieter den aus der Wohnung ausgezogenen Ehegatten nicht aus dem Mietvertrag entlassen möchte.

#### b. örtliche Zuständigkeit

1937 Im **isolierten Verfahren** betreffend der Regelung der Rechtsverhältnisse an der Ehewohnung – wenn ein Scheidungsverfahren noch nicht oder nicht mehr anhängig ist – ist das Familiengericht **örtlich zuständig**, in dessen Bezirk die Ehewohnung gelegen ist, §§ 18a, 11 II HausratsVO.

1938 Wird nach **Anhängigkeit eines Scheidungsverfahrens** ein Antrag auf endgültige Wohnungszuweisung gestellt, ist das Familiengericht der Scheidungssache **örtlich zuständig**, § 11 I HausratsVO. Es tritt automatisch, kraft Gesetzes, Verhandlungs- und Entscheidungsverbund ein.[49]

1939 Wird während eines anhängigen isolierten Verfahrens auf Wohnungszuweisung ein Scheidungsantrag bei einem anderen Familiengericht rechtshängig, so hat das Gericht von Amts wegen das Wohnungszuweisungsverfahren an das Gericht der Ehesache abzugeben, § 11 III S. 1 HausratsVO.

### 2. Antrag, Amtsermittlung und mündliche Verhandlung

1940 Das Verfahren nach der HausratsVO ist eine Angelegenheit der freiwilligen Gerichtsbarkeit, § 13 I HausratsVO. Dieses Verfahren kann nur von den Ehegatten eingeleitet werden. An die Sachanträge der Parteien ist das Gericht nicht gebunden. Es handelt sich lediglich um **verfahrenseinleitende Anträge.**[50] Gem § 12 HausratsVO gilt der **Amtsermittlungsgrundsatz.** Dies macht es jedoch nicht entbehrlich, dass die antragstellende Partei die anspruchsbegründenden Tatsachen vorträgt und ggf. die erforderlichen Beweismittel benennt. Bei Nichtfeststellbarkeit einer Tatsache, z.B. unbillige Härte, geht dies zu Lasten desjenigen, der hieraus Vorteile für sich herleiten will.

1941 Grundsätzlich ist in nichtöffentlicher Sitzung mündlich zu verhandeln. Die Parteien und ggf. die Beteiligten werden angehört. Der Richter hat auf eine gütliche Einigung hinzuwirken, § 13 II HausratsVO. Ausnahmsweise kann ohne mündliche Verhandlung entschieden werden, wenn etwa ein Einigungsversuch aussichtslos erscheint oder die Sach- und Rechtslage keiner weiteren Aufklärung mehr bedarf.[51]

47 OLG München, FamRZ 1995, 1205, 1206; BGH, FamRZ 1979, 789.
48 Haußleiter/Schulz, Vermögensauseinandersetzung bei Trennung und Scheidung, Kap. 4 Rn. 160.
49 Gottwald, Münchener Prozessformularbuch, Familienrecht, C. VIII. 1, S. 254.
50 BHG, FamRZ 1992, 414.
51 OLG Braunschweig, FamRZ 1980, 568.

### 3. Anwaltszwang

1942 Grundsätzlich besteht kein Anwaltszwang, außer die Wohnungszuweisung wird als Folgesache im Scheidungsverbund beantragt, §§ 623 I, 78 II Nr. 1 ZPO.

### 4. Beteiligte

1943 Mit den Beteiligten ist in der Regel mündlich zu verhandeln, § 13 II HausratsVO. Sie haben Anspruch auf rechtliches Gehör. Den Beteiligten sind die verfahrenseinleitenden Anträge, Schriftsätze, die sie betreffen und Entscheidungen zuzustellen. Soweit ein Beteiligter beschwert ist, hat er ein selbstständiges Beschwerderecht gem § 621e ZPO. Wurde eine erstinstanzliche Entscheidung ohne den an sich zu Beteiligenden getroffen, so hat das Beschwerdegericht das Verfahren in die erste Instanz zurückzuverweisen. Rechtswirksam wird eine Entscheidung erst, wenn sie allen Beteiligten gegenüber rechtskräftig geworden ist.[52]

### 5. Abänderungsverfahren § 17 HausratsVO

1944 Haben sich die tatsächlichen **Verhältnisse wesentlich geändert,** kann eine Entscheidung, die nach den Vorschriften der HausratsVO ergangen ist, abgeändert werden, wenn dies notwendig ist, um eine unbillige Härte zu vermeiden, § 17 HausratsVO. Wesentlich ist eine Veränderung der Umstände, wenn das Erstgericht bei Kenntnis dieser Umstände aller Voraussicht nach anders entschieden hätte, z.B. Änderung der Sorgerechtsregelung. Waren die Umstände im Ausgangsverfahren bereits bekannt, wurden sie aber nicht berücksichtigt, liegt kein Abänderungsgrund vor. Die Erstentscheidung muss sich als **nachträglich** grob unbillig herausstellen. Allgemeine Billigkeitserwägungen sind hierzu nicht ausreichend. **Unbillige Härte** liegt z.B. vor, wenn ein Beteiligter die Entscheidung arglistig erschlichen hat, indem er Tatsachen verschwiegen hat. Das Abänderungsverfahren nach § 17 HausratsVO ist ein **Antragsverfahren**.

### 6. Kosten und Gebühren

1945 Die **Kostenentscheidung** für ein **isoliertes Wohnungsregelungsverfahren** ergeht nach § 20 HausratsVO, die eine Sondervorschrift i.S.v. § 13a III FGG ist. Es ist ebenso wie im Anwendungsbereich von § 13a FGG davon auszugehen, dass im Verfahren auf Wohnungszuweisung jeder Beteiligte seine Kosten selbst zu tragen hat. Sollen die Kosten einer Partei auferlegt werden, bedarf dies einer besonderen Rechtfertigung. § 18 II FGG schließt in den Fällen der sofortigen Beschwerde eine Abhilfe durch das Erstgericht aus.[53] Im **Scheidungsverbund** richtet sich die Kostenentscheidung nach § 93a ZPO, Kostenaufhebung. Das Gericht kann aber auch hier die Kosten nach billigem Ermessen anderweitig verteilen, wenn dies aus Härtegründen oder Gründen der Billigkeit veranlasst ist.

1946 Mit der Einführung des **Rechtsanwaltsvergütungsgesetzes** (RVG) erhalten die Anwälte nunmehr in den Wohnungszuweisungsverfahren nach der HausratsVO die gleichen Gebühren wie in den ZPO-Verfahren, eine Verfahrens- und eine Terminsgebühr, ggf. eine Einigungsgebühr.

52 FA-FamR, Klein, Kap. 8 Rn. 247.
53 OLG Brandenburg, FamRZ 2002, 1356.

### 7. Rechtsmittel

1947 Eine in einem isolierten Wohnungszuweisungsverfahren ergangene Entscheidung ist mit der befristeten Beschwerde gem § 621e I, III S. 2, 516 ZO anfechtbar. Dasselbe gilt, wenn eine Entscheidung als Folgesache im Scheidungsverbund ergangen ist, § 629a II S. 1 ZPO, außer es ist durch Scheidungsverbundurteil einheitlich entschieden worden, und gegen das Verbundurteil ist auch im Übrigen ein Rechtsmittel eingelegt worden, ist einheitlich die Berufung einzulegen. Einstweilige Anordnungen sind mit der sofortigen Beschwerde gem § 620c ZPO anfechtbar. Eine Entscheidung des Familiengerichtes über einen Antrag auf Bewilligung einer Räumungsfrist ist Endentscheidung i.S.d. § 621e I ZPO.[54] Sie ist mit der Beschwerde gem §§ 621e III, 577 ZPO anfechtbar.

### 8. Einstweiliger Rechtschutz

1948 In einem **isolierten Verfahren** auf Wohnungszuweisung gem § 1361b BGB kann der Erlass einer einstweiligen Anordnung gem **§ 621g ZPO** beantragt werden. Im **Scheidungsverfahren** ist der Antrag auf Erlass einer einstweiligen Anordnung auf **§ 620 Nr. 7 ZPO** zu stützen. Da in § 621g S. 2 ZPO auf die §§ 620a – 620g ZPO verwiesen wird, sind die einstweiligen Anordnungen formell gleich zu behandeln. Mit einer einstweiligen Anordnung kann regelmäßig nur die vorübergehende Regelung eines Zustandes für die Trennungszeit erreicht werden.

1949 Da einstweilige Anordnungen **unselbstständige Verfahren** sind, können sie nur beantragt werden in einem zumindest gleichzeitig anhängig gemachten Haupt- bzw Hauptsacheverfahren. Für die Einstweilige Anordnung nach § 621g ZPO ist die Anhängigkeit des Verfahren nach § 1361b BGB erforderlich, für die einstweilige Anordnung nach § 620 Nr. 7 ZPO ist die Anhängigkeit einer Ehesache bzw eines hierauf gerichteten PKH – Antrages erforderlich.

1950 Im Scheidungsverfahren ist ein eigener Antrag auf Erlass einer einstweiligen Anordnung zu stellen. Dieser kann inhaltlich dem Hauptantrag auf vorläufige Zuweisung gem § 1361b BGB entsprechen. Wird eine einstweilige Anordnung nach § 621g ZPO beantrag, ist die Bezugnahme auf den Antrag im anhängigen Hauptsacheverfahren ausreichend, der inhaltlich deckungsgleich sein kann.[55] Jedenfalls hat der Ehegatte die Wahl zwischen dem Antrag nach § 621g ZPO und § 620 Nr. 7 ZPO, wenn zugleich ein Verfahren auf vorläufige Wohnungszuweisung nach § 1361b BGB anhängig ist, und ein Scheidungsverfahren. Beide Anträge richten sich nach denselben Verfahrensvorschriften.

54 OLG Bamberg, FamRZ, 2001, 691.
55 Haußleiter/Schulz, Vermögensauseinandersetzung bei Trennung und Scheidung, Kap. 4 Rn. 219.

## II. Schriftsatzmuster

1951

### 1. Muster: Wohnungszuweisungsantrag bei gemeinsamen Mietvertrag, und Umgestaltung des Mietverhältnisses

126

■■■

wegen Ehescheidung

hier: Wohnungszuweisung

Beteiligter: ■■■, Vermieter

unter Bezugnahme auf die bereits im Scheidungsverfahren vorgelegte Prozessvollmacht stelle ich namens und im Auftrag der Antragstellerin folgende Sachanträge:

1. Die im Haus ■■■ Straße, Nummer ■■■ in ■■■, im ■■■ Stockwerk gelegene Wohnung, bestehend aus drei Zimmern, Küche, Bad, Flur, Balkon, Kellerraum wird ab Rechtskraft der Ehescheidung der Antragstellerin zu alleinigen Nutzung zugewiesen.
2. Das zwischen den Parteien und dem Vermieter, ■■■, aufgrund bestehenden schriftlichen Mietvertrages vom ■■■ bestehende Mietverhältnis über die Wohnung wird ab Rechtskraft der Scheidung von der Antragstellerin allein fortgesetzt. Der Antragsgegner scheidet zeitgleich aus dem Mietverhältnis aus.
3. Die Kostenentscheidung folgt der Hauptsache.

Begründung

I. Die Parteien sind getrennte lebende Eheleute. Zwischen den Parteien ist unter obigem Aktenzeichen das Scheidungsverfahren anhängig.

II. Die Parteien können sich nicht darauf einigen, wer von ihnen dauerhaft, und insbesondere für die Zeit ab Rechtskraft der Scheidung, allein das Mietverhältnis fortführt.

Der Antragsgegner ist vor einigen Monaten aus der Wohnung ausgezogen. Seitdem bewohnt die Antragstellerin die Wohnung mit den drei gemeinsamen minderjährigen Kindern, ■■■, geboren ■■■, ■■■, geboren ■■■ und ■■■, geboren ■■■.

Nun möchte der Antragsgegner in die Wohnung zurückkehren, mit der Begründung ■■■

(zB: sie liege in der Nähe seines neuen Arbeitsplatzes).

III. Die Wohnung ist der Antragstellerin zur alleinigen Benutzung zuzuweisen. Dies aus folgenden Gründen:

- Die Kinder dürfen nicht aus ihrer gewohnten Umgebung herausgerissen werden. Es entspricht ihrem wohlverstandenen Interesse in der Wohnung zu bleiben. ■■■
- Die gemeinsamen Kinder der Parteien sind in dieser Wohnung groß geworden.
- Der Kindergarten und die Schule liegen in der unmittelbaren Nähe.
- Die Freunde der Kinder leben in der direkten Nachbarschaft.
- Ein Umzug würde neben der Trennung der Eltern eine weitere schwerwiegende Belastung für die Kinder mit sich bringen.
- ■■■

Die Antragstellerin ■■■

verfügt über kein eigenes Einkommen und auch kein nennenswertes Vermögen

Es ist so gut wie ausgeschlossen, dass sie eine ähnliche, adäquate Wohnung in unmittelbarer Nähe findet, zu demselben günstigen Mietzins

Bereits vor Eheschließung hat die Antragstellerin in der Wohnung gelebt

Die Antragstellerin hat erhebliche Eigenleistungen in den Umbau der Wohnung gesteckt.
Die Mutter der Antragstellerin bewohnt die Wohnung über der Ehewohnung. Diese ist auf die regelmäßige Fürsorge ihrer Tochter angewiesen.
■■■
Der Antragsgegner ■■■
bewohnt seit ca ■■■ Monaten eine eigene Wohnung, zu einem angemessenen Mietzins
Zwischen seiner Wohnung und seinem Arbeitsplatz besteht ein sehr gut ausgebautes Netz öffentlicher Verkehrsmittel.
■■■
(Jeweils Ausführungen bezogen auf den konkreten Fall)

IV. Der Vermieter hat bereits zugestimmt mit der Antragstellerin allein das Mietverhältnis fortführen zu wollen. Eine Fortführung des Mietverhältnisses mit dem Antragsgegner kommt für ihn schon aus folgenden Gründen nicht mehr in Betracht ■■■

■■■

Rechtsanwalt

1952

**Hinweis:** Sind sich die Ehegatten über das zukünftige Nutzungsverhältnis an der Ehewohnung einig, liegt aber die Zustimmung des Vermieters zur Umgestaltung des Mietverhältnisses nicht vor, besteht ein Rechtsschutzbedürfnis für eine gerichtliche Regelung. Das Gericht kann dann, nach Antragstellung, rechtsgestaltend gem § 5 HausratsVO tätig werden.

1953

## 2. Muster: Antrag auf Wohnungszuweisung, Umgestaltung des Mietvertrages und Räumung

127

■■■

wegen Ehescheidung

hier: Wohnungszuweisung

Beteiligter: ■■■, Vermieter

unter Bezugnahme auf die bereits im Scheidungsverfahren vorgelegte Prozessvollmacht stelle ich namens und im Auftrag der Antragstellerin folgende Sachanträge:

1. Die im Haus ■■■ Straße, Nummer ■■■ in ■■■, im ■■■ Stockwerk gelegene Wohnung, bestehend aus vier Zimmern, Küche, Bad, Flur, Balkon, Kellerraum wird ab Rechtskraft der Ehescheidung der Antragstellerin zu alleinigen Nutzung zugewiesen.
2. Das zwischen den Parteien und dem Vermieter, ■■■, aufgrund bestehenden schriftlichen Mietvertrages vom ■■■ bestehende Mietverhältnis über die Wohnung wird ab Rechtskraft der Scheidung von der Antragstellerin allein fortgesetzt. Der Antragsgegner scheidet zeitgleich aus dem Mietverhältnis aus.
3. Dem Antragsgegner wird aufgegeben die in Ziffer 1 bezeichnete Wohnung ab Rechtskraft der Scheidung zu räumen und an die Antragstellerin herauszugeben. § 885 II-IV ZPO findet im Fall einer Zwangsräumung keine Anwendung.
4. Die Kostenentscheidung folgt der Hauptsache.

Begründung:

I. Zwischen den Parteien ist unter obigem Aktenzeichen das Scheidungsverfahren anhängig.
Die Parteien leben innerhalb einer Wohnung getrennt. Die Antragstellerin bewohnt mit den zwei gemeinsamen minderjährigen Kindern, ■■■, geboren ■■■, und ■■■, geboren ■■■ die Räume ■■■. Der Antragsgegner bewohnt die Räume ■■■.

II. Die Parteien können sich nicht darauf einigen, wer von ihnen zukünftig das Mietverhältnis alleine fortführt, insbesondere nach Rechtskraft der Scheidung. Beide haben den Mietvertrag unterzeichnet, und somit Mieter der Wohnung sind.

III. Die Wohnung ist der Antragstellerin nach den Grundsätzen der Billigkeit zu alleinigen Benutzung zuzuweisen. ■■■
Die Antragstellerin war bereits vor Heirat mit dem Antragsgegner alleinige Mieterin der Wohnung
Die Antragstellerin hat mit erheblichem finanziellen Aufwand den Umbau der Wohnung entsprechend ihren Bedürfnissen mitgetragen. Die Antragstellerin ist an ■■■ erkrankt.
Der Antragstellerin wird es unmöglich sein eine adäquate Ersatzwohnung zu finden, da sie kein eigenes Einkommen erzielt.
■■■
Dem Antragsgegner ist es zuzumuten sich eine andere Wohnung zu suchen. ■■■ (Ausführungen)

IV. Der Vermieter, ■■■ hat bereits sein Einverständnis erklärt mit der Antragstellerin das Mietverhältnis zukünftig allein fortführen zu wollen.

V. Schon jetzt ist dem Antragsgegner die Zwangsräumung anzudrohen, da er bereits angekündigt hat in der Wohnung verbleiben zu wollen.

■■■

Rechtsanwalt

1953a Hinweise: Bei der Anordnung der Räumung ist ein Zeitpunkt zu nennen für die Räumung. Der Antrag kann lauten:
Dem Antragsgegner wird eine Räumungsfrist von 2 Monaten bewilligt, beginnend mit dem Zeitpunkt der Rechtskraft des Scheidungsurteils.

1954 Auch ohne Antrag kann eine Räumungsfrist vom Gericht festgelegt werden, die dann ab Rechtskraft der Entscheidung zu laufen beginnt. Rechtsgrundlage für diese Räumungsfrist ist § 15 HausrVO.

1955 Leben die Ehegatten in einer Wohnung getrennt, kann der Antrag auch dahingehend gestellt werden, dass einer Partei die Räume, die sie schon jetzt bewohnt, zur alleinigen Nutzung zugewiesen werden.

1956 Muster: Aufteilung der Mietwohnung zwischen den Ehegatten

128

1. Die im Haus ■■■ Straße, Nummer ■■■ in ■■■, gelegene Wohnung, bestehend aus drei Zimmern, Küche, Bad, Flur, Balkon, Kellerraum nebst Einliegerwohnung mit 2 Zimmern, Küche, Bad, und Balkon, wird ab der Rechtskraft der Ehescheidung dahingehend aufgeteilt, dass der Antragstellerin die drei Zimmer, Küche, Bad, Balkon und Kellerraum zur

alleinigen Nutzung und dem Antragsgegner die Einliegerwohnung mit zwei Zimmern, Küche, Bad und Balkon zur alleinigen Nutzung zugewiesen werden.
2. Das mit den Parteien bestehende Mietverhältnis mit dem Vermieter ■■■ wird derart fortgeführt, dass jede Partei ab Rechtskraft der Scheidung alleiniger Mieter der ihr zugewiesenen Räume ist. Von dem Mietzins gemäß § ■■■ des Mietvertrages trägt die Antragsstellerin ab Rechtskraft der Entscheidung 2/3, der Antragsgegner 1/3, ebenso verhält es sich mit den Nebenkosten, die ab diesem Zeitpunkt anfallen. Die übrigen Bestimmungen des Mietvertrages bleiben unberührt.

1957

Das Gericht kann für die Teilwohnungen neue Mietverhältnisse begründen, die, wenn ein Mietverhältnis bereits besteht, an dessen Stelle treten, § 6 II HausratsVO. Jedoch ist zu beachten, dass eine Aufteilung einer Mietwohnung nur in **Ausnahmefällen** in Betracht kommt, insbesondere dann, wenn zu erwarten ist, dass ein vernünftiges Miteinander der geschiedenen Eheleute zu erwarten ist. Soweit **bauliche Veränderungen** notwendig sind, können diese nur im Einvernehmen mit dem Vermieter angeordnet werden.[56]

1958

### 3. Muster: Antrag auf Wohnungszuweisung und Räumung einer Werks-/ Dienstwohnung

129

■■■

wegen Ehescheidung

hier: Wohnungszuweisung

Beteiligter: ■■■, Vermieter

unter Bezugnahme auf die bereits im Scheidungsverfahren vorgelegte Prozessvollmacht stelle ich namens und im Auftrag des Antragsgegners folgende Sachanträge:
1. Die im Haus ■■■ Straße, Nummer ■■■ in ■■■, im ■■■ Stock gelegene Ehewohnung, bestehend aus ■■■ Zimmern, Küche, Bad, Flur, 2 Terrassen, Kellerraum wird ab der Rechtskraft der Ehescheidung dem Antragsgegner zur alleinigen Nutzung zugewiesen.
2. Der Antragstellerin wird aufgegeben die in Ziffer 1 bezeichnete Wohnung ab Rechtskraft der Scheidung zu räumen und an den Antragsgegner herauszugeben. § 885 II-IV ZPO findet im Fall einer Zwangsräumung keine Anwendung.
3. Der Antragstellerin wird eine Räumungsfrist von 3 Monaten bewilligt beginnend mit der Rechtskraft des Scheidungsurteils.
4. Die Kostenentscheidung folgt der Hauptsache.

Begründung:

I. ■■■
Vgl Muster 2. Ziff. I.

II. Der Antragsgegner steht in einem ungekündigten Arbeitsverhältnis bei der Firma ■■■. Bei der Ehewohnung handelt es sich um eine Dienstwohnung im Sinne der §§ 576, 576a, 576b BGB. Das Mietverhältnis besteht ausschließlich zwischen dem Antragsgegner und der Firma ■■■.

56 Gottwald, Prozessformularbuch, Müller, C. III.14, S. 290.

III. Die Parteien haben ihre Lebensbereiche innerhalb der Wohnung getrennt. Der Antragsgegner, der auch zukünftig bei der Firma ■■■ beschäftigt sein wird, wird in der Wohnung leben bleiben. Dies ist deswegen für seine Berufsausübung vorteilhaft/notwendig, da ■■■.
Die Antragstellerin hat nun angekündigt, auch nach der rechtskräftigen Scheidung, in den schon jetzt von ihr benutzten Räumlichkeiten wohnen bleiben zu wollen.

IV. Weder der Antragsgegner, noch die Firma ■■■ sind bereit dauerhaft, auch nach Rechtskraft der Scheidung, das Verbeleiben der Antragstellerin in der Wohnung zu dulden. Der Antragsgegner wurde bereits schriftlich aufgefordert dafür zu sorgen, dass die Antragstellerin unmittelbar nach Rechtskraft der Scheidung die Ehewohnung räumt.
Beweis: Schreiben vom ■■■
Darüberhinaus ist es dem Antragsgegner nicht zuzumuten mit der Antragstellerin, über die Zeit nach Rechtskraft der Scheidung hinaus, in einer Wohnung zu leben.
■■■ (Ausführungen)

V. Besondere Härtegründe sind nicht ersichtlich, die einen weiteren Verbleib der Antragstellerin in der Ehewohnung gebieten würden. Die Antragstellerin ist jederzeit in der Lage sich eine angemessene eigene Wohnung zu suchen. Sie verfügt über eigenes Einkommen, ■■■

■■■

Rechtsanwalt

1959 **Hinweis:** In diesem Musterschriftsatz ist die Antragstellerin die antragstellende Partei des Hauptsacheverfahrens und diese Parteistellung bleibt auch für die Folgesache Wohnungszuweisung erhalten, auch wenn der Antragsgegner des Scheidungsverfahrens die Wohnungszuweisung begehrt.

1960 **4. Muster: Antrag auf Wohnungszuweisung einer Werkswohnung und Begründung eines Mietverhältnisses**

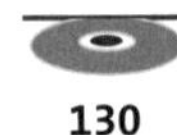

130

■■■

wegen Ehescheidung

hier: Wohnungszuweisung

Beteiligter: ■■■, Vermieter

unter Bezugnahme auf die bereits im Scheidungsverfahren vorgelegte Prozessvollmacht stelle ich namens und im Auftrag der Antragstellerin folgende Sachanträge:

1. Die im Haus ■■■ Straße, Nummer ■■■ in ■■■, im Erdgeschoss gelegene Ehewohnung, bestehend aus drei Zimmern, Küche, Bad, Flur, Garten und Kellerraum wird ab der Rechtskraft der Ehescheidung der Antragstellerin zur alleinigen Nutzung zugewiesen.
2. Das zwischen den Parteien und der Firma ■■■ bestehende Mietverhältnis über die Wohnung wird ab Rechtskraft der Scheidung von der Antragstellerin allein fortgeführt. Der Antragsgegner scheidet zeitgleich aus dem Mietverhältnis aus.
3. Dem Antragsgegner wird aufgegeben die in Ziffer 1 bezeichnete Wohnung ab Rechtskraft der Scheidung zu räumen und an die Antragstellerin herauszugeben. § 885 II-IV ZPO findet im Fall einer Zwangsräumung keine Anwendung.

4. Der Antragstellerin wird eine Räumungsfrist von 3 Monaten bewilligt beginnend mit der Rechtskraft des Scheidungsurteils.
5. Die Kostenentscheidung folgt der Hauptsache.

Begründung:

I. Zwischen den Parteien ist unter obigem Aktenzeichen das Scheidungsverfahren anhängig. Aus der Ehe der Parteien sind die gemeinsamen Kinder ■■■, geboren ■■■ und ■■■, geboren ■■■ hervorgegangen.
   Die Antragstellerin lebt nach dem Auszug des Antragsgegners am ■■■ mit den gemeinsamen Kindern in der Wohnung.

II. Bei der Wohnung handelt es sich um eine Werkswohnung der Firma ■■■, dessen Angestellter der Antragsgegner ist. Zwischen dem Antragsgegner und der Firma ■■■ besteht auch das Mietverhältnis.

III. Die Parteien sind übereingekommen, dass die Antragstellerin auch nach Rechtskraft der Scheidung mit den beiden minderjährigen Kindern in der Wohnung leben soll. Dies haben die Parteien der Firma ■■■ bereits am ■■■ mitgeteilt, und um Einverständnis zur Umwandelung des Mietvertrages gebeten. Die Firma hat dies mit Schriftsatz vom ■■■ ausdrücklich zurückgewiesen
   Beweis: Schriftsatz vom ■■■

IV. Der Antragsgegner hat zwischenzeitlich eine eigene Wohnung bezogen. Es ist nicht davon auszugehen, dass die Werkswohnung für einen anderen Werksangehörigen benötigt wird. Der Antragsgegner erhebt keine Anspruch auf die Wohnung für sich selbst.

Die Zuweisung der Ehewohnung an die Antragstellerin ist zur Vermeidung einer unbilligen Härte dringend geboten.

Der Antragstellerin würde es angesichts ihres nur geringen Einkommens schwer fallen eine vergleichbare Wohnung für sich und die Kinder, die dauerhaft ihren gewöhnlichen Aufenthalt bei ihr haben sollen, zu finden.

Für die minderjährigen Kinder würde ein Umzug in eine neue Wohnung, verbunden mit neuer Umgebung, und eventuellem Schulwechsel eine zusätzliche Belastung bedeuten, die sie, nach der Trennung ihrer Eltern zu verkraften hätten. Insbesondere das jüngere Kind, ■■■,geboren am ■■■, leidet schon jetzt unter ■■■.

Beweis: Attest vom ■■■, Dr. ■■■

Unter Berücksichtigung der Gesamtumstände ist es erforderlich zur Vermeidung einer unbilligen Härte, dass die Werkswohnung der Antragstellerin zukünftig zu alleinigen Nutzung zugewiesen wird, auch gegen den Willen der Firma ■■■ Deren Interessen treten in den Hintergrund, zumal mit dem Eintritt der Antragstellerin in das bestehende Mietverhältnis keine Verschlechterung ihrer Position gegeben ist. Das Wohl der Kinder der Parteien hat eindeutigen Vorrang.

■■■

Rechtsanwalt

1961

**5. Muster: Wohnungszuweisung bei Miteigentum der Ehegatten und Begründung eines Mietverhältnisses**

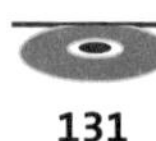

■■■

131

wegen Ehescheidung

hier: Wohnungszuweisung

unter Bezugnahme auf die bereits im Scheidungsverfahren vorgelegte Prozessvollmacht stelle ich namens und im Auftrag der Antragstellerin folgende Sachanträge:

1. Die im Haus ■■■ Straße, Nummer ■■■ in ■■■, im 2. Stock gelegene Ehewohnung bestehend aus 3 Zimmern, Küche, Bad, Flur, Balkon und Kellerabteil wird ab Rechtskraft der Scheidung der Antragstellerin zur alleinigen Nutzung zugewiesen.
2. Zwischen der Antragstellerin und dem Antragsgegner wird bezogen auf die Ehewohnung, befristet für die Dauer von 3 Jahren ein Mietverhältnis begründet.
3. Die Antragstellerin ist für die Dauer des Mietverhältnisses nicht verpflichtet einen Mietzins zu bezahlen. Sie trägt lediglich die verbrauchsabhängigen Nebenkosten.
4. Die Kostenentscheidung folgt der Hauptsache.

Begründung:

I. Die Parteien sind getrennt lebende Eheleute. Die Ehewohnung steht im Miteigentum der Parteien zu je ½.

II. ■■■
Vgl Antrag 1., Ziff. II. und III.

III. Der Abschluss eines Mietvertrages liegt im dringenden Interesse der Antragstellerin, um ihr dauerhaft die Nutzungsmöglichkeit zu sichern, auch für den Fall, dass der Antragsgegner eine Teilungsversteigerung beantragt.

IV. Die Festsetzung einer Nutuzungsentschädigung für den Antragsgegner ist nicht angezeigt. Bereits im Verfahren betreffend Trennungsunterhalt wurde ein entsprechender Wohnvorteil bei der Unterhaltsbemessung berücksichtigt. Auch im Verfahren betreffend nachehelicher Ehegattenunterhalt haben sich die Parteien bereits auf den Ansatz eines Wohnwertes geeinigt.

■■■

Rechtsanwalt

1962

**Hinweis:** Steht die Wohnung im Miteigentum der Ehegatten, entscheidet das Gericht gem § 2 HausratsVO nach billigem Ermessen unter Berücksichtigung aller Umstände des Einzelfalles. Im Hinblick darauf, dass beide Ehegatten Eigentümer sind, und unter Berücksichtigung, dass die Zuweisung an einen für den anderen regelmäßig einen schweren Eingriff bedeutet, ist das zu begründende **Mietverhältnis** regelmäßig **zeitlich zu befristen.** Zwar steht es dem ausziehenden Ehegatten jederzeit offen die Teilungsversteigerung zu beantragen. Nach § 183 ZVG ist aber das Sonderkündigungsrecht des Erstehers nach § 57a ZVG ausgeschlossen.[57]

57 Gottwald, Prozessformularbuch, Familienrecht, Müller, C. VIII. 6, S. 272.

1963

## 6. Muster: Wohnungszuweisungsantrag, Räumung und Nutzungsentschädigung bei Alleineigentum eines Ehegatten

132

■■■

wegen Ehescheidung

hier: Wohnungszuweisung

unter Bezugnahme auf die bereits im Scheidungsverfahren vorgelegte Prozessvollmacht stelle ich namens und im Auftrag der Antragstellerin folgende Sachanträge:

1. Die im Haus ■■■ Straße, Nummer ■■■ in ■■■, im ■■■ Stockwerk gelegene Ehewohnung bestehend aus 2 Zimmern, Küche, Bad, Flur, Balkon und Kellerabteil wird ab Rechtskraft der Scheidung der Antragstellerin zur alleinigen Nutzung zugewiesen.
2. Dem Antragsgegner wird aufgegeben die in Ziffer 1 bezeichnete Wohnung ab Rechtskraft der Scheidung zu räumen und an die Antragstellerin herauszugeben. § 885 II-IV ZPO findet im Fall einer Zwangsräumung keine Anwendung.
3. Der Antragstellerin wird eine Räumungsfrist von 3 Monaten bewilligt, beginnend mit der Rechtskraft des Scheidungsurteils.
4. Der Antragsgegner hat ab Rechtskraft der Scheidung für die Weiternutzung der Wohnung für jeden angefangenen Monat, bis zu seinem tatsächlichen Auszug eine Nutzungsentschädigung zu bezahlen, deren Höhe sich bis zum Ablauf der bewilligten Räumungsfrist auf ■■■ € beläuft, und nach Ablauf dieser Frist auf ■■■ €.
5. Die Kostenentscheidung folgt der Hauptsache.

Begründung:

I. Die Antragstellerin ist zur Vollziehung der Trennung aus der Ehewohnung in ■■■ am ■■■ ausgezogen. Die Ehewohnung steht im Alleineigentum der Antragstellerin. Der Antraggegner zieht, trotz mehrfacher mündlicher und schriftlicher Aufforderung nicht aus der Ehewohnung aus.

II. Die Antragstellerin lebt nun zur Untermiete bei ■■■. (z.B. einer Freundin)
Es ist der Antragstellerin nicht zuzumuten weiterhin bei ■■■ in einem kleinen Zimmer zu wohnen, während sich der Antragsgegner in der in ihrem Eigentum stehenden Wohnung aufhält.

III. Es sind keine Gründe ersichtlich, die es dem Antragsgegner unzumutbar machen eine adäquate Mietswohnung zu suchen.

IV. Die Festsetzung einer Nutzungsvergütung ist angezeigt, da seitens des Antragsgegners keine Unterhaltsleistungen für die Antragstellerin erbracht werden.

Angesichts der Größe der Wohnung und der Lage ist die beantragte Nutzungsvergütung angemessen. Die Summe von ■■■ € entspricht der ortsüblichen Marktmiete. Für die Zeit bis zur Räumungsfrist ist die Antragsstellerin bereit dem Antragsgegner entgegenzukommen, indem eine entsprechend geringere Nutzungsentschädigung verlangt wird.

■■■

Rechtsanwalt

1964

**Hinweise:** Steht die Wohnung im **Alleineigentum eines Ehegatten**, können auch, um eine unbillige Härte zu vermeiden, Gründe dafür sprechen, dem **anderen Ehegatten** die Wohnung **zuzuweisen**, § 3 HausratsVO. Da in eine verfahrensrechtlich geschützte

Rechtsposition eingegriffen werden soll, sind strenge Anforderungen zu stellen. Um eine unerträgliche Belastung abzuwenden, die den betroffenen Ehegatten außergewöhnlich beeinträchtigt, muss die Wohnungszuweisung an den Nichteigentümer – Ehegatten dringend notwendig sein.[58] Dies ist z.B. der Fall, wenn der Ehegatte dringend aus beruflichen oder persönlichen Gründen auf die Wohnung angewiesen ist.[59] In diesem Fall empfiehlt es sich neben dem Antrag auf Wohnungszuweisung zu alleinigen Nutzung, einen Antrag auf Begründung eines **befristeten Mietverhältnisses** zu stellen, zum Schutz des in der Wohnung verbleibenden Ehegatten. Ein entsprechender **Antrag** kann lauten:

1965 Muster: Antrag auf Begründung eines befristeten Mietverhältnisses

133

Bezogen auf die Ehewohnung wird zwischen dem Antragsgegner und der Antragstellerin ein auf die Dauer von 5 Jahren befristetes Mietverhältnis ab Rechtskraft der Scheidung begründet.

Die Antragstellerin ist nicht verpflichtet einen Mietzins zu entrichten. Sie trägt jedoch die verbrauchsabhängigen Nebenkosten.

1966

### 7. Muster: Negativer Feststelltungsantrag gegen eine Nutzungsvergütung

134

■■■

wegen Ehescheidung

hier: Wohnungszuweisung

unter Bezugnahme auf die bereits im Scheidungsverfahren vorgelegte Prozessvollmacht stelle ich namens und im Auftrag der Antragstellerin folgende Sachanträge:

1. Die im Haus ■■■ Straße, Nummer ■■■ in ■■■, im Erdgeschoss gelegene Ehewohnung bestehend aus 2 Zimmern, Küche, Bad, Flur, Balkon und Kellerabteil wird ab Rechtskraft der Scheidung der Antragstellerin zur alleinigen Nutzung zugewiesen.
2. Es wird festgestellt, dass die Antragstellerin dem Antragsgegner keine Nutzungsvergütung schuldet.
3. Die Kostenentscheidung folgt der Hauptsache.

Begründung:

I. Vgl. Antrag 5., Ziff. I. und II.

■■■

III. Der Antragsgegner ist grundsätzlich nicht dagegen, dass die Antragstellerin die Wohnung zukünftig alleine nutzt. Er fordert von ihr hierfür jedoch eine Nutzungsentschädigung, und zwar in Höhe von ■■■ €. Dies entspricht der hälftigen Marktmiete.

IV. Die Antragstellerin ist weder bereit noch in der Lage diese Nutzungsvergütung zu bezahlen. Die Festsetzung einer Nutzungsvergütung entspricht aber auch nicht der Billigkeit.

58 OLG Oldenburg, FamRZ 1998, 571.

59 Palandt, Brudermüller, Anh. zu §§ 1361b, § 3 HausratsVO, Rn. 2.

Der der Antragstellerin zukommende Wohnvorteil ist bereits bei der Bemessung des der Antragstellerin vom Antragsgegner zu bezahlenden Unterhalts berücksichtigt. Eine darüber hinausgehende Nutzungsvergütung kommt nicht in Betracht. Der der Antragstellerin zustehende Unterhalt ist bereits in der Folgesache Ehegattenunterhalt gerichtlich festgelegt, mit Urteil vom ■■■, unter obigem Aktenzeichen.

oder

Die Höhe des der Antragstellerin zustehenden Unterhalts ist dem Grunde nach unstreitig. Der Antragsgegner akzeptiert jedoch nicht die Berücksichtigung des Wohnvorteils bei der Unterhaltsberechnung. Er ist der Ansicht ihm stünde eine zusätzliche Nutzungsentschädigung zu. Aus diesem Grund wird auf den mit heutigem Schriftsatz eingereichten Antrag zum nachehelichen Ehegattenunterhalt verwiesen.

■■■

Rechtsanwalt

**Hinweis:** Verlangt ein Ehegatte, der eigentlich mit der alleinigen Nutzung der Ehewohnung durch den anderen einverstanden ist, von diesem eine Nutzungsvergütung, liegt keine Einigung vor, die eine gerichtliche Klärung ausschließen würde. Es besteht ein Rechtsschutzinteresse.

## 8. Muster: Antrag auf Wohnungszuweisung und Hilfsantrag auf Nutzungsvergütung

1967

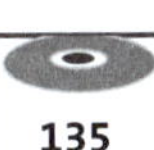

135

■■■

wegen Ehescheidung

hier: Wohnungszuweisung

Beteiligter: ■■■, Vermieter

unter Bezugnahme auf die bereits im Scheidungsverfahren vorgelegte Prozessvollmacht stelle ich namens und im Auftrag der Antragstellerin folgende Sachanträge:

1. Die im Haus ■■■ Straße, Nummer ■■■ in ■■■, im Erdgeschoss gelegene Ehewohnung bestehend aus 3 Zimmern, Küche, Bad, Flur, Balkon und Kellerabteil wird ab Rechtskraft der Scheidung der Antragstellerin zur alleinigen Nutzung zugewiesen.
2. Der Antrag des Antragsgegners auf Zuweisung der in Ziff 1 bezeichneten Wohnung zur alleinigen Nutzung wird zurückgewiesen.
3. Hilfsweise wird beantragt dem Antragsgegner aufzugeben an die Antragstellerin ab ■■■ eine monatlich jeweils zum dritten eines Monats fällige Nutungsvergütung in Höhe von ■■■ € zu bezahlen.
4. Die Kostenentscheidung folgt der Hauptsache.

Begründung

I. Die Parteien sind getrennt lebende Eheleute. Sie sind Miteigentümer zu je ½ der Wohnung in ■■■, der Ehewohnung. Seit der Trennung der Parteien am ■■■ bewohnt die Antragstellerin die Wohnung alleine.
II. Der Antragsgegner möchte nun wieder in die Wohnung mit einziehen.
Es entspricht jedoch, unter Berücksichtigung der Gesamtumstände, der Billigkeit der Antragstellerin die Wohnung zur alleinigen Nutzung zuzuweisen.

■■■

(Vgl. Antrag 2. Ziff. III.)

III. Für den Fall, dass das Gericht die Ansicht der Antragstellerin nicht teilt, wonach die Wohnungszuweisung an sie notwendig ist, wird, falls die Wohnung dem Antragsgegner zugewiesen wird, eine Nutzungsvergütung geltend gemacht.

Die Festsetzung einer Nutzungsvergütung ist angezeigt, da seitens des Antragsgegners keine Unterhaltsleistungen für die Antragstellerin erbracht werden. Angesichts der Größe der Wohnung und der Lage ist die Nutzungsvergütung angemessen. Die Summe von ■■■ € entspricht der ortsüblichen Marktmiete, so dass die begehrte Nutzungsvergütung dem hälftigen Mietzins entspricht. Gründe von der beantragten Höhe abzuweichen sind nicht ersichtlich. Die Nutzungsvergütung entspricht der Billigkeit.

■■■

Rechtsanwalt

1968

## 9. Muster: Antrag auf Wohnungszuweisung bei Getrenntleben

136

■■■

wegen: Wohnungszuweisung

vorläufiger Streitwert: ■■■ €

Ausweislich anliegender Prozessvollmacht zeige ich die anwaltliche Vertretung der Antragstellerin an. Namens und im Auftrag der Antragstellerin beantrage ich,

1. Die im Haus ■■■ Straße, Nummer ■■■ in ■■■, im 2. Stock gelegene Ehewohnung bestehend aus 3 Zimmern, Küche, Bad, Flur, Balkon und Kellerabteil wird der Antragstellerin zur alleinigen Nutzung zugewiesen.
2. Dem Antragsgegner wird aufgegeben die in Ziffer 1 bezeichnete Ehewohnung sofort, unter Mitnahme seiner persönlichen Sachen, wie Kleidung und persönliche Unterlagen zu räumen und an die Antragstellerin herauszugeben. § 885 II-IV ZPO findet im Fall einer Zwangsräumung keine Anwendung. Der Antragsgegner hat der Antragstellerin sämtliche Schlüssel zur Wohnung und zum Kellerabteil zu übergeben.
3. Dem Antragsgegner wird bei Meidung eines vom Gericht festzusetzenden Zwangsgeldes verboten die Ehewohnung ohne Zustimmung der Antragstellerin zu betreten.
4. Der Antragsgegner hat es zu unterlassen die Antragstellerin zu bedrohen, zu belästigen oder sie zu misshandeln.
5. Die Antragstellerin ist berechtigt das Wohnungsschloss auszutauschen.
6. Der Antragsgegner trägt die Kosten des Verfahrens.

Begründung

I. Die Parteien sind verheiratete Eheleute. Aus ihrer Ehe sind die gemeinsamen Kinder ■■■, geboren ■■■ und ■■■, geboren ■■■ hervorgegangen.

II. Die Parteien sind gemeinsame Mieter der im Antrag bezeichneten Ehewohnung.

III. Die Antragsstellerin begehrt die Zuweisung der Ehewohnung zur alleinigen Nutzung gem § 1361b BGB, da nur so eine unbillige Härte zu vermeiden ist.

Die Antragstellerin beabsichtigt sich vom Antragsgegner zu trennen. Da die Wohnverhältnisse für die Antragsstellerin mit den gemeinsamen minderjährigen Kindern in den letzten Wochen unzumutbar geworden sind, begehrt sie das alleinige Nutzungsrecht an der Wohnung.

Der Antragsgegner führt sich völlig unzumutbar auf.
Er ■■■
■■■ (Detailausführungen, aus welchen Gründen ein weiteres Zusammenleben unbillig erscheint, unter Schilderung einzelner Geschehnisse mit Angaben zu Ort, Zeit und Nennung von eventuellen Zeugen)
■■■ macht ein weiteres Zusammenleben, gerade auch unter Berücksichtigung des Wohls der beiden minderjährigen Kinder unmöglich.
Der Antragsgegner wurde bereits mit Anwaltsschreiben aufgefordert die Ehewohnung zu verlassen, eine Reaktion hierauf erfolgte nicht.
Beweis: Schriftsatz vom ■■■

IV. Die Antragstellerin beantragt die Zuweisung der Ehewohnung zur alleinigen Nutzung für die Dauer des Getrenntlebens gemäß § 1361b BGB, § 18a HausratsVO, sowie die Räumungsverpflichtung für den Antragsgegner unter Mitnahme seiner persönlichen Sachen.

Der vorläufige Streitwert wird mit ■■■ € beziffert. Die Gerichtskosten in Höhe von ■■■€ liegen dem Antrag mittels Verrechnungsscheck an.

■■■

Rechtsanwalt

## 10. Muster: Antrag auf einstweilige Anordnung auf Zuweisung der Ehewohnung

1969

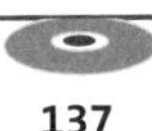

137

■■■

wegen Ehescheidung

hier: einstweilige Anordnung auf Wohnungszuweisung

unter Bezugnahme auf die bereits im Scheidungsverfahren vorgelegte Prozessvollmacht stelle ich namens und im Auftrag der Antragstellerin beantrage ich,

im Wege der einstweiligen Anordnung wegen besonderer Eilbedürftigkeit ohne mündliche Verhandlung, der Antragstellerin das Haus ■■■ Strasse, Nummer ■■■ in ■■■, zur alleinigen Nutzung zuzuweisen, und dem Antragsgegner aufzugeben das Anwesen mit seinen persönlichen Sachen zu räumen, wobei § 885 II ZPO keine Anwendung findet.

Begründung

I. Die Parteien sind getrennt lebende Eheleute. Aus ihrer Ehe sind die gemeinsamen Kinder ■■■ geboren am ■■■ und ■■■, geboren am ■■■ hervorgegangen. Beide Kinder haben ihren gewöhnlichen Aufenthalt bei der Kindesmutter.
Die Antragstellerin bewohnt mit den Kindern das Erdgeschoss des Hauses, der Antraggegner die Räume in der ersten Etage. Die Küche im Erdgeschoss und das Badezimmer im ■■■ Stockwerk nutzen die Parteien gemeinsam.

II. Das Zusammenleben in dem Haus funktionierte zwischen den Parteien bis vor kurzem so gut wie reibungslos. Seit ca 1 Monat kommt der Antragsgegner jedoch regelmäßig spät abends betrunken nach Hause und führt sich dann völlig unzumutbar auf. Er beschimpft die Antragstellerin, weckt die Kinder auf und ■■■
(weitere Detailschilderungen, soweit möglich unter Angabe der genauen Uhrzeit und dem Hergang,

Gewalttätigkeiten
Streitereien
Mangelnde Hygiene)
■■■
Dieser Zustand ist für die Antragstellerin unzumutbar. Nicht nur dass sie sich durch das Verhalten des Antragsgegners unmittelbar bedroht fühlt, haben vor allem auch die gemeinsamen Kinder unter der jetzigen Situation zu leiden. Sollte dieser Zustand anhalten, ist mit psychischen Schäden bei den Kindern zu rechnen, die schon jetzt unter enormen seelischen Druck leiden.

III. Aufgrund dieses wiederholten und schwerwiegenden Verhaltens des Antragsgegners ist es dringend erforderlich der Antragstellerin die gesamte Ehewohnung zur alleinigen Nutzung zuzuweisen, und den Antragsgegner zur Räumung zu veranlassen.

Es ist auch keine andere Lösung denkbar, die sich praktisch umsetzten ließe. Das Haus kann aufgrund seiner Bauweise nicht so aufgeteilt und genutzt werden, dass der Antragsgegner und die Antragstellerin in keinen Kontakt geraten.

Zur Glaubhaftmachung des gesamten obigen Vortrages wird anliegende Eidesstattliche Versicherung der Antragstellerin übergeben.

Glaubhaftmachung: Eidesstattliche Versicherung der Antragstellerin vom ■■■

■■■

Rechtsanwalt

1970 **Hinweis:** Sind Nachbarn oder Verwandte Zeugen der Ausschreitungen bzw des Fehlverhaltens des Antragsgegners, empfiehlt es sich auch von diesen zur Untermauerung des Antrages eine eidesstattliche Versicherung dem Antrag beigefügt werden.

1971 **11. Muster: Beschwerde des Drittbeteiligten, § 621e I ZPO**

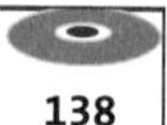

138

■■■

wegen: Wohnungszuweisung

Ausweislich anliegender Prozessvollmacht zeige ich die anwaltliche Vertretung des Wohnungseigentümers und Vermieters der derzeit von dem Antragsteller bewohnten Wohnung, ■■■ in ■■■, ■■■ (Name des Vermieters) an. Namens und im Auftrag des Vermieters lege ich gegen den Beschluss des Amtsgerichts – Familiengericht – ■■■, vom ■■■ Az.: ■■■, dem Beschwerdeführer am ■■■ zugestellt,

Beschwerde

ein, und beantrage:

I. Der Beschluss des Amtsgerichts – Familiengerichts – ■■■ vom ■■■ Az.: ■■■ wird abgeändert.
II. Der Antrag des Antragstellers auf Wohnungszuweisung wird zurückgewiesen
III. Der Antragsteller trägt die Kosten des Beschwerdeverfahrens.

Begründung

Der Beschwerdeführer hat die in seinem Eigentum stehende Wohnung in ■■■ mit Mietvertrag vom ■■■ an die Parteien gemeinsam vermietet. Das Erstgericht hat diese Wohnung in dem angefochtenen Beschluss dem Antragsgegner zugewiesen. Diese Zuweisung erfolgte unter Verletzung der Rechte des Beschwerdeführers. Gem § 12 HausratsVO darf das Gericht, wenn der Antrag auf Auseinandersetzung über die Ehewohnung später als 1 Jahr nach Rechtskraft der Ehewohnung gestellt wird, in die Rechte des Vermieters nur eingreifen, wenn dieser einverstanden ist. Die Ehescheidung der Partein liegt länger als ein Jahr zurück. Das Erstgericht hat den Vermieter jedoch nicht angehört.

Die Wohnung hätte dem Antragsteller nicht zugewiesen werden dürfen, da ■■■.

■■■

Rechtsanwalt

1972 **Hinweis:** Als Drittbeteiligte kommen der Grundstückseigentümer, der Vermieter oder der Dienstherr in Betracht, oder Personen, mit denen die Ehegatten, oder einer von ihnen hinsichtlich der Wohnung in Rechtsgemeinschaft stehen, § 7 HausratsVO. Diese sind zu beteiligen bei endgültigen Regelungen. Die Beschwerde ist gem § 621e ZPO beim Oberlandesgericht innerhalb eines Monats nach Zustellung der Entscheidung einzulegen. Sollte die Entscheidung dem Dritten nicht zugestellt worden sein, beginnt die Frist 5 Monate nach der Verkündung der Entscheidung zu laufen.[60]

## C. Rechtskraft und Vollstreckung

1973 Eine Entscheidung des Gerichtes in einem selbstständigen Verfahren über Wohnungszuweisung wird erst vollstreckbar, wenn sie rechtskräftig ist, § 16 I HausratsVO, §§ 621e I, III, 517 ZPO. Im Scheidungsverbund wird die Entscheidung mit der Rechtskraft des Scheidungsurteils vollstreckbar, sofern sie nicht selbstständig angefochten wurde. Die Entscheidung wird von Amts wegen allen Beteiligten zugestellt, mit Ablauf der Rechtsmittelfristen für alle Beteiligten tritt Rechtskraft ein. Auf Antrag werden die vollstreckbaren Ausfertigungen erteilt, § 31 FGG, §§ 724ff ZPO, § 16 III HausratsVO.

1974 Wird ein Ehegatte verpflichtet die Wohnung dem anderen Ehegatten die Wohnung zur alleinigen Benutzung zu überlassen und an den anderen Ehegatten herauszugeben, stellt dies keinen vollstreckbaren Räumungstitel für den anderen Ehegatten dar. Aus diesem Grund empfiehlt es sich die **Räumung mit der Wohnungszuweisung zu beantragen**. Bei der vorläufigen Benutzungsregelung ist der andere Ehegatte schließlich bis zur rechtskräftigen Scheidung berechtigter Mitbesitzer. Hinzuweisen ist darauf, dass sich die Räumung auf Personen beschränken sollte. Der Antrag ist so zu formulieren, dass **§ 885 II ZPO** bei der Räumung nicht anzuwenden ist, damit keine Hausratsgegenstände geräumt werden.

60 Gottwald, Münchener Prozessformularbuch, Familienrecht, J.X. 2, S. 910.

1975 Muster: Antrag auf Räumung und Wohnungszuweisung

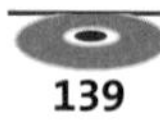
139

I. Der Antragstellerin wird die gesamte Wohnung ■■■ (Strasse, Hausnummer, Postleitzahl, Ort, ggf. Stockwerk) zu alleinigen vorläufigen Nutzung zugewiesen.
II. Der Antragsgegner wird verpflichtet die Wohnung sofort zu räumen und an die Antragstellerin herauszugeben.
III. § 885 II – IV ZPO sind bei der Räumung nicht anzuwenden.

1976 Die Anordnungen auf Verlassen und Herausgabe sind an sich mit der Androhung und anschließenden Verhängung von Zwangsgeld nach § 888 ZPO zu vollstrecken. Regelmäßig nimmt diese Art der Durchsetzung geraume Zeit in Anspruch, da der andere Ehegatte zunächst anzuhören ist. Wird der Ausdruck „Räumen" bereits verwandt, so kann der Gerichtsvollzieher nach § 885 ZPO vollstrecken.

1977 Muster: Regelung der Wohnungszuweisung für die Zeit nach Rechtskraft der Scheidung

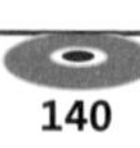
140

I. Die Antragstellerin tritt ab Rechtskraft der Scheidung an die Stelle des Antragsgegners in das von diesem mit dem Vermieter ■■■ aufgrund schriftlichen Mietvertrages vom ■■■ bestehende Mietverhältnis ein. Der Antragsgegner scheidet zugleich aus dem Mietverhältnis aus.
II. Der Antragsgegner ist verpflichtet, die Ehewohnung binnen 2 Monaten ab Rechtskraft der Scheidung zu räumen und der Antragstellerin zur alleinigen Nutzung zu überlassen.
III. §§ 885 II – IV ZPO sind bei der Räumung nicht anzuwenden.

# § 10 Verfahren nach dem Gewaltschutzgesetz

**Literatur:** Büchting/Heussen, Beck'sches Rechtsanwaltshandbuch, 8. Auflage 2004; Gerhardt/Heintschel-Heinegg/Klein, Handbuch des Fachanwalts Familienrecht, 4. Auflage 2004; Gottwald, Münchener Prozessformularbuch, Familienrecht, 2. Auflage 2003; Haußleiter/Schulz, Vermögensauseinandersetzung bei Trennung und Scheidung, 4. Auflage 2004; Thomas/Putzo, Zivilprozessordnung, 26. Auflage 2004.

## A. Vorprozessulare Situation

### I. Schutz nach dem Gewaltschutzgesetz

#### 1. Anwendungsbereich

a. Grundsätze

1978

Das Gesetz zur Verbesserung des zivilgerichtlichen Schutzes bei Gewalttaten und Nachstellungen, sowie zur Erleichterung der Überlassung der Ehewohnung bei Trennung nennt sich kurz **Gewaltschutzgesetz.** Es hat als Zielvorgabe die Verbesserung des **präventiven zivilrechtlichen Schutzes** vor **wiederholten Gewalttaten, Nachstellungen, unzumutbaren Belästigungen, sowie bei häuslicher Gewalt für erwachsene Opfer.** Im Artikel 1 des 13 Artikel umfassenden Gesetzes ist das eigentliche Gewaltschutzgesetz geregelt. Dieses besteht aus 4 Paragraphen, die den Zivilrechtschutz neben oder statt eines Strafverfahrens verbessern sollen. Hierzu sind insbesondere 2 Instrumente vorgesehen. § 1 GewSchG schafft die Rechtsgrundlage für **Schutzanordnungen,** wie Näherungs-, Kontakt-, und Belästigungsverbote bei widerrechtlicher und vorsätzlicher Verletzung des Körpers, der Gesundheit oder der Freiheit oder Drohung hiermit; § 2 GewSchG schafft einen allgemeinen Anspruch auf **Wohnungsüberlassung** bei dauerhafter gemeinsamer Haushaltsführung von Täter und Opfer.

1979

**Das Gewaltschutzgesetzes und § 1361b BGB:** Die Vorschriften des Familienrechtes sind für Streitigkeiten unter getrenntlebenden oder trennungswilligen Eheleuten leges speziales. Die Regelung der Rechtsverhältnisse an der Ehewohnung während der Dauer des Getrenntlebens, gem § 1361b BGB ermöglicht, ebenso wie die endgültige Entscheidung über den Verbleib in der Ehewohnung nach Rechtskraft der Scheidung (gem §§ 3 – 5 HausrVO) Schutzanordnungen über die §§ 18a, 15 HausrVO (vorläufig) und § 15 HausrVO (endgültig).[1] Beabsichtigen die Eheleute keine Trennung und findet deshalb § 1361b BGB keine Anwendung findet, kann nach § 2 GewSchG die Überlassung der Wohnung verlangt werden. In § 3 II GewSchG ist normiert, dass weitergehende Ansprüche der verletzten Person durch das GewSchG nicht berührt werden.

1980

**Beratungshinweis:** Mandanten, die Schutz nach dem Gewaltschutzgesetz suchen, haben sich i.d.R. bereits im vorhinein mit der Polizei in Verbindung gesetzt, um direkte Hilfe erlangen zu können. Die Polizei wird meist einen zeitlich befristeten **Platzverweis** gegen den Täter ausgesprochen haben. Ist das der Fall, so sollte bei der zuständigen

1 Büchting/Heussen, Beck'sches Rechtsanwaltshandbuch, Heiß/Heiß, C 17 Rn. 319.

Polizeidienststelle der entsprechende Bericht angefordert werden. Wurden die Akten bereits an die Staatsanwaltschaft weitergeleitet, da Anzeige wegen Körperverletzung erstattet wurde, ist bei dieser Akteneinsicht zu beantragen. Nur so kann sich der Anwalt ein umfassendes Bild des bisherigen Geschehens machen. Auch das Gericht nimmt grundsätzlich Akteneinsicht.

#### b. Vorsatz und Verschulden

1981 Das GewSchG ist ausschließlich anwendbar auf **vorsätzlich** begangene Taten. Die willentliche Schädigung ist das typische Merkmal von Gewalttaten.

1982 **Schuldhaft** muss der Täter **nicht** gehandelt haben. Maßnahmen nach § 1 und § 2 GewSchG können auch dann angeordnet werden, wenn der Täter sich in einem die Willensbildung ausschließenden Zustand krankhafter Störung der Geistestätigkeit befand, in den er sich durch geistige Getränke oder ähnliche Mittel vorübergehend versetzt hat, das heißt unzurechnungsfähig war, § 1 III GewSchG. Das GewSchG ist auch anwendbar, wenn dieser Zustand dauerhaft ist. Die zu ergreifenden Maßnahmen müssen aber geeignet sein den Täter von weiteren Rechtsgutsverletzungen abzuhalten.

### 2. Regelungsmöglichkeiten

#### a. § 1 GewSchG

1983 Hat eine Person **vorsätzlich** den Körper, die Gesundheit oder die Freiheit einer anderen Person **verletzt** oder mit einer **solchen Verletzung widerrechtlich gedroht**, hat das Gericht **auf Antrag** die zur Abwendung weiterer Verletzungen erforderlichen Maßnahmen zu treffen. § 1 GewSchG zählt, jedoch nicht abschließend, mögliche **Schutzanordnungen** auf. Zur Verhinderung weiterer Verletzungen können insbesondere folgende **Verbote** an den Gewalttäter ergehen:

- die Wohnung des Opfers zu betreten, § 1 I S. 2 Nr. 1 GewSchG
- sich in einem bestimmten Umkreis der Wohnung aufzuhalten, § 1 I S. 2 Nr. 2 GewSchG
- bestimmte Orte aufzusuchen, an denen sich das Opfer regelmäßig aufhält, § 1 I S. 2 Nr. 3 GewSchG
- Verbindung zum Opfer aufzunehmen, auch unter Verwendung von Fernkommunikationsmitteln, § 1 I S. 2 Nr. 4 GewSchG
- Zusammentreffen mit der verletzten Person herbeizuführen, jedoch nur soweit dies nicht unter zur Wahrnehmung berechtigter Interessen erforderlich ist, § 1 I S. 2 Nr. 5 GewSchG

1984 **Beratungshinweis:** Ein **berechtigtes Interesse** an einem Zusammentreffen kann z.B. dann vorliegen, wenn gemeinsame minderjährige Kinder vorhanden sind, und der Täter das Umgangsrecht mit den gemeinsamen Kindern ausübt. Die Schutzmaßnahmen sind so auszugestalten, dass dem Schutzbedürfnis des Opfers genüge getan wird, der Täter jedoch sein Recht und seine Pflicht zur Ausübung des Umgangs mit den gemeinsamen Kindern wahrnehmen kann. Je nach Alter der Kinder und Schwere der Verletzung bzw Bedrohung wird es in einem solchen Fall kaum möglich sein Telefonkontakte ganz zu untersagen, auch wird der Antragsgegner die Kinder regelmäßig an der Wohnung oder in der Nähe der Wohnung abholen. Die Umgangskontakte können aber auch mithilfe Dritter, wie z.B. dem Jugendamt durchgeführt werden, oder eben an anderen Orten als der Ehewohnung. Denn der **Grundsatz der Verhältnismäßigkeit** ist hier stets zu beachten.

1985 Voraussetzung für den Erlass einer solchen Schutzanordnung ist **nicht**, dass es zu einer **vollendeten Rechtsgutsverletzung** gekommen ist. Sie kann auch bei **widerrechtlicher Drohung mit solchen Taten** ergehen, sowie in bestimmten Fällen **dauernder Nachstellungen** und **Verfolgungen.** In den Medien sind Letztere unter dem Begriff „stalking" präsent.

#### b. § 2 GewSchG

1986 Das Gewaltschutzgesetz ist nicht speziell familienrechtlich ausgestattet. Dennoch steht die Bekämpfung der Gewalt im sozialen Nahbereich, insbesondere in der Familie, im Vordergrund. Es gilt der Grundsatz: „Der Täter geht, das Opfer bleibt." Haben Täter und Opfer während der Tat einen **auf Dauer** angelegten **gemeinsamen Haushalt** geführt, so kann die verletzte Person die **Überlassung der Wohnung** zur vorläufigen **alleinigen Benutzung** verlangen. Das zwischen Täter und Opfer bestehende Rechtsverhältnis, wer also Mieter oder gar Eigentümer der Wohnung ist, spielt zunächst keine Rolle. Der Anspruch ist **zeitlich zu begrenzen**, außer die verletzte Person ist an der Wohnung als Eigentümer berechtigt. Dann kann auch eine endgültige Regelung herbeigeführt werden. In den Schutzbereich der Vorschrift sollen insbesondere Lebenspartner, mit und ohne Kindern, fallen. Lose Zusammenschlüsse werden von der Vorschrift nicht umfasst, wie z.B. studentische Wohngemeinschaften.
Gem § 2 V GewSchG kann der Täter von der verletzten Person eine Vergütung für die Nutzung der Wohnung verlangen, sofern dies der Billigkeit entspricht.

## II. Anspruchsgrundlagen

### 1. § 1 I GewSchG, Schutz nach Gewaltausübung

#### a. Schutzanordnungen

1987 Voraussetzung für den Erlass einer Schutzanordnung nach § 1 I GewSchG ist **vorsätzliche** und **widerrechtliche**, aber nicht notwendig schuldhafte, **Verletzung des Körpers, der Gesundheit oder der Freiheit einer anderen Person.** Die Beschreibung der geschützten Rechtsgüter knüpft an die des § 823 I BGB an. Aufgrund der Verschiedenheit der Lebensverhältnisse ist eine abschließende Aufzählung der Verletzungshandlungen nicht möglich. Von der Vorschrift soll jedenfalls auch die Anwendung von **seelischer Gewalt** umfasst sein, wenn diese zu körperlichen bzw psychischen Gesundheitsschäden führt. Eine besondere Nähe zwischen Täter und Opfer wird nicht vorausgesetzt, so dass Schutzanordnungen auch für Gewalttaten außerhalb des sozialen Nahbereichs verhängt werden können. Zu den Schutzanordnungen vgl. I. 2. a).

1988 Schutzanordnungen dürfen nicht ergehen, wenn und soweit diese nicht **erforderlich** sind. Dass heißt, es muss **Wiederholungsgefahr** bestehen und die Maßnahme muss **verhältnismäßig** sein. Aus diesem Grund werden Schutzanordnungen regelmäßig **zeitlich befristet**; die Befristung kann gem § 1 I S. 2 GewSchG verlängert werden.

b. Beweiserleichterung

1989 Der **Beweiserleichterung** dient die nach der Rechtsprechung bestehende Vermutung, dass weitere Gewalttaten zu befürchten sind, wenn es bereits zu Gewalttaten gekommen ist.[2] Es obliegt dem Täter zu beweisen, dass keine weiteren Gewalttaten drohen. Die Rechtsprechung stellt an eine solche Widerlegung hohe Anforderungen.[3]

c. Wahrnehmung berechtigter Interessen

1990 Nach § 1 I S. 3 GewSchG können die Schutzanordnungen eingeschränkt werden, wenn dies zur Wahrnehmung berechtigter Interessen des Täters erforderlich ist. Zur Ausübung des Umgangs mit den von den Gewalttaten nicht direkt konfrontierten Kindern kann es erforderlich sein, dass der Täter in Kontakt mit dem Opfer tritt bzw sich dessen Wohnung nähert.

1990a **2. § 1 II GewSchG, Schutz nach Androhung von Gewalt**

a. Voraussetzung für den Erlass einer Schutzanordnung nach § 1 II GewSchG ist:

- die **vorsätzliche Drohung** mit einer **widerrechtlichen** Verletzung des Lebens, des Körpers, der Gesundheit oder der Freiheit, oder
- **vorsätzliches** und **widerrechtliches Eindringen** in die Wohnung oder das befriedete Besitztum des Opfers, oder
- **vorsätzliche, widerrechtliche und unzumutbare Belästigung** des Opfers durch wiederholtes Nachstellen **gegen dessen ausdrücklich erklärten Willen** oder durch Verfolgung des Opfers unter Verwendung von Fernkommunikationsmitteln.

b. Unzumutbare Belästigung

1991 **Unzumutbar** ist die Belästigung, wenn sie **nicht** durch die **Wahrnehmung berechtigter Interessen gerechtfertigt** ist. Dies kommt z.B. bei der Wahrnehmung von berechtigten Umgangskontakten in Betracht, oder bei der Durchführung von Amtshandlungen von Beamten, wie z.B. Polizisten, oder Gerichtsvollziehern.

1992 Die Belästigungen müssen **gegen den ausdrücklich erklärten Willen** des Opfers erfolgen, § 1 II Nr. 2b GewSchG. Das Opfer hat ggf. zu beweisen, dass es den Täter ausdrücklich aufgefordert hat die Belästigungen zu unterlassen. Auch hier gilt aber die Beweiserleichterung, dass eine tatsächliche Vermutung dahingehend besteht, dass es das Opfer den Täter zur Unterlassung aufgefordert hat, wenn es bereits zu Belästigungen gekommen ist.[4]

1993 Die Schutzanordnung muss **erforderlich** sein, dh es muss **Wiederholungsgefahr** bestehen und die Maßnahme selbst muss **verhältnismäßig** sein. Aus diesem Grund werden Schutzanordnungen regelmäßig **zeitlich befristet.**

2 BGH, NJW 1987, 2223.
3 Haußleiter/Schulz, Vermögensauseinandersetzung bei Trennung und Scheidung, Kap. 10 Rn. 13.
4 Palandt, Brudermüller, § 1 GewSchG Rn. 6.

### 3. § 2 GewSchG, Überlassung der Wohnung nach dem Gewaltschutzgesetz

#### a. Anspruchsvoraussetzungen

1994 Mit der Regelung des § 2 GewSchG ist der Grundsatz verwirklicht: „Der Täter geht, das Opfer bleibt."[5] Das Gesetz unterscheidet hinsichtlich der Voraussetzungen für eine Wohnungszuweisung nach § 2 GewSchG wie folgt:

- liegt eine **vollendete Verletzungshandlung** (§ 2 I GewSchG) vor, so löst diese den Überlassungsanspruch aus;
- liegt eine widerrechtliche **Drohung mit einer Rechtsgutsverletzung** (§ 2 VI GewSchG) vor, ist der Anspruch auf Wohnungsüberlassung nur begründet, wenn dies erforderlich ist, um eine **unbillige Härte** zu vermeiden.

1995 Eine **unbillige Härte** ist gegeben, wenn die berechtigte Annahme für eine bevorstehende Gewalttat besteht. Sie kann auch dann gegeben sein, wenn das Wohl im Haushalt lebender Kinder beeinträchtigt ist, denn das Kindeswohl hat grundsätzlich Vorrang.

1996 Die **Voraussetzungen** für eine Wohnungszuweisung sind im Einzelnen:

- Täter und Opfer haben im Zeitpunkt der Tat einen **gemeinsamen Haushalt** geführt;
- Der Täter muss **vorsätzlich** und **widerrechtlich** den **Körper, die Gesundheit oder die Freiheit des Opfers verletzt haben, oder mit einer solchen Verletzung widerrechtlich gedroht haben**; auf Verschulden kommt es nicht an;
- Es besteht **Wiederholungsgefahr**, oder dem Opfer ist wegen der Schwere der Tat ein weiteres Zusammenleben mit dem Täter nicht zumutbar;
- Die verletzte Person muss die Überlassung der Wohnung innerhalb von **drei Monaten schriftlich** verlangen;
- Der Wohnungsüberlassung dürfen keine schwerwiegenden Belange des Täters entgegenstehen.
- Der **Grundsatz der Verhältnismäßigkeit** gebietet eine **zeitliche Befristung** des Anspruches. Ist allerdings das Opfer Alleineigentümer der Wohnung oder Alleinmieter, so führt die Verweisung des Täters aus der Wohnung regelmäßig zu einer endgültigen Regelung.
- **Schwerwiegende Belange i.S.d.** § 2 III Nr. 3 GewSchG, auf Seiten des Täters, die der Wohnungszuweisung entgegenstehen können, sind z.B. eine Behinderung oder Erkrankung des Täters, die eine Wohnungsbenutzung für den Täter erforderlich machen. In Betracht kommt dann, unabhängig von § 2 II GewSchG eine zeitliche Begrenzung der Wohnungsüberlassung, oder aber eine Aufteilung der Wohnung, wenn dies nach den räumlichen Gegebenheiten und dem Verhältnis der Beteiligten zueinander, möglich ist.

#### b. Schriftliches Verlangen

- Das Opfer hat die Wohnungsüberlassung innerhalb von 3 Monaten nach der Tat vom Täter **schriftliche zu verlangen,** § 2 III Nr. 2 GewSchG. Hat das Opfer aber bereits innerhalb dieser Frist einen Antrag beim Gericht nach dem GewSchG

5 Haußleiter/Schulz, Vermögensauseinandersetzung bei Trennung und Scheidung, Kap. 10 Rn. 20.

gestellt, ist die Zustellung dieses Antrages die stärkste Form der schriftlichen Mitteilung nach i.S.v. § 2 III GewSchG.[6] Eine weitere Aufforderung an den Täter ist dann nicht erforderlich.

#### c. Zeitliche Befristung

1997 Sind Täter und Opfer Miteigentümer der Wohnung, oder haben sie den Mietvertrag gemeinsam unterzeichnet, ist die Wohnungsüberlassung zeitlich zu befristen, § 2 II GewSchG. Die Frist ist nach den Umständen des Einzelfalles so zu bemessen, dass während ihrer Dauer eine endgültige Regelung ergehen kann.[7] Steht dem Täter allein oder gemeinsam mit einem Dritten das Eigentum an dem Grundstück zu, auf dem sich die Wohnung befindet, oder hat er die Wohnung allein oder zusammen mit einem Dritten gemietet, so ist die Wohnungsüberlassung auf die Dauer von 6 Monaten zu befristen. Diese Frist kann auf die Dauer von höchstens weiteren 6 Monaten verlängert werden, wenn das Opfer keine andere Wohnung zu zumutbaren Bedingungen finden konnte, und die Belange des Täters oder eines berechtigten Dritten nicht überwiegen.
Ist das Opfer allein oder zusammen mit einem Dritten an der Wohnung berechtigt, ist die Wohnungsüberlassung nicht zu befristen, wenn es mit dem Täter in nichtehelicher Lebensgemeinschaft lebt.

#### d. Beweislast

1998 Der Täter hat im Fall des § 2 III GewSchG darzulegen und zu beweisen, dass keine weiteren Verletzungen zu befürchten sind. Wurde der Täter bereits gewalttätig, spricht eine **tatsächliche Vermutung** dafür, dass weitere Gewalttaten zu besorgen sind. An die vom Täter zu erbringende Widerlegung sind hohe Anforderungen zu stellen.

## B. Prozess

### I. Zuständigkeit

1999 Führen Täter und Opfer im Zeitpunkt der Antragstellung einen auf Dauer angelegten **gemeinsamen Haushalt**, oder haben sie diesen innerhalb von 6 Monaten vor Antragstellung geführt, so sind die **Familiengerichte** gem § 23a Nr. 7, 23b Nr. 8a GVG, Art 3 GewSchG zuständig; andernfalls bleibt es bei der Zuständigkeit der allgemeinen Zivilgerichte.

2000 Ist das Familiengericht zuständig, richtet sich die **Verfahrensordnung** nach der **freiwilligen Gerichtsbarkeit**, §§ 621 I Nr. 13, 621a I 1 ZPO, Art 4 GewSchG. Ist die Zuständigkeit der allgemeinen Zivilgerichte gegeben, richten sich die Verfahrensvorschriften nach denen der ZPO.

### II. Anhörungspflichten

2001 Im Wohnungsüberlassungsverfahren soll das Gericht gem § 49a FGG, Art 5 GewSchG vor ablehnenden Entscheidungen nach § 1361b BGB und § 2 GewSchG das Jugendamt anhören, wenn in dem betroffenen Hausalt minderjährige Kinder leben. Die Ent-

6 Haußleiter/Schulz, Vermögensauseinandersetzung bei Trennung und Scheidung, Kap. 10 Rn. 37.
7 Palandt, Brudermüller, § 2 GewSchG Rn. 4.

scheidung des Gerichtes ist dem Amt für Kinder, Jugend und Familie mitzuteilen. Tatsächlich ist in allen Gewaltfällen die Unterrichtung des Amtes für Kinder, Jugend und Familie geboten, wenn Kinder involviert sind, § 64 II FGG i.V.m. § 621 I Nr. 7ZPO, §§ 11 I 18a HausrVO, damit das Amt für Kinder Jugend und Familie in beratender, unterstützender, und gegebenenfalls eingreifender Funktion tätig werden kann.

### III. Beweiserbringung

2002 Ist es bereits einmal zu Gewalttaten, Drohungen oder unzumutbaren Belästigungen des Täters gekommen, gilt eine **tatsächliche Vermutung**, dass weitere Beeinträchtigungen zu befürchten sind. Vom Täter ist diese Vermutung zu widerlegen. Es gelten hohe Anforderungen. Gelingt ihm das nicht, greift das Gewaltschutzgesetz, da von weiteren Gewalttaten auszugehen ist.[8]

### IV. Eilmaßnahmen

2003 Der Antrag auf Erlass einer **vorläufigen Anordnung** vor dem **Familiengericht**, in Verbindung mit einem Hauptsacheantrag ist statthaft gem § 64 III FGG, Art 5 GewSchG. Das Anordnungsverfahren ist vom Beginn bis zur Vollziehung den speziellen Bedürfnissen des Opfers angepasst, wie auch die eigenständigen Regelungen für die Bereiche der Zustellung und der Vollziehung; so darf das Gericht in dringenden Fällen anordnen, dass die einstweilige Anordnung **vor Zustellung vollzogen** werden darf.[9] Gerade diese Möglichkeit ist für das Opfer wichtig, damit der Täter nicht im vorhinein Kenntnis erlangt.
Alle anderen familiengerichtlichen Entscheidungen im Gewaltschutzverfahren werden gem § 64 IV FGG, Art 5 GewSchG, nach den ZPO-Vorschriften **vollstreckt.**

2004 Für Taten außerhalb des häuslichen Bereichs, in dem die **Zivilgerichte** zuständig sind, ist die Beantragung einer **einstweiligen Verfügung** gem §§ 935, 940 ZPO möglich. Die Räumung von Wohnraum durch einstweilige Verfügung kann gem § 940a ZPO nicht nur bei **verbotener Eigenmacht**, sondern auch bei **konkreter Gefahr für Leib und Leben** des Antragstellers angeordnet werden.

### V. Vollstreckung

2005 Entscheidungen des Familiengerichts in Verfahren nach §§ 1 und 2 GewSchutzG werden gem § 64b II FGG erst mit der Rechtskraft wirksam, wenn die Beschwerdefrist nach Zustellung des Beschlusses abgelaufen ist, §§ 621e I, 517 ZPO. Nach § 64b IV FGG kann das Familiengericht diese Entscheidungen für sofort wirksam erklären und die Zulässigkeit der Vollstreckung vor der Zustellung anordnen.

2006 Nach § 890 ZPO kann das Opfer beantragen, dass gegen den Täter für den Fall der Zuwiderhandlung gegen die Entscheidung ein **Ordnungsgeld** angedroht, festgesetzt, und falls dieses nicht beigetrieben werden kann, Ordnungshaft verhängt wird. Voraussetzung hierfür ist die Anhörung des Täters. Dies ist i.d.R. zeitaufwändig. Der schnel-

8 Haußleiter/Schulz, Vermögensauseinandersetzung bei Trennung und Scheidung, Kap. 10 Rn. 13.
9 Fa-FamR, Klein, Kap. 8 Rn. 63.

lere Weg führt über § **892a ZPO**, wonach das Opfer einen Gerichtsvollzieher zur Anwendung **unmittelbaren Zwangs** bei der Durchsetzung von Verpflichtungen nach dem Gewaltschutzgesetz hinzuziehen kann, um Zuwiderhandlungen des Täters zu beenden. Der Gerichtsvollzieher kann selbst Gewalt anwenden, oder die Polizei hinzuziehen. Voraussetzung ist jedoch eine dauernde Zuwiderhandlung des Täters gegen die Entscheidung.

2007 Im Fall der **Wohnungszuweisung** besteht für den Antragsteller mit der Entscheidung, dass ihm die Wohnung zur alleinigen Benutzung zugewiesen wird, noch kein vollstreckbarer Räumungstitel. Der Antrag sollte dann auch die Verpflichtung für den Antragsgegner enthalten, die Wohnung zu räumen und an den Antragsteller herauszugeben. Es empfiehlt sich die Formulierung dass **§ 885 II ZPO bei der Vollstreckung nicht anzuwenden** ist. Ansonsten kann es passieren, dass sich die Räumungsverpflichtung nicht nur auf die Person des Antragsgegners erstreckt, sondern auch auf Einrichtungsgegenstände.

2008 Hinzuweisen ist auf § 885 I S. 3 ZPO. Danach ist bei einstweiligen Anordnungen auf Wohnungsüberlassung die mehrfache Vollziehung während der Geltungsdauer möglich. Einer erneuten Zustellung an den Antragsgegner bedarf es nicht. Die praktische Relevanz dieser Vorschrift ist gleich Null. Eine einstweilige Anordnung tritt außer Kraft, wenn das Hauptsacheverfahren beendet ist. Eine Wohnungszuweisung kann nur für die Dauer des Getrenntlebens erfolgen. Nehmen die Ehegatten die Wohngemeinschaft wieder auf, ist das Wohnungszuweisungsverfahren erledigt. Trennen sich die Ehegatten sodann erneut, lebt eine frühere Benutzungsregelung nicht wieder auf.[10] Da das Hauptsacheverfahren beendet ist, tritt auch die einstweilige Anordnung außer Kraft, so dass eine weitere Vollstreckung rein tatbestandlich nicht möglich ist.

2009

## VI. Muster: Schutzmaßnahmen nach dem GewSchG, Hauptsache und einstweilige Anordnung

141

Amtsgericht

Familiengericht

Antrag nach dem Gewaltschutzgesetz in Verbindung mit § 1361b BGB

Hauptantrag und Antrag auf vorläufige Anordnung

■■■

Antragstellerin

Prozessbevollmächtigte: ■■■

gegen

■■■

Antragsgegner

10 Haußleiter/Schulz, Vermögensauseinandersetzung bei Trennung und Scheidung, Kap. 10 Rn. 81.

Ausweislich anliegender Prozessvollmacht zeige ich die anwaltliche Vertretung der Antragstellerin an.

Namens und im Auftrag der Antragstellerin bitte ich dieser Prozesskostenhilfe zu bewilligen und ihr zur Wahrnehmung ihrer Rechte den Unterfertigten als Rechtsanwalt beizuordnen. Ich bitte die Prozesskostenhilfe sowohl auf das Hauptsacheverfahren als auch auf den Antrag betreffend vorläufige Anordnung zu erstrecken.

Die zur Begründung erforderliche Erklärung über die persönlichen und wirtschaftlichen Verhältnisse, sowie die zur Glaubhaftmachung erforderlichen Belege werden umgehend nachgereicht.

Namens und im Auftrag der Antragstellern beantrage ich:

1. Der Antragstellerin wird die gemeinsam genutzte Wohnung in ■■■ zu alleinigen Benutzung für sich und das gemeinsame Kind ■■■, geboren am ■■■ zugewiesen.
2. Der Antragsgegner wird verurteilt das Anwesen mit seinen persönlichen Sachen zu räumen und mit sämtlichen Wohnungs- und Hausschlüsseln an die Antragstellerin herauszugeben.
3. Der Antragsgegner hat es zu unterlassen:
    1. Die Wohnung der Antragstellerin ■■■ zu betreten
    2. Sich im Umkreis von 100 Metern der Wohnung der Antragstellerin aufzuhalten.
    3. Mit der Antragstellerin in irgendeiner Form Kontakt aufzunehmen, auch unter Verwendung von Fernkommunikationsmitteln. Im Einzelnen wird dem Antragsgegner untersagt:
        a. die Antragstellerin anzurufen,
        b. die Anragstellerin anzusprechen,
        c. der Antragstellerin Faxe zu übermitteln,
        d. der Antragstellering Emails zu senden,
        e. der Antragstellerin SMS zu senden.
4. Zusammentreffen mit der Antragstellerin herbeizuführen.
5. Dem Antragsgegner wird angedroht, für den Fall der Zuwiderhandlung gegen die vorstehend aufgeführten Unterlassungsverpflichtungen, ein Ordnungsgeld in Höhe von 250.000 €, ersatzweise für den Fall, dass dieses nicht beigetrieben werden kann, Ordnungshaft von bis zu 6 Monaten.
6. Die sofortige Wirksamkeit und die Zulässigkeit der Vollstreckung gegen den Antragsgegner vor Zustellung wird angeordnet, § 64b II FGG.
7. Der Zeitpunkt der Übergabe der Entscheidung an die Geschäftsstelle wird auf der Entscheidung vermerkt.
8. Gleichzeitig wird beantragt wegen der besonderen Dringlichkeit, ohne mündliche Verhandlung im Wege der vorläufigen Anordnung zu entscheiden.
9. Der Antragsgegner hat die Kosten des Verfahrens zu tragen.

   Begründung:

   I. Die Parteien haben am ■■■ vor dem Standesbeamten in ■■■ die Ehe geschlossen.
   Glaubhaftmachung: Heiratsurkunde in Kopie
   Die Parteien leben in der Wohnung ■■■ in ■■■.
   Aus ihrer Ehe ist die gemeinsame Tochter ■■■, geb. ■■■ hervorgegangen. Sie lebt ebenfalls in der Ehewohnung.

   II. Der Antragsgegner schikaniert und drangsaliert die Antragstellerin seit mehreren Monaten.

   ■■■

(Ausführungen zu gewalttätigen Ausbrüchen des Antragsgegners, die eine unzumutbare Härte für die Antragsstellerin darstellen, wenn der Antragsgegner sich nach wie vor in der ehegemeinschaftlichen Wohnung aufhält.)
Der Antragsgegner fängt schon morgens gegen 10:00 Uhr an Bier zu trinken, ■■■ Entsprechend ungehemmt greift er die Antragstellerin verbal und körperlich an, und führt sich im Übrigen völlig unzumutbar auf.
Am Mittag des ■■■ zeigte sich der Antragsgegner der Antragstellerin gegenüber derart gewalttätig, dass er ■■■ (Detailausführungen).
Die Antragstellerin erlitt Verletzungen an ■■■, sowie ■■■
Glaubhaftmachung: Ärztliches Attest, Dr. ■■■ vom ■■■
Der Antragsgegner bedrohte und beschimpfte die Antragstellerin mit folgenden herabwürdigenden Worten:
„ ■■■!!"
Aus Angst vor weiteren Repressalien seitens des Antragsgegners verhielt sich die Antragstellerin zunächst ruhig, und entgegnete nichts.
Nachdem der Antragsteller aber auch noch die Tochter massiv anging und ihr drohte sie solle ja niemandem etwas erzählen, sonst passiere was, beschloss die Antragstellerin etwas zu unternehmen.
Glaubhaftmachung: ■■■, Einvernahme der Tochter als Zeugin
Die Antragstellerin begab sich noch am selben Tag zur Polizei in ■■■ und schilderte dort die Vorfälle. Ihre Aussage wurde unter dem Aktenzeichen ■■■ zu Protokoll genommen.
Es wird die Beiziehung der polizeilichen Unterlagen beantragt.
Ähnlich gelagerte Vorfälle, wie der oben geschilderte haben sich in der Vergangenheit häufig ereignet. Dies haben auch ■■■ mehrfach erleben müssen.
Glaubhaftmachung:

1. (Name), ■■■ (Adresse)
2. (Name), ■■■ (Adresse)

III. Die Antragstellerin begehrt die Zuweisung der Wohnung zur alleinigen Nutzung. Die Parteien haben gemeinsam den Mietvertrag unterschrieben, die Mietzahlungen erfolgen jedoch vom Konto der Antragstellerin, da der Antragsgegner in der Vergangenheit immer wieder arbeitslos war, und die regelmäßige Zahlung der Miete nicht gewährleisten konnte.

IV. Aufgrund der seit Monaten währenden unkontrollierten Gewaltbereitschaft des Antragsgegners besteht für die Antragstellerin und die gemeinsame minderjährige Tochter Gefahr für deren leibliches und seelisches Wohl. Es ist ihnen nicht länger zuzumuten, dass sich der Antragsgegner wie ein Tyrann aufführt, und nicht nur seine Ehefrau, sondern auch seine Tochter schlägt.

Aufgrund des enormen Gewaltpotentials ist Eilbedürftigkeit gegeben.

Anliegend wird eine eidesstattliche Versicherung der Antragstellerin zur Glaubhaftmachung des gesamten obigen Vortrages übergeben.

Glaubhaftmachung: Eidesstattliche Versicherung der Antragstellerin vom ■■■

■■■

Rechtsanwalt

2010 **Hinweise:** Der Antrag nach dem Gewaltschutzgesetz ist grundsätzlich umgehend bei Gericht einzureichen, um baldmöglichsten Schutz für das Opfer erreichen zu können. Prozesskostenhilfeunterlagen können insbesondere in Eilfällen nachgereicht werden. Der Antrag sollte jedenfalls mit dem Verfahrensantrag eingereicht werden. Im übrigen empfiehlt es sich ausnahmsweise, aus Zeitersparnisgründen, den Hauptsacheantrag mit dem des Eilverfahrens in einem Schriftsatz zu verbinden. In anderen Verfahren sollte dies vermieden werden, da bei Gericht zwei Akten geführt werden, Hauptsache und Eilverfahren.[11] Die zeitliche Befristung wird vom Gericht selbst nach Ermessen bestimmt.

### VII. Kosten

2011 In selbstständigen Verfahren nach dem Gewaltschutzgesetz, §§ 621 I Nr. 13 ZPO, §§ 1, 2 GewSchutzG, wird eine volle Gerichtsgebühr erhoben, § 100a KostO. Einstweilige Anordnungen sind Teil der Hauptsache, so dass keine Gebühren erhoben werden, § 64b III FGG.

2012 Der Geschäftswert beträgt in selbstständigen Verfahren nach §§ 621 I Nr. 13 ZPO, §§ 1, 2 GewSchutzG regelmäßig 3.000,– €, § 30 II KostO.

## C. Strafbarkeit

2013 Ein vorsätzlicher und rechtswidriger Verstoß gegen ein nach § 1 GewSchG auferlegtes gerichtliches Verbot kann mit einer Geldstafte oder Freiheitsstrafe bis zu einem Jahr bestraft werden. Stellt dann das Strafgericht bei der Überprüfung der Rechtmäßigkeit der Anordnung fest, dass diese nicht hätte ergehen dürfen, z.B. weil der Täter die der Schutzanordnung zugrunde liegende Tat nicht begangen hat, so ist der Tatbestand nicht erfüllt. Jedenfalls hat der Gesetzgeber eine Strafbarkeitslücke geschlossen, indem er Fälle unzumutbarer Belästigungen („Stalking") nach § 1 II S1 Nr. 2 GewSchG strafrechtlich erfasst hat, die bislang straflos waren.

11 Zu Einzelheiten zum Antrag nach § 1361b BGB vgl. das Kapitel Ehewohnung.

# § 11 Hausratsauseinandersetzung

**Literatur:** Beck'sches Rechtsanwaltshandbuch 8. Aufl. 2004; Gerold/Schmidt/v. Eicken/Madert/Müller-Rabe, Rechtsanwaltsvergütungsgesetz, 16. Aufl. 2004; Haußleiter/Schulz, Vermögensauseinandersetzung bei Trennung und Scheidung, 4. Aufl., 2004; Münchener Prozessformularbuch Familienrecht, 2. Aufl. 2003; Schwab, Handbuch des Scheidungsrechts, 5. Aufl. 2004.

## A. Vorprozessuale Situation

### I. Beratung

2014 In der Praxis scheitert die Geltendmachung von Ansprüchen auf Hausratsgegenstände häufig daran, dass vom Gegner das Vorhandensein des Hausratsgegenstandes bestritten wird oder aber dass behauptet wird, der betreffende Gegenstand sei beschädigt bzw. nicht mehr funktionstauglich.

2015 Dies führt dazu, dass an sich dazu zu raten ist, bei Trennung jene Gegenstände mitzunehmen, die im Alleineigentum der Partei stehen sowie die Hälfte aller während der Ehezeit angeschafften Hausratsgegenstände und bei Vorhandensein von Kindern die jeweiligen Kinderzimmereinrichtungen. Zur Vermeidung von späteren Beweisschwierigkeiten empfiehlt sich auch die Anfertigung von Fotos, die den Bestand des vorhandenen Hausrats dokumentieren. Zwar kann eine solche Vorgehensweise dazu führen, dass die Gegenseite Antrag auf Rückschaffung dieser Gegenstände stellt. In der Praxis sind solche Anträge jedoch absolute Ausnahme.

2016 Darüber hinaus ist die Partei darauf hinzuweisen, dass es sinnvoll ist, dass Wertangaben zu den einzelnen Hausratsgegenständen gemacht werden und zwar zum Wiederbeschaffungswert bezüglich sämtlicher Hausratsgegenstände, also nicht nur jener Gegenstände, deren Herausgabe verlangt wird, sondern auch jener Gegenstände die beim anderen Ehegatten verbleiben sollen. Dies deshalb, weil nur so eine Entscheidung getroffen werden kann, wonach der Hausrat hälftig zwischen den Parteien aufgeteilt wird.

2017 Werden Hausratsgegenstände vernichtet oder veräußert, so können Schadenersatzansprüche geltend gemacht werden. All diese Verfahren sind jedoch mit erheblichen Kosten und dem Risiko der Beweislast verbunden. So kann z.B. im Streitfall durch das Gericht ein Sachverständigengutachten zur Bewertung des Hausrats erholt werden, wobei die Kosten des Gutachtens häufig höher liegen als der Wert der beanspruchten Hausratsgegenstände.

## II. Anspruchsgrundlagen

### 1. Begriff des Hausrats

2018

Hausrat sind alle **beweglichen** Gegenstände, die nach den Vermögens- und Lebensverhältnissen der Eheleute für die Wohnung, den Haushalt und das Zusammenleben der Familie bestimmt sind.[1] Die Zuordnung richtet sich in erster Linie nach der **Nutzungsbestimmung**, die auch durch **schlüssiges** Verhalten geschehen kann.[2] **Nicht** zum Hausrat gehören Gegenstände, die dem **persönlichen Gebrauch** eines Familienmitglieds dienen.[3]

2019

**Beratungshinweis:** Die Herausgabe solcher persönlicher Gebrauchsgegenstände müsste demgemäß gesondert beim Zivilgericht beantragt werden. Es empfiehlt sich daher – zumal Hausratsverfahren i.d.R. mit einer vergleichsweisen Regelung enden, da keine der Parteien ein teures Sachverständigengutachten einer vergleichsweisen Regelung vorzieht – auch persönliche Gebrauchsgegenstände im Antrag mit aufzuführen.

2020

Hausrat sind auch Gegenstände, die unter **Eigentumsvorbehalt** eines Dritten stehen (vgl. § 10 Abs. 2 HausratsVO).[4] Gleiches gilt für Gegenstände, die an einen Dritten **sicherheitsübereignet** wurden[5] oder von diesem gemietet wurden.[6] Auch auf Hausrat bezogene **Ansprüche** gegenüber **Dritten** (nicht Ansprüche der Ehegatten untereinander), wie z.B. Herausgabe, Gewährleistungs- oder Schadenersatzansprüche, werden wie Hausrat behandelt und können einem Ehegatten zugewiesen werden.[7]

2021

**Hausratsgegenstände** sind:

- das gemeinschaftlich genutzte Mobiliar,[8] also Kühlschränke, Herde, Teppiche, Fernseh-, Videogeräte, Schallplatten, Filme, Haushaltsgeräte, Geschirr, Besteck, Wandschmuck,[9]
- **Bücher**, mit **Ausnahme** der **Fachliteratur**,
- Musikinstrumente, jedoch nur, wenn sie von **mehreren** Familienmitgliedern genutzt werden. Benutzt sie nur **ein** Ehegatte, so handelt es sich um **persönliche Gegenstände.**[10]
- **Kunstgegenstände**, die **nicht** nur der **Kapitalanlage** dienen.[11] Hausrat können demgemäß auch Antiquitäten, Gemälde oder wertvolle Teppiche sein. Befinden sich die Gegenstände sichtbar in gemeinsam genutzten Räumen der Ehewohnung, gehören sie i.d.R. zur Wohnungseinrichtung.[12]

---

1 BGH FamRZ 1984, 144 u. 575.
2 OLG Düsseldorf FamRZ 1992, 60, 61.
3 BGH FamRZ 1984, 144, 145.
4 Motzer in: Schwab, Handbuch des Scheidungsrechts, Rn. 103 zu Teil VIII, Handbuch des Scheidungsrechts.
5 Motzer in: Schwab a.a.O. i.A.a. BayObLG FamRZ 1968, 319, 320 f.
6 OLG Hamm FamRZ 1990, 531, 532.
7 Motzer in: Schwab a.a.O. unter Hinweis auf Haußleiter/Schulz Rn. 121a zu Kap. 4.
8 Motzer in: Schwab a.a.O. Rn. 104.
9 Haußleiter/Schulz a.a.O. Rn. 114 zu Kap. 4.
10 Motzer in: Schwab a.a.O.; AG Weilburg FamRZ 2000, 1017.
11 BGH FamRZ 1984, 575; OLG Bamberg FamRZ 1997, 378, 379.
12 Haußleiter/Schulz a.a.O. Rn. 115.

- **Wohnmobil und Wohnwagen:** Hausrat, wenn dieser von den Eheleuten für die gemeinsame Freizeit benutzt werden.[13] Gleiches gilt für **Motor- oder Segelyacht,**[14] **Fotoausrüstung**[15] und **Computer.**[16]
- **Einbauküchen, Einbaumöbel, Badezimmereinrichtungen:** Diese sind, wenn sie **fest installiert** sind, wesentlicher **Bestandteil des Gebäudes** (§ 94 Abs. 2 BGB) und damit **kein Hausrat:**[17] Diese Gegenstände können ausnahmsweise Hausrat sein, wenn sie **ohne großen Kostenaufwand** ausgebaut und anderweitig wieder **eingebaut** werden können.[18]
- Ein **Pkw** ist nach herrschender Meinung (BGH FamRZ 1991, 43, 49; 1983, 794; OLG Köln FamRZ 2002, 322, 323; OLG Karlsruhe FamRZ 2001, 760) i.d.R. **kein Hausrat,** wenn er überwiegend für **berufliche** Zwecke genutzt wird. Wird der Pkw von einem Ehegatten überwiegend für Fahrten zur **Arbeitsstelle** genutzt, ist er **nicht Hausrat.**[19] Dieser Rechtsauffassung folgt Haußleiter (a.a.O. Rn. 117) **nicht:** Gibt es in der Familie **nur einen** Pkw, gehört er i.d.R. zum Hausrat; die Fahrten zur Arbeit erfolgen, um den Familienunterhalt zu verdienen und die Nutzung erfolgt damit für „Familienzwecke". Steht der Pkw im **Alleineigentum** eines Ehegatten, fällt er in den **Zugewinnausgleich.**[20] Besitzt **jeder Ehegatte** einen eigenen Pkw, den nur er nutzt, zählen beide Fahrzeuge **nicht** zum Hausrat, wird der Zweitwagen jedoch von beiden Ehegatten genutzt, gehört dieser zum Hausrat.[21]
- **Haustiere** sind Hausrat.[22] Gehören die Tiere zu einem **landwirtschaftlichen Betrieb** oder dienen sie dem **persönlichen Hobby** eines Ehegatten (z.B. Jagdhund), sind sie **kein Hausrat.**[23]
- Hausrat sind auch **Ansprüche** der Ehegatten gegenüber **Dritten** wegen Herausgabe, Gewährleistung u.a.
- Auch **Anschaffungen vor der Ehe,** wenn diese im Hinblick auf die Eheschließung angeschafft, aber erst nach der Heirat ganz oder teilweise bezahlt wurden (nicht jedoch die vor der Ehe angeschaffte und bezahlte Aussteuer).[24]
- Nahrungsmittel und Heizmaterial: Auf diese sind die den Hausrat betreffenden Vorschriften aus prozessökonomischen Gründen entsprechend anzuwenden.[25]
- Selbst angefertigte Hausratsgegenstände.[26]

---

13 OLG Köln FamRZ 1992, 696; OLG Koblenz FamRZ 1994, 1255.
14 Motzer in: Schwab a.a.O. Rn. 104 zu Teil VIII; i.A.a. LG Ravensburg FamRZ 1995, 1585; OLG Dresden OLG-Report 2003, 232.
15 OLG Zweibrücken FamRZ 1982, 942.
16 Motzer in: Schwab a.a.O. Rn. 104 zu Teil VIII.
17 OLG Zweibrücken FamRZ 1993, 82, 84; OLG Hamm FamRZ 1991, 89.
18 Haußleiter/Schulz a.a.O. Rn. 120 zu Kap. 4.
19 OLG Stuttgart FamRZ 1995, 1275; OLG Hamburg FamRZ 1990, 1118; Haußleiter/Schulz a.a.O. Rn. 116.
20 Haußleiter/Schulz a.a.O. Rn. 118.
21 Haußleiter/Schulz a.a.O. Rn. 117.
22 OLG Zweibrücken FamRZ 1998, 1432; OLG Düsseldorf FamRZ 1986, 1134, 1136.
23 OLG Naumburg FamRZ 2001, 481; Motzer in: Schwab a.a.O. Rn. 105 zu Teil VIII.
24 Klein in: FA-FamR Rn. 181 zu Kap. 8.
25 Klein in: FA-FamR Rn. 168 zu Kap. 8.
26 Haußleiter/Schulz a.a.O. Rn. 141 zu Kap. 4.

**Nicht Hausrat** sind: 2022

- Gegenstände, die dem **persönlichen Gebrauch** eines Ehegatten dienen,[27] so z.B. Schmuck, Kleidung, Briefmarkenalbum, Andenken, Münzsammlung, Fachliteratur, Werkzeug.[28]
- Gleiches gilt für **Mobiltelefone**[29] sowie für Gegenstände, die dem persönlichen Gebrauch eines Kindes dienen (z.B. Spielsachen, Schulbücher, Kleidung, Kleintiere und Reisepass).[30]
- **Pkw** bei überwiegend **beruflicher** Nutzung oder, wenn der Pkw im Alleineigentum eines Ehegatten steht.
- Armband oder Taschenuhr, da diese dem persönlichen Gebrauch dient.
- **Musikinstrumente** eines **Berufsmusikers**, die nur von diesem benutzt werden.[31]
- **Mobiliar** des beruflich genutzten **Arbeitszimmers** eines Ehegatten.[32]
- Gegenstände, die ausschließlich der **Kapitalanlage** dienen.[33]
- **Haushaltsgegenstände**, die als **Surrogate** gem. § 1370 BGB angeschafft wurden. Hier gilt: Derjenige Ehegatte, der einen Gegenstand mit in die Ehe eingebracht hat, wird Alleineigentümer des Ersatzgegenstandes.

**Beratungshinweis:** Möbel und Einrichtungsgegenstände, die nach der Trennung angeschafft wurden, gehören, da sie nicht mehr dem Zusammenleben der Familie dienen, nicht zum Hausrat, sondern unterliegen dem Zugewinn, was in der Praxis häufig übersehen wird. 2023

Auch die Regelung des § 1370 wird in der Praxis zu wenig beachtet. Häufig wird im Rahmen der Hausratsauseinandersetzung um Gegenstände gestritten, die deshalb im Alleineigentum eines Ehegatten stehen, weil dieser z.B. ursprünglich eine alte Waschmaschine mit in die Ehe gebracht hat, die sodann während der Ehe durch eine neue ersetzt wurde. 2024

## 2. Endgültige Hausratsverteilung nach §§ 1, 8ff. HausrVO

### a. Kriterien zur Hausratsverteilung

Die Hausratsverordnung betrifft grundsätzlich nur Hausrat, der **„beiden Ehegatten gemeinsam gehört"** (§ 8 Abs. 1 HausrVO). Hausrat, der im Alleineigentum eines Ehegatten steht, ist Zugewinn.[34] Die **endgültige** Zuweisung von Hausrat kann im Scheidungsverbund (§ 623 ZPO) oder nach rechtskräftiger Scheidung beantragt werden. Die Hausratsverordnung gilt **unabhängig** vom Güterstand, in dem die Eheleute leben. Die Hausratsverteilung nach § 8 HausrVO hat also ebenso zu erfolgen bei **Gütertrennung** oder **Gütergemeinschaft.**[35] 2025

27 BGH FamRZ 1984, 144, 147; OLG Bamberg FamRZ 1997, 378, 379; OLG Düsseldorf FamRZ 1986, 1134, 1135.
28 Haußleiter/Schulz a.a.O. Rn. 123.
29 Motzer in: Schwab a.a.O. Rn. 105 zu Teil VIII.
30 Haußleiter/Schulz a.a.O. Rn. 123.
31 Motzer in: Schwab a.a.O. Rn. 105 zu Teil VIII.
32 Motzer in: Schwab a.a.O.
33 BGH FamRZ 1984, 144; OLG Bamberg FamRZ 1997, 378.
34 BGH FamRZ 1984, 144, 147; OLG Düsseldorf FamRZ 1992, 60.
35 Haußleiter/Schulz a.a.O. Rn. 134 zu Kap. 4.

2026 Der Hausratsteilungsantrag muss grundsätzlich **nicht** eine genaue Aufstellung der verlangten und insgesamt vorhandenen Haushaltsgegenstände enthalten, da die tatsächlichen Verhältnisse **von Amts wegen** zu ermitteln sind (§ 12 FGG).[36]

2027 **Beratungshinweis:** Vielfach wird von Gerichten – um die Neigung zur Einreichung von Hausratsteilungsanträgen bei Anwälten und Parteien zu verhindern – gefordert, dass exakte Listen erstellt werden und Belege beigefügt werden über die Anschaffungspreise jedes Einzelnen Gegenstandes. Dies ist falsch aufgrund des Amtsermittlungsgrundsatzes.

2028 Es empfiehlt sich selbstverständlich dennoch, eine entsprechende Liste anzufertigen, da wohl kaum davon auszugehen ist, dass der Richter sich „vor Ort" begibt, um dort den Hausrat in Augenschein zu nehmen und zwischen den Parteien aufzuteilen.

2029 Eine genaue Bezeichnung der Gegenstände liegt darüber hinaus im Interesse der Parteien schon allein deshalb, weil die Gegenstände so exakt bezeichnet werden müssen, dass sie im Streitfall durch einen Gerichtsvollzieher im Wege der Zwangsvollstreckung herausverlangt werden können.

### b. Miteigentumsvermutung

2030 Nach § 8 Abs. 2 HausrVO besteht eine Miteigentumsvermutung bezüglich sämtlicher Hausratsgegenstände. Wenn sich ein Ehegatte auf Alleineigentum beruft, so hat er dieses zu beweisen.[37] Jedoch muss das Gericht andererseits wieder nach § 12 FGG **von Amts wegen** die Eigentumsverhältnisse klären.

2031 **Eigentumsverhältnisse an einem Pkw:**

2032 Die Eintragung des Halters im Kfz-Brief ist kein Beweis für das Alleineigentum,[38] da im Brief nicht der Eigentümer, sondern der Verfügungsberechtigte, der die Zulassung beantragt und erhalten hat, eingetragen wird.

2033 Anhaltspunkte zur Bestimmung der Eigentumslage nach Haußleiter a.a.O. Rn. 137 a:

- Wer war im Kaufvertrag, Kfz-Brief und im Kfz-Schein eingetragen?
- Wer hat den Pkw ausgesucht?
- Wer hat das Fahrzeug bezahlt?
- Wer hat einen Führerschein und saß regelmäßig am Steuer?
- Von wem und zu welchen Zwecken wurde das Fahrzeug genutzt?
- Wer bezahlte die Kfz-Steuer und die Versicherungsprämie?
- Wer kam für Pflege, Wartung und Reparaturen auf?
- War die Lebensgemeinschaft zurzeit des Erwerbs stabil?

2034 Liegen solche Indizien für **beide** Ehegatten vor und wird der Pkw von beiden Ehegatten genutzt, so gilt die Eigentumsvermutung des § 1006 BGB mit der Folge, dass von **Miteigentum** auszugehen ist.[39]

---

36 Haußleiter/Schulz a.a.O. Rn. 135 zu Kap. 4.
37 OLG München NJW 1972, 542.
38 Haußleiter/Schulz a.a.O. Rn. 137 i.A.a. OLG Hamburg FamRZ 1990, 1188.
39 Haußleiter/Schulz a.a.O. Rn. 137b i.A.a. OLG Köln FamRZ 2002, 322, 323.

Die Parteien gehen i.d.R. davon aus, dass es bei der Zuordnung des Hausrats darauf ankommt, wer die Hausratsgegenstände bezahlt hat. Auf die Frage, wer die Kosten für die Anschaffung übernommen hat, kommt es grundsätzlich nicht an, da Hausrat während der Ehe „für den gemeinsamen Haushalt" angeschafft wird. 2035

Die Vorschrift des § 8 Abs. 2 HausrVO gilt auch bei **Gütertrennung**, also auch hier: **Miteigentumsvermutung**. Hausrat i.S.v. § 8 Abs. 2 HausrVO sind nur **angeschaffte** Gegenstände, nicht geerbte oder geschenkte Gegenstände.[40] Werden von einem Dritten solche Gegenstände geschenkt, so geschieht dies jedoch regelmäßig für den **gemeinsamen** Haushalt mit der Folge, dass Miteigentum beider Eheleute besteht.[41] Dies gilt insbesondere bei **Hochzeitsgeschenken**, die schon vom Sinn her den Eheleuten gemeinsam gehören sollen.[42] 2036

**Nach der Trennung** angeschaffter Hausrat steht im **Alleineigentum** des Erwerbers,[43] dies deshalb, weil die Anschaffung nicht für den **gemeinsamen** Haushalt erfolgte. 2037

Wurden Haushaltsgegenstände durch einen Ehegatten während des **vorehelichen Zusammenlebens** angeschafft, muss geprüft werden, ob die Eheleute im Zeitpunkt der Anschaffung gemeinsames Eigentum erwerben wollten.[44] Hausratsgegenstände, die **vor der Ehe gekauft**, aber erst nach der Hochzeit vollständig **bezahlt** wurden, fallen unter die gesetzliche Miteigentumsvermutung.[45] 2038

Wie oben ausgeführt, wird derjenige Ehegatte, der Gegenstände in die Ehe **eingebracht** hat, gem. § 1370 BGB auch **alleiniger Eigentümer** der dafür angeschafften **Ersatzgegenstände**. Zu Recht wird kritisiert, dass diese Vorschrift in der heutigen „Wegwerf-Gesellschaft" nicht mehr zeitgemäß ist.[46] 2039

Im Übrigen können Haushaltsgegenstände, die ein Ehegatte mit in die Ehe bringt, **gemeinsames** Eigentum werden, wenn sie fortan gemeinsam im Haushalt genutzt werden.[47] Anders verhält es sich bei ererbten oder besonders wertvollen Einzelstücken oder bei Gegenständen, an denen ein Ehegatte sehr hängt.[48] In diesen Fällen bleibt es beim **Alleineigentum**. 2040

### c. Zuweisungskriterien 2041

Der Hausrat soll gem. § 8 Abs. 1 HausrVO **gerecht** und **zweckmäßig** verteilt werden, wobei auf folgendes abzustellen ist: 2042

- Wohl der Kinder (§ 2 S. 1 HausrVO),
- Bedürfnisse der Eheleute,

40 Haußleiter/Schulz a.a.O. Rn. 141 zu Kap. 4.
41 OLG Düsseldorf FamRZ 1994, 1384.
42 Haußleiter/Schulz a.a.O. Rn. 141.
43 BGH FamRZ 1984, 144, 147; OLG Köln FamRZ 2002, 322, 323.
44 OLG Brandenburg FamRZ 2003, 532.
45 Haußleiter/Schulz a.a.O. Rn. 142 zu Kap. 4.
46 Haußleiter/Schulz a.a.O. Rn. 140 zu Kap. 4.
47 OLG Bamberg FamRZ 1996, 1293.
48 Haußleiter/Schulz a.a.O. Rn. 143.

- wirtschaftliche Möglichkeiten zur Ersatzbeschaffung,
- besonderer Bezug zu einem Haushaltsgegenstand (Haußleiter a.a.O. Rn. 145 zu Kap. 4).

2043 Für die Praxis ist das sog. **„Zugreifverfahren“** zu empfehlen,[49] welches beinhaltet, dass zunächst eine Liste erstellt wird, aus der alles gestrichen wird, was im Alleineigentum eines Ehegatten steht und sodann jeder Ehegatte, und zwar abwechselnd, sich einen Gegenstand aus der Liste aussucht, bis der gesamte Hausrat geteilt ist.

### 3. Rückforderung entwendeter Hausratsgegenstände

2044 Die Rückforderung erfolgt gem. § 1361a BGB mit der Folge der Zuständigkeit des **Familiengerichts.** Diese Vorschrift verdrängt als lex specialis die Vorschrift des § 861 BGB,[50] was zur Folge hat, dass das Gericht nicht lediglich die Rückschaffung des entzogenen Hausrats anordnet, sondern gem. § 1361a Abs. 2 den Hausrat nach Billigkeit verteilt. In Eilfällen kann eine schnelle Entscheidung durch Antrag auf Erlass einer einstweiligen Anordnung nach § 621g ZPO im Rahmen des Hauptsacheverfahrens nach § 1361a BGB durch das Familiengericht herbeigeführt werden (zum Antrag siehe Rn. 2112).

### 4. Schadenersatzansprüche

2045 Werden vom anderen Ehegatten Hausratsgegenstände zerstört, beschädigt oder veräußert, besteht Anspruch auf Schadenersatz nach § 823 BGB. Darüber hinaus kommt die Anwendung des § 280 BGB wegen Pflichtverletzung aus einem familienrechtlichen Schuldverhältnis in Betracht.[51]

2046 **Zuständig** ist nicht das Familiengericht, sondern das **allgemeine Prozessgericht.**[52] Etwas anderes gilt, wenn über den betreffenden Hausratsgegenstand **bereits rechtskräftig entschieden** wurde und die Herausgabe, zu der ein Ehegatte verurteilt wurde, nicht mehr möglich ist. In diesem Fall ist der Schadenersatzanspruch nach §§ 893 Abs. 2, 802 ZPO beim Prozessgericht des ersten Rechtszuges geltend zu machen, somit bei dem **Familiengericht**, das den Herausgabetitel geschaffen hat, bezüglich dessen keine Vollstreckung mehr möglich ist.[53]

### 5. Ausgleichszahlung (§ 8 Abs. 3 S. 2 HausrVO)

2047 Erhält ein Ehegatte wesentlich mehr als der andere, soll ihm der Richter eine Ausgleichszahlung auferlegen, wenn dies der Billigkeit entspricht (§ 8 Abs. 3 S. 2 HausrVO). Die **Höhe** der Ausgleichszahlung bemisst sich nach dem Wert der zugewiesenen Gegenstände zum **Zeitpunkt** der **Ehescheidung.**[54] Dabei sind vom ursprünglichen Anschaffungspreis **angemessene Abschläge** vorzunehmen.[55]

---

49 Haußleiter/Schulz a.a.O. Rn. 146.
50 Haußleiter/Schulz a.a.O. Rn. 183 zu Kap. 4; Motzer in: Schwab a.a.O. Rn. 109 zu Teil VIII.
51 Motzer in: Schwab a.a.O. Rn. 110 zu Teil VIII i.A.a. BGH FamRZ 2002, 1099.
52 BGH FamRZ 1988, 144.
53 Haußleiter/Schulz a.a.O. Rn. 191a zu Kap. 4 i.A.a. OLG Schleswig NJW-RR 2003, 1013; OLG Karlsruhe FamRZ 2000, 1168; LG München II, FamRZ 1992, 335.
54 OLG Stuttgart FamRZ 1993, 1461.
55 Haußleiter/Schulz a.a.O. Rn. 149 zu Kap. 4.

**BERATUNGSHINWEIS:** Zunächst besteht grundsätzlich nur ein Anspruch auf Teilung in natur. Hat jedoch ein Ehegatte – z.B. weil er eine möblierte Wohnung bezieht – keine Möglichkeit, die Hausratsgegenstände unterzubringen, so müsste ihm geraten werden, einen Hausratsteilungsantrag zu stellen, bei welchem der andere Ehegatte den überwiegenden oder gesamten Hausrat zugeteilt erhält und ihm selbst als Ausgleich eine Zahlung zugesprochen wird. 2048

Das Gericht kann bezüglich des Ausgleichsbetrages Ratenzahlung, eventuell mit Verzinsung anordnen. 2049

Die Ausgleichszahlung muss gleichzeitig mit der Teilung festgesetzt werden und kann nicht in einem isolierten Verfahren verlangt werden. 2050

Einen Anspruch auf eine **isolierte Ausgleichszahlung** gibt es **nicht.**[56] Jedoch ist zulässig der Antrag, der **Gegenseite alle gemeinsamen** Haushaltsgegenstände zuzuteilen und ihr zugleich eine Ausgleichszahlung aufzuerlegen.[57] 2051

### 6. Hausratsschulden

Das Gericht kann bestimmen, welcher Ehegatte im **Innenverhältnis** die entsprechenden Hausratsschulden übernehmen muss (§ 10 Abs. 1 HausrVO). Dies wird in aller Regel derjenige Ehegatte sein, der den betreffenden Hausratsgegenstand zugewiesen erhält, für den die Schulden aufgenommen wurden.[58] 2052

**BERATUNGSHINWEIS:** Die Übernahme von Hausratsschulden im Zusammenhang mit dem Antrag auf Hausratsteilung hat in der Praxis wenig Bedeutung, da diese bei der Unterhaltsberechnung berücksichtigt werden und i.d.R. von demjenigen Ehegatten im Innenverhältnis tatsächlich bezahlt werden, der leistungsfähig ist. Gegenüber dem Gläubiger, also im Außenverhältnis, hat die Entscheidung keine Wirkung. 2053

### 7. Alleineigentum (§ 9 HausrVO)

Stehen notwendige Gegenstände im **alleinigen** Eigentum eines Ehegatten, können sie dem **anderen** Ehegatten zugewiesen werden, wenn er auf ihre Weiterbenutzung **angewiesen** ist und es dem Eigentümer zugemutet werden kann, sie ihm zu überlassen (§ 9 Abs. 1 HausrVO).[59] Zu den **notwendigen** Gegenständen gehören i.d.R. Tisch, Stuhl, Bett, Herd, Kühlschrank, Küchenschrank, Kleiderschrank, Geschirr, Bettwäsche, wobei diese Gegenstände i.d.R. im gemeinsamen Eigentum stehen.[60] 2054

Dem durch die Zuweisung Begünstigten ist entgegen dem Wortlaut des § 9 Abs. 2 S. 1 und S. 2 HausrVO („kann“) **immer** eine **Ausgleichszahlung** aufzuerlegen.[61] Würde also z.B. ein Pkw, der im **Alleineigentum** des anderen Ehegatten steht, der Ehefrau zur alleinigen Nutzung zugewiesen, so müsste die Ehefrau einen monatlichen Mietzins bezahlen. Die andere Möglichkeit wäre die, dass der Ehefrau der Pkw zu Alleineigen- 2055

56 OLG Naumburg FamRZ 1994, 390; BayObLG FamRZ 1985, 1057.
57 Haußleiter / Schulz a.a.O. Rn. 147 zu Kap. 4 i.A.a. OLG Karlsruhe FamRZ 1987, 848.
58 Haußleiter / Schulz a.a.O. Rn. 153.
59 Motzer in: Schwab a.a.O. Rn. 130 zu Teil VIII.
60 Haußleiter / Schulz a.a.O. Rn. 152 zu Kap. 4.
61 Motzer a.a.O. Rn. 132 zu Teil VIII.

tum übertragen wird (§ 9 Abs. 2 HausrVO), wobei hier jedoch eine angemessene **Ausgleichszahlung** festzusetzen wäre und des Weiteren zu prüfen ist, ob dem Ehemann die Eigentumsübertragung bzw. Begründung eines Mietverhältnisse überhaupt **zumutbar** ist (§ 9 Abs. 1 HausrVO).

2056 **Beratungshinweis:** In jedem Fall ist der Partei zu empfehlen, sich einen günstigen gebrauchten Pkw anzuschaffen, statt Ausgleichszahlungen zu leisten oder monatliche Miete an den Ehemann zu zahlen. Aus diesem Grund hat auch diese Vorschrift in der Praxis nahezu keine Bedeutung.

2057 Bedeutsam kann die Zuweisung eines Pkws zur Nutzung an sich lediglich in der Trennungszeit, nämlich zur vorläufigen Benutzung sein (§ 1361a Abs. 1 S. 2 BGB).

2058 **Während der Trennungszeit** kann jeder Ehegatte den ihm gehörenden Hausrat nach **§ 1361a Abs. 1 S. 1 BGB** vor dem **Familiengericht** herausverlangen. **Nach rechtskräftiger Scheidung** richtet sich der Herausgabeanspruch bei **Alleineigentum** nach **§ 985 BGB** und ist nach BGH (FamRZ 1984, 575; 1976, 691) im Verfahren nach der **Hausratsverordnung** vor dem **Familiengericht** geltend zu machen.[62] Betrifft die Herausgabe einen Gegenstand, der als **Kapitalanlage** angeschafft wurde und damit **kein Hausrat** ist, so ist stets das **Prozessgericht** zuständig. Anspruchsgrundlage ist § 985 BGB.[63]

### 8. Nichtabholung von Hausratsgegenständen oder persönlichen Gebrauchsgegenständen

2059 Der Berechtigte muss in Annahmeverzug gesetzt werden, also aufgefordert werden, die Gegenstände abzuholen. Wertvolle Gegenstände können sodann bei der Hinterlegungsstelle des örtlichen Amtsgerichts hinterlegt werden (§ 372 BGB, § 5 HintO). Den anderen Hausrat kann der Schuldner **versteigern** lassen und den Erlös beim Amtsgericht hinterlegen (§§ 383, 384 BGB). Hausratsgegenstände, die nicht verkäuflich sind, kann er nach vorheriger Benachrichtigung des Berechtigten weggeben oder vernichten.[64]

2060 **Beratungshinweis:** Zur Vermeidung dieses zeitaufwändigen Rechtsweges empfiehlt es sich, sich zu vergewissern, dass der andere Ehegatte zu Hause ist, diesem die Gegenstände vor die Wohnungstüre zu stellen, zu klingeln und sich sodann zu entfernen.

### 9. Verwirkung

2061 An sich ist die Zuteilung von Hausrat an keinerlei Fristen gebunden. Wird der Anspruch erst **längere Zeit** nach der Scheidung geltend gemacht, so kann Verwirkung eintreten, zumal dann, wenn bereits **einzelne** Hausratsgegenstände **herausgegeben** wurden oder die Vermögensauseinandersetzung vollzogen wurde.[65] Das Zeitmoment kann bereits bei einer Untätigkeit des Anspruchstellers von **einem Jahr** erfüllt sein,[66]

62 A.A. Haußleiter/Schulz a.a.O. Rn. 186 zu Kap. 4.
63 Haußleiter/Schulz a.a.O. Rn. 187 zu Kap. 4.
64 Haußleiter/Schulz a.a.O. Rn. 154.
65 Motzer a.a.O. Rn. 112 zu Teil VIII i.A.a. Brudermüller FamRZ 1999, 193, 196.
66 Motzer a.a.O.

erst recht wenn jahrelang nach der Scheidung keine Schritte unternommen wurden, um die Hausratsverteilung herbeizuführen.[67]

### 10. Auskunft

2062 Grundsätzlich besteht kein Auskunftsanspruch; dieser kann lediglich dann gem. §§ 242, 260 BGB bestehen, wenn ein Ehegatte in **entschuldbarer** Weise **keine** Kenntnis über Umfang und Bestand des Hausrats hat und der andere die Auskunft unschwer erteilen kann.[68]

### 11. Herausgabe persönlicher Sachen

2063 Die Herausgabe persönlicher Gegenstände richtet sich nach § 985 BGB und ist vor dem allgemeinen **Zivilgericht** geltend zu machen.[69] Ist allerdings eine Ehescheidung anhängig, können diese Gegenstände mit **einstweiliger Anordnung** gem. § 620 Nr. 8 ZPO im **Scheidungsverfahren** heraus verlangt werden.[70]

2064 Es besteht **keine** Zuständigkeit des **Familiengerichts**, wenn ein Ehegatte **Zutritt** zur **Wohnung** verlangt, um **persönliche Gegenstände** abzuholen.[71] Wie oben ausgeführt, ist aus Gründen der **Prozessökonomie** die **alleinige** Zuständigkeit des **Familiengerichts** zu bejahen, wenn einerseits die Herausgabe von Hausratsgegenständen und andererseits die Herausgabe persönlicher Gegenstände beantragt wird. Es ist unsinnig, einen Ehegatten zu zwei Prozessen zu zwingen.[72]

### 12. Herausgabe von persönlichen Sachen des Kindes

2065 Eine materiellrechtliche Grundlage für diesen Herausgabeanspruch fehlt.[73]

## III. Verfahrensrechtliche Bestimmungen

2066 Der Herausgabeantrag erfolgt im Wege der **einstweiligen Anordnung** nach § 620 Nr. 8 ZPO, wenn zwischen den Eltern ein **Scheidungsverfahren** anhängig ist. Er erfolgt nach § 50d FGG, wenn die Herausgabe des Kindes gem. § 1632 BGB beantragt wird. Da das Kind nur in den seltensten Fällen Eigentümer der Gegenstände ist, wie z.B. Kleidung, Kindermöbel, Schulsachen u.a., besteht **kein** Herausgabeanspruch nach **§ 985 BGB**.[74] Zum Teil wird der Herausgabeanspruch den **verfahrensrechtlichen** Bestimmungen der §§ 620 Nr. 8 ZPO, 50d FGG entnommen.[75]

2067 Nach Haußleiter a.a.O. Rn. 190c zu Kap. 4 ist der Herausgabeanspruch aus dem **Unterhaltsrecht** (§§ 1601, 1610 Abs. 2 BGB) herzuleiten mit der Begründung, dass

67 OLG Bamberg FamRZ 1992, 332; OLG Naumburg FamRZ 2002, 672.
68 Haußleiter/Schulz a.a.O. Rn. 151 i.A.a. OLG Bamberg FamRZ 1992, 332; OLG Frankfurt FamRZ 1988, 645; OLG Düsseldorf FamRZ 1987, 81.
69 BayObLG FamRZ 1988, 155.
70 Haußleiter/Schulz a.a.O. Rn. 188 zu Kap. 4.
71 Haußleiter/Schulz a.a.O. Rn. 189 zu Kap. 4 a.A.: OLG Düsseldorf FamRZ 1985, 497.
72 Haußleiter/Schulz a.a.O. Rn. 190 zu Kap. 4 i.A.a. BGH FamRZ 1982, 1200; ebenso OLG Düsseldorf FamRZ 1978, 523.
73 Haußleiter/Schulz a.a.O. Rn. 190a zu Kap. 4.
74 Haußleiter/Schulz a.a.O. Rn. 190b zu Kap. 4.
75 FA-FamR Rn. 309 zu Kap. 1.

zum Bedarf nicht nur Unterkunft, Ernährung und Bekleidung gehören, sondern auch Spielzeug, Bücher u.a. Es handle sich um einen **Bedarf eigener Art**, der von den pauschalen Sätzen der Düsseldorfer Tabelle nicht umfasst wird.

2068 Ist die Ehe der Parteien noch nicht geschieden, muss der Ehegatte, bei dem sich das Kind aufhält, die Herausgabe im eigenen Namen für das Kind geltend machen (§ 1629 Abs. 2 S. 2, Abs. 3 S. 1 BGB).[76]

2069 Persönliche Sachen des Kindes sind:

- Kleidung,
- Schulbedarf,
- Bücher,
- Musikinstrumente,
- Spielsachen,
- Schmuck,
- Sportgeräte,
- Fahrräder,
- Mopeds,
- Musikanlagen,
- Computer und
- Kinderausweise.[77]

2070 **Haustiere** und **Kindermöbel** sind regelmäßig gemeinsame Hausratsgegenstände, sodass Herausgabe nach § 1361a Abs. 2 BGB verlangt werden kann. Zuständig ist das **Familiengericht**, gemäß Art. 17a EGBGB unterliegt die Hausratsregelung auch bei **ausländischen Staatsangehörigen** dem **deutschen Recht.**

### IV. Vorläufige Zuweisung von Hausrat für die Trennungszeit

#### 1. Herausgabeanspruch, § 1361a Abs. 1 BGB

2071 Jeder Ehegatte kann die ihm allein gehörenden Hausratsgegenstände vom anderen herausverlangen.

#### 2. Verpflichtung zur Gebrauchsüberlassung, § 1361a Abs. 1 S. 2 BGB

2072 Der Alleineigentümer muss dem anderen Ehegatten Gegenstände zum Gebrauch überlassen, soweit dieser sie zur Führung eines abgesonderten Haushalts benötigt und die Überlassung nach den Umständen der Billigkeit entspricht (§ 1361a Abs. 1 S. 2 BGB).

2073 In erster Linie sind die Interessen der Kinder zu berücksichtigen;[78] im Übrigen ist darauf abzustellen, welcher Ehegatte am ehesten wirtschaftlich in der Lage ist, einen Ersatzgegenstand zu beschaffen. Im Zweifel hat der Eigentümer Vorrang, ein Anspruch auf Neuanschaffung von Gegenständen für eine neue Wohnung besteht nicht.[79] Ein Anspruch auf Gebrauchsüberlassung eines Pkw besteht z.B. dann, wenn

76 Haußleiter/Schulz a.a.O. Rn. 190c zu Kap. 4.
77 Haußleiter/Schulz a.a.O. Rn. 190d zu Kap. 4.
78 Haußleiter/Schulz a.a.O. Rn. 126 zu Kap. 4 i.A.a. OLG Karlsruhe FamRZ 2001, 760.
79 Haußleiter/Schulz a.a.O. Rn. 126 zu Kap. 4.

dieser zur Betreuung der Kinder benötigt wird, z.B. um die Kinder in den Kindergarten zu bringen.[80] Wird die Herausgabe eines Fahrzeugscheins beantragt, so ist hierfür das Familiengericht zuständig, wenn der Pkw zum Hausrat gehört.[81]

#### 3. Verteilung des gemeinsamen Hausrats, § 1361a Abs. 2 BGB

2074 Die Verteilung erfolgt nach den Grundsätzen der Billigkeit (§ 1361a Abs. 2 BGB). Es erfolgt nur eine Nutzungsregelung, die die Eigentumsverhältnisse nicht berührt (§ 1361a Abs. 4 BGB). Die Miteigentumsvermutung nach § 8 Abs. 2 HausrVO gilt analog.[82]

#### 4. Benutzungsvergütung, § 1361a Abs. 3 S. 2 BGB

2075 Für die Überlassung von Haushaltsgegenständen, die einem allein oder beiden gemeinsam gehören, kann eine angemessene Benutzungsgebühr festgesetzt werden, § 1361a Abs. 3 S. 2 BGB. Dies betrifft insbesondere z.B. die Nutzungszuweisung eines Pkws, wobei im Allgemeinen aber der wirtschaftlich schwächere Ehegatte zur Zahlung einer Benutzungsvergütung finanziell nicht in der Lage sein wird.[83]

## B. Prozess

2076 Das Gesetz unterscheidet zwei verschiedene Regelungsbereiche, nämlich

- § 1361a BGB: Hausratsverteilung bei Getrenntleben,
- §§ 1, 8 HausrVO: Auseinandersetzung des Hausrats bei Scheidung.

2077 Haben sich die Parteien über die Hausratsregelung geeinigt und hat der Rechtsstreit lediglich das Ziel der Erfüllung der Vereinbarung, so ist nicht das Familiengericht, sondern das allgemeine Zivilgericht zuständig.[84]

### I. Vorläufige Hausratsregelungen bei Getrenntleben, § 1361a BGB

2078 Die Regelung betrifft ausschließlich Besitz und Nutzungsrechte der Ehegatten, nicht die Regelung der Eigentumsverhältnisse, § 1361a Abs. 4 BGB; Entscheidungen mit Drittwirkung sind unzulässig.

#### 1. Herausgabeanspruch, § 1361a Abs. 1 S. 1 BGB

2079 Der Alleineigentümer von Hausratsgegenständen kann diese vom anderen Ehegatten heraus verlangen, weil mit der Trennung die Obliegenheit endet, dem Ehegatten im Alleineigentum stehenden Hausrat zur Benutzung zu überlassen.[85]

---

80 OLG Karlsruhe FamRZ 2001, 760; OLG Stuttgart FamRZ 1995, 1275.
81 Haußleiter/Schulz a.a.O. Rn. 126b zu Kap. 4.
82 OLG Hamburg FamRZ 1980, 250.
83 Haußleiter/Schulz a.a.O. Rn. 131 zu Kap. 4 i.A.a. OLG München FamRZ 1998, 1230.
84 Heiß in: Beck´sches Rechtsanwalts-Handbuch, Rn. 274 zu Kap. C 17.
85 Heiß a.a.O. Rn. 278 zu Kap. C 17.

2080 Muster: Antrag auf Herausgabe im Alleineigentum stehender Hausratsgegenstände

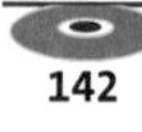
142

2. Der Antragsgegner wird verurteilt, an die Antragstellerin das in ihrem Alleineigentum stehende Klavier herauszugeben.
3. Der Antragsgegner hat die Kosten des Verfahrens – Gerichtskosten sowie die außergerichtlichen Kosten – der Antragstellerin zu tragen (§ 20 HausrVO).

2081 Anmerkung: Nach h.M.[86] ist § 20 HausrVO entsprechend anzuwenden.

### 2. Anspruch auf Gebrauchsüberlassung, § 1361a Abs. 1 S. 2 BGB

2082 Der Alleineigentümer muss dem anderen Ehegatten Gegenstände zum Gebrauch überlassen, soweit dieser sie zur Führung eines abgesonderten Haushalts benötigt und die Überlassung nach den Umständen der Billigkeit entspricht (§ 1361a Abs. 1 S. 2 BGB).

2083 Muster: Antrag auf Gebrauchsüberlassung

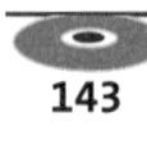
143

1. Der Antragsgegner wird verurteilt, den in seinem Alleineigentum stehenden Pkw ■■■ der Antragstellerin vorläufig zur Benutzung zu überlassen.
2. Der Antragsgegner wird verurteilt, den Pkw an die Antragstellerin herauszugeben.
3. Vorläufige Nutzungsregelung betreffend Hausrat, der im gemeinsamen Eigentum der Parteien steht, § 1361 Abs. 2 BGB

2084 Die Zuweisung erfolgt gem. § 2 HausrVO nach Grundsätzen der Billigkeit.

2085 Muster: Antrag auf vorläufige Zuweisung von Hausratsgegenständen

144

1. Der Antragstellerin werden folgende gemeinschaftlichen Haushaltsgegenstände vorläufig zur alleinigen Nutzung zugeteilt: ■■■
2. Der Antragsgegner wird verurteilt, die zugeteilten Gegenstände an die Antragstellerin herauszugeben.

2086 **Beratungshinweis:** Die Hausratsgegenstände müssen im Antrag so genau und eindeutig bezeichnet werden, dass sie der Gerichtsvollzieher zweifelsfrei bestimmen kann.

2087 Für die Benutzung von Hausratsgegenständen kann eine angemessene Vergütung festgesetzt werden, § 1361a Abs. 3 S. 2 BGB.[87] Diese ist nach **billigem Ermessen** festzusetzen, § 2 HausrVO. Abzustellen ist dabei auf den **Mietwert** der Gegenstände, dessen Höhe den **persönlichen Verhältnissen** der Ehegatten angepasst werden kann.[88]

### 3. Vorläufiger Rechtsschutz und Eilmaßnahmen

2088 Es ist wiederum folgendes zu unterscheiden:
- § 1361a BGB (Hausratsverteilung bei Getrenntleben),
- §§ 1, 8 HausrVO (Auseinandersetzung des Hausrats bei Scheidung).

---

86 OLG Bamberg FamRZ 1995, 560.
87 OLG Frankfurt NJW-RR 1988, 133.
88 Heiß a.a.O. Rn. 281 zu Kap. C 17.

2089 Ist sowohl ein isoliertes Hausratsverfahren als auch ein Scheidungsverfahren anhängig, so besteht das Wahlrecht dahingehend, entweder eine einstweilige Anordnung nach § 621g ZPO im isolierten Hauptsacheverfahren oder eine einstweilige Anordnung gem. § 620 Nr. 7 ZPO im Scheidungsverfahren zu beantragen. Für beide Verfahren gelten die Vorschriften der §§ 620a – 620g ZPO.

2090 Bei bestehender häuslicher Gemeinschaft kommt nur eine einstweilige Verfügung in Betracht, und zwar in den Fällen verbotener Eigenmacht. Ein Verfügungsgrund besteht gegen jeden fehlerhaft Besitzenden (§§ 861, 858 Abs. 2 BGB). In anderen Fällen liegt ein Verfügungsgrund nur vor, wenn der Herausgabegläubiger auf den Hausrat zu seinem Lebensbedarf dringend angewiesen ist. Diese Herausgabeansprüche wegen Besitzentziehung (§ 862 BGB), unerlaubter Handlung (§ 823 BGB), aufgrund Eigentums oder Miteigentums (§§ 985, 1011 BGB) sind beim Allgemeinen Prozessgericht geltend zu machen.[89]

#### a. Bei Getrenntleben der Ehegatten

- Vor Anhängigkeit der Ehesache oder eines diesbezüglichen Prozesskostenhilfeverfahrens: Einstweilige Anordnung zur Nutzungsregelung nach §§ 13 Abs. 4, 18a HausrVO.
- Ab Anhängigkeit einer Ehesache oder eines diesbezüglichen Prozesskostenhilfeverfahrens: Einstweilige Anordnung gem. § 620 S. 1 Nr. 7 ZPO.

2091 Das Familiengericht kann erst entscheiden, wenn die Parteien getrennt leben. Hausrat wird jedoch i.d.R. sofort mit der Trennung benötigt.

2092 **Beratungshinweis:** Es empfiehlt sich, den Parteien zu einem Getrenntleben innerhalb der Wohnung zu raten und sodann umgehend (ggf. noch vor Auszug der Partei) Antrag auf Hausratsregelung einzureichen.

2093 Zu beachten ist, dass die einstweilige Anordnung nach § 13 Abs. 4 HausrVO mit der Rechtskraft der Scheidung außer Kraft gesetzt wird.

#### b. Nach Rechtskraft der Scheidung

2094 Nur einstweilige Anordnung gem. § 13 Abs. 4 HausrVO.

#### c. Muster: Antrag zur Verhinderung von Verfügungen über Hausrat

2095 Zur Verhinderung von Verfügungen über Hausrat kann ein **Verfügungsverbot** (Veräußerungsverbot) erwirkt werden. Geht es lediglich um den Schutz des Eigentums, des Miteigentums oder güterrechtlicher Mitwirkungsrechte, geschieht dies mit der einstweiligen Verfügung.

2096 Geht es um den Schutz des **Hausratsüberlassungsanspruchs**, erfolgt dieser durch **einstweilige Anordnung** nach §§ 13 Abs. 4, 18a HausrVO, § 15 HausrVO oder, **bei Anhängigkeit** einer **Ehesache**, durch einstweilige Anordnung nach **§ 620 S. 1 Nr. 7 ZPO** sowie einstweilige Anordnung nach § 621g ZPO.

89 Heiß a.a.O. Rn. 284 zu Kap. C 17.

2097

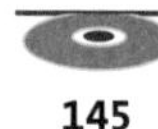

145

I. Dem Antragsgegner wird verboten, Hausratsgegenstände zu veräußern oder aus der Ehewohnung zu entfernen.[90]

II. Dem Antragsgegner wird für jeden Fall der Zuwiderhandlung Ordnungsgeld oder Ordnungshaft angedroht.

## II. Endgültige Verteilung des Hausrats, §§ 1, 8 HausrVO

2098 Für das Verfahren gelten folgende Vorschriften:

- §§ 1 Abs. 2, 13 HausrVO,
- §§ 621 – 630 ZPO,
- §§ 11 – 18 HausrVO,
- §§ 12, 15 FGG.

### 1. Amtsermittlungsgrundsatz / Antrag

2099 Rechtlich zulässig – aber nicht empfehlenswert – wäre, dass der Antragsteller schlicht die Durchführung der Hausratsverteilung beantragt, dies aufgrund des bestehenden Amtsermittlungsgrundsatzes. Die Anträge der Parteien im Hausratsverfahren sind „bloße Vorschläge", an die der Richter nicht gebunden ist;[91] ein Antrag kann **nicht „mangels Konkretisierung"** abgewiesen werden.[92] Es müssen jedoch die anspruchsbegründenden Tatsachen vorgetragen werden, um nachteilige Rechtsfolgen zu vermeiden.

### 2. § 1 Abs. 1 HausrVO: Keine Einigung

2100 Das Verfahren ist nur zulässig, wenn sich die Ehegatten nicht einigen können bezüglich der Hausratsverteilung. Der Rechtsstreit auf Erfüllung einer Vereinbarung über Ehewohnung und Hausrat ist nach h.M. keine Familiensache.[93] Zu Recht folgt Haußleiter a.a.O. Rn. 160 zu Kap. 4 dieser Meinung nicht (ebenso KG FamRZ 1990, 183; OLG Köln FamRZ 1987, 77, 78) mit der Begründung, dass ein Regelungsbedürfnis nur dann fehlt, wenn die Einigung bereits vollzogen ist oder zu einem vollstreckbaren Titel geführt hat.

2101 Eine Einigung kann auch stillschweigend erfolgen, so z.B. wenn ein Ehegatten ausgezogen ist, eine neue Wohnung bezogen hat und diese vollständig neu eingerichtet hat.

2102 **Beratungshinweis:** Verlässt ein Ehegatte im Zorn die Wohnung mit den Worten, der andere könne alles haben, kann aus dieser Äußerung allein noch nicht auf einen endgültigen Verzicht geschlossen werden

### 3. Isoliertes Verfahren oder Scheidungsverbund

2103 Der Antrag kann

- entweder in einem **selbstständigen** Verfahren oder
- im **Scheidungsverbund** geltend gemacht werden.

---

90 Haußleiter/Schulz a.a.O Rn. 130 zu Kap. 4.

91 BGH FamRZ 1994, 98, 101; 1992, 414, 419.

92 Haußleiter/Schulz a.a.O. Rn. 157 zu Kap. 4; a.A.: OLG Frankfurt FamRZ 1988, 645.

93 BGH FamRZ 1979, 789; OLG Karlsruhe NJW-RR 2003, 796; OLG München FamRZ 1995, 1205, 1206.

2104 **Vorläufige** Benutzungsregelungen gem. §§ 1361a und 1361b BGB müssen stets in einem **isolierten** Verfahren geltend gemacht werden. Eine Einbeziehung in den Scheidungsverbund ist deshalb nicht möglich, weil keine Entscheidung „für den Fall der Scheidung“ (§ 623 Abs. 1 ZPO) begehrt wird.[94]

2105 Die **endgültige** Zuweisung des Hausrats für die Zeit ab Rechtskraft der Scheidung ist **Verbundsache. Einstweilige Anordnungen** können sowohl in einem isolierten **Hauptsacheverfahren** (§ 621g ZPO) als auch im **Scheidungsverbund** (§ 620 Nr. 7 ZPO) beantragt werden.[95]

### 4. Sachliche Zuständigkeit, § 11 Abs. 1 HausrVO

2106 Sowohl für die vorläufigen als auch für die endgültigen Regelungen bezüglich des Hausrats ist das Amtsgericht -Familiengericht- sachlich zuständig (§ 11 Abs. 1 HausrVO, § 621 Abs. 1 Nr. 7 ZPO, § 23b Abs. 1 S. 2 Nr. 8 GVG).

2107 **Beratungshinweis:** Besteht zwischen den Eheleuten Einigkeit, wer künftig das Familienheim bewohnt und besteht nachträglich nur Streit über eine Nutzungsentschädigung, so ist gem. § 1361b Abs. 3 S. 2 BGB das Familiengericht zuständig.

### 5. Örtliche Zuständigkeit, § 11 HausrVO

2108 Bei Anhängigkeit einer Ehesache ist das Gericht zuständig, bei dem die Ehesache anhängig ist (§ 11 Abs. 1 HausrVO, § 621 Abs. 2 S. 1 ZPO). Ist keine Ehesache anhängig, liegt die Zuständigkeit bei dem Familiengericht, in dessen Bezirk sich die (frühere) gemeinsame Wohnung befindet (§ 11 Abs. 2 S. 1 HausrVO, § 621 Abs. 2 S. 2 ZPO). § 606 Abs. 2 Abs. 3 ZPO gilt entsprechend. Ist ein Hausratsverfahren bereits anhängig und wird sodann bei einem anderen Gericht Scheidungsantrag eingereicht, ist die Hausratssache an dieses Gericht abzugeben (§ 11 Abs. 3 S. 1 HausrVO, § 621 Abs. 3 S. 1 ZPO).[96]

2109 Gibt das Landgericht einen Rechtsstreit, den es für ein Verfahren nach der HausrVO hält, an das Familiengericht ab, so erfolgt diese Abgabe nach § 18 Abs. 1 HausrVO. Das Familiengericht ist an den Abgabebeschluss gem. § 18 Abs. 1 S. 3 HausrVO gebunden[97] und der Beschluss ist unanfechtbar.[98] Gleiches gilt für die Abgabe innerhalb desselben Amtsgerichts von der Prozessabteilung an das Familiengericht.[99] Auch kann umgekehrt der Familienrichter einen Rechtsstreit, den er nicht als Hausratsangelegenheit beurteilt mit bindender Wirkung an das Prozessgericht abgeben.[100]

2110 Die Bindungswirkung entfällt nur dann, wenn entweder kein rechtliches Gehört gewährt wurde oder wenn dem Abgabebeschluss jede gesetzliche Grundlage fehlt.[101]

94 Haußleiter/Schulz a.a.O. Rn. 164 zu Kap. 4.
95 Haußleiter/Schulz a.a.O. Rn. 165 zu Kap. 4.
96 Haußleiter/Schulz a.a.O. Rn. 196 zu Kap. 4.
97 Haußleiter/Schulz a.a.O. Rn. 204 zu Kap. 4.
98 BGH FamRZ 1994, 98.
99 Haußleiter/Schulz a.a.O. Rn. 205.
100 Haußleiter/Schulz a.a.O. Rn. 206 zu Kap. 4.
101 OLG Köln FamRZ 1980, 173.

Die Bindungswirkung betrifft nur die Zuständigkeit, nicht die Verfahrensart. So kann das Familiengericht nach zivilrechtlichen Vorschriften entscheiden, wenn es der Auffassung ist, dass das Verfahren nicht der HausrVO unterliegt.[102]

## C. Formulare

2111

### I. Muster: Antrag auf Hausratsregelung bei Getrenntleben

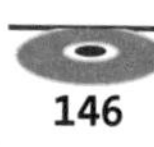

146

I. Der Antragsgegner wird verurteilt, an die Antragstellerin die im Wohnzimmer befindliche Standuhr, Marke ■■■ herauszugeben.
II. Der Antragsgegner wird verurteilt, der Antragstellerin die Waschmaschine Marke ■■■ zu überlassen.
III. Vom gemeinsamen Hausrat werden der Antragstellerin folgende Gegenstände zur alleinigen Nutzung zugeteilt ■■■
IV. Der Antragsgegner wird verurteilt, an die Antragstellerin die unter Ziffer I) und II) aufgeführten Gegenstände herauszugeben.
V. Der Antragsgegner hat die Kosten des Verfahrens zu tragen.

Begründung:

1. Die Parteien leben getrennt seit ■■■ Ein Scheidungsverfahren ist nicht anhängig, sodass die vorläufige Regelung der Nutzung des Hausrats im isolierten Verfahren geltend gemacht wird.
2. Die Antragstellerin beantragt unter Ziffer I) die Herausgabe der im Wohnzimmer befindlichen Standuhr. Hierbei handelt es sich um ein Erbstück nach dem Tode des Vaters der Antragstellerin, sodass die Antragstellerin Alleineigentümerin dieser Standuhr ist.
3. Die Antragstellerin beantragt unter Ziffer II) die Überlassung der Waschmaschine zur Nutzung. Zwar ist der Antragsgegner Alleineigentümer der Waschmaschine, jedoch benötigt die Antragstellerin diese zur Führung ihres abgesonderten Haushalts. Auch entspricht die Überlassung der Billigkeit. Dies ergibt sich daraus, dass die Antragstellerin zwei minderjährige Kinder im Alter von ■■■ zu versorgen hat. Die Tochter ■■■ ist erst 6 Monate alt, sodass die Antragstellerin dringend auf die Nutzung der Waschmaschine angewiesen ist. Da der Antragsgegner lediglich monatlichen Unterhalt in Höhe von ■■■ bezahlt und die Antragstellerin über keinerlei weitere Einkünfte oder Vermögen verfügt, ist sie aus finanziellen Gründen nicht in der Lage, sich ein Ersatzgerät zu beschaffen.
4. Die Antragstellerin begehrt mit dem Antrag in Ziffer III) die Aufteilung gemeinsamer Gegenstände zur Nutzung. Die Parteien sind Miteigentümer der genannten Hausratsgegenstände, die während des ehelichen Zusammenlebens von den Parteien angeschafft wurden. Die Antragstellerin ist dringend auf die Nutzung dieser Gegenstände angewiesen im Hinblick auf die Betreuung der beiden Kinder sowie im Hinblick auf die Tatsache, dass sie lediglich das Notwendigste zum Lebensunterhalt zur Verfügung hat.

Mit dem Antrag soll vorläufig lediglich das Nutzungsverhältnis an den genannten Gegenständen geregelt werden. Bezüglich der endgültigen Hausratsteilung wird versucht, eine außergerichtliche Vereinbarung herbei zu führen.

Rechtsanwältin

102 Haußleiter/Schulz a.a.O. Rn. 207 zu Kap. 4.

## II. Muster: Antrag auf Erlass einer einstweiligen Anordnung auf Hausratsregelung bei Getrenntleben gem. § 621 Nr. 7 ZPO

2112

147

■■■

stelle ich namens und im Auftrag der Antragstellerin im Rahmen des vorbezeichneten Hauptsacheverfahrens (oder Scheidungsverfahrens) folgenden

Antrag

auf Erlass einer einstweiligen Anordnung wegen Dringlichkeit ohne mündliche Verhandlung zu beschließen:

Dem Antragsgegner wird aufgegeben, der Antragstellerin folgende Gegenstände herauszugeben und zur Nutzung zu überlassen:

■■■

Begründung:

I. Die Parteien sind getrennt lebende Eheleute. Sie leben getrennt seit ■■■

II. Die Antragstellerin ist am ... aus der ehemaligen Ehewohnung ausgezogen und hat eine neue Wohnung angemietet. Sie hat bei ihrem Auszug keinerlei Hausratsgegenstände mitgenommen.
Die Antragstellerin versorgt die beiden ehegemeinschaftlichen Kinder ■■■ im Alter von 4 und 6 Jahren.

III. Die Antragstellerin ist dringend auf die Herausgabe der vorbezeichneten Gegenstände angewiesen, die sie zur Führung des Haushalts für sich und die beiden Kindern benötigt, damit eine ordnungsgemäße Versorgung der Kinder gewährleistet ist.

Glaubhaftmachung für obigen Sachvortrag:

Eidesstattliche Versicherung der Antragstellerin, die anliegt.

Rechtsanwältin

## III. Muster: Antrag auf Hausratsregelung nach Scheidung

2113

148

■■■

1. Der ehegemeinschaftliche Hausrat wird wie folgt geteilt:
   a. Die Antragstellerin erhält folgende Gegenstände zu Alleineigentum ■■■
   b. Der Antragsgegner erhält folgende Gegenstände zu Alleineigentum ■■■
2. Die Antragstellerin wird verurteilt, die im Antrag Ziffer II) genannten Gegenstände (soweit sie sich in deren Besitz befinden) an den Antragsgegner herauszugeben.
3. Der Antragsgegner wird verurteilt, die im Antrag Ziffer II) genannten Gegenstände (soweit sie sich in deren Besitz befinden) an den Antragsgegner herauszugeben.
4. Der Antragsgegner hat die Kosten des Verfahrens zu tragen.

Begründung:

I. Die Ehe der Parteien wurde durch Urteil des AG Familiengericht ■■■ vom ■■■ rechtskräftig geschieden.

II. Anliegend wird eine Liste über den gesamten vorhandenen Hausrat übergeben, deren Inhalt ausdrücklich zum Sachvortrag dieses Schriftsatzes gemacht wird. Aus der beigefügten Liste ergibt sich, welche Gegenstände die Antragstellerin erhalten soll und welche der Antragsgegner.

Es ergibt sich des Weiteren aus der Liste, bezüglich welcher Gegenstände Alleineigentum und bezüglich welcher Gegenstände Miteigentum vorliegt.

Angegeben wurde auch der Anschaffungszeitpunkt und der geschätzte Verkehrswert zum Zeitpunkt der Rechtskraft der Scheidung.

III. Folgende Gegenstände befinden sich bereits im Besitz der Antragstellerin: ■■■
IV. Folgende Gegenstände befinden sich bereits im Besitz des Antragsgegners: ■■■
V. Die beantragte Aufteilung der Hausratsgegenstände entspricht der Billigkeit.

Die unter Ziffer ■■■ genannten Gegenstände sind unstreitig Alleineigentum der Antragstellerin.

Die unter Ziffer ■■■ genannten Gegenstände stehen im Miteigentum beider Parteien.

Wie sich aus den angegebenen Werten ergibt, ist die Aufteilung ausgewogen, obwohl die Antragstellerin geringfügig wertmäßig mehr Gegenstände erhält als der Antragsgegner. Dies ist jedoch gerechtfertigt im Hinblick darauf, dass die Antragstellerin zwei minderjährige Kinder zu versorgen hat, lediglich monatliche Unterhaltszahlungen in Höhe von ■■■ erhält, wohingegen der Antragsgegner über ein Einkommen in Höhe von ■■■ verfügt, sodass es ihm ohne Weiteres möglich ist, Ersatzbeschaffungen vorzunehmen.

2114

### IV. Muster: Antrag auf einstweilige Anordnung betreffend die Herausgabe der zum persönlichen Gebrauch für das Kind bestimmten Sachen, § 50d FGG[103]

149

■■■

stelle ich namens und im Auftrag der Antragstellerin im Rahmen des vorbezeichneten Scheidungsverfahrens folgenden

Antrag

auf Erlass einer einstweiligen Anordnung ohne mündliche Verhandlung:

Dem Antragsgegner wird aufgegeben, folgende zum persönlichen Gebrauch des Kindes ■■■ bestimmte Sachen an die Antragstellerin herauszugeben:

■■■

Begründung:

I. Die Parteien leben getrennt seit ■■■
II. Das ehegemeinschaftliche Kind ■■■ befindet sich bei der Antragstellerin.
III. Der Antragsgegner ist noch in Besitz folgender zum persönlichen Gebrauch des Kindes bestimmter Gegenstände:[104]
   1. Schulbücher
   2. Kleidung
   3. Musikanlage
   4. Kinderausweis
   5. Fahrrad

103 I.a.a. Soyka Münchener Prozessformularbuch Familienrecht, F. II. 4.
104 Jeweils genaue Bezeichnung.

IV. Mit Antrag vom ... der zur Glaubhaftmachung in Kopie beigefügt ist, hat die Antragstellerin Antrag auf Übertragung des Sorgerechts gestellt.
Glaubhaftmachung: Eidesstattliche Versicherung der Antragstellerin.
V. Zwar betrifft die Vorschrift des § 50d FGG nach dem Wortlaut das Verfahren auf Kindesherausgabe. Nach richtiger Ansicht ist jedoch die Vorschrift auch auf das Sorgerechtsverfahren anzuwenden.[105]

Rechtsanwältin

2115

**Anmerkung:** Vorläufige Anordnungen sind Verfügungen i.S.d. § 19 FGG und damit grundsätzlich mit der **unbefristeten Beschwerde** anfechtbar. Die Beschwerde ist entweder beim Familiengericht oder beim Oberlandesgericht als dem Beschwerdegericht einzulegen, § 21 Abs. 1 FGG. Beschwerdeberechtigt ist nach § 20 FGG, wer durch die Verfügung beeinträchtigt ist.[106]

## V. Muster: Antrag auf Zuteilung von Hausrat und Ausgleichszahlung

2116

■■■

150

I. Dem Antragsgegner werden alle gemeinsamen Hausratsgegenstände, wie in der anliegenden Liste im Einzelnen aufgeführt, ab Rechtskraft der Scheidung zu Alleineigentum zugeteilt.
II. Dem Antragsgegner wird aufgegeben, der Antragstellerin ab Rechtskraft der Scheidung einen Ausgleichsbetrag in Höhe von ■■■ € zu bezahlen.
III. Die Kostenentscheidung folgt der Kostenentscheidung der Hauptsache.

Begründung:
I. Die Parteien sind getrennt lebende Eheleute. Zwischen ihnen ist unter dem oben bezeichneten Az. das Scheidungsverfahren anhängig.
II. Die Antragstellerin ist anlässlich der Trennung in das Haus ihrer Eltern gezogen und bewohnt dort zusammen mit dem ehegemeinschaftlichen Kind ■■■ zwei möblierte Zimmer. Küche und Bad werden zusammen mit den Eltern genutzt.
III. Aufgrund der Tatsache, dass der Antragsgegner an die Antragstellerin unter Berufung auf mangelnde Leistungsfähigkeit lediglich Kindesunterhalt und keinerlei Ehegattenunterhalt bezahlt, ist es der Antragstellerin nicht möglich, eine eigene Wohnung zu beziehen, sodass sie für die Hausratsgegenstände keine Verwendung hat.

Rechtsanwältin

2117

**Anmerkung:** Für die Höhe der Ausgleichszahlung ist der **Zeitwert** mit dem **Wiederbeschaffungspreis** für die entsprechenden gebrauchten Gegenstände maßgebend. Davon ist die Hälfte auszugleichen.[107]

105 Soyka a.a.O. Rn. 2 zu F. II. 4.
106 Soyka a.a.O.
107 OLG Stuttgart FamRZ 1993, 1461; 1992, 446; OLG Zweibrücken FamRZ 1993, 82, 84.

2118

## VI. Muster: Antrag auf Zuteilung von Hausrat und Schuldenregelung[108]

■■■

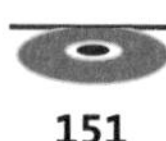

151

stelle ich namens und im Auftrag der Antragstellerin im Rahmen des vorbezeichneten Scheidungsverfahrens folgenden

Antrag:

Das Klavier Marke ■■■ wird der Antragstellerin zugeteilt. Das Anwartschaftsrecht auf Übertragung des Eigentums wird auf die Antragstellerin übertragen.

Dem Antragsgegner wird aufgegeben, die monatlichen Raten gemäß Ratenkreditvertrag vom ■■■ mit dem Musikhaus ■■■ bis zur vollständigen Zahlung des Kaufpreises weiter zu zahlen und die Antragstellerin im Innenverhältnis von der Inanspruchnahme durch das Musikhaus ■■■ auf Zahlung des Restkaufpreises freizustellen.

Die Kostenentscheidung folgt der Kostenentscheidung der Hauptsache.

Begründung:

I. Die Parteien sind getrennt lebende Eheleute. Zwischen ihnen ist unter dem oben bezeichneten Az. das Scheidungsverfahren anhängig.

II. Die Parteien haben am ■■■ gemeinsam bei dem Musikhaus ■■■ ein Klavier erworben und in Verbindung mit dem Kauf einen Ratenkreditvertrag abgeschlossen mit monatlichen Raten in Höhe von ■■■

III. Die Antragstellerin beansprucht die Zuteilung des Klaviers, weil dieses überwiegend von ihr selbst und den beiden gemeinsamen Kindern der Parteien genutzt wird. Beide haben Musikunterricht in der Musikschule und üben täglich zuhause. Demgegenüber kann der Antragsgegner überhaupt nicht Klavier spielen.

Die Antragstellerin, die ebenfalls Klavier spielt, unterstützt und überwacht die täglichen Übungen der Kinder.

Es entspricht daher der Billigkeit, wenn der Antragstellerin das Klavier zugeteilt wird.

IV. Da das Klavier unter Eigentumsvorbehalt des Musikhauses gekauft wurde, ist der Antragstellerin das Anwartschaftsrecht auf Übertragung des Eigentums zuzuteilen.

V. Gemäß der getroffenen Ratenkreditvereinbarung sind monatliche Raten in Höhe von 150,00 € bis ■■■ zu erbringen.

Die Raten wurden schon bisher vom Antragsgegner bezahlt. Sie wurden auch im Rahmen der Unterhaltsberechnung einkommensmindernd berücksichtigt, sodass es gerechtfertigt ist, wenn der Antragsgegner diese Raten bis zur vollständigen Erfüllung weiter bezahlt und insoweit die Antragstellerin im Innenverhältnis von jeglicher Haftung gegenüber dem Musikhaus ■■■ freistellt.

Rechtsanwältin

2119 **Anmerkung:** Im vorliegenden Fall haben die Parteien den Hausratsgegenstand unter **Eigentumsvorbehalt** erworben, sodass das Anwartschaftsrecht, das ebenfalls Hausrat darstellt, zu verteilen ist.

108 I.a.a. Müller Münchener Prozessformularbuch Familienrecht, Formular C. IX. 4.

2120 Zwar wird die **Schuldenrückzahlung** i.d.R. dem Ehegatten auferlegt, der den entsprechenden Gegenstand, für den die Schulden aufgenommen wurden, benutzt. Es kann jedoch auch die Schuldenübernahme dem **anderen Ehegatten** auferlegt werden, wenn dieser die Verbindlichkeiten bereits bisher bezahlt hat und diese bei der **Unterhaltsberechnung** berücksichtigt wurden.[109]

## D. Kosten / Gebühren / Streitwert

### I. Kosten

2121 Die Kostenentscheidung richtet sich nach § 20 HausrVO. Maßgebend ist das billige Ermessen. § 20 HausrVO gilt nur für isolierte Hausratsverfahren. Im Scheidungsverbund oder nach Abtrennung der Folgesachen (§ 628 ZPO) richtet sich die Kostenentscheidung nach § 93a ZPO. Haben die Parteien das Verfahren in einer selbstständig geführten Hauptsache für erledigt erklärt oder wird der Antrag zurück genommen, so ist nicht nach §§ 91 a, 269 Abs. 3 ZPO, sondern nach § 20 HausrVO über die Kosten zu entscheiden.[110]

2122 Wird gegen eine Kostenentscheidung nach § 20 HausrVO sofortige Beschwerde eingelegt, darf das Familiengericht der Kostenentscheidung gem. § 18 Abs. 2 FGG nicht abhelfen.[111]

### II. Gebühren

2123 Durch die Einführung des Rechtsanwaltsvergütungsgesetzes fallen im Hausratsverfahren die gleichen Gebühren (**Verfahrens- und Termingebühr**) an wie in den ZPO-Verfahren. Im Scheidungsverbund gelten wie bei allen anderen Folgesachen Scheidung und Hausratsregelung als eine Angelegenheit. Gemäß § 46 GKG gelten Scheidungssache und die Folgesachen als **ein Verfahren**, deren Gebühren nach den **zusammengerechneten** Werten der Gegenstände zu berechnen sind.

2124 In Familiensachen fällt sowohl in **ZPO**- als auch in **FGG**-Sachen (z.B. elterliche Sorge, Umgangsrecht, Versorgungsausgleich, Sachen nach der Hausratsverordnung) die Verfahrensgebühr der VV 3100f an. Die Unterscheidung nach altem Recht, je nachdem, ob es sich um ZPO-Verfahren (dann §§ 31f BRAGO) oder FGG-Verfahren (dann § 63 oder § 118 BRAGO) gehandelt hat, gibt es **nicht mehr.**[112]

2125 Somit fallen folgende Gebühren an:

- 1,3 Verfahrensgebühr gem. VV 3100
- 1,2 Terminsgebühr gem. VV 3104
- Pauschale gem. VV 7002: 40 €

---

109 Müller a.a.O. Anm. 9 zu C. IX. 4.

110 Haußleiter / Schulz a.a.O. Rn. 209 zu Kap. 4.

111 OLG Brandenburg FamRZ 2002, 1356.

112 Müller-Rabe in: Gerold / Schmidt / v. Eicken / Madert / Müller-Rabe, RVG Rn. 88 zu VV 3100.

2126 Hinzu kommt im Falle eines Vergleichs die Vergleichsgebühr in Höhe von:

- **1,0**, wenn der Gegenstand der Einigung im **ersten Rechtszug anhängig** ist,
- wenn der Gegenstand der Einigung im **Berufungsverfahren anhängig** ist: **1,3**, auch wenn die Einigung außergerichtlich zustande kommt.
- Für **nicht gerichtlich anhängige** Gegenstände nach VV 1000: **1,5**.

2127 Die so berechneten Gebühren werden bei Zusammenfassung in einer Gesamteinigung zusammengerechnet, sind aber **begrenzt** durch die nach dem **höchsten** der zur Anwendung gekommenen Sätze berechneten Gebühr aus dem Gesamtwert der in der Einigung geregelten Gegenstände[113]sowie die **Geschäftsgebühr** nach VV 2400, die 0,5 – 2,5 beträgt.

2128 Eine Gebühr von mehr als 1,3 kann nur gefordert werden, wenn die Tätigkeit umfangreich oder schwierig war. Bei **mehreren Auftraggebern** erhöht sich der Rahmen der Geschäftsgebühr unter der Voraussetzung der VV 1008 je weiteren Auftraggeber um 3/10.

- Die Höhe der Gebühr hängt im Wesentlichen ab von
- Umfang und Schwierigkeiten der anwaltlichen Tätigkeit,
- Bedeutung der Angelegenheit,
- Vermögens- und Einkommensverhältnisse des Auftraggebers,
- unter Umständen das besondere Haftungsrisiko des Rechtsanwalts.[114]

2129 Die Praxis und die herrschende Meinung gehen überwiegend von der **Mittelgebühr** aus, die bei VV 2400 mit 1,5 mathematisch genau angenommen wird.[115] Diese Geschäftsgebühr wird zur Hälfte, jedoch höchstens mit einem Gebührensatz von **0,75** auf die **Verfahrensgebühr** angerechnet. Sind mehrere Gebühren entstanden, ist für die Anrechnung die zuletzt entstandene Gebühr maßgebend.[116]

2130 **Einstweilige Anordnungen** nach §§ 620 Nr. 7 ZPO und nunmehr auch 621g ZPO sind **besondere Angelegenheiten** gem. § 18 RVG. Dies gilt für einstweilige Anordnungen nach §§ 620, 620b Abs. 1 u. 2 ZPO gem. § 18 Nr. 1b sowie gem. § 621g ZPO gem. § 18 Abs. 1d RVG. Gleiches gilt für deren Aufhebung bzw. Änderung (§ 620b ZPO). Soweit nach dieser Vorschrift besondere Angelegenheiten vorliegen, findet **keine** Anrechnung statt, weder im Verhältnis zu **anderen** Eilverfahren noch im Verhältnis zum **Hauptsacheverfahren.**[117] Während § 18 Nr. 1 einzelne besonders genannte einstweilige Anordnungen betrifft, enthält § 18 **Nr. 2** eine allgemein gehaltene Bestimmung über einstweilige und vorläufige Anordnungen in **FGG**-Verfahren **zueinander.**[118]

113 V. Eicken a.a.O. Rn. 46 zu VV 1000.
114 Madert a.a.O. Rn. 90.
115 Madert a.a.O. Rn. 95.
116 Madert a.a.O. Rn. 182 zu VV 2400 – 2403.
117 Müller-Rabe a.a.O. Rn. 16 zu § 18 RVG.
118 Müller-Rabe a.a.O. Rn. 18 zu § 18 RVG.

### III. Streitwert

2131 Für endgültige Hausratsverteilung gem. § 100 Abs. 3 S. 1 KostO der **gesamte** Wert des zugeteilten Hausrats.[119] Zur Wertbestimmung ist vom ursprünglichen Anschaffungspreis abzüglich Abschläge für Abnutzung auszugehen.[120]

- Bei vorläufiger Nutzungsregelung: Interesse der Beteiligten, §§ 23 Abs. 1 S. 1 RVG, 100 Abs. 3 KostO.
- Bei einstweiliger Anordnung auf Benutzung des Hausrats: Festwert 1.200 €, § 23 Abs. 1 S. 1 RVG, § 24 S. 2 RVG, § 53 Abs. 2 S. 2 GKG nF.

## E. Vollstreckung

2132 Entscheidungen über Zuweisung von Hausrat sind in einem **selbstständigen** Verfahren erst vollstreckbar, wenn sie **rechtskräftig** sind (§ 16 Abs. 1 Abs. 3 HausrVO, § 621e Abs. 1, Abs. 3, § 517 ZPO). Im **Scheidungsverbund** wird die Entscheidung mit Rechtskraft der Scheidung wirksam (§ 629d ZPO), soweit sie nicht selbstständig angefochten wurde.[121]

2133 Es gibt **keine vorläufige** Vollstreckbarkeit. Die Entscheidung wird allen Beteiligten von Amts wegen zugestellt (bei Urteilen gem. §§ 317, 621c ZPO, bei Beschlüssen gem. § 621a Abs. 1 S. 2, § 329 Abs. 3 ZPO) und wird rechtskräftig, wenn für alle Beteiligten die Rechtsmittelfrist abgelaufen ist.

2134 Die erforderliche **Vollstreckungsklausel** wird auf Antrag durch die Geschäftsstelle des Familiengerichts erteilt, die erforderlich ist, weil die Zwangsvollstreckung nach den Vorschriften der ZPO erfolgt (§ 16 Abs. 3 HausrVO)[122] (§ 31 FGG, § 16 Abs. 3 HausrVO, §§ 724f ZPO).

2135 **Einstweilige Anordnungen** nach § 620 Nr. 7, § 621g ZPO sind **Vollstreckungstitel** gem. § 794 Abs. 1 Nr. 3a ZPO. Sie werden **nicht** für **vorläufig vollstreckbar** erklärt. Da umstritten ist, ob diese Entscheidungen einer Vollstreckungsklausel (§§ 724, 795 ZPO) bedürfen, sollte immer eine **vollstreckbare Ausfertigung** sowie Erteilung einer **Vollstreckungsklausel** beantragt werden.[123]

## F. Rechtsmittel, § 14 HausrVO/Fristen

2136 In **selbstständigen** Verfahren ist die Entscheidung mit **befristeter Beschwerde** anfechtbar (§§ 621e Abs. 1, Abs. 3 S. 2, § 516 ZPO). Für **Folgesachen** im **Scheidungsverbund** gilt gem. § 629a Abs. 2 S. 1 ZPO gleiches. Wird nur der Beschluss über den Hausrat angefochten, muss die Beschwer mindestens 600,00 € betragen (§ 14 HausrVO). Beschwerdewert ist der **Verkehrswert** der Gegenstände.[124] **Einstweilige Anordnungen** können mit **sofortiger Beschwerde** nach § 620c ZPO angefochten werden.

---

119 OLG Nürnberg FamRZ 1998, 310.
120 Haußleiter/Schulz a.a.O. Rn. 212 zu Kap. 4.
121 Haußleiter/Schulz a.a.O. Rn. 199 zu Kap. 4.
122 Heiß a.a.O. Rn. 304 zu Kap. C 17.
123 Haußleiter/Schulz a.a.O. Rn. 220a zu Kap. 4.
124 Haußleiter/Schulz a.a.O. Rn. 197 zu Kap. 4.

2137 Gemäß § 17 HausrVO kann **Antrag** auf **Änderung** der **Entscheidung** gestellt werden, wobei das Familiengericht sowohl eine rechtskräftige gerichtliche Entscheidung als auch einen gerichtlichen Vergleich (§ 17 Abs. 1, Abs. 2 HausrVO) sowie auch einen außergerichtlichen Vergleich abändern kann.[125] Auch eine Verkürzung oder Verlängerung von **Räumungsfristen** kann unter den Voraussetzungen des § 17 Abs. 1 HausrVO erfolgen.[126]

2138 Die §§ 721, 765a ZPO gelten im Hausratsverfahren nicht.[127]§ 17 HausrVO ist analog anzuwenden, wenn sich eine getroffene Regelung nachträglich als **grob unbillig** herausstellt, ohne dass sich die tatsächlichen Verhältnisse geändert haben.[128]

## G. Anwaltsfehler

2139 **Beratungshinweis:** Wie oben unter A.I. dargelegt, empfiehlt sich in der Praxis häufig der anwaltliche Rat dahingehend, jene Gegenstände mitzunehmen, die benötigt werden und die in etwa der Hälfte des vorhandenen Hausrats entsprechen. Dies betrifft insbesondere persönliche Gegenstände, wie Fotoalben, Dokumente u.a., die nicht ersetzbar sind und einen bedeutenden ideellen Wert für die Partei haben.

2140 Zur Vermeidung von Haftungsgefahren ist der Mandant jedoch darauf hinzuweisen, dass die Möglichkeit besteht, Antrag auf Erlass einer einstweiligen Anordnung auf Herausgabe oder Rückschaffung der Hausratsgegenstände zu stellen.[129]

2141 Des Weiteren muss darauf hingewiesen werden, dass Ansprüche auf Schadenersatz wegen des verschwundenen Hausrats oder wegen unrechtmäßiger Verfügung und eventueller Beschädigung oder Zerstörung vor dem allgemeinen Zivilgericht geltend gemacht werden können.

125 BGH FamRZ 1994, 98, 101.
126 OLG Bamberg FamRZ 2001, 691, 692.
127 Haußleiter/Schulz a.a.O. Rn. 201 zu Kap. 4.
128 Haußleiter/Schulz a.a.O. i.A.a. OLG Bamberg FamRZ 2001, 691, 692; OLG Hamm FamRZ 1988, 645.
129 Heiß a.a.O. Rn. 275 zu Kap. C 17.

# § 12 Abstammungsverfahren

**Literatur:** Büchting/Heussen, Beck`sches Rechtsanwaltshandbuch, 8. Auflage 2004; Eckebrecht/Große-Boymann/Gutjahr/Schael/Swietkowski-Trzaska, Verfahrenshandbuch Familiensachen, 2001; Gerhard/Heintschel-Henegg/Klein, Handbuch des Fachanwalts Familienrecht, 4. Auflage 2004; Gottwald, Münchener Prozessformularbuch, Familienrecht, 2. Auflage 2003; Palandt, Bürgerliches Gesetzbuch, 64. Auflage 2004; Thomas/Putzo, Zivilprozessordnung, 26. Auflage

## A. Vorprozessuale Situation

### I. Beratungssituation

#### 1. Bestimmung der Mutter

2142 Der Gesetzgeber hat in § 1591 BGB bestimmt, dass die Mutter eines Kindes die Frau ist, die es **geboren** hat. Mutter ist also auch die Frau, die eine befruchtete Eizelle austrägt, die nicht von ihr, sondern von einer anderen Frau stammt.[1]

2143 Das Kind hat die Möglichkeit in Fällen der verbotenen bzw im Ausland erfolgten Ei- und Embryonenspenden die Abstammungsfrage im Wege der **Feststellungsklage** gem § 256 ZPO klären zu lassen, wenn das Rechtschutzbedürfnis gegeben ist, wie z.B. in Fällen des Beischlafes unter Verwandten, § 173 StGB oder des Inzestverbotes, § 1307 BGB. Eine Klage auf **Anfechtung der Mutterschaft** kommt nicht in Betracht.

#### 2. Bestimmung des Vaters

##### a. Aufgrund Ehe

2144 Vater eines Kindes ist der Mann, der zum Zeitpunkt der Geburt mit der Mutter verheiratet ist, der die Vaterschaft anerkannt hat, oder dessen Vaterschaft gerichtlich festgestellt worden ist, § 1592 BGB.

2145 Wird ein Kind nach rechtskräftiger Scheidung der Eheleute geboren, gilt es nicht als ehelich, § 1592 Nr. 1 BGB.

2146 Wird ein Kind **während eines Scheidungsverfahrens** geboren, und erkennt ein Dritter die Vaterschaft innerhalb eines Jahres nach Rechtskraft der Scheidung an, und stimmen Mutter und Ehemann zu, gilt das Kind nicht als ehelich, § 1599 II BGB. Während des Scheidungsverfahrens ist das Kind jedoch noch abstammungsrechtlich dem Ehemann zuzuordnen.

2147 Wird innerhalb von 300 Tagen nach **Auflösung der Ehe durch Tod** des Mannes ein Kind geboren, so gilt dieses als Kind des Verstorbenen, § 1593 S. 1 BGB. Ist die Mutter zum Zeitpunkt der Geburt wieder verheiratet, gilt der jetzige Ehemann als Vater. Fechtet der neue Ehemann die Vaterschaft an, und wird rechtskräftig festgestellt, dass der neue Ehemann nicht Vater des Kindes ist, gilt der verstorbene Mann als Vater, § 1593 S. 4 BGB.

1 Palandt, Diederichsen, § 1591 Rn. 1.

### b. Aufgrund Anerkenntnis

2148 Erkennt ein Mann die Vaterschaft gem § 1592 Nr. 2 BGB an, und erfolgt die **Zustimmung** der Mutter, § 1595 I BGB, begründet dies die Vaterschaft. Die Zustimmung des Kindes ist gem § 1595 II BGB nur erforderlich, wenn es volljährig ist, oder der Mutter das Sorgerecht für ein minderjähriges Kind nicht zusteht. Die Zustimmung hat dann durch den Vormund oder Pfleger zu erfolgen, wenn das Kind noch nicht 14 Jahre alt, oder geschäftsunfähig ist, § 1596 II BGB. Solange die Vaterschaft eines anderen Mannes besteht, ist die erklärte Anerkennung **schwebend unwirksam.** Wird die bestehende Vaterschaft durch Anfechtung beseitigt, gilt dadurch das Vaterschaftsanerkenntnis als wirksam.[2] Anerkenntnis und Zustimmung müssen **öffentlich beurkundet** werden, § 1597 I BGB.

### c. Gerichtliche Feststellung

2149 Die Vaterschaft ist nach § 1600d I BGB gerichtlich festzustellen, wenn keine Vaterschaft gem §§ 1592 Nr. 1 und Nr. 2, 1593 BGB besteht. Verfahrensgegenstände können die Feststellung des Bestehens bzw Nichtbestehens eines Eltern-Kind Verhältnisses sein oder die Anfechtung der Vaterschaft selbst.

2150 Ein **ohne Zustimmung** des sorgeberechtigten Elternteils eingeholter **Vaterschaftstest** begründet wegen Verstoßes gegen das Recht auf informationelle Selbstbestimmung **keinen Anfangsverdacht** für eine **Anfechtungsklage.**[3] Eine gesetzliche Regelung zur Verwertbarkeit von heimlichen Abstammungstests steht noch aus. Das Gericht hatte bisher bei der Frage der Verwertbarkeit eine Abwägung zwischen dem Recht des Kindes auf informationelle Selbstbestimmung und dem Recht des Vaters auf Kenntnis seiner Vaterschaft vorzunehmen. Der **BGH** hat nun entschieden, dass ein Gentest, der ohne Einwilligung der Betroffenen zustande kommt das **Persönlichkeit des Kindes verletzt**, und somit rechtswidrig ist.[4] Gerichtlich verwertbar ist demgemäß allenfalls ein Vaterschaftstest, der mit Einverständnis aller erziehungsberechtigten Personen eingeholt wurde und die Probenentnahme unter Anwesenheit eines Zeugen. Allein unter Berufung auf einen solchen Test kann ein Mann also seine Vaterschaft nicht anfechten. Es müssen innerhalb der 2-Jahresfrist konkrete Verdachtsmomente vorgebracht werden, die Zweifel an der Vaterschaft begründen.

2151 **Beratungshinweis:** Häufig wird der Mandant vorbringen, dass ihm das Kind gar nicht ähnlich sehe. Hier ist auf die **Anfechtungsfrist** des § 1600b BGB von 2 Jahren zu achten. Dass keinerlei **äußerliche Ähnlichkeiten** zwischen Vater und Kind bestehen ist vielleicht schon seit Geburt des Kindes erkennbar. Die Frist beginnt bereits dann zu laufen, wenn der Vater von Umständen Kenntnis erlangt, die ihn **begründete Zweifel** an der Vaterschaft erkennen lassen. Aus diesem Grund sollte das Argument der fehlenden Ähnlichkeit zurückhaltend gebraucht werden. In diesem Zusammenhang ist auch hinzuweisen, dass der Anfechtende schlüssig darzulegen hat, warum er nicht Vater des Kin-

2 Palandt, Diederichsen, § 1594 Rn. 6.
3 OLG Celle, FamRZ 2004, 825.
4 BGH, Az. XII ZR 60/03 und 227/03 vom 12.01.2005.

des ist. Zusätzlicher Vortrag zur mangelnden Ähnlichkeit, die sich gravierend in dem äußeren Erscheinungsbild, Haut-, Haar- und Augenfarbe zeigt, ist empfehlenswert.

### 3. Unterhalt und Regress

2152 Macht die Kindesmutter Mutterunterhalt oder Kindesunterhalt gerichtlich geltend, hat der vermeintliche Kindesvater aber ein **Vaterschaftsanfechtungsverfahren** eingeleitet, kann der Kindesvater einen Antrag nach § 153 i.V.m. § 152 ZPO stellen. Das Gericht hat dem gemäß auf Antrag das **Unterhaltsverfahren auszusetzen**, wenn die Entscheidung des Rechtsstreits davon abhängt, ob ein Mann, dessen Vaterschaft im Wege der Anfechtungsklage angefochten worden ist, Vater des Kindes ist.

2153 Der Scheinvater hat nach erfolgter Anfechtung die Möglichkeit beim genetischen Vater **Regress** zu nehmen für erbrachte Unterhaltsleistungen, § 1603 III S. 2 BGB. Voraussetzung ist, dass die Vaterschaft des Erzeugers feststeht. Dann kommt auch eine Inanspruchnahme für die Vergangenheit in Betracht, §§ 1607 i.V.m. 1613 BGB. Eine Klagemöglichkeit des Scheinvaters auf Feststellung der Vaterschaft des genetischen Vaters besteht nicht, dies können nur die Mutter und das Kind. Die Höhe des Unterhaltsanspruches, den der Scheinvater vom Erzeuger fordern kann, richtet sich nach den Lebensverhältnissen des Erzeugers.[5]

2154 Problematisch in der Praxis ist der Rückforderungsanspruch des Scheinvaters **gegen das Kind**. Dieses wird i.d.R. den **Entreicherungseinwand** nach § 818 III BGB erheben können.

2155 Eine Inanspruchnahme der **Kindesmutter** kommt grundsätzlich nicht in Betracht, außer die Kindesmutter handelt vorsätzlich, in dem Bewusstsein den Scheinvater zu schädigen, und erteilt ihm auf Nachfrage die bewusst falsche Antwort im gesetzlichen Empfängniszeitraum mit keinem anderen Mann verkehrt zu haben.[6]

## II. Anspruchsgrundlagen

### 1. Feststellung der Vaterschaft § 1600d I, 1592 Nr. 3 BGB, § 640 II Nr. 1 ZPO

#### a. Vaterschaft

2156 Besteht keine Vaterschaft, nach den §§ 1592 Nr. 1 und Nr. 2, 1593 BGB, ist die Vaterschaft gerichtlich festzustellen. Es wird derjenige **als Vater vermutet**, der der Mutter in der gesetzlichen Empfängniszeit beigewohnt hat, § 1600d II BGB. Dies ist interessant für die Geltendmachung von Kindesunterhaltansprüchen im einstweiligen Anordnungsverfahren, da schon vor Feststellung der Vaterschaft Unterhalt geltend gemacht werden kann.

#### b. Klageberechtigung

2157 Klageberechtigt gegen das Kind ist der **Vater**, wenn nicht bereits die Vaterschaft eines anderen besteht. Klageberechtigt gegen den Vater sind die **Mutter** und das **Kind**, § 1600e I BGB.

5 Dr. Christian Huber, FamRZ 2004, 145, 147 m.w.N.
6 FA-FamR, Pieper, Kap. 3, Rn. 155, 156.

### 2. Anfechtung der Vaterschaft

#### a. Anfechtungsberechtigung

2158 *aa. Vater:* Anfechtungsberechtigt ist der Vater i.S.d. §§ 1592 Nr. 1 und 2, 1593 BGB. Die Anfechtungsberechtigung besteht ohne Rücksicht darauf, ob dem Mann die elterliche Sorge für das Kind zusteht.[7] Der (Schein-)Vater ist auch zur Anfechtung berechtigt, wenn er das Anerkenntnis **bewusst falsch** abgegeben hat.

2159 Ist das Kind mit Einwilligung des Mannes und der Mutter durch künstliche Befruchtung mittels Samenspende eines Dritten gezeugt worden, so ist die Anfechtung der Vaterschaft durch den Mann oder auch für die Mutter ausgeschlossen, § 1600 II BGB. Hat ein Mann, der nicht mit der Mutter verheiratet ist, in die künstliche Befruchtung eingewilligt, und die Vaterschaft anerkannt, muss, unabhängig von der rechtlichen Unzulässigkeit heterologer Insemination im Inland, sichergestellt sein, dass es für ehelich und nichtehelich geborene Kinder, erbrechtlich, unterhaltsrechtlich usw nicht zu unterschiedlichen Ergebnissen kommt.[8]

2160 *bb. Mutter:* Der Kindesmutter steht ein uneingeschränktes eigenes Anfechtungsrecht zu. Ficht die allein sorgeberechtigte Kindesmutter die Vaterschaft an, ist dem Kind ein **Ergänzungspfleger** zu bestellen.[9] Für ein entsprechendes Formular vgl. B.II.1.

2161 *cc. Erzeuger:* Dem Erzeuger des Kindes steht kein Anfechtungsrecht zu, solange die Vaterschaft eines anderen Mannes als feststehend gilt.

2162 *dd. Kinder:* Für ein **minderjähriges Kind** kann nur der gesetzliche Vertreter anfechten, § 1600a III BGB. Die Anfechtung ist nur zulässig, wenn sie dem **Wohl des Kindes** dient, § 1600a IV BGB. Die Kindeswohlprüfung ist **nicht** Voraussetzung bei Anfechtung der Mutter im eigenen Namen. Das Kind erhält einen Verfahrenspfleger, soweit seine gesetzlichen Vertreter an der Vertretung gehindert sind. Das ist grundsätzlich der Fall, wenn Vater und Mutter gemeinsam sorgeberechtigt sind, oder der Mutter das Sorgerecht entzogen wurde. **Volljährige Kinder** sind uneingeschränkt anfechtungsberechtigt.

#### b. Anfechtungsfrist

2163 Innerhalb von **2 Jahren** kann die Vaterschaft gerichtlich angefochten werden, § 1600b I BGB. Die Frist **beginnt** in dem Zeitpunkt zu laufen, an dem der Anfechtungsberechtigte von den Umständen erfährt, die gegen die Vaterschaft sprechen. **Vage Zweifel** an der Vaterschaft setzen die Anfechtungsfrist nicht in Lauf. Es kommt auf die Kenntnis von **Tatsachen** an, aus denen sich nach der objektiven Sicht eines verständigen Betrachters die **nicht ganz fern liegende Möglichkeit einer Nichtvaterschaft** ergibt.[10]

2164 Hat der gesetzliche Vertreter eines minderjährigen Kindes die Vaterschaft nicht rechtzeitig angefochten, so kann das Kind nach dem Eintritt der Volljährigkeit selbst

7 Palandt, Diederichsen, § 1600 Rn. 2.
8 Palandt, Diederichsen, § 1600 Rn. 6.
9 BHG, NJW 2002, 2109.
10 OLG Brandenburg, FamRZ 2004, 480.

anfechten, § 1600b III BGB. Die Frist beginnt dann frühestens mit Eintritt der Volljährigkeit, wenn das Kind entsprechende Umstände erfährt. Nach § 1600b V BGB kann das Kind auch nach Ablauf der 2-Jahresfrist die Vaterschaft, durch den gesetzlichen Vertreter anfechten, wenn die Folgen der Vaterschaft **unzumutbar** sind. Dies ist z.B. dann der Fall, wenn die Ehe der Eltern aufgelöst ist, und die Mutter den genetischen Vater heiratet.[11]

2165 **Beratungshinweis:** Nicht nur Zweifel an dem Bestehen der Vaterschaft sind **schlüssig und substantiiert** in der Antragschrift darzulegen, sondern auch zur Anfechtungsfrist bedarf es eines schlüssigen Vortrages. Zwar liegt die **Beweislast** dafür, dass die Frist versäumt, ist beim Antragsgegner, dennoch sollte der Anfechtende bereits im Antrag den Zeitpunkt nennen, in welchem ihm die ersten begründeten Zweifel kamen, um deutlich zu machen, dass kein Fristablauf vorliegt.
Fraglich ist, ob nach der Grundsatzentscheidung des BGH vom 12.01.2005, wonach ein ohne Einwilligung des Betroffenen eingeholter Vaterschaftstest das informationelle Selbstbestimmungsrecht des Kindes verletzt, die 2-Jahres Frist weiter in der strengen Form aufrechterhalten bleibt. Abzuwarten bleibt auch, wie streng die Anforderungen an die vom Mann vorzubringenden „weiteren Umstände“ gehandhabt werden.

### III. Anwaltsfehler

2166 Die Vaterschaftsanfechtung ist in der Praxis ein haftungsträchtiger Bereich. Kommt der Mandant mit einem entsprechenden Anliegen, muss der Anwalt ihn auf die **2 – Jahresfrist** zur Anfechtung hinweisen. Ist der Mandant noch unentschlossen, ob er überhaupt anfechten soll, ist der Anwalt verpflichtet den Lauf der Frist zu kontrollieren, und den Mandanten auf einen bevorstehenden Fristablauf hinzuweisen. Kommen innerhalb eines Scheidungsverfahrens Tatsachen ans Licht, die das Nichtbestehen der Vaterschaft nahe legen, muss der Anwalt den Mandanten auf die Anfechtungsmöglichkeit hinweisen. Dies vor allem auch vor dem Hintergrund möglicherweise zu erbringender **Unterhaltsleistungen.** Kann der Mandant beweisen, dass das Anfechtungsverfahren erfolgreich verlaufen wäre, wird er den Anwalt hinsichtlich des zu zahlenden Unterhalts in Anspruch nehmen können, wenn diesem Verschulden vorzuwerfen ist.[12]

## B. Prozess

### I. Das Verfahren

2167 Ist die Person **verstorben**, gegen die die Klage zu richten wäre, § 1600e II BGB, kommt, mangels eines Verfahrensgegners, ein Kindschaftsverfahren nicht in Betracht. Stattdessen wird ein Verfahren nach §§ 56c FGG, 621a I ZPO durchgeführt.[13] Zuständig ist auch hier das Familiengericht.

2168 **Lebt der Verfahrensgegner** kommen die Anfechtungs- und Feststellungsklage in Betracht, § 1600e I BGB. Verfahren und prozessuale Voraussetzungen für die Anfech-

11 AmtsG Wiesloch, FamRZ 2004, 1309.
12 Münchener Anwaltshandbuch, FamR § 3 Rn. 44ff. m.w.N.
13 Palandt, Diederichsen § 1600e Rn. 10.

tungsklage und Feststellungsklage sind weitestgehend deckungsgleich, da es sich bei beiden Verfahren um **Kindschaftssachen** gem § 640 II ZPO handelt. Es gilt der Amtermittlungsgrundsatz.

### 1. Sachliche Zuständigkeit

2169 Kindschaftssachen sind Verfahren, für die in erster Instanz die **Amtsgerichte – Familiengerichte** ausschließlich zuständig sind, §§ 23a Nr. 1, 23b I S. 2 Nr. 12 GVG, 621 I Nr. 10 ZPO, 1600e I BGB.

### 2. Örtliche Zuständigkeit

2170 Ausschließlich örtlich zuständig ist das Familiengericht, in dessen Bezirk das Kind seinen Wohnsitz hat § 640a I S. 1 ZPO. Erhebt die Mutter die Klage, so ist auch das Gericht zuständig, in dessen Bezirk die Mutter ihren Wohnsitz hat, § 640 I S. 2 ZPO.

### 3. Anwaltszwang

2171 Bei Kindschaftssachen gem § 640 II ZPO ist zunächst zu unterscheiden, ob es sich um ein Antragsverfahren oder ein Klageverfahren handelt. Bei Antragsverfahren der freiwilligen Gerichtsbarkeit gem 1600e II BGB besteht grundsätzlich kein Anwaltszwang. Bei Verfahren gem § 1600e I BGB besteht Anwaltszwang lediglich vor den Gerichten des höheren Rechtzuges, § 78 II S. 1 Nr. 2 ZPO. **Erstinstanzliche** Verfahren sind somit **anwaltsfrei**.

### 4. Verfahrensgrundsätze

2172 Es gilt der **Grundsatz der Amtsermittlung**. Steht im Anfechtungsverfahren zur Überzeugung des Gerichtes fest, dass der Anfechtende nicht Vater des Kindes ist, z.B. aufgrund übereinstimmender Erklärungen, bedarf es keiner Einholung eines Gutachtens. Im Feststellungsverfahren ist dennoch ein Gutachten einzuholen. Es existieren verschiedenste **Gutachtermethoden**, mit welchen die Wahrscheinlichkeit der Vaterschaft ermittelt werden kann, wie z.B. Blutgruppengutachten, erbbiologische Gutachten, die Genomanalyse.[14]

2173 Nicht ausreichend ist dennoch der Vortrag des Anfechtenden er sei nicht der Vater, und dies könne ein einzuholendes Gutachten belegen. Der Vortrag des Anfechtenden hat **substantiiert darzulegen, warum** ganz enorme **Zweifel** an der Vaterschaft bestehen. Der allgemeine Wunsch Zweifel an der Vaterschaft auszuräumen genügt nicht. Der Anfechtende hat z.B. vorzutragen, dass der Vater zeugungsunfähig ist, oder das Geschlechtsverkehr mit der Mutter in der Empfängniszeit nicht stattgefunden hat, oder dass Mehrverkehr der Mutter in der Empfängniszeit glaubhaft gemacht wird. Ein ohne Wissen und Einverständnis des Kindes erholtes Gutachten ist nicht verwertbar.
Auch der **Zeitpunkt**, in welchem dem Anfechtenden die ersten begründeten Zweifel am Bestehen der Vaterschaft kamen, ist **schlüssig** darzulegen, wie z.B. Anruf eines Bekannten, Hinweis der Mutter selbst. Dies hat den Hintergrund, dass gleich klar gemacht wird, dass die 2-Jahresfrist noch nicht abgelaufen ist. Die **Beweislast** für den Fristablauf trägt der Anfechtungsgegner.

14 Fa-FamR, Pieper, Kap. 3, Rn. 180ff.

### 5. Säumnis

2174

In Verfahren gem § 1600e I BGB, den zivilprozessualen Kindschaftssachen, hat die Säumnis des **Klägers** zur Folge, dass die Klage als **zurückgenommen** gilt. Die Klage darf nicht abgewiesen werden, damit keine materielle Rechtskraft entsteht, § 632 IV ZPO.[15] Ein Versäumnisurteil gegen den **Beklagten** ist unzulässig, §§ 640 I, 612 IV ZPO.

2175

Im FGG-Verfahren nach § 1600e II BGB ist ein Versäumnisurteil ausgeschlossen. Die freiwillige Gerichtsbarkeit kennt kein Versäumnisurteil.

## II. Schriftsatzmuster

### 1. Muster: Ergänzungspflegerbestellung

2176

152

Amtsgericht

Familiengericht

■■■

In Sachen

■■■

Kläger

Prozessbevollmächtigte: ■■■

gegen

■■■, geb am ■■■,

Beklagter

beantrage ich, für das beklagte Kind ■■■ das Amt für Kinder Jugend und Familie ■■■ als Ergänzungspfleger zu bestellen.

Ich übergebe anliegende Klage im Entwurf.

Einer Vertretung des Kindes durch die Mutter stehen die §§ 1629 II S. 1 BGB i.V.m. §1795 Nr. 3 BGB entgegen, so dass für das Kind ein Ergänzungspfleger bestellt werden muss. Da die Mutter nur zusammen mit dem Vater sorgeberechtigt ist, muss das Kind einen Ergänzungspfleger erhalten, §1909 I S. 1 BGB.

Ich bitte um baldmöglichste Entscheidung, damit die Klage eingereicht werden kann.

■■■

Rechtsanwalt

15 Thomas/Putzo, ZPO, Hüßtege, § 632 Rn. 5.

2177

## 2. Muster: Vaterschaftsanfechtungsklage

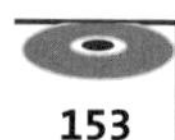

153

Amtsgericht

Familiengericht

Klage

des ■■■

Kläger

Prozessbevollmächtigte: ■■■

gegen

■■■, geb am ■■■, vertreten durch den Ergänzungspfleger: Amt für Kinder Jugend und Familie ■■■

Beklagte/Beklagter

Ausweislich anliegender Prozessvollmacht zeige ich die anwaltliche Vertretung des Klägers an.

Namens und im Auftrag des Klägers erhebe ich hiermit

Klage

mit folgenden

Anträgen:
1. Es wird festgestellt, dass der Kläger nicht Vater der/des Beklagten ist.
2. Die Kosten des Verfahrens werden gegeneinander aufgehoben.

Begründung:

I. Der Kläger hat am ■■■ die Ehe mit der Mutter der/des Beklagten geschlossen.
   Beweis: Heiratsurkunde des Standesamtes ■■■ vom ■■■
   Aus dieser Ehe ist die /der Beklagte hervorgegangen.
   Beweis: Geburtsurkunde des Standesamtes ■■■ vom ■■■

II. Der Kläger ist nicht Vater der/des Beklagten.
   Beweis: Erholung eines erbbiologischen Sachverständigengutachtens in Verbindung mit DNA-Fingerabdrucksgutachten

III. Folgender Sachverhalt lieg der Klage zugrunde:

Die Mutter der/des Beklagten hatte in der gesetzlichen Empfängniszeit mit einem anderen Mann Geschlechtsverkehr.

Beweis: Einvernahme von der Kindesmutter ■■■, wohnhaft ■■■

Einvernahme von ■■■, wohnhaft ■■■, als Zeugen

Etwa im ■■■ kamen dem Kläger die ersten Zweifel bezüglich der Abstammung der Tochter/des Sohnes ■■■.

Er wurde von ■■■ erstmals am ■■■ darauf angesprochen, dass seine Ehefrau im ■■■ des Jahres ■■■ mit einem anderen Mann ein intimes Verhältnis unterhalten hat. (ggf. weitere Ausführungen).

Der Beschluss des Vormundschaftsgerichtes vom ■■■ ist beigefügt.

■■■

Rechtsanwalt

2178

**Hinweis:** Wenn ein Elternteil oder das Kind selbst an dem Verfahren nicht beteiligt ist, so sind diese vAw zum Termin zu laden.[16] Um das Verfahren zu beschleunigen, und dem Gericht die Arbeit zu erleichtern, ist es empfehlenswert bereits in der Klageschrift die jeweiligen Namen samt Anschriften mitzuteilen.

2179

### 3. Muster: Feststellungsklage gem. § 1593 BGB

154

Amtsgericht

Familiengericht

Klage

der ■■■

Klägerin

Prozessbevollmächtigte: ■■■

gegen

den ■■■

Beklagter

wegen Vaterschaftsfeststellung

Ausweislich anliegender Prozessvollmacht zeige ich die anwaltliche Vertretung der Klägerin an.

Ich bitte der Klägerin Prozesskostenhilfe zu bewilligen und ihr zur Wahrnehmung ihrer Rechte den Unterfertigten als Rechtsanwalt beizuordnen.

Ich nehme Bezug auf die anliegende Erklärung über die persönlichen und wirtschaftlichen Verhältnisse, sowie die zur Glaubhaftmachung beigefügten Belege.

Namens und im Auftrag des Klägers stelle ich folgende Anträge:
1. Es wird festgestellt, dass der Beklagte nicht Vater des Kindes ■■■, geboren am ■■■, ist.
2. Die Kosten des Rechtsstreites werden gegeneinander aufgehoben.

16 BGH, FamRZ 2002, 880, 881.

Begründung:

I. Die Ehe der Parteien wurde durch Urteil des Amtsgericht – Familiengericht – ■■■ vom ■■■, rechtskräftig seit ■■■, geschieden.
Beweis: In Kopie anliegendes Endurteil des Amtsgericht ■■■, Az.: ■■■

II. Das Kind ■■■, geboren am ■■■, ist innerhalb von 300 Tagen nach Rechtskraft der Scheidung geboren, so dass es als Kind des Beklagten gilt, § 1593 BGB.

III. Die Trennung der Parteien erfolgte am ■■■, die Geburt des Kindes am ■■■
Schon seit der Trennung hatten die Eheleute keinerlei geschlechtliche Beziehung mehr, und haben auch nach der Trennung nicht zusammengelebt.

IV. Der Beklagte ist nicht Vater des Kindes ■■■.
Beweis:
1. Einvernahme der Klägerin
2. N.N., ■■■

V. Der tatsächliche Vater des Kindes ist ■■■.

Herr ■■■ wird die Vaterschaft auch anerkennen.

Ich bitte den tatsächlichen Kindesvater und die Klägerin als Zeugen zu vernehmen.

Die Erholung eines Gutachtens ist nicht erforderlich. (Thomas Putzo, 26. Auflage, ZPO, § 640 Rn. 8)

■■■

Rechtsanwalt

### III. Streitwert/Kosten

#### 1. Streitwert

2180 In § 12 II S. 3 GKG ist geregelt, dass in zivilprozessualen Kindschaftssachen von einem Streitwert von 2.000, 0150 € auszugehen ist. Abweichungen davon, nach oben oder unten, sind bei einer schwierigen Sachlage möglich. In dem Antragverfahren nach § 1600e I BGB, die der freiwilligen Gerichtsbarkeit unterliegen ist grundsätzlich ein Streitwert von 3.000€ anzusetzen, §§ 94 I Nr. 7, II S1, 30 II S. 1 KostO.

#### 2. Kosten

2181 Ein Antrag zur Kostenentscheidung ist zwar üblich aber eigentlich überflüssig, da das Gericht von Amts wegen hierüber entscheidet. Nach § 93c S. 1 ZPO gilt die zwingende Kostenfolge, dass die **Kosten gegeneinander aufzuheben** sind, wenn die **Anfechtungsklage Erfolg** hat. Im Übrigen sind die §§ 91ff. ZPO anwendbar, so dass bei Klagerücknahme oder Erfolglosigkeit der Klage der Kläger die Kosten zu tragen hat.

### IV. Rechtsmittel

2182 Gegen Entscheidungen des Familiengerichtes in Kindschaftssachen nach § 1600e II BGB ist die **befristete Beschwerde** zum Oberlandesgericht –Familiensenat- das statthafte Rechtsmittel, §§ 621c I ZPO, 119 I Nr. 1a, 23b I GVG. Gegen Urteile des Familiengerichts in Kindschaftssachen nach § 1600e I ZPO ist die **Berufung** zum Oberlandesgericht – Familiensenat – das statthafte Rechtsmittel, §§ 119 I Nr. 1a, 23b I GVG. Die allgemeinen Vorschriften der § 511ff. ZPO finden Anwendung.

### V. Zwangsvollstreckung

2183 Gem § 704 IV ZPO dürfen Urteile in Kindschaftssachen nicht für vorläufig vollstreckbar erklärt werden. Dies gilt auch für die Kostenentscheidung. Dies gilt auch, wenn mit der Vaterschaftsfeststellungsklage zugleich der Antrag verbunden ist den Vater auf Bezahlung des Regelunterhaltes zu verurteilen. Vor rechtskräftig festgestellter Vaterschaft wird die Verurteilung zur Unterhaltszahlung nicht wirksam, § 653 II ZPO.

## Stichwortverzeichnis

Verweise erfolgen auf Randnummern